# INTRODUÇÃO
# À ANTROPOLOGIA
# DA RELIGIÃO

**Dados Internacionais de Catalogação na Publicação (CIP)**
**(Câmara Brasileira do Livro, SP, Brasil)**

Eller, Jack David
  Introdução à antropologia da religião / Jack David Eller ; tradução de Gentil Avelino Titton. – Petrópolis, RJ : Vozes, 2018.

  Título original: Introducing anthropology of religion.
  Bibliografia.

  1ª reimpressão, 2019.

  ISBN 978-85-326-5680-3

  1. Antropologia 2. Antropologia da religião I. Título.

17-11230                                                    CDD-306.6

Índices para catálogo sistemático:
1. Antropologia da religião    306.6

JACK DAVID ELLER

# INTRODUÇÃO À ANTROPOLOGIA DA RELIGIÃO

Tradução de Gentil Avelino Titton

EDITORA VOZES

Petrópolis

© 2007, 2015 by Jack David Eller.
Tradução autorizada a partir da edição inglesa publicada pela Routledge, membro do Grupo Taylor & Francis.

Título do original em inglês: *Introducing Anthropology of Religion*

Direitos de publicação em língua portuguesa – Brasil:
2018, Editora Vozes Ltda.
Rua Frei Luís, 100
25689-900 Petrópolis, RJ
www.vozes.com.br
Brasil

Todos os direitos reservados. Nenhuma parte desta obra poderá ser reproduzida ou transmitida por qualquer forma e/ou quaisquer meios (eletrônico ou mecânico, incluindo fotocópia e gravação) ou arquivada em qualquer sistema ou banco de dados sem permissão escrita da editora.

**CONSELHO EDITORIAL**

**Diretor**
Gilberto Gonçalves Garcia

**Editores**
Aline dos Santos Carneiro
Edrian Josué Pasini
Marilac Loraine Oleniki
Welder Lancieri Marchini

**Conselheiros**
Francisco Morás
Ludovico Garmus
Teobaldo Heidemann
Volney J. Berkenbrock

**Secretário executivo**
João Batista Kreuch

*Editoração*: Flávia Peixoto
*Diagramação*: Sheilandre Desenv. Gráfico
*Revisão gráfica*: Nilton Braz da Rocha / Nivaldo S. Menezes
*Capa*: WM design

ISBN 978-85-326-5680-3 (Brasil)
ISBN 978-1-138-02491-5 (Inglaterra)

Editado conforme o novo acordo ortográfico.

Este livro foi composto e impresso pela Editora Vozes Ltda.

# Sumário

*Lista de ilustrações*, 9

*Lista de quadros*, 13

*Prefácio*, 15

1 Estudando a religião antropologicamente: definições e teorias, 21
   Estudando a religião "antropologicamente", 22
   Estudando a "religião" antropologicamente, 28
   "Estudando" a religião antropologicamente, 35
   Conclusão, 59

2 Crença religiosa: entidades e conceitos, 61
   A antropologia da crença, 62
   Ideias religiosas: seres e forças, 68
   Concepções religiosas: o universo e a existência humana, 83
   Conclusão, 95

3 Símbolos e especialistas religiosos, 96
   Antropologia do simbolismo, 97
   Símbolos e objetos religiosos, 109
   Especialistas religiosos, 121
   Conclusão, 134

4 Linguagem religiosa, 135
   O mito como linguagem religiosa, 136
   Tipos e temas do mito, 140
   O estudo estrutural do mito, 146

O mito como literatura oral, 148
Linguagem religiosa como representação, 157
O poder das palavras, 165
Conclusão, 169

5 Ação religiosa: ritual, 171
A antropologia do ritual e a ritualização, 172
A diversidade do ritual religioso, 181
Ritos de passagem: a estrutura do ritual, 193
Campos rituais, representações rituais e "teatro social", 197
Peregrinação: religião em movimento, 200
Conclusão, 204

6 Religião, moralidade e ordem social, 206
A antropologia da moralidade, 207
A eficácia da religião: formação e transformação, 216
Religião e a ordem social, 224
Conclusão, 241

7 Mudança religiosa e novos movimentos religiosos, 242
A antropologia da mudança religiosa, 244
Religião e revitalização: usando a religião para trazer a sociedade de volta à vida, 254
Estudo de caso: a mistura de religiões no Cao Dai, 272
Estudo de caso: mudança no interior da religião no movimento "Igreja emergente", 275
Conclusão, 277

8 Religião translocal: islamismo e cristianismo, 279
A antropologia da "grande transformação", 281
"Conversão" a religiões translocais, 285
A antropologia do islamismo, 291
A antropologia do cristianismo, 302
Conclusão, 317

9 Religião vernácula, 319
   A antropologia da religião vernácula, 321
   Religião vernácula na televisão e no cinema, 329
   Religião vernácula nos negócios e na economia, 334
   As variedades da experiência pagã, 340
   O cristianismo vernáculo nos Estados Unidos, 347
   Conclusão, 354

10 Violência religiosa, 356
   A antropologia da violência, 358
   A religião como explicação e justificação da violência, 364
   A diversidade da violência religiosa, 369
   Conclusão, 392

11 Secularismo e irreligião, 394
   A antropologia do secularismo, 396
   Variedades da experiência secular, 403
   O movimento (antirreligião) secular contemporâneo, 421
   Conclusão, 428

12 Fundamentalismo religioso, 431
   A antropologia do fundamentalismo, 433
   Fundamentalismos cristãos, 443
   Os fundamentalismos na perspectiva intercultural, 452
   Conclusão, 467

*Glossário*, 469

*Referências*, 481

*Índice*, 515

# Lista de ilustrações

1.1 *Mulid*: um homem egípcio bate um tambor tradicional enquanto outros cantam durante uma procissão para comemorar o nascimento do Profeta Maomé no Cairo, 23

1.2 Ayahuasca: um xamã na região do povo Cofán do Equador ferve folhas por causa de suas propriedades psicoativas, 45

2.1 Anjo da guarda, 73

2.2 Detalhe do relevo da Árvore da Vida num templo hindu restaurado do século IX em Prambanan, Java, 85

2.3 Túmulos num cemitério japonês urbano, 92

3.1 O Muro das Lamentações/ocidental em Jerusalém (início do século XX), 112

3.2 Oferta aos espíritos da montanha (desenho japonês), 112

3.3 Deus hindu repousando numa cama de serpentes, 115

3.4 Máscara cerimonial de Nunivak, 117

3.5 Procissão no Himalaia com máscaras de deuses, 118

3.6 Yebichai, ministrando o remédio: Xamã Navajo com participante, 123

3.7 Monges budistas na Tailândia, 133

4.1 Oração Yebichai – Navajos dançando, 156

4.2 a, b, c Desenhos de gestos para uma história Napo Runa explicando as origens da anaconda, 162

4.3 Bebendo o Alcorão no Níger Oriental, 168

5.1 Um xamã realizando um ritual para curar uma criança doente no Siquim (Índia), 185

5.2 Um curandeiro espiritual colombiano realiza um ritual de exorcismo sobre uma mulher que afirma estar possuída por espíritos, 188

5.3 Homens e meninos aborígines australianos (Warlpiri) praticando uma dança ritual, 192

5.4 Jovens vestindo insígnias de circuncisão dos Gisu, que consistem em toucas de macaco Colobus preto e branco, rabos de couro de vaca e conchas de caurim, 195

5.5 Peregrinos em Meca (*ca.* 1910), 201

5.6 Devotos num templo japonês, 202

6.1 Brâmane hindu pintando sua fronte com as marcas vermelhas e brancas de sua seita e casta, 229

6.2 Santuário xintoísta de Itsukushima, Japão, 231

6.3 Desfile da terça-feira gorda (terça-feira de carnaval), Nova Orleans, 235

7.1 Rezando diante de um quadro de Sai Baba no Hospital Especializado Sri Sathya Sai em Puttaparthi, Índia, 254

7.2 Website Porta do Céu, 261

7.3 Adepto da Aum Shinrikyo medita diante de um retrato do fundador Shoko Asahara, 264

7.4 Dança dos Fantasmas dos Sioux (gravura do século XIX), 267

7.5 Templo Cao Dai, 275

8.1 Boxeador Anthony Mundine segurando um livro sobre Malcolm X e o islamismo, 297

8.2 A Grande Mesquita de Paris, 301

8.3 Escravo indígena da tribo Tupinambá é batizado por um padre jesuíta perto da Bahia em 1550 (gravura, Escola espanhola, século XIX), 306

8.4 Sacerdote ortodoxo no Mosteiro de Santa Catarina no Sinai, 315

9.1 Versículo da Bíblia impresso na base de um copo de plástico num restaurante In-N-Out Burger, 336

9.2 Membros da população local celebram o Dia de Ivan Kupala em Tavernichi, Rússia. A celebração está relacionada com o solstício de verão e inclui diversos ritos pagãos, 344

9.3 Culto dominical na igreja da Comunidade Willow Creek, Chicago, 353

10.1 Caminhando sobre brasas em Agia Eleni, 357

10.2 Sacrifício de ovelha entre os Nuer, 372

10.3 Autoflagelação com correntes e lâminas durante a Ashura, 377

10.4 Monjas (*sadhvis*) assistem a uma cerimônia religiosa num templo jainista na Índia, 380

11.1  Mulher com *niqab* anda na rua em Estrasburgo, apesar da lei que proíbe cobrir o rosto, 419

11.2  Homem segura um pôster de Atatürk durante protestos contra o governo em Istambul (2013), 422

11.3  Cartaz ateísta na cidade de Nova York, 424

12.1  Vida de pessoas Amish em Lancaster, Pensilvânia, 437

12.2  Richard Butler, fundador da Nação Ariana, com seus seguidores (*ca.* 1995), 451

12.3  Meir Kahane, fundador da Liga de Defesa Judaica, numa conferência de imprensa em Nova York (1981), 455

12.4  Homens afegãos na frente da grande cavidade onde ficava um dos antigos Budas de Bamiyan até serem destruídos pelo Talibã, 460

# Lista de quadros

1.1 Linguagem budista na China: do não-eu ao eu, 27

1.2 Trazendo à mente os deuses: enteógenos e religiões Ayahuasca, 45

1.3 Modos de religiosidade, 57

2.1 A natureza mutante da "crença" entre os judeus dinamarqueses, 67

2.2 Qual é "a religião" dos !Kung ou Ju/hoansi?, 81

2.3 A cosmologia de uma sociedade das Ilhas do Pacífico, 86

3.1 O Templo Sherpa como um modelo de experiência budista, 109

3.2 Moldando o rosto de Deus: máscaras do Divino numa aldeia do Himalaia, 118

3.3 O campo dos especialistas religiosos no budismo tailandês, 133

4.1 Múltiplos gêneros de fala na religião Petalangan, 154

4.2 Palavra, voz e gesto na "poesia somática" amazônica, 161

4.3 O poder para além da compreensão: a eficácia das palavras não compreendidas – ou nem sequer ouvidas, 168

5.1 Quatro brincadeiras e um funeral: ritual e diversão nos ritos fúnebres em Salasaca (Equador), 179

5.2 Um ritual Ndembu de aflição, 186

5.3 Levando o espírito a caminhar: o *Camino de Santiago* da Espanha, 202

6.1 Comida, sexo e contaminação entre os Hua da Papua Nova Guiné, 213

6.2 Corpos, comportamentos e substâncias morais entre os Muinane da Amazônia, 223

6.3 Legitimando o Estado no Japão, 231

7.1 Culto ou nova religião: o Movimento Sathya Sai na Índia, 253

7.2 Um movimento messiânico milenarista: a Dança dos Fantasmas, 265

7.3 Cultos à carga: religião local, política translocal, 270

8.1 O islamismo na Austrália aborígine, 297

8.2  Ser muçulmano na França, 300

8.3  Mulheres e pentecostalismo na Bolívia, 310

9.1  Fazendo santos gregos: onde o popular se torna oficial, 325

9.2  O melodrama pentecostal na República Democrática do Congo, 332

9.3  A corporação islâmica moderna na Indonésia, 339

10.1  Sacrifício no reino do Havaí, 373

10.2  Ascetas do sexo feminino no jainismo, 379

10.3  Conflito religioso e "limpeza étnica" na Bósnia, 388

11.1  Tradições do pensamento secular judaico, 402

11.2  Muçulmanos irônicos no Quirguistão, 412

11.3  Um movimento ateísta na Índia contemporânea, 427

12.1  Fundamentalistas e liberais judeus vivendo harmoniosamente na Dinamarca, 437

12.2  Fundamentalistas no controle: o Talibã no Afeganistão, 460

12.3  Acampamento da *Hindutva*: ensinando o fundamentalismo entre os hindus americanos, 463

# Prefácio

O povo Lenca de Honduras é muito famoso por seus oleiros. Na aldeia de La Campa, cerca de duzentos oleiros, quase todos mulheres, compartilham os recursos naturais locais, que incluem argila, areia e solo colorido, como também madeira e água. Estes recursos são propriedade comunitária e o acesso é garantido a todos. Os oleiros locais não podem proibir ninguém de usar os materiais disponíveis e ninguém pode construir cercas ou bloquear de outra maneira o acesso a cursos d'água e lagos, florestas ou riquezas do solo. Estas normas econômicas práticas são inculcadas por um conjunto de crenças a respeito de seres que habitam os lugares e castigam as pessoas que tratam os recursos de maneira egoísta ou destrutiva. Os Lenca "acreditam que cada lugar da terra tem um espírito ou anjo responsável por sua proteção"; as camadas de argila em particular são guardadas por Benigna, "um poderoso espírito da terra que castiga qualquer oleiro que usa a argila sem respeito" (TUCKER, 2010: 47). Além de agir respeitando o mundo e os direitos das outras pessoas a ele, "é também importante os oleiros efetuarem um periódico *pago a la tierra* (pagamento à terra) para Benigna; ao mesmo tempo, "devem também oferecer *pagos* aos espíritos da primavera e das florestas que providenciam água e lenha para fazer a cerâmica e um *pago* adicional ao espírito do lugar onde a cerâmica é preparada" (48). Os indivíduos que não remuneram os espíritos podem ser impedidos de encontrar os recursos necessários, ou pior – seus vasos podem quebrar e eles podem ficar doentes.

Eu, como a maioria das pessoas e a maioria dos antropólogos, sou fascinado e intrigado pela religião. Estudei o tema por mais de trinta anos e o lecionei por mais de quinze. O presente livro surgiu do meu ensino e experiências de pesquisa e desenvolve uma série de temas que são cruciais para compreender não só a religião, mas também a abordagem antropológica da religião. O primeiro tema é a diversidade entre as religiões: existem muitas religiões no mundo e elas diferem entre si de múltiplas e profundas maneiras. Nem todas as religiões incluem deuses, nem todas colocam a moralidade como uma questão central etc. Nenhuma religião é "normal" ou "típica" de todas as religiões; a verdade está na diversidade. Como a antropologia é o estudo da diversidade de pensamentos e ações humanos, esta perspectiva é natural para nós.

Um segundo tema, menos óbvio, é a diversidade no *interior* das religiões: geralmente pensamos que uma religião é um conjunto homogêneo único de crenças e práticas. A realidade é bem diferente: no interior de qualquer religião existe uma variedade de crenças e práticas – e interpretações dessas crenças e práticas – distribuídas no espaço e no tempo. No interior das chamadas religiões mundiais esta variedade pode ser ampla e controversa, podendo uma ou mais variações ser consideradas "ortodoxas".

Um terceiro tema é a integração da religião com sua cultura circundante. Na antropologia, este é o familiar princípio do holismo ou integração cultural – que todas as partes de uma cultura estão interconectadas e se influenciam mutuamente. Além de estar simplesmente integrada, descobriremos que a religião tende a ser, segundo a expressão de Mary Douglas, "consonante" com sua cultura e também com sua sociedade. Cada cultura e cada sociedade tem um estilo, uma sensibilidade, um *ethos*, que a religião tende a reproduzir, tornando a experiência da cultura – até mesmo a experiência "corporal" – coerente e simétrica.

Um quarto tema é o que nós chamaremos de "modularidade" da religião: uma religião não é nem sequer uma "coisa" monolítica única, mas um composto de muitos elementos ou fragmentos, podendo todos eles ter seus cognatos não religiosos. Ou seja, existe um ritual religioso e existe um ritual não religioso; existe violência religiosa e existe violência não religiosa. Além disso, nem todos os módulos numa religião são necessariamente "religiosos"; mais exatamente, a religião pode integrar componentes não religiosos como política, economia, gênero, tecnologia e cultura popular.

Um quinto tema é a relatividade da linguagem, que é um problema particularmente sutil e, no entanto, crucial no estudo antropológico da religião. Nós descrevemos e analisamos a religião em palavras, como devemos fazer, mas nossas palavras raramente ou nunca são neutras ou universais. No estudo ocidental da religião, nossa terminologia deriva geralmente da perspectiva cristã, onde "deus", "céu", "pecado", "alma", "culto" e até "crença" e a própria "religião" são termos apropriados e inteligíveis. Contudo, ao examinar outras religiões, estes termos podem não ser apropriados ou inteligíveis. Devemos, portanto, estar alertas para o perigo de impor conceitos e ideias alheios a religiões estranhas que não os possuem.

Um sexto e último tema é o caráter local e prático da cultura e da religião. Já que as religiões são internamente multiformes, a mesma religião irá variar em diferentes tempos e lugares. Naturalmente, religiões "tradicionais" ou "tribais" – aquelas com que a antropologia está mais associada – são locais; muitas vezes isto é considerado uma das qualidades que as definem. No entanto, mesmo religiões translocais ou "mundiais" como o cristianismo e islamismo consistem, em última análise, de um amontoado de variações locais, moldadas pelos indivíduos e instituições que as introduziram, por outra religião ou outras religiões existentes na sociedade, pelos atores específicos e suas interpretações e pela cultura circundante. Por isso, os antropólogos não focalizam a versão "oficial" ou "alta" ou "canônica" das religiões, particularmente como as encontramos nos textos e escrituras ou nas compreensões dos funcionários e especialistas. Em vez disso, a antropologia enfatiza a maneira como os indivíduos humanos concebem e usam seus recursos religiosos – crenças, objetos, textos, rituais e especialistas – em contextos sociais específicos por razões sociais e pessoais específicas. Ou seja, estamos menos interessados na doutrina de uma religião e mais na prática vivenciada da religião.

No livro que segue, religiões de todo o mudo – algumas familiares e outras bem desconhecidas – são examinadas tendo em mente estes seis temas. Além disso, a cobertura dos temas vai além do tratamento convencional dado na antropologia da religião. Como todos os textos sobre o tema, examino crenças e rituais e mitos e assim por diante. Contudo, situo estes tópicos-padrão em contextos mais amplos – o mito na "linguagem religiosa", o ritual no "comportamento religioso" e assim por diante; além disso, cada um destes é relativizado enquanto conceito cultural que podemos simplesmente não encontrar em outra cultura ou podemos considerar bastante diferente do que o nosso. E ainda mais: apresento tópicos que geralmente recebem pouca ou nenhuma atenção nos textos-padrão, como moralidade, religiões mundiais, violência, secularismo e fundamentalismo. Alguém poderá ficar surpreso ao descobrir – até certo ponto, eu mesmo fiquei surpreso ao descobrir – que a antropologia abordou ou pode abordar estes temas com sua pretensa ênfase no pequeno e no tradicional. Mas se, como afirmamos, toda religião é local, e se ela está sempre evoluindo e se adaptando às suas circunstâncias sociais, então a antropologia está perfeitamente – talvez até de maneira singular – equipada para investigar todas estas questões. E não apenas enquanto estudiosos, mas também enquanto cidadãos da sociedade global do século XXI, é absolutamente essencial que investiguemos todas estas questões. Uma antropologia da religião sem um compromisso com manifestações contemporâneas como violência ou fundamentalismo torna-se exótica, tangencial, talvez até irrelevante para o mundo moderno. Espero que este livro não só lance alguma luz sobre as religiões do mundo, mas também mostre como a antropologia é relevante, e até essencial, para compreender e habitar este mundo.

**O que é novo na segunda edição**

A segunda edição representa uma revisão substancial da primeira. Cada capítulo inclui mais material, e material novo, combinando pesquisa antropológica clássica com trabalho feito recentemente até 2013. Entre as mudanças e melhorias estão:

- um pequeno esboço etnográfico para abrir cada capítulo;
- três quadros por capítulo, todos etnográficos, com muitos tópicos novos como: religiões ayahuasca, crenças em *jinn* e *mana*, máscaras de deuses do Himalaia, magia verbal Petalangan, brincadeiras fúnebres sul-americanas, substâncias morais amazônicas, o movimento indiano Sai Baba, o islamismo na França e na Austrália aborígene, pentecostalismo boliviano, televisão pentecostal africana, islamismo corporativo na Indonésia, ascetas femininas jainistas, secularismo judeu, um centro ateísta na Índia e um acampamento para crianças fundamentalistas hindus nos Estados Unidos;
- mais material sobre sociedades contemporâneas, especialmente na Europa, na Ásia e no Oriente Médio;
- cobertura de novos tópicos que incluem peregrinação e paganismo;
- análises teóricas atualizadas sobre "modos de religiosidade", materialidade e encarnação, "pequenos rituais", antissincretismo, "economias ocultas" e "formações do secular";
- perguntas para debate no final de cada capítulo;
- um capítulo significativamente modificado sobre as emergentes antropologias do cristianismo e do islamismo;
- todo um novo capítulo sobre a religião vernácula;

- um glossário;
- um companion website, destacando três leituras suplementares originais por capítulo (identificado no final de cada capítulo impresso), materiais de estudo, links e recursos úteis e um capítulo extra sobre sexo, gênero e religião. Disponível em www.routledge.com/cw/eller

Estudantes, professores e assistentes acharão a nova edição mais atual, mais global, mais etnográfica e, esperamos, mais estimulante e mais esclarecedora do que a primeira, ilustrando os grandes avanços verificados no pensamento antropológico sobre a religião nos últimos anos.

# 1

# Estudando a religião antropologicamente: definições e teorias

O evento egípcio chamado *mulid* é geralmente uma modesta celebração local de um santo ou "amigo de Deus" muçulmano (e, às vezes, cristão) (cf. Ilustração 1.1). Significando literalmente "nascimento" ou "aniversário/lugar" e baseado na celebração do aniversário de Maomé, o *mulid* está associado geralmente ao islamismo Sufi e focado no santuário ou túmulo do santo. Um aspecto-chave de um *mulid* é o *dhikr* ou "rituais coletivos de meditação extática realizados em tendas" em praças públicas (SCHIELKE, 2012: 29) e como tais são ocasiões de grande *baraka* ou bênção. No entanto, Schielke descobre que o *mulid* combina este sério assunto espiritual com atividade alegre e prazerosa como "dança, espetáculos de mágica, teatro de marionetes, compras, sentar-se nos cafés e 'farrear' de modo geral" (36). Às vezes "dançarinas, álcool e prostituição" fizeram parte da diversão (30). Não causa surpresa que muitos egípcios sejam críticos do *mulid*, estigmatizando-o como retrógrado ou até anti-islâmico; e houve tentativas de suprimi-lo. Será que este comportamento é "religião"? Ou é "superstição"? Sacrilégio? Folclore? Carnaval?

Em todo o mundo os seres humanos fazem e dizem coisas que são estranhas, e até incompreensíveis, para pessoas de fora de seu grupo. A algumas destas coisas damos o nome de "religião". Às vezes os membros da sociedade engajada em tais práticas dão-lhes o nome de religião, às vezes não. O que é mais importante: algumas sociedades têm um termo para "religião" enquanto outras simplesmente não o têm; e, quando damos a uma ideia, comportamento, objeto ou instituição o rótulo de "religião", nós a estamos distinguindo de outras categorias como "magia", "superstição", "espiritualidade" ou, evidentemente, "ciência" ou "política".

Como qualquer outro aspecto da existência humana, tanto físico quanto cultural, as religiões são notavelmente diversas. É tarefa da antropologia estudar a diversidade humana. E, como acontece com o estudo de outros aspectos da diversidade cultural, como a linguagem ou o parentesco, não é tarefa da antropologia julgar a religião, menos ainda mostrar sua falsidade ou autenticidade. A antropologia não é o seminário, que procura doutrinar o noviço em qualquer religião particular. Ela não é apologética, que procura comprovar ou justificar alguma religião; nem é um exercício de desmascarar qualquer religião ou todas as religiões. A antropologia começa com um interesse diferente e uma agenda diferente e, portanto, com diferentes instrumentos e conceitos. O que significa estudar a religião antropologicamente? A abordagem mais proveitosa poderia ser responder a esta pergunta de trás para frente, começando com a antropologia, passando para a religião e terminando com o estudo.

## Estudando a religião "antropologicamente"

Muitas disciplinas investigam a religião – a psicologia, a sociologia, a teologia e até a biologia em alguns casos. Cada uma tem seu foco e interesse próprios. O estudo antropológico da religião precisa ser distinguido e distinguível destas outras abordagens em alguns aspectos significativos; deve fazer ou oferecer algo que os outros estudos não fazem ou oferecem. Deve levantar suas próprias questões específicas, partir de suas próprias perspectivas específicas e praticar seu próprio método específico.

A melhor maneira de entender a antropologia é concebê-la como a ciência da diversidade dos seres humanos, em seus corpos e em seu comportamento. Portanto, a antropologia da religião será a investigação científica da diversidade das religiões humanas. Entre as perguntas que ela poderia fazer estão:

• Qual é o âmbito da diversidade da religião – quantos tipos diferentes de religiões e de crenças, práticas, instituições etc. religiosas existem?

• Que elementos comuns ou mesmo que universais existem entre as religiões – existem coisas que todas as religiões fazem ou nas quais todas acreditam?

• Que relações existem entre várias partes de uma única religião, ou entre uma religião e seu ambiente social e até natural – existem quaisquer padrões regulares que podemos discernir em todas as religiões?

Ilustração 1.1 *Mulid*: um homem egípcio bate um tambor tradicional enquanto outros cantam durante uma procissão para comemorar o nascimento do Profeta Maomé no Cairo.
© epa european pressphoto agency b. v. / Alamy

A antropologia, como toda disciplina, começa dirigindo suas perguntas a partir de uma perspectiva disciplinar única. Estudar a religião biologicamente implica uma perspectiva biológica (enfatizar traços físicos, talvez o cérebro como o mais importante), enquanto estudar a religião psicologicamente implica uma perspectiva psicológica (focalizar fenômenos e processos "mentais" internos). A antropologia esteve aberta a estas abordagens e a muitas outras e tirou proveito delas. Ainda assim, ela desenvolveu alguns conceitos, instrumentos e ênfases característicos. Ocupa um lugar central na antropologia o conceito de cultura, as ideias, sentimentos, comportamentos e produtos aprendidos e compartilhados daqueles comportamentos que são característicos de qualquer sociedade particular. Estudar qualquer coisa antropologicamente – linguagem, política, papéis de gênero ou hábitos alimentares – é, portanto, olhar para ela como comportamento humano aprendido e compartilhado. Já que ele deve ser observável, a antropologia também o trata como comportamento *púbico*, não primariamente como algo que é "privado" ou que está "na cabeça das pessoas"; sem dúvida ele não está *inicialmente* na cabeça das pessoas, mas antes, já que é aprendido e adquirido em vez de inato, está inicialmente "fora" do indivíduo em seu ambiente social. Numa palavra, a cultura é um *conjunto de práticas* nas quais os seres humanos se engajam e, entre outras coisas, acerca das quais eles falam e em termos das quais eles agem. Portanto, a antropologia não se limita a textos ou à história (embora certamente os considere), mas se dirige antes à cultura vivenciada pelos membros concretos da sociedade.

Esta orientação básica leva a três aspectos da "perspectiva antropológica". Em primeiro lugar, a antropologia procede através da *descrição comparativa ou intercultural*. A antropologia não considera apenas sua própria sociedade e cultura ou outras semelhantes a ela. Ela começa a partir de uma premissa da diversidade e procura abarcar todo o âmbito da diversidade de tudo aquilo que está sob investigação. Ela visa explorar e descrever cada cultura ou aspecto da cultura com riqueza de detalhes. Isto tende a se manifestar num processo e num produto. O processo é o *trabalho de campo*, viajando até os indivíduos que são tema de nosso estudo e vivendo entre eles por longos períodos de tempo, observando sua vida e participando dela. Portanto, considera-se geralmente que o método principal da antropologia é a *observação participante*. O produto é o "estudo de caso" ou *etnografia*, um relato minucioso e detalhado das maneiras de pensar e sentir e comportar-se das pessoas que estudamos. Portanto, os escritos antropológicos tendem a ser "particularistas", a descrever intensivamente o "pequeno" e o "local". No entanto e felizmente, a antropologia não enfatiza o local por causa dele próprio; como escreveu Stanley Tambiah, a peculiaridade da etnografia é "usar o particular para dizer algo sobre o geral" (1970: 1). Esta é uma abordagem crucial, porque nenhum grupo ou cultura particular é típico ou representativo da humanidade – com efeito, não existe essa coisa de linguagem ou política ou religião "típica" ou "representativa" –, mas cada um lança alguma luz sobre o processo pelo qual a cultura funciona. Esta visão será particularmente valiosa quando, mais adiante, passarmos a analisar fenômenos em grande escala e até "mundiais", que muitas vezes consideramos típicos ou constantes em vastas áreas e grandes contingentes de pessoas. Mais exatamente, descobriremos que estes fenômenos variam grandemente de um lugar para outro – que toda religião, como toda política, é local. E não só isso: descobrimos que ideias, práticas e valores diferem *no interior* de uma sociedade, que nem todos os membros, até das menores sociedades, agem ou pensam exatamente da mesma forma. Em outras palavras: as culturas são internamente diversas e a cultura (incluída a religião) é mais "distribuída" do que compartilhada.

Em segundo lugar, a antropologia adota uma posição de *holismo*. Partimos do pressuposto de que qualquer cultura é um "todo" (mais ou menos) integrado, com "partes" que operam de maneiras específicas uma em relação à outra e que contribuem para a operação do todo. A partir das nossas análises das culturas, a antropologia identificou quatro áreas de atividade em todas as culturas (embora nem sempre elaboradas ou formalizadas de maneira igual em todas as culturas). Estes quatro "domínios" da cultura são a economia, o parentesco, a política e a religião. Cada domínio traz sua contribuição inconfundível à sociedade, mas cada um está também "integrado" (embora às vezes frouxamente) com todos os outros, de modo que, se quisermos compreender a religião de uma sociedade, precisamos também inevitavelmente compreender seus arranjos políticos, seu sistema de parentesco, e até suas práticas econômicas. Estes grandes domínios culturais estão também conectados com questões mais difusas de linguagem e gênero, refletidos nelas e afetados por elas. E, por fim, todos estes elementos estão situados em algum contexto ambiental.

Em terceiro lugar, a antropologia defende o princípio do *relativismo cultural*. O relativismo cultural entende que cada "cultura" tem seus próprios "padrões" de compreensão e julgamento. Cada uma habita seu próprio universo de sentido e valor – daquilo que é verdadeiro, importante, bom, moral, normal, legal e assim por diante. É manifestamente óbvio que um mesmo comportamento pode ser normal numa sociedade, anormal ou criminoso ou inexistente em outra. Sabemos que o mesmo som, gesto, símbolo ou ação pode ter um sentido totalmente diferente (ou não ter sentido nenhum) em outra sociedade; aplicar o padrão de sentido ou julgamento de uma sociedade a outra sociedade é simplesmente pouco instrutivo e pode até ser enganador. Isto não significa, evidentemente, que devemos aceitar ou endossar ou até mesmo desejar aquilo que outras sociedades fazem; contudo, devemos entendê-las em seus termos, ou então simplesmente não as entendemos. Manter uma perspectiva culturalmente relativa é profundamente importante e profundamente difícil. Na maior parte do tempo nós simplesmente não consideramos nossa linguagem ou nosso sistema político ou nossos papéis de gênero ou nossa religião como "culturais", mas antes como "aquilo que fazemos" ou "aquilo que se faz". Presumimos que todas as pessoas vestem roupas ou se casam monogamicamente, enquanto na realidade outros povos podem não fazê-lo. E tendemos a presumir que todas as religiões impõem uma crença em Deus (ou simplesmente uma "crença"), bem como orações e rituais e ideias sobre céu e inferno, enquanto na realidade muitas religiões não o fazem. Se fôssemos agir de acordo com nossos pressupostos culturais aceitos como verdadeiros, concluiríamos que todas as pessoas pensam e se comportam como nós e as interrogaríamos a respeito de *suas* versões dos *nossos* conceitos, práticas e valores. Estaríamos profunda e perigosamente errados. Bastará um rápido exemplo. Imaginemos que um indivíduo Warlpiri (aborígine australiano) precisasse fazer uma pesquisa não-relativista ("etnocêntrica" ou "ligada a uma cultura") sobre a sociedade de você. Ele iniciaria a tarefa com uma bateria de conceitos culturalmente específicos, como *jukurrpa* (geralmente traduzido como Sonho ou Tempo do Sonho). Se esse pesquisador perguntasse a você sobre as suas noções de *jukurrpa*, você diria que não tem nenhuma, porque nunca ouviu essa palavra antes. Se ele fosse interpretar as ações ou ideias de você através do conceito de *jukurrpa*, certamente ele iria interpretar você de maneira errada. E se ele fosse condenar você por não ter este conceito-chave deles, seria com certeza uma conclusão inadequada.

O relativismo cultural é uma consequência do estudo intercultural e holístico. Se devemos considerar culturas extremamente diversas e entendê-las de acordo com sua rede de ideias e práticas, então precisamos ser – na verdade *estamos* sendo – relativistas. Isto é decisivamente importante por duas razões. Em primeiro lugar, reorienta nossa noção do que a antropologia é ou faz. Como sugeriu Talal Asad, a antropologia não é apenas o seu método (trabalho de campo e observação participante) ou seu produto final (etnografia); se o fosse, há muitas coisas que não poderíamos realizar, como estudar culturas passadas. Ao invés, postula Asad, a missão da antropologia é "a comparação de conceitos (representações) arraigados entre sociedades diferentemente situadas no tempo e no espaço [e] as formas de vida que as articulam, o poder que elas liberam ou invalidam" (2003: 17). Nosso trabalho, portanto, é precisamente expor e compreender os conceitos arraigados de uma sociedade, a visão que um povo tem da realidade.

Isto levanta uma segunda e importante questão sobre o uso dos conceitos de uma cultura (a nossa) para descrever e compreender os conceitos de outra cultura. O problema é particularmente espinhoso no campo da religião. Abordamos necessariamente as religiões com um vocabulário, uma terminologia; precisamos ter algumas palavras para analisar as coisas. No entanto, o vocabulário que trazemos para o estudo não é uma linguagem neutra, técnica, mas *a linguagem de uma determinada religião* – da perspectiva ocidental, geralmente o cristianismo. Como o imaginário pesquisador Warlpiri, podemos encontrar-nos impondo conceitos a uma cultura ou religião quando eles não têm nada a ver ou até nem existem nessa cultura ou religião. Podemos fazer as perguntas erradas, deduzir os pressupostos errados e chegar às conclusões erradas. Embora não possamos erradicar completamente o problema, precisamos estar constantemente precavidos contra ele.

---

**Quadro 1.1 Linguagem budista na China: do não-eu ao eu**

Uma religião é uma linguagem, com seu próprio vocabulário, literatura e "roteiros" ou coisas comuns e apropriadas para serem ditas. Uma religião também opera no contexto mais amplo de uma linguagem falada normal, ou seja, os americanos "falam cristão" em inglês, enquanto os poloneses "falam cristão" em polonês e os russos "falam cristão" em russo. A introdução de uma religião num novo contexto social e linguístico levanta, portanto, desafios fascinantes. Ao longo de sua história, o budismo desenvolveu um vocabulário e uma doutrina altamente sofisticados e diversos; termos familiares como *nirvana*, *samsara* e *Buda* são apenas o início de um extenso sistema linguístico de crença. No centro da maioria das compreensões do budismo está o termo *anatta* ou *anatman*, a doutrina do "não-eu", que é uma crítica explícita da noção hindu anterior de *atmam* ou eu. Ao budismo padrão falta uma ideia de um eu eterno e permanente que sobrevive à morte – ou mesmo que sobreviva de um momento a outro. Isto não significa, evidentemente, que todas as escolas de budismo pensem da mesma forma. De acordo com Jungnok Park, as primeiras formas de budismo ensinavam que o eu era impermanente e composto, formando "um composto, cujos componentes são todos impermanentes" e "dependentes de certas condições" (2012: 66). Ao longo do tempo, a filosofia budista debateu-se com o problema do eu e da salvação, com algumas escolas concluindo que o Buda original e os budas iluminados subsequentes continuam a existir, a ajudar a libertar outras pessoas do sofrimento. Por fim argumentavam que os humanos ou até todos os seres sencientes possuem uma natureza de Buda ou *tathagatagarbha* (embrião de um Tathagata ou "aquele que assim foi/veio"), ou uma alma/eu eterna. Quando o budismo entrou na China, estes conceitos e debates indianos e derivados do hindu passaram por dramáticas mudanças. Muitas palavras budistas não tinham equivalente chinês nem um sentido claro em chinês, de modo que "os tradutores budistas na China precisaram às vezes inserir palavras ou frases que não aparecem nos textos originais, ou remover palavras ou frases dos originais" (5). Além disso, para tornar as traduções razoáveis e atraentes aos leitores chineses, os tradutores precisavam "familiarizar-se com a literatura, a ética, a filosofia e a história chinesas" (10) e adaptar-se ao estilo chinês em relação à ordem das palavras, conotações e estética, ainda que perdessem atributos de ênfase e métrica existentes nos originais. O resultado foi que os budistas chineses desenvolveram "um budismo peculiar à China" (36), que incluiu introduzir e construir gradualmente um conceito de eu budista. Palavras chinesas como *hun* (espírito), *jing* (mente) e *shen* (essência da mente) entraram na linguagem e no pensamento budistas chineses, levando os budistas de língua chinesa a afastar-se do antigo conceito budista de não-eu e adotar um conceito budista chinês de "alma imperecível" (177), chegando ironicamente, nesse processo, a "uma ideia de eu que está mais próxima do *atman* bramânico [hindu], embora não tivessem um conhecimento preciso das doutrinas bramânicas" (183).

É difícil permanecer relativista em qualquer área da cultura humana; por exemplo, muitas vezes as pessoas julgam outras sociedades por suas práticas matrimoniais ou sexuais. Quando se trata da religião, essa objetividade relativista tem sido cada vez mais difícil de manter. Por exemplo, James Frazer, o grande estudioso do século XX da mitologia comparada, distanciou-se dos mitos que ele relatou em *The Golden Bough* [O ramo de ouro] afirmando: "Eu os considero não apenas falsos, mas também ridículos e absurdos" (1958: vii). Sobre a magia ele concluiu que "cada afirmação e pretensão apresentada pelo mágico é em si falsa" (53). O mais recente e muito respeitado antropólogo E.E. Evans-Pritchard, escrevendo sobre a feitiçaria entre os Azande da África, afirmou: "Os bruxos/as, como os Azande os concebem, não podem existir" (1937: 63). Estes homens seguem uma longa tradição, que remonta ao historiador grego Heródoto, que escreveu: "Meu dever é relatar tudo o que é dito, mas não sou obrigado a acreditar em tudo" (1942: 556). Pelo menos talvez seja bom quando eles são suficientemente honestos para admitir seus conflitos com ideias estranhas, embora afirmações declarativas como "Não podem existir bruxos/as" não façam parte de nossa profissão antropológica. Afinal de contas, poderíamos ser corrigidos pelo fato de que um antropólogo Azande poderia prefaciar sua etnografia da religião ocidental com a negação: "Deus, como o concebem os cristãos, não pode existir".

**Estudando a "religião" antropologicamente**

Quando estamos estudando a religião, sobre o que exatamente estamos falando? O que é "religião" afinal de contas? Isto levanta a questão da definição. Vamos começar reconhecendo que as definições não são coisas "reais"; elas são criações humanas e, portanto, culturais, e não fatos que encontramos na natureza. Uma definição não é "verdadeira"; ela é apenas mais ou menos inclusiva e produtiva. Uma definição restrita exclui fenômenos que poderiam ser incluídos numa definição mais ampla. Por exemplo, se fôssemos definir a religião como "crença num só deus", estaríamos desclassificando como religiões todos os sistemas de crença que não têm um deus único, de modo que pouquíssimos sistemas de crença seriam qualificados como religiões. Se a definirmos como "crença em deus(es)", ainda estaríamos desclassificando as religiões que não dizem absolutamente nada a respeito de deus(es). Impondo uma única visão da religião aos outros, estaríamos incluindo-os na não-religião (ou seja, "se você não crê num deus, então você não tem religião"). Esta atitude ecoa o personagem de Parson Thwackum no romance de Henry Fielding *The History of Tom Jones* [A história de Tom Jones], que disse: "Quando menciono a religião, tenho em mente a religião cristã; e não só a religião cristã, mas também a religião protestante; e não só a religião protestante, mas também a Igreja da Inglaterra". Esta não é uma atitude que um antropólogo – ou qualquer outra pessoa – deveria tomar.

O ato de definir é uma tentativa de descobrir o que é único e diferente acerca do tema, o *sine qua non* ou "condição sem a qual não" que faz com que ele seja aquilo que ele é. Provavelmente nenhuma definição particular de algo tão diverso como a religião poderia captá-la realmente. Mais exatamente, o que descobrimos é que várias definições enfatizam certos aspectos do fenômeno ou traem a orientação teórica de seus autores. Por exemplo, um dos primeiros antropólogos, E.B. Tylor, apresentou, em sua obra *Primitive Culture* [Cultura primitiva] de 1871, o que ele considerava ser a definição "mínima" ou mais simples possível da religião: "a crença em seres espirituais". Dificilmente se pode imaginar uma definição mais compacta da religião, mas ela enfrenta pelo menos uma complicação: ela introduz outros termos – "crença" e "seres espirituais" – que exigem definições. Outros forneceram posteriormente definições mais minuciosas:

> James Frazer: "uma propiciação ou conciliação de forças superiores ao homem que se acredita que dirigem e controlam o curso da natureza e a vida humana" (1958: 58-59).

> William James (psicólogo): "os sentimentos, atos e experiências de homens individuais em sua solidão, na medida em que imaginam estar em relação com qualquer coisa que eles possam considerar como o divino" (1958: 34).

> Émile Durkheim (sociólogo): "um sistema unificado de crenças e práticas relativas a coisas sagradas, ou seja, coisas postas à parte e proibidas – crenças e práticas que unem numa única comunidade moral, chamada Igreja, todos aqueles que aderem a elas" (1965: 62).

> Paul Radin: "ela consiste em duas partes: a primeira consiste num sentimento facilmente definível, senão precisamente específico; e a segunda consiste em certos atos, costumes, crenças e concepções associadas a este sentimento. A crença mais inextricavelmente ligada ao sentimento específico é uma crença em espíritos exteriores ao homem, concebidos como mais poderosos do que o homem e que controlam todos os elementos da vida aos quais ele atribui a maior importância" (1957: 3).

Anthony Wallace: "um conjunto de rituais, racionalizados pelo mito, que mobiliza forças sobrenaturais com o objetivo de conseguir ou impedir transformações de estado no homem e na natureza" (1966: 107).

Sherry Ortner: "um metassistema que resolve problemas de sentido (ou Problemas de Sentido) produzidos em grande parte (embora não totalmente) pela ordem social, fundamentando esta ordem numa realidade teoricamente última na qual esses problemas 'farão sentido'" (1978: 152).

E Clifford Geertz forneceu a definição talvez mais comumente citada: "(1) um sistema de símbolos que atuam para (2) criar nos homens disposições de ânimo e motivações vigorosas, difusas e duradouras, (3) formulando concepções de uma ordem geral de existência e (4) revestindo estas concepções com tal aura de factualidade que (5) as disposições de ânimo e motivações parecem singularmente realistas" (1973: 90). Entrementes, Rudolph Otto pensava que a religião era uma experiência misteriosa do "sagrado"; Karl Marx pensava que ela era uma falsa consciência destinada a completar a exploração dos trabalhadores, "o ópio das massas"; Sigmund Freud pensava que ela era uma projeção de processos psicológicos inconscientes; Lucien Lévy-Bruhl pensava (pelo menos por algum tempo) que ela era um produto de uma "mentalidade primitiva"; e assim por diante.

Evidentemente, os estudiosos não estão de acordo precisamente a respeito da maneira como começar a falar sobre esta coisa chamada religião. Eles destacam diferentes aspectos dela: É a religião fundamentalmente crença e ideias, ou ritual, ou sentimento, ou moralidade, ou comunidade? Além disso, eles introduzem na definição outros termos que nos mergulham numa espiral definicional: O que é "espírito", "divino", "crença", "sagrado" ou "santo"? Finalmente, será que religião se refere a algo real "lá fora" ou apenas a algo "dentro de nós"?

A verdade é que a religião provavelmente envolve todas estas questões simultaneamente, mas de maneira desigual para diferentes religiões. O ritual, por exemplo, é certamente um elemento-chave da religião, embora nem todas as religiões o valorizem ou elaborem de maneira igual. As ideias e os conceitos são aspectos universais da religião, embora nem todas as religiões tenham os mesmos conceitos ou conceitos necessariamente bem conscientes e coerentes. A linguagem ou ação verbal, inclusive o "mito", é importante, como o são "moralidade" ou noções de bom e mau comportamento, e evidentemente comunidade. Mas rituais e ideias e ações verbais e moralidades e comunidades existem também independentemente da religião; estes não são fenômenos essencialmente religiosos. O que torna "religiosa" a religião?

Seria absurdo tentar decidir judicialmente entre as definições de religião. Cada uma ressalta uma peça do quebra-cabeça. E mais: já que não existe nenhuma definição "verdadeira", seria uma perda de tempo. Ao invés, queremos demarcar uma abordagem da religião que a distinga de outros empenhos humanos e sistemas de pensamento e, ainda assim, a conecte com eles. O que une a religião a outras ações sociais e instituições é o comportamento ritualista e verbal físico (personificado), uma preocupação com a ação boa ou correta, o desejo de alcançar certas metas ou efeitos e a criação e perpetuação de comunidades. O que distingue a religião é o objeto ou foco destas ações, ou seja, ser(es) e/ou força(s) não-humano(s) e tipicamente "sobre-humano(s)", com os quais os humanos estão supostamente em relação – uma relação reconhecivelmente "social" – que é mutuamente eficaz. Como se expressou Robin Horton:

> Em toda situação comumente rotulada de religiosa estamos lidando com uma ação orientada para objetos que acreditamos que respondem em função de certas categorias – em nossa própria cultura as categorias de objetivo, inteligência e emoção – que são também as categorias características para a descrição da ação humana. A aplicação destas categorias nos leva a dizer que estes objetos são "personificados". A relação entre seres humanos e objetos religiosos pode ser ulteriormente definida como regida por certas ideias de padronização e obrigação que caracterizam as relações entre os seres humanos. Resumindo: a religião pode ser considerada uma extensão do âmbito das relações sociais das pessoas para além dos confins da sociedade puramente humana. E, para sermos mais completos, podemos talvez acrescentar o adendo de que essa extensão deve ser uma extensão na qual os seres humanos envolvidos vejam a si mesmos numa posição de dependência em face de suas alteridades não-humanas (1960: 211).

Ou seja, a religião é uma extrapolação da cultura, para incluir na sociedade e como culturais aqueles seres e/ou forças que de outro modo seriam descritos como naturais ou sobrenaturais.

A chave para a antropologia é que os seres e/ou forças religiosos são quase universalmente "sociais", com as qualidades de "pessoas" ou, pelo menos, de algum tipo de "agentes". Se não o fossem, como os compreenderíamos e o que faríamos com eles e acerca deles? Em outras palavras, os humanos se veem, num contexto religioso, como desempenhando certo tipo de relação com ser(es) e/ou força(s), que com razão só podemos chamar de *relação social*. É uma relação de comunicação, intenção, reciprocidade, respeito, evitação, controle etc. O(s) ser(es) e/ou força(s) *são como nós* em alguns aspectos, apesar do fato de serem muito diferentes de nós em outros aspectos. Eles podem ter uma linguagem (geralmente a nossa), personalidade ou intencionalidade, desejos e interesses e preferências e antipatias; podem "viver" em seus próprios arranjos sociais; e podem ser abordados e influenciados. Isto nos leva à real importância da religião como fator cultural e à sua real diferença em relação aos outros domínios da cultura. Economia, parentesco, política – tudo isto tem a ver com os seres humanos. Os personagens na religião são diferentes, mas não tão diferentes assim. Eles são não humanos: os ancestrais falecidos, ou "espíritos" das plantas ou animais ou objetos materiais (o sol e a lua), ou forças naturais (o vento e a chuva), ou "deuses", ou forças sobrenaturais impessoais como *mana* ou *chi*. No entanto, eles interagem conosco. *Eles são sociais porque fazem parte da sociedade.*

Em outras palavras, a religião é o discurso, a linguagem e a prática, ou os meios pelos quais a sociedade humana e a cultura se expandem para incluir os não humanos. Isto não significa fazer qualquer afirmação de verdade sobre quais ser(es) e/ou força(s) realmente existem ou quais traços eles possuem. Apenas esclarece que, para os membros de uma comunidade religiosa, o(s) ser(es) e/ou força(s) nos quais eles "acreditam" fazem parte de seu mundo real e social. A. Irving Hallowell relatou que perguntou a um ancião Ojibwa se todas as pedras são vivas e animadas e que o homem respondeu: "Não! Mas *algumas* são" (1960: 24). Um colega meu e professor Osage de teologia, George Tinker, contou que foi com um líder espiritual nativo recolher pedras para uma cerimônia; perguntado sobre como ele saberia quais pedras recolher, o líder espiritual respondeu: "As pedras vão me dizer".

A evidência da "socialização", da "culturização", do não humano é clara quando se considera como os humanos falam sobre seres e forças religiosos. No cristianismo, Deus é o pai – um termo de parentesco. Os aborígines australianos falam do antepassado-canguru ou da mãe-lua, em termos muito semelhantes aos usados pela maioria das sociedades. Com efeito, para eles e muitos outros, seus seres religiosos são ancestrais, às vezes literalmente metade humanos e metade animais ou metade plantas. O antepassado-canguru pode ter sido um homem-canguru real. Além disso, ser(es) e/ou força(s) religiosos têm muitas vezes temperamentos e gostos como as pessoas: novamente o deus judeu-cristão como é retratado na Torá/Antigo Testamento gostava do odor da carne sendo cozinhada e era ciumento e raivoso. O mesmo deus no Novo Testamento sente amor, mas também justiça e vingança – todos traços humanos. Em qualquer tradição religiosa os seres ou forças quase sempre têm personalidade: são amigos, hostis, enganadores, indiferentes ou o que quisermos. Acredita-se que os animais falam, que as plantas pensam, que as rochas e as estrelas sentem. Mas eles são semelhantes aos seres humanos. Com efeito, a religião torna social uma parte ou (dependendo da tradição) todo o mundo não humano – este se torna participante das normas e valores e relações da cultura.

Supondo que temos alguma ideia geral e viável do que é a religião e do que estaremos estudando, talvez seja mais proveitoso falar sobre o que a religião *faz*. Assim podemos perguntar: Qual é a função da religião? Por que os humanos têm uma coisa como esta, e o que ela faz por eles? Evidentemente, um membro pode responder que nós temos religião porque ela é "verdadeira" e porque somos tipos de seres que podem perceber ou receber a verdade. Isto não é muito útil de um ponto de vista antropológico, especialmente porque diferentes sociedades perceberam ou receberam verdades tão diferentes no tempo e no espaço. Sem dúvida existe algo de singular nos humanos que torna possível (e necessário?) para nós termos noções religiosas, mas deixemos de lado as questões de "verdade" e concentremo-nos na natureza e funções sociais e culturais da religião, entre as quais estão:

1) Satisfazer necessidades individuais, especialmente necessidades psicológicas ou emocionais. A religião pode proporcionar conforto, esperança, talvez amor, definitivamente um sentimento de controle e alívio do medo e do desespero.

2) Explicação, especialmente das origens ou causas. Os humanos se perguntam por que as coisas são como são. Como começou o mundo? Como começaram os seres humanos? Como começou a sociedade? A maioria das religiões explica não só a cosmogonia (a criação do mundo), mas também a origem de instituições culturais específicas, como casamento, linguagem, tecnologia, política e assim por diante. As religiões explicam também por que as coisas acontecem no presente: Por que ficamos doentes? Por que nos acontecem coisas ruins? Por que morremos? Em algumas sociedades, muitas ou todas as doenças e desventuras são atribuídas a causas "espirituais" e não a causas naturais.

3) Fonte de leis e normas. A religião pode também fornecer a resposta a respeito da origem das tradições e instituições da sociedade. Todas as religiões contêm algum elemento de "estabelecimento da ordem", ou "fundação da cultura". Esta

é a função de *carta constitucional* que se pode atribuir à religião: ela atua como "carta constitucional" ou linha diretriz ou autoridade pela qual nos organizamos de determinadas maneiras e seguimos determinados padrões. Por que a monogamia? Porque um ser sobre-humano a ordenou, ou porque os primeiros seres humanos estabeleceram o precedente etc. Por que reis? Porque um ser sobre-humano determinou o ofício de rei, ou porque os reis são escolhidos por seres sobre-humanos ou possuem força sobre-humana etc.

4) Fonte de "sanções definitivas". A religião é, entre outras coisas, um meio de controle social. Mesmo na tradição judeu-cristã, grande parte da religião trata do que devemos fazer, de como devemos viver. A política e até o parentesco proporcionam uma medida deste controle. Contudo, o objetivo da religião é a limitação do controle sociopolítico: os agentes humanos de controle social não podem estar em todo lugar nem podem ver tudo; e as recompensas e punições que eles podem impor são finitas. Por exemplo, eles não podem continuar a recompensar ou punir alguém depois que ele morre. Mas as "sanções" religiosas podem ser muito mais amplas, requintadas e duradouras. Em outras palavras, o(s) ser(es) e/ou força(s) religioso(s) não só fazem as leis, mas também as põem em vigor.

5) Solução dos problemas imediatos. Se a religião é a "causa" de uma multiplicidade de males humanos, então ela pode ser igualmente a solução. Se estamos doentes ou angustiados, será que os seres ou forças estão zangados conosco? O que devemos fazer a respeito disto? Se é preciso tomar uma importante decisão social ou política (digamos, partir para a guerra), existe alguma maneira de descobrir as preferências e planos dos seres e forças – de "ler suas mentes"? Podemos pedir-lhes favores, oferecer-lhes donativos, ou fazer alguma coisa para influenciar suas ações e intenções?

6) Satisfazer necessidades coletivas. Para além dos indivíduos que compõem a sociedade e de suas necessidades individuais, é também possível ver a sociedade como uma entidade por si mesma, com suas próprias necessidades de nível mais alto. Certamente nem tudo o que uma religião ensina ou pratica é benéfico para cada indivíduo: o sacrifício humano não se destina a satisfazer as necessidades da vítima sacrificial. Igualmente nem sempre a religião acalma os temores e angústias individuais; por exemplo, a crença numa punição na vida futura pode levar as pessoas a ficar mais temerosas, e preocupações com a conduta apropriada dos rituais ou com os bruxos/as podem causar angústia.

Contudo, a crença numa punição na vida futura pode levar as pessoas a observar as normas, o que é "bom para a sociedade". A necessidade primária de uma sociedade, independentemente das necessidades dos indivíduos e muitas vezes em desacordo com elas, é a integração, a coesão e a perpetuação, e a religião pode proporcionar uma importante "cola" para este fim.

## "Estudando" a religião antropologicamente

A antropologia enquanto ciência criou para si um território a investigar e esse território inclui todo o comportamento humano em sua deslumbrante e fascinante diversidade. A religião situa-se nesse território. Mas o que precisamente a antropologia espera realizar? O que significa "estudar" a religião, ou qualquer outra coisa, de um ponto de vista antropológico ou de qualquer ponto de vista científico? A única coisa que ela não pretende é *adquirir* uma religião, *converter-se* a uma religião, tornar-se um membro ou funcionário de uma religião. Os candidatos ao sacerdócio "estudam a religião", como o fazem os teólogos; mas seus interesses consistem em adotar e defender uma religião, crer mais profundamente ou convencer outros a crer nela, o que não pode ser o interesse da antropologia. A antropologia não é apologética. O que a antropologia, como qualquer outra disciplina, quer basicamente fazer com seu tema escolhido é *explicá-lo*.

"Explicar" a religião ou qualquer outro fenômeno social ou físico é construir um modelo dele, apontar processos ou mecanismos atuantes nele e/ou apresentar suas razões de ser. À guisa de exemplo, algumas pessoas podem estudar os cachorros: elas aprendem a respeito de todos os diversos tipos de cachorros e suas características corporais e comportamentais. Esta é uma ocupação que vale a pena, mas termina com um mero catálogo de detalhes sobre os cachorros; essencialmente, permite a essas pessoas responder à pergunta: "O que é um cachorro?" Quais são as qualidades que fazem com que um cachorro seja um cachorro, e quantos tipos diferentes de cachorros existem? Esta é a agenda descritiva. No entanto, se elas querem *explicar* os cachorros, seria o caso de fazer um tipo muito diferente de pergunta – não "O que é um cachorro?", mas "Por que é um cachorro?"

O estudo antropológico da religião, que é um estudo científico, é semelhante. Podemos descrever e catalogar religiões, mas em algum momento precisamos avançar para a explicação; não mais contentes com definições ("O que é religião?") ou com descrições interculturais ("Quantos tipos de religião existem?"), passamos à pergunta "Por que é religião?" Uma resposta óbvia é "Porque é verdadeira" ou "Porque Deus/os deuses a colocou/colocaram em nós". Estas são respostas com as quais a antropologia ou a ciência em geral não podem contentar-se. Mais propriamente, as explicações antropológicas, ou quaisquer explicações científicas da religião (ou de qualquer outra coisa) explicam-na *em termos de outra coisa*. O que essa "outra coisa" poderia ser varia, mas fundamentalmente o processo de explicar qualquer coisa consiste em dar-lhe sua razão de ser em termos de alguma coisa diferente dela – encontrando seu fundamento ou sua função fora dela.

A meta ou forma última da explicação científica é uma teoria. Uma teoria nos orienta para os dados de uma maneira determinada: Quais são os elementos mais importantes ou irredutíveis ou universais a considerar, que relação eles têm uns com os outros, e como eles interagem para produzir os fatos sob investigação? Uma teoria deve fornecer-nos um modelo com alguns mecanismos ou processos específicos que suscitam e moldam o fenômeno; deve também fazer alguns prognósticos que sejam analisáveis de alguma forma, permitindo-nos potencialmente verificar ou refutar a teoria. Ela deveria, portanto, fornecer a possibilidade de usá-la para adquirir ulterior conhecimento ou compreensão, como também de eliminar o erro. Os antropólogos e outros estudiosos da religião forneceram uma variedade de perspectivas teóricas, cada qual fecunda e cada qual limitada à sua maneira. Provavelmente nenhuma perspectiva teórica sozinha, como nenhuma definição sozinha, pode jamais captar toda a essência ou natureza da religião. Acima de tudo deveríamos evitar o reducionismo, a atitude de que um fenômeno como a religião possa ser explicado em termos de ("reduzido a") uma causa ou base não religiosa única, quer essa causa ou base seja psicológica, biológica ou social. Ao mesmo tempo, não podemos deixar de observar que as teorias científicas/antropológicas da religião encontram a "razão" ou explicação para a religião na não-religião.

### Abordagens/apologética pré-científicas

Com exceção de uns poucos filósofos gregos antigos, a abordagem pré-moderna tendeu não a explicar a religião, mas a *oferecer justificações da verdade de uma religião*. Este é o campo da apologética, a defesa argumentativa sistemática de uma determinada religião. Embora a apologética seja um tema interessante em si, ela não é "antropológica" em nenhum sentido e não será abordada aqui; além disso, o ponto essencial do exercício apologético *não é explicar* a religião de alguém, mas antes *comprová-la*. Qualquer religião pode empenhar-se – e muitas religiões se empenham – neste esforço de exclusão mútua.

Já que a investigação começa quando a certeza termina, assim foi com os primeiros "duvidadores" ou céticos antigos que começou a teorização sobre a religião. Xenófanes, no século V a.C., foi um dos primeiros a comentar a diversidade religiosa e a relação entre uma religião e sua sociedade. Ele escreveu:

> Os etíopes têm deuses com nariz arrebitado e cabelo preto, o trácios têm deuses com olhos castanhos e cabelo vermelho. [...] Se os bois ou os leões tivessem mãos que lhes possibilitassem desenhar e pintar quadros como os homens fazem, eles retratariam seus deuses com corpos como os seus; os cavalos os retratariam como cavalos e os bois como bois (citado em WHEELWRIGHT, 1966: 33).

O historiador Heródoto ampliou este "método comparativo", sugerindo que os vários deuses tribais e nacionais que ele encontrou eram todos nomes locais para as mesmas divindades universais – seu assim chamado princípio da "equivalência dos deuses". Assim, concluiu ele, o deus Horus egípcio era equivalente ao deus Apolo grego, e o Osíris egípcio era o equivalente a Dioniso. Isto o levou naturalmente à noção de empréstimo cultural e de difusão para explicar a recorrência das mesmas crenças em lugares diferentes. Evêmero desenvolveu este questionamento transformando-o numa quase explícita teoria humanista da religião, na qual postulava que os deuses eram simplesmente ancestrais ou líderes humanos divinizados, uma opinião conhecida como evemerismo. Não há dúvida de que isto descreve exatamente pelo menos alguns casos pré-modernos (e às vezes até modernos), como quando os faraós foram divinizados ainda em vida ou quando os reis maias falecidos eram deixados sentados em seus tronos, supostamente ainda dando ordens. Mesmo hoje, o "culto à personalidade" de alguns líderes vivos e a reverência que recebem após a morte (por exemplo, colocando o cadáver de Lênin num sarcófago de vidro transparente para exibição na antiga União Soviética) sugerem uma atitude "sagrada" para com seres humanos muito poderosos.

Uma outra abordagem pré-moderna, em particular medieval, da religião – uma abordagem que se prolongou fortemente até a era moderna – foi a abordagem comparativa ou classificatória. Por exemplo, o escritor muçulmano Shahrastani organizou as religiões (excluindo as tribais tradicionais) em quatro classes: islamismo, as religiões literárias ou "religiões do Livro" (judaísmo e cristianismo), as religiões quase-literárias (por exemplo, zoroastrismo e maniqueísmo) e as religiões filosóficas (budismo e hinduísmo – deixando de notar, aparentemente, a extensa literatura destas crenças, que inclui os Vedas, Upanixades e Sutras). Roger Bacon, na Europa do século XIII, também desenvolveu uma tipologia, que incluía pagãos, adoradores de ídolos (como os budistas e politeístas), mongóis, muçulmanos, judeus e, naturalmente, cristãos. Estes sistemas de classificação têm pouco ou nenhum valor explicativo e tendem a ser muito críticos e etnocêntricos, mas pelo menos foram de certa maneira levando a sério outras religiões.

### Teorias históricas/evolucionistas

Mesmo algumas das "teorias" antigas da religião tinham um sabor histórico ou evolucionista; a difusão é um processo histórico e Heródoto reiterou a velha noção homérica de uma série de "idades" históricas na cultura e na religião, desde a idade "de ouro" dos deuses, passando pela idade "de prata" dos heróis, até chegar à idade "do ferro" dos humanos normais, cada qual inferior à precedente. As obras de Charles Darwin e Karl Marx reforçaram o padrão da análise histórica "progressiva". No início do século XIX o filósofo Georg Hegel (1770-1831) propôs um sistema histórico abrangente progressivo, que parte da idade da religião, passa pela idade da filosofia e chega à idade final da ciência, sistema no qual cada fase é um passo mais claro no autoconhecimento do Espírito Universal. O pai da sociologia Auguste Comte (1798-1857) descreveu uma história semelhante em três estágios, com as eras da teologia, da metafísica e da ciência ou positivismo. Herbert Spencer (1820-1903), um proponente do darwinismo social, reproduziu esta ideia numa visão mais realista, mas ainda com a ciência finalmente substituindo a religião e a superstição. Antigos antropólogos como E.B. Tylor (1832-1917) também tinham um decidido filão evolucionista em sua obra. Entendendo que o animismo ou "culto natural" é a primeira fase da religião, Tylor rastreou o desenvolvimento da religião até o politeísmo e por fim o monoteísmo (declarando, previsivelmente, que a forma local da fé é a "mais elevada").

Outra abordagem histórica na antropologia foi o difusionismo. Fritz Grabner (1877-1934), Pe. Wilhelm Schmidt (1868-1954) e G. Elliot Smith (1871-1937) representaram esta tradição em várias versões. Todos os difusionistas fizeram a diversidade das religiões mundiais remontar a umas poucas fontes – ou, no caso de Smith, uma única (o Egito antigo) –; as origens comuns explicavam as semelhanças, e a subsequente evolução histórica de cada desdobramento independente explicava as diferenças.

**Teorias psicológicas**

Algumas das primeiras teorias modernas da religião eram de natureza psicológica, ou seja, apelavam ou se referiam de alguma forma aos pensamentos ou à experiência do indivíduo. Contudo, esse apelo podia diferir profundamente. Entre as teorias psicológicas da religião estão teorias emocionalistas, psicanalíticas, intelectualistas, de "mentalidade primitiva", estruturalistas e neurológicas, entre outras.

**Teorias emocionalistas**

Muitos estudiosos enfatizaram a qualidade emocional da religião como seu traço mais característico e propulsor. O que variou foi a emoção particular que eles enfatizaram. Para o filósofo político setecentista Thomas Hobbes, era o temor; coisas ruins aconteciam às pessoas para além de sua compreensão ou controle, de modo que a religião foi inventada para mitigar temores inevitáveis. Embora escrevesse muito antes de surgir a antropologia, ele fez a observação relativista de que desta emoção universal nasceu tamanha diversidade religiosa que alguns povos dificilmente podem reconhecer, e muito menos aceitar, as religiões dos outros.

Outro famoso foco para a teoria emocionalista é a experiência do "temor" ou "espanto" ou "admiração", apresentada por Max Mueller (1823-1900) e Rudolf Ottto (1869-1937). Mueller interessou-se pela consciência do "divino" ou "infinito", expressa através de meios convencionais como o sol ou a lua ou as estações e assim por diante. Em sua *Mitologia comparativa*, de 1856, ele argumentou que as sociedades pré-modernas e tribais sentiam a imensidade e a força do cosmos, mas só conseguiam expressar seus sentimentos em simbolismo poético, incorporando objetos naturais; mais tarde, eles esqueceram ou confundiram sua poesia com o fato literal, resultando em crença religiosa. Em outras palavras, a religião começa com emoção avassaladora e termina com erro linguístico. Isto o levou a caracterizar a religião como "uma doença da linguagem". Para Otto, autor de *O sagrado* (1917), as emoções religiosas – tanto temor como fascínio, tanto amor como temor – eram uma resposta ao "transcendente", a força avassaladora daquilo que está fora dos humanos, o Sagrado que é "totalmente outro". A experiência é primária e as ideias e práticas religiosas seguem para compreendê-la e utilizá-la de alguma forma.

Numa outra linha, a teoria "funcionalista" de Bronislaw Malinowski (1884-1942) sustentava que as crenças e instituições religiosas existem e funcionam para satisfazer as necessidades dos humanos individualmente, principalmente as necessidades psicológicas. A religião, como ele diz em seu famoso relato do ritual nas Ilhas Trobriand, entrou em ação quando os indivíduos precisaram de um sentimento de reafirmação, controle e, é claro, libertação do medo; em outras situações, onde havia pouca ameaça ou uma satisfatória chance de sucesso prático, as pessoas não recorriam à religião, mas concentravam seus esforços em interesses "práticos".

**Teoria psicanalítica**

Um tipo especial de teoria foi proposto por Sigmund Freud (1856-1939), que relacionou ou até reduziu a religião a processos mentais, explicando-a bastante literalmente como um "sintoma" ou manifestação de nossa mente. Para Freud, todos os seres humanos compartilhavam um conjunto comum de impulsos e instintos inconscientes. Estes impulsos e instintos, muitos deles antissociais e a maioria associais até certo ponto, devem ser e serão expressos. Contudo, tanto a realidade física quanto a realidade social nos obrigam a refrear, controlar, administrar, sublimar e em certos casos negar completamente ou "reprimir" nossa natureza – empurrar as coisas para o inconsciente ou mantê-las ali. Em particular, Freud sugeriu em seu *Totem e tabu*, de 1913, que foi representada na história real uma cena na qual os homens agiam de acordo com seu desejo de matar seu pai e apossar-se de suas mulheres (recapitulada no infame complexo de Édipo, que no seu entender fazia parte da psicologia profunda de todos os machos); subsequentemente, devido à culpa, eles materializaram ou divinizaram o pai morto, transformando-o num objeto de veneração e autoridade – talvez mais poderoso morto do que vivo. O pai morto, mas divino, era ao mesmo tempo o primeiro deus e a primeira consciência ou "superego". Dessa experiência (literal ou mítica) decorria um conjunto de crenças e práticas "religiosas" como o tabu do incesto, o totemismo, o sacrifício, a propiciação de espíritos e assim por diante.

Num nível ainda mais fundamental, a religião, como todo comportamento (inclusive o comportamento de "alta cultura" como a arte e, evidentemente, os sonhos), era na visão de Freud um sintoma e uma neurose. Nossa natureza inconsciente e instintiva deve aparecer e irá aparecer, mas as maneiras como ela pode aparecer são circunscritas pela sociedade. Assim, nossa mente inconsciente muitas vezes substitui uma expressão (inaceitável) por outra (mais aceitável). Tipos muito humanos de dramas psicológicos e sociais, como a dinâmica familiar, são representados na esfera "espiritual", sendo essencialmente símbolos para os processos "reais" em nossa mente e em nossa vida. O pai vivo de carne e osso é o protótipo do deus, com seu poder de julgar e punir. A criança, incapaz de resistir ou mesmo de responder, torna-se o modelo para o crente, pondo sua fé no adulto todo-poderoso. Nesta interpretação, a religião é "uma neurose obsessiva infantil" e uma neurose da qual Freud esperava que nós nos libertaríamos na medida em que compreendêssemos e adquiríssemos controle sobre nossa vida e nossos impulsos (como demonstrado por seu livro *O futuro de uma ilusão*, de 1927).

**Teorias intelectualistas**

Outros estudiosos da religião comparada minimizaram a parte emocional ou "sensível" e realçaram a função explicativa ou "pensante". Na tradição intelectualista, a religião surge do fazer perguntas ou resolver problemas. Por exemplo, embora a estrutura de Tylor fosse evolucionista, sua atitude era intelectualista. Os humanos primitivos, raciocinava ele, tinham certas experiências que os deixavam confusos, como sonhos, visões e alucinações, e a diferença entre seres vivos e mortos. Para explicar estes fenômenos estranhos, eles inventaram uma parte invisível, não mortal, separável do eu, chamada alma ou espírito. A partir daí iriam insinuar-se outros conceitos e comportamentos, como cultos aos mortos e propiciação de espíritos etc.

James Frazer (1854-1941) também adotou uma posição intelectualista, senão totalmente "racionalista", em relação à religião. Com efeito, sua contribuição foi que a religião é uma resposta a uma questão ou problema, mas não precisamente uma resposta racional. Sustentou também uma opinião "desenvolvimentista" ou "histórica" acerca da religião, exceto que a religião não era em sua opinião o primeiro passo no processo. Antes de haver religião, dizia ele, havia magia, que é uma espécie de raciocínio imperfeito, uma marca registrada de pseudociência. As pessoas querem saber o que causa o quê, ou o que elas podem fazer para causar ou prevenir o quê. Os humanos primitivos tinham a ideia geral correta – causa e efeito –, mas buscaram as causas totalmente erradas, entregando-se à magia em vez de adotar um comportamento causal efetivo. Ainda assim, a magia era *técnica*, uma espécie de "tecnologia". Quando a magia falhava, os seres humanos atribuíam os acontecimentos a fontes voluntariosas inteligentes, a saber, seres espirituais. Assim começou a era da verdadeira religião.

Malinowski notou também a natureza "pré-científica", mas racional, da magia, distinguindo entre magia e religião. Tanto a magia quanto a religião estão ligadas a necessidades emocionais, como vimos. Contudo, a magia era simplesmente mais orientada para uma meta ou "instrumental", enquanto a religião não tinha nenhuma "meta" específica, mas era mais de caráter social ou moral. Além disso, nenhum humano, nem mesmo um humano "primitivo", era tão retrógrado a ponto de confiar exclusivamente na magia (ou religião) para executar alguma tarefa; enquanto podiam rezar ou executar rituais para suas colheitas, eles também plantavam sementes. De modo que a magia se assemelhava mais a um instrumento no jogo de ferramentas práticas do indivíduo do que a um estilo abrangente de vida.

### Mentalidade primitiva *versus* unidade psíquica

Estas noções contrárias entram na categoria da escola intelectualista, mas são suficientemente singulares para merecer um comentário separado. Uma das primeiras noções fundamentais na antropologia moderna foi o conceito de *Elementargedanken* ou "ideias elementares", cunhado por Adolf Bastian (1826-1905). Todos os humanos, sugeriu ele, compartilham certo conjunto de ideias ou experiências fundamentais básicas (o que mais tarde Carl Jung chamará de "arquétipos). Todos os humanos são, portanto, mentalmente iguais; não existe diferença profunda e intransponível entre seres humanos "primitivos" e "modernos" ou entre humanos "religiosos" e "científicos". Em outras palavras, existe uma "unidade psíquica" comum da humanidade. O que difere é a expressão ou formulação local destas ideias elementares, que ele chamou de *Völkergedanken* ou ideias populares ou ideias étnicas. Por conseguinte, embora todos os humanos podem ter alguma ideia de uma força transcendente ou de uma sobrevivência após a morte, as formas específicas que estas ideias assumem podem variar e irão variar de um lugar para outro e de um tempo para outro. A diversidade religiosa, portanto, deveria ser examinada não pela "variação superficial", mas pelos padrões e verdades mais profundos e mais universais que foram expressos nas diversas religiões.

A posição exatamente oposta foi formulada por Lucien Lévy-Bruhl (1857-1939), que afirmou que os pensamentos e crenças das pessoas "primitivas" derivavam de uma maneira de pensar completamente diferente da maneira de pensar das pessoas modernas. Nós modernos, argumentou ele, somos lógicos, especialmente quando se trata da "lei da exclusão": uma coisa não pode ser ela mesma e outra coisa ao mesmo tempo. Os primitivos, porém, não sabiam nada disso. Ao invés, eles eram "pré-lógicos", operando na base da "lei da participação", que permite coisas diferentes ou até contraditórias coexistirem ou coabitarem simultaneamente. Por exemplo, uma estátua pode ser ao mesmo tempo uma estátua e um deus, ou um ser pode ser ao mesmo tempo um humano e um animal. Se esta análise estiver correta, então existe um profundo abismo entre eles e nós; contudo, mesmo o próprio Lévy-Bruhl rejeitou-a ainda em vida e é fácil verificar que os "primitivos" nem sempre são pré-lógicos (eles podem realizar rituais de caça, mas também afiam suas lanças) e que os "modernos" nem sempre são lógicos (eles podem usar aviões a jato e telefones celulares, mas ainda acreditam que uma hóstia é simultaneamente um corpo humano – a conhecida doutrina da transubstanciação, ou seja, de que a hóstia que os católicos comungam "se torna" literalmente carne). Voltaremos à análise do dualismo mental no Capítulo 3.

### Estruturalismo

O estruturalismo refere-se geralmente à opinião de que o sentido ou o funcionamento de um fenômeno depende menos da natureza de seus "bits" individuais do que das relações entre esses bits e as regras para combiná-los. A linguagem é talvez o paradigma de um sistema estrutural, no qual o sentido de uma palavra é determinado por seu lugar numa série de palavras, e o sentido de uma sentença é determinado por seu lugar numa série de sentenças. Ferdinand de Saussure (1857-1913) provocou uma revolução entre os linguistas com esta abordagem estruturalista, enfatizando a "gramática" ou práticas transformacionais que permitiam às pessoas que haviam dominado as regras gerais da linguagem (*langue* em sua terminologia) produzir atos de fala (*parole*) específicos.

Claude Lévi-Strauss (1908-2009) teve muita influência ao aplicar esta abordagem gramatical à religião, especialmente à mitologia. Proporcionando à antropologia um "método" para analisar e interpretar os mitos, ele sugeriu que os símbolos e acontecimentos no mito só podem ser entendidos como elocuções dentro de uma gramática ou padrão de transformações; como ele escreveu em *Pensamento selvagem*, fatos religiosos como mitos ou totens "são códigos adequados para transmitir mensagens que podem ser transpostas para outros códigos, e para expressar mensagens recebidas por meio de diferentes códigos em termos de seu próprio sistema" (1966: 75-76). Assim, a análise dos mitos e de outros fatos religiosos implica a descoberta das relações subjacentes entre as unidades ou detalhes do todo.

Enquanto todas as versões do estruturalismo afirmam algo semelhante, a versão de Lévi-Strauss vai além, e é por isso que ela é situada na categoria das teorias psicológicas. Ele afirmou que na base das transformações míticas estava a natureza da própria mente humana, que opera de forma binária. A mente humana classifica as coisas em pares, como natureza/cultura, macho/fêmea, vivo/morto, cru/cozido e assim por diante. A mente procura também resolver e unificar estas contradições binárias; mas, já que esta solução não é permanente, se é que é possível, os humanos criam tentativas repetidas, diferentes e, no entanto, reconhecivelmente semelhantes de fazê-lo. Assim qualquer mito, por exemplo, parecerá estar lutando repetidamente com as mesmas questões. Acrescentemos a isto a sugestão de Lévi-Strauss de que a mente é um *bricoleur* (1966: 20-21) ou um divertido criador de sentidos e manifestações, e nós vemos os resultados religiosos: uma contínua tentativa de examinar temas existenciais básicos de múltiplas maneiras, através de "analogias e comparações", metáforas e poesia. Voltaremos a esta teoria em nossa análise do mito no Capítulo 4.

**Teorias neurológicas**

Onde a psicologia se encontra com a neurociência existe uma variedade de abordagens da religião, que realçam o substrato físico que torna a crença possível, senão necessária. Às vezes isto assumiu a forma de falar sobre um "ponto de deus" no cérebro, uma área ou estrutura que é "sintonizada" ou "projetada" para o funcionamento religioso. Se o cérebro faz a religião ou se a religião faz o cérebro (ou seja, seres ou forças sobrenaturais organizaram nosso cérebro como um "receptáculo" para "transmissões" espirituais) é uma questão aberta ao debate.

Um estudo popular feito por Newberg, d'Aquili e Rause (2002) examinou místicos durante suas práticas meditativas e identificou diferenças mensuráveis em seus cérebros durante os estados místicos e fora deles, com diferentes níveis de atividade no lóbulo temporal esquerdo durante a meditação. Sua conclusão foi que, como os cérebros reagem aparentemente ao mundo externo, a atividade do cérebro dos iniciados era uma prova de sua experiência de algum fenômeno ou força externa real. Outros, como Michael Persinger (1987), utilizaram a tecnologia médica para afirmar justamente o oposto: estimulando certas áreas do cérebro com um dispositivo elétrico, Persinger conseguiu produzir "experiência religiosa" nos sujeitos, o que o levou a concluir que a religião é um resultado da atividade do próprio cérebro e não de alguma realidade exterior ao cérebro. Observou-se também clinicamente que pacientes que sofrem ataques epilépticos no hemisfério esquerdo desenvolvem muitas vezes um interesse obsessivo por assuntos religiosos, que dura por muito tempo após os acontecimentos concretos ocorridos no cérebro.

Por fim, Lewis-Williams e Dowson (1988) propuseram outra base neurológica das noções e motivos religiosos naquilo que eles chamam de imagens "entópticas". Estas imagens são os tipos de padrões que são produzidos espontaneamente pela natureza do olho humano e pelo sistema nervoso, consistindo em formas geométricas como pontos, linhas, zigue-zagues e assim por diante. Estes padrões e figuras são comumente relatados por pessoas em transe e outros estados mentais alterados e representados na arte das sociedades tradicionais, como as pinturas rupestres. Estas experiências fisiológicas, portanto, teriam sido interpretadas como "sobrenaturais" na origem e no sentido e recebido importância e poder para além de suas fontes orgânicas.

**Quadro 1.2 Trazendo à mente os deuses: enteógenos e religiões Ayahuasca**

Ilustração 1.2 Ayahuasca: um xamã da região do povo Cofán do Equador ferve folhas por causa de suas propriedades psicoativas. Foto de Wade Davis/Getty Images

Os seres humanos usam muitas técnicas para induzir experiências religiosas, técnicas que incluem canto, privação de sono e alimento, sofrimento físico e, evidentemente, substâncias psicoativas. A estas substâncias, desde o peiote até o LSD, os cientistas dão o nome de "enteógenos" (do grego, que indica "manifestação interior do divino"), já que produzem sensações que são frequentemente interpretadas e usadas como encontros com o divino. Um enteógeno amplamente usado, e ao redor do qual se formaram seitas e religiões inteiras, é o ayahuasca, uma bebida fermentada feita com a trepadeira amazônica *Banisteriopsis caapi* (cf. Ilustração 1.2). Conhecida também como *yagé*, a poção tem poderosos efeitos alucinógenos e igualmente efeitos físicos desagradáveis como vômito e diarreia, que são considerados pelos usuários "uma maneira de purgar males espirituais e corporais" (DA SILVA SÁ & GIALLUISI, 2010: 170). Já conhecida pelos povos indígenas da Amazônia brasileira, a ayahuasca foi desenvolvida em novas direções com a chegada dos colonizadores europeus e escravos africanos. O resultado foi o surgimento de religiões "que construíram seus sistemas de ritual, mito e princípios" em torno do fermentar, ingerir e experimentar os efeitos da ayahuasca (LABATE, MacRAE & GOULART, 2010: 1), que se tornaram conhecidas com o nome adequado de "religiões ayahuasca brasileiras". Três destas religiões são Santo Daime, Barquinha e União do Vegetal. Estas religiões são "uma manifesta combinação da herança do curandeiro ayahuasca amazônico (*curandeirismo*) com o catolicismo popular e com a tradição afro-brasileira, o espiritismo kardecista e o esoterismo europeu" (2). O Santo Daime foi a primeira religião a surgir, nas décadas de 1920 e 1930, acreditando que a bebida dava aos bebedores "saúde, cura, conhecimento, revelação, paz, amor etc." provenientes de "uma divindade ou entidade espiritual" (3). Em 1945 apareceu outra seita, que acabou sendo chamada de Barquinha e que também usa o *yagé* nos rituais de cura. Finalmente, a União do Vegetal (UDV), conhecida oficialmente como Centro Espírita Beneficente União do Vegetal, criado em 1961. Entre os adeptos da UDV, são usadas a ayahuasca e diversas outras plantas para adquirir "luz" e "conhecimento"; e o estado alterado de consciência que ela produz, chamado *burracheira* (bebedeira), inclui sentimentos de gratidão, poder e bondade. Os praticantes podem também experimentar *mirações* (milagres), visões que transmitem uma sensação de bem-estar e união com o universo – a mesma coisa que Rudolf Otto descreveu.

**Teorias sociais**

Nem todos os estudiosos recorreram ou recorrem ao indivíduo ou ao funcionamento da mente para explicar a religião. Eles observam que, embora a religião tenha certamente alguma raiz ou origem no cérebro/mente, ela é um fenômeno público ou social, que não pode ser explicado apenas em termos psicológicos e subjetivos; além disso, muitos indivíduos nunca têm uma "experiência religiosa" ou nem sequer acreditam em religião. Esses estudiosos, entre os quais se encontram antropólogos, recorrem a um estilo "externo" e mais social de explicação. Como uma escola de pensamento, as teorias sociais destacam o papel dos grupos e instituições, da comunidade e/ou da moralidade, que muitas vezes estiveram visivelmente ausentes nas teorias anteriores.

### Funcionalismo

Grande parte do trabalho pioneiro sobre sociologia da religião foi feita não por antropólogos, mas por classicistas que estudavam as fontes gregas, romanas e hebraicas antigas. (Este era um trabalho problemático, já que não era benquisto tratar as escrituras cristãs simplesmente como outro documento a ser analisado cientificamente.) Uma alma corajosa foi William Robertson Smith (1846-1894), que perdeu um emprego de professor por pesquisar as origens dos rituais e crenças do Antigo Testamento/Torá. Ele descobriu que os povos antigos tinham deuses e religiões *enquanto povos*, ou seja, as crenças e práticas religiosas tinham raízes "nacionais" ou "tribais" ou "étnicas". Cada grupo tinha seu(s) próprio(s) deus(es), que, como observou Xenófanes há dois mil e quinhentos anos, assemelhava(m)-se às pessoas do grupo e legitimava(m) os costumes do grupo. Com efeito, a essência da religião, concluiu Smith, era o ritual comunitário, um ato social por definição. A "doutrina" ou o credo explícitos vinham depois como uma explicação para os rituais, mas o alicerce da religião era o comportamento social e, mais ainda, o grupo social que assumia o comportamento.

O mais influente dos primeiros sociólogos, Émile Durkheim (1858-1917), adotou esta ideia e a desenvolveu amplamente, particularmente em seu livro inovador *As formas elementares da vida religiosa*, de 1915. Ele formulou a pergunta: O que é mais fundamental na religião? Se retirarmos todas as outras camadas e adornos, o que sobra? Sua resposta, como vimos nas definições acima (29-30), foi uma irredutível dicotomia entre o "sagrado" e o "profano". O sagrado é o âmbito especial, poderoso, separado – o âmbito que simplesmente não ousamos tocar ou do qual não ousamos aproximar-nos descuidadamente. O profano é o âmbito do ordinário, do mundano, do cotidiano – o âmbito que habitamos a maior parte do tempo, mas que desrespeitaria ou corromperia o sagrado por contato. Mas donde poderia provir tal noção do "sagrado"? Outros analistas apontaram para a psicologia do espanto e da admiração, mas Durkheim apontou para a sociologia do grupo – literalmente. O que é que é mais forte do que o indivíduo, que existe antes do indivíduo, que sobrevive ao indivíduo e do qual o indivíduo depende? É o grupo social: "esta força existe, é a sociedade" (1965: 257). O grupo é um "fato social" e um fato importante. Existe a sociedade como um todo, e nela a família e o clã e a aldeia e outros agrupamentos sociais concretos. Estas realidades sociais são simbolizadas com um nome ou uma bandeira ou um "totem". Elas têm suas histórias, seus cantos, seus padrões, suas danças. Eles têm seu(s) deus(es). Como raciocinou Durkheim: "O deus do clã, o princípio totêmico, pode portanto não ser outra coisa senão o próprio clã, personificado e representado para a imaginação sob a forma visível do animal ou do vegetal que serve como totem" (236). Em outras palavras, quando o grupo celebra ou venera seus espíritos ou deuses, ele está na verdade celebrando ou venerando a si mesmo.

Mas a religião social tribal faz mais do que celebrar; ela cria. A questão principal é a integração e coesão social, a criação e perpetuação do grupo enquanto grupo. Isto se realiza de duas maneiras. A primeira é a organização de uma comunidade moral, um grupo de pessoas que compartilham normas, valores e moralidade. A religião não só lhes diz o que venerar e como fazer chover, mas que tipo de pessoa ser e quais são os comportamentos corretos em seu grupo. Reconhecendo normas e autoridades comuns, os indivíduos se tornam uma comunidade, com identidade comum e interesses comuns. A segunda maneira de alcançar a coesão do grupo é através da eficácia do ritual. Esta atividade comunitária não só fornece aos membros ideias e crenças em comum, mas opera num nível inferior e mais instintivo e também através de uma força psicológica chamada "efervescência".

> Quando eles estão juntos, forma-se uma espécie de eletricidade pelo fato de estarem reunidos, que rapidamente os arrebata a um grau extraordinário de exaltação. Cada sentimento expresso encontra um lugar sem resistência em todas as mentes, que estão bem abertas a impressões externas; cada um repercute os outros e é repercutido pelos outros. Assim o impulso inicial continua, crescendo à medida que prossegue, como uma avalanche cresce em seu avanço. E como essas paixões ativas tão livres de qualquer controle não podem deixar de irromper, só se vê por toda parte gestos violentos, gritos, verdadeiros uivos e barulhos ensurdecedores de todo tipo, que ajudam a intensificar ainda mais o estado da mente que eles manifestam. [...] Assim, parece que é no meio destes ambientes sociais efervescentes e a partir desta própria efervescência que nasce a ideia religiosa (1965: 247).

Seja ou não um retrato preciso do ritual tradicional (e em muitos aspectos não é), esta descrição mostra uma aguçada avaliação do poder da ação coletiva. Está bem comprovado que os seres humanos são mais excitáveis e sugestionáveis em grupos do que individualmente, e quanto mais ativo o grupo tanto maior é o efeito.

### Materialismo histórico

Uma das perspectivas dominantes a respeito da religião no último século e meio tem sido a de Karl Marx (1818-1883). Sua teoria, identificada mais estritamente com a economia política e com a ideologia do comunismo, é na realidade uma teoria da estrutura social e da mudança social. Basicamente, o argumento de Marx foi que a força propulsora, o motor, da sociedade e da cultura não são as ideias, mas a ação ou a prática. Ele estava falando sobre a maneira como os humanos se relacionam com o mundo através de seu trabalho ou labuta – as maneiras como nos expressamos e nos "objetivamos" em nossas produções – e através das relações sociais nas quais eles se organizam para realizar esse trabalho.

Os conceitos centrais no materialismo histórico são "modo de produção" e "relações de produção". No entanto, Marx também reconhecia que uma sociedade não é uma coisa homogênea simples, mas é composta de vários subgrupos com diferentes posições nas relações de produção – diferentes papéis a desempenhar, diferentes perspectivas sobre o sistema, diferentes interesses e diferente poder. Ele chamou estes subgrupos de "classes". Nas sociedades diferenciadas em classes, geralmente uma classe tem mais controle sobre o modo e as relações de produção do que outra(s). A "classe superior" é não só mais rica e mais poderosa, mas é também dominante nas ideias e valores. Conforme a conclusão de Marx, as ideias dominantes de uma sociedade são as ideias do grupo dominante da sociedade, não em último lugar porque esse grupo controla não só a "economia", mas também o sistema educacional, todas as formas de "mídia" existentes e as instituições da sociedade, inclusive a religião.

Desta forma a religião, na opinião de Marx, reflete as realidades concretas da vida social. Se a economia e a política estão muito centralizadas, também a religião será centralizada, com um deus ou no máximo uns poucos deuses que regem todas as coisas. Contudo, a religião é mais do que reflexo; ela é também legitimação. Ou seja, as pessoas na sociedade – especialmente as que não pertencem à classe superior – podem perguntar por que devem participar dela. Qual o benefício para elas? A religião fornece a resposta, estabelecendo e fazendo valer uma visão de mundo que explica e autoriza o arranjo social atual. A versão mais pura desta ideia talvez seja a concepção do "direito divino dos reis" proveniente da história europeia, que "comprovava" que o sistema político contemporâneo estava certo; o tradicional "mandato do céu" chinês e o sistema hindu de castas cumpriam a mesma finalidade. Em todas as sociedades, na função de "carta constitucional" mencionada acima, a religião ajuda a explicar e justificar por que as coisas são da maneira como são e por que devemos concordar com isso. Contudo, a religião nem sempre representa a sociedade *com precisão*; ela pode falsear e até mistificar as relações sociais. Os líderes podem estimular intencionalmente visões religiosas que amparam seu poder e impedem contestações. É por isso que Marx (1843) chamou a religião de "ópio das massas" e "coração de um mundo sem coração". É por isso, também, que Marx, como Freud, esperava e aguardava que a religião fosse desaparecer.

Uma variante da perspectiva materialista pode ser encontrada na obra de Marvin Harris. Em livros como *Cows, Pigs, Wars and Witches* [Vacas, porcos, guerras e bruxas] (1974) ele argumentou que práticas religiosas como o culto à vaca na Índia ou a aversão ao porco no judaísmo podem ser atribuídas a causas materiais (a saber, econômicas e ambientais) imediatas. Na Índia as vacas valem mais vivas do que mortas, de modo que a religião criou uma aura de significado sobrenatural em torno delas, para estimular as pessoas a preservá-las. Nos desertos de Israel os porcos eram economicamente inviáveis, de modo que a mesma aura sobrenatural os castigava. Seja como for, podia-se encontrar um motivo não espiritual prático para a crença ou o comportamento, motivo esse que era então envolvido com um manto de sentido religioso como forma de legitimação e coerção.

### Funcionalismo estrutural

Na antropologia profissional, o funcionalismo como foi proposto por Malinowski foi a primeira teoria importante da cultura e da religião. No entanto, a versão do funcionalismo dada por Malinowski, como é geralmente entendida, não é uma teoria propriamente social; cada indivíduo poderia teoricamente inventar sua própria linguagem, religião ou os talheres para executar a tarefa prática (veremos no Capítulo 4 que isto não é a abordagem da religião de Malinowski em sua totalidade). Mas os indivíduos não inventam (na maioria das vezes) suas próprias soluções para os problemas da vida; eles aprendem e herdam as soluções de seus ancestrais e pares.

A.R. Radcliffe-Brown (1881-1955) foi o grande rival da teoria antropológica na primeira metade do século XX. Ele concordava que a função era uma questão central, mas não a função reconhecida por Malinowski e pelos "individualistas". Mais exatamente, Radcliffe-Brown enfatizou as necessidades do grupo ou da sociedade. Mas que necessidades poderia a sociedade ter senão as necessidades cumulativas de seus membros constituintes? A resposta é, como mostrou Durkheim, integração e coesão. É inteiramente possível cada indivíduo estar bem alimentado e liberado do medo, mas a sociedade fragmentar-se ou desmoronar. Radcliffe-Brown, por outro lado, via a sociedade e seus grupos e instituições como tendo suas próprias necessidades e, por isso, enfatizou a função de todos os itens da cultura ou da sociedade como "a contribuição que eles trazem para a formação e manutenção de uma ordem social" (1965: 154).

O funcionalismo estrutural insiste que a religião desempenha seu mais importante papel na criação e manutenção do grupo e da sociedade, e não do conforto do indivíduo. Um argumento para esta perspectiva é que, sem manutenção social, a sociedade pode chegar ao fim, pondo em perigo a vida de todos os membros individuais. Assim, como afirmou Durkheim, a religião confere aos membros da sociedade uma identidade, atividade, interesse e destino comuns. Ela transforma muitos em um só. E mais ainda: existem momentos na "vida" de uma sociedade em que sua própria existência está ameaçada – digamos, tempos de morte, guerra ou outras crises. O ritual e a crença ordinários podem levar a sociedade a atravessar os tempos ordinários, mas podem ser necessários rituais e crenças extraordinários para estes tempos extraordinários. Assim, os rituais fúnebres podem ser vistos como algo que dá conforto aos sobreviventes aflitos, ou como algo que os mantém unidos enquanto sociedade num tempo em que lutas ou outros conflitos poderiam dilacerá-la. Alguns rituais têm funções puramente sociais; as festividades do Quatro de Julho são diversão para os indivíduos americanos; mas, o que é mais importante, elas lembram e renovam a solidariedade que os une como americanos.

Um segundo argumento para as funções sociais da religião decorre do primeiro. O funcionalismo individual depende da religião que alivia o medo e a tensão e outras emoções negativas. Radcliffe-Brown percebeu astutamente que as crenças e ações religiosas às vezes aumentam realmente o medo e a tensão; afinal de contas, se alguém não crê no inferno, ele não tem medo do inferno. Existe o medo adicional dos espíritos poderosos e muitas vezes excêntricos e maliciosos, bem como o medo de executar um ritual errado e sofrer as consequências. Existe o medo do xamã ou do bruxo/a ou do feiticeiro que podem usar a força espiritual para o bem ou para o mal. Assim, uma simples visão de que "a religião torna a vida melhor" é ingênua e incorreta. Às vezes o indivíduo precisa estar em situação pior para o grupo estar em situação melhor. Até o "bode expiatório" e o sacrifício significam dor e perda para a vítima, mas (espera-se) lucro para o grupo.

### Antropologia simbólica/interpretativa

A maioria dos teóricos supracitados (com a exceção de Malinowski, como veremos no Capítulo 4) confiou muito no conceito de "símbolo". Parece evidente que os humanos usam símbolos e que a religião em particular é um sistema de símbolos, se bem que teremos a oportunidade de criticar este pressuposto no Capítulo 3 e mais adiante. Todavia, desenvolveu-se na década de 1960 uma escola de antropologia, influenciada ao menos em parte pela "revolução na filosofia" ocasionada pela ênfase nos símbolos como transmissores e facilitadores do pensamento. Suzanne Langer anunciou em 1942 que todo pensamento humano era simbólico no sentido de condensar o sentido em algum som, gesto, imagem etc.; os símbolos eram assim "veículos para concepções" e o pensamento conceitual seria impossível sem eles.

Antropólogos como Mary Douglas (1921-2007), Victor Turner (1920-1983) e Clifford Geertz (1926-2006) abriram caminho para uma abordagem simbólica ou interpretativa da religião ou, no caso de Geertz, da cultura em geral. Como foi observado acima (p. 30), na definição de Geertz a religião é um sistema de símbolos e a própria cultura é um sistema ainda mais extenso e completo de símbolos, uma "rede de significado" de nossa própria fabricação, na qual consequentemente estamos suspensos (1973: 5). Deste modo os símbolos desempenham um papel decisivo na compreensão de Geertz: eles "são formulações tangíveis de noções, abstrações da experiência fixadas em formas perceptíveis, encarnações concretas de ideias, atitudes, julgamentos, desejos ou crenças" (91). E mais: eles são *eficazes*; Geertz os considerava mecanismos extrassomáticos de controle para organizar a experiência e orientar o comportamento. Por conseguinte, os símbolos não são mentais, mas sociais, observáveis no "fluxo do comportamento" e no "padrão de vida" (17) – e moldam os dois.

Victor Turner desenvolveu uma abordagem simbólica ainda mais explicitamente na direção da "representação", apresentando subsequentemente (por exemplo em 1974) um modelo teatral no qual a religião, especialmente o ritual, é um drama que se estende no tempo, através de vários atos e palcos. Em outros lugares e anteriormente, ele considerou o ritual um "processo" (1969). Tanto para Turner como para Geertz, a religião e seus rituais e símbolos não eram estáticos, mas vivos, arraigados na e constitutivos da ordem social e da experiência individual. A "eficácia" dos símbolos, portanto, reside não apenas ou principalmente nas mentes humanas, mas nos sistemas políticos (GEERTZ, 1980) e no próprio corpo humano (DOUGLAS, 1970).

**Teorias modulares**

Recentemente, mas não apenas recentemente, estudiosos de dentro e de fora da antropologia parecem estar convergindo para uma abordagem da religião que realça a qualidade modular ou composta da religião. A ideia de modularidade não é nova na religião ou exclusiva dela. Sabemos que o cérebro não é um órgão homogêneo simples, mas um órgão modular, composto de várias áreas funcionais especializadas, que se associam para nos fornecer nossa experiência mental humana. De maneira semelhante, a visão modular da religião se fundamenta na noção de que a religião não é uma coisa homogênea simples e talvez nem mesmo seja uma "coisa". Mais exatamente, ela é um composto e, portanto, uma determinada expressão cumulativa de elementos – elementos que podem não ser especificamente "religiosos". Como observou Wiliam James (1842-1910) há mais de um século, por exemplo, a respeito das "emoções religiosas":

> Existe o temor religioso, o amor religioso, a admiração religiosa, a alegria religiosa e assim por diante. Mas o amor religioso é apenas a emoção natural de amor que o homem sente, orientada para um objeto religioso; o temor religioso é apenas o temor ordinário do comércio, por assim dizer, o estremecimento comum do peito humano, na medida em que a noção de retribuição divina pode despertá-lo; a admiração religiosa é a mesma palpitação orgânica que sentimos numa floresta por ocasião do crepúsculo ou num desfiladeiro na montanha; apenas neste momento ela se apodera de nós ao pensarmos em nossas relações sobrenaturais; e coisas semelhantes poderiam ser ditas a respeito dos vários sentimentos que podem ser postos em ação na vida de pessoas religiosas. [...]
>
> Como, portanto, parece não haver nenhuma emoção religiosa elementar, mas apenas um repertório comum de emoções que os objetos religiosos podem utilizar, poder-se-ia compreensivelmente comprovar que não existe nenhum tipo específico e essencial de objeto religioso e nenhum tipo específico e essencial de ato religioso (1958: 40).

À luz destas observações, nossa busca da "religião" pode ser uma busca equivocada e ser mais a busca de um produto da perspectiva histórica e cultural ocidental do que da religião como tal.

### A abordagem "por elementos modulares": Wallace

Anthony Wallace (n. 1923), em sua influente análise da religião, sugeriu que a religião pode em última instância ser "uma noção sumativa e não pode ser assumida acriticamente para insinuar [...] um único conjunto unificador, internamente coerente e cuidadosamente programado de rituais e crenças" (1966: 78). Sua visão era de que a religião parte de uma premissa única, a "premissa sobrenatural" de que "existem almas, seres sobrenaturais e forças sobrenaturais" (1966: 52). Esta premissa precisa ser elaborada e Wallace sugeriu que existem treze "partículas elementares" ou categorias de ação religiosa que servem como elementos modulares para a religião, que são: (1) oração; (2) música, dança e canto; (3) exercícios fisiológicos, entre os quais uso de substâncias e privações físicas e provações; (4) exortação ou ordens, estímulos e ameaças; (5) mito; (6) simulação/imitação, como magia, bruxaria e ritual; (7) *mana* ou o poder que se obtém por contato com objetos poderosos; (8) tabu ou a proibição de contato com certas coisas; (9) festas; (10) sacrifícios; (11) congregação ou atividade de grupo; (12) inspiração, como alucinações e misticismo; e (13) símbolos. Note-se que, como apontou James, a maioria destes elementos, senão todos, têm também sua alternativa secular.

Estas partículas elementares podem ser agrupadas em feixes ou sequências de comportamento, resultando em "complexos rituais", que são acompanhados por "racionalização" na forma de crenças (para Wallace, as crenças eram totalmente secundárias). Um determinado complexo ritual pode incorporar qualquer conjunto e ordem de elementos e excluir outros; com efeito, qualquer religião pode priorizar um ou mais elementos em relação a outros, por exemplo salientando o mito ou o sacrifício e minimizando a oração ou o misticismo. A seguir, complexos rituais e suas crenças e papéis sociais concomitantes são combinados para formar "instituições de culto" de nível mais elevado, que ele definiu como "um conjunto de rituais, todos com o mesmo objetivo geral, todos explicitamente racionalizados por um conjunto de crenças semelhantes ou relacionadas e todos apoiados pelo mesmo grupo social" (1966: 75). Por fim, quando "um grupo frouxamente relacionado de instituições de culto e outras práticas e crenças especiais até menos bem organizadas" (78) se aglomera, o resultado é "uma religião". Assim, qualquer religião específica pode diferir de qualquer outra religião específica na seleção e organização de suas partes constituintes. As partes podem até não ser essencialmente "religiosas" – e poder-se-ia acrescentar módulos não religiosos –, mas cada combinação e arranjo específico é uma "religião" específica.

### A abordagem evolucionária cognitiva: Guthrie, Boyer e Atran

Alguns observadores notaram, desde o tempo de Xenófanes, que as entidades religiosas tendem a ter traços semelhantes aos traços humanos, um fenômeno chamado antropomorfismo. Em 1993 Stewart Guthrie apresentou sua "nova teoria" da religião baseada numa séria aplicação da ideia antropomórfica. Contudo, a partir de sua perspectiva, o antropomorfismo quanto ao mundo sobrenatural (e ao mundo natural) não era um equívoco, mas antes uma "boa aposta": "É uma aposta porque o mundo é incerto, ambíguo e necessitado de interpretação. É uma boa aposta, porque as interpretações mais valiosas são geralmente aquelas que desvendam a presença de tudo o que é mais importante para nós. Isto geralmente são outros seres humanos" (1993: 3). Evidentemente, as entidades sobrenaturais não são *exatamente* como os humanos: elas são muitas vezes maiores ou mais poderosas ou invisíveis ou imortais, mas ainda assim elas são extensões ou negações de qualidades humanas (seres humanos mortais, seres sobrenaturais imortais). A chave para a humanidade não está, em última instância, nos nossos corpos ou em nossa mortalidade, mas em nossa *intencionalidade*, em nossas mentes e vontades.

O projeto de Pascal Boyer para "explicar a religião" começa com a hoje familiar premissa de que o pensamento humano não é uma coisa unitária e homogênea, mas o resultado de módulos de pensamento interoperantes, uma "confederação" de expedientes explicativos, que ele chama de "sistemas de inferência". Entre estes sistemas estão três de particular importância – a formação de conceitos, a atenção à exceção e a agência. O pensamento procede através da criação de conceitos e até "moldes" mais abstratos; os moldes são como formulários em branco com certos campos a serem preenchidos, e os conceitos são a maneira específica como o formulário é preenchido. Por exemplo, o molde "instrumento" tem certas opções e o conceito "martelo" preenche estas opções de uma determinada maneira. De modo semelhante, o molde "animal" ou "pessoa" tem certas qualidades com um conjunto de variáveis possíveis. Uma destas qualidades das pessoas é a agência – a capacidade de empenhar-se numa ação inteligente, deliberada e mais ou menos "livre".

Por mais que nós humanos estejamos interessados em nossos conceitos, somos atraídos para exceções e violações dos mesmos. Os humanos são animais mortais com dois braços; um humano com três braços seria interessante, mas um humano imortal o seria muito mais. Algumas ideias, afirma Boyer, têm o potencial de "grudar" melhor em nossa mente pelo simples fato de serem bastante excepcionais: na expressão dele, um ser que é imortal tem força adesiva, mas um ser que existe apenas nas terças-feiras não a tem. Não causa surpresa que "os conceitos religiosos *violam* certas expectativas provenientes das categorias ontológicas, mas *preservam* outras expectativas" (2001: 62). Entre as expectativas mais críticas que a religião preserva estão a agência e a reciprocidade/permuta. As entidades sobrenaturais "não são representadas como tendo traços *humanos* em geral, mas como tendo *mentes*, o que é muito mais específico" (144), o que não é uma grande tensão para o pensamento humano, já que até os animais manifestam alguma agência, tendo seus próprios desejos e intenções. Além disso, é vantajoso, na opinião de Guthrie, atribuir uma mente à natureza e à sobrenatureza, já que (parafraseando a famosa aposta de Pascal), se estivermos certos, pode ser decisivamente importante e, se estivermos errados, não resulta nenhum dano.

Como conclui Boyer, a religião é construída com "sistemas e capacidades mentais que de qualquer maneira estão aí [...] e, portanto, a noção de religião como um território especial é não apenas infundada, mas de fato é antes etnocêntrica" (311). Nesta maneira de ver, a religião não requer absolutamente uma explicação separada, mas é antes um produto ou subproduto da maneira como a mente funciona na sociedade em todos os contextos, inclusive não religiosos. Em particular, Boyer aponta para as predisposições mentais evoluídas dos humanos, para a natureza da vida social, para os processos de troca de informação e para os processos de inferências derivantes. Se existem agentes não humanos, e eles podem ser contratados como seres sociais – como "parceiros sociais de intercâmbio" –, vale evidentemente a pena pensar e atuar sobre isto.

Scott Atran amplia ainda mais esta visão e na direção dele próprio. Também ele afirma que a religião envolve "exatamente as mesmas estruturas cognitivas e afetivas como as crenças e práticas não religiosas – e não outras –, mas de maneiras (mais ou menos) sistematicamente distintas" (2002: ix). Já que "uma entidade como 'a religião' não existe", não há necessidade de "explicá-la" de uma maneira única. A religião é, mais uma vez, um subproduto e epifenômeno de outros processos ou módulos, geralmente humanos, dos quais Atran aponta vários: módulos perceptuais, módulos emotivos primários (para respostas fisiológicas "sem intermediário" como medo, surpresa, raiva e náusea), módulos afetivos secundários (para reações como angústia, culpa e amor) e módulos conceituais. A agência ocupa também um local elevado em sua lista de prioridades humanas e temos processos elaborados e essenciais para detectá-la e interpretá-la, especialmente porque podemos ser enganados e tapeados por outros. Os agentes sobrenaturais são uma mera e completamente razoável extrapolação da agência humana e natural, "subprodutos de um mecanismo cognitivo naturalmente selecionado para detectar agentes – tais como predadores, protetores e presas – e para lidar rápida e economicamente com situações de estímulo envolvendo pessoas e animais" (15). Não causa surpresa, conclui ele, que "a agência sobrenatural é o conceito culturalmente mais recorrente, cognitivamente mais relevante e evolucionariamente mais convincente quando se trata de religião" (57). Justin Barrett, em seu *Why Would Anyone Believe in God?* [Por que alguém haveria de acreditar em Deus?], de 2004, postulou um "dispositivo de detecção de agência hiperativa" (Hadd – Hyperactive Agency Detection Device) e conduziu muitos experimentos a fim de testar o pressuposto "natural" intuitivo de que os agentes estão operando ao nosso redor.

---

**Quadro 1.3 Modos de religiosidade**

A focalização das origens evolucionárias e dos fundamentos cognitivos da religião leva a um interesse por processos psicológicos como atenção, motivação e memória. A questão aqui é a seguinte: Primeiramente, que tipos de ideias religiosas são criados, e quais ideias atraem nossa atenção, colam em nossa memória e nos motivam à ação? Em 1995 Harvey Whitehouse publicou sua pesquisa sobre movimentos religiosos entre os Mali Baining, um povo da Papua Nova Guiné que acabou dando origem às reflexões de Whitehouse sobre os "modos" de religião. Por volta dos anos 1970, o movimento Pomio Kivung, uma espécie de "culto à carga" (cf. Capítulo 7), se espalhou entre os Mali Baining; no entanto, mais tarde surgiu na comunidade outro movimento, Dadul-Maranagi, e substituiu em grande parte a primeira seita.

A concorrência entre estas duas formações religiosas levou Whitehouse a desenvolver seu modelo de dois "modos de religiosidade" distintos. Relacionados com os processos de memória e motivação, Whitehouse designa um modo como "modo doutrinal", enquanto o outro é o "modo imagístico". O modo doutrinal depende da repetição frequente de comportamentos religiosos, de ensinamentos religiosos e liderança formal explícitos e de centralização religiosa, todos eles elementos que satisfazem os processos de memória mais "semânticos" ou baseados na linguagem. O modo imagístico, pelo contrário, funciona através de comportamentos religiosos que são "invariavelmente de baixa frequência", mas "também, sem exceção, altamente estimulantes" (2004: 70). Estes comportamentos ativam um tipo diferente de memória, a "memória instantânea", e colam na mente por causa de seu drama e força sensorial. Estimulando os sentidos e as emoções, eles tendem a minimizar a liderança, a centralização e a ortodoxia; tendem também a apelar para comunidades pequenas/locais e excludentes. Por fim, Whitehouse afirma que as religiões particulares tendem a "gravitar para" (76) uma extremidade do espectro ou para a outra, embora os dois modos não sejam mutuamente excludentes.

### Integração social e cooperação: teoria da sinalização custosa

Um último fator a respeito da religião que precisa ser reconhecido é que ela muitas vezes é *exigente*. As religiões exigem comportamentos que são custosos, consomem tempo e muitas vezes são difíceis ou dolorosos; muitas vezes as religiões pedem que as pessoas acreditem em afirmações que são francamente difíceis de aceitar. Recentemente, diversos estudiosos sustentaram que a dificuldade da religião pode ser a fonte de suas realizações integrativas.

Numa sociedade, os indivíduos precisam saber que eles podem confiar uns nos outros – que cada um está comprometido com o grupo e que cada um está contribuindo para o grupo, e não "vivendo à custa" dos esforços dos outros. Em 1996 William Irons propôs a "teoria da sinalização honesta [sic]" como solução para o problema do comportamento religioso, sugerindo que as exigências da religião assinalam ou demonstram compromisso social, que assim aumenta a cooperação e o bem do grupo. Desde então Richard Sosis, Candace Alcorta e Joseph Bulbulia colaboraram numa série de ensaios que promovem a "teoria da sinalização custosa" (por exemplo, SOSIS & ALCORTA, 2003; BULBULIA & SOSIS, 2011). A afirmação é que a religião é socialmente integrativa *precisamente porque* ela é dispendiosa e desconfortável: a vida social depende da cooperação e da confiança mútua, mas existe sempre o potencial de decepção no grupo. Assim, impostores preguiçosos se encontram numa corrida armamentista evolucionária com seus camaradas que, como detectores de impostores, criam testes cada vez mais exigentes de honestidade e compromisso, incluindo especialmente testes aparentemente impraticáveis e arbitrários como a religião. "O resultado desta escalada seriam comportamentos rituais sempre mais complexos à medida que os remetentes tentam enganar os receptores e os receptores procuram determinar a veracidade do sinal do remetente" (SOSIS & ALCORTA, 2003: 266). Numa palavra, se a religião fosse fácil, ela não poria à prova o compromisso social de alguém e a disposição de cooperar e conformar-se; qualquer um poderia fazê-lo – ou camuflá-lo. A ideia da sinalização custosa pode ajudar a explicar alguns dos ordálios extremos que os crentes impõem a si mesmos e aos outros, entre os quais sacrifício, automutilação e guerra (cf. Capítulo 10).

## Conclusão

A religião tem sido notoriamente difícil de definir, e cada definição proposta tem algum valor, enfatizando alguma dimensão importante da religião. Nenhuma definição sozinha é totalmente adequada e nenhuma definição é sempre "verdadeira", apenas mais ou menos inclusiva e mais ou menos fecunda. A maneira como definimos a religião determina o que aceitamos *como religião* e, seja como for que definamos a religião, a definição apresenta novos problemas definicionais. O que é "espírito"? O que é "crença?" Os antropólogos descobriram que a própria "religião" é em primeiro lugar um conceito específico da cultura, já que nem todas as culturas têm uma palavra ou conceito para a religião.

Assim como as definições, as teorias são tentativas de formular o que é importante e único a respeito da religião, e as diferentes disciplinas naturalmente veem a religião de maneiras diferentes. Incontestavelmente a religião é emoção e ideia e ritual e instituição. Assim como as definições, as teorias estabelecem limites e sugerem linhas de pesquisa. Recentemente, algumas das mais fecundas sugestões para a pesquisa vieram da teoria modular e da teoria evolucionária da religião, que apresentam uma convergência de muitas disciplinas, mas dominadas por uma perspectiva psicológica/cognitiva.

No entanto, por mais promissoras que sejam estas teorias, a antropologia não é fundamentalmente uma disciplina sociológica. Com efeito, poder-se-ia argumentar que a antropologia não é fundamentalmente uma disciplina teórica. Seja o que for que ocorra nas cabeças das pessoas, a religião vive fora da mente, nas ações e instituições sociais, e a própria antropologia sempre viveu – e esteve mais viva – no campo e na descrição etnográfica das experiências de campo.

A força da antropologia sempre esteve na interação dinâmica entre teoria e etnografia, encontrando culturas e religiões que são sempre mais complicadas e excitantes do que qualquer definição ou teoria possa ser, como veremos nos próximos capítulos.

**Perguntas para debate**
- O que significa estudar a religião antropologicamente? Como a perspectiva antropológica sobre a religião difere da perspectiva de outras disciplinas?
- Quais são as grandes escolas de pensamento ou abordagens teóricas da religião na antropologia e nas ciências correlatas?
- O que é a atual abordagem evolucionária cognitiva da religião?

**Leitura suplementar (cf. website)**
- *Religion by Any Other Name: Do All Cultures Have "Religion"?*
- *What is Sacred? Sacredness as Specialness.*
- *The Epidemiology of Religious Representations: Dan Sperber and Cognitive Theories of Religion and Culture.*

# 2
## Crença religiosa: entidades e conceitos

Os Akha da região montanhosa da Birmânia têm uma palavra (*tjhya*) que podemos traduzir por "crença" e uma palavra (*zán*) que podemos traduzir como "religião". No entanto, de acordo com Deborah Tooker, *zán* não é uma questão de crença: "Para os Akha não se pode *acreditar* ou *não acreditar* em *zán*" (1992: 804). Mais exatamente, *zán* é algo a fazer, não religião no sentido ocidental, mas "algo como um 'estilo de vida', 'maneira de fazer as coisas', 'costumes' ou 'tradições'"; inclui elementos que nós chamaríamos de religião, mas também outros que não chamaríamos assim, como a maneira correta de plantar arroz, construir uma casa ou cozinhar um ovo. Assim, os Akha dizem que "carregam" o *zán*, em vez de dizer que "acreditam" nele. Os comportamentos podem ser "corretos" (*zán-tsha-e*) ou "incorretos" (*zán ma tsha-e*) de acordo com o *zán*, mas "a verdade e a falsidade não são um problema" (804). A cosmovisão dos Akha inclui até espíritos, mas eles "não dizem nada como *neq djan-e* ('acreditar em espíritos')" (802). Se alguém é Akha, ele carrega *zán*; se alguém não é Akha, ele não carrega *zán*; e se alguém deixa de carregar *zán*, ele deixa de ser Akha.

Seja qual for a definição e a causa últimas da religião, qualquer religião contém certas ideias e concepções sobre que tipos de coisas existem no mundo, com que elas se parecem e o que elas fizeram. Poderíamos classificar isso como a ontologia que cada religião encarna, no sentido dos "existentes" que ela postula – os seres, as forças e os fatos da realidade religiosa. Geralmente se alude a estes como sendo as "crenças" da religião.

Nem todos os antropólogos e outros estudiosos da religião realçaram de maneira igual a dimensão da crença. Para Anthony Wallace o comportamento e o ritual são supremos e o "mito" e a "crença" são um acessório deles. No entanto, as pessoas ocidentais, inclusive certos estudiosos, concentram-se tipicamente na "ideia" ou lado "intelectual" da religião, se é que não os privilegiam. Isto acontece em parte porque a cultura ocidental acentua o pensamento ou as ideias, especialmente a respeito do "ritual", que muitas vezes parece ser apenas uma forma vazia. E mais ainda: os acadêmicos prezam o pensamento, as ideias e os conceitos como nosso interesse e meio primários. Em parte isto é um artefato dos hábitos religiosos cristãos, nos quais a crença ou "doutrina" é tida em alta estima. As crenças são "discursivas", algo a "conhecer" e sobre o qual falar, sendo que tanto o falar quanto o conhecer fluem de e para uma visão da religião e da cultura como uma linguagem ou um texto a ser falado ou lido.

Consequentemente, muitas definições de religião esboçam, se é que não ressaltam, o conceito de crença. Lembremos que a definição mínima de religião dada por E.B. Tylor foi "crença em seres espirituais". Durkheim insistiu que a religião é "um sistema unificado de crenças e práticas". Em outras definições antropológicas, embora não todas, suas crenças representam a essência de uma religião e a crença representa a essência da religião. Tanto estudiosos quanto leigos presumiram frequentemente, muitas vezes de modo acrítico, que a crença é o aspecto mais importante da religião, que compreender uma religião é descrever suas "crenças" e que podemos estudar e conhecer as "crenças" de uma religião de maneira direta e clara.

Neste capítulo examinaremos a série de tópicos que as religiões tendem a incluir e a série de reivindicações que as religiões tendem a apresentar. Na melhor tradição antropológica, queremos examinar conceitos e relativizar compreensões, assegurando não imputar a outras culturas o que elas não reconhecem a respeito de si mesmas. Isto pode incluir e inclui noções familiares como "deus" ou "alma" ou "céu". Pode incluir a própria noção de "crença", que pode não ocupar um lugar central – ou nem sequer estar presente – em alguma religião determinada. Por fim, é importante entender que a "crença" não é algo exclusivo da religião; ter ideias e apresentar reivindicações a respeito da realidade é um universal humano e as ideias/reivindicações/crenças religiosas são um subconjunto, único em alguns aspectos e bastante familiar em outros.

## A antropologia da crença

A crença é tão evidente para a maioria de nós, tão difusa em nosso vocabulário que não podemos deixar de falar e pensar em termos de crença. Com bastante frequência o termo nem sequer é definido, porque parece tão patentemente óbvio; pensamos que não poderíamos absolutamente falar de religião se não falássemos a linguagem da crença. Melford Spiro, em seu estudo da religião birmanesa, deu-se ao trabalho de definir o termo, que para ele significava:

> qualquer conhecimento referente aos seres humanos, à sociedade ou ao mundo que é considerado verdadeiro. Por "crença religiosa" entendo qualquer crença que direta ou indiretamente se refere a seres que são considerados possuidores de força superior à dos humanos e animais, com os quais os seres humanos mantêm relação (interações e transações) e que podem afetar a vida humana para o bem ou para o mal. Resumindo: as crenças "religiosas" são crenças relacionadas com seres sobrenaturais (1978: xii).

Assim Spiro acabou afirmando a visão convencional de que as crenças religiosas são supostamente convicções verdadeiras acerca de seres sobrenaturais. Mas, o que é mais interessante para nossos objetivos, ele afirmou que a crença não é exclusiva da religião; as crenças religiosas são um subconjunto das crenças em geral. O que é característico das crenças em geral é que elas são "conhecimentos" e são "consideradas verdadeiras" pelas pessoas que têm estes conteúdos mentais.

Esta definição e atitude não se afastam muito do sentido convencional de crença e de crer. No entanto, outros se perguntaram se a crença é (1) tão simples como pensamos e (2) tão universal como pensamos. Rodney Needham forneceu uma extensa análise da crença nas culturas. Ele começou observando que a noção de que "se pode afirmar que os humanos creem, sem qualificação e independentemente de sua formação cultural, é uma premissa implícita nos escritos antropológicos" (1972: 3). No entanto, os antropólogos não podem e não ousam deixar premissas implícitas, inclusive suas próprias premissas. Needham continuou considerando que a crença é um conceito muito mais impreciso do que imaginamos e que ela é um conceito muito mais culturalmente específico e não culturalmente universal do que pensamos.

Needham analisou, por exemplo, uma ampla variedade de culturas e linguagens nas quais a palavra para expressar a crença e a experiência da crença são muito complexas e não necessariamente iguais à noção cotidiana que nós temos delas. O Nuer, o Navajo, o Hindi, o Kilchi (Guatemala), o Uduk (Etiópia), o Penan (Bornéu) e o Chinês são algumas das línguas por ele estudadas, e ele descobriu três importantes consequências:

> A primeira consiste num reconhecimento mais claro e mais evidencial da desconcertante variedade de sentidos ligados a palavras em línguas estrangeiras que são indiferentemente traduzidas ao inglês com "crer" ["believe"]. A segunda é que, embora muitas vezes possa parecer possível, ao comparar outras línguas, isolar essa palavra como sendo o equivalente da palavra inglesa "crer" ["believe"] em cada uma delas, existem línguas nas quais certos sentidos bastante discrepantes para uma interpretação inglesa são no entanto tão associados, e tão uniformemente expressos, a ponto de tornar injustificável extrair qualquer um deles como definitivo. Em terceiro lugar existem aparentemente línguas nas quais [...] não existe absolutamente nenhum conceito verbal que possa transmitir com exatidão o que se poderia entender pela palavra inglesa "crer" ["believe"] (37).

Com efeito, Evans-Pritchard nos advertiu, em seu clássico estudo sobre a religião Nuer, que "crença" não é um conceito autóctone para esta sociedade: "Seja como for, não existe, em minha opinião, uma palavra na língua Nuer que possa significar 'eu creio'" (1956: 9). Ao invés, os Nuer dizem que eles *ngath* seu deus/espírito (*kwoth*), que Evans-Pritchard afirmou que deveríamos traduzir como "confiar em", e não "crer em".

Outras sociedades nos deram igual motivo para fazer uma pausa e pensar. Feinberg, por exemplo, afirmou que os Anutans das Ilhas Salomão não têm um conceito local de crença. "A palavra *pakatonu*, literalmente 'tornar correto', é usada quase exatamente como o inglês 'crer' ['believe']. Os Anutans se preocupam muito com verdade e falsidade. Depois de contar uma história ou um incidente, eles perguntam um ao outro se 'creem' (*pakatonu*) nas afirmações da narrativa" (1996: 107). No lado oposto, Howard (1996: 135) concluiu que os habitantes de Rotuma não tinham uma palavra para crença antes da missionação, quando os missionários precisaram cunhar uma nova palavra, *pilifi*, para representar a ideia cristã. Assim os antropólogos não dizem que nenhuma religião – ou nenhuma religião exceto o cristianismo – tem um conceito de crença. Mais exatamente, dizem que não podemos atribuir às religiões esse conceito a não ser que elas realmente o tenham. Se elas têm um conceito local de crença, e compreendem sua experiência religiosa de acordo, que assim seja. No entanto, "nós não estaremos compartilhando sua percepção e não estaremos compreendendo seu pensamento se lhes impingirmos esta distinção tipicamente ocidental" (NEEDHAM, 1972: 175) quando elas próprias não a reconhecem. Minha suposição é que poderíamos encontrar mais exceções para a "hipótese da crença" se pensássemos em questioná-la.

Um problema ulterior com o conceito de crença nos estudos interculturais é que ele tem aspectos tanto "objetivos" quanto "subjetivos". Em outras palavras, "crença" tem um caráter proposicional e um caráter psicológico. Enquanto questão objetiva e proposicional, uma crença é uma "pretensão à verdade" publicamente disponível, uma afirmação sobre algo "real" no mundo. Se dizemos que uma pessoa ou sociedade "crê" algo – ou "crê em" algo – isso significa que o indivíduo ou grupo está fazendo uma afirmação a respeito da realidade. Evidentemente, como nos lembra Needham, essa crença "não é uma garantia de realidade e não depende necessariamente da realidade daquilo que se crê" (66). Com efeito, uma crença pode muito facilmente ser falsa, e em alguns aspectos o típico uso inglês do termo implica incerteza ou a possibilidade de falsidade (ou seja, as pessoas não dizem que "creem" que dois mais dois são quatro ou que "creem" em seu pé).

Enquanto questão subjetiva ou psicológica, as crenças são adicionalmente e necessariamente interpretadas como estados mentais dos indivíduos. Ou seja, se dizemos que uma pessoa crê X, estamos fazendo uma afirmação a respeito das representações mentais dessa pessoa. Uma pessoa que crê X deveria *saber* que ela crê X e ser capaz de afirmar X e estar disposta a fazê-lo. Existe essa coisa de "crença" se uma pessoa não reconhece e não é capaz de reconhecer a crença? Podemos talvez atribuir uma crença "tácita" ou "implícita" a indivíduos e sociedades? Esta é uma das questões-chave na antropologia. Além disso, podemos atribuí-la *de maneira igualmente vigorosa e igualmente clara* a todos os membros? A resposta de Spiro foi que o elemento psicológico da crença não é unidimensional, mas multidimensional, produzindo pelo menos cinco níveis de crença pessoal: conhecimento ou familiaridade com a crença, compreensão da crença no sentido convencional, apresentar a crença como "verdadeira", considerar a crença importante ou central para a vida do crente e seguir a crença como força motivacional e orientadora (1978: xiii-xiv). Em qualquer crença determinada em qualquer sociedade determinada, os indivíduos se enquadrarão em algum lugar deste espectro.

Isto é particularmente importante porque os antropólogos muitas vezes procuram os "especialistas" em religião numa sociedade para descobrir suas crenças. No entanto, como insistiu Spiro, "não existe uma razão *a priori* para supor que os sentidos atribuídos às crenças por virtuoses religiosos são compartilhados pelos outros membros do grupo" (1978: xv). E, o que é pior, Needham não encontrou nenhum componente sólido ou "essencial" para o aspecto psicológico da crença – nenhum estado mental ou físico específico que combine com ele ou o distinga – tornando problemática toda a abordagem. Mesmo no inglês vernáculo "crença" ("*belief*") é uma palavra com três sentidos bastante diferentes. Em primeiro lugar, ela pode ser usada no sentido proposicional, para afirmar que uma proposição é verdadeira, como "Deus existe"; assim presume-se que outras religiões têm crenças como "o *jukurrpa* existe" ou "os espíritos *hekura* existem". Em segundo lugar, pode ser usada no sentido de fé ou confiança, como em "creio que minha esposa irá me buscar no aeroporto"; aqui a existência de minha esposa e o aeroporto não estão em questão, mas antes a confiabilidade dela. (Jean Pouillon faz a mesma distinção em francês, entre *croire à*, "afirmar que uma coisa existe", e *croire en*, "ter confiança" (1992: 2).) Em terceiro lugar, pode ser usada no sentido de comprometimento ou valor, como na frase "creio na democracia", na qual alguém não está discutindo a existência da democracia, mas a excelência dela.

Estes sentidos podem ser unidos ou separados numa determinada língua ou religião e sua inter-relação pode mudar com o tempo. Por exemplo, Malcolm Ruel (1997) demonstrou que na civilização ocidental (incluindo a grega antiga) e no cristianismo a concepção de crença evoluiu de um tipo de "confiança" em deus(es), passando por proposições específicas *sobre* Deus e Cristo (o *kerygma* ou "credo"), até chegar à noção de "graça" baseada na experiência pessoal e compromisso com Deus e com Cristo e por fim a uma concepção de crença como uma "aventura da fé" que não tem nenhum destino particular e não faz nenhuma reivindicação específica. A trajetória evolucionária da crença no cristianismo é, portanto, nitidamente "local" e histórica – ou seja, culturalmente e religiosamente relativa – e não se encontra em todas as religiões. Muitas religiões não têm nenhum "credo" de proposições explícitas a respeito de seus mundos sobrenaturais e muitas não misturam fato, confiança e valor no sentido inglês/cristão (muitas não "confiam" absolutamente em seus espíritos, ou até nem gostam deles). Ruel chegou aonde Needham chegou, concluindo que o conceito inglês e ocidental de crença é "complexo, altamente ambíguo e instável" (NEEDHAM, 1972: 43) e "é claramente um amálgama histórico, composto de elementos que podem remontar à doutrina mística judaica e aos estilos gregos de discurso" (49).

> **Quadro 2.1 A natureza mutante da "crença" entre os judeus dinamarqueses**
>
> Em contraste com o cristianismo, o judaísmo é muitas vezes retratado como uma religião interessada mais no comportamento – em executar rituais e observar leis – do que na crença. Esta opinião não é inteiramente exata ou justa, já que os judeus se empenharam em animados debates a respeito de suas escrituras e do correto sentido e interpretação desses escritos, mas Andrew Buckser endossa a noção de que, em comparação com os luteranos da Dinamarca, "as crenças teológicas ocupavam um lugar secundário no sentido da atividade religiosa" para os judeus dinamarqueses (2008: 41). Mas, embora a crença não esteja ausente do judaísmo dinamarquês, ela também "não é algo fixo; mais exatamente, ela surge de uma interação fluida entre ideias religiosas, compreensões culturais e agendas políticas" (41). Buckser identifica duas etapas no moderno pensamento judaico dinamarquês a respeito da crença. No início do século XIX, os reformadores começaram a estimular um "engajamento intelectual ativo na religião, em vez do tradicionalismo de rotina da comunidade estabelecida" (43). A crença foi considerada uma forma racional e moderna de religião. No final do século XX, as atitudes mudaram, de modo que a crença veio a ser considerada "tradicional", não moderna e até antimoderna. Os tradicionalistas "passaram a considerar cada vez mais a crença como a pedra angular da identidade judaica" (50), embora entre os seguidores da Casa Chabad sua versão da crença judaica "inclua um misticismo cabalístico estranho ao judaísmo dinamarquês tradicional, como também um estilo chamativo de proselitismo que colide com o *ethos* moderado da cultura dinamarquesa" (52). O que está claro, no entanto, é que a crença "enquanto ideia mudou, junto com as pessoas que a endossam" (52).

Felizmente, de certa forma, o problema não é insuperável. Os membros de uma sociedade podem não apresentar nem analisar proposições acerca do sobrenatural da maneira como nós o fazemos, mas eles nos comunicam e nos informam de várias maneiras a respeito de sua visão de mundo. Não apenas em suas confissões explícitas (potencialmente raras), mas em seus comportamentos, em suas histórias, em seus rituais e em sua vida cotidiana eles nos fornecem pistas acerca de suas ideias religiosas. "Crença" talvez seja a palavra errada para isto, mas eles provavelmente têm sua maneira própria de falar sobre isso. De acordo com Clifford Geertz, as ideias religiosas podem, para o membro, estar mais na linha do "senso comum" do que de uma proposição. Assim como seria inexato e estranho dizer que nós "cremos" que a chuva nos deixa molhados ou que os micróbios nos deixam doentes, assim poderia ser inexato ou estranho (para eles) chamar suas ideias de "crenças". O que tanto nós quanto eles compartilhamos é uma atitude de "é evidente" e "todos não sabem disso?", em relação às nossas ideias, mesmo que sobre temas diferentes e com visões diferentes sobre esses temas. Para muitas pessoas (afastadas e próximas), a religião é como o senso comum no sentido de que ambos parecem evidentes, imediatos, e até óbvios; não se fazem perguntas e nem são necessárias. Com efeito, este é na verdade o apelo do senso comum e muitas vezes da religião: "a premissa tácita da qual o senso comum deduz sua autoridade é que ela apresenta a realidade nítida" (GEERTZ, 1983: 76), exatamente da maneira como ela é para quem tem olhos e cérebro.

Para ser mais explícito, Geertz propôs que o senso comum "enquanto sistema cultural" tem cinco propriedades, que reconhecemos igualmente em muitos sistemas religiosos. Estas propriedades são: (1) a "naturalidade", ou seja, ele apresenta as coisas como sendo simples e como sendo simplesmente o que elas são; (2) a "praticidade", ou seja, ele nos diz o que precisamos fazer para conseguir viver; (3) a "tenuidade", ou seja, o que parece verdadeiro na superfície é realmente verdadeiro; (4) "assistematicidade", ou seja, as ideias não são "teóricas", elaboradas ou particularmente bem pensadas; e (5) a "acessibilidade", ou seja, qualquer um pode, e qualquer um deveria, "captá-lo" (85-91). Finalmente, o senso comum, e com ele a religião, "representa o mundo como um mundo familiar, um mundo que cada um pode e cada um deveria reconhecer e no qual cada um é ou deveria ser independente" (91).

## Ideias religiosas: seres e forças

Os antropólogos se tornaram sóbrios no uso da crença como categoria descritiva e analítica. No entanto, podemos, com alguma apreensão, falar sobre as ideias ou conhecimentos que constituem uma ontologia ou cosmovisão religiosa. Toda religião contém, evidentemente, ideias de e referentes a agências humanas e sobre-humanas no universo: no entanto, nem todas estas agências são igualmente "agentivas", ou seja, nem todas têm de maneira igual "personalidades" ou "mentes" ou "vontades". Esta é outra razão para considerar insuficiente a venerável definição de Tylor: nem todas as religiões têm *seres* sobrenaturais. Ao mesmo tempo, todas as religiões contêm "crenças" mais do que justas acerca do sobrenatural; elas têm também histórias mais ou menos elaboradas e explícitas a respeito destas crenças, atividades mais ou menos formais a executar com elas e em relação a elas, e princípios ou códigos comportamentais ou "morais" mais ou menos específicos que por causa delas são exigidos das pessoas. Todos estes temas serão objeto de análise em capítulos posteriores.

Em qualquer sociedade determinada pode haver muitas ou algumas poucas entidades religiosas, embora nenhuma religião tenha realmente apenas uma. Algumas religiões simplesmente não contêm seres, mas antes uma ou mais forças – energias ou princípios *impessoais* que sustentam o mundo. E algumas contêm uma combinação de seres e forças, e por isso não podemos falar deles como "tipos". Além disso, "sobrenatural" é outro destes termos problemáticos; nem todas as culturas têm este conceito exatamente no sentido ocidental/cristão. Muitas vezes o que nós chamaríamos de seres "sobrenaturais" são absolutamente "naturais", ou estão na fronteira do natural, e não o são a partir da perspectiva de outras religiões. E os seres sobrenaturais ou espirituais não são necessariamente imateriais ou desencarnados; alguns têm corpo ou podem ocasional ou temporariamente adquirir um corpo.

**Seres religiosos**

Muitas religiões, mas não todas, têm noções de seres religiosos mais ou menos bem conhecidos. Mas o que é precisamente um ser religioso? Todos os seres que nós geralmente encontramos são "físicos" ou "materiais" – ou seja, eles têm corpos materiais e palpáveis, ocupam espaço, estão sujeitos às leis do movimento, envelhecem e morrem etc. Os seres religiosos são diferentes em certos aspectos (mas não em todos). Em alguns casos eles não têm corpos físicos ou podem ser capazes de coexistir no mesmo espaço com os corpos físicos (ou seja, "possessão"), ou podem mover-se e agir de maneiras que desafiam a lei natural, ou não envelhecem ou não morrem. Isto deixa um grande espaço para a diversidade, mas a única coisa que os seres religiosos têm em comum é que eles são *seres*, e até *pessoas*, ou seja, eles são indivíduos com vontade e "mente" e "personalidade" próprias. Fora disso, a variação é quase ilimitada.

Alguns observadores tentaram fazer distinção entre "espíritos" e "deuses". De acordo com a definição dada por Levy, Mageo e Howard, espíritos e deuses se encontram em extremidades opostas de "um *continuum* de entidades espirituais culturalmente definidas que vão de seres bem definidos e socialmente abrangentes num polo a presenças socialmente marginais e efêmeras no outro" (1996: 11). Aparentemente, imagina-se que os deuses são os primeiros e os espíritos são os segundos. Os autores apresentaram quatro variáveis nas quais se mostra que deuses e espíritos diferem – estrutura, personalidade, experiência e moralidade. Por estrutura eles entendiam que os deuses são o foco de instituições sociais mais detalhadas, que incluem sacerdócios, santuários e festivais, bem como territórios específicos; os espíritos não são objeto de tal elaboração, sendo mais "fluidos", "emergentes, contingentes e inesperados" (14). Por personalidade eles entendiam que os deuses são física e socialmente mais humanos, enquanto os espíritos são "vagos [...] apenas minimamente pessoas" (15). Por experiência entendiam que os deuses são na realidade experimentados menos diretamente, ao passo que os espíritos são encontrados mais comumente e muitas vezes são mais imediatamente objetos de interesse humano. Finalmente, por moralidade entendiam que é mais provável os deuses serem agentes e modelos da ordem moral do que os espíritos, os quais tendem a ser "extramorais" ou maus. Os deuses, argumentavam os autores, "são modelos íntegros de ordem social" (21) que estabelecem e sancionam a moralidade humana, mas os espíritos "são ameaças à ordem e frequentemente devem ser expurgados para que a ordem possa ser restabelecida" (16).

Por mais promissora que seja esta dicotomia, ela não corresponde à evidência empírica. Em primeiro lugar, como veremos, os deuses nem sempre são especialmente bons ou morais e nem sempre se interessam pelos assuntos humanos. Os espíritos podem ser objetos de comportamento ritual extremamente elaborado, enquanto os deuses (especialmente os "deuses supremos" distantes) podem ser tão abstratos e remotos que despertam pouco interesse e atividade humana. Além disso, os espíritos, por serem mais imediatos, são muitas vezes mais conhecidos e até mais semelhantes a pessoas sociais do que os deuses. Por fim, como os autores reconheceram, este *continuum* deixa inexplicados todos os tipos de outros seres – "gigantes, gnomos, fadas, fênices etc." –, bem como espíritos de plantas e de animais, zumbis, vampiros e um número ilimitado de outros seres.

Provavelmente é mais apropriado considerar "espírito" a categoria mais universal, sendo "deus" um subconjunto desta categoria. Em outras palavras, os deuses são um tipo determinado de espírito, um tipo que pode não aparecer em todos os sistemas religiosos. Em algumas situações, pode não estar claro e inequívoco se um espírito é um deus ou não, e no fim a distinção pode ser trivial. E mais: pode não haver uma linha nítida entre espíritos e seres "naturais" (inclusive humanos). Na verdade, em sua maioria, as religiões dependem da noção de que os humanos são ou têm também um componente "espiritual" (uma "alma"). Assim, qualquer tentativa de tipologia dos espíritos está destinada a soçobrar nos recifes da diversidade religiosa.

**Espíritos humanos**

Uma das ideias mais constantes e "naturais" em todas as culturas é que os humanos têm uma parte espiritual ou algumas partes espirituais, que coabita(m) o mundo com o corpo até certo ponto e que sobrevive(m) ao corpo (pelo menos por um tempo) após a morte. Na tradição cristã, esta parte é chamada de "alma". No hinduísmo ela é conhecida como *atman*. O conceito não só tem diferentes nomes, mas também diferentes descrições e destinos em diferentes sociedades. O elemento crucial é que os humanos, mesmo agora, *são* seres espirituais em certo sentido. Novamente na tradição cristã, afirma-se que esta parte espiritual-humana é implantada em nós a partir do exterior (foi originalmente "soprada" no primeiro humano criado), habita em nosso corpo de maneira um tanto obscura e se separa do corpo no momento da morte para continuar sua existência em alguma outra forma.

As características precisas do espírito humano – vivo ou morto – variam amplamente de uma cultura para outra. A noção com que estamos mais familiarizados é a de uma alma integral permanente e única, não situada numa parte determinada do corpo, que preserva nossa "personalidade" ou individualidade em seu destino integral permanente e único (a saber, o céu ou o inferno). Esta não é uma ideia universal. Algumas culturas falam de múltiplas almas ou de uma alma com múltiplas partes. Os Tausug das Filipinas acreditavam que os humanos são compostos de quatro partes: o corpo, a mente, o "fígado" ou emoção e a alma. A própria alma é composta de quatro partes: a alma transcendente, que é totalmente boa e já está na esfera espiritual, mesmo enquanto se está vivo; a alma-vida, que está relacionada com o sangue e ligada ao corpo, mas que sai do corpo nos sonhos; o hálito, que é a essência da vida e está sempre ligado ao corpo; e a alma-espírito, a "sombra" da pessoa (KIEFER, 1972).

Os Nupe da África identificavam três "entidades semelhantes à alma" além do corpo: o *rayi* era a força vital, o *fifingi* era a "sombra", que permanecia visível após a morte e ocasionalmente assombrava as pessoas fisicamente ou em seus sonhos, e o *kuci* era a "alma pessoal" que entrava no corpo por ocasião do nascimento e gradualmente se integrava com ele. No entanto, este *kuci* não era totalmente "pessoal", já que esteve reencarnado em outra pessoa e podia encarnar-se simultaneamente em mais de uma pessoa, teoricamente na mesma família ou clã. S.F. Nadel, consequentemente, chamou-o de "princípio impessoal de descendência e hereditariedade" (1954: 24), que ligava o indivíduo ao grupo de parentesco. Os Mandinko, também da África, tinham uma pessoa humana composta de quatro partes, que incluíam o corpo, o hálito, a inteligência (localizada no coração) e a alma; tanto a inteligência quanto a alma continuam existindo na vida após a morte (SCHAFFER & COOPER, 1980). Os Huron da América do Norte falavam de duas almas ou *atisken*, ambas do mesmo tamanho e forma como o corpo, uma das quais permanecia com o corpo após a morte, enquanto a outra partia (TRIGGER, 1969). Diz-se que os Konyak Nagas da Índia acreditavam em várias partes diferentes da alma, que se separam por ocasião da morte: o *yaha* continha a personalidade do indivíduo e vai embora para a terra dos mortos, enquanto o *mia* continuava ligado ao cérebro (o que explica a prática deles de levar a cabeça de seus inimigos como troféus) e o *hiba* se tornava um fantasma se a pessoa morria de morte violenta (VON FUERER-HAIMENDORF, 1969). Finalmente, os Dusun de Bornéu mencionavam sete partes da alma, uma dentro da outra. Elas não "nasciam" com o tamanho natural, mas cresciam à medida que o corpo crescia, a menor tendo a largura do dedo mindinho e a maior tendo a espessura do polegar. As seis almas "exteriores" ou *magalugulu* eram visíveis em forma humana, mas a alma mais interior ou *gadagada* era informe e invisível (WILLIAMS, 1965).

A menção das ideias dos Nagas a respeito de almas e fantasmas nos lembra que os humanos não são espíritos apenas ou na maioria das vezes enquanto vivem, mas mais ainda depois da morte. Evidentemente, também o destino espiritual final dos ex-humanos varia de uma sociedade para outra. Mesmo nas sociedades ocidentais/cristãs modernas, muitas pessoas creem que as almas podem tornar-se fantasmas, pelo menos temporariamente. Os fantasmas são partes espirituais de humanos falecidos que continuam a existir e participar do mundo humano, geralmente em detrimento dos vivos. Os aldeões birmaneses estudados por Spiro, embora sejam nominalmente budistas, reconhecem os espíritos dos mortos ou *leikpya* como potenciais fomentadores de discórdia que rondavam a casa ou a aldeia e assombravam seus habitantes vivos; ex-funcionários do governo tinham especial probabilidade de terminar desta maneira, porque não gostavam de abandonar o poder. Mais preocupantes ainda do que os mortos comuns eram os espíritos dos que levaram uma vida malvada, porque eram transformados em *tasei* ou *thaye*, fantasmas maus. Os membros do grupo contavam que estes seres eram geralmente invisíveis, mas podiam tornar-se visíveis, com uma "frágil e resiliente materialidade". Eles eram enormes (com mais de 2 metros de altura), escuros ou pretos com enormes orelhas, línguas, dentes semelhantes a presas – "repulsivos em todo sentido" (1978: 34). Estes fantasmas maus acampavam nos arredores da aldeia, especialmente perto dos cemitérios, onde comiam os cadáveres ou atacavam e consumiam os vivos.

Outras sociedades, talvez a maioria, também temem os seus mortos ou se preocupam com eles. Os Navajos contaram a Downs (1972) que o fantasma era a parte má da pessoa falecida, de modo que os fantasmas eram todos maus por definição. Os Dani da Nova Guiné também afirmavam que os fantasmas eram em sua maioria malévolos e tendiam a atacar os adultos vivos, geralmente de frente (HEIDER, 1979). Contudo, nem sempre os mortos se tornam incômodos. Uma das crenças cristãs é que as almas dos mortos se tornam anjos, espíritos desencarnados ou encarnados numa dimensão ou realidade "celestial" (cf. Ilustração 2.1). Às vezes estes anjos interagem com os humanos, como no caso dos "anjos da guarda" (a palavra "anjo" deriva do grego *angelos*, que significa mensageiro). Existem outros anjos que, como se diz, foram criados antes dos humanos e nunca foram humanos.

Ilustração 2.1 Anjo da guarda. Cortesia da Prints and Photographs Division da Biblioteca do Congresso

Finalmente, em algumas religiões ou seitas religiosas, ex-humanos especialmente piedosos e virtuosos podem tornar-se santos, que também podem continuar a atuar em favor dos humanos, protegendo viajantes e assim por diante. No islamismo a veneração de santos é comum, particularmente em certas seitas e interpretações "populares", e pode-se fazer orações, rituais e vigílias junto a seus túmulos ou santuários (cf. Capítulo 1). Em muitas tradições uma parte do corpo (uma relíquia) ou um objeto de uma pessoa santa falecida pode ser venerado e incorporado ao culto e ao ritual. Este objeto pode assumir qualquer forma, desde os ossos de um santo, passando pelo dente de Buda, até chegar a um pedaço da "verdadeira cruz" ou à mortalha de Jesus (o "sudário de Turim").

Muitas sociedades afirmam que a alma individual acaba "assumindo outro corpo", em outras palavras, se reencarna. A pessoa nem sempre consegue lembrar-se da vida do corpo anterior; o espírito da pessoa pode até nem ser completamente "pessoal", como no caso dos Warlpiri, onde ele é em primeiro lugar essencialmente não-humano ou pré-humano e se encarna em forma humana, mas não muda sua característica não humana essencial. Existem também outras peculiaridades a respeito do tema do morto-espírito, como a ideia de um zumbi que é um indivíduo morto que de certa forma foi reanimado, mas sem sua alma; este não é totalmente diferente do conceito europeu de vampiro, uma pessoa morta sem uma alma, que agora é um "morto-vivo".

Em alguns casos as crenças a respeito dos mortos podem fundir-se em sistemas e instituições referentes aos espíritos dos ancestrais. O espírito de um ancestral é o aspecto não físico de um membro falecido do grupo de parentesco, que continua a habitar a área em torno da família e a interagir com eles, para o bem ou para o mal. Para os !Kung ou Ju/hoansi os //*gangwasi* ou recentemente falecidos eram o principal elemento de sua realidade religiosa (cf. Quadro 2.2). Meyer Fortes (1959) descreveu a importância dos espíritos dos ancestrais para os Tallensi da África, aos quais os vivos não só deviam lealdade, mas que afetavam sobrenaturalmente a vida dos vivos através do controle do "destino". Os lares chineses, como ocorre em muitas outras sociedades, tinham tradicionalmente altares dedicados aos espíritos do grupo de parentesco, onde se faziam orações e oferendas, novamente sugerindo que os laços fundamentais de parentesco não se extinguem com a morte.

### Espíritos não humanos

Muitos outros tipos de seres espirituais nunca foram e nunca serão humanos, embora possam ser semelhantes aos humanos e interagir com os humanos. Talvez os mais comuns entre eles sejam os "espíritos da natureza", os espíritos que "são" ou "estão em" plantas e/ou animais e/ou objetos naturais e/ou forças naturais. Foi esta a observação que levou Tylor a formular o que ele chamou de *animismo*. O animismo, derivado do latim *anima*, que significa alma ou, mais literalmente, "vivente" ou "movente", é a concepção geral de que os seres não humanos podem ter e de fato têm também partes espirituais. Por conseguinte, nem toda coisa não humana é necessariamente "animada". Para os Warlpiri, algumas árvores e rochas têm espírito ou *pirlirrpa* e algumas não; eles podem apontar para uma árvore e dizer que ela é "apenas uma árvore", enquanto outra da mesma espécie é um espírito. Algumas espécies inteiras de animais e plantas são espiritualmente importantes e outras são apenas seres naturais. A relação entre humanos e objetos materiais não humanos é às vezes chamada de totemismo, um termo de uso não muito comum atualmente. A ideia por trás do totemismo é que um indivíduo ou um grupo (família, clã, aldeia etc.) tem uma relação espiritual única com uma determinada espécie ou objeto; esta espécie ou objeto é o "totem" da pessoa ou do grupo. A relação resulta geralmente em algum comportamento especial para com o totem, como não comê-lo; no entanto, algumas sociedades comem suas espécies totêmicas. Por isso o totemismo não é um fenômeno coerente e é provavelmente apenas uma das formas de uma relação espiritual maior entre os humanos e o não humano.

Os espíritos de plantas e animais etc. podem ser "individuais" ou "coletivos". Ou seja, cada canguru individual pode ter seu próprio espírito "pessoal", ou pode haver um "espírito canguru" que anima todos os cangurus. Seja como for, plantas ou animais ou forças naturais "espiritualizados" não podem ser ignorados; se existe um espírito da foca ou um espírito do lago, esses espíritos têm uma inteligência ou uma vontade não diferente das nossas. Eles se comunicam conosco e interagem conosco. Os Ainu do norte do Japão, por exemplo, afirmavam que plantas, animais e até objetos fabricados pelo homem eram seres "possuidores de espírito" ou "portadores de espírito" que deviam ser tratados de acordo. Durante a "vida" existiam restrições à maneira como os humanos podiam interagir com eles e até mesmo (e, talvez, principalmente) na morte estas restrições perduravam; por exemplo, as pessoas precisavam manter um lugar separado à disposição de cada tipo de ser possuidor de espírito, chamado *keyohniusi*, e a negligência de seus deveres para com estes seres podia trazer doença ou coisa pior (OHNUKI-TIERNEY, 1974). Os Huron falavam de plantas, animais e até objetos inanimados portadores de espíritos, que eram do mesmo tamanho e forma como seus corpos físicos. Os Dani da Nova Guiné, como muitos povos do mundo, experimentavam os espíritos próprios de objetos ou lugares naturais como colinas, rochas, lagos e redemoinhos ou existentes neles. Os Anutans descritos por Feinberg faziam afirmações a respeito de um tipo de espíritos chamados *tupua penua* ou espíritos da terra/totêmicos, associados com espécies como o tubarão, o polvo ou a tartaruga marinha ou com paisagens e lugares naturais. Esses espíritos eram semelhantes a deuses em alguns aspectos – com nomes, personalidades individuais e poder, que estão ligados a lugares, são venerados e invocados em cantos e histórias –, mas também amorais, egoístas e perigosos.

Além de espíritos de plantas, de animais e de objetos específicos, muitas sociedades reconhecem espíritos que não estão ligados a nenhuma forma material específica, mas têm sua própria "realidade" independente. Estes seres podem ser bons, maus ou indiferentes em relação aos humanos; podem ser úteis, nocivos, maldosos ou inconscientes de seu efeito sobre os humanos. Entre esses seres estão: demônios, diabos e uma ampla gama de personagens de culturas locais, como fadas, elfos, gnomos, duendes, musas, fúrias, *kinkis* (na cultura Warlpiri), *hekura* (na cultura Yanomami) e muitos outros. Um bom exemplo de um tipo de espírito que escapa à fácil categorização é o *jinn* do islamismo clássico. Não sendo um anjo ou um demônio, mas também não um humano, pensava-se muitas vezes que os *jinns* tinham corpos feitos de fogo ou de luz. Feitos por Alá, eram em sua maioria muçulmanos e viviam em tribos e nações próprias. Tendo poder de mudar sua forma, eles muitas vezes assumiam a figura de animais, às vezes "para esconder-se dos humanos, ou para enganá-los, ou para entregar-lhes uma mensagem" (EL-ZEIN, 2009: 92). Assumiam até ocasionalmente a forma humana, estabelecendo laços de amor com os humanos.

Não poucos espíritos tinham a capacidade de assumir forma humana e a tendência a seduzir os humanos. Entre os Mapuche do Chile, uma "pessoa" (*che*) é considerada fecunda, tanto econômica como sexualmente, mas eles reconhecem também uma categoria de "humanos não-pessoas" que têm corpos, mas não têm a capacidade de estabelecer relações fecundas. Um desses humanos não-pessoas é a *pun domo* ou "mulher da noite", um ser semelhante a uma mulher, que aparece de noite a pessoas solteiras; um humano do sexo masculino pode unir-se a esse ser numa relação emocional ou sexual durante anos antes de perceber que ela não é uma *che*. Outra pessoa não-humana é o *witranalwe* ou "demônio vaqueiro", que obstrui o caminho dos viajantes à noite; criado por bruxos/as, o *witranalwe* tem aparência de uma pessoa branca, veste roupa preta e monta um cavalo. Ele acaba matando e comendo rebanhos de animais e seus donos humanos (COURSE, 2011).

Um dos mais minuciosos sistemas de espíritos de que se tem notícia vem do trabalho de Spiro na Birmânia. Além dos fantasmas e dos bruxos/as, havia vários demônios como o *bilus* ou ogro, que come seres humanos. No entanto, a parte realmente extensa da religião era o conjunto de *nats*, que incluía os espíritos da natureza, os *devas* ou seres budistas e, portanto, benévolos, e os "trinta e sete *nats*". Os espíritos da natureza estavam associados às suas localidades respectivas e as protegiam, personificados em seres como *taw-saun nat* e *taung-saun nat*, os guardiães da floresta e da colina, respectivamente. Coletivamente eles tornavam o mundo um lugar perigoso. Mas piores eram os trinta e sete *nats* ou seres poderosos, chamados *thounze khunna min nat* ou "trinta e sete *nats* principais". Eles eram particularmente malévolos, cada um com um nome e sua história mítica própria, e precisavam ser aplacados com oferendas de alimentos. Curiosamente Spiro relata que a maioria dos aldeões não conseguia nomear ou descrever mais do que um ou dois deles; e quando se tratou da noção de "*nats* pessoais" que supostamente se associam aos humanos individuais e os protegem, duas das vinte famílias por ele interrogadas nunca haviam ouvido falar deles, quatro tinham apenas ideias gerais sobre eles e quatro simplesmente negaram que eles existissem (1978: 55).

Dos seres espirituais não humanos, os mais eminentes são os deuses. Não existe uma definição perfeita e universal para os deuses, mas tendemos a imaginá-los como extremamente poderosos, na maioria das vezes morais ou benéficos, geralmente criativos e seres espirituais totalmente "outros". Por "totalmente outros" entendemos que eles não fazem parte da natureza ou não se encontram na natureza e nem sempre interagem diretamente com os humanos. Richard Swinburne, um eminente filósofo cristão, definiu deus como "uma pessoa sem corpo (isto é, um espírito) presente em todo lugar, o criador e sustentador do universo, capaz de fazer tudo (isto é, onipotente), conhecedor de todas as coisas, perfeitamente bom, fonte de obrigação moral, imutável, eterno, um ser necessário, santo e merecedor de veneração" (1977: 2). No entanto, esta não é tanto uma *definição* de deus, mas uma *descrição* de um deus determinado, a saber, o deus cristão. Ela não se ajusta a todos os casos. Entre os antigos deuses gregos, por exemplo, alguns eram bons, alguns eram maus, ou ambas as coisas ou nenhuma delas. Alguns eram mais ou menos eternos, mas muitos haviam nascido de outros deuses (ou de humanos) e muitos morriam. Alguns não desempenhavam nenhum papel na criação, já que a criação já existia quando eles surgiram. Muitas vezes, cada um tinha seu "território" numa "divisão de trabalho" sobrenatural – ou seja, um deus do mar, um deus da guerra, um deus do amor, um deus do vinho etc. Muitas sociedades que reconhecem deuses não procuram comunicar-se ou relacionar-se com eles diretamente, mas antes através de intermediários espirituais de nível inferior, como santos ou ancestrais ou outros espíritos inferiores.

Uma religião que não só inclui deus(es), mas concentra sua atenção nele(s), é chamada de teísmo (do grego *theos*, deus, donde deriva o termo latino *deus* e nossa palavra "deidade"). Em qualquer teísmo determinado pode haver um deus ou mais de um (às vezes muitos) e pode haver – e sempre há – igualmente outros seres religiosos. Uma religião teísta que tem muitos deuses é conhecida como politeísmo, enquanto uma religião teísta que tem um único deus é conhecida como monoteísmo. A antiga religião grega é um exemplo familiar de politeísmo, com seu "panteão" (de *pan*, que significa todos, e *theos*, que significa deus) residindo no Monte Olimpo. O judaísmo, o cristianismo e o islamismo constituem os monoteísmos dominantes no mundo. Algumas versões do cristianismo postulam uma "trindade" de três "pessoas" em Deus, enquanto o islamismo insiste que deus é um só (a doutrina do *tawhid*) – nenhum filho, nenhuma trindade e nenhuma outra coisa igual a Deus.

O teísmo pode assumir algumas outras formas menos familiares. Por exemplo, o deísmo é a postura segundo a qual existe ou existiu um deus que criou o mundo e o pôs em movimento, mas depois se retirou dele; este deus é mais ou menos "impessoal" e pode simplesmente não desempenhar nenhum papel ativo nos assuntos diários dos humanos. A monolatria se refere ao culto a um deus determinado sem negar necessariamente a existência de outros; para alguns estudiosos as seções mais antigas das escrituras judeu-cristãs representam a monolatria, na qual líderes hebreus como Abraão e Moisés receberam "seu deus" para venerar, enquanto outros povos tinham (presumivelmente) seu próprio deus. Por fim, alguns pensadores chegaram à conclusão de que deus é tudo e tudo é deus, crença conhecida como panteísmo. Baruch Spinoza foi um panteísta declarado e Albert Einstein parecia adotar esta posição. Algumas tradições "místicas" no interior de sistemas religiosos maiores, e até certo ponto todo o sistema do hinduísmo, sustentam que o universo inteiro é realmente deus ou a "mente de deus" ou uma grande alma cósmica (o *Brahman* no hinduísmo), da qual a alma humana (*atman*) é um pequeno fragmento alienado.

No interior destas grandes categorias existe uma incrível diversidade de ideias a respeito dos deuses. Alguns deuses são criadores, outros não. Alguns são fiadores e árbitros morais, outros não. Alguns são próximos e conhecidos, outros não. Os Konyak Nagas, por exemplo, referiam-se a um deus do céu chamado *Gawang* ou *Zangbau*, que era um ser altamente pessoal e o criador do universo. Tinha a forma de um ser humano gigantesco e era invocado na vida cotidiana e nas principais ocasiões sociais da cultura; era o protetor da moralidade e punia as injustiças. Por outro lado, os Azande da África falavam de um deus chamado *Mbori* ou *Mboli*, que, segundo nos diz Evans-Pritchard (1962), era moralmente neutro e não muito interessado pelos negócios humanos. Os locais nem sequer tinham "crenças" claras e coerentes a respeito dele: alguns diziam que ele perambulava pela terra, mas outros discordavam.

Entre estes extremos encontra-se todo tipo de variações complexas sobre o tema de deus. Os Kaguru da África Oriental conheciam um deus chamado *mulungu*, que era um criador universal, mas as pessoas não conheciam a história desta criação e nem se interessam muito por ela; o próprio deus era imaginado como semelhante a um ser humano, mas com um só pé, ou um só braço, ou um só olho, ou uma só orelha (BEIDELMAN, 1971). Os ilhéus de Ulithi na Micronésia mencionavam diversos deuses, nenhum dos quais era criador, e sua religião não continha nenhum relato de criação, de acordo com Lessa (1966). Havia um deus supremo, *Ialulep*, que era descrito como muito corpulento, velho e fraco, de cabelos brancos, e que tinha nas mãos o "fio da vida" de cada pessoa e decidia quando uma pessoa devia morrer rompendo este fio. Abaixo dele estavam numerosos deuses do céu e deuses da terra, entre os quais seu filho *Lugeilang*, que gostava da companhia de mulheres humanas e gerou o deus trapaceiro *Iolofath*. Entre os deuses da terra estavam aqueles com jurisdições naturais e sociais mais ou menos específicas, como *Palulap* o Grande Navegador, *Ialulwe* o deus protetor dos marinheiros, *Solang* o deus protetor dos construtores de canoas e assim por diante.

É inteiramente possível e de fato é comum deuses coexistirem com outros tipos de espíritos, muito obviamente espíritos humanos, mas também espíritos animistas e ancestrais. Os Ainu, que acreditavam que todas as coisas animadas e a maioria das inanimadas têm espírito, tinham também noções de deuses ou *kamuy*. Havia diversas categorias de deuses, entre os quais deuses da praia, da montanha, do mar e do céu. Entre os *kamuy* da praia estavam o Deus do Lar, a Avó Lareira e o Deus Solo; entre os *kamuy* da montanha estavam o *iso kamuy* ou deus urso, o *horokew kamuy* ou deus lobo e o *sumari kamuy* ou deus raposa.

Por fim, a linha entre deuses e outros tipos de espíritos nem sempre é clara ou estável – se é que ela existe. Os Tewa, uma sociedade indígena do sudoeste dos Estados Unidos, tinham uma teoria da "personalidade" em seis camadas, das quais as três inferiores eram seres humanos e as três superiores eram espíritos. Quando morria uma pessoa na camada mais baixa dos humanos, ela se tornava a camada mais baixa dos espíritos; da mesma maneira, quando morriam membros da camada mais alta dos humanos (o que eles chamavam de "Pessoas Feitas" ou *Patowa*), eles se tornavam espíritos e se uniam aos espíritos da camada mais alta, "Aqueles Que Nunca Se Tornaram Comida Seca" ou os espíritos que nunca assumiram forma humana. Estes espíritos ou deuses eram os tipos remotos e isolados de divindades que não eram muito comentadas ou conhecidas com muitos detalhes. Falava-se deles chamando-os de *opa pene in* ou *opa nuneh in*, que significa "os vindos do além" ou "os vindos do interior da terra e ao redor da terra", respectivamente. Oito deuses nomeados, na categoria *oxua*, eram associados a cada metade da sociedade, numa ordem escalonada (ORTIZ, 1969).

A mais famosa análise individual do problema de deus na antropologia é talvez a obra de Evans-Pritchard *Nuer Religion* [A religião Nuer] (1956), que é uma contínua luta com o conceito de *kwoth* dessa sociedade, conceito que ele traduz por "deus" ou "espírito". Parece que *kwoth* é um ser determinado, um "deus". Ele é entendido como situado no céu e está associado com o céu e com objetos e acontecimentos celestes (como chuva e relâmpagos), mas não é equiparado a estes fenômenos físicos. Ele é o criador, *cak ghaua* ou criador do universo; é também uma pessoa ou *ran*, que tem *yiegh* ou aliento ou vida. Ao mesmo tempo, o *kwoth* se manifesta como vários tipos de espíritos mencionados, entre os quais *kwoth nhial* (espíritos do céu) e *kwoth piny* (espíritos da terra). Portanto, *kwoth* como espírito é um e muitos ao mesmo tempo.

### Forças religiosas

Simplesmente nem todas as religiões incluem entidades e nem todas aquelas que têm entidades têm exclusivamente entidades. Existe também uma presença regular de afirmações a respeito de forças impessoais – forças que não estão necessariamente associadas a determinada coisa viva nem têm uma mente ou vontade individual. Muitas vezes essas forças se parecem mais com água espiritual ou eletricidade – uma força encontrada (sobre)naturalmente que existe na natureza e inunda a natureza, dando-lhe as qualidades que nela encontramos. O nome usual dado a religiões que realçam estas forças acima dos seres é animatismo.

> **Quadro 2.2 O que é "a religião" dos !Kung ou Ju/hoansi?**
>
> Quando examinamos uma sociedade específica, até mesmo uma sociedade supostamente "simples" como os !Kung ou Ju/hoansi, a identificação de sua "religião" pode tornar-se altamente problemática. Os !Kung são uma sociedade forrageira muito estudada do deserto de Kalahari, no sudoeste da África. A sabedoria convencional diz que os forrageiros são geralmente animistas, que "cultuam" a natureza e não possuem uma concepção de "deuses". A realidade não é tão simples. Na verdade, os !Kung não podem ser enquadrados em nenhum "tipo" de religião. Uma preocupação fundamental deles eram os ancestrais falecidos, conhecidos coletivamente como os //*gauwasi* ou //*gangwasi*, que simplesmente não eram "cultuados" e eram olhados com ambivalência. Constituíam uma fonte primária de perigo para os humanos, não por causa de malícia, mas por causa de sua solidão; ainda cônscios de seus entes queridos vivos e tristes por eles, procuravam trazer os vivos para a terra dos mortos a fim de estarem com eles, com consequências indesejáveis para os vivos. Além dos //*gangwasi* ou //*gauwasi*, os !Kung também conheciam deuses, entre os quais o grande deus *Gao Na* e o deus menor *Kauha*. Cada deus tem uma esposa e filhos e vive no céu. *Gao Na* tem forma humana e concede tanto coisas boas quanto coisas más aos humanos, através dos ancestrais falecidos e outros espíritos intermediários. Ele era conhecido por ter emoções humanas – entre as quais "paixão, estupidez e frustração" – e gostava de comida e de sexo. Não era um modelo moral, mas realizava atos imorais como incesto e canibalismo e as pessoas não se submetiam a ele com respeito e reverência. Suas "orações" assumiam tipicamente um tom um tanto acusatório, insinuando a injustiça do deus ao fazer coisas ruins àqueles que não o mereciam (KATZ, 1982: 31). Finalmente, junto com ancestrais e deuses, eles tinham o conceito de uma energia chamada *n/um*. Richard Lee definiu o *n/um* como uma "substância que está na boca do estômago dos homens e das mulheres [...] e se torna ativa durante uma dança de cura. Os !Kung acreditam que os movimentos dos dançarinos esquentam o *n/um* e, quando ferve, ele sobe pela medula espinhal e explode no cérebro" (1984: 109). Esta força era decisiva para sua noção de xamanismo e cura (cf. Capítulo 3).

O exemplo clássico de uma força espiritual é o *mana* tal como é entendido em numerosas culturas melanésias. Na ilha de Tikopia, *mana* é uma palavra que pode ser um substantivo, um adjetivo e/ou um verbo. De acordo com Raymond Firth, era exato dizer tanto que uma pessoa "tem *mana*" quanto que ela "é *mana*"; e o sinal-chave de ter/ser *mana* era potência, eficácia, poder, ou seja, a capacidade de fazer as coisas acontecerem. Um chefe tinha/era *mana*, como fazia/era um grande guerreiro ou caçador. *Mana*, porém, não deve ser entendido como uma posse ou propriedade de um chefe; mais exatamente, a "única fonte real de *mana* está no mundo dos espíritos. *Mana* não significa o exercício de poderes humanos, mas o uso de algo derivado dos deuses ou dos ancestrais" (1940: 501). A mensagem, portanto, era que "a natureza não funciona independentemente do homem; a fertilidade não é apenas uma concatenação de fatores físicos, mas depende de manter uma relação entre o homem e os seres espirituais" (505). Os humanos, a natureza e o sobrenatural eram um único grande sistema de poder.

A noção chinesa de *chi* é outro princípio animatístico familiar. É provavelmente uma ideia muito antiga, mas é examinada da maneira mais clara e poética na antiga obra *Tao-te king*, atribuída historicamente a um sábio chamado Lao-tse. Nesse livro, o *tao* é descrito como o "caminho" ou "senda" da natureza e o *chi* que a anima e flui através dela. Nos sistemas de pensamento chineses e derivados do chinês, o *chi* opera de dois modos – um modo rápido, claro, seco, masculino (*yang*) e um modo lento, escuro, úmido, feminino (*yin*). Os dois modos estão presentes em todas as coisas em várias proporções, sendo o sol a coisa mais *yang* e a lua a mais *yin*. O *chi* flui através do mundo e através dos humanos, afetando todos os aspectos da vida humana. Um desequilíbrio ou bloqueio do *chi* pode causar doenças, que podem ser curadas através de dieta, movimento ou tratamentos como acupuntura ou acupressão. O caminho do *chi* invade até assuntos tão mundanos como a arquitetura e a mobília da casa: a prática do *feng shui* aproveita o fluxo do *chi* para construir espaços eficientes e saudáveis.

Variações desta ideia de força são abundantes. Os Dusun de Bornéu se preocupavam com uma noção de "sorte", que era um recurso espiritual finito, de modo que uma pessoa podia consumir sua sorte numa área da vida e assim pôr em perigo outras áreas (por exemplo, aquisição de propriedade, sucesso em disputas etc.). Da mesma forma, a sorte era finita na sociedade, fazendo com que o ganho de uma pessoa fosse a perda de outra pessoa; isto levou naturalmente a discussões a respeito de tentativas sub-reptícias de uns roubarem ou prejudicarem a sorte dos outros. Os Apaches atuavam em função de uma força conhecida como *diyi*, que para eles era um suprimento infinito. Os indivíduos que possuíam ou controlavam o *diyi* eram nitidamente diferentes dos que não o possuíam. Muitas formas desta força eram reconhecidas, relacionadas a diferentes animais ou fenômenos naturais. Numa variação do tema animatístico, o *diyi* tinha alguns atributos "pessoais", que incluíam a capacidade de buscar pessoas às quais ligar-se (também os indivíduos podiam buscar *diyi*) e de experimentar cólera, o que podia naturalmente ser prejudicial aos humanos (BASSO, 1970). Os Menomini da América do Norte também conheciam uma força que eles chamavam de *tatahkesewen* ("aquilo que tem energia"), *meskowesan* ("aquilo que tem força"), ou *ahpehtesewesen* ("aquilo que é valioso"). Eles a descreviam como não material e invisível, mas semelhante a uma luz brilhante. Esta forma de força também podia ser procurada e dominada, através de sonhos, busca por meio de visões e orientação de espíritos guardiães (SPINDLER & SPINDLER, 1971).

Meyer Fortes (1959) falou da noção Tallensi de "fado" ou "destino", semelhante ao antigo conceito romano que nos dá o termo ocidental. Na versão Tallensi, os humanos nasciam com um destino bom ou mau, o que determinava o curso de sua vida; em certo sentido, sua sorte definitiva estava "pré-destinada". Um destino mau era apontado pela recusa ou incapacidade da pessoa de executar seus papéis e obrigações sociais; a execução bem-sucedida das expectativas sociais por parte de uma pessoa era prova de um destino bom. Por conseguinte, os fracassos sociais humanos podiam ser atribuídos a fontes sobrenaturais e não ser "culpa nossa". Numa visão que une "crenças" animatísticas e ancestrais, eram os ancestrais falecidos que forneciam à pessoa seu destino. Mas felizmente nem tudo estava perdido para a pessoa que nasceu com um destino mau: podia-se executar rituais para ajudar, na suposição de que os ancestrais estivessem potencialmente favoráveis a reverter sua atribuição original do destino.

## Concepções religiosas: o universo e a existência humana

Enquanto ideias sobre seres e forças constituem a base de todas as religiões, existem muitos outros assuntos sobre os quais essas tradições ensinam. Entre estes assuntos estão: origens e fins, razões e relações, saúde e doença, moralidade e sentido, e praticamente qualquer tópico que possa vir à mente dos humanos. Na próxima seção consideraremos algumas destas áreas e um pouco da diversidade de afirmações e doutrinas a respeito delas.

### Cosmologia e cosmogonia

Quase todas as religiões apresentam uma visão sobre como o universo "realmente é" – de que ele é feito, quais partes ou camadas ele tem e como tudo isto se relaciona com a humanidade. A cosmologia trata da ordem ou estrutura da realidade última, ao passo que a cosmogonia trata da origem dessa estrutura ou ordem. Ambas as palavras derivam da raiz grega *kosmos*, que significa "universo" ou "ordem" (enquanto opostos a "caos"), e a primeira foi adotada pela ciência para designar teorias astronômicas e físicas sobre o universo, enquanto a segunda não encontrou nenhuma aplicação científica.

As cosmologias e cosmogonias das diferentes religiões variam amplamente. A versão cristã fala de uma realidade composta fundamentalmente de três camadas, com um céu (em cima) e um inferno (embaixo) ensanduichando um mundo intermediário habitado por humanos e outros seres materiais (é interessante notar, mas não causa surpresa, que as cosmologias fictícias contemporâneas, como a de *O Senhor dos anéis*, ecoam este mesmo projeto, com uma Terra Média onde residem os humanos e hobbits). Outras religiões imaginam a realidade última em termos bem diferentes. A cosmovisão Yanomami, como foi apresentada por Napoleon Chagnon, incluía uma realidade em quatro camadas, "como pratos de jantar invertidos: delicadamente curvos, redondos, finos, rígidos e com uma superfície superior e uma superfície inferior" (1992: 99-100). Entre estas quatro camadas estava a camada mais elevada, chamada *duku ka misi*, que era de interesse ínfimo para eles, sendo "oca" ou "vazia". O segundo nível mais elevado, *hedu ka misi*, tinha o céu como sua superfície inferior; nele animais e plantas e ancestrais falecidos viviam de maneira muito semelhante à nossa. Os humanos residiam no terceiro nível, *hei ka misi*, que se formou quando um pedaço da camada superior se rompeu e caiu. A camada da base, *hei ta bebi*, era descrita como "quase deserta", não fosse uma estranha raça de pessoas semelhantes aos Yanomami chamadas Amahiri-teri. Já que seu mundo dos mortos era tão sem vida, eles enviavam seus espíritos em expedições canibalescas ao "mundo real" em cima, a fim de capturar pessoas Yanomami, especialmente crianças.

Os Navajo imaginavam o universo como uma "pilha" de catorze "estruturas mundiais" ou mundos em forma de bandejas dispostas uma sobre a outra. Sam Gill não nos diz como estas estruturas mundiais se originaram, mas neste sistema começou um processo de "emergência" no centro do nível mais baixo, subindo através de uma série de acontecimentos contados nos mitos. Vivendo nos níveis inferiores encontravam-se pessoas-insetos, pessoas-animais e pessoas-pássaros com suas línguas e sociedades próprias, e a "jornada ascendente era um movimento forçado devido à má conduta destas pessoas. Cada mundo apresentava a promessa de felicidade e de uma vida boa a seus habitantes, mas estes eram incapazes de manter relações corretas uns com os outros" (GILL, 1981: 51). Para cada camada ao longo do caminho eram conhecidas descrições detalhadas da geografia como também dos eventos sociais. Surgindo finalmente no mundo do topo, que é a terra atual, o Primeiro Homem e a Primeira Mulher "começam a sussurrar um para o outro, planejando o que seria criado na superfície da terra" (52). Destas deliberações e de suas ações originaram-se a primeira tenda do suor, a primeira cabana de terra, o pacote sagrado de remédios como um reservatório de força espiritual e o nascimento da Mulher Mutante. Uma cerimônia criou os dois grupos originais de "formas humanas" e um homem e uma mulher "que representam os meios de vida

Ilustração 2.2 Detalhe do relevo da Árvore da Vida num templo hindu restaurado do século IX em Prambanan, Java.
© Suzanne Long / Alamy

para todas as coisas à medida que avançam no tempo" (52). Finalmente, o Povo Sagrado que havia conseguido aparecer partiu, dando início à era dos heróis da cultura e das origens dos rituais contemporâneos.

Como podemos ver, muitas religiões e cosmologias consideram o universo redondo ou circular, com o território da sociedade específica ocupando o centro do mundo. Muitas vezes existe uma conexão – às vezes uma linha literal – que conecta o ponto central do mundo com a esfera espiritual.

Um motivo comum para representar esta relação é o "*axis mundi*" ou "árvore da vida", que se encontra no centro da criação e chega até ao "céu". Os textos hindus *Bhagavad Gita* e *Mahabharata* falam dessa árvore cósmica (cf. Ilustração 2.2). Os nórdicos também falavam de uma árvore cósmica, chamada Yggdrasil, a Árvore da Sabedoria e a Árvore da Vida (que faz lembrar a árvore do Jardim do Éden). Os deuses se reuniam junto ao freixo, como talvez faziam os antigos druidas e alguns wiccanos modernos fazem, o que conectava e moldava toda a criação. Em outros casos o ponto central é uma montanha; para a cultura hindu e culturas hinduizadas como a javanesa tradicional, esse ponto focal era o Monte Meru, enquanto para a antiga Grécia a morada dos deuses era o Monte Olimpo. Até Moisés encontrou-se com o deus Javé numa montanha. Todas estas imagens proporcionam não só uma cosmologia, mas também uma "geografia sagrada" que une a terra, o céu, a sociedade e os espíritos.

> **Quadro 2.3 A cosmologia de uma sociedade das Ilhas do Pacífico**
>
> Entre os povos de língua Chuuk da Micronésia, uma região do norte do Pacífico, com muitas pequenas ilhas e cadeias de ilhas, o universo era moldado "como uma bacia invertida acima da superfície do mar" (DOBBIN, 2011: 39). O fundo do mar formava o nível mais baixo do cosmos e as ilhas que se projetavam do fundo do mar eram "como torres que são fincadas no mar até alcançar o fundo". Incluindo o fundo do mar, havia sete níveis que subiam, começando com as próprias regiões abissais, depois as torres das ilhas e a superfície da terra e do oceano. Acima da terra estava o horizonte, depois o céu flutuante, e depois o "céu movediço ou céu das nuvens". Acima das nuvens estavam o "céu sol ou das estrelas" e o "céu longo", que eram envolvidos pela "abóbada do céu". Estas bandejas pairando sobre a terra e o oceano estavam conectadas com a superfície da terra pelo *axis mundi* da "árvore do céu" de Enuunap. Enuunap era um deus do céu e o "chefe dos deuses" e seu nome significava "grande espírito" (27). Apesar de ser o deus supremo, ele era "de maneira geral indiferente às necessidades cotidianas da humanidade", embora se acreditasse que possuía "características muito humanas no pouco que ele faz a partir de seu majestoso lugar no céu". Semelhante a um ser humano, ele não era considerado "todo-poderoso ou eterno" (28), mas tinha numerosos filhos que

> "exerciam funções valiosas paro os humanos, especialmente na construção de canoas e casas, no velejar e na navegação, na pesca, no cultivo da fruta-pão e no controle das condições meteorológicas do Pacífico" (30). No nível mais alto do céu (o céu longo) "existem casas para os pais de Enuunap, parentes por afinidade e seus filhos principais", onde residiam sua família e parentes, "cheios de fraquezas, disputas e desavenças" (42). Na outra extremidade do cosmos, o deus do mar Sowunoon administrava o espaço abaixo do fundo do mar e ocasionalmente emergia de sua morada para o mar através de um alçapão situado no fundo do oceano.

### Teodiceia: explicando o mal

Em todos os lugares e tempos é notavelmente claro que acontecem coisas más às pessoas, até mesmo a pessoas boas. Os humanos procuram explicações para estes infortúnios, como também maneiras de controlá-los ou preveni-los. Seja qual for a forma precisa de explicação, ela tende a envolver uma fonte "intencional" ou mesmo "pessoal". Teodiceia é o termo cristão usado para explicar o mal ou o sofrimento, especialmente num mundo feito e regido por um Deus onibenevolente.

Os conceitos de seres e forças e de cosmologia afetarão obviamente os conceitos de mal; com efeito, eles irão até determinar primeiramente o que é considerado mal – ou se existe o "mal" como conceito. Por exemplo, numa tradição que acredita na existência de um espírito totalmente bom, o mal é um problema particularmente incômodo. Uma solução consiste em responsabilizar os humanos pelo mal, através de um conceito subordinado de "livre-arbítrio". Outra solução, muitas vezes associada à anterior, consiste em atribuí-lo a um ou mais seres do mal (um diabo ou satanás ou demônios). Uma terceira e menos atraente possibilidade consiste em afirmar que o espírito bom cria também o mal, ou pelo menos o permite. "Eu formo a luz e crio as trevas; eu faço a paz e crio o mal: eu, o Senhor, faço todas estas coisas", profetizava Isaías (45,7), falando em nome de seu deus Javé. O livro de Jó se preocupa fundamentalmente com o problema do mal, demonstrando que não existe nenhuma relação entre a bondade da pessoa e o mal que se abate sobre ela.

A teodiceia cristã representa a solução geral do "dualismo" para o problema do mal, ou seja, que existem duas forças ou seres distintos e opostos, sendo que o embate entre eles resulta em mal visível. Este é um tema recorrente, como se vê na religião até mais antiga do profeta persa Zoroastro ou Zaratustra, que acreditava num universo com duas forças iguais – a luz (Ahura Mazda) e as trevas (Ahriman ou Angra Mainyu) – em conflito uma com a outra. Angra Mainyu era uma espécie de "contracriador" ou "anticriador", responsável por introduzir a serpente, pestes, "pilhagem e pecado", descrença, "lágrimas e lamentos" e 99.999 doenças na criação de Ahura Mazda, de resto perfeita. Por conseguinte, os dois deuses ou duas forças estavam perpetuamente em guerra, transformando o mundo num campo de batalha. Por isso, toda a religião e toda a existência humana estavam ou deviam estar voltadas para combater Angra Manyu e suas forças do mal, e todos os humanos eram de fato guerreiros na luta entre a luz e as trevas.

Outros sistemas de crença situam a causa do infortúnio em outros agentes, humanos e não-tão-humanos. Estes podiam ser espíritos ancestrais, como foi descrito acima. Podiam ser também operadores humanos – bruxos/as, feiticeiros e assim por diante – como examinaremos no próximo capítulo. Outra maneira de abordar o problema do mal é aceitá-lo como inevitável, como parte da natureza da existência. O budismo considera a dor ou o sofrimento (*dukkha*) uma qualidade inerente da realidade física. Os antigos poetas gregos nunca pretenderam que seus deuses eram todos bons. Os deuses, assim como os humanos, eram bons e maus, grandiosos e insignificantes, cheios de todas as fraquezas emocionais e intelectuais que um ser vivo pode exibir. Eram arbitrários e volúveis e faziam o que queriam. Às vezes o mal era apenas o resultado de azar ou de más escolhas, como quando Pandora abriu sua caixa.

Em algumas concepções religiosas o mundo é simplesmente perigoso. Para os Piaroa da Venezuela o perigo resultava das ações dos dois seres criadores, Kuemoi e Wahari (OVERING, 1986). Kuemoi, o Senhor da Água, era um canibal repulsivo e violento – até mesmo loucamente violento – e Wahari, o Senhor da Terra, era o criador do povo Piaroa. Invadindo o território de Wahari, Kuemoi criou o fogo, as plantas e os animais, e a "cultura", o conhecimento e as habilidades da agricultura e da caça. Wahari, além de criar os humanos em seu próprio território, criou os peixes e a pesca no território de Kuemoi. E, o que é mais importante, transformou as espécies não humanas em suas atuais formas comestíveis, despojando-as de sua natureza espiritual e antropomórfica original. Assim, elas se tornaram alimento adequado para os humanos. A mensagem última e quase insuportavelmente contraditória desta narrativa é que o veneno está em toda parte no seu mundo. A cultura é venenosa porque foi criada por um deus louco. A comida é também venenosa: animais e peixes grandes são perigosos de comer, mas também perigosos são peixes pequenos, aves e até plantas. Consumir qualquer uma destas coisas é perigoso, não porque causem dano físico, mas porque causam dano espiritual invisível. Afinal de contas, animais e peixes são ciumentos e estão irritados por perder sua forma humana e sua capacidade de ter cultura. Por isso, enquanto nós humanos os comemos, eles procuram vingar-se "comendo-nos". O mundo é, portanto, um lugar inevitavelmente violento e perigoso. Se não comemos, nós morremos; mas, se comemos, também podemos morrer. Toda escolha, todo passo está repleto de perigo.

Uma última maneira de "resolver" o problema do mal é negar, em certo sentido, que existe qualquer problema. Em outras palavras, uma tradição pode afirmar que o mal é apenas aparente e que, de outro ponto de vista mais esclarecido, ele simplesmente não existe. O *Bhagavad Gita*, a mais famosa e popular das escrituras hindus, expõe esta ideia claramente. Nesta narrativa, na véspera da batalha o guerreiro Arjuna se encontra olhando, no outro lado do campo de batalha, para seus inimigos, entre os quais estão alguns de seus próprios parentes. Desesperado, ele está pronto a jogar no chão seu arco e flecha, quando o cocheiro de sua carruagem, o deus Krishna disfarçado, começa um discurso sobre as ações apropriadas de um homem probo. Arjuna é membro da casta dos xátrias ou nobres/guerreiros, cujo ofício é a guerra. Ele cometeria um erro se recusasse sua obrigação, o que o condenaria novamente a um rebaixamento no grande ciclo do *samsara* ou renascimento, que é o maior mal. Ainda mais: Krishna ensina ao guerreiro relutante por que nem ele nem qualquer outro homem deveria inquietar-se por tirar uma vida humana: já que a verdadeira essência de uma pessoa não pode ser aniquilada, e já que o corpo é um mero receptáculo temporário desta essência, o destino desse corpo é de pouca importância. Com efeito, matar um xátria é ajudá-lo a alcançar uma existência superior.

### Concepção humana, nascimento e morte

O nascimento e a morte do ser humano são amplamente considerados fenômenos espirituais ou religiosos, cercados de crenças, rituais e valor moral. Em muitas religiões a morte é a transição de uma condição mundana para uma condição espiritual; o nascimento também pode ser uma tal transição (especialmente se a religião implica que os humanos preexistem de alguma forma sobrenatural). Entre os Azande, por exemplo, entendia-se que a concepção resultava da relação sexual, sendo que o sêmen ou *nziro* continha a alma da criança ainda não nascida. No útero a "substância da alma" masculina e feminina misturava-se e a parte do progenitor que fosse mais forte determinava o sexo da criança. O feto era considerado "uma alma com corpo ainda não desenvolvido e, mesmo quando a criança nasce, a alma ainda não ficou completa e permanentemente ligada à sua moradia", tornando-a suscetível de "voar para longe" e morrer (EVANS-PRITCHARD, 1962: 246). O feto era fortalecido e desenvolvido com o sangue da mulher e a repetida inseminação do homem, e também com o alimento da mãe.

Os Dinka diziam que homens e mulheres dão à luz conjuntamente, com a intervenção divina para "criar" a criança e com a assistência dos ancestrais para protegê-la das forças maléficas. Em outras palavras, dois agentes (um deus e espíritos dos ancestrais) juntavam-se aos humanos para formar a vida e protegê-la contra um terceiro agente sobrenatural (forças más) (DENG, 1972). Os Ainu afirmavam que a concepção e o nascimento simplesmente não eram causados pelo sexo, mas pelo deus *Aynu Sikohte*, já que os humanos não têm o poder de formar a vida. Igualmente os aborígines australianos supostamente não viam um elo entre sexo e geração; em muitas das suas sociedades, os bebês vinham dos espíritos do Sonho e eram "filhos dos espíritos" nascidos em forma humana. Estes espíritos moravam na paisagem e entravam no útero da mulher quando ela sentava, deitava ou acampava em lugares sagrados. As mulheres humanas eram às vezes consideradas "hospedeiras" passivas dos espíritos que desejavam nascer, enquanto os homens não desempenhavam absolutamente nenhum papel, exceto talvez o de "abrir o caminho".

Os Kaguru da África Oriental (BEIDELMAN, 1971) tinham uma das mais interessantes visões a respeito do nascimento humano. De acordo com sua religião, quando um humano morria, ele/ela ia para a terra dos mortos ou dos fantasmas. Mas, quando nascia uma criança humana, essa pessoa nascia *da* terra dos fantasmas, de modo que um *nascimento* humano era a *morte* de um fantasma. Assim como os vivos lamentavam a perda de um dos seus pela morte, assim também os fantasmas lamentavam a perda dos seus pelo "nascimento". Por isso, havia uma relação recíproca de vida-e-morte entre fantasmas e humanos, na qual cada um nascia e morria para dentro do outro.

Uma vez ocorrido o nascimento, nem todas as sociedades consideravam isto uma conclusão da formação de um humano, certamente não "socialmente" e às vezes nem mesmo fisicamente. Muitas vezes os recém-nascidos são considerados particularmente vulneráveis a ameaças sobrenaturais, provenientes seja de demônios, de bruxos/as ou de espíritos; consequentemente, são muitas vezes submetidos a períodos de isolamento ritual. Os Konyak Nagas fechavam a casa de um recém-nascido a estranhos durante seis dias, por medo de consequências ruins. Mas, além disso, os bebês precisam amadurecer não só fisicamente, mas também socialmente, para tornar-se humanos reais. Os Tewa, por exemplo, realizavam uma série de iniciações desde o quarto dia após o nascimento até a idade de vinte anos aproximadamente, nas quais a criança era transformada num humano completo (uma "Pessoa Comida Seca" ou *seh t'a*, que significa literalmente "comida seca"). Uma pessoa *ochu* ou úmida/não-madura ("verde") não era inteiramente uma pessoa, porque era ignorante e inocente: "Ser inocente é ainda não ser Tewa; ainda não ser Tewa é ainda não ser humano, e ainda não ser humano é, neste uso do termo, não estar inteiramente fora da esfera da existência espiritual" (ORTIZ, 1969: 16). No final do ciclo de iniciação, a criança não só era um verdadeiro Tewa, mas ele/ela estava firmemente situado/a no sistema de parentesco (metade); ele/ela havia assumido seu lugar na sociedade.

Finalmente toda vida termina (cf. Ilustração 2.3) e, em muitas sociedades ou talvez na maioria, acredita-se que existe algo depois dela. Os Kaguru, como muitos povos, imaginavam que seu território dos mortos era muito semelhante ao território dos vivos, onde os espíritos dos mortos "viviam", cultivavam o solo, caçavam, combatiam e disputavam, e levavam sua vida familiar de muitas maneiras, inclusive "morrendo" e sendo lamentados por seus sobreviventes. Não era particularmente claro para eles onde este mundo dos fantasmas estava situado (alguns diziam que era lá em cima, outros que era embaixo). Também para os Huron, a "aldeia dos mortos" era semelhante às habitações dos vivos. E mais: mortos diferentes tinham rumos diferentes a seguir: os muito velhos ou muito jovens podiam permanecer em volta de suas famílias, enquanto os que morriam em combate se reuniam para constituir sua comunidade própria. E, evidentemente, os mortos eram muitas vezes uma ameaça para os vivos, especialmente se haviam morrido mal (TRIGGER, 1969).

Muitas religiões entenderam a morte como uma espécie de jornada entre mundos que podem, literalmente, levar tempo e envolver desafios e obstáculos. Os Ainu diziam que o espírito dos mortos permanecia em redor do corpo durante o funeral e depois partia para a terra dos mortos para tornar a reunir-se com o

Ilustração 2.3 Túmulos num cemitério japonês urbano. Cortesia do autor

corpo; com efeito, os mortos eram chamados *yayasirika* ou "renascidos". Eles viajavam para um mundo dos mortos chamado *auru n kotan*, que era semelhante ao mundo dos vivos, mas com as estações do ano invertidas. Os vivos podiam visitar os mortos, embora os mortos não pudessem vê-los (enquanto, curiosamente, os cães podiam farejá-los). Os Konyak Nagas afirmavam que os mortos precisavam carregar armas na viagem para seu futuro lar, já que cada um iria encontrar e combater novamente todos os guerreiros que eles haviam matado em batalha durante a vida. Na vida após a morte, as condições eram semelhantes às da vida e os homens sempre se juntavam com sua primeira mulher. Entre os Tewa o corpo de um morto (do qual o espírito saía pela boca) era enterrado com certa quantidade de comida, dependendo de quanto iria demorar a viagem para a próxima vida; as pessoas boas tomavam um caminho "reto" e curto, mas as pessoas más percorriam uma estrada longa e sinuosa, encontrando às vezes feras ao longo do caminho. O espírito dos mortos caminhava com seus ancestrais durante quatro dias, e durante este tempo os vivos ficavam inquietos a respeito de seu efeito sobre eles, já que os mortos ficavam solitários e podiam retornar para levar consigo parentes, especialmente crianças. Na véspera do quarto dia, executava-se um ritual "de liberação" para enviar o espírito para o seu caminho, com uma repetição da cerimônia no primeiro aniversário.

Evidentemente nem todas as sociedades consideravam a morte um fenômeno e uma transformação imediatos e totais. Os Mandinko acreditavam que uma pessoa não estava inteiramente morta no momento da morte, mas era um "cadáver transicional", que seria entrevistado pelo anjo Malika no túmulo antes de seguir adiante. Os Dusun diziam que a alma do morto aguardava durante sete noites perto da aldeia antes de prosseguir para seu destino final de *Nabalu* no cume do Monte Kinabalu. Mas algumas almas nunca chegavam lá, já que podiam ser capturadas e aprisionadas por outros espíritos de mortos ou por "transmissores de doenças" ou malfeitores semelhantes. Uma ideia aparentada é a prática da zumbificação dos mortos ou a criação de "mortos-vivos".

Entre os trobriandeses havia duas crenças diferentes e incompatíveis (MALINOWSKI, 1948). Uma era que os mortos tinham uma "existência curta e precária" na forma de *kasi* nos arredores de sua aldeia, onde eles importunavam os vivos. A segunda visão, muito mais elaborada, era que a alma ou *baloma* viajava para um lugar físico, a ilha de Tuma, onde aguardava chorando na praia até que outros espíritos dos mortos ouvissem sua aflição e saíssem para juntar-se a ela. Depois o morto encontrava Topileta, o chefe da aldeia dos mortos, que precisava ser recompensado; para isso o corpo do morto era enterrado com objetos de valor como joias e artefatos. Os que não tinham os recursos necessários para pagar nunca alcançavam a terra dos mortos e eram condenados a tornar-se habitantes do oceano, míticas criaturas do mar chamadas *vaiaba*. Para os que conseguiam continuar, três caminhos diferentes levavam a Tuma, com base no tipo de morte do indivíduo (magia, veneno ou combate). Em seu destino, eles descobriam seus ancestrais mortos e construíam uma morada para si mesmos. As mulheres eram mais numerosas do que os homens na terra dos mortos e estas mulheres do mundo dos mortos procuravam seduzir os homens com uma irresistível magia de amor, levando-os a esquecer sua existência anterior.

### Fim dos tempos: escatologia

Muitas religiões, mas não todas, têm alguma noção de "morte do mundo", de um fim pelo menos da era presente, senão de toda a criação. Este é o âmbito da escatologia, termo derivado de *eschaton*, que significa fim, ou último, ou mais afastado. O cristianismo é uma religião sumamente escatológica, que chama a atenção para um confronto final entre o bem e o mal, confronto no qual o mal será derrotado e aniquilado, a terra tal como a conhecemos será destruída e a vitória final de Deus será cultuada numa nova terra onde Jesus reina supremo. Tradições lineares como o judaísmo e o cristianismo acreditam numa única criação, existência e destruição, mas outras tradições cíclicas acreditam em múltiplas criações recorrentes. O hinduísmo descreve uma realidade que é repetidamente feita e desfeita, enquanto o deus Brahma dorme e acorda, trazendo o universo à existência em seus sonhos. Cada ciclo da criação sofre um declínio, passando de seu estágio inicial perfeito para sua destruição final e substituição por um novo e intato sonho divino. A era presente, a *Kali yuga* ou era de Kali (a deusa da morte), é o estágio final da criação mais recente. Ela se distingue como um tempo de calamidades, de poder e injustiça e de colapso das instituições sociais e perda da piedade. De acordo com uma versão, à medida que se aproxima o fim do ciclo, a terra se torna um deserto inabitável, exterminando a maioria dos seres que um dia nela viveram. Então o próprio deus Vishnu completa a devastação, sorvendo as últimas águas e permitindo que sete sóis queimem a superfície ressecada. Depois disso, chuvas torrenciais apagam o fogo, mas inundam com enchentes a terra, que por fim é açoitada por fortes ventos. Somente depois que toda vida foi aniquilada e toda a energia esgotada Vishnu assume novamente a forma de Brahma e efetua um novo ciclo de criação, que por sua vez passará por milhares de eras até terminar também ele de maneira cruel.

Outra versão muito conhecida do final é contada nas narrativas nórdicas de Ragnarok. De acordo com a *Edda*, o inverno engolirá a terra e, durante este tempo, a ordem social sofrerá um colapso. Irmãos lutarão entre si, tabus serão quebrados, guerras serão deflagradas, terminando tudo na ruína do mundo. Um lobo engolirá o sol e outro lobo engolirá a lua. Terremotos derrubarão grandes árvores e montanhas, seguidos de inundações e ondas gigantescas provocadas por maremotos. Do céu estilhaçado sairão cavalgando os filhos de Muspell e os deuses acordarão e se reunirão em conselho. Odin e sua corte combaterão os filhos de Muspell e suas hordas perversas até que todos os deuses e homens e até a árvore Yggdrasil tenham sido consumidos. No entanto, do mar surgirá uma nova Terra, com novas terras boas e novos deuses bons e novas pessoas e um novo sol.

Visões escatológicas não são particularmente comuns entre as religiões "tradicionais" mais modestas do mundo. A maioria delas parece ter uma noção mais contínua da existência, na qual as coisas permanecem em grande parte como elas são. No entanto, como veremos, ideias escatológicas se difundiram no mundo moderno e penetraram muitas religiões, provocando novas crenças e novos movimentos de grande importância histórica e cultural.

## Conclusão

Toda religião cria um sistema (mais ou menos integrado) de asserções a respeito do mundo "sobrenatural" e sua relação com os mundos natural, humano e social. Se podemos ou não chamar estas asserções de "crenças" é um problema relativista interessante. Apesar disso, as ideias ou conceitos ou categorias de entidades religiosas são um componente universal e necessário das religiões. Contudo, nem sempre podemos dividir estas ideias e as resultantes religiões em "tipos" nítidos e talvez seja melhor não tentá-lo. Mais exatamente, pode ter mais sentido e ser mais exato pensar nos componentes – elementos modulares ou módulos – das concepções religiosas, que podem ser reunidos em diversas combinações para produzir determinadas religiões. Por isso, seria melhor falar de um "campo religioso" do que de um "tipo de religião", reconhecendo que qualquer campo religioso pode conter alguns elementos e não conter outros, pode elaborar alguns elementos mais do que outros e pode misturar elementos de maneiras que em princípio nos parecem improváveis ou incompatíveis. Precisamente porque as religiões muitas vezes *não* são sistemas cognitivos explícitos, esta (aparente) incompatibilidade é um problema menor do que geralmente imaginamos.

**Perguntas para debate**
- O que é a crítica antropológica da "crença"? A "crença" faz parte de todas as religiões ou é crítica em relação às religiões?
- Como os seres religiosos ou sobrenaturais são "agentes" como os seres humanos, mas diferentes deles?
- Quais são as principais áreas ou tópicos sobre os quais as religiões oferecem ideias ou explicações?

**Leitura suplementar (cf. website)**
- *Belief or Relational Actions? Papua New Guineans in a Christian Hospital.*
- *Reviving Animism: Contemporary Anthropological Thoughts on the Concept of Animism.*
- *Miracles and Religious Experiences among the Samburu.*

# 3
## Símbolos e especialistas religiosos

Os Apiao do sul do Chile carregam seu santo em seus braços. Santo Antônio de Pádua é uma estatueta de aproximadamente 38 centímetros de altura, feita com greda colorida; além disso, ele é propriedade privada, não propriedade da Igreja. O santo "não é particularmente velho ou esteticamente simpático", mas as pessoas "acreditam que ele é extremamente poderoso e milagroso" (BACCHIDDU, 2011: 26). Quando alguém quer beneficiar-se com seu poder, o devoto o pede emprestado ao seu proprietário e o leva para casa por alguns dias. A presença do santo na casa do usuário "transforma um espaço familiar cotidiano num espaço sagrado" (28). Além disso, embora ele seja um santo, e um santo de greda no caso, um Apiao o trata "como se fosse uma pessoa de carne e osso", como um ser humano "que ouve, liberta, salva, admoesta, castiga e orienta as ações das pessoas?" (31). Os Apiao entram em diálogo com ele, "formulando uma pergunta e esperando uma resposta, fazendo uma oferta e com isso concordando em fazer um intercâmbio, ou então apresentando um pedido de desculpa e esperando que o pedido de desculpa seja aceito" (31-32).

Embora preocupada basicamente com a esfera "espiritual" ou "sobrenatural", a religião deve encontrar e de fato encontra suas expressões e efeitos aqui no mundo terreno material e especialmente social. E mais: os humanos não conseguem relacionar-se com seres ou forças totalmente desencarnados ou abstratos; e, mesmo se conseguíssemos, enquanto vivemos no mundo físico esses seres ou forças serão expressos ou tornados manifestos através de objetos específicos e pessoas específicas. Por mais "transcendental" que possa ser, a realidade religiosa deve ser tornada imanente para que os humanos possam conhecê-la e interagir com ela – comunicar-se *com* ela e *a respeito* dela. Ela deve assumir formas concretas, tanto não humanas como também humanas.

Este capítulo trata de duas manifestações do sentido e poder espiritual no mundo físico e social – os "símbolos" e os "especialistas". Geralmente pensamos que os símbolos são coisas que "representam" outras coisas. No entanto, os próprios símbolos são coisas, e coisas poderosas no caso; seu poder pode ser mais importante do que seu "sentido" – ou *pode ser* seu sentido. O mesmo vale para os especialistas religiosos: embora não representem seres religiosos e forças religiosas, eles podem *substituir* essas entidades, atuando como seus representantes ou intermediários no mundo humano. Como se expressou Victor Turner, um dos mais influentes antropólogos dos símbolos, ao examinar o trabalho simbólico dos Ndembu da Zâmbia, os símbolos e os especialistas que os usam (e, em certo sentido, *são* os símbolos) "tornam visíveis, audíveis e tangíveis crenças, ideias, valores, sentimentos e disposições psicológicas que não podem ser percebidos diretamente" (1967: 50). Isto nos levará a uma viagem através da diversidade de símbolos e especialistas religiosos que existem nas religiões. Descobriremos que o conceito convencional de símbolo pode ser inadequado para compreender o que os membros estão fazendo em sua religião. Um conceito como "símbolo" parece talvez muito anêmico para transmitir todo este significado e importância – e nós devemos desconfiar, como antes, de que ele pode ser *nosso* conceito, mas não o de outros.

## Antropologia do simbolismo

Os símbolos, na estrutura mais simples, são coisas – objetos, imagens, sons, ações, gestos, ditos e praticamente qualquer outro meio de expressão – que "significam" algo, que "têm um sentido". O sentido é aquilo que o símbolo "representa", o fenômeno do qual ele é uma representação ou um substituto. Além disso, a relação entre o símbolo e seu sentido é comprovadamente *arbitrária e convencional* – ou seja, não há nenhuma conexão necessária entre determinado sentido e determinado símbolo. É apenas o hábito cultural que une os dois. Em outras palavras, os humanos podem usar e usam qualquer símbolo linguístico (isto é, palavras) para "cachorro" e ainda assim significar "cachorro". Os humanos podem usar qualquer símbolo para representar os Estados Unidos ou o cristianismo e o sentido seria o mesmo (com efeito, os Estados Unidos e o cristianismo foram representados por diferentes símbolos em outros tempos). Igualmente, qualquer símbolo pode ter sentidos diferentes, como a suástica para a Alemanha nazista ou para o hinduísmo.

Os símbolos não são evidentemente o único tipo de coisas "significativas". Por exemplo, em *Symbols, Public and Private* [Símbolos, públicos e privados], Raymond Firth (1973) distinguiu os símbolos dos "indicadores", dos "sinais" e dos "ícones". Para ele um indicador é um significante que está direta ou objetivamente relacionado com o que ele significa, talvez enquanto parte-e-todo ou particular-e-geral, como o rabo de um cachorro significando um cachorro. Um sinal é algo que é "feito" pelo significado ou co-ocorre com o significado, como o latido de um cachorro ou o estrondo do trovão. Um ícone é um "sinal" que traz alguma similaridade ou semelhança com a coisa que ele significa, como um quadro ou uma estátua de um cachorro. Finalmente, um símbolo não está direta ou objetivamente relacionado com seu sentido e é "significativo" através de uma cadeia de associações; por exemplo, o cachorro como um símbolo de companheirismo ou fidelidade.

Criar e utilizar símbolos implica a capacidade cognitiva de encontrar e colocar sentido onde, de outra forma, ele "não existe". Leslie White, ao referir-se ao processo de "conferir sentido a uma coisa ou a um ato, ou captar e apreciar sentidos assim conferidos", chamou-o de *simbolização* (1959: 231) e apresentou a água benta como um excelente exemplo. A água-benta é água, uma coisa material física, mas os humanos lhe acrescentam uma dimensão de santidade. As pessoas que aprenderam a "entender e apreciar" a noção de água-benta a compreendem como santa; para qualquer outro, ela é apenas água.

Embora o simbolismo tenha chegado a ser um elemento importante no pensamento antropológico, dificilmente se pode dizer que teve origem na antropologia. A psicanálise freudiana levou a noção de símbolo particularmente a sério e particularmente longe. Com efeito, Weston La Barre, um dos numerosos antropólogos do século XX a aplicar o pensamento psicanalítico, reconheceu-lhe o mérito de ser "a primeira psicologia a preocupar-se com o *conteúdo* e o *objetivo* simbólicos – em oposição às meras modalidades e processos – do pensar" (1972: xii). De acordo com Freud, a mente opera com base em dois princípios: um "processo primário" e um "processo secundário". O último envolve a ação efetiva sobre a "realidade" ou o mundo exterior, enquanto o primeiro não está em contato com a realidade ou até não tem particular interesse por ela. O processo primário é o funcionamento espontâneo da mente inconsciente isolada, antes de aparecer o "princípio de realidade". A mente inconsciente, propôs Freud, está cheia de impulsos e desejos e memórias inexpressivos e até inaceitáveis – em sua maioria de natureza sexual – que, não obstante, precisam encontrar seu escoadouro. Esse escoadouro é criativo e imaginativo através da indiretidade ou substituição significativa, da qual os sonhos são o caso mais conspícuo. Os sonhos, portanto, são uma "linguagem" simbólica para um conjunto específico de fenômenos mentais. E não só os sonhos: as neuroses e outras doenças mentais são simbólicas (por exemplo, a cegueira histérica pode ser um símbolo de ver algo terrível e doloroso), como também os "lapsos de linguagem" ou atos falhos (os chamados escorregões freudianos), tornando ambos importantes para o diagnóstico. À medida que o pensamento de Freud foi se ampliando, ele atribuiu também conquistas culturais "superiores" – como arte, ritual e mito – a este mesmo processo simbólico, bem como à cultura "primitiva" em geral. Carl Jung, embora mais sensível à religião, reproduziu a abordagem de Freud. Em seu famoso ensaio "Sobre as duas formas de pensamento", argumentou que, embora sejam "aparentemente contraditórios e incoerentes", os sonhos surgem de um processo mental distinto e importante, que é um processo simbólico (2012: n. 6). Ele também considerou o simbolismo como algo que surge de um processo de pensamento diferente do modo mundano, discursivo e baseado na linguagem, a saber, um modo de pensamento indireto ou "de sonho" ou "de fantasia", que "se afasta da realidade, liberta tendências subjetivas e é improdutivo com relação à adaptação" (n. 20). Jung situou esta mesma mentalidade em dois outros campos: a história antiga e a "sociedade primitiva", em particular a religião.

Um avanço (alguns diriam uma revolução) no simbolismo veio em 1942 com a publicação de *Philosophy in a New Key* [Filosofia em nova chave] de Suzanne Langer. Ela sustentou que o simbolismo era um processo de pensamento muito mais difuso do que se suspeitava antes. Com efeito, ela opinou que o problema do "sentido" não era um problema estritamente simbólico, mas o problema humano fundamental. Toda experiência, inclusive a experiência de supostos "dados dos sentidos", é primariamente simbólica (1942: 16). A simbolização, o processo de criar e utilizar símbolos, é então "o ponto de partida de toda intelecção no sentido humano e é mais geral do que pensar, fantasiar ou agir" (33). Todo pensar começa com conceitos, não percepções isoladas, e todos os conceitos são simbólicos por se referirem a "tipos" ou "categorias" de coisas, não a coisas individuais: "Rover" pode significar um cachorro específico, mas "cachorro" significa um tipo geral de ser.

Em vez de procurar "o sentido" de um símbolo – ou seja, sua tradução em outra "linguagem" (por exemplo, a linguagem freudiana de impulsos sexuais ou inconscientes) – Langer propôs que o simbolismo não era linguístico no sentido estrito ou, pelo menos, que ele consistia numa espécie de "linguagem não discursiva". Ela distinguiu entre linguagem e simbolismo, como se mostra na Tabela 3.1.

Tabela 3.1 Comparação de Langer entre linguagem e simbolismo

| Linguagem | Símbolos não linguísticos (música, arte etc.) |
|---|---|
| Tem vocabulário e sintaxe. | Não tem vocabulário – não pode ser fragmentado em "palavras" ou "morfemas". |
| Possível dicionário (uma palavra pode ser "definida" por outras ou "traduzida" em outras). | Nenhum dicionário possível (um símbolo não pode ser "definido" por outro ou "traduzido" em outro). |
| Traduzibilidade (palavras de uma língua podem ser traduzidas por equivalentes em outra língua). | Nenhuma traduzibilidade (os símbolos num meio de expressão ou gênero não podem ser traduzidos em equivalentes em outro meio de expressão ou gênero, ou seja, não se pode re-apresentar uma sinfonia como um poema etc.). |

A chave para a nova filosofia de Langer é a *metáfora*, o uso de uma coisa para sugerir outra através das semelhanças entre as duas (por exemplo: "tempo é dinheiro", porque ambos podem ser poupados, gastos, desperdiçados etc.). Outro nome para isto é *analogia*, ou seja, uma coisa é semelhante a outra em certos aspectos, embora não em todos. Metáfora ou analogia ainda é pensar, insiste Langer, mas não é um pensar "racional" ou relacionado aos fatos; embora a "gramática" destas afirmações pareça literal, elas não devem ser tomadas literalmente. Não é uma fala essencialmente "denotativa" e muitas vezes simplesmente não é fala. De fato, Langer propôs que grande parte do simbolismo se baseia na imagem e é impulsionado pela imagem; e as imagens rapidamente se aglomeram em imagens, formando elos analógicos ou associativos adicionais. O resultado é um voo ao longo de encadeamentos metafóricos que ninguém sabe ou prevê aonde vão dar: "A metáfora é a lei do crescimento de toda semântica" (119), à medida que as pessoas fazem sempre mais analogias e associações e jogam com aquelas que elas têm. O produto final é uma floresta emaranhada e virtualmente impenetrável de sentidos e metáforas, que ela chamou de "pensamento vegetativo", no qual "o próprio uso da linguagem exibe uma exuberante confusão de sentidos metafóricos aderentes a cada símbolo, chegando às vezes ao completo obscurecimento de qualquer sentido literal razoável" (120-121). Um nome que ela deu a este processo, em oposição ao tipo denotativo ou "factual" de pensar e falar, é *significado poético*.

Ernst Cassirer ampliou o alcance e a importância da função simbólica. Em seu *An Essay on Man* [Um ensaio sobre o homem] ele observou que, como história ou como explicação, o simbolismo falha, por estar cheio de "erros e heresias" (1954: 97), por ser "uma lógica do absurdo" (29), mas apenas se o confundirmos com a lógica. No entanto, o que deveríamos ver, insistiu ele, é a natureza simbólica profunda e inevitável de toda a nossa experiência – que os símbolos medeiam inteiramente nossas percepções:

> O homem vive num universo simbólico. Linguagem, mito, arte e religião são partes deste universo. [...] O homem já não pode confrontar a realidade imediatamente; ele não pode vê-la, por assim dizer, face a face. A realidade física parece recuar à medida que a atividade simbólica do homem avança. Em vez de lidar com as próprias coisas, o homem está em certo sentido conversando constantemente consigo mesmo. [...] Sua situação é a mesma na esfera teórica como na esfera prática. Mesmo aqui o homem não vive num mundo de fatos concretos, ou de acordo com suas necessidades e desejos imediatos (43).

A excursão pela psicologia e pela filosofia foi necessária porque a antropologia deve muito a estas disciplinas. A definição de símbolo dada por Clifford Geertz, por exemplo – "qualquer objeto, ato, evento, qualidade ou relação que serve como veículo para um conceito – o conceito é o 'sentido' do símbolo" (1973: 91) –, reflete e é explicitamente creditada a Langer. Geertz também retomou a sugestão do filósofo Gilbert Ryle de que mente e sentido são fundamentalmente "públicos" e até certo ponto "objetivos" e a reproduziu em sua subsequente afirmação de que os símbolos "são *formulações tangíveis* de noções, abstrações da experiência fixadas em formas perceptíveis, encarnações concretas de ideias, atitudes, juízos, anseios ou crenças" (91, ênfase minha).

Com os símbolos desempenhando um papel tão eficaz, não causa surpresa que Geertz considerasse a religião exatamente como um sistema de símbolos, como mostra sua definição (cf. Capítulo 1). E ainda mais: a própria cultura é um sistema de símbolos, dos quais a religião é um componente ou ramo, embora um componente ou ramo particularmente importante.

> O conceito de cultura que eu adoto [...] é essencialmente um conceito semiótico. Acreditando, com Max Weber [e Ernst Cassirer], que o homem é um animal suspenso em redes de significado que ele próprio teceu, eu considero que a cultura é essas redes e que a análise dela não é, portanto, uma ciência experimental em busca de lei, mas uma ciência interpretativa em busca de sentido (5).

Victor Turner foi outro influente promotor da perspectiva simbólica na antropologia. Em sua obra adequadamente chamada *The Forest of Symbols* [A floresta de símbolos], ele investigou o simbolismo ritual dos Ndembu. Para ele, ritual e simbolismo estavam intimamente ligados; com efeito, ele postulou que o símbolo "é a unidade menor do ritual que ainda conserva as propriedades específicas do comportamento ritual; é a unidade máxima da estrutura específica num contexto ritual" (1967: 19). Os símbolos foram construídos de maneira incrivelmente ampla, para incluir "objetos, atividades, relações, eventos, gestos e unidades espaciais" (19). Examinando os tipos e usos, ele chegou a três propriedades dos símbolos – condensação, unificação de significados díspares e polarização do sentido. Por condensação ele entendia que o símbolo pode carregar, e muitas vezes carrega, múltiplos sentidos ou representações simultaneamente. Estes sentidos ou significados múltiplos ou díspares "estão interconectados em virtude de sua posse comum de qualidades análogas ou por associação de fato ou de pensamento" (28). Um exemplo fundamental para os Ndembu era a árvore do leite, que Turner afirmou que representava ao mesmo tempo "os seios das mulheres, a maternidade, uma noviça no *Nkang'a* [uma iniciação ritual], o princípio da matrilinearidade, uma matrilinhagem específica, o aprendizado e a unidade e permanência da sociedade Ndembu" (28). Finalmente, os símbolos unem dois "polos" da experiência, o natural/fisiológico e o moral/social. Assim, um símbolo integra as qualidades e associações físicas do objeto simbólico (por exemplo, a qualidade vermelha, e portanto sangrenta, da árvore *mukula*) e as reações emocionais e até viscerais que este objeto inspira com as ideias, normas e valores do grupo que o usa.

Em conclusão, portanto, tanto Geertz quanto Turner descrevem e implementam o que poderíamos chamar de "o projeto simbólico". Se a cultura em geral, e a religião especificamente, é um sistema ou padrão de símbolos, então a tarefa da antropologia consiste em "interpretar" ou "traduzir" ou "decodificar" estes símbolos. Conforme a maneira de expressar-se de Geertz, a antropologia se torna um exercício essencialmente "semiótico", que busca os "sentidos" dentro dos quais as pessoas agem. A ação social da vida real nunca se perde ou é ignorada; não podemos estudar os símbolos isolados abstratamente da vida social.

> O comportamento deve ser levado em consideração, e com certa exatidão, porque é através do fluxo do comportamento – ou, mais precisamente, da ação social – que as formas culturais encontram articulação. Elas a encontram também, evidentemente, em vários tipos de artefatos e em vários estados de consciência, mas estes extraem seu sentido do papel que desempenham [...] num padrão permanente de vida, não de quaisquer relações intrínsecas que elas mantêm umas com as outras. [...] Seja o que forem ou onde quer que possam estar os sistemas de símbolos "à sua própria maneira", obtemos acesso empírico a eles examinando os acontecimentos, e não arranjando entidades abstratas para formar padrões unificados (GEERTZ, 1973: 17).

Mas ainda assim a vida social e a cultura podem ser tratadas como um "texto" a ser lido ou uma "linguagem" a ser falada.

### A religião é simbólica?

Embora ninguém possa negar que os símbolos existem e que boa parte da religião e da cultura é simbólica, o tratamento da cultura e da religião como essencialmente ou universalmente simbólicas não é compartilhado por todos. Bronislaw Malinowski, por exemplo, rejeitou a abordagem simbólica do mito, senão de toda a religião: em seu ensaio "Myth in Primitive Psychology" [Mito na psicologia primitiva] (ao qual voltaremos no Capítulo 4), ele afirmou que o mito "não é simbólico. [...] Podemos seguramente descartar todas [...] as interpretações simbólicas destes mitos da origem" (1948: 101).

Dan Sperber fez a surpreendente pergunta: Antes de mais nada, *por que* procuramos explicações simbólicas? Ele sugeriu que, quando os antropólogos ouvem certos relatos de informantes, nós concluímos: "'Isto é simbólico'. Por quê? Porque é falso" (1975: 3). Em outras palavras, na maioria das vezes, nós apelidamos de simbólica "toda atividade cuja fundamentação lógica me escapa" (4). Para Sperber, Radcliffe-Brown representa provavelmente a posição-padrão da ciência social quando declarou:

> Precisamos dizer que, do nosso ponto de vista, os nativos estão errados, que os ritos não realizam efetivamente o que se acredita que realizam. [...] Na medida em que os ritos são executados com um objetivo, eles são inúteis, baseados numa crença errônea. [...] Os ritos são facilmente percebidos como simbólicos e nós podemos, portanto, investigar seu sentido (1965: 144).

Ou seja, o comportamento falso ou não prático requer uma "interpretação simbólica", ao passo que o comportamento verdadeiro ou prático não requer: não perguntamos pelo *sentido* de plantar sementes no solo, mas perguntamos pelo sentido de executar um ritual a respeito do campo.

Além disso, Sperber insistiu que interpretar um símbolo ou todo um sistema de símbolos requereria uma "chave" ou um "decodificador", o que não existe na maioria das sociedades. Poderíamos perguntar aos membros a respeito do sentido de seu comportamento, mas a explicação que eles apresentam (sua "exegese") não é, na maioria dos casos, o "sentido" do símbolo, mas apenas uma ulterior extensão dele (1975: 34) – apenas um símbolo a mais. E se disséssemos aos membros que seus comportamentos ou crenças são simbólicos, muitas vezes eles discordariam. Por exemplo, Joseph Campbell, um amigo da religião, escreveu ao longo de sua carreira que "Deus é um símbolo", um símbolo que pode e deve ser interpretado "em termos psicológicos [...] de modo que aquilo que é classificado [...] como 'outro mundo' deve ser entendido psicologicamente como mundo interior" (2001: 25). "Deus não é um fato" (17). Contudo, provavelmente poucos crentes aceitariam essa "interpretação"; eles responderiam que seu deus é um ser muito real. Finalmente, Sperber decidiu que toda a discussão dos símbolos e do sentido pode ser uma imposição nossa sobre os dados etnográficos: "A atribuição de sentido é um aspecto essencial do desenvolvimento simbólico em *nossa* cultura. O semiologismo é um dos fundamentos da *nossa* ideologia" (1975: 83-84).

John Skorupski, um filósofo que examina o tratamento antropológico da religião, levou a crítica mais longe. Ele observou que os antropólogos assimilaram abundantemente a abordagem simbólica de Durkheim e outros. A razão para isto é dupla: em primeiro lugar, enquanto "explicação" a religião mostrou-se tantas vezes manifestamente e obviamente falsa e, portanto, os membros *não* poderiam usá-la dessa maneira; e, em segundo lugar, ela pareceu desrespeitosa ao defender seus próprios interesses. Em vez disso, a descrição e a análise voltaram-se para o campo simbólico, onde, conforme disse Durkheim, todas as religiões são verdadeiras "à sua maneira". Skorupski argumentou que a religião pode ser simbólica em diversos sentidos: ela

> (a) pode ser simbólica inconscientemente; (b) pode revelar-se simbólica quando sua lógica é examinada e construída adequadamente; (c) pode ter sido simbólica originalmente e depois interpretada ao pé da letra; ou (d) pode ser simbólica na interpretação do observador, mas não na do ator (1976: 36).

Como o primeiro caso pode ser verdadeiro é difícil de verificar. A evidência para o terceiro estaria no passado perdido, tornando-o também difícil de determinar. Isto deixa duas escolhas – ou a religião "é realmente" simbólica, ou seu caráter simbólico é uma atribuição de estranhos, não uma parte da compreensão dos integrantes do grupo. Mas, se esta última afirmação for correta, então a noção de que os símbolos podem e devem ser interpretados é ela própria uma interpretação, e uma interpretação adventícia no caso.

Skorupski tomou partido contra uma abordagem simbólica e a favor de uma abordagem mais "literalista" – ou seja, confiar na palavra dos nativos. Se eles pensam que estão fazendo chover ou curando uma doença, então estas coisas são importantes dados etnográficos, e não algo a ser traduzido para o código preferido do antropólogo. Evidentemente, ele não estava dizendo que isso era realmente verdade, mas que os participantes pensam que é, e é isto que é interessante. Como no caso da "crença", é um erro atribuir "simbolismo" onde ele não se aplica: às vezes até os membros sabem ou pensam que estão sendo simbólicos, mas às vezes eles pensam que estão sendo extremamente sérios. Nós próprios deveríamos tomar a visão de mundo religiosa mais a sério, uma visão de mundo que repousa "sobre uma cosmologia baseada na agência que irá expandir a hierarquia da ordem social, por assim dizer", do simplesmente humano ao sobre-humano (169). Fazer diferente nos leva por caminhos complicados: "Se a magia da canoa nas Ilhas Trobriand é um ritual que 'acentua a importância da construção de canoas para os trobriandeses', presumivelmente fugir de um leão é um ritual que para o corredor expressa a importância de não ser comido" (172). Em outras palavras, se relatamos o "simbolismo" numa situação e não em outra, devemos examinar se aquilo que faz a diferença são as situações ou se somos nós: *nós* conseguimos ver o valor pragmático de fugir dos leões, mas não conseguimos vê-lo na magia, no ritual, no mito etc.

Do lado etnográfico, Ladislav Holy concordou. Ele descobriu que "sentido" ou "interpretação" ou "especulação" não é um aspecto autóctone da religião dos Berti. Do ponto de vista deles, a religião era mais instrumental e "prática" do que simbólica e expressiva; eles estavam "mais preocupados com meios do que com sentidos, mais com resultados do que com razões, mais com controlar do que com explicar" (1991: 76), afirmou ele tomando emprestada a linguagem do estudo de Keesing sobre os Kwaio. Os Berti não sabiam ou não se importavam *como* a religião funcionava; eles simplesmente estavam certos de que ela funcionava. Isto levou Holy a criticar a tradição antropológica de tratar a cultura como "um mecanismo cognitivo simplesmente. [...] Se ela é vista simplesmente como um mecanismo instrumental, ela é vista como tal não por alcançar objetivos práticos, mas por impor sentido à experiência e por expressar esse sentido" (202).

### O que os símbolos representam?

É duvidoso se Sperber, Skorupski e Holy afirmariam que não existe algo como um símbolo ou que algumas culturas e religiões não usam símbolos em alguma ocasião. Contudo, eles formularam diversos pontos provocativos que nos tornam mais cautelosos acerca do discurso do símbolo. Em primeiro lugar, podemos estar atribuindo "simbolismo" onde os locais não o atribuem. Em segundo lugar, podemos estar imputando aos símbolos sentidos que eles não o imputam. E em terceiro lugar, o "sentido" pode não ser a única consideração ou a consideração-chave ao analisar os símbolos quando os encontramos.

A abordagem convencional dos símbolos, como vimos, realça seu aspecto cognitivo: os símbolos são "veículos para um conceito", depósitos de ideias culturais, que são seu "sentido". Precisamente que sentido(s) atribuir a um símbolo tem sido uma questão controversa. Alguns observadores, como Holy, insistiram que certos símbolos simplesmente não "têm sentido" para os usuários, e S.F. Nadel entre outros frisou que não deveríamos atribuir sentidos diferentes daqueles que os próprios membros reconhecem. Em outras palavras, o único sentido possível de um símbolo é o sentido dado pelo usuário do símbolo; não pode haver, insistiu Nadel, "sentidos incompreendidos", e menos ainda "símbolos incompreendidos". Como ele explicou, o ponto essencial de um símbolo é significar algo, e se os símbolos não significam "nada para os atores, eles são, do nosso ponto de vista, irrelevantes, e na verdade já não são mais símbolos" (1954: 108).

Turner discordou fundamentalmente. De acordo com ele, os símbolos podem significar e, portanto, ser interpretados de três maneiras diferentes – pelas explicações dos membros, pelas qualidades manifestas dos próprios símbolos e pelos contextos e maneiras como os símbolos são empregados. Com efeito, existem duas razões por que os membros *podem não ser capazes* de expressar todos os sentidos de um símbolo. Em primeiro lugar, cada indivíduo vê apenas um "ângulo" social num símbolo, enquanto o antropólogo tem uma visão mais "inclusiva", não estando comprometido com apenas uma posição na sociedade. Em segundo lugar, a sociedade pode ter uma interpretação "oficial" que, mais ou menos intencionalmente, elimina certas compreensões. "Por estes motivos, portanto, considero legítimo incluir no sentido total de um símbolo ritual dominante aspectos de comportamento associados a ele, que os próprios atores são incapazes de interpretar, e dos quais eles podem de fato não ter consciência" (1967: 27). Com efeito, já que um símbolo pode ter múltiplos sentidos, e já que ele pode e tende a abarcar todas as ambiguidades e contradições da vida social, muitos sentidos escapam aos próprios membros ou são inaceitáveis para eles.

Gananath Obeyesekere aperfeiçoou este último ponto com sua noção de "símbolos pessoais". Usando o caso do cabelo, um importante símbolo hindu, ele mostrou que as experiências vitais de indivíduos específicos moldaram o sentido e a valência de "símbolos culturais" públicos. Símbolos públicos e seus sentidos convencionais certamente existem; estes símbolos precedem o indivíduo e tornam certas experiências possíveis e típicas. Assim, "a consciência do hindu já é influenciada por sua cultura, facilitando a expressão do conflito intrapsíquico numa linguagem cultural" (1981: 21). Contudo, através da seleção e aplicação à vida do indivíduo e à sua biografia e personalidade singular, o símbolo público é apropriado, recriado, "recarregado" com sentido. Em outras palavras, um símbolo pessoal é um dos símbolos públicos da sociedade "cuja importância e sentido primários estão na vida pessoal e na experiência dos indivíduos" (44). Coisa importante: uma vez que um indivíduo personaliza um símbolo, esse símbolo e seu sentido são acessíveis a outros, mais uma vez, como um símbolo público.

Mas mesmo Geertz e Turner não limitaram suas análises à dimensão "intelectual" dos símbolos. Como Turner o expressa diretamente: "Os símbolos fomentam a ação social. Num contexto de campo, eles podem até ser descritos como 'forças', visto que são influências determináveis que predispõem as pessoas e os grupos à ação. [...]. O símbolo é uma unidade de ação" (1967: 36). Para Geertz a função dos símbolos consistia em "controlar o comportamento" (1973: 52); os símbolos, os constituintes da religião e da cultura, "são 'programas'; proporcionam um modelo ou plano para a organização dos processos sociais e psicológicos" (216). Ou seja, os símbolos podem tratar não tanto do pensar, quanto do fazer.

Em seu influente ensaio "On Key Symbols" [Sobre símbolos-chave] Sherry Ortner (1973) examinou os múltiplos poderes dos símbolos. Ela descobriu duas grandes categorias de símbolos, que ela chamou de "sintetizadores" e "elaboradores". Os símbolos sintetizadores captam ou condensam um conceito ou experiência ou sentimento importante ou poderoso para a sociedade; mas o fazem de uma maneira claramente "indiferenciada", ou seja, eles não pedem aos membros para pensar ou sentir alguma coisa em particular nem para refletir ou analisar esses sentimentos nem sua fonte. Os símbolos elaboradores são exatamente o oposto: eles são "analíticos" e proporcionam oportunidades e instrumentos para "selecionar" as complexidades dos conceitos e das emoções e, evidentemente, traduzi-los em experiências e ações específicas. Estas são "modos" de simbolismo, naturalmente, e por isso podem ocorrer no mesmo símbolo.

As diferenças precisas entre os dois tipos são classificadas em conteúdo *versus* forma, qualidade *versus* quantidade e vertical *versus* transversal. Os símbolos sintetizadores se ocupam mais do "conteúdo" ou sentido, enquanto os símbolos elaboradores se ocupam mais da forma, especialmente de sua capacidade de estabelecer relações estruturadas com outros símbolos formais. Os símbolos sintetizadores também enfatizam a qualidade, a "ultimidade" e a "prioridade" das quais dependem outras experiências e sentidos, enquanto os símbolos elaboradores são mais importantes como elementos ou "bits" em "feixes" ou encadeamentos simbólicos. Finalmente os símbolos sintetizadores são verticais, no sentido de que "fundam" sentidos para conceitos e sentimentos mais profundos ou "de nível o mais elevado", enquanto os símbolos elaboradores são transversais ou horizontais, no sentido de que podem inter-relacionar-se e se inter-relacionam com outros enquanto símbolos, para formar cadeias ou "roteiros" ou "narrativas".

Os símbolos elaboradores receberam mais atenção de Ortner, em parte porque são mais "ativos" do que os símbolos sintetizadores; sendo mais "fundamentais", os últimos são mais estáticos em certo sentido. Os símbolos elaboradores são classificados ulteriormente naquilo que ela chamou de *metáforas-raízes* e *roteiros-chave*. As metáforas-raízes são aquelas grandes analogias que nos ajudam a organizar nosso pensamento sobre um determinado tema; um exemplo de menor importância seria a metáfora de um átomo como uma miniatura do sistema solar, enquanto um exemplo importante seriam as metáforas do corpo humano como uma máquina (ou o cérebro/mente como um computador) ou da sociedade ou do universo como um organismo ou um corpo. Eles se ocupam com modelar e pensar. Os roteiros-chave, por outro lado, se ocupam com o agir; eles são as "cenas" ou "enredos" ou fragmentos de uma "história" que nós mesmos contamos para organizar nossas expectativas e nossos objetivos. Não é difícil ver – na verdade, é provavelmente a razão de ser – que as metáforas raízes e especialmente estes roteiros-chave podem ser somados, associados entre si e amarrados ponta com ponta para criar modelos e narrativas mais complexos, inclusive "mitos" e "rituais". É exatamente este seu poder e sua função. Eles nos ajudam a pensar sobre quem somos e o que se espera que sejamos.

---

**Quadro 3.1 O Templo Sherpa como um modelo de experiência budista**

A filosofia e a religião ocidentais/cristãs afirmam muitas vezes uma ruptura radical entre os humanos e a natureza, entre espírito e matéria e entre mundo mental "interior" e mundo exterior. Robert Paul argumentou que estes dualismos não fazem parte da religião Sherpa, na qual "o cosmos inteiro, em sua essência, é mente e nossas mentes individuais, em seu núcleo interior, fundem-se com a mente maior do universo" (1976: 131). Segue-se que os budistas Sherpa exteriorizam suas ideias e "dão realidade material ao maior número possível de objetos simbólicos que surgem da experiência interior inexprimível" (132). Com efeito, o próprio templo "pode ser visto como uma objetificação da experiência interior subjetiva do Sherpa que experimenta sua religião" (133) – e deveria também ser visto como um meio, uma técnica, para instilar essa experiência subjetiva. Pelo simples fato de entrar no templo, uma pessoa está "afastando sua consciência de uma absorção no mundo cotidiano" e assumindo "um compromisso com um processo de contato com o divino" (134). Assim, entrar no templo é *penetrar* num símbolo budista e embarcar numa experiência budista. O primeiro estágio, no primeiro espaço que o viajante encontra, está preenchido com mais símbolos – ícones, artefatos e murais – que proporcionam uma incorporação sensorial das ideias budistas, que de fato "representam os sentidos, as paixões, representadas pelos deuses *takbu* sexuais e agressivos" (139). Mas este é o nível mais baixo do conhecimento e da realidade budistas; no segundo andar a disposição de ânimo se transforma em contemplação. Os objetos principais ali são livros, que são "mais sagrados do que imagens ou ídolos" (140), embora uma enorme estátua de Ongpame, com olhos semicerrados em meditação, indique que tanto divindades como humanos estão numa "viagem da mente". O oratório, aberto apenas a monges celibatários, representa Srungma, um deus pré-budista que exige incondicionalmente pureza de seus seguidores. Mas Paul afirmou que o ponto alto deste "processo iniciatório" que é a jornada pelo templo é um quadro de Kuntu-Zangbu, o Perfeitamente Bom. Afixado no teto, ele está em meditação, mas sua companheira está sentada em seu colo "num amplexo sexual" (144). "Aqui, finalmente, vida, sexo e generatividade foram separados do temor e da morte, que foram derrotados" (144). O poder da vida foi purificado e com ele o peregrino que completou sua jornada.

---

## Símbolos e objetos religiosos

Os símbolos, religiosos e outros, significam algo, mas também *são* algo. Eles são objetos ou palavras ou ações. Mas muitas vezes eles são mais: *são* as coisas, as forças e as pessoas que eles "representam". Essas coisas, forças ou pessoas estão *presentes* no símbolo. Victor Turner, por exemplo, descobriu que os Ndembu falavam de seus símbolos como *ku-solola*, algo que não "representa", mas "revela" ou "torna visível" uma verdade ou uma força (1967: 48). Em outras palavras, para os membros da religião, os "símbolos" podem ser *manifestações* ou *resultados* ou *vestígios* de realidades ou acontecimento espirituais, ou então canais através dos quais os seres ou forças atuam – o que Mircea Eliade, o grande estudioso da religião comparada, chamou de "hierofania", termo derivado de *hieros*, que significa "santo", e *phania*, que significa "aparecimento" ou "manifestação" (1970: 447).

Para comprovar nossa afirmação, é necessária outra digressão. Em 1977, ao tratar de uma tradição da literatura sobre religião e personalidade na Índia, McKim Marriott e Ronald Inden propuseram o termo "divíduo" para descrever uma pessoa que, ao contrário do "indivíduo" ocidental, não é um todo indivisível, mas é divisível, "partível", um composto de elementos que podem "entrar" do exterior ou "sair" do interior. Bem mais recentemente, Karl Smith (2012) considerou essa personalidade "porosa" e "permeável" e insistiu que a encontramos também no pensamento ocidental: muitas vezes nós imaginamos ter um ente querido "dentro de nós" e "colocar-nos dentro" de nossas criações. Marilyn Strathern (1988) recolheu este conceito em sua obra sobre a personalidade na Melanésia.

Uma década mais tarde, Alfred Gell adotou a noção de personalidade partível ou "distribuída" em seu estudo antropológico da arte. Uma pessoa, sustentou ele, "pode ser 'distribuída', ou seja, nem todas as suas 'partes' estão fisicamente coladas, mas estão distribuídas pelo ambiente" (1988: 106), inclusive e especialmente em objetos. Ou seja, é fácil sentir que "uma pessoa e a mente de uma pessoa não estão confinadas a determinadas coordenadas espaçotemporais" (a saber, o corpo orgânico), mas estão dispersas em e entre "objetos, vestígios e resíduos materiais" (222). Por exemplo, como já vimos, uma estátua de greda pode ser um objeto inanimado *e ao mesmo tempo* (parte de) a pessoa de Santo Antônio de Pádua. E se as entidades (e, às vezes, forças) religiosas são pessoas, então elas também podem, e às vezes devem, estar presentes em objetos materiais no aqui-e-agora – objetos que estamos inclinados a chamar de "símbolos".

### Espaços sagrados

Uma das formas mais constantes de objetificação religiosa material é o local ou lugar sagrado. Na maioria das tradições religiosas, senão em todas, o "lugar" é sumamente importante para a crença e o culto, e esse local não é um espaço aleatório, mas um espaço onde *algo aconteceu* ou onde *algo está* (os Ndembu chamavam-no de *isoli* ou *chisoli*, um "lugar de revelação"). Para o judaísmo e o cristianismo, a cidade de Jerusalém é um lugar "santo/sagrado", por razões históricas concretas. No interior da cidade, alguns lugares são mais sagrados do que outros; para os cristãos, estão entre eles os lugares onde supostamente Jesus andou e sofreu e foi sepultado. Os peregrinos cristãos de hoje ainda percorrem a Via Dolorosa, o caminho que seu salvador percorreu em seu trajeto para a crucificação. Os judeus de hoje ainda fazem orações e deixam mensagens de oração no muro ocidental ou "das lamentações" sobre o qual antigamente ficava o Templo (cf. Ilustração 3.1). Também o islamismo tem seus lugares sagrados, em particular Meca, a cidade natal do profeta Maomé. Dentro do perímetro de Meca, alguns lugares são ainda mais sagrados ou santos, culminando na estrutura chamada Caaba, considerada o centro do mundo muçulmano.

Outras sociedades e religiões têm seus espaços sagrados. O Monte Fuji é um centro de poder para os japoneses, como o é o Monte Meru para os hindus. Certos rios são muitas vezes lugares sagrados, como o Ganges na Índia. Evidentemente, onde se acredita que reside um espírito – potencialmente qualquer corpo d'água, qualquer monte ou colina, qualquer árvore, qualquer caverna –, esse lugar é candidato à sacralidade ou pelo menos a lugar de concentração espiritual (cf. Ilustração 3.2). É também possível os humanos criarem um espaço sagrado, seja concentrando a atenção num acontecimento ali ocorrido, ou atribuindo poder e significado espiritual ao local. Repetidamente os cristãos construíram igrejas em lugares onde ocorreram acontecimentos importantes, muito particularmente a catedral de São Pedro, que é o local do Vaticano dos católicos; foi este o lugar onde os cristãos acreditam que o discípulo Pedro foi morto. Catedrais construídas onde nenhum precedente histórico consagrava o local eram providas com um objeto sagrado – em particular uma "relíquia" ou parte do corpo de um santo – para "plantar" ali a sacralidade. Em muitas sociedades islâmicas os túmulos dos santos são lugares sagrados.

Certos espaços são significativos do ponto de vista religioso por razões adicionais. As almas dos falecidos recentemente ou em épocas remotas podem também habitar certos lugares; e um ou mais lugares podem ser a morada oficial dos mortos (como o Monte Kinabalu ou a ilha de Tuma; cf. Capítulo 2). Segundo

Ilustração 3.1 O Muro das Lamentações/ocidental em Jerusalém (início do século XX). Cortesia da G. Eric and Edith Matson Photograph Collection, Prints and Photographs Division da Biblioteca do Congresso

Ilustração 3.2 Oferta aos espíritos da montanha (desenho japonês). Cortesia da Prints and Photographs Division da Biblioteca do Congresso

uma opinião amplamente aceita em culturas americanas nativas, os quatro pontos cardeais (ou seis, se incluirmos "em cima" e "embaixo") são sagrados. Os Tewa do sudoeste da América do Norte têm a vantagem adicional de quatro montanhas proeminentes que para eles estão situadas nos pontos cardeais. Cada um desses lugares é considerado um "umbigo da terra" e uma porta de entrada para o mundo inferior e, mais ainda, um lugar onde os três níveis do mundo (superior, médio e inferior) se cruzam mais de perto. No centro desses pontos está o centro da existência, que eles chamam de "centro do umbigo da mãe Terra".

Os Manggarai da Ilha de Flores na Indonésia vão além do reconhecimento de lugares sagrados em sua terra. De acordo com Catherine Allerton, "seres-espíritos fundem-se com lugares-espíritos" (2013: 107) e estes espíritos ou *poti* "animam e se fundem com uma paisagem material de energias, efeitos e consequências práticas" (108). E ainda mais: os espíritos podem ser entendidos como um código ou "uma taquigrafia" para "uma energia que pertence à própria terra" (108). Para os Manggarai, "a terra tem agência", o que inclui "apetite" e uma "capacidade de falar"; em última análise, o que parece ser espíritos, dizem as pessoas, é "realmente a terra" (122). E a agência dos lugares se estende a locais mais específicos, como a casa e até o quarto particular; as casas e quartos também são pessoas, e são pessoas permeáveis que absorvem os sons, odores e energias de seus habitantes humanos.

### Ícones/ídolos

O termo "ídolo" tem uma conotação negativa nas línguas europeias e no linguajar judeu-cristão, mas muitas religiões, senão todas – inclusive o cristianismo –, encontraram maneiras de representar (*re-presentar*, no sentido de tornar novamente presente) os deuses ou espíritos entre os humanos. As religiões da antiga Mesopotâmia e do antigo Egito tinham estátuas de deuses em tamanho natural ou maiores, muitas vezes com traços fantásticos como cabeças de pássaros ou de outros animais. Também os antigos gregos erigiam imagens de seus deuses, entre as quais a de Palas Atena no Partenon em Atenas. O hinduísmo retrata seus deuses em pinturas e esculturas e vários meios visuais (cf. Ilustração 3.3).

A análise que Arjun Appadurai faz das práticas nos templos hindus mostrou que para os devotos os objetos não são "simbólicos": a divindade localizada no centro do templo

> não é uma mera imagem. Ela é concebida para ser, em diversos sentidos completamente concretos, uma pessoa. [...]
>
> A cerimônia de vivificar o ídolo (*prana pratistai*), nos textos purânicos e agâmicos referentes aos templos, não parece implicar a alegoria ou a metáfora. O ciclo diário do culto nos templos, que inclui despertar a divindade, vesti-la e periodicamente alimentá-la, e pô-la a dormir à noite, subentende a personalidade literal da divindade (1981: 20-21).

O judaísmo e o islamismo em particular proibiram explicitamente representações visuais da divindade, por acreditarem que a divindade não pode ser visualizada e que tais tentativas levam a um "culto a ídolos". Embora seja uma religião oficialmente anicônica, o islamismo tem apesar disso sua tradição de imagens icônicas, como os quadros e tapeçarias que retratam pessoas e acontecimentos (como a Batalha de Karbala), usados pelos xiitas iranianos em seus rituais e culto (FLASKERUD, 2010). Num santuário xintoísta japonês (chamado *jinja* ou "casa de deus") o sacrário mais interior contém um *shintai* ou "corpo de deus" na forma de uma pedra, um texto, uma arma (por exemplo, uma espada), papel, cabelo, joias, retratos ou recentemente um espelho (HOLTOM, 1965: 10). Sherry Ortner (1978) relatou que, durante os rituais Sherpa, os deuses eram convidados a "sentar-se" num *torma* ou imagem feita com massa de pão, que se tornava um corpo temporário para os deuses – um corpo no qual eles podiam não só aceitar donativos humanos, mas também compartilhar emoções humanas.

### Talismãs, amuletos e relíquias

Todas as religiões fabricam, ou encontram, guardam e usam objetos – naturais ou artificiais – como focos de sentido e de poder. Esses objetos de poder foram chamados de "fetiches", embora esta palavra já não seja mais usada frequentemente. Evans-Pritchard referiu-se aos fetiches Nuer ou *kulangni*, peças de madeira que, de acordo com os Nuer, podiam falar, mover-se e especialmente causar dano. Os *kulangni*, que podiam ser comprados ou herdados, eram "amorais" no sentido de que qualquer um podia usar o poder deles para qualquer fim; e eles e as pessoas que os possuíam (*gwan kulangni*) eram temidos como perigosos (1956: 101). Os Bagandu da África Central usavam seus objetos de poder como proteções "contramágicas"; entre estes itens, comprados de especialistas em espiritualidade e medicina, estavam objetos naturais como um dente de toupeira, que

Ilustração 3.3  Deus hindu repousando numa cama de serpentes. Cortesia do autor

supostamente mantinha afastados os bruxos/as (LEHMANN, 2001: 159). Hoebel (1960) mencionou as Flechas Medicinais dos Cheyenne como um objeto sagrado, dadas a eles por um ancestral mítico chamado Remédio Doce; as Flechas sagradas precisavam ser cuidadas e renovadas cerimonialmente, do contrário seu descuido causaria também o declínio do povo. As Flechas eram usadas também na caça e na guerra, onde conferiam poder e sucesso aos seus usuários.

Várias religiões usavam uma ampla variedade de outros objetos. Com efeito, Burch e Forman afirmaram que para os Yupik ou Inupik da América do Norte ártica todos os objetos eram sagrados em certo sentido e que eles "não distinguiam entre o sagrado e o profano, porque cada objeto possuía um espírito próprio, e cada ato, não importando sua finalidade, era observado e contra-atacado por um espírito ou outro" (1988: 114). Eles usavam, por exemplo, amuletos para proteção e sorte, geralmente feitos de objetos naturais, ou a peça eventualmente cinzelada. Esses amuletos, chamados *iinrug* ou *inogo*, eram normalmente coisas pequenas, no máximo com algumas polegadas de comprimento, às vezes tão simples como uma pedra ou uma pluma ou uma parte de um animal. Os indivíduos muitas vezes colecionavam até dezenas de *iinrug*, alguns originais, alguns herdados e alguns adquiridos de líderes espirituais. Os possuidores carregavam seus amuletos consigo todo o tempo, pendurados em cintos, costurados na roupa, pendentes do pescoço ou escondidos em bolsas. Talismãs eram usados mais frequentemente para comunicar-se com espíritos e controlá-los e, por isso, eram mais provavelmente propriedade de xamãs. Às vezes pequenos e às vezes maiores (e mais frequentemente semelhantes a seres humanos do que os amuletos), as pessoas poderosas os modelavam e exibiam sobre as casas ou nos barcos ou os empunhavam em rituais de cura.

Os Berti islamizados do Sudão proporcionam um exemplo da combinação de objetos e textos. Seus especialistas religiosos ou *faki* confeccionavam amuletos (*hijbat*) que consistiam num pedaço de papel no qual escreviam palavras do Alcorão e/ou nomes divinos e símbolos astrológicos. Os receptores costuravam o papel dentro de uma bolsa de couro ou numa faixa de pano e os usavam para neutralizar a feitiçaria ou o mau-olhado, para afastar doenças ou armas, para atrair riqueza ou clientes ou amantes e para ser bem-sucedido no tribunal; podiam também ser usados para fins maléficos (HOLY, 1991). Os aldeões muçulmanos bósnios de Dolina (BRINGA, 1995) também usavam amuletos (*zapis*) de escrever, enrolados em triângulos de pano vermelho e presos à roupa rente ao corpo, como uma camiseta. Imaginava-se que estes talismãs combatiam os maus encantamentos e traziam felicidade e boa sorte.

### Máscaras

Muitas sociedades confeccionam e usam máscaras durante curas rituais ou reencenações de mitos. Os Yupik tinham grande liberdade criativa nos modelos que produziam, desde os realistas até os surreais. Quanto ao aspecto formal, elas eram feitas de madeira, algumas chegando a 124cm de comprimento, e pintadas brilhantemente de branco, preto, vermelho e azul-esverdeado. Eram muitas vezes decoradas com penas, plumagens, pelos, lanugem, cabelos, pele, gramíneas e outros materiais; e traziam amuletos e talismãs suspensos (cf. Ilustração 3.4). Representavam figuras humanas, animais e outras menos realistas e mais ou menos grotescas. Sob o aspecto funcional, as máscaras visualmente mais deslumbrantes e espiritualmente mais poderosas eram feitas e usadas por especialistas em atividades cerimoniais. Cada máscara existia, portanto, não como um objeto de "arte" ou mesmo como um objeto autônomo de poder, "mas como

Ilustração 3.4 Máscara cerimonial de Nunivak. Cortesia da Edward S. Curtis Collection, Prints and Photographs Division da Biblioteca do Congresso

parte de um complexo integrado de história, canto e dança na atividade religiosa e secular" (RAY, 1967: 6).

As máscaras são notavelmente comuns tanto em contextos religiosos como em contextos seculares em todas as culturas. Elas possibilitam aos participantes humanos interpretar e personificar, *transformar-se* nos personagens, inclusive personagens espirituais, representados no ritual. Os Hopi usavam máscaras de seus espíritos *kachina* em suas cerimônias. Os balineses usam máscaras abundantemente em suas tradições narrativas e rituais, representando personagens tanto históricos quanto divinos, entre os quais o totalmente-bom Barong e o totalmente-mau Rangda. As máscaras africanas são justamente famosas, usadas por sociedades de todo o continente, inclusive pelos Dogon.

Em ambientes talvez mais familiares, as máscaras eram incorporadas em atividades "dramáticas" como no antigo teatro grego e no teatro japonês tradicional. Por trás das máscaras, os "atores" não eram estimulados a manifestar expressões individuais – ou eram de fato capazes de fazê-lo –, mas estavam antes apresentando formas altamente estilizadas de personagens estereotípicos. Com efeito, num sentido real, o principal objetivo de uma máscara é "esconder" a individualidade do ator e substituí-la completamente pela pessoa do personagem que ele/ela representava.

**Quadro 3.2 Moldando o rosto de Deus: Máscaras do divino numa aldeia do Himalaia**

Ilustração 3.5 Procissão no Himalaia com máscaras de deuses. © Fernando Garaizabal / Alamy

Para o ritual do Dashera, os aldeões do Himalaia carregam um andor (*palkhi*) pelas montanhas entre templos e aldeias. Em cada andor está uma *mohra*, "a manifestação material da divindade" (HINGORANI, 2013: 15), o rosto de um deus. Uma *mohra* tem geralmente entre oito e doze polegadas de altura, é feita de metal fundido e coberta com uma fina folha de ouro e prata. Na verdade, o *palkhi* traz mais de um rosto do deus, chegando a vinte e quatro cópias do rosto, todas representando a mesma divindade; às vezes "muitos deuses viajam num único *palkhi*", mas "mesmo assim cada um é representado por mais de uma *mohra*" (18). Algumas das *mohras* são bastante velhas, tendo até cem anos, mas outras são mais novas; e as *mohras* são continuamente refeitas, à medida que os artesãos fundem os rostos dos deuses e os remodelam. Assim, os aldeões e os devotos sabem que os rostos são trabalhos manuais feitos por humanos, mas mesmo assim os rostos são a presença do deus. A *mohra* é o deus-em-metal, distribuído em múltiplos objetos, e, no entanto, uma única pessoa. Com efeito, o próprio "corpo do carregador se torna o instrumento da divindade, mas não é entendido como contíguo ao corpo da divindade" (18). E as viagens que os deuses fazem em suas várias carruagens refletem e personificam as relações entre as aldeias: Assim como qualquer cidadão local, os deuses "deixam seus templos para visitar deuses em aldeias vizinhas e por sua vez os recebem" e "a manutenção de alianças exógamas entre aldeias depende das visitas das divindades das aldeias" percorrendo grandes distâncias e entre lugares aparentados (7).

## O corpo humano

Entre as muitas maneiras que uma comunidade tem de encarnar suas ideias e valores – e sua identidade *enquanto* comunidade – está sua maneira de tratar e manipular o próprio corpo humano. De fato, Mary Douglas (1970) chamou o corpo humano de "símbolo natural" supremo. Isso pode incluir padrões de vestuário e comportamento, entre os quais cuidar da aparência. Em pelo menos algumas sociedades ou subculturas muçulmanas, espera-se que os homens usem barba e naturalmente que as mulheres tragam alguma versão do véu, desde um simples lenço sobre a cabeça até o cobrir cada polegada do corpo. Os homens judeus tradicionalistas ainda podem ser vistos usando os longos cachos de cabelos pendendo das têmporas (madeixas) e muitos judeus trazem na cabeça o barrete ou solidéu. Pelo menos em ocasiões rituais, entre as quais a oração, eles podem também vestir o xale para oração e o filactério, uma pequena caixa sobre uma tira de couro trazida no braço e na testa, que contém um versículo da escritura (não muito diferente dos amuletos muçulmanos descritos acima).

Outras culturas determinam outras formas de vestuário ou apresentação pessoal, especialmente em ocasiões cerimoniais. Os Sikhs, pelo menos em sua comunidade mais "ortodoxa" ou Khalsa, se distinguem por cinco distintivos tradicionais – cabelo não cortado (*Kesh*); a espada (*Kirpan*), que deve ser trazida sempre; um tipo especial de roupa de baixo (*Katcha*); um pente (*Kanga*); e um bracelete ou pulseira (*Kara*). O vestuário pode ter, e muitas vezes tem, um significado simbólico. As mulheres muçulmanas de Dolina trajavam uma espécie de calças largas (*dimije*) e um lenço de cabeça para afirmar sua identidade diante das mulheres católicas da aldeia, e os homens traziam boinas azul-escuras. Certas cores podem ter um sentido religioso, como o verde em boa parte do Islã. Evidentemente, os especialistas religiosos e as pessoas que participam de atividades religiosas tendem a vestir-se e comportar-se de maneiras distintas e tipicamente mais "formais".

Desde os agricultores Amish até os iogues hindus, as pessoas mostram suas crenças religiosas e sua condição espiritual pela maneira como se apropriam de seus corpos. Os homens aborígines australianos faziam incisões no peito, arrancavam um dente da frente, perfuravam o septo nasal e praticavam a circuncisão e a subincisão peniana. Os Nuer criadores de gado na África Oriental marcavam a testa com cicatrizes ou *gar*. As mulheres numa faixa da África e do Oriente Médio são submetidas à circuncisão feminina de tipos mais ou menos radicais. As mulheres hindus trazem uma pinta entre os olhos para indicar seu estado civil, enquanto as americanas em sua maioria trazem um anel de ouro num dedo da mão esquerda. Muitas culturas, como os Iban de Bornéu, fazem tatuagens esplêndidas.

**Textos**

Todas as religiões letradas possuem um conjunto de textos em sua bagagem de objetos religiosos. Alguns desses textos são para ser lidos por todos os membros da sociedade. Em outros casos, os textos são secretos ou esotéricos e destinados apenas aos iniciados ou aos profissionais em tempo integral da tradição. Portanto, uma das funções dos especialistas religiosos pode ser a de ler, memorizar e recitar esses textos em cerimônias religiosas.

O texto fundamental no cristianismo é a Bíblia, e no islamismo é o Alcorão junto com a Hadith, o registro dos feitos e ditos de Maomé. Os escritos mais antigos do hinduísmo são os Vedas, livros de hinos e de normas e práticas rituais. Narrativas épicas como o *Ramayana* e o *Mahabharata* surgiram mais tarde, como também os ensinamentos conhecidos como Upanixades, que são de natureza mais filosófica. O budismo tem um vasto conjunto de escrituras, que inclui os mais antigos *sutras* em língua Páli, mas se prolonga até o tempo de hoje com livros e comentários de mestres tibetanos, zen e outros. Religiões ainda mais antigas possuíam escritos, desde o Livro Egípcio dos Mortos, passando pelo *Enuma Elish* e a *Epopeia de Gilgamesh* dos sumérios, até o *Avesta* do zoroastrismo. As religiões chinesas têm seu *Tao-te king*, *Zuangzi* e as obras de Confúcio e outros, enquanto o sikhismo tem seu *Sri Guru Granth Sahib*, que se acredita ser literalmente uma "pessoa" textual. E novas escrituras continuam a ser publicadas ou escritas. Por exemplo, o *Livro de Mórmon* foi revelado no século XIX. O *Kitab-i-Aqdas* constitui a base da fé Bahai, enquanto a Cientologia de L. Ron Hubbard e a Ciência Cristã de Mary Baker Eddy provêm dos escritos desses indivíduos. Até obras mais alheias à corrente dominante, desde o *Livro de Urântia* até as obras de Gerald Gardner sobre a Wicca, proporcionaram fundamentos para novas religiões.

Às vezes os textos são considerados veículos de ideias, mas podem também ser vistos como objetos de poder por si mesmos; até a própria arte de escrever pode ser poderosa. Ladislav Holy observou que líderes religiosos letrados (*faki*) hesitaram em usar textos literários para qualquer objetivo que não fosse a religião. Versículos do Alcorão eram respeitados por sua capacidade inata de curar doenças ou obter outros efeitos, e parte da instrução de um *faki* consistia em aprender quais versículos "funcionavam" para quais problemas. Cada *faki* montava também seu próprio livro ou *umbatri* ("aquilo que menciona tudo"), no qual colecionava conhecimentos de fontes ortodoxas e heterodoxas, como astrologia, sonhos e quaisquer outros "segredos" que ele descobrisse (1991: 25). Em algumas tradições, inclusive na tradição islâmica, as escrituras eram e são tratadas como objetos físicos sagrados, que não devem ser manuseados mal ou profanados.

## Especialistas religiosos

Como em todas as outras esferas de atividade, existem alguns indivíduos que têm mais conhecimento ou capacidade na religião do que outros. Esta competência pode provir de instrução, experiência pessoal, talento inato ou poder espiritual, ou outros fatores semelhantes. Estes indivíduos podem ser líderes e funcionários, mas podem ser muito mais – o "canal" pelo qual os espíritos interagem com o mundo humano ou vice-versa. Eles podem "representar" ou "encarnar" os espíritos na terra como emissários ou porta-vozes, ou podem ser aqueles que, por uma razão ou outra, "transpuseram" a barreira entre as duas dimensões e, por isso, podem interagir com ambas.

Existe uma grande variedade entre os especialistas religiosos, em termos de suas capacidades, suas práticas e suas crenças ou conceitos fundamentais. Os estudiosos procuram muitas vezes organizar esta diversidade em tipos com capacidades e funções distintas; contudo, como ocorre em outros casos que vimos, os especialistas concretos muitas vezes escorregam por entre estas tipologias, incorporando aspectos de diferentes "tipos" e/ou carecendo de um ou mais dos traços "típicos". Mais exatamente, poderia ser melhor pensarmos na especialização religiosa a partir da perspectiva modular – como papéis que combinam vários poderes e funções. Existem certos "trabalhos religiosos a fazer" numa sociedade (curar diferentes enfermidades, executar rituais específicos, trazer sorte ou prevenir a falta de sorte, aumentar a fertilidade, provocar chuva e um grande número de outros) e estes trabalhos podem ser distribuídos de muitas maneiras. Um só especialista pode executar um pacote de tarefas, ou as tarefas podem ser atribuídas a diversos especialistas. E as próprias tarefas que existem numa sociedade dependerão dos tipos de conceitos e "crenças" e interesses e objetivos que a sociedade tem.

**Xamã**

Um dos mais ilustres entre todos os personagens religiosos é o xamã, às vezes chamado (muito menos polida e exatamente) de feiticeiro ou curandeiro (cf. Ilustração 3.6). O termo "xamã" deriva da palavra siberiana (especificamente tungúsia) *saman*. O que é único e importante a respeito do xamã é que ele ou ela é uma pessoa espiritualmente "capacitada", com um talento único para atingir certos estados e objetivos espirituais. Com efeito, Mircea Eliade referiu-se ao xamanismo como a "técnica do êxtase" (1964: 4).

O xamã é tipicamente uma pessoa que já na infância mostra uma propensão ou tendência a certas capacidades, como talento para cantar, facilidade de entrar em transe, suscetibilidade a visões ou outras qualidades semelhantes. Um elemento muito comum na biografia de um xamã é uma doença grave na juventude, da qual o paciente se recupera de forma dramática ou miraculosa. Isto é sinal de que ele ou ela "tem o poder" e é também, muitas vezes, o primeiro contato importante com o mundo dos espíritos. Muitas vezes o aspirante a xamã torna-se então um aluno ou aprendiz de um xamã sênior, que "instrui" o noviço de maneiras que não são adequadas para a educação em nossa sociedade. O mestre raras vezes irá "dar aulas" ou "ensinar" a ele ou ela como ser um xamã. Ao invés, o mestre pode sujeitar o aluno a provas, como privação do sono, longas horas de canto, ingestão de drogas, isolamento, buscas de vários tipos e outras provações difíceis e até dolorosas.

Um fator-chave para tornar-se um xamã completo consiste muitas vezes em adquirir um espírito auxiliar, às vezes chamado "espírito familiar". Este espírito irá mostrar ao aprendiz coisas que não podem ser conhecidas de outra maneira. Ele lhe ensinará a respeito dos espíritos e dar-lhe-á um conjunto personalizado de cantos, danças, símbolos e outros instrumentos espirituais. Por isso um xamã não pode simplesmente aprender o conhecimento de xamãs passados; cada um deve ter seu próprio "kit", que ele pode adquirir em sonhos, transes ou acessos de doença. Proeminente em muitos destes kits é a capacidade de entrar num estado dissociado, durante o qual o trabalho mais "espiritual" ou xamânico – a "técnica" do xamã – é realizado.

Os xamãs !Kung ou Ju/hoansi, por exemplo, eram invocados quando um membro do grupo estava doente ou perturbado. De acordo com Katz (1982), quase todos os homens e a maioria das mulheres tentavam tornar-se xamãs, ou *n/um kausi* ("senhor/proprietário do *n/um*"). O poder espiritual era adquirido,

Ilustração 3.6 Yebichai, ministrando o remédio: Xamã Navajo com participante. Cortesia da Edward S. Curtis Collection, Prints and Photographs Division da Biblioteca do Congresso

na maioria das vezes, fazendo a dança do transe; dizia-se que aqueles que mostravam um talento para o estado de transe (*kia*) recebiam *n/um* dos deuses, que colocavam o poder nos cantos e visões; outra fonte para o aprendizado eram os xamãs seniores, que, conforme se dizia, davam aos seus juniores *n/um* "para beber", disparando contra eles flechas invisíveis de poder mediante o estalido de seus dedos. Felizmente havia um estoque infinito de *n/um* no mundo, de modo que aproximadamente a metade dos homens e um terço das mulheres tinham êxito em sua busca espiritual.

O xamã !Kung começava seu trabalho cantando e salmodiando até que o *n/um* se situasse na base da espinha dorsal aquecida e fervida, subindo pela espinha de maneira dolorida. Eles caíam, literalmente, em transe; o corpo caía por terra, porque a "alma" o havia deixado e estava residindo temporariamente na dimensão espiritual. Tendo-se tornado espíritos, eles podiam lutar com os ancestrais (*//gauwasi*) ou, no caso de doença especialmente grave, com o grande deus *Gao Na*. O xamã, ainda em transe, recuperava os sentidos e executava "operações" que incluíam esfregar seu suor no paciente, acreditando que o suor do xamã é espiritualmente poderoso. Praticavam também uma técnica chamada *twe*, que implicava arrancar a doença da vítima. Por fim, o xamã literalmente "nadava" de volta para a consciência.

Nas sociedades aborígines australianas, os xamãs muitas vezes realizavam suas curas extraindo objetos – como pedras ou penas – do corpo da vítima. Os xamãs podem também incorporar elementos mais "mundanos" em suas curas, entre os quais poções, talismãs, sacrifícios e similares. De acordo com Trigger (1969), os xamãs Huron do sudeste do Canadá reconheciam quatro tipos diferentes de xamãs ou *arendiwane* (que significa: "seu poder sobrenatural é grande"): os que podiam provocar vento e chuva, os que podiam predizer o futuro, os que podiam localizar objetos perdidos e os que podiam curar os doentes. Os últimos, chamados *ocata* ou *saokata*, eram considerados os mais importantes. Entre os Tausug das Filipinas, o curandeiro ou *magubat* costumava ser um homem mais velho, muitas vezes com fama de comportamento estranho, que executava as cerimônias de cura privadamente, usando uma combinação de fórmulas mágicas, poções, banhos rituais, leitura da mão e conselho social a respeito de restituição ou compensação por maldades passadas que o sofredor podia ter cometido (KIEFER, 1972).

**Sacerdote**

No modo de pensar convencional o sacerdote é tudo aquilo que um xamã não é. Ele ou ela é muitas vezes um especialista em tempo integral, ocupando o "cargo" formal de sacerdote obtido através de estudo, provação e ordenação por uma instituição ou estrutura religiosa com poder e autoridade de empossar sacerdotes. Os sacerdotes podem ou não ser indivíduos poderosos – alguns são pessoas bem medíocres –, mas ocupam um cargo de poder. Muitas sociedades, provavelmente a maioria, não têm nada tão formal como um sacerdote. Sociedades menores compostas de caçadores-coletores certamente não têm; os !Kung e os aborígines não tinham. Até mesmo algumas sociedades maiores como os Suazi na África não tinham; apesar de terem alcançado um nível de integração política que incluía um rei, o líder das atividades espirituais era simplesmente o chefe da família (KUPER, 1963: 60).

Um indivíduo se torna um sacerdote por razões bem diferentes daquelas pelas quais alguém se torna um xamã. Geralmente adquirir um sacerdócio significa dominar um corpo de conhecimentos e dogmas, tornando-se um experto em alguma ortodoxia (*ortho*, que significa "correto/reto", e *doxa*, que significa "opinião").

Indivíduos com ideias desviantes ou heréticas não costumam receber cargos sacerdotais; assim, os sacerdotes tendem a ser agentes de conservadorismo. Com efeito, eles representam a instituição à qual pertencem em vez de ser os "agentes livres" que são os xamãs.

As atividades do sacerdote tendem igualmente a ser diferentes. O sacerdote pode ocasionalmente engajar-se em práticas de cura. Contudo, o mais das vezes os sacerdotes são líderes rituais, funcionários que organizam, dirigem e presidem situações rituais mais estereotipadas. Os sacerdotes não são estimulados a improvisar ou receber suas próprias instruções ou recursos espirituais privados; eles não têm, por exemplo, espíritos familiares. Em muitas sociedades, sempre que um sacerdote executa ou dirige um ritual, este deve ser exatamente o mesmo, até nos mínimos detalhes. A eficácia do ritual pode depender da execução correta de cada detalhe.

O sacerdócio, embora nem sempre hereditário, pode ter um componente hereditário. Na Torá judaica e no Antigo Testamento cristão, uma determinada linhagem ou clã, os levitas, eram presenteados com a honra de ser o grupo sacerdotal. Isto sugere e requer certo grau de estratificação social: é presumivelmente melhor e mais prestigioso pertencer a um clã sacerdotal do que a um clã não sacerdotal. Os brâmanes hindus também constituem uma sucessão fechada (casta) de sacerdotes; e na sociedade havaiana tradicional o sacerdócio era uma condição social herdada.

Por isso o sacerdócio tende a ser associado à estratificação social, à institucionalização da religião e até à equiparação entre poder religioso e poder político. No sul da Índia em particular, como foi descrito por Beals, o sistema de sacerdotes seguia o sistema de deuses; havia vários tipos de deuses, desde os deuses "supremos" benévolos, servidos por uma classe de sacerdotes vegetarianos, até às deusas inferiores que protegiam ou puniam os humanos e que eram abordadas por sacerdotes não vegetarianos de casta inferior (1962: 47-48). Os sacerdotes, especialmente em sociedades maiores, mais ricas e mais centralizadas, tendiam a ser funcionários em tempo integral da instituição religiosa, dependendo de um considerável superávit para sustentá-los, e muitas vezes exerciam tanto um poder "secular" ou político quanto um poder religioso. Com efeito, como já observamos, um alto cargo político pode mesclar política e religião, como no caso do rei ou imperador que controla os sacerdotes ou é ele próprio o sacerdote supremo ou até um deus.

E ainda mais: em sociedades com tradições misturadas – especialmente uma sociedade na qual uma "religião mundial" como o cristianismo ou o islamismo se mesclou com uma tradição autóctone e se sobrepôs a ela – podemos encontrar sacerdotes coexistindo com xamãs ou outros especialistas numa espécie de "divisão espiritual do trabalho". Entre os Tausug, xamãs e curandeiros lidavam com os espíritos e fantasmas através de habilidades e práticas xamânicas. No entanto, a religião "oficial" era administrada por sacerdotes islâmicos que formavam uma hierarquia que começava pelo noviço (*bilal*), passava pelo mestre (*imam*) e chegava até o mestre supremo (*imam muwallum*). Os sacerdotes adquiriam sua posição através do conhecimento da literatura islâmica e da ordenação. Da mesma forma, entre os aimarás da Bolívia, curandeiros ou magos (*yatiri*) compartilhavam o campo espiritual com sacerdotes católicos, que presidiam missas, funerais, festas cristãs e a cerimônia relacionada com os gêmeos (BUECHLER & BUECHLER, 1971). Voltaremos a este tema no Capítulo 8.

### Adivinho/oráculo

Especialmente em sociedades com deuses ou espíritos poderosos e bem conhecidos, pode ser extremamente importante conhecer o que estes seres querem ou pretendem. O adivinho/oráculo tem a capacidade de ler ou interpretar a vontade dos espíritos, às vezes fazendo perguntas de orientação e examinando alguma manifestação material de uma resposta. A astrologia tem sido tradicionalmente uma atividade divinatória, que procura sinais de comunicação divina nas estrelas. Muitos outros tipos de sinais são lidos em busca de um sentido espiritual, desde folhas de chá e moedas até ossos ou entranhas de animais; um adivinho pode fazer uma pergunta ou um pedido aos espíritos e depois matar um animal e estudar-lhe o corpo em busca de indícios de uma resposta. O oráculo da galinha entre os Azande administrava veneno a uma galinha em busca de uma resposta rápida. O mais famoso oráculo na história ocidental foi provavelmente o oráculo grego de Delfos, onde os cidadãos – inclusive reis e generais – pediam conselho a jovens sacerdotisas que forneciam respostas crípticas enquanto estavam em transe. Decisões de partir para a guerra e outras decisões memoráveis foram tomadas desta maneira.

Os Bunyoro de Uganda praticavam a adivinhação em casos de doença, falta de filhos, roubo e outras afrontas e infortúnios. Beattie (1960) caracterizou a maioria dos adivinhos também como "médicos", que diagnosticam e curam problemas físicos ao estilo xamânico. O método mais comum de adivinhação entre os Bunyoro consistia em jogar conchas de caurim e interpretar a configuração resultante; contudo, outras técnicas incluíam lançar pequenos dados de couro, aspergir água, esfregar sangue num bastão para ver onde a mão gruda nele e ler as entranhas de animais. Os Suazi da África do Sul também praticavam a adivinhação e os adivinhos ou *tangoma* eram considerados mais importantes e poderosos do que os curandeiros ou feiticeiros, embora seu papel fosse o diagnóstico e não a cura. Suas capacidades vinham da possessão por espíritos, o que explica por que as mulheres eram adivinhas mais frequentemente do que os homens: é que elas eram mais facilmente "possuídas" do que os homens. Os adivinhos Suazi realizavam sessões para comunicar-se com os mortos, sacudiam e lançavam ossos para interpretar a configuração e executavam um oráculo com veneno semelhante ao dos Azande.

Entre os Kaguru, o adivinho ou *muganga* era quase sempre um homem mais velho e seu poder era usado regularmente para combater os efeitos da bruxaria e da feitiçaria. Para seu trabalho de adivinhação (*maselu*) ele incorporava várias técnicas como: "olhar fixamente bacias cheias de água, atirar pedras, sementes ou sandálias, ou envenenar galinhas e observar como elas batem as asas" (BEIDELMAN, 1971: 36). O adivinho Barabaig ou *sitetehid* manipulava um monte de pedras e estudava as configurações em busca de mensagens, geralmente envolvendo bruxos/as ou espíritos de ancestrais zangados, embora ele não efetuasse realmente a cura, que era confiada a outro especialista. Fora da África, os índios Menomini tinham um personagem importante chamado *ceseko*, às vezes traduzido como "prestidigitador", que combinava as funções de adivinho e de xamã: eles diagnosticavam uma doença espiritual, pondo-se à escuta de vozes no vento que soprava contra sua cabana de finalidade específica e respondendo por intermédio de uma tartaruga. Para curar a bruxaria, pediam que a alma da vítima entrasse num pequeno cilindro de madeira, que eles devolviam à família, ou sugavam a infecção (uma "flecha") dos bruxos/as, que eles cuspiam na forma de "uma larva, uma mosca, um pena ou algum outro objeto pequeno" que havia entrado no corpo (SPINDLER & SPINDLER, 1971: 45).

**Profeta/médium**

Os profetas apresentam outra solução para o problema do silêncio divino. O profeta é um indivíduo que recebe comunicação direta dos espíritos, muitas vezes totalmente contra sua vontade (lembremos como Moisés e outros patriarcas hebreus muitas vezes relutaram em assumir o papel), e depois é incumbido da obrigação de transmitir essa comunicação a outros humanos. A profecia, muitas vezes confundida com revelação do futuro, é um baluarte na tradição cristã; e Maomé é venerado entre os muçulmanos por ser não só um profeta, mas "o selo dos profetas" – o profeta definitivo e autorizado. Sua profecia, recebida do próprio Deus e de seus anjos como uma recitação ou Alcorão, destinava-se a completar e corrigir todas as profecias. Mas, obviamente, houve posteriormente muitos que acreditaram ser profetas, tanto dentro como fora da tradição judeu-cristã-muçulmana.

De certa maneira, tanto os xamãs quanto os adivinhos são médiuns, visto que proporcionam a "mediação" entre o mundo mundano e o mundo espiritual. Dozier (1967) referiu-se ao médium como o único especialista religioso entre os Kalinga das Filipinas e chegou a atribuir-lhe muitas das habilidades ou poderes do xamã ou do adivinho, inclusive os de curar doenças (orientando a alma da pessoa doente na volta após ser capturada por um espírito ou ancestral maligno). Os médiuns Kalinga passavam por um "chamado" semelhante ao de um xamã e a maioria deles eram mulheres.

### Asceta/monge/mendicante

Em muitas tradições religiosas existem os que voluntariamente se retiram da sociedade e se enclausuram ou até se flagelam, seja para seu próprio bem ou para o bem de sua família, aldeia, sociedade ou espécie. Os ascetas são especificamente pessoas que escolhem para si uma vida difícil, e mesmo dolorosa, por alguma motivação religiosa. Existe sem dúvida no cristianismo uma tradição ascética, decorrente de uma combinação entre a pecaminosidade geral da natureza humana e a necessidade de evitar o prazer físico (especialmente carnal), junto com uma condenação da riqueza enquanto obstáculo à busca espiritual. Por isso, alguns cristãos, pelo menos desde Santo Antão (c. 300 d.C.), que se retirou para uma vida solitária no Egito, valorizaram uma rejeição do "mundanismo"; com efeito, o exemplo de Antão estabeleceu o padrão para o monaquismo, no qual grupos de homens (ou de mulheres, no caso dos conventos de freiras) se retiravam do mundo e se concentravam em sua atividade espiritual.

Do mosteiro vem o monge, que (geralmente) escolhe para si esta vida retirada. Novamente, ele pode fazê-lo visando seu próprio progresso espiritual pessoal. A tradição budista, especialmente em sua forma Theravada, realça este caminho: o buscador espiritual deve abandonar os bens terrenos, ou pelo menos os apegos terrenos, e tornar-se um praticante espiritual em tempo integral. No entanto, a busca de uma pessoa talvez não ajude a busca de outra pessoa, assim como o tratamento antibiótico de uma pessoa não pode curar a infecção de outra. Várias tradições budistas locais acabaram desenvolvendo a noção de solicitar monges que executem seus exercícios espirituais para o bem de toda a família ou da comunidade ou mesmo dos mortos. Ao mesmo tempo, este é muitas vezes o caminho para uma educação, já que o mosteiro pode ser o centro de alfabetização e instrução na comunidade.

A vida do mendicante (que vive de esmolas ou doações) ou do asceta é uma vida difícil. Em sua forma mais completa, implica a rejeição da família e de outras obrigações sociais, muitas vezes um estilo de vida errante, e geralmente uma condição carente em termos de alimento e conforto. O asceta, monge ou mendicante pode ter pouco ou não ter nada e precisar esmolar para ter sua refeição; um mendicante budista clássico pode ter apenas um manto, sandálias e uma tigela de mendigo; e eles podem ser vistos hoje procurando ofertas de alimento, que "produzem mérito" para o doador. Na teoria hindu, o ascetismo ou mendicância não é tanto uma escolha quanto um estágio da vida. Embora nem todos sigam a prescrição, a vida de um homem deveria culminar na fase de *sannyasin*, na qual ele renuncia à sua casa e família e embarca na vida espiritual itinerante; este estágio só vem numa fase mais tardia da vida, depois de ele completar os estágios de estudante e de chefe de família. Neste estágio final da vida, sua principal preocupação é e deve ser seu próprio progresso espiritual. Em não poucos casos o ascetismo cruza a linha e chega à automortificação (cf. Capítulo 10).

### Feiticeiro

Geralmente se acredita que os feiticeiros são pessoas que exercem o poder espiritual, tipicamente para o pior, através de meios técnicos específicos. Ou seja, a feitiçaria pode ser classificada como um subconjunto da *magia*, que normalmente é considerada uma ação instrumental na qual certos gestos ou comportamentos levam "automaticamente" a certos resultados. O feiticeiro, portanto, pode ser considerado uma pessoa que executa "magia negra" ou atividades que geralmente causam mal ou dano.

Entre os Bunyoro, a feitiçaria era não só uma grande preocupação, mas na verdade uma preocupação crescente. Assim como muitas sociedades, eles acreditavam que poucas desgraças, ou talvez nenhuma, acontecem às pessoas por acaso; havia poucas causas "naturais", ou talvez nenhuma. O feiticeiro Bunyoro usava uma mistura de recursos naturais e sobrenaturais para causar dano intencional, geralmente a pessoas mais chegadas a ele por proximidade e parentesco. Como um dos informantes de Beattie lhe contou:

> Um feiticeiro é uma pessoa que deseja matar pessoas. Ele pode fazê-lo soprando um feitiço na direção delas, ou colocando-o na comida ou na água da vítima, ou escondendo-o no caminho por onde ela deve passar. As pessoas praticam a feitiçaria contra os que elas odeiam. Praticam-na contra os que as roubam e também contra pessoas que são mais ricas do que elas. A feitiçaria é motivada por inveja, ódio e rixas (1960: 73).

De maneira semelhante, os Kapauku da Nova Guiné temiam e não viam com bons olhos o feiticeiro ou *kego epi me*. O feiticeiro Kapauku tinha seus próprios poderes sobrenaturais, que não emanavam de algum espírito familiar como o do xamã. Pelo contrário, ele pronunciava secretamente fórmulas mágicas e executava procedimentos mágicos (inclusive a magia imitativa) para prejudicar ou matar sua vítima. Qualquer pessoa suspeita de feitiçaria era evitada ou até banida e, em circunstâncias extremas, podia ser morta pela família de sua suposta vítima (POSPISIL, 1963).

No atol de Ulithi, no Pacífico, as pessoas contratavam feiticeiros clandestinamente para fazer mal àqueles "que elas consideram culpados de má vontade ou ação manifesta contra elas" (LESSA, 1966: 71). Entre os materiais utilizados neste contexto estavam "estrelas-do-mar mágicas, lagartos vivos e óleo de coco", sobre os quais se cantava e que eram depositados na casa da vítima ou perto dela; também podiam ser derramadas poções sobre o pente ou a roupa da vítima (72). Os feiticeiros Apache tinham uma série de técnicas a ser utilizadas, inclusive venenos, palavras mágicas e "injeção" de uma substância estranha no corpo da pessoa. Os homens eram feiticeiros com mais frequência porque eram considerados mais inclinados à *kedn* ou "cólera" do que as mulheres. A feitiçaria com fórmulas mágicas, que era o tipo mais variado, tendia a incluir ações rituais envolvendo o número quatro, como andar ao redor da pessoa ou da casa da vítima quatro vezes ou colocar quatro pedaços de madeira na direção dos pontos cardeais ao redor da residência dela. A feitiçaria podia visar não só a pessoa, mas também outras coisas, inclusive seus animais e até sua propriedade pessoal.

**Bruxo/a**

A imagem tradicional de quem pratica a bruxaria no mundo ocidental é a de uma pessoa do sexo feminino, velha e feia, que traz na cabeça um chapéu pontudo de abas largas. Este é quando muito um retrato cultural. Enquanto conceito cultural, a bruxaria é muito diversa, mas o traço comum que perpassa as culturas é que os bruxos/as são responsáveis por coisas ruins que acontecem às pessoas – muitas vezes por todas as coisas ruins. Num dos estudos clássicos sobre a bruxaria, Evans-Pritchard, que é amplamente responsável pelo conceito antropológico de bruxaria e de feitiçaria, afirmou que os Azande do Sudão viam bruxos/as atuando em toda parte:

> Se uma praga atinge a colheita de amendoim, é bruxaria; se o bosque é vasculhado vaidosamente por brincadeira, é bruxaria; se as mulheres laboriosamente tiram água da lagoa com baldes e são recompensadas com apenas alguns peixinhos, é bruxaria; se os cupins não vêm à superfície quando é hora de formar o enxame e se gasta inutilmente uma noite fria esperando que eles voem, é bruxaria; se uma esposa é mal-humorada e insensível ao marido, é bruxaria; se um príncipe é frio e indiferente ao tratar com seus súditos, é bruxaria; se um rito mágico não alcança seu objetivo, é bruxaria; se, com efeito, qualquer fracasso ou infortúnio se abate sobre alguém em qualquer tempo e em relação a qualquer uma das múltiplas atividades de sua vida, isto pode dever-se à bruxaria (1937: 18-19).

Algumas sociedades acreditavam que o bruxo/a era uma pessoa com um poder inato, e até anatômico, de causar dano; o bruxo/a pode ter em seu peito um órgão extra que contém poder espiritual negativo. O poder dos bruxos/as pode efetivamente ser involuntário, pelo menos no início; eles podem simplesmente transpirar negatividade de maneiras que nem eles próprios entendem ou controlam. Ou podem exercitar, aguçar e intencionalmente empregar seu poder em proveito próprio, especialmente contra rivais, inclusive bruxos/as rivais.

Os Suazi reconheciam bruxos/as como também feiticeiros, que eles classificavam como *batsakatsi* ou "malfeitores". Como já foi observado, eles acreditavam que os bruxos/as tinham um potencial fisiológico e psicológico inato para o mal, enquanto os feiticeiros dependiam da "técnica". O talento para a bruxaria pertencia a homens e mulheres, mas somente as mulheres o transmitiam aos filhos. Além disso, a capacidade inata deve ser desenvolvida e transformada em verdadeira habilidade de bruxaria através de treinamento e infusões de poder mau. Para este fim, os bruxos/as formavam congregações ou assembleias, nas quais praticavam seu ofício e se posicionavam de acordo com os respectivos feitos malévolos. Também os Kaguru diziam que os bruxos/as (*wahai*) eram pessoas congenitamente más, o oposto ontológico dos seres humanos normais. Assim como os Bunyoro, também eles acreditavam que a bruxaria era atualmente mais comum, e não menos comum, do que no passado – refletindo sem dúvida o aumento das tensões associadas à época moderna. Os Dani da Nova Guiné tinham uma visão diferente sobre a bruxaria: eles próprios não a praticavam – até nem sabiam como fazê-la. No entanto, seus vizinhos a praticavam, através de meios físicos (por exemplo, veneno) ou sobrenaturais (por exemplo, apontando um bastão para uma vítima). Contam-se até histórias dos Dani perseguindo, capturando e matando supostos bruxos/as entre seus vizinhos, embora a bruxaria não parecesse ser uma preocupação tão implacável para eles como o era para algumas sociedades (HEIDER, 1979). Finalmente, os Menomini consideravam que todos os anciãos poderosos eram bruxos/as potenciais.

De acordo com os birmaneses estudados por Spiro, os bruxos/as completavam um mundo espiritual que incluía também almas dos mortos, ogros, divindades budistas e os múltiplos *nats*. Alguns informantes afirmaram que os bruxos/as nem sequer eram humanos, mas espíritos maus em forma humana; além disso, não faziam uma distinção nítida entre feitiçaria e bruxaria. Um bruxo/a pode ter poderes maus inatos ou o poder aprendido e adquirido, geralmente mais associado a um feiticeiro. Distinguiam os dois tipos principais: o bruxo/a (*soun*) e o bruxo-mestre (*aulan hsaya*). O *soun* era quase sempre do sexo feminino, reconhecível pelos olhos vagamente coloridos; seu poder podia ser inato ou aprendido, sendo que os bruxos/as eruditos eram menos poderosos, mas deliberadamente mais maus (já que buscavam a capacidade ativamente). Acreditava-se que eles causavam várias doenças e comiam fezes arrancando a própria cabeça e rolando pelo chão. Eles podiam também trabalhar em combinação com espíritos maus. O bruxo-mestre era muito mais poderoso e sempre do sexo masculino. Ele fazia seu trabalho sujo controlando os espíritos maus, alimentando-os com carne crua até se tornarem dependentes dele. É interessante notar, porém, que havia também bruxos-mestres bons (*ahtelan hsaya*) que podiam neutralizar a malícia dos *aulan hsaya*.

**Quadro 3.3 O campo dos especialistas religiosos no budismo tailandês**

De acordo com Stanley Tambiah, que encontramos no capítulo anterior ao analisar a cosmologia, o budismo das aldeias na Tailândia consistia numa série de especialistas mutuamente dependentes (cf. Ilustração 3.7). O mais ortodoxo dos especialistas budistas era o *bhikkhu* ou monge, que vivia separado da sociedade no templo ou *wat*. A maioria dos jovens do sexo masculino entrava no monacato e, durante o período que passavam no templo, raramente visitavam a aldeia ou interagiam com outras pessoas. O único serviço que prestavam, fora o de proporcionar às pessoas leigas uma oportunidade de adquirir mérito oferecendo esmolas, eram os rituais fúnebres. A maioria dos monges acabava deixando o *wat* e reassumindo sua vida ordinária. Além dos *bhikkhus*, havia outra categoria de especialistas chamados *paahm*, palavra que vem do termo hindu "brahman". Estes homens eram monges mais velhos e antigos que executavam ritos *sukhwan* para ligar a alma ou *khwan* ao corpo ou fortalecê-la em ocasiões durante as quais era provável que esse vínculo enfraquecesse. Entre essas ocasiões estavam: viagem, casamento, doença e início de novos empreendimentos – os tipos de atividades em que os jovens tendem a se engajar. Assim, um ciclo de especialistas e de *performances* de especialistas caracterizava a aldeia, na qual os jovens do sexo masculino se tornavam *bhikkhus* budistas para obter mérito para seus anciãos e realizar ritos fúnebres para eles, enquanto os homens mais velhos se tornavam *paahms* para realizar cerimônias para os jovens. Mas mesmo estas duas categorias não esgotavam a diversidade de especialistas na aldeia. Além do *tapassi* ou eremita/asceta, havia todo um espectro de funcionários numa divisão espiritual do trabalho. O *mau song* era um adivinho e diagnosticador, enquanto o *mau du* era um astrólogo e cartomante, o *mau mau* era um achador de objetos perdidos e o *mau ya* era um fitoterapeuta. Depois havia os indivíduos que se especializavam em lidar com determinados tipos de espíritos. O *mau ram* era um médium para os espíritos *phii* e o *cham* e o *tiam* eram exorcistas de espíritos mais importantes como Tapubaan ou Chao Phau Phraa Khao. O *tiam* era possuído pelo último espírito, enquanto o *cham* não era possuído, mas os dois procuravam apaziguar os espíritos com ofertas, inclusive carne e álcool, ambos proibidos pelo budismo ortodoxo.

Ilustração 3.7 Monges budistas na Tailândia. Cortesia do autor

## Conclusão

A religião ocupa-se com ideias e crenças, mas mais ainda com poder e eficácia. E, enquanto transcendente e abstrata, ela precisa ser tornada imanente e concreta a fim ter esse poder e eficácia. Objetos, ações, lugares e pessoas podem todos ser manifestações de seres e forças religiosos e canais que levam até esses seres e forças. Às vezes estas manifestações podem ser "simbólicas" no sentido familiar, representando e lembrando outros fenômenos, não naturais e não humanos. Às vezes, porém, elas não são meros substitutos ou lembretes, mas, para os crentes e praticantes, são recipientes, produtos ou presenças reais do poder sobrenatural. Geertz chamou os símbolos de veículos para algum significado, mas pelo menos em alguns casos eles são veículos para ações, forças vitais e efeitos. Não deveríamos impor interpretações intelectualistas onde os membros pensam estar *fazendo* alguma coisa. E, evidentemente, o fazer requer um agente, um ator ou intermediário humano. Como a religião é fundamentalmente uma relação "social" entre o humano e o não-humano, algumas pessoas precisam ocupar seu lugar como parceiro ou ponto de contato com o sobrenatural – um papel de poder e perigo, precisamente *por causa do* poder envolvido.

---

**Perguntas para debate**
- O que é materialidade e por que todas as religiões assumem (e devem assumir) algumas formas materiais?
- O que é a noção de "personalidade distribuída" de Alfred Gell e como ela é relevante para os objetos e práticas religiosos?
- Quais são os principais tipos de especialistas religiosos e que tarefas características eles executam?

---

**Leitura suplementar (cf. website)**
- *Spirits' Matter: Spirit and Body among the Iu-Mien of Laos.*
- *Sharing Sacred Space: Co-existence in Religious Places.*
- *The Problem with Shamans: Shamanism in Contemporary Nepal and Mongolia.*

# 4
# Linguagem religiosa

No rito taoista taiwanês do *che ngo-kui* ("controlar/propiciar os Cinco Fantasmas"), o especialista que se chamava a si mesmo de *ang-thau hoat-su* ou "Senhor Ruivo da Magia" empenhava-se numa negociação com os demônios. O processo de adivinhação envolvia diversos objetos físicos, entre os quais um pincel para escrever, um prato de arroz cru, um cesto e bonecas de papel representando demônios específicos. No entanto, a parte mais importante da negociação, como em qualquer negociação, era a fala. Primeiramente, o mágico dirigia-se aos demônios, apresentando respeitosamente o paciente e pedindo "que os demônios aceitem a oferta de seu paciente e o deixem em paz" (McCREERY, 1995: 149). Em seguida, numa linguagem ainda mais respeitosa, ele invocava o deus, pedindo ajuda enquanto exigia autoridade para si mesmo e lançava uma ameaça de destruir os demônios. Em terceiro lugar, ele consagrava um "substituto" ou efígie do paciente (uma boneca feita de palha de arroz e vestida com a camisa do paciente), pronunciando uma fórmula cabalística em tom "peremptório", "como um adulto dirigindo-se a uma criança", mandando que o substituto leve embora as aflições do paciente (152). Em quarto lugar, num estilo informal e "jocoso" beirando o grosseiro, procurava subornar os demônios com "ofertas extra de dinheiro espiritual" (152); desta maneira o mago "mostra desprezo por eles" (153). Finalmente, os demônios eram exorcizados; a voz do mago chegava a tornar-se um grito, "ameaçador e ao mesmo tempo controlado, a encarnação da autoridade" (156).

Enquanto pessoas (distribuídas), os seres, forças e objetos religiosos interagem com os humanos, e uma forma universal de interação social humana é a linguagem. Os seres/forças/objetos religiosos falam conosco, e nós falamos com eles. E, assim como os humanos adotam diferentes estilos linguísticos (palavras, gramática, títulos, tons de voz) dependendo sobre quem e sobre o que estão falando, assim a linguagem religiosa conta com uma variedade de estilos apropriados para a ocasião. Com efeito, Webb Keane afirmou que "nenhum conjunto de traços formais ou pragmáticos constitui sozinho um diagnóstico do uso religioso em oposição a outros usos marcantes da linguagem, como o discurso poético ou o discurso cerimonial. Mais exatamente, as diferentes práticas religiosas parecem selecionar entre todo o espectro de possibilidades linguísticas" (1997: 48). Portanto, assim como as emoções religiosas são simplesmente emoções humanas direcionadas a figuras religiosas e a ação religiosa é simplesmente a ação humana direcionada a figuras religiosas, assim também a linguagem religiosa é simplesmente a linguagem humana direcionada a figuras religiosas.

O presente capítulo examina a linguagem religiosa. Muitas vezes, inclusive em análises antropológicas, ela foi entendida como *mito*. Com efeito, o mito é uma forma extremamente comum e importante de discurso religioso, mas de modo algum é a única forma. Existem outros gêneros importantes, como oração, encantamentos ou "palavras mágicas", cantos, provérbios ou literatura sapiencial e liturgias, que também merecem nossa atenção. Consequentemente, nesta análise começaremos com o mito, mas também faremos referência a estas outras formas verbais.

Na perspectiva antropológica sobre a linguagem religiosa ocupa um lugar central a noção de que ela, como toda linguagem, é *ação*. Até mesmo contar um mito (ou, mais comumente, representar um mito) é um comportamento social e, como no caso do supramencionado "senhor dos demônios" taiwanês, falar aos espíritos é uma interação social. Isto significa que no discurso devemos prestar atenção não apenas às "ideias" e aos "significados", mas também à *representação* concreta da linguagem. E a atenção à representação também orienta a atenção para os resultados. O que é interessante e importante é a "eficácia" do discurso: muitas vezes as pessoas falam não tanto para descrever algo, mas para *conseguir* algo. As palavras têm – as palavras são – poder.

## O mito como linguagem religiosa

Os humanos podem fazer muitas coisas com a linguagem – expor fatos, fazer perguntas, dar ordens, expressar emoções etc. Uma coisa que todos os humanos fazem com a linguagem é contar histórias, apresentar acontecimentos num formato "narrativo" de modo que eles estejam ligados numa espécie de processo (ou seja, ocorrendo ou desenrolando-se no tempo). Os acontecimentos, numa forma narrativa, não ocorrem aleatoriamente, mas têm coerência e significado, ou seja, eles significam alguma coisa; a história tem um tema (muitas vezes "moral"), mesmo (ou especialmente) se é uma história de vida ou biografia.

Um mito é um tipo particular de história, especificamente uma história que envolve os feitos dos espíritos ou dos ancestrais humanos. Numa palavra, os mitos são narrativas a respeito das atividades e aventuras destes seres. Como se expressou Mircea Eliade:

> O mito narra uma história sagrada; relata um acontecimento que ocorreu no Tempo primordial, o tempo fabuloso dos inícios. Em outras palavras, o mito conta como, através dos feitos de Seres Sobrenaturais, uma realidade veio à existência, seja ela toda a realidade, o Cosmos, ou apenas um fragmento da realidade – uma ilha, uma espécie de planta, um determinado tipo de comportamento humano, uma instituição. O mito, portanto, é sempre um relato de uma "criação"; ele conta como algo foi produzido, como começou a *existir*. O mito fala apenas daquilo que *realmente* aconteceu, daquilo que se manifestou completamente. Nos mitos os atores são Seres Sobrenaturais. [...] Por isso os mitos mostram sua atividade criativa e revelam a sacralidade (ou simplesmente a sobrenaturalidade) de suas obras (1998: 5-6).

Por conseguinte, os mitos são frequentemente histórias da criação ou da origem, nas quais seres sobre-humanos são os personagens e protagonistas. Os mitos nos contam o que sucedeu "no início" – nem sempre ou necessariamente no início do tempo, mas no início de algum determinado fato ou fenômeno, natural ou social. Como tais, eles são tratados como histórias *verdadeiras*, um relato preciso dos acontecimentos, por parte daqueles que os contam (ou seja, ninguém chama de "mitos" os seus próprios mitos).

Os mitos, portanto, não apenas representam uma explicação das coisas, mas também, como muitos símbolos religiosos, uma *hierofania*, uma aparição do sagrado no meio do profano ou mundano. Eliade acrescentou que "os mitos descrevem as várias e às vezes dramáticas irrupções do sagrado (ou do 'sobrenatural') no mundo. [...] É esta repentina irrupção do sagrado que realmente *constitui* o mundo e faz dele o que ele é hoje" (6). As intervenções ou manifestações do sobre-humano dão ao mundo natural e social sua forma e caráter; em certo sentido, o natural e o social provêm e dependem essencialmente do sobrenatural e do sobre-humano.

Embora se entenda caracteristicamente que o mito "explica" alguma coisa, que ele responde a alguma pergunta factual sobre a origem ou disposição da realidade, enquanto explicações os mitos enfrentam uma séria objeção – a de que eles são fantasiosos, contraditórios, geralmente impossíveis de provar e muitas vezes manifestamente falsos. O mito de uma religião pode explicar a origem dos humanos de uma maneira sobrenatural e o mito de outra religião explicá-lo de uma maneira diferente e completamente incompatível. Especialmente quando se trata de *religiões de outras pessoas*, tem sido comum, como disse Radcliffe-Brown, tratá-las como "sistemas de crenças errôneas e ilusórias" (1965: 153). Com efeito, é típico as pessoas considerarem verdadeiras suas próprias histórias religiosas, reservando a palavra "mito" para designar as histórias (falsas) de outras pessoas.

Para evitar esta atitude, e enfatizar o valor social (independentemente da "verdade") do mito, Bronislaw Malinowski propôs uma abordagem muito diferente. Para ele, o mito simplesmente não era explicativo ou "etiológico" (relacionado com causas). Ele sugeriu persistentemente que o mito não é uma contação especulativa de histórias ou um responder a perguntas ou mesmo uma história sagrada, mas algo diferente. "O mito não é uma especulação selvagem a respeito das origens das coisas, que brota de um interesse filosófico. Também não é o resultado da contemplação da natureza – uma espécie de representação simbólica de suas leis", escreveu ele (1948: 83-84). Se o mito não é especulativo nem explicativo, então ele é o quê? Malinowski respondeu a esta pergunta com aquela que é provavelmente a passagem mais citada de todos os seus escritos:

> Estudado atentamente, o mito [...] não é simbólico, mas uma expressão direta de seu tema; não é uma explicação para satisfazer um interesse científico, mas uma ressurreição narrativa de uma realidade primeva, contada para satisfazer profundas necessidades religiosas, anseios morais, submissões sociais, reivindicações e até exigências práticas. Na cultura primitiva o mito preenche uma função indispensável: ele expressa, intensifica e codifica a crença; salvaguarda e reforça as normas práticas para o homem se orientar. Assim o mito é um ingrediente vital da civilização humana; ele não é um conto inútil, mas uma força ativa duramente trabalhada; não é uma explicação intelectual ou uma imaginação artística, mas uma carta constitucional pragmática da fé primitiva e da sabedoria moral (101).

Em outras palavras, o mito "não é apenas uma história contada, mas uma realidade vivida. Não pertence à natureza da ficção, como aquilo que lemos hoje num romance, mas é uma realidade viva, que se acredita ter acontecido nos tempos primevos e que desde então continua a influenciar o mundo e os destinos humanos" (100). Por isso, concluiu Malinowski, o mito não deveria ser tratado como explicação ou como símbolo, mas antes sob o aspecto da maneira como ele motiva as pessoas e molda sua vida e sua realidade. Em vez de uma descrição factual, ele é um plano, um modelo (um "modelo *para*", como se expressou Geertz), ou – na palavra do próprio Malinowski – uma "carta constitucional" ou uma diretriz para a vida.

Outros continuaram a acentuar a abordagem simbólica do mito e da religião, mas também a aplicá-la ao problema do viver na realidade social. Cassirer, como observamos, entendeu que, enquanto história ou enquanto explicação, o mito falha por estar cheio de "erros e heresias". A única opção era considerar o mito como "não teórico em seu próprio sentido e essência" (1954: 99). O mito não procura dar declarações ou explicações factuais e verdadeiras sobre o mundo natural, porque esse mundo "não existe para os mitos. O mundo do mito é um mundo dramático – um mundo de ações, de forças, de poderes conflitantes. Em cada fenômeno da natureza ele vê a colisão destes poderes. A percepção mítica está sempre impregnada destas qualidades emocionais" (102). Também para Suzanne Langer, embora os mitos sejam contados numa linguagem, eles não deveriam ser tratados como uma fala discursiva ou proposicional. O mito se parece mais com um sonho (também com uma narrativa) do que com um fato, "a fase primitiva do pensamento metafísico, a primeira concretização de ideias gerais" (1942: 163). Mas não devemos procurar no mito "explicações" e certamente não "soluções", já que não é esta sua função ou intenção. É um tipo de discurso diferente do discurso empírico e descritivo (e mais ainda do discurso científico).

Esta abordagem recebeu seu tratamento mais recente na obra de Karen Armstrong. Seguindo a tradição de Freud e Jung, ela distingue entre *mythos* e *logos* como dois modos de pensamento e de fala. *Mythos* refere-se a uma perspectiva que não está orientada para questões "práticas" ou preocupada com elas e não pretende ser tomado "literalmente". É uma forma antiga de psicologia, que traz à luz regiões obscuras e de resto inacessíveis do inconsciente. Ele não é e não procura ser "factual" ou racional e, por isso, não pode ser demonstrado ou verificado. Tende a falar a linguagem da história, ou moldar-se em termos históricos, mas os acontecimentos históricos dos quais ele fala não são ocorrências específicas e singulares do passado, mas antes "manifestações externas de realidades constantes, intemporais" (2000: xv). *Logos*, por outro lado, é o lógico, o racional, o pragmático, o literal e, em nosso tempo, o "científico". É proposicional, ou seja, faz afirmações que são verdadeiras ou falsas e como tais podem ser verificadas ou desmentidas. É funcional em vez de expressivo, focado em objetivos em vez de ser contemplativo ou jocoso. As relações entre fenômenos sugeridas por ele são causais em vez de metafóricas ou analógicas; e os acontecimentos que ele descreve são particulares e únicos em vez de "típicos" ou "eternos".

O que o mito pretende fazer, portanto, é expressar ou revestir o intemporal ou eterno ou pelo menos "não-temporal" de uma aparência específica e temporal. Por exemplo, quando um mito fala da Criação, o que ele está realmente expressando é algo a respeito da criatividade. Ou quando ele fala de um Nascimento e Ressurreição, ele está realmente falando sobre o ciclo geral de nascimento e morte e renascimento. No mito os "acontecimentos", a partir desta perspectiva, simplesmente não são acontecimentos, mas antes situações ideais ou típicas – situações que não aconteceram apenas uma vez há muito tempo, mas que acontecem (ou deveriam acontecer) continuamente. Dito de outro modo, os mitos se ocupam menos com o "então" do que com o "agora". Eles lançam os alicerces – e o padrão – para nossa vida presente.

**Tipos e temas do mito**

Os mitos são muito diversos. Ainda assim, talvez porque os humanos têm um conjunto limitado de experiências típicas ou mesmo arquetípicas, existem certos motivos e elementos recorrentes nas culturas. A criação é um tema óbvio e fascinante, compreensivelmente porque a religião atribui a maior parte da criatividade a seres e forças não-humanos e sobre-humanos. Muitas vezes os mitos descrevem a maneira como o universo como um todo, a terra em sua forma atual, os seres humanos e as instituições sociais começaram (cf. Capítulo 2). Existe uma enorme variedade nestes assuntos, no entanto alguns motivos aparecem repetidas vezes. Rooth (1957), por exemplo, investigou 300 mitos da criação dos índios norte-americanos e estabeleceu que 250 deles se enquadravam em oito tipos gerais:

1) Mergulhador: no qual algum ser recupera lodo e areia do fundo de uma massa primordial de água, da qual se origina a terra.
2) Progenitores do mundo: no qual a criação resulta da união entre um Pai Céu e uma Mãe Terra.
3) Emergência: no qual o mundo humano começa quando seres ancestrais emergem de um mundo inferior.

4) Aranha como Criador: no qual um ser semelhante a uma aranha tece o mundo como uma rede.

5) Criação do Mundo através de Luta e Roubo: no qual um ser sobrenatural (como Prometeu) rouba alguma coisa e a dá aos humanos, ou então luta contra outros seres sobrenaturais (gigantes, dragões etc.) a partir dos quais o mundo é feito.

6) Tipo Ymir: no qual o mundo é criado a partir do cadáver de um gigante assassinado ou de um homem ou mulher primordial.

7) Dois Criadores: no qual dois seres – às vezes irmãos, às vezes pai e filho ou tio e sobrinho – criam o mundo conjuntamente, muitas vezes como parte de uma competição ou de uma exibição de um para o outro.

8) Irmão Cego: no qual um irmão cega o outro numa espécie de trapaça, como forçá-lo a abrir os olhos antes de chegar à superfície durante um momento de emersão (note-se na leitura suplementar do Capítulo 5 a importância de manter os olhos fechados até o momento certo na peregrinação dos Huichol).

Muitos destes temas podem ser encontrados também em outras áreas culturais e nessas áreas podem ser encontrados também outros temas. Com efeito, Clyde Kluckhohn (1965) conduziu um levantamento mais extenso de temas recorrentes na mitologia mundial e obteve uma lista de seis motivos comuns nas cinquenta sociedades por ele estudadas: um elemento de dilúvio em trinta e quatro das cinquenta sociedades, um elemento de matar um monstro em trinta e sete, um elemento de incesto em trinta e nove, um elemento de rivalidade entre irmãos em trinta e duas, um elemento de castração, incluindo quatro casos de castração real e cinco de ameaças, e um elemento de divindade andrógina em sete.

Os mitos são repositórios de ideias culturais sobre temas como cosmologia e cosmogonia, que são geralmente, senão sempre, retratados em termos míticos. Evans-Pritchard recontou uma narrativa Azande, que de acordo com ele era o único mito de criação na religião deles. Neste mito:

> Bapaizegino, ou Bapai, que é a mesma pessoa chamada Mbori [o deus supremo], colocou a humanidade com o resto da criação numa espécie de canoa redonda, que ele fechou completamente, deixando apenas uma abertura escondida pela qual ela podia ser aberta. Ele fechou a abertura com cera. Bapaizegino enviou um mensageiro [...] a seus filhos, o Sol, a Lua, a Noite, o Frio e as Estrelas, para dizer que ele estava morrendo e que eles deviam vir imediatamente. Todos os filhos de Bapaizegino receberam bem o mensageiro do pai em suas

casas e cada um mostrou-lhe o caminho para a casa do próximo filho, mas apenas o Sol tratou-o com a consideração que um mensageiro de seu pai merecia. Aqui encontramos noções Zande de obrigações principescas colorindo o relato. Os filhos de Bapaizegino deveriam ter-se comportado como um filho do rei Gdubwe teria feito se um mensageiro de seu pai tivesse chegado à sua corte. Esta é exatamente a maneira como um rei Zande poderia ter testado o caráter de seu filho. Pois o mensageiro, numa das versões, agindo por ordem de seu senhor, escolheu o Sol, devido à sua prodigalidade para com o maior dos filhos de Bapaizegino, e explicou-lhe o segredo de abrir a canoa que continha a humanidade. Disse-lhe que devia procurar uma mancha, feita com o fruto da árvore *mbiango*, na superfície da canoa, e ao vê-la saberia que ali estava a abertura escondida.

Quando os filhos de Bapaizegino chegaram, ele lhes disse que havia mandado chamá-los para abrir a canoa redonda do universo e mandou colocá-la no meio deles. Cada um tentou abri-la sem sucesso. Quando o Sol foi chamado, ele viu a mancha, mas fingiu que não viu nada e assim deu a impressão de ter fracassado como os outros filhos. O pai repreendeu-os pela incapacidade de abrir a canoa e então o Sol deu um passo à frente pela segunda vez e raspou com a unha a cera por baixo da mancha e com grande barulho foram saindo homens e animais e árvores e gramíneas e rios e colinas. O primeiro clã de homens a surgir foram os Ambata, os Homens, assim chamados porque Bapaizegino esgotara todos os nomes que podia imaginar com os outros clãs (1962: 315-316).

Os mitos podem recontar as origens das instituições humanas ou das relações sociais, tornando essas instituições ou relações boas e corretas. Um mito Bunyoro narra as origens da servidão e da realeza, baseando-se nas ações primordiais de um grupo de irmãos. O primeiro pai humano, Kintu ou "a coisa criada", tinha três filhos. Os meninos foram sujeitados a duas provas. Primeiramente, foram colocados seis objetos num lugar onde os rapazes podiam encontrá-los – uma cabeça de boi, uma tira de couro de vaca, um feixe de painço e batatas cozidos, um aro feito de capim (para pôr na cabeça e carregar fardos), um machado e uma faca.

Quando os rapazes toparam com estas coisas, o mais velho apanha o feixe de comida e começa a comer. O que não conseguiu comer, ele leva embora, usando para isso o aro colocado na cabeça. Pega também o machado e a faca. O segundo filho apanha a tira de couro, e o mais novo toma a cabeça de boi, que é tudo o que sobra. Na prova seguinte, os rapazes precisam sentar no chão ao entardecer, com as pernas esticadas, cada um segurando no colo um recipiente de madeira cheio de leite. Dizem-lhes que precisam segurar seus recipientes com todo cuidado até de manhã. À meia-noite o mais novo começa a cochilar balançando de um lado para o outro e derrama um pouco do leite. Acorda com um sobressalto e pede aos irmãos um pouco do leite deles. Cada um lhe dá um pouquinho, de modo que seu recipiente fica novamente cheio. Pouco antes do amanhecer o irmão mais velho derrama repentinamente todo o seu leite. Também ele pede aos irmãos que o ajudem a encher seu recipiente com os deles; mas estes se recusam, dizendo que isso exigiria uma quantidade demasiada do leite deles para encher-lhe o recipiente vazio. De manhã o pai encontra o recipiente do filho mais novo cheio, o do segundo filho quase cheio e o do filho mais velho completamente vazio (BEATTIE, 1960: 11-12).

Estas decisões selaram a identidade e o destino dos filhos e de seus descendentes para sempre. O primeiro filho e sua linhagem seriam sempre servos e agricultores, trabalhando para seus irmãos mais moços e seus descendentes; ele recebeu o nome de "Kairu" ou camponês. O segundo filho e seus descendentes teriam o *status* elevado de pastores de gado; ele recebeu o nome de "Kahmua", pequeno vaqueiro. O filho mais novo seria herdeiro político e líder, e por isso recebeu o nome de "Kakama", pequeno Mukama ou governante. Seus descendentes se tornaram os reis dos Bunyoro.

Algumas sociedades, como os Kaguru, não tinham aparentemente um mito totalmente cosmogônico, embora tivessem mitos da origem social, especialmente para explicar as distinções de parentesco (clã) em sua sociedade. Beidelman relatou:

> Os Kaguru às vezes comparam este nascimento da sociedade Kaguru com o nascimento de uma pessoa; como os humanos nascem da terra dos espíritos ancestrais, assim também a nação Kaguru surgiu do Norte e do Ocidente, duas direções associadas aos mortos e ao nascimento. Alguns dizem até que as pessoas marchavam em coluna, com as mulheres à esquerda e os homens à direita, direções associadas [...] à feminilidade e à masculinidade, e com *satus* subordinado e superordenado. Embora haja uma lenda geral comum a todos os Kaguru, esta varia nos detalhes de um clã para outro. Os Kaguru podem citar esta lenda para provar sua origem comum e assim explicar sua cultura comum; mas podem também usá-la como um meio de explicar as diferenças na sociedade Kaguru, diferenças que proporcionam o traço mais básico da organização social Kaguru. Este traço é o sistema de clãs: os Kaguru estão divididos em cerca de cem clãs matrilineares exógamos (*ikolo* ou *kolo* ou *ikungugo*). O tamanho do clã varia de algumas centenas até diversos milhares de membros. [...] Os Kaguru dizem que, embora possam ter deixado sua terra natal original sem estas distinções sociais (ninguém, no entanto, acentua este ponto), em algum lugar no caminho os clãs começaram a existir. Em sua maioria os clãs derivam seus nomes de uma série de acontecimentos ocorridos, segundo se diz, durante

a migração para a terra atual dos Kaguru. Diz-se também que alguns clãs estão relacionados uns com os outros e também isto é explicado por meio dessas lendas (1971: 32-33).

Muitas vezes os mitos explicam papéis específicos na sociedade, entre os quais os próprios papéis religiosos. Por isso, à posição de um especialista como um xamã ou um sacerdote são atribuídas muitas vezes origens e sanção míticas. Goldman relatou o mito do primeiro xamã ou *paye* Cubeo.

> Outrora não havia *payes*. Um jovem chamado Djuri, desejando tornar-se um *paye*, foi para a floresta [...] e sentou numa clareira e pensou sobre como começar a produzir um trovão. Enquanto estava absorto em pensamentos, apareceu Onponbu [Homem do Trovão], o possuidor da *dupa*. Ele conhecia os pensamentos do jovem e podia ver que ele tinha um corpo limpo. Decidiu fazer dele um *yavi* [literalmente "jaguar", outro termo para xamã] e colocou no chão ao lado do rapaz três objetos – um fragmento de *dupa* [uma resina que, conforme se acreditava, tinha origem sobrenatural], um pequeno recipiente com cera de abelhas e uma bandeja de penugem de águia. O jovem preparou a *dupa* e a cera de abelhas para inalar e também introduziu a penugem de águia em suas narinas, donde ela subiu para instalar-se em sua cabeça.
>
> Nessa noite ele teve visões e então entendeu como produzir o trovão. Em suas visões ele viu as casas onde os *payes* se reuniam e viu que havia muitos nelas. Dormiu e, quando acordou antes do amanhecer, ouviu o primeiro trovão no Oriente onde os rios abandonam a terra. Adormeceu novamente e sonhou que Onponbu lhe perguntava se ele estava satisfeito com o que lhe fora dado e se acreditava ter aprendido como produzir o trovão. Onponbu aconselhou-o sobre como viver. Admoestou-o a não dormir com uma mulher. "Você deve vigiar a conduta de sua vida", disse-lhe. "Você não deve comer o que os outros comem. Você deve comer apenas farinha de amido. [...] Você não deveria comer nada quente ou tomar a comida diretamente da mão de uma mulher. Deixe de lado a comida quente até esfriar e ela não lhe causará nenhum dano" (2004: 303-310).

Onponbu continuou dando ao rapaz muitos dons, entre os quais o trovão e o relâmpago. Ensinou-lhe também a procurar plantas poderosas específicas. E transformou o rapaz num xamã, mudando literalmente seu corpo, introduzindo espinhos nos antebraços e colocando uma vareta em sua boca. Finalmente, ele recebeu objetos rituais, como um chocalho com pequenas pedras dentro, uma coroa de penas e ornamentos feitos com pedras e cascas de árvores.

Os humanos não podem deixar de notar – e por isso o mito não pode deixar de lidar com – o fato de que nem tudo está bem no mundo natural ou social.

Assim, um motivo recorrente nas culturas é o "trapaceiro" ou personagem espiritual ambíguo, que causa desgraça através de sua ignorância, inocência ou travessuras. Embora fosse especialmente conhecido nas culturas americanas nativas, também os habitantes de Ulithi, nas Ilhas do Pacífico, tinham uma versão do mito do trapaceiro, envolvendo o deus Iolofath, filho de Lugeilang e de uma mulher humana e neto de Ialulep, o Grande Espírito. Ele foi responsável por algumas das qualidades nocivas e repugnantes da vida. De acordo com o relato, quando subiu para o domínio de seu pai no Mundo Celeste, ele parou em cada um dos quatro níveis para deixar sua lamentável marca. Primeiramente ele foi repreendido por alguns rapazes que estavam pescando, e ele deu espinhos aos peixes para perfurar os rapazes. No segundo nível, outros rapazes o rejeitaram, e ele deu dentes ao tubarão com o qual estavam brincando, a fim de mordê-los. Repelido no terceiro nível, ele fez o ferrão da arraia para causar dano àqueles rapazes.

> Chegando ao quarto nível, ele encontra homens buscando madeira para construir a grande casa do Mundo Celeste conhecida como Farmal. São todos peixes, mas têm atributos humanos, movendo-se de um lado para outro, imperceptíveis em sua aparência entre o piscatório e o antropomórfico.
>
> As pessoas do quarto nível estão cavando um buraco para nele fincar o grande poste-totem do Farmal. Ao verem Iolofath, decidem matá-lo porque é um intruso. Induzem-no a entrar no buraco do poste e então cravam o poste em cima dele. Fluidos vermelhos e verdes esguicham para cima e as pessoas pensam que é o sangue e a bílis dele; mas ele os enganou refugiando-se numa cavidade que escavou ao lado do buraco. Os fluidos eram apenas terra vermelha e folhas verdes de jambo-vermelho que ele tinha posto na boca. O nosso hábil herói escapa de sua prisão subterrânea mandando cupins cavarem um buraco em direção à superfície no interior do grande poste-totem. Manda formigas trazerem pequenos bocados de polpa de coco e um tinhorão e magicamente as faz atingir o tamanho natural. Aumenta o tamanho de um grão de areia até tornar-se um rochedo. Arremessando o coco contra o rochedo, ele grita "Soro!" para os trabalhadores lá embaixo. Eles ficam estarrecidos e imediatamente reconhecem que é o filho de Lugeilang. Desde então tratam-no com deferência (LESSA, 1966: 31-32).

Se existe uma lição geral a tirar destas histórias de trapaceiros, é que os aspectos inegavelmente desagradáveis da natureza e da existência têm uma origem (a princípio não existiam e não podiam ter existido) e que nem sempre se adota o comportamento socialmente apropriado (com consequências negativas para si e para os outros).

## O estudo estrutural do mito

A viçosa plenitude do mito tornou muito problemático o seu estudo. O que exatamente fazemos com todas estas histórias fantásticas, ambíguas e quase certamente fantasiosas? E ainda pior: O que fazemos quando reunimos versões diferentes e até contraditórias de uma mesma história? É possível tratar o mito, que é evidentemente não científico, cientificamente? Por volta de meados do século XX, Claude Lévi-Strauss introduziu uma abordagem – literalmente um *método* – muito influente para o estudo científico do mito, baseando-se não tanto nos "conteúdos" do mito quanto em sua "estrutura".

Lévi-Strauss começou desenvolvendo seu método na área do parentesco. Levando a sério a noção de sistema de parentesco enquanto linguagem, ele sugeriu que o sentido das expressões orais não está tanto nos itens individuais (por exemplo, palavras) com os quais são compostas, quanto na "gramática" ou relações entre as palavras, ou seja, a *estrutura*. Nesta visão (derivada do linguista Ferdinand de Saussure) a linguagem é um conjunto de normas ou sintaxe ou gramática combinatórias e transformacionais para arranjar seus "bits" ou palavras. O modelo estrutural sugere assim que o sentido não está *nas* palavras ou símbolos, mas *entre* eles, na maneira como estão relacionados uns com os outros. Assim, o discurso concreto pode transmitir o mesmo sentido de muitas maneiras diferentes, como também usar os mesmos bits ou palavras para transmitir sentidos muito diferentes.

Lévi-Strauss aplicou esta noção à religião na análise do "totemismo" ou elo espiritual entre espécies ou fenômenos naturais e indivíduos e grupos humanos (cf. Capítulo 2). Antes do estruturalismo, a interpretação muitas vezes consistia em que o totem era escolhido por causa de alguma característica que ele e o indivíduo/grupo possuíam, característica que constituía uma comunidade (por exemplo, pessoas do totem urso podiam ser fortes etc.). Esta perspectiva relista ou literalista sobre a religião em geral e sobre o mito especificamente é precisamente o que a abordagem estruturalista evitava. Como escreveu Lévi-Strauss em *Antropologia estrutural*: "Se determinada mitologia confere proeminência a certa figura, digamos uma avó má, afirmar-se-á que naquela sociedade as avós são realmente más e que a mitologia reflete a estrutura social e as relações sociais" (1963: 202). No entanto, isto seria um caso de procurar o sentido do mito no item individual e não na estrutura ou contexto no qual o item é situado.

Apesar da diferença linguística e cultural, argumentava Lévi-Strauss, os mitos nas culturas são notavelmente semelhantes e mutuamente inteligíveis. Sua explicação para esta semelhança e inteligibilidade era a única coisa que todos os humanos têm em comum – a mente humana. Visto que todos os mitos são produtos dos mesmos processos mentais humanos (cf. Capítulo 1), eles têm uma natureza comum e analisável. A qualidade fundamental desta mente é sua natureza *binária*: os humanos pensam em pares de opostos. Nesta visão algumas oposições-chave eram masculino/feminino, vivos/mortos, natureza/cultura, matéria/espírito e nós/eles. A mente opera, portanto, sobre estas oposições ou contradições com um conjunto de normas transformacionais, produzindo a variedade de mitos que encontramos nas culturas para "resolver a contradição" ou sintetizar os opostos. O mito alcança, finalmente, este objetivo misturando ou manipulando duas diferentes variações do tempo: o eterno ou intemporal (universal) e o temporal (particular). O mito, portanto, é ao mesmo tempo histórico e a-histórico, a manifestação no tempo de verdades intemporais.

Se o mito "funciona" para resolver ou sintetizar oposições e contradições, ele não é e não pode afinal ser bem-sucedido; vida e morte, matéria e espírito, masculino e feminino e assim por diante não podem ser resolvidos ou sintetizados, pelo menos não permanentemente. Mas isto ajuda a explicar a produtividade, a duplicação, a "qualidade vegetativa" do mito: não podemos deter-nos numa única solução ou síntese, numa única história que une o intemporal e o temporal. Mais exatamente, devemos criar e contar as histórias repetidas vezes, numa variação incessante, numa espécie de seriedade jocosa que Lévi-Strauss chamou de *bricolage*. Nesse sentido, os mitos são mais parecidos com os sonhos do que nós imaginamos; nenhum sonho sozinho consegue captar ou esgotar definitivamente um pensamento ou desejo inconsciente. Nós podemos e devemos expressá-lo repetidas vezes. As contradições que o mito manipula não são mudadas ou eliminadas pela manipulação e, por isso, seguir-se-á outro mito, como outro sonho ou outra obra de arte, numa torrente ininterrupta de manifestações temporais de temas intemporais.

Lévi-Strauss prosseguiu demonstrando como pôr esta teoria em prática, proporcionando um "método" para a análise estrutural do mito. Em primeiro lugar, disse ele, devemos decompor o mito em seus menores fragmentos narrativos possíveis, que ele chamou de "mitemas". Poderíamos literalmente escrever cada cena ou acontecimento do mito numa ficha de arquivo e colocá-los sobre uma mesa. Começaríamos então a arranjar os mitemas num esquema de fileiras e colunas, as fileiras representando o tempo (fluindo da esquerda para a direita) e as colunas representando tipos semelhantes de acontecimentos ou temas que ocorrem em diferentes lugares no mito. Em sua famosa anatomia do mito de Édipo Lévi-Strauss teve uma coluna para as cenas que evocam relações familiares problemáticas ou incestuosas, outra coluna para os assassinos e ainda outra coluna para a matança de monstros. O resultado, afirmou ele, é uma espécie de "partitura" do mito, com a melodia e a harmonia, o ritmo e o contraponto dispostos graficamente. O produto será a "estrutura" do mito, os tipos particulares de oposições e contradições com as quais o mito se ocupou e os meios pelos quais elas são resolvidas ou sintetizadas.

Naturalmente, mitos diferentes tratarão de contradições diferentes, mas afinal haverá uma lista finita desses tópicos, e alguns – como vida/morte ou masculino/feminino – aparecerão repetidamente. O método estrutural, portanto, deveria identificar estes padrões recorrentes como também fazer outra coisa importante, a saber, eliminar qualquer "viés do observador" na análise. A análise estrutural deveria ser completamente "objetiva", de modo que todos os analistas cheguem aos mesmos resultados. Outro benefício desse estudo objetivo seria a eliminação dos problemas de "tradução" e "versão" do mito. Em outras palavras, se o sentido do mito está em palavras específicas ou no valor culturalmente relativo das ações ou ideias, a tradução de um mito iria distorcer ou destruir exatamente aquilo que procuramos. Contudo, se o mito é uma manifestação de uma "gramática profunda" que todos os mitos compartilham, então podemos confiantemente traduzir sem medo de perda. Da mesma forma, sabemos que informantes diferentes irão às vezes dar versões diferentes do mesmo mito, ou que diferentes regiões terão uma variante do mito. Este é um enorme problema para os realistas, que devem estudar cada versão separadamente ou então continuar procurando o mito "verdadeiro" ou "original". Para os estruturalistas, cada versão é pouco mais do que uma nova torção na mesma estrutura mais profunda; não existe nenhuma versão verdadeira do mito e cada alteração do mito é tão boa como outra.

### O mito como literatura oral

O mito é antes de tudo uma narrativa de tipo específico, relativa às proezas de atores sobrenaturais ou extraordinários (como os primeiros humanos etc.). Mas o mito não é o único tipo de narrativa (religiosa ou não religiosa) e a narrativa não é a única forma de "literatura". Os antropólogos e os estudiosos do mito e da literatura oral definem muitas vezes o mito como um subgênero do gênero muito mais inclusivo do *folclore*. Usado pela primeira vez como termo técnico por William Thoms (1846: 862) para referir-se à "sabedoria do povo", o conceito de folclore ampliou-se de modo a abranger uma vasta gama de comportamentos culturais verbais. William Bascom, um dos primeiros folcloristas influentes, sustentou que ele incluía "mitos, lendas, contos, provérbios, enigmas, os textos de baladas e outros cantos, e outras formas de menor importância" (1953: 287), mas não gêneros comportamentais como dança ou arte ou vestuário e coisas semelhantes. Uma compilação muito mais recente sobre o folclore, editada por Richard Bauman (1992), contém verbetes sobre contos populares, poesia oral, provérbios, enigmas, insultos, fofoca, oratória, canto, mímica, dança, traje e máscaras, entre outros. Alan Dundes, o conhecido antropólogo do folclore, apresentou a lista talvez mais abrangente:

> O folclore inclui mitos, lendas, contos populares, gracejos, provérbios, enigmas, canções, palavras mágicas, bênçãos, maldições, juramentos, insultos, réplicas, sarcasmos, troças, brindes, trava-línguas e fórmulas de saudação e despedida. [...] Inclui também trajes típicos, dança folclórica, teatro popular, música instrumental popular [...], canções populares [...], linguagem popular [...], alegorias populares [...], metáforas populares [...] e nomes. A poesia popular vai desde epopeias orais até autógrafos em versos, epitáfios, latrinália ou grafitos de banheiro (escritos nas paredes de banheiros públicos), quintilhas humorísticas, rimas de quicar bolas, rimas de pular corda, rimas para dedos da mão e do pé, rimas de embalar (para balançar crianças sobre o joelho), rimas de eliminação [...] e rimas infantis. A lista de formas de folclore contém também jogos; gestos; símbolos; orações (por exemplo, ação de graças); trotes; etimologias populares; receitas de comida; modelos de colchas e bordados; modelos de casas, galpões e cercas; gritos de camelôs; e até os sons convencionais tradicionais usados para chamar animais ou dar-lhes ordens (1965: 3).

Embora possamos apresentar objeções a respeito dos detalhes da lista (por exemplo, Bascom e outros excluem a arte, a dança, a música, o vestuário e meios não verbais semelhantes), ela nos alerta para o fato de que existem muitas coisas que os humanos fazem com a linguagem além de contar mitos.

De acordo com a maioria dos estudiosos do folclore, os itens que constam nestas listas mais ou menos extensas têm em comum certos traços-chave, particularmente o fato de serem *orais, tradicionais* e *cara a cara*. Dundes e outros discordam desta definição ou pelo menos a problematizam, já que obviamente nem todo o folclore é oral (alguns elementos têm sido há muito tempo postos por escrito) ou, portanto, cara a cara, e nem todo comportamento oral é folclore; além disso, "tradicional" é relativo (alguns elementos do folclore são muito antigos, mas alguns são muito mais recentes). E até a definição de quem precisamente é o "folk" [o "povo" do termo "folclore"] é discutível. Em outras palavras, Dundes concluiu que, se aceitamos esta visão convencional, o "folk [povo] de hoje não produz nenhum novo folclore" (1965: 1) – com efeito, "novo folclore" seria um oxímoro.

Não obstante estas preocupações e objeções, podemos identificar na categoria de folclore pelo menos dois gêneros principais, a saber, as narrativas e as não-narrativas, com o mito pertencendo ao gênero "folclore narrativo". Entre as outras espécies deste gênero estão as *lendas* e os *contos populares*, os *contos de fadas*, as *epopeias* e outros mais. Elliott Oring distinguiu as três espécies principais de folclore narrativo – mito, lenda e conto popular – menos pela "forma" do que pelas "atitudes da comunidade em relação a eles". Mais explicitamente, afirmou ele, o mito é uma história "geralmente considerada ao mesmo tempo sagrada e verdadeira, pela comunidade na qual ele é contado", e os mitos "tendem a ser narrativas básicas em sistemas ideológicos mais amplos". Tipicamente o cenário narrativo do mito está "fora do tempo histórico". Da mesma forma, a entrega ou apresentação dos mitos difere:

> Os mitos são frequentemente representados num contexto ritual ou cerimonial. Pode haver um grupo especial de pessoas designadas para recitar o mito; o tempo e a maneira como ele é representado podem também distingui-lo de outras formas de narrativa existentes na sociedade. Com efeito, a linguagem do mito pode ser tão sagrada como sua mensagem (1986: 124).

A lenda, por outro lado, refere-se a narrativas "que se concentram num único episódio, um episódio que é apresentado como miraculoso, incomum, bizarro, ou às vezes embaraçoso"; ela é geralmente, ou até sempre, situada num tempo histórico familiar e pode ser "considerada falsa, ou verdadeira, ou falsa por uns e verdadeira por outros" (125). Por fim, um conto popular é "relatado e recebido como uma ficção ou fantasia" (126). Seus personagens são normalmente estereótipos (a bela princesa, a bruxa má, a criança inocente etc.), muitas vezes em pares contrastantes, e a trama "avança como uma sequência lógica de acontecimentos", ainda que esta lógica "nem sempre seja a lógica do mundo cotidiano" (130).

De maneira significativa, Bascom reconheceu que os mitos, as lendas e os contos populares não são "categorias universalmente reconhecidas", mas ainda assim argumentou que eles são "conceitos analíticos que podem ser aplicados de maneira significativa interculturalmente, mesmo quando outras 'categorias nativas' são reconhecidas localmente" (1965: 5). Embora isto possa ser verdade, antropologicamente é de grande valor entender e usar categorias, conceitos e termos locais. Por exemplo, Douglas Parks (1996), num detalhado exame de narrativas do povo Arikara de South Dakota, descobriu que eles tinham sua própria terminologia para seu discurso narrativo. No nível mais geral, eles distinguiam "histórias verdadeiras" (que não tinham um nome genérico, mas eram mencionadas como *tiraanaaNIs*, que significa "é verdade") de "contos" ou *naa'iikaWIs*. Sob o título de histórias verdadeiras estavam as histórias sagradas e as histórias não sagradas, ambas consideradas verdadeiras. As histórias sagradas incluíam o que ele chamou de "tradições de gênesis", nas quais a origem de cada aldeia era recontada como proveniente de um ser religioso num sonho. Os "mitos" eram um segundo tipo de histórias verdadeiras, que consistiam em

> tradições de incidentes que ocorreram num período antes de a terra ter assumido plenamente sua forma atual, antes ou durante um tempo em que as instituições humanas estavam se desenvolvendo. Os Arikaras referem-se a ele como um período sagrado, o tempo em que ocorreram acontecimentos misteriosos. Diz-se que as histórias situadas nesta época são sagradas (*tiraa'iitUxwaaRUxti*, "é uma história sagrada"). Era um tempo em que os animais eram os atores nos dramas e as divindades desciam dos altos céus para a terra, em que os animais matavam os humanos e o búfalo comia pessoas e não o contrário (49).

Finalmente, os acontecimentos lendários eram considerados histórias verdadeiras e se encaixavam em três subtipos – (1) "narrativas etiológicas", que contavam o início de uma determinada instituição social ou tradição; (2) "histórias de sonhos", nas quais os personagens humanos interagiam com animais ou com agentes sobrenaturais que ajudam os humanos, dando-lhes poderes especiais na caça, na guerra ou na medicina; e (3) histórias de ocorrências sobrenaturais, nas quais aconteciam incidentes estranhos, como "uma moça é desonrada e se transforma numa pedra" (50).

Ao lado das histórias sagradas pertencentes à categoria mais elevada de "histórias verdadeiras" estavam as histórias não sagradas, que "geralmente descrevem acontecimentos mais recentes no tempo e, o que é mais importante, não têm um componente sobrenatural predominante – embora quase todas as histórias tenham alguma referência sobrenatural" (50). Entre estas estão relatos de acontecimentos históricos, histórias pessoais/biográficas e relatos de guerra. Todas estas "histórias verdadeiras" contrastavam com a segunda grande categoria dos "contos" ou histórias essencialmente não verdadeiras. Estas incluíam histórias de trapaceiros e outras histórias de animais, como também histórias a respeito de humanos, com um elenco limitado e bem conhecido de personagens como Cabeça que Pula, Homem Sortudo, Mãos Sangrentas, Homem Escalpelado, e Aquele que Fica na Cabana Vestido com Elegância. Vale notar que os Arikara não eram totalmente unânimes acerca desta tipologia narrativa:

> O que são mitos verdadeiros para alguns Arikaras de hoje são contos para outros. Com efeito, para muitas histórias é duvidoso que possa ser alcançado hoje – ou mesmo, talvez, possa ter sido alcançado no passado – um consenso em relação à sua validade histórica, já que em nenhuma cultura todos sustentam crenças idênticas (51).

O outro gênero de folclore é a não-narrativa, composta de outros atos de fala que não histórias. Esta categoria pode na realidade conter mais literatura oral de uma sociedade, já que existem muitas coisas que os humanos podem fazer com a linguagem além de contar histórias. Alguns poucos tipos são os provérbios e ditos, os gracejos e os enigmas, que podem ser e são usados, todos eles, em vários contextos religiosos; tomemos, por exemplo, o *koan* ou enigma budista, que é entendido como algo que ajuda a facilitar a iluminação.

Mais relacionadas com a religião são as categorias seguintes: fórmulas mágicas, cantilenas, maldições, encantamentos, poesia e canto. De acordo com Enongene Mirabeau Sone, a poesia é uma parte essencial da religião dos Bakossi, uma sociedade da República dos Camarões. Essa poesia "se preocupa, sobretudo, com a relação do povo Bakossi com seu Deus, com seus companheiros humanos e com a natureza" (2011: 308). Os poemas são cantados pelos homens perto dos santuários em tempos de crise coletiva, como "seca, guerra ou uma epidemia", e também por ocasião de uma doença individual. Os encantamentos, que Sone caracteriza como "uso de fórmulas mágicas", são o tipo mais importante de poesia religiosa entre os Bakossi. As pessoas usam encantamentos para ajudar na caça, solicitando aos ancestrais "que entreguem os animais da floresta aos caçadores"

(310), e para combater a bruxaria; os encantamentos podem também ser usados para lançar maldições. O seguinte é um encantamento que foi usado para curar uma mulher da bruxaria:

> Se vocês foram chamados a reunir-se aqui hoje,
> É porque uma de nossas filhas
> Foi enfeitiçada,
> E nós próprios somos os magos.
> Devemos tornar-nos o gato selvagem
> Que come a si mesmo quando pego numa armadilha?
> Devemos matar nossa filha?
> Nossos pais sempre disseram
> Que um homem que sempre tem pessoas
> É maior do que um homem que tem riqueza.
> Ameixas junto a casa
> Nunca são colhidas usando uma forquilha.
> Deveríamos dar à nossa filha sua saúde (322).

Uma importante forma verbal em muitas religiões é o epíteto divino, uma palavra ou expressão que representa um nome ou característica convencional de um ser sobre-humano. O islamismo é famoso pelos noventa e nove nomes de Deus, entre os quais *al-Rahman* (o compassivo), *al-Rahim* (o misericordioso), *an-Nur* (a luz) e *al-Barr* (o bom). Escrevendo sobre a antiga religião assíria e babilônica, Peter Westh compartilha diversos epítetos divinos, como na seguinte invocação atribuída ao rei Assurbanipal:

> Ó grande senhor que ocupas um imponente dossel nos límpidos céus,
> Tiara dourada dos céus, símbolo da realeza,
> Ó Shamash, pastor do povo, deus nobre,
> Profeta da terra, líder do povo,
> Que conduzes o fugitivo em seu caminho,
> Ó Shamash, juiz do céu e da terra,
> Que governas os deuses celestiais,
> Que apresentas oferendas de incenso aos grandes deuses,
> Eu, Assurbanipal, filho de meu deus,
> Invoco-te nos límpidos céus (2011: 48).

Observe-se como o acúmulo de honras e títulos se assemelha à maneira como o homem do povo fala à realeza humana.

> **Quadro 4.1 Múltiplos gêneros de fala na religião Petalangan**
>
> As formas linguísticas da religião entre os Petalangan, uma sociedade da ilha de Sumatra na Indonésia, são dois gêneros completamente diferentes, o *belian* e o *monto privadi*. O *belian* é o estilo usado em rituais públicos de cura, enquanto o *monto privadi* é apropriado para fórmulas mágicas pessoais (muitas vezes privadas), entre as quais fórmulas mágicas de beleza e de amor. Embora oficialmente muçulmanos, os Petalangans "acreditam na existência de outros seres espirituais além de Alá e ainda pronunciam fórmulas mágicas em quase todas as atividades cotidianas", desde a saúde e a caça até o sexo e o parto (KANG, 2006: 4). Além disso, dividem suas fórmulas mágicas em "magia social" (*lomu masyarakat*) e "magia pessoal" (*lomu privadi*), a primeira voltada para necessidades e atividades comunitárias e a segunda focada em assuntos pessoais. A magia social tende a envolver um especialista religioso, enquanto qualquer indivíduo pode recitar uma fórmula mágica (*monto*) em proveito próprio. Os Petalangans afirmam que as enunciações funcionam através da invocação de seres espirituais, e neste caso as enunciações empenham os espíritos numa "conversação" (*bercakap*), ou através do poder imediato das próprias palavras. Embora os dois tipos de fala sejam considerados "palavras dos ancestrais" (*kato o'ang tuo-tuo dulu*), eles diferem pelo fato de a fala *belian* incorporar cantos chamados *anak iyang*, cantados por xamãs aos espíritos como parte de um ritual. Por serem executados em público, Kang considera que as enunciações *belian* estão se tornando mais "modernas" e literais, e até mesmo "encenadas" como se fosse para um público não Petalangan. O *monto privadi*, sendo mais privado, conservou um número maior de seus elementos pré-islâmicos, embora até estas fórmulas mágicas tenham começado a absorver mais palavras e expressões muçulmanas.

Um dos gêneros verbais aos quais se presta menos atenção nas religiões talvez seja a oração. Nem todas as religiões têm oração, pelo menos no sentido ocidental/cristão familiar; mas muitas a têm e, para muitas, ela é uma forma essencial de linguagem religiosa. Sam Gill levou a cabo uma análise da oração dos Navajo, que, argumentou ele, não pode ser entendida independentemente das crenças e mitos da sociedade; "as orações são consideradas atos rituais complexos, e sua execução requer e é informada por elementos da mitologia e pelos contextos culturais nos quais as orações são feitas" (1981: xxii). Na realidade, este contexto é crítico, já que qualquer oração determinada pode ser usada de diferentes maneiras com diferentes sentidos, por exemplo, "num contexto para pedir e efetuar um nascimento tranquilo e sadio e em outro contexto para pedir e provocar chuva num período de seca" (xxiii).

Examinando trezentos diferentes casos ilustrativos de orações, Gill identificou oito tipos gerais: (1) bênçãos, (2) orações de restabelecimento/recuperação por reidentificação/reassociação com os meios de saúde, (3) orações de restabelecimento por expulsão de malevolência exterior, (4) orações de restabelecimento por expulsão da influência maléfica de fantasmas ou bruxos/as nativos, (5) orações de restabelecimento pela eliminação da influência maléfica do Povo Sagrado, (6) orações de restabelecimento pela recuperação, retorno e reassociação com os meios de saúde, (7) orações de obtenção de proteção contra potencial ataque e (8) orações de restabelecimento refazendo/corrigindo os meios de saúde e vida da Pessoa Sagrada (39-42). Gill chegou a estes oito tipos por meio de uma forma de análise estrutural diferente daquela de Lévi-Strauss e menos movida pela teoria do que esta. O estruturalismo de Gill considerou os elementos ou segmentos de que as expressões vocais da oração são compostas e os arranjos desses segmentos, e depois a relação entre a estrutura resultante e a função ou uso da oração.

Por exemplo, Gill descobriu que existem vinte constituintes identificáveis das orações dos Navajo, tais como "indicação do lugar", "menção do nome", "oferenda", "pedido de assistência", "declaração de afeto", "obtenção de proteção", "jornada de uma Pessoa Sagrada de sua casa para a casa de uma Pessoa da Superfície da Terra" e assim por diante (14) (cf. Ilustração 4.1). Ele atribuiu a cada um destes segmentos um valor representado por uma letra, de A a V. Qualquer tipo particular de oração é, portanto, uma combinação particular destas unidades básicas. Dessa forma, ele pôde nomear e descrever cada tipo de oração (em termos de sua classificação cerimonial) e sua estrutura singular de componentes, como segue:

| Classificação da oração | Estrutura |
|---|---|
| 1) Caminho da Bênção | (A) ... (F) G (U) (V) ou |
| | (A) ... (F) V ou |
| | (A) ... (F) $G^n$ $V^n$ (U) (V) |
| 2) Caminho da Vida | (A) ... (F) P G (U) (V) |
| 3) Caminho do Inimigo | (A) ... (G) K (V) |
| 4) Caminho do Feio | (A) ... (F) M (N) |
| 5) Caminho Sagrado | (A) ... (G) H M (U) (V) |

E assim por diante. Para tomar um exemplo: uma cerimônia do Caminho do Inimigo busca a expulsão da malevolência exterior e é isso que as orações pedem. A estrutura neste caso é uma referência inicial a um lugar ou mais lugares ([A] na lista de constituintes), que é comum a todas as orações, seguida pela designação ou associação a uma ou mais Pessoas Sagradas ([G]), por uma seção que pede a eliminação da malevolência exterior ([K]) e por uma ou mais referências a um estado de bênção ([V]). O resultado pode ser uma oração como esta:

Aquele das "Águas fluem juntas"!? (A)
Seus pés se tornaram meus pés, desse modo andarei de um lado para outro,? (G)
Por isso ele é vida longa, por isso eu sou vida longa,
Por isso ele é felicidade, por isso eu sou felicidade,
Por isso é agradável à sua frente, desse modo é agradável à minha frente,
Por isso é agradável às suas costas, desse modo é agradável às minhas costas,
Quando o pólen que circunda a boca do sol circunda também a minha boca,
  e isso me possibilita falar e continuar falando,
[substitua "pés" por "pernas" e "corpo" e "mente" e "voz" e repita]
Tu arrancarás a morte dos íntegros, da corda de arco retesada? (K)
de mim! Tu a arrancaste de mim, ela foi devolvida a ele,
  ela caiu bem longe!
Por isso a seta do fantasma do inimigo dos Ute, sua imundície, com a qual ela incomodou meu interior, que penetrou em meu interior, que absorveu meu interior, nesse dia sairá de mim! Neste dia ela saiu de mim! [...]
Vida longa, felicidade eu serei, tornou-se novamente agradável,? (V)
tornou-se novamente agradável, tornou-se novamente agradável,
tornou-se novamente agradável, tornou-se novamente agradável.

(baseado em Gill 1981: 106-107)

Ilustração 4.1 Oração Yebichai – Navajos dançando. Cortesia da Edward S. Curtis Collection, Prints and Photographs Division da Biblioteca do Congresso

## Linguagem religiosa como representação

Uma abordagem séria do mito como folclore e particularmente como literatura oral leva a outras considerações cruciais. No cerne destas está o fato de que os gêneros orais – sejam eles mitos, lendas, enigmas, provérbios, orações ou seja o que for – são *representados* e, em maior ou menor medida, só existem *na representação*. Isto significa que não podemos dar-nos ao luxo de examinar apenas o "conteúdo" ou os "símbolos" ou mesmo as "relações estruturais" contidos nos mitos e outros "textos" orais, mas deveríamos e devemos incluir muito mais em nossas análises.

Os estudiosos tenderam a focalizar o conteúdo – os personagens, os acontecimentos, as "crenças" – do mito e da linguagem religiosa, excluindo aquilo que poderíamos chamar de "estilo". E ainda pior: quando pomos a literatura oral por escrito, todas as outras qualidades do discurso geralmente são eliminadas e se perdem. E aquilo que nós, enquanto etnógrafos, muitas vezes registramos dos mitos e da literatura oral são sumários ou comentários dos mesmos, comentários posteriores ou alheios aos fatos, e não versões "vivas" reais – ou seja, sentamo-nos com membros cultos da sociedade e mandamos que eles falem *sobre* o mito em vez de *fazer* o mito. Muitas vezes nossos relatos etnográficos sintetizam o sumário (transformam-no numa descrição discursiva ocidental) ou eliminam os elementos do relato que não pertencem ao conteúdo, as partes que não fazem a trama avançar. Notemos, por exemplo, que a oração apresentada por Gill termina com uma seção repetitiva de "tornar-se agradável", que facilmente poderia ser, e muitas vezes será, omitida.

De acordo com Dennis Tedlock, a sintetização e versão do mito e da literatura oral foram consideradas satisfatórias por antropólogos anteriores: "Franz Boas defendeu uma 'versão fiel dos contos nativos', que para ele e para a maioria de seus seguidores significava o que os tradutores profissionais chamariam de 'plágio' ou 'cola' –, não uma verdadeira tradução para o inglês culto, mas antes um roteiro rápido para o texto original, roteiro escrito num inglês que era indiscutivelmente canhestro e inapropriado" (1983: 31). Para uma análise como a de Lévi-Strauss, isto era suficiente, já que a forma e o estilo do mito eram irrelevantes; bastaria qualquer tradução e qualquer versão, já que cada uma era uma variação de uma "gramática" mais profunda do mito. Mas na análise de Lévi-Strauss, bem como em plágios menos teóricos e coleções do mito, algo – talvez a coisa principal – se perde.

Dell Hymes foi um defensor de uma abordagem do mito e da literatura oral baseada mais na representação. Hymes atribuía a obsessão pelo conteúdo e pela estrutura a uma teoria e tradição linguística que privilegia as *normas* ou o *conhecimento* em vez da *ação*, ou seja, as regularidades subjacentes da linguagem em vez das práticas concretas do discurso. Como alternativa, ele propôs que uma representação do discurso, quer esteja recitando um mito ou saudando alguém pela manhã ou contando uma piada, "pode, enquanto evento, ter propriedades (padrões e dinâmicas) não reduzíveis a termos de competência individual ou padronizada [ou seja, normas]. Com efeito, às vezes estas propriedades são o ponto principal" (2001: 65). De maneira geral, existem dois conjuntos destas propriedades: componentes estilísticos e contexto social. Também Gill escreveu, em seu estudo sobre a oração dos Navajo, que descrições da literatura oral que salientam a representação "começaram a nos mostrar que os elementos do contexto e do estilo em representações específicas de qualquer ato oral são essenciais para nossa compreensão mais plena do mesmo" (1981: xxii-xxiii). Os mitos, por exemplo, não são normalmente – ou talvez nunca – contados como outros tipos de histórias; eles simplesmente podem não ser "contados", mas recitados ou encenados ou "cantados", sozinhos ou como parte de representações rituais. E culturas diferentes terão tradições diferentes para fazer assim. Exatamente como o inglês tem certas convenções e opções estilísticas para a contação de histórias, assim ocorre com outras culturas e linguagens.

Douglas Parks, por exemplo, apresentou uma rica descrição das qualidades estilísticas ou estratagemas da contação de histórias dos Arikara. A "perspectiva narrativa" era um dos estratagemas: o contador geralmente se distanciava do relato, falando em terceira pessoa. Além disso, a língua Arikara continha formas gramaticais como "evidencialidades", variações verbais que mostravam que a ação estava sendo relatada de segunda mão e que sua exatidão não podia ser verificada. Dois exemplos eram o "citatório", indicando que o locutor estava repetindo algo ouvido anteriormente e não testemunhado, e o "próprio evidencial", significando que a ação era "aparentemente verdadeira", mas não foi observada pessoalmente (1996: 65). Além da perspectiva narrativa, a contação de mitos dos Arikara contava com o discurso indireto ou uso de discurso citado, no qual o locutor citava outros locutores, que muitas vezes estavam eles próprios citando outros locutores. O sequenciamento dos acontecimentos e episódios marcava a história, narrando primeiro o resultado de um acontecimento e depois contando o próprio acontecimento; além disso, ações podiam ser descritas antes de o ator ser nomeado, e generalidades eram descritas antes de serem dados os detalhes. A "colocação do discurso entre parênteses" envolvia fórmulas introdutórias e conclusivas formulaicas, como "Foi isso que ele fez" ou "Então ele disse" ou "Foi isso que ele disse". Uma observação final como "É isso que eu queria dizer" concluía a história. Por fim, outros estratagemas como repetição, indeterminação (marcando quando detalhes estão faltando ou são omitidos), abreviação e padronização numérica eram usados para construir uma boa representação Arikara.

As próprias palavras e expressões pronunciadas podem distinguir um mito ou outra história da fala cotidiana. Parks observou que os Arikara usavam várias palavras ou formas gramaticais peculiares para construir histórias. Entre elas estavam introdutores e conectores de frases, como *nawah* ("ora" ou "bem") e prefixos verbais. Também "construções existenciais" proporcionavam ênfase, bem como expressões de surpresa. Demonstrativos como "este aqui" ou exclamativos como "caramba!" acrescentavam um colorido narrativo. (Os contadores de contos de fadas de língua inglesa usam estratagemas semelhantes, como "Once upon a time" [Era uma vez] ou "They lived happily ever after" [Viveram felizes para sempre].)

Por causa da consciência destas qualidades performativas, desenvolveu-se na antropologia um campo especializado para atender aos estratagemas ou opções linguísticos existentes numa cultura visando criar diferentes tipos de discurso religioso e verificar como eles se relacionam com outros tipos não religiosos de discurso. Este subcampo é conhecido como *etnografia da comunicação*. Joel Sherzer aplicou os conceitos da etnografia da comunicação ao povo Kuna do Panamá. Em sua obra *Kuna Ways of Speaking* [Maneiras de falar dos Kuna] (1983), ele descreveu diversas variantes linguísticas diferentes, dependendo do tipo de conversa que está ocorrendo. Para apreciar plenamente os estilos especializados, precisamos contrastá-los com a fala cotidiana ou *tule kaya*. Diferentemente do estilo comum de fala inglesa, a fala cotidiana dos Kuna adotou tipicamente a forma de um diálogo entre alguém que fala e alguém que responde, sendo que quem fala se empenha em relatar ou recontar coisas que ouviu ou até disse anteriormente. Por isso, citações e citações dentro de citações constituíam grande parte de seu discurso. No grande gênero da *tule kaya* encaixavam-se subgêneros menores, como canções de ninar, jogos de palavras (aparentados com o "pig Latin") e historietas humorísticas chamadas *kwento*.

A primeira maneira especializada de falar foi o discurso político ou próprio de um chefe (*sakla kaya*). Este tipo de discurso era feito somente no local de reuniões e se caracterizava por aquilo que os Kuna chamavam de "cantilena" (*namakke*), que podia durar uma hora ou duas, começando suavemente e aumentando o volume com o passar do tempo. Assim como a fala cotidiana, também a cantilena assumia a forma de um diálogo, com um "chefe de cantilena" e um "chefe respondente", bem como um porta-voz ou intérprete para a multidão. As palavras eram faladas mais devagar e formalmente, com as vogais completamente pronunciadas. Havia repetição, paralelismo e duração na linguagem e muitas palavras alternativas específicas da ocasião. Havia também palavras e expressões especiais para indicar o começo e o fim das "estrofes" no canto, como também um uso meticuloso e criativo da metáfora (como um orador inglês realmente bom podia fazer).

Mais adiante no espectro da fala especializada e formalizada estava o canto de cura (*suar miimi kaya*), executado em "linguagem de boneca de pau". Neste caso, o "parceiro" do diálogo não era outra pessoa, nem mesmo o paciente, mas uma boneca, para a qual as palavras eram faladas ou cantadas (aos ouvidos de Sherzer a fala soava como canto, mas os Kuna afirmavam que era falada ou *sunmakke*). A formalização deste estilo incluía até mais retenção de fonemas e palavras e expressões, vocabulário mais especializado e um conjunto singular de prefixos e sufixos. Era também sumamente padronizado e "rotinizado", com metáforas fixas e linguagem figurativa.

No ponto extremo da formalidade estava a linguagem ritual associada aos ritos de puberdade das moças (*kantule kaya*). Os Kuna descreviam esta fala como não sendo nem falada nem cantada, mas "gritada" (*kromakke*). Aqui o diálogo era conduzido com o espírito da flauta cerimonial. O estilo de fala era mais conservador do que qualquer outro, com a máxima retenção e refinamento de sons, palavras e expressões e com o léxico mais especializado. Finalmente, os versos eram recitados de forma idêntica em cada representação e a recitação precisava ser correta nos mínimos detalhes – nenhuma criatividade ou improvisação engenhosa era permitida.

A fim de captar e transmitir essas qualidades da representação, exige-se um novo e diferente tipo de escrita antropológica. Tedlock mostrou as possibilidades de anotação criativa em seu estudo da poesia narrativa Zuni, intitulado *Finding the Center* [Encontrando o centro] (1972). Ele usou literalmente letras em caixa alta e em negrito para expressar a fala em voz mais alta, colocando até as letras em ângulos ascendentes e descendentes para indicar o tom de voz, como no exemplo seguinte:

SON'AHCHI. [um início convencional de relato]
    SONTI ᴴᴬ ᴹᵁᴵᵀᴼ ᵀᴱᴹPO
    [pausa]
EM FLECHAS VERTICAIS
A VELHA SENHORA JUNCO TINHA SEU LAR
e COYOTE
Coyote esta lá na Rocha Sentada com seus filhos.
Ele estava com seus filhos
E a Velha Senhora Junco
Estava joeirando.
Amaranto
e salsola, estes ela estava peneirando
                              (baseado em TEDLOCK, 1972: 77).

---

**Quadro 4.2 Palavra, voz e gesto na "poesia somática" amazônica**

Poucos antropólogos seguiram o exemplo de Tedlock de apresentar por escrito as capacidades de representação da linguagem religiosa. Uma notável exceção é o estudo de Michael Uzendoski e Edith Felicia Calapucha-Tapuy sobre o mito e a poesia Napo Runa. Entre os Napo Runa, "a ação comunicativa não se limita aos humanos, mas inclui também espíritos e seres do mundo fenomenológico não humano", inclusive plantas e animais (2012: 23). Uma maneira de os humanos interagirem com estes seres é a "poesia somática", uma espécie de fala que empenha o corpo inteiro "ouvindo, sentindo, cheirando, vendo e saboreando". Obviamente esta interação depende "do uso criativo das palavras e da música e também de plantas, de animais e da paisagem", já que todas estas entidades são "reconhecidas como entidades que possuem subjetividade e poderes criativos" (23). Portanto, não causa surpresa que, quando um xamã executa um ritual de cura ou quando um contador de histórias recita um mito, ele/ela use não só a voz, mas também o gesto, para tornar a experiência o mais possível viva e multisensorial, o mais possível *corporal*. Por isso, ao apresentar estas representações, Uzendoski e Calapucha-Tapuy não só adotam o método de Tedlock de usar letras em negrito e impressão ascendente/descendente, mas também realçam o relato escrito com desenhos a bico-de-pena dos gestos que o locutor faz, como levantar os braços, bater palmas, apontar com o dedo, ajustar a roupa e mover a cabeça. Todos estes movimentos fazem parte da representação/experiência e todos se perdem se tratarmos o mito e a poesia como mero texto ou gramática.

Apresentamos, a seguir, um trecho de uma história que explica as origens da anaconda, contada pelo Avô Alberto Grefa de Pumayaku (texto e ilustrações são cortesia de Michael Uzendoski). A história trata dos heróis da cultura, os gêmeos, chamados "Kyullur". Nesta história o irmão Kyullur mais novo deseja sexualmente uma mulher muito atraente que aparece como um pássaro yutu. Mas ela percebe as intenções de Kyullur e ataca Kyullur perfurando seu pênis com o bico afiado. Depois ela voa embora esticando-o enormemente. Então o irmão mais velho e mais sábio corta o pênis no comprimento normal e joga os pedaços restantes nos vários rios nas redondezas de Napo. Os pedaços cortados se transformam em anacondas. A história não só explica as origens da anaconda, mas é também uma metáfora do processo da vida e da poética do fluxo somático humano-animal.

Os irmãos Kyullur
    estavam caminhando pela floresta
quando encontraram acidentalmente um
    pássaro yutu (*tinamus major*)
enquanto estavam assim andando
    exatamente assim de cima (yutu gritou)
UW UW UW UW UW UW Uw uw uw uw
    (ela) ficou assustada e voou embora assustada
AYYY AYYYY [gritou ela] enquanto voava embora
    "Eles me assustaram tanto ... e de um jeito ruim"
"Se me tivessem apanhado ...
    teriam feito [sexualmente] o que queriam comigo"
    disse ela que eles dizem
e assim afastando-se para bem longe da terra
    pousando bem longe dizendo [pensando]
e então
    a esse irmão Kyullur com más intenções
        justamente ali de repente
ela voou justamente por trás dele
    atacando-o [Kyullur] justamente em sua "coisa"
        [risos]
**TSAK** [ideofone = perfurando]
    espetando-o
    [ela] ela decolou voando
        para longe
            ela foi bem longe
E assim indo até lá
    seu pênis foi esticado longo muito longo
E assim Kyullur não conseguia mais caminhar
    ele não podia nem sequer mover-se
        com um pênis tão pesado

Ilustração 4.2 a, b, c Desenhos de gestos para uma história Napo Runa explicando as origens da anaconda

Ilustração 4.2b

Ilustração 4.2c

No nível mais geral, Bauman (2001) apresentou uma lista de qualidades ou "chaves" performativas comuns ou potenciais para a representação, entre as quais as seguintes:

1) "códigos especiais, por exemplo: linguagem arcaica ou esotérica, reservada para a representação e sintomática dela";

2) "fórmulas especiais que sinalizam a representação, como aberturas e conclusões convencionais, ou afirmações explícitas anunciando ou declarando a representação";

3) "linguagem figurativa, como metáfora, metonímia etc.";

4) "estratagemas estilísticos formais, como rima, harmonia vocálica, outras formas de paralelismo";

5) "padrões prosódicos específicos de ritmo, ênfase, tom";

6) "padrões paralinguísticos especiais de qualidade de voz e vocalização";

7) "apelo à tradição";

8) "renúncia à representação" (171).

Como podemos ver a partir do supramencionado material de Sherzer, cada cultura e cada gênero oral pode ter seu próprio conjunto característico destas chaves.

Finalmente, além dos estilos linguísticos empregados na produção do mito ou de outro gênero, existem elementos contextuais extralinguísticos. Entre estes podem estar: quem pode representar o ato de fala e quando pode representá-lo. Oring afirmou que as narrativas orais

> são representadas em contextos sociais específicos. Constituem estes contextos: um grupo específico de pessoas, um conjunto específico de princípios que regem sua inter-relação, um conjunto específico de comportamentos e conversações nos quais se encaixa a narrativa e um ambiente físico e simbólico específico presente no tempo da narração. A compreensão de uma narrativa é determinada até certo ponto por uma compreensão da situação ou das situações específicas nas quais ela é contada (1986: 136-137).

Parks observou que a contação de histórias dos Arikara era geralmente uma prerrogativa masculina. Alguns mitos ou partes de mitos deviam ser contados apenas durante certas estações do ano ou em certas horas do dia; os mitos e contos Arikara deviam ser contados apenas durante o inverno. Alguns mitos ou partes de mitos podiam ser recitados apenas durante rituais. Podiam também ser contados apenas diante de certas plateias – ou, como no caso de muitas sociedades aborígines australianas, versões diferentes (menos "esotéricas") podiam ser contadas diante de plateias gerais, sendo as versões "interiores" ou esotéricas reservadas aos homens iniciados. Podia haver especialistas com a prerrogativa de contar mitos – sacerdotes, xamãs ou contadores de histórias designados. E outros traços performativos podem acompanhar a história, como cantar, dançar, fazer barulhos de vários tipos e assim por diante. Irving Goldman descreve que estava revisando suas anotações de campo sobre rituais de luto com um informante

> quando o líder tradicional da dança levantou de sua cadeira para dançar alguns passos enquanto ilustrava um canto de luto. Ele voltou-se para mim e disse: "Não se pode fazer dessa maneira. Eu não consigo cantar sem dançar". Então, após uma longa pausa, ele disse: "Eu não consigo dançar sem usar uma máscara" (2004: 5).

Um espaço simbólico ou sagrado especial pode ser reservado para a narração ou criado pela narração. Por fim, pode ser necessário que os locutores e/ou participantes estejam em condições rituais especiais (por exemplo, purificados) para que a narração ocorra. A narrativa não pode ser contada – ou, em último caso, pode não funcionar – de outra maneira.

Concluindo: nem o mito nem qualquer outro gênero de folclore oral podem ser considerados uma mera encenação mecânica de uma gramática ou conjunto de normas nem de uma narrativa "ideal" e "original" imutável. A representação está relacionada com uma série de variáveis e por fim é um "acontecimento" particular no mundo linguístico e ritual da sociedade. Seja mito ou canto ou oração, a representação pode e deve ser

> criativa e sensível às necessidades profundamente sentidas, embora [...] as palavras sejam totalmente estereotipadas. A relevância e a proximidade e a criatividade e a liberdade [...] não são plenamente palpáveis no nível da simples referência, mas se tornam palpáveis quando [a representação oral] é considerada também um ato religioso altamente simbólico, que incorpora muito mais do que as palavras (GILL, 1981: 187).

Não existe, portanto, nenhuma versão "real" ou "verdadeira" ou "perfeita" de uma literatura oral; existem apenas diferentes versões. Mitos e outras narrativas "existem em múltiplas versões. Nenhum texto individual pode pretender ser a versão autorizada ou 'correta'. Mais exatamente, narradores diferentes representam as narrativas de maneira diferente em circunstâncias diferentes. Em outras palavras, uma narrativa popular precisa ser recriada com cada narração" (ORING, 1986: 123). E este não é um fato a ser lamentado ou suprimido, mas a ser estudado e comemorado.

## O poder das palavras

As análises precedentes convergem para um único ponto: nós não devemos e não ousamos abordar o mito ou a linguagem religiosa em geral apenas sob o aspecto de seu conteúdo, ou seja, os "fatos" ou "ideias" ou "crenças" que ele parece transmitir. A linguagem – religiosa ou de outro tipo – pode, em última análise, ocupar-se não tanto com descrever alguma coisa ou crer em alguma coisa e mais com *fazer* alguma coisa. Ou seja, a linguagem é, como todo comportamento, uma forma de ação, muitas vezes destinada a obter efeitos ou inspirar uma ação ulterior. Até certo ponto, o conteúdo do discurso religioso pode ser seu aspecto menos importante; ele pode pretender não tanto "informar" alguém de alguma coisa, mas antes "realizar" alguma coisa. Em última instância, seu *conteúdo* pode ser menos crucial do que suas *consequências*.

A noção de que as palavras podem fazer as coisas acontecerem não é completamente estranha; afinal de contas, a divindade judeu-cristã criou todo o universo através da fala. E muitas ou talvez todas as culturas insistem que seus atos de fala – sejam orações ou cantos ou mitos – têm ou, pelo menos, buscam efeitos demonstráveis sobre o mundo. J.L. Austin, em seu pequeno, mas influente livro *How to Do Things with Words* [Como fazer coisas com as palavras] (1962), mostrou como isto é menos exótico do que pensamos e não se limita à religião. Ele distinguiu várias funções da fala, inclusive a costumeira qualidade proposicional que ele denominou sua "força ilocutória"; ela é o "significado" de uma declaração no sentido ordinário, seu conteúdo ou pretensão. Como tal, uma expressão vocal é ou verdadeira ou falsa. Se eu digo: "O gato está sobre o tapete", estou fazendo uma afirmação factual a respeito do mundo, e a afirmação é verdadeira ou não é. Grande parte de nossa fala é deste tipo – mas menos do que geralmente pensamos.

Um modo ou função totalmente diferente da linguagem consiste em sua "força ilocutória"; com esta expressão, Austin entendia o *efeito* que a fala tem ou a maneira como ela provoca um estado de coisas. Em outras palavras, se eu digo: "O gato está sobre o tapete", o fato de eu falar assim não faz com que a coisa seja assim. Mas, quando um sacerdote ou ministro diz: "Eu vos declaro marido e mulher", o dizer assim faz com que a coisa seja assim. A elocução *realiza* o ato do matrimônio. Entre outros exemplos podem estar os seguintes: o decano ou reitor de uma universidade conferindo os diplomas aos diplomados ou um monarca elevando um servo à categoria de cavaleiro. Ao pronunciarem eles as palavras "Eu te nomeio cavaleiro" ou "Eu te confiro este diploma", o beneficiário *se torna* um cavaleiro ou um bacharel. Evidentemente, no mundo ocidental moderno, onde não só a linguagem, mas também a pompa e o simbolismo oficiais perderam muito de seu poder e significado, nós provavelmente nos sentiríamos diplomados da mesma maneira sem o ato de fala do reitor (até podemos nem sequer comparecer à cerimônia), mas o ponto principal é que, para muitas pessoas em muitos tempos e lugares, a fala tem sido muito mais do que uma *descrição* dos acontecimentos, e sim uma verdadeira *realização* dos acontecimentos.

Finalmente, Austin menciona também a "força perlocutória" da fala, na qual as palavras nem descrevem fatos nem realizam mudanças, mas têm impacto psicológico nos ouvintes. Por exemplo, a função de uma elocução ou de uma série de elocuções (a saber, um "argumento") pode ser a de convencer ou persuadir as pessoas a crer numa afirmação ou chegar a uma conclusão ou, o que é mais importante, empreender uma ação. Boa parte do discurso político, para não falar da publicidade, é claramente deste tipo. É de esperar que um político ou um comercial usem fatos verdadeiros, mas não é isto o objetivo real do exercício, e certamente, quando um político pede "Votem em mim" ou um comercial pede "Comprem este produto", o falar assim não faz com que seja assim. O objetivo é mudar os pensamentos e as ações dos ouvintes de determinadas maneiras, e como tal a fala pode ter sucesso ou falhar.

Uma consequência muito importante desta análise é que alguns tipos de discurso podem estar sujeitos a um julgamento de verdadeiro/falso, enquanto alguns tipos podem não estar – ou, pelo menos, não é esta a coisa mais importante a fazer com eles. Podemos afirmar que uma proposição é verdadeira ou falsa e, em princípio, determinar qual: o gato está sobre o tapete ou não, ou a terra é redonda ou não. Outros tipos de fala não se encaixam absolutamente no discurso de verdadeiro/falso – o que Langer chamou de "referência factual" e Armstrong chamou de *logos*. Perguntas ("que horas são?"), imperativos ("abra a janela!") ou imprecações ("o fígado de novo, que nojo") estão entre os usos não proposicionais da linguagem. Elocuções que às vezes soam como proposições podem não ter função proposicional, mas ilocutória ou perlocutória (por exemplo: "Você está preso" ou "Tome muito cuidado!"), e a fala não proposicional não pode de forma significativa ser avaliada como verdadeira ou falsa. Ela pode, no entanto, ser mais ou menos *bem-sucedida* ou *eficaz*. Eu posso decidir votar ou não num candidato, comprar ou não o produto, acatar ou não a ordem da polícia, ou agir ou não com medo.

Para ser bem-sucedida ou eficaz, a fala deve satisfazer certas condições relevantes do ponto de vista cultural e situacional. A fala deve ser executada corretamente, ou seja, devem ser ditas as palavras certas da maneira certa. Ela precisa ser executada por alguém autorizado a executá-la. Por exemplo, somente um sacerdote ordenado pode presidir uma missa católica; de outra maneira não "funcionaria" ou não "teria valor". Deve ser executada no contexto e circunstâncias corretos ou "oficiais" – o que explica a diferença entre um ensaio de casamento e um casamento. E talvez o executor precise estar na condição social ou espiritual ou ritual correta (por exemplo, estar purificado, ter observado proibições, ou estar no correto estado da mente, incluindo "sinceridade", já que as representações podem ser "simuladas").

Bronislaw Malinowski, como vimos acima neste capítulo, chamou o mito de "carta constitucional" e Clifford Geertz, em sua análise da religião, destacou sua função "modeladora" (1973). Ambos se referiam não à descrição, mas à criação ou produção: a linguagem religiosa em particular, e a linguagem em geral, não apenas retratam o mundo (*modelo de*), mas *produzem* o mundo (*modelo para*). A linguagem é produtiva, eficaz, porque para muitas sociedades *as palavras têm poder*. Pronunciar o epíteto divino, proferir a palavra mágica, cantar o encantamento – fazer estas coisas muda a realidade, seja diretamente ou através da intervenção dos espíritos, que ouvem, respondem e agem. No entanto, como realçou Webb Keane, o problema com os espíritos enquanto parceiros comunicativos é que sua própria natureza espiritual torna incerta a comunicação. Embora, como observamos acima, não exista fundamentalmente nada de diferente entre a linguagem religiosa e a linguagem em geral, uma diferença crucial é que "a presença, engajamento e identidade de participantes espirituais no acontecimento da fala nem sempre podem ser pressupostos ou garantidos" (KEANE, 1997: 50). Como estes participantes espirituais são muitas vezes invisíveis, nós nem mesmo estamos certos de sua presença; se eles estão presentes não podemos ter certeza de que eles estão ouvindo, mostrando interesse, entendendo ou respondendo. Os cristãos enfrentam esta questão ao se perguntarem se Deus responde a todas as orações.

Finalmente, por causa do perigo inerente a qualquer situação de fala com superiores, e por causa dos perigos específicos de dizer a coisa errada, a fala religiosa pode revelar qualidades especiais (não totalmente desconhecidas na fala mundana), como repetição, formalização (em especial falar de maneira sumamente respeitosa), padronização e enunciações formulaicas, e até o uso de "línguas religiosas" especializadas (como o latim no cristianismo ou o árabe no islamismo). E podem ser acrescentadas outras ações para obter a atenção e aprovação dos interlocutores espirituais, como ruído, pompa e ofertas materiais.

**Quadro 4.3 O poder para além da compreensão: a eficácia das palavras não compreendidas – ou nem sequer ouvidas**

Parece crível para nós que palavras que são ouvidas e compreendidas podem ter sua força social. No entanto, em muitas tradições, a linguagem religiosa não precisa ser compreendida, ou até ouvida, a fim de "funcionar". Por exemplo, os monges podem estar isolados da sociedade geral em seus mosteiros, fazendo suas preces para o bem da sociedade. Às vezes, como observou Tambiah, especialistas como os monges budistas tailandeses podem cantar em público numa linguagem obscura ou esotérica (o antigo páli, neste caso) que é ininteligível para as pessoas leigas. Estes cantos "se destinam a ser ouvidos, mas paradoxalmente não são

Ilustração 4.3 Bebendo o Alcorão no Níger Oriental. Cortesia de Swiatoslaw Wojktowiak (http://swiatoslw.com/)

compreendidos pela maioria da congregação (nem por alguns dos próprios monges)"; no entanto, os aldeões "afirmavam enfaticamente que, ouvindo os cantos, a congregação obtém mérito, bênçãos e proteção" (1970: 195). Ele chama esta atitude de "virtude de ouvir sem compreender" (196).

Em outras circunstâncias, acredita-se que a palavras são "objetos" de poder, quer por serem faladas ou lidas, quer por sua simples existência física. Para muitos muçulmanos, o Alcorão físico é uma força poderosa. Já mencionamos acima como os *faki* na sociedade Berti faziam amuletos com versículos do Alcorão. Ainda mais notável é que eles também escreviam versículos numa prancheta de madeira, apagavam as palavras lavando-a com água e mandavam as pessoas beber o líquido (*mihai*) (cf. Ilustração 4.3). Os indivíduos consumiam as palavras líquidas rotineiramente como precauções religiosas e toda a sociedade bebia junto para afastar desastres e calamidades como seca, fogo, gafanhotos ou doenças. Para os Berti, o Alcorão "é considerado possuidor de uma imensa força que garante o bem-estar dos que o interiorizaram" (HOLY, 1991: 33) – e o interiorizaram não apenas "intelectualmente".

## Conclusão

Os humanos usam a linguagem. Eles falam a outros humanos e sobre outros humanos. Falam para comunicar fatos objetivos e sentimentos subjetivos. E falam em muitos estilos diferentes e sutis dependendo do assunto, da situação e da relação entre os locutores. Mas eles falam com outras finalidades – e para outros ouvintes – também. Um tema ou subconjunto da linguagem é a linguagem religiosa, com os mesmos processos e propriedades da linguagem não religiosa, ou a maioria deles, mais alguns diferentes que lhe são próprios. A religião, postulando seres ou agentes não humanos, estimula igualmente os humanos a falar com eles e sobre eles. Estimula os humanos a comunicar fatos objetivos e sentimentos subjetivos a entidades espirituais e a empregar, para estas matérias, situações e relações específicas, estilos que não podem ser usados em nenhum outro aspecto da cultura. E falam do sobrenatural e ao sobrenatural a fim de desencadear e comandar o poder da dimensão religiosa.

Os mitos são tipicamente o repositório narrativo do conhecimento das ações passadas dos seres religiosos e eles recebem a maior parte da atenção dos estudiosos da religião. No entanto, muitos comportamentos linguísticos importantes incluem a fala religiosa, cada um para seu "público" e objetivo. No total, a fala religiosa proporciona uma fonte e consequentemente um modelo ou paradigma para o pensamento, ação e organização humanos, como também meios "práticos" de influenciar e controlar outros humanos e a sociedade, o mundo natural e o próprio sobrenatural.

**Perguntas para debate**
- Quais as semelhanças e diferenças entre linguagem comum e linguagem religiosa? Por que são semelhantes e por que são diferentes?
- O que é o mito, e por que ele tem sido um tema tão central no estudo da religião?
- O que foi a abordagem estrutural de Lévi-Strauss da linguagem religiosa?
- Como a linguagem religiosa é uma "representação", e quais são alguns de seus tipos e traços performativos?

**Leitura suplementar (cf. website)**
- *Stories of Spirit and Animal in Ainu Culture and Religion.*
- *The Power of Words in Mongolian Divination.*
- *Evangelical Christian Conversion as Language Learning.*

# 5
## Ação religiosa: ritual

Num funeral chinês precisam ser realizadas diversas tarefas, especialmente na época imperial tardia. Uma das tarefas, evidentemente, era a preparação do corpo; outra era providenciar um bom destino para a alma. Além disso, lidava-se com o "efeito nefasto" ou contaminação da morte, regulavam-se e reforçavam-se as relações entre os vivos e cuidava-se dos convidados à cerimônia (CHAU, 2012: 82). Estas muitas necessidades exigiam o trabalho de especialistas religiosos – mas não especialistas de uma única religião. Mais exatamente: "Quatro grupos de especialistas religiosos eram contratados para cantar textos sagrados: monges budistas tibetanos (lamas), sacerdotes taoistas, monges budistas e monjas budistas" (84). Cada categoria de especialistas e sua representação ritual eram chamadas de "alpendre", porque eram construídos alpendres ou plataformas/palcos para cada grupo ocupar durante o seu canto. O funeral do general Wu Peifu em 1939 envolveu a construção de dez alpendres em três níveis. Adam Yue Chau deu a esta abordagem do ritual o nome de "politropia confuciana-budista-taoista" (89), já que muitas religiões diferentes contribuíam para qualquer ocorrência ritual. Na verdade, as pessoas chinesas comuns não se consideravam *membros de uma religião*, mas antes eram "livres para empregar um confuciano, um budista ou um taoista para presidirem rituais" (89). O ponto principal não era "pertencer a" uma religião, mas maximizar a *eficácia*, a eficiência, dos rituais.

Nos primeiros tempos da antropologia, R.R. Marett proclamou que a religião "é, fundamentalmente, um modo de comportamento social" (1909: ix), como todo comportamento social pelo fato de os humanos a praticarem junto em grupos, mas diferente de outro comportamento social pelo fato de ela envolver também agentes não-humanos/sobre-humanos. Com efeito, em contraste com a abordagem intelectualista reinante de E.B. Tylor e outros (cf. Capítulo 1), Marett pensava que a ação era mais importante do que as ideias: a religião, especialmente, mas não exclusivamente a religião "primitiva", "é algo não tanto elaborado mentalmente quanto dançado", favorecendo "os processos emocionais e motores" (xxxi). Esta atitude vai contra a moderna preferência por ideias, explicações e "sentido", com sua depreciação do comportamento como algo irracional e mecânico. No entanto, nem todas as religiões compartilharam a perspectiva moderna (alguns diriam: protestante) e todas as religiões se envolvem em algum comportamento.

No capítulo anterior analisamos vários tipos de fala religiosa, e falar é agir. Além disso, a fala religiosa muitas vezes, senão geralmente, faz parte de uma representação mais ampla, incluindo movimento corporal e objetos religiosos. Chamamos esse comportamento de *ritual*, que pode ser uma prolongada representação multimídia de múltiplas "cenas" que podem levar horas ou dias para terminar. Victor Turner escreveu que um ritual "é segmentado em 'fases' ou 'etapas' e em subunidades como 'episódios', 'ações' e 'gestos'. A cada uma destas unidades e subunidades corresponde um arranjo específico de símbolos, de atividades e de objetos simbólicos" (1981: 3). Consequentemente, um ritual acarreta tipicamente muitos gêneros de ação, desde linguagem, passando por dança, quietude e silêncio, até itens materiais (máscaras, pintura corporal, objetos sagrados de vários tipos) e comida e muitos outros elementos.

Neste capítulo consideraremos o sentido e função, a "origem" e a variedade do ritual. Observaremos e examinaremos o fato de que o ritual como comunicação e ação social não é exclusivo da religião – com efeito, boa parte da vida humana é "ritualizada" – nem mesmo dos humanos. É muito claro que as espécies sociais, inclusive os humanos, podem comunicar-se e interagir ritualmente, e muitas vezes o fazem. Em última análise, a interação ritual pode ser não tanto "comunicação" no sentido normal – ou seja, a transmissão de informação – quanto comportamento social destinado a estabelecer, manter, influenciar ou romper relações, inclusive relações com o não humano e o sobre-humano. Os humanos podem interagir ritualmente com o sobre-humano precisamente porque o ritual é a maneira como os humanos interagem.

## A antropologia do ritual e a ritualização

O ritual não é necessariamente ou essencialmente um fenômeno religioso. A formatura universitária é um ritual com pouco ou nenhum conteúdo ou significado religioso. Alguns afirmam que obter a primeira carteira de motorista ou ir para a primeira entrevista são rituais. Falamos até que alguém lava as mãos ou executa algum outro comportamento mundano "ritualisticamente". Como comentou Anthony Wallace, "embora o ritual seja o fenômeno primário da religião, o processo ritual como tal não exige nenhuma crença sobrenatural" (1966: 233).

O ritual é uma parte tão crucial da religião e da cultura em geral que os antropólogos o estudaram intensamente e o definiram de muitas maneiras, entre as quais as seguintes:

> Victor Turner: "comportamento formal prescrito para ocasiões não destinadas à rotina tecnológica, que tem relação com a crença em seres ou poderes místicos. O símbolo é a menor unidade do ritual" (1967: 19).

> Stanley Tambiah: "um sistema culturalmente construído de comunicação simbólica. É constituído por sequências padronizadas e ordenadas de palavras e atos, muitas vezes expressos através de múltiplos meios de comunicação, cujo conteúdo e arranjo se caracterizam em grau variado por formalidade (convencionalidade), estereotipia (rigidez), condensação (fusão) e redundância (repetição)" (1979: 119).

> Anthony Wallace: "comunicação sem informação: ou seja, cada ritual é uma sequência particular de sinais que, uma vez anunciada, não permite nenhuma incerteza, nenhuma escolha, e portanto, no sentido estatístico da teoria da informação, não transmite nenhuma informação de quem envia para quem recebe. É, teoricamente, um sistema de ordem perfeita e qualquer desvio desta ordem é um erro" (1966: 233).

> Thomas Barfield: "atos formais prescritos que ocorrem no contexto do culto religioso", como também "qualquer atividade com um alto grau de formalidade e objetivo não utilitário. Este uso inclui não só atividades claramente religiosas, mas também eventos como festivais, desfiles, iniciações, jogos e saudações. Em seu sentido mais amplo, o ritual pode referir-se não a algum tipo particular de evento, mas ao aspecto expressivo de toda atividade humana. Na medida em que transmite mensagens a respeito do *status* social e cultural dos indivíduos, qualquer ação humana tem uma dimensão ritual. Neste sentido, até atos tão mundanos como cultivar campos e processar alimentos compartilham um aspecto ritual com o sacrifício e a missa" (1997: 410).

> Edmund Leach: "comportamento que faz parte de um sistema de sinalização e que serve para 'comunicar informação', não por causa de algum elo mecânico entre meios e fins, mas por causa de um código de comunicação definido culturalmente"; e: "comportamento que é potente em si mesmo sob o aspecto das

convenções culturais do ator, mas *não* potente num sentido racional-técnico [...] ou, alternativamente, comportamento que é orientado para evocar a potência de forças ocultas, ainda que não se presuma que seja potente em si mesmo" (1966: 403).

Por mais diferentes que sejam estas definições, elas revelam alguns traços recorrentes. Realçam a ação (embora nem sempre uma ação "prática" ou "instrumental"), a padronização e a comunicação – mesmo que, pelo menos em alguns casos, esta comunicação seja considerada "vazia". Catherine Bell mostrou que estas teorias tendem a acentuar "a formalidade, a fixidez e a repetição" como aspectos centrais (1992: 91-92). Além disso, observou que os tratamentos antropológicos do ritual o separaram muitas vezes, senão geralmente, do aspecto mais "cognitivo" ou "conceitual" da religião. Como ela afirmou:

> As descrições teóricas do ritual geralmente o consideram uma ação e, por conseguinte, o distinguem automaticamente dos aspectos conceituais da religião, como as crenças, os símbolos e os mitos. [...] O ritual é então descrito como uma ação particularmente *irrefletida* – rotinizada, habitual, obsessiva ou mimética – e, por isso, como a expressão puramente formal, secundária e meramente física de ideias logicamente anteriores (19).

Bell concluiu que "as crenças podem existir sem rituais; os rituais, porém, não podem existir sem crenças" (19).

### O ritual e o "código de interação"

Embora o ritual seja um componente fundamental da religião, como já afirmamos, ele não é de maneira alguma exclusivo da religião. Como afirmou Jack Goody, "a 'rotinização', a regularização, a repetição estão na base da própria vida social" (1977: 28). Com efeito, a partir desta perspectiva – e ela tem algum mérito – toda a cultura é "ritualística" no sentido de que ela transforma o comportamento em hábitos padronizados, fixos e comunicativos.

O filósofo John Skorupski (1976) forneceu um fecundo comentário das teorias antropológicas do simbolismo e da religião, que elaboraram a noção de ritual e ritualização. Começando com um exame da tradição intelectualista desde Tylor e Frazer, ele mostrou como a escola simbolista de Durkheim e da maioria dos cientistas sociais subsequentes desconsiderou o conteúdo ou crenças da religião e enfatizou suas funções expressivas e representativas. Isto os dispensou convenientemente de precisar ocupar-se com as pretensões à verdade de uma religião, pretensões que muitas vezes são falsas. No entanto, fazer isso, afirmou Skorupski, é deturpar a religião do ponto de vista dos membros: "Se a magia da canoa nas Ilhas Trobriand é um ritual que 'acentua a importância da construção de canoas para os trobriandeses', presumivelmente fugir de um leão é um ritual que para o corredor expressa a importância de não ser comido" (172). Este exemplo satírico demonstra a ideia de Skorupski de que as pessoas talvez têm em mira o que elas dizem e fazem – e esperam que funcione.

Sua análise girou em torno de sua descrição da maioria dos rituais, senão de todos, como "cerimônias de interação", nas quais os humanos enquanto agentes interagem com outros agentes, geralmente outros humanos. As cerimônias de interação "criam comunicação" entre as partes numa "linguagem" convencional que Skorupski chamou de *código de interação*. "O ponto principal do comportamento do código de interação consiste em estabelecer ou manter (ou destruir) um equilíbrio, ou mútuo acordo, entre as pessoas envolvidas numa interação no tocante à sua posição social ou papéis correspondentes e aos seus compromissos e obrigações recíprocos" (77). Por conseguinte, existe um "vocabulário" disponível de ações codificadas que os participantes dominam e do qual eles selecionam para construir suas interações uns com os outros.

O comportamento de código de interação (CI) não é exclusivo dos humanos. Com efeito, Skorupski considerou-o "parte de uma forma mais geral de vida social" (77), que esperaríamos ver e realmente vemos em praticamente todas as espécies sociais; com efeito, ele observou que um "paralelo com aquilo que os etnólogos dos animais chamam de ritual [...] é óbvio" (84). Certos comportamentos específicos de uma espécie "significam" um desafio ou uma rendição ou um convite ao acasalamento, se executados corretamente. E, se tudo correr bem, os comportamentos devem também evocar uma resposta apropriada.

Curiosamente, assim como os gatos ou os pássaros ou os peixes não precisam "compreender" ou "concordar com" o código de interação, tampouco os humanos precisam necessariamente concordar. Os humanos precisam apenas ser capazes de executar o código, com ou sem "crer" nele ou "referir-se" a ele. Na maioria das culturas este código não é explicitamente articulado (sendo mais tácito ou implícito) e geralmente não está registrado por escrito. Mais precisamente, o ponto principal do comportamento de CI é "que as pessoas devem usar o código para estabelecer a relação que – de acordo com outras normas – deve perdurar entre elas, para mantê-la, para restabelecê-la se perdeu o equilíbrio e para concluí-la adequadamente" (83-84). E este código permeia a sociedade humana, desde os grandiosos gestos religiosos, passando pelos gestos políticos de alto nível de prostrar-se diante do rei e beijar-lhe o anel, até os gestos menos importantes e mundanos que impregnam a vida cotidiana como o aperto de mão e a troca de saudações – o que John Haviland (2009) chamou adequadamente de "pequenos rituais".

Embora o comportamento de CI faça parte da vida diária, ele também se distingue de outros tipos de comportamento por suas qualidades de *elaboração* e *formalidade*. Muitas de nossas ações rotineiras são relativamente "livres" e voluntárias, embora ainda encenadas numa cultura que proporciona ações e respostas familiares e triviais. Mesmo grande parte de nossa vida não ritual é notavelmente convencional e rotineira. No entanto, o comportamento de CI, e especialmente o comportamento cerimonial e ritual, é particularmente distinto em sua seriedade, precisão, estereotipia e detalhes. Parte desta elaboração garante que o ritual seja executado corretamente, mas outra parte é autorreferencial, ou seja, uma maneira "de demarcar, enfatizar, salientar o fato do comportamento de código" (87). Em outras palavras, deve ficar claro e evidente para os participantes que este não é um comportamento cotidiano normal, mas algo especial e algo que exige uma resposta (talvez igualmente elaborada, formal e específica).

As ações do CI que pretendem provocar uma resposta, pôr em andamento determinada neutralização ou até estabelecer uma nova norma ou relação são chamadas de "atos operativos", o que nos lembra os atos ilocutórios de Austin (cf. Capítulo 4). "Os atos operativos são executados para estabelecer novos padrões de normas. Por isso, pode-se também dizer que eles podem instalar as pessoas em novos *status* ou papéis e podem estabelecer novas instituições" (99). Os atos operativos "são, portanto, produzidos pelo fato de se *dizer* que são produzidos (o 'dizer' não precisa, evidentemente, ser verbal)" (103). Assim, na opinião de Austin, o comportamento de código de interação, do qual a coisa mais impressionante é o ritual religioso, não tanto representa realidades sociais quanto as cria e mantém.

O aspecto essencial dos rituais de interação é que eles *são* interações que "bradam" e aguardam certas respostas. Eles são simbólicos no sentido de que nós não estamos diretamente dizendo ou fazendo o que pretendemos – por exemplo, um japonês pode dizer em palavras: "Eu pertenço a um *status* inferior ao seu", em vez de inclinar-se profundamente diante de um superior –, mas não no sentido de "representar a sociedade" por algum outro meio e indiscutivelmente não no sentido de ser "não utilitário". E, em última análise, o ritual religioso enquanto tipo diferente de comportamento codificado não pode ser entendido, insistiu Skorupski, sem considerar e levar a sério as "crenças" religiosas da sociedade.

Se os humanos são pessoas que interagem culturalmente, esperaríamos que os humanos interajam ritualmente também com outras pessoas. Por conseguinte, Skorupski concluiu que "em grande parte os ritos religiosos *são* interações sociais com seres que possuem autoridade ou poder no campo social do ator e [...] suas características especiais se devem em grande parte às características especiais que se acredita que esses seres possuem" (165). Em outras palavras, se alguém se inclina profundamente diante de um superior humano, provavelmente se inclinará (talvez mais profundamente) diante de um superior sobre-humano. O que os humanos fazem no ritual religioso é ampliar seu código de interação para além da esfera humana até a esfera não humana, a fim de incluir esses agentes não humanos nos quais determinada sociedade "crê". Lembremos a definição de Robin Horton (Capítulo 1): "uma extensão do âmbito das relações sociais das pessoas para além dos confins da sociedade puramente humana" (1960: 211).

**Um *continuum* do comportamento ritual**

Podemos imaginar a ritualização como o processo pelo qual ocorre uma rígida padronização ou estereotipação do comportamento, de modo a desenfatizar as qualidades mundanas diárias do comportamento e enfatizar suas consequências comunicativas e interativas especiais. O comportamento altamente estilizado e tipicamente não instrumental de um indivíduo não só se comunica com o outro ou os outros, mas também comunica que está se comunicando. Ou seja, não somente o conteúdo, mas também a *forma*, do ritual é crítica e comunicativa. E parte do que a ritualização em geral faz é não só estabelecer comunicação *entre* os participantes, mas também comunicação *a respeito* deles; ela é um comentário sobre a relação.

A formalidade e a fixidez do comportamento ritualizado ajudam a assegurar o sucesso comunicativo; se a ação é feita sempre da mesma maneira, não há nenhuma confusão acerca de sua intenção. Finalmente, estas mesmas qualidades ajudam a garantir o sucesso *prático* da ação; se ela funcionou desta maneira antes, deve funcionar desta maneira novamente. Neste sentido a comunicação significa não tanto a transmissão de informação quanto a consecução de objetivos. Segue-se, portanto, que diferentes tipos de situações comunicativas/interativas, entre diferentes tipos de atores, terão diferentes tipos ou níveis de ritualização. Em outras palavras, o comportamento ritual não é um tudo-ou-nada, mas se alinha num espectro, que vai do *individual/compulsivo* ao *casual*, à *etiqueta/diplomacia*, ao *religioso normal*, ao *litúrgico*. Entre os ritos individuais estão comportamentos repetitivos que uma pessoa executa sozinha, muitas vezes simplesmente não "aprendidos" e até "neuróticos", como gestos supersticiosos ou lavar as mãos obsessivamente etc. Estes comportamentos muitas vezes têm um sentido para o indivíduo, mas, o que é mais importante, eles têm (acredita-se) também um efeito – talvez assegurar sucesso nos esportes ou no amor, ou proteger alguém contra as consequências nocivas de germes ou contra uma perda mais geral de controle pessoal.

Rituais casuais ocorrem continuamente na vida social humana; constituem o primeiro nível do comportamento de código de interação. Desde o alô e o aperto de mão até ações mais complexas e situacionais, os humanos têm um conjunto de padrões interacionais culturalmente apropriados, que parecem estranhos se omitidos ou feitos de maneira imprópria. Quando estendemos a mão para um aperto de mão, esperamos que o outro estenda a dele; quando dizemos "Como vai?", esperamos um simples "Bem, obrigado" e não uma minuciosa ladainha de lamúrias. A etiqueta aparece tipicamente em ocasiões sociais mais formais, como casamentos ou jantares cerimoniais ou funções políticas. Existe uma maneira correta de enviar um bilhete de "muito obrigado" após um casamento e um garfo próprio para usar num jantar. Existem coisas polidas a dizer a um anfitrião ou a um amigo (ou a um inimigo). O domínio e execução destes rituais mostram a habilidade social e o *status* de alguém, como também respeito (ou desrespeito) para com os parceiros de interação; é fácil enviar acidentalmente (ou intencionalmente) outras mensagens – inclusive desfeitas ou insultos – modificando sutilmente os gestos esperados. Rituais especializados pertencem a ocasiões especiais. Nas salas de audiências dos tribunais, por exemplo, existem maneiras ritualizadas de ficar de pé e de falar e rituais específicos para prestar juramento e assim por diante. A diplomacia, por outro lado, tende a aparecer quando interagem pessoas de poder, como chefes de Estado. A formalidade e a previsibilidade dos rituais diplomáticos minimizam mal-entendidos, quando se deve respeito e os riscos são excepcionalmente altos.

Os rituais religiosos normais tendem a aumentar a formalidade e estereotipia, já que pela primeira vez no *continuum* ritual estão participando agentes não-humanos e sobre-humanos. Destes seres superiores é preciso aproximar-se com mais respeito e cautela, embora nem todas as religiões ou ocasiões religiosas sejam necessariamente solenes. Em alguns casos, humor e até sarcasmo ou desrespeito intencional são propositais (nem todos os espíritos desaprovam essas atitudes). Além disso, embora certo grau de repetição formulaica seja típico do ritual religioso, já vimos que existe também certo grau de liberdade e criatividade na maneira como as fórmulas são reunidas e distribuídas. Até os rituais religiosos podem permitir algum desvio, invenção ou interpretação.

---

**Quadro 5.1 Quatro brincadeiras e um funeral: ritual e diversão nos ritos fúnebres em Salasaca (Equador)**

Os funerais estão entre os momentos mais sérios, e até tristes, para os cristãos; mas entre os Salasaca dos Andes equatorianos, como ocorre em outras sociedades sul-americanas, a "capacidade (e obrigação) de certas pessoas de rir e divertir-se por ocasião da morte é considerada parte da maneira adequada de observar os ritos" (CORR, 2008: 5). Durante o velório ou vigília pela pessoa falecida, os homens adultos fazem brincadeiras, enquanto "as crianças executam atos miméticos imitando os atores adultos, os leigos parodiam os sacerdotes e as pessoas imitam animais" (4). Entre as brincadeiras a que os homens se entregam estão O Galo, no qual "os homens se enfileiram para pular, segurando um galo, do telhado da casa sobre uma pilha de galhos queimando" (8), como também uma espécie de jogo de Cabra-Cega. Mas a brincadeira mais comum e significativa chama-se *huayru*, assim chamada por causa do nome do dado de seis lados feito de osso de animais e usado durante a brincadeira. Curiosamente, parentes próximos do falecido não brincam; em vez disso, cabe a um genro a responsabilidade principal de organizar as festividades. Rachel Corr descreve a brincadeira da seguinte maneira:

> Um homem faz o primeiro lançamento do dado e todos observam qual número que ele mostra. Depois ele o entrega a cada homem por sua vez para jogá-lo e, se o número conseguido for menor, o primeiro lançador lhe dá um tapa bem forte nas costas da mão. Se o número for maior do que o do primeiro lançamento, o que obteve o número maior dá um tapa na mão do primeiro lançador. [...] Um outro homem, que está distribuindo doses de álcool de cana-de-açúcar no velório, aproxima-se e diz: "Tomem um pouco de 'sangue' (*yawar*) para se acalmar". Neste contexto o álcool de cana-de-açúcar é mencionado metaforicamente como "sangue" (10).

Enquanto isso, rapazes adolescentes arremedam a brincadeira dos homens, usando varetas em vez de dados, e de outras maneiras imitam e parodiam os adultos. Mais notável ainda é que alguns participantes executam ações que podem parecer bizarras ou desrespeitosas a

> pessoas estranhas, como "casar" o falecido com um frango, se ele/ela é um jovem adulto solteiro. Executam também versões burlescas de rituais católicos oficiais como, por exemplo, imitando a maneira como os sacerdotes católicos ministram os sacramentos. Esse comportamento, argumenta Corr, "embaça as fronteiras entre ritual sagrado e brincadeira humorística" (8) e brincadeiras e outras formas de jocosidade "justapõem morte e humor, mágoa e riso, perigo e gracejo" (2).

As liturgias estão entre os rituais mais formais, fixos e importantes e nelas devem ser usados os gestos, objetos e palavras exatos da maneira rigorosamente correta a fim de que o ritual seja "bem-sucedido". Com efeito, uma liturgia feita de maneira deficiente ou incorreta pode ser pior do que nenhuma liturgia. A missa católica é um exemplo de liturgia altamente formalizada e outras religiões cristãs e não cristãs também têm aspectos ou momentos litúrgicos, como os rituais Kuna analisados no Capítulo 4.

Falar de etiqueta e diplomacia nos lembra a crítica de políticos (entre outros) que "falam sem dizer nada". Evidentemente a linguagem, o mais informacional dos meios de comunicação, pode ser e muitas vezes é usada para evitar ou distorcer a comunicação informativa. E, enquanto a liturgia comunica seguindo um padrão, teoricamente ela diz e faz cada vez exatamente a mesma coisa. Por estas razões, Anthony Wallace, um dos principais promotores do ritual entre os antropólogos, chamou-a de "comunicação sem informação"; toda a particularidade do ritual, sustentou ele, era que o comportamento "não permite nenhuma incerteza, nenhuma escolha. [...] É, teoricamente, um sistema de ordem perfeita e qualquer desvio desta ordem é um erro" (1966: 233). A essência do ritual, afirmou ele, é a regularidade, que proporciona previsibilidade. Por isso, a peculiaridade do ritual não é a transmissão de informação, já que nada se diz ou se faz que ainda saibamos; mais exatamente, a "função particular da comunicação ritual é preparar rapidamente um ou mais indivíduos para executar uma ação com a máxima eficiência" (234).

Frits Staal levou admiravelmente esta ideia um passo à frente. Insistiu que o ritual é *sem sentido*, em contradição com a noção padrão de que o ritual "consiste em atividades simbólicas que se referem a outra coisa" (1979: 3). De modo algum ele sugeriu que o ritual era inútil, mas ao invés que o ritual "é primariamente atividade"; e até mais: "É uma atividade regida por normas explícitas. O importante é o que fazemos, não o que pensamos, acreditamos ou dizemos" (4). Estudando os sacerdotes brâmanes no hinduísmo, Staal afirmou que eles nunca apresentam interpretações simbólicas de sua atividade ritual: quando perguntados por que executam um ritual, eles dizem: "Nós o fazemos porque nossos ancestrais o fizeram; porque somos qualificados para fazê-lo; porque é bom para a sociedade; porque é bom; porque é nosso dever; porque dizem que leva à imortalidade; porque leva à imortalidade" (3). Em resumo: Staal afirmou que as pessoas executam um ritual porque sentem que devem executá-lo. O ritual é "pura atividade" (9), feito porque é isso que se faz.

## A diversidade do ritual religioso

Apesar das qualidades comuns a todos os rituais religiosos (e não religiosos), existe também uma grande diversidade entre eles, tanto na estrutura quanto em sua função. Como foi mencionado no Capítulo 1, Anthony Wallace sugeriu que considerássemos a religião um composto de bits distintos, um fenômeno cumulativo formado por elementos modulares religiosos identificáveis e não necessariamente religiosos por natureza. Os rituais, propôs Wallace, são construídos com partículas ainda mais elementares, sendo que as treze diferentes atividades incluem: oração, música/dança/canto, exercícios fisiológicos (por exemplo, automortificação, ingestão de drogas, privação de alimento e de sono, privação dos sentidos etc.), exortação (mensagens ou comandos a outras pessoas, que incluem ordens, ameaças e palavras de conforto ou estímulo), mito, simulação/imitação (como magia, ritual e bruxaria), *mana* ou poder, tabu ou restrições, festas, sacrifícios, congregação, inspiração, simbolismo e objetos simbólicos.

Na visão de Wallace, o ritual é um fenômeno composto e qualquer ritual concreto pode conter qualquer uma das partes ou todas elas em qualquer combinação, inclusive múltiplas instâncias de cada uma (ou seja, certo número de orações ou simulações ou símbolos diferentes). Evidentemente, esta análise não é perfeita ou universalmente aceita. Turner e Geertz não situam o conceito de símbolo como apenas um na lista de constituintes rituais, mas antes consideram simbólicos todos estes elementos. A lista pode ser mais longa ou mais curta e nem todos os seus verbetes são necessariamente elementares: um constituinte como exercícios fisiológicos ou sacrifício ou congregação pode em si ser um composto de múltiplos objetos e gestos rituais.

Os antropólogos também tentaram organizar os rituais em tipologias. Catherine Bell (1997) propôs uma breve lista de tipos rituais com base em suas funções, entre os quais estão:

1) ritos de passagem ou rituais de crises da vida;

2) rituais calendares ou comemorativos;

3) ritos de intercâmbio e comunhão;

4) ritos de aflição;

5) ritos de festa, jejum e festival;

6) rituais políticos.

Não existe uma tipologia dos rituais perfeita ou universalmente aceita; qualquer tentativa iria quase certamente, como ocorre com as tipologias das crenças ou dos especialistas que analisamos acima, deixar lacunas e sobreposições. Rituais específicos nem sempre se encaixam satisfatoriamente em qualquer categoria ou em apenas uma. Apesar disso, para o objetivo de impor alguma ordem na diversidade do ritual, podemos considerar o conhecido sistema adotado por Wallace, que dividiu os rituais em técnicos, terapêuticos/antiterapêuticos, de salvação e de revitalização.

**Rituais técnicos**

Rituais técnicos são os que pretendem obter efeitos naturais ou sobrenaturais através da "técnica", a manipulação mais ou menos mecânica de objetos e palavras que tem maior ou menor garantia de produzir resultados. Podemos imaginá-la como uma versão da "tecnologia espiritual" ou da "causa e efeito espiritual": faça X e o resultado será Y.

Um subtipo dos rituais técnicos são os *ritos de intensificação*, que funcionam para aumentar a fertilidade ou o número de espécies naturais. Nas culturas do mundo existe um amplo consenso de que os humanos têm o poder, senão o dever, de preservar e reproduzir a vida natural da terra. Os Inuit, como a maioria das sociedades forrageiras, tinham a sensação de compartilhar uma fundamental e inevitável relação espiritual com a natureza. De maneira muito aguçada, acreditavam que a foca era ou tinha um espírito e que havia uma Deusa Foca que anima e orienta os animais. As focas, sendo seres espirituais e também materiais, participavam reciprocamente da caça com os humanos; muito superiores aos humanos, elas podiam facilmente evitar a captura se quisessem, mas ofereciam voluntariamente sua vida em proveito dos humanos. Este era um gesto que os humanos não podem tomar levianamente, pois desrespeitar a foca seria abusar dela e induzi-la a deixar de oferecer-se para a caça.

Por isso o povo Yupik, por exemplo, tinha um conjunto de três rituais, nos quais reverenciavam a foca e solicitavam seu contínuo autossacrifício. No primeiro destes rituais, o Festival da Bexiga, as focas abatidas eram reverenciadas devolvendo suas bexigas preservadas ao seu lar oceânico. A bexiga era a parte do corpo escolhida para a ritualização porque os Yupik acreditavam que ela era a morada do *yua*, toscamente traduzido como "espírito". (*Yua* vem da mesma raiz como *yupik*, a palavra usada para eles designarem-se a si mesmos, que significa literalmente "pessoa".) No Festival da Bexiga eram executados cantos e danças para entreter os espíritos animais. O Festival do Mensageiro, assim chamado porque as comunidades enviavam mensageiros a seus convidados para informá-los do evento, também invocavam os animais caçados; dançarinos mascarados imitavam o comportamento das focas como também as ações de caçá-las e matá-las. No entanto, as máscaras eram usadas mais complexamente na Festa do Convite (*Agayuyaraq* ou "maneira de solicitar"), na qual dançarinos mascarados suplicavam aos animais que se oferecessem novamente aos caçadores na próxima estação – em outras palavras, os animais eram "convidados" a participar da caça junto com os caçadores, que estavam prontos a recebê-los. Como parte decisiva do ritual, xamãs com máscaras viajavam para a lua, onde vive o espírito do homem da lua que controla os movimentos de todos os animais vivos.

Outro subtipo do ritual, colocado por Wallace nesta categoria, é a adivinhação. Esta atribuição é mais problemática, porque, como vimos, a adivinhação nem sempre é "técnica", embora envolva fundamentalmente os deuses ou espíritos, que são os autores das mensagens recebidas para a prática. No entanto, em alguns casos ela pode ser nitidamente técnica. Nos dois casos, o ponto principal da adivinhação é a aquisição de informação, como foi analisado no Capítulo 3.

Embora Wallace não a mencione, talvez seja este o lugar adequado para situar igualmente a *magia*. Frequentemente se faz distinção entre magia e religião, porque a primeira é mais técnica e a segunda mais social; é esta a análise clássica de Frazer. Supõe-se que a magia funciona diretamente sobre o objeto do comportamento, enquanto a religião tende a depender de uma relação indireta entre meios e fins, mediada por espíritos ou deuses. Por exemplo, a magia da chuva ou o "vodu" funcionam afetando imediatamente as nuvens ou a vítima humana através da manipulação de materiais (água, talvez, ou uma efígie da vítima). Comportamentos mágicos causam ou forçam seus efeitos. A religião, por outro lado, requer a assistência e a vontade de outros espirituais; os humanos não podem causar efeitos, mas podem implorá-los. Como o expressou Malinowski, a religião é uma coisa social, um fim em si mesma, ao passo que a magia é um meio para um fim.

De maneira admirável, Frazer dividiu a magia em dois tipos: magia imitativa/simpática e magia contagiosa (1958). A magia imitativa, afirmou ele, depende de alguma semelhança entre a técnica e o fim: uma cerimônia de provocar chuva, na qual se despeja água no solo, imita a meta que é a chuva caindo do céu. A semelhança entre o objeto do ritual e seu alvo também se habilita: uma boneca que representa uma vítima humana pode substituir a vítima num ritual mágico ou de feitiçaria. A análise que Turner fez do uso simbólico de plantas leitosas por parte dos Ndembu baseia-se nas semelhanças entre sua seiva e o leite (1967). A magia contagiosa, por outro lado, depende de um contato físico ou conexão que existe ou existiu entre a técnica e a meta. Isto pode envolver a manipulação de uma mecha de cabelos, de um pedaço de unha, ou de um pedaço de roupa de uma pessoa a fim de executar uma magia sobre ela, transferindo assim os efeitos da parte para o todo. Tocar alguém com um objeto magicamente poderoso poderia também habilitar-se.

### Rituais terapêuticos e antiterapêuticos

Muitos ritos são realizados como terapia, com a finalidade de curar ou prevenir a doença ou outra desgraça (por exemplo, o azar), ou alternativamente para causar tais desgraças. Em muitas sociedades acredita-se que dano, doença e morte podem ser atribuídos grande parte, senão no todo, a causas espirituais, humanas ou de outra natureza. Forest Clements (1932) propôs que existem seis fontes de desgraça percebidas como tais nas culturas, uma natural e cinco espirituais: magia, intrusão de objetos, perda da alma, intrusão de espíritos (possessão) e quebra de tabus. Por isso, a solução apropriada para essas circunstâncias (ou maneira de provocá-las) é o ritual.

Uma forma familiar de ritual terapêutico é o xamanismo. Nos rituais xamânicos, o especialista diagnostica uma enfermidade específica e a trata mediante uma combinação de meios, tanto espirituais quanto materiais (por exemplo, plantas medicinais) (cf. Ilustração 5.1). Outros especialistas como bruxos/as e feiticeiros causam dano, os feiticeiros classicamente mediante manipulação e ritual, ao passo que os bruxos/as são muitas vezes considerados pessoas com poderes "naturais", ou até orgânicos, para causar dano quando projetam malícia ou emoções negativas como raiva ou ciúme. Um bruxo/a ou feiticeiro/a pode, alternativamente, usar seu poder para afastar de si mesmo ou de seus clientes os maus efeitos de outros.

Ilustração 5.1 Um xamã realizando um ritual para curar uma criança doente no Siquim (Índia).
Cortesia da Alice S. Kandell Collection, Prints and Photographs Division da Biblioteca do Congresso

Num contexto mais familiar, o cristianismo reserva um lugar para as práticas terapêuticas e antiterapêuticas. Acredita-se que os que curam pela fé canalizam o poder divino, muitas vezes através de suas mãos e do toque, que pode curar os fiéis de todo tipo de enfermidades, entre as quais geralmente estão perda sensorial (por exemplo, cegueira e surdez), dor e paralisia e doenças como o câncer. Em muitos casos esta função curativa implica também combater o poder destrutivo dos demônios ou o próprio diabo. Outras tradições específicas, como a Ciência Cristã ou o Adventismo do Sétimo Dia, levaram até mais longe os efeitos curativos da religião e das forças espirituais.

**Quadro 5.2 Um ritual Ndembu de aflição**

Victor Turner interessou-se particularmente pelos chamados "rituais de aflição" (por exemplo, 1981), que visam identificar e atenuar as causas espirituais da doença e envolvem muitas crenças, especialistas e episódios rituais diferentes. Por exemplo, entre os Ndembu da Zâmbia todo o processo começava com uma visita a um adivinho, que era o diagnosticador espiritual, mas não o terapeuta. Este tipo de adivinhação não se ocupava em revelar o futuro, mas em descobrir o passado: Que espírito particular está afligindo o paciente? Turner prosseguiu descrevendo com muitos detalhes um ritual subsequente, conhecido como *Nkula*, que pretendia "eliminar uma maldição lançada sobre a fertilidade do paciente pela sombra de um parente falecido" (55), uma condição geralmente reservada às mulheres e manifestada por sintomas como infertilidade, frieza sexual, distúrbios menstruais e partos irregulares (aborto ou partos de natimortos). O ritual ocorria em duas grandes etapas, cada uma consistindo de diversas cenas ou episódios.

Na primeira etapa, chamada *Ku-Lembeka*, eram coletados materiais medicinais e administrados numa sequência ritual durante a noite. Em primeiro lugar, várias substâncias eram colhidas de várias fontes, como as plantas *mukula*, *musoli* e *mujiwu*. A propriedade simbólico-simpática de grande parte de sua ação era evidente até para eles, por exemplo, usando *mujiwu* para a infertilidade, já que ela "tem muitas raízes e, portanto, muitos filhos" (61). Depois da coleta, as substâncias eram preparadas e depois aplicadas, geralmente esfregando-as no corpo da vítima. Enquanto isto era feito, cantavam-se cantos, que fazem lembrar as orações dos Navajo analisadas acima, tais como: "É bom, vamos dançar, é bom, é bom. É bom, manifestação do *Nkula*, é bom, é bom, a posição de segurar um bebê nos braços. Tratando-se de uma criança, é bom, é bom" (67).

A segunda etapa, *Ku-Tumbuka*, era mais extensa e pública. Começava também com a coleta e preparação de substâncias medicinais. Depois o paciente era vestido com trajes rituais – uma tanga, peles de animais cobrindo os ombros, uma pena de ave no cabelo e argila esfregada no rosto. Seguia-se uma cerimônia noturna na qual as mulheres dançavam ao redor da pessoa que sofre. Em seguida fazia-se uma procissão conhecida como *Isoli* e uma oração junto a uma árvore *mukula*. Quando terminava a oração, a árvore era cortada a fim de ser usada para esculturas rituais. Os pedaços cortados eram cinzelados e transformados em estatuetas descritas como "representações altamente estilizadas de bebês", embora um dos informantes afirmasse que simbolizavam a sombra chamada *mukishi*. Durante este procedimento um galo vermelho era decapitado e assado. Aplicavam-se na cabeça das estatuetas medicamentos, feitos com uma mistura de intestinos do galo, penas, cabelo e unhas do paciente, argila, cascas e outros materiais, que formavam um líquido vermelho denso, parecido com uma massa de sangue coagulado. Para os Ndembu, as metáforas de menstruação e de fertilidade eram imanentes. Por fim, realizava-se outra dança chamada *Kutumbuka* e dava-se uma remuneração aos líderes rituais. Durante o tempo do *Nkula* o paciente respeitava vários tabus, como não tocar ou carregar água, por exemplo; os Ndembu diziam que a água vaza e, portanto, pode fazer o medicamento escorrer e tornar-se fraco (77).

**Rituais de salvação**

Wallace aplicou a expressão "ritual de salvação", talvez de maneira um pouco infeliz, aos ritos que procuram provocar mudança de personalidade. A salvação como noção cristã refere-se a algo muito diferente da mudança de personalidade, de modo que outras expressões como "ritual de transformação" ou "ritual psicológico" teriam sido mais apropriadas e interculturais.

Um exemplo destes ritos pode ser a iniciação dos xamãs, na qual o futuro especialista é transformado num novo tipo de pessoa, uma pessoa com poderes espirituais, e até uma pessoa que está "morta" em certo sentido ou que morreu e retornou à vida. Os xamãs mestres preparam e instruem os xamãs aprendizes, não só (ou principalmente) transmitindo-lhes informação, mas expondo-os a experiências e perigos que alteram sua consciência. Esta exposição inclui tipicamente privação de sono e de alimento, longos períodos de canto ou salmodia, provações penosas e drogas psicoativas. Em certo momento do processo, a mente ou personalidade anterior do noviço desmorona e é substituída pela nova.

As experiências "místicas" em geral têm a capacidade de transformação pessoal. O misticismo, um termo impreciso, refere-se geralmente ao contato direto e imediato entre o humano e o sobrenatural, concebido seja como for. A pessoa pode ter uma visão, ouvir uma voz, sentir a presença do sagrado, ou sentir uma união entre ela e a divindade ou o universo. Comumente, o místico descreve a experiência como uma perda do eu, como um colapso das fronteiras da individualidade e como um sentimento "oceânico" no qual ele se torna um com o cosmos. Além disso, os pormenores das experiências místicas são incrivelmente diversos. Alguns místicos afirmam que o encontro é inefável, que nenhuma palavra é capaz de comunicá-lo. Outros escreveram extensa e sistematicamente sobre a experiência. Para alguns, a união mística não transmite nenhum conhecimento especial, enquanto outros afirmam aprender, como resultado, coisas específicas. Para alguns a experiência é ardente e consoladora, enquanto outros a consideram estranha e até assustadora. Acima de tudo, as pessoas tendem a ter as experiências que sua cultura lhes prepara: os cristãos tendem a experimentar Deus ou Jesus, os muçulmanos tendem a experimentar Alá ou Maomé e assim por diante. Finalmente, algumas pessoas afirmam terem sido transformadas pela experiência, embora outras não; e nenhum estudo subsequente definitivo foi realizado para determinar se a transformação é permanente ou significativa.

A expiação é outra forma de ritual pessoalmente transformador. A expiação se refere ao processo de desfazer-se da culpa ou do pecado; e os rituais com esta intenção transformam a pessoa, aliviando o fardo da negatividade espiritual, iluminando-a espiritualmente. Na tradição católica, um exemplo pode ser a confissão, na qual os pecados são perdoados por serem reconhecidos e depois compensados com vários atos rituais, verbais e manuais (por exemplo, repetindo Ave-Marias ou desfiando as contas do rosário). O sacrifício é uma maneira de um indivíduo ou uma comunidade apagarem a culpa ou outra negatividade, transferindo simbolicamente o fardo para a vítima sacrificial e depois destruindo-a, destruindo assim o fardo (cf. Capítulo 10).

Ilustração 5.2 Um curandeiro espiritual colombiano realiza um ritual de exorcismo sobre uma mulher que afirma estar possuída por espíritos. Usando fogo, lodo, velas, flores, ovos e outros itens baseados na natureza, em combinação com fórmulas religiosas cristãs, ele procura expulsar da mente e do corpo da vítima o suposto espírito mau. Foto de Jan Sochor/Latincontent/Getty Images

A possessão por espíritos é uma forma restante de ritual de salvação na lista de Wallace (cf. Ilustração 5.2). Isto pode parecer-nos estranho, já que a possessão por espíritos é considerada totalmente negativa do ponto de vista ocidental e habitualmente é a própria condição a ser curada em vez de ser buscada como uma cura. O exorcismo de espíritos na prática cristã transforma a pessoa, eliminando as causas da opressão espiritual e permitindo-lhe viver sua própria vida.

Em outros ambientes religiosos, porém, a situação não é tão simples. Erika Bourguignon (1976: 9), por exemplo, descobriu que existem nas diversas culturas pelo menos três ideias diferentes de possessão e de atitudes em relação a ela. Uma é a visão familiar de que a possessão é totalmente indesejável, a ser evitada e curada quando acontece. No entanto, em outras circunstâncias as sociedades podem considerar a experiência inicial de possessão como má e até produtora de doença, mas depois reagir induzindo um transe de possessão de maneira intencional e controlada. Ainda em outros contextos a possessão é considerada concretamente um estado positivo e é literalmente procurada e voluntariamente induzida.

A alternativa mais interessante para o nosso objetivo é a segunda, na qual a possessão não é considerada desejável, mas, uma vez que ocorre, é aceita e até acomodada de maneiras significativas. Michael Lambek (1981), em sua etnografia da possessão na ilha de Mayotte (junto à costa africana entre Moçambique e Madagascar), relacionou o conceito com o gênero, a etnomedicina, e evidentemente com a crença religiosa, tanto "nativa" quanto islâmica. Na sociedade Mayotte a possessão por espíritos era de fato uma forma de calamidade, junto com a "doença natural" (que ainda era causada por Deus) e a feitiçaria, que era obra dos humanos. A possessão por espíritos ou *menziky lulu* acontecia quando algum dos muitos tipos de espíritos conhecidos pela sociedade entrava no corpo de um humano, subia até a cabeça e assumia o controle do corpo da vítima. Dizia-se que, nessas ocasiões, a própria alma ou essência ou força vital ou *rohu* da pessoa era substituída pelo espírito, embora ninguém pudesse dizer para onde ela ia.

Quando uma pessoa suspeitava, ou os outros suspeitavam, que ela estava habitada por um espírito, um especialista induzia um transe na vítima, durante o qual o espírito era interrogado quanto às suas intenções; tipicamente o espírito "faz uma lista de exigências excessivas, embora previsíveis, e então segue-se um processo de barganha e intercâmbio, que estabiliza a relação entre o espírito e o hospedeiro" (46). Nunca os Mayotte pensavam em exorcizar o espírito, o que na visão deles seria prejudicial para a pessoa. Preferivelmente, planejavam uma coexistência pacífica entre a vítima e o habitante espiritual, coexistência que podia durar pelo resto da vida da pessoa.

Lambek não podia deixar de notar que a grande maioria das vítimas de possessão eram mulheres: de um total de setenta casos de possessão por espíritos, cinquenta e nove eram mulheres e apenas onze eram homens. Ele observou também que a sociedade Mayotte tinha uma camada de crença islâmica a respeito das crenças em espíritos e possessões. Ele sugeriu que as mulheres se julgavam sobrecarregadas, senão oprimidas, por papéis e estruturas sociais e religiosos, especialmente islâmicos, e que para as mulheres a possessão "não é tanto uma expressão de oposição ao islamismo quanto de liberdade em relação a ele" (64). Ou seja, já que a sociedade era tão onerosa e restritiva para as mulheres, e até contraditória em suas exigências impostas à mulher, esta talvez não conseguisse encontrar um escoadouro ou folga em nenhum meio "natural" ou cultural; ao invés, seu único recurso poderia ser a liberação que a possessão por um espírito proporciona. Os homens, por outro lado, eram menos limitados em suas opções e estavam menos expostos a situações contraditórias; mesmo quando estavam, "eles podem mais rapidamente fugir da situação. Eles têm menos oportunidade de aprender a responder ao paradoxo 'apagando-se' ou desempenhando um papel do que as moças, e não estão, portanto, tão preparados para entrar em transe" (68-69). Esta análise corresponde à conclusão a que Bourguignon chegou:

> O transe de possessão apresenta papéis alternativos, que satisfazem certas necessidades individuais, e o faz proporcionando o álibi de que o comportamento é o dos espíritos e não dos próprios seres humanos. E, além disso, a fim de desempenhar esses papéis assertivos, os seres humanos precisam estar totalmente passivos, entregando seus corpos àquilo que são forças egodistônicas. Numa sociedade hierárquica, que exige submissão aos detentores da autoridade, adquire-se autoridade por identificação com símbolos de poder, identificação que chega à total apropriação da identidade do outro e à perda total de sua própria. Nesta sociedade autoritária, é possível representar fantasias de domínio pretendendo, para si e também para os outros, total passividade e sujeição (1976: 40).

### Rituais ideológicos

Podemos imaginar os rituais ideológicos de Wallace como ritos de controle social (incluindo talvez os "rituais políticos" de Bell), nos quais indivíduos, grupos ou a sociedade inteira se movem, são influenciados e manipulados. Os rituais funcionam para estruturar a realidade social e ajustar os indivíduos a essa realidade, criando normas e experiências que moldam e perpetuam a realidade dos membros. Alguns destes rituais são instrutivos ou informativos, enquanto outros se destinam a instilar "disposições de ânimo e motivações" das quais a sociedade depende. Ou, na maioria das vezes, como no caso do drama cristão da paixão que reconta a história do sofrimento de Cristo, ambas são realizadas simultaneamente.

Os ritos de intensificação social estão entre os mais óbvios e importantes rituais desse tipo. Como comentou Radcliffe-Brown, contrariamente a Malinowski, a função da religião muitas vezes não é satisfazer as necessidades do indivíduo, especialmente a necessidade de liberdade do medo e da angústia (1965). A religião e o ritual podem na realidade *aumentar* o medo e a angústia dos indivíduos, não em último lugar o medo e a angústia diante de assuntos religiosos: só pessoas que acreditam em demônios ou no inferno, ou num deus punitivo, têm medo deles. Mais exatamente, Radcliffe-Brown sugeriu que grande parte da religião e das funções rituais funciona acima do nível pessoal, em proveito da sociedade como um todo estruturado. Especialmente em tempos de crise, mas muitas vezes na base do cotidiano, a sociedade se vê ameaçada por desintegração, pelo colapso dos grupos e da ordem e pela atomização dos indivíduos ou das famílias. Quando acontece uma morte (particularmente uma morte suspeita, e lembremos que em algumas sociedades a morte é muitas vezes, senão sempre, suspeita) ou um desastre natural ou simplesmente uma rixa interna, a sociedade pode desintegrar-se. Os rituais, mesmo rituais negativos como interrogatórios de bruxos/as ou ritos fúnebres hostis, podem prevenir a desintegração da sociedade, dando às pessoas coisas para fazer e meios para controlar seus sentimentos e preocupações.

As sociedades aborígines australianas, por exemplo, reagem muitas vezes à morte com um duelo agressivo entre grupos consanguíneos (cf. Ilustração 5.3). Dançando em linhas opostas, o evento se transformava num confronto no qual os grupos arremessavam lanças um contra o outro. Geralmente não se desejava nem se consumava nenhum ferimento mortal; um grupo ou os dois arrancavam sangue (normalmente atirando as lanças para o chão e fazendo-as ricochetear, de modo que atingiam em ângulos imprevisíveis) e, quando a vingança de sangue estava satisfeita, o ritual terminava e as pessoas voltavam juntas para sua vida comum.

Tabus e obrigações cerimoniais constituem um gênero de rituais ideológicos. Estes tipos de crenças e comportamentos giram em torno de coisas que as pessoas devem ou não devem fazer ou tocar. A própria essência destas restrições é a noção de poder sagrado, como Durkheim concluiu por hipótese. Alguns objetos, ações ou pessoas são tão poderosos que se tornam perigosos, pelo menos para a pessoa normal em circunstâncias normais. Quando uma pessoa está adequadamente preparada (purificada, ritualmente protegida etc.), ela pode abordar estes mesmos itens ou executar estes atos em segurança. A importância social do tabu talvez seja a experiência da *seriedade* ritual – de que nem todas as coisas são iguais e de que nosso comportamento deve refletir este fato. Os rituais de realeza, por exemplo, estabelecem o caráter poderoso ou até sagrado do rei ou governante, e ideologias como o "direito divino dos reis" justificam e perpetuam esse poder. As obrigações rituais que os indivíduos observam em relação uns com os outros criam e mantêm estruturas sociais como também estruturas espirituais, como analisaremos no próximo capítulo.

Ilustração 5.3 Homens e meninos aborígines australianos (Warlpiri) praticando uma dança ritual.
Cortesia do autor

Entre os rituais ideológicos Wallace incluiu os ritos de passagem, que são suficientemente importantes e difusos para merecer um tratamento separado (cf. abaixo). Por fim, ele mencionou os "rituais de revolta", que podemos, pelo menos em alguns casos, considerar rituais *anti-ideológicos*. Ou seja, estes rituais de revolta podem comentar, criticar e até inverter as relações e estruturas sociais cotidianas. O carnaval no sentido tradicional era uma destas ocasiões, na qual o objetivo do evento consistia em romper intencionalmente muitas das regras e normas da sociedade; inconformismo, libertinagem sexual e inversões "políticas" (zombar do rei ou até desconsagrá-lo, entre outras coisas) eram formas comuns, e ainda podemos ver algo disto no festival da Terça-feira Gorda (terça-feira de carnaval) de Nova Orleans ou mais ainda no carnaval brasileiro. O Halloween é um vago eco desta prática: nele as pessoas escondem deliberadamente sua identidade e adotam uma *persona* fictícia e até sacrílega para esse dia. Ao mesmo tempo, estas rupturas da norma organizadas de acordo com a norma têm também o efeito de reformular e reafirmar as estruturas e as relações de poder da sociedade; o próprio fato de se poder rebaixar o rei num dia do ano (com sua permissão) confirma seu poder em todos os outros dias do ano (cf. Capítulo 6).

### Rituais de revitalização

A religião e o ritual podem ser não só conservadores e estabilizadores, mas também criativos, libertadores, resistentes e até revolucionários. Quando uma sociedade, ou pelo menos algum segmento de uma sociedade, está em crise, a religião pode proporcionar a linguagem para repensar normas, papéis e realidades e para responder aos desafios críticos com um "programa" projetado para inspirar nova vida numa ordem social, natural e sobrenatural combalida. Entre os tipos de rituais ou de movimentos rituais que entram nesta categoria, aos quais voltaremos mais adiante, estão os rituais ou movimentos messiânicos e milenaristas, "cultos à carga", nativismo e fundamentalismo, sincretismo, separatismo/cisma ou a fundação de novas seitas religiosas no interior de uma tradição ou Igreja existente e "novos movimentos religiosos" com visões e agendas espirituais mais ou menos originais. Na maioria das vezes, no momento em que uma sociedade se encontra numa crise suficientemente profunda para estes fenômenos aparecerem, muitas destas várias formas vão surgindo simultaneamente, transformando uma sociedade num caldo borbulhante de inovação e competição religiosa. Assim é o mundo moderno e a sociedade americana moderna. Aprofundaremos estes processos nos Capítulos 6 e 7.

### Ritos de passagem: A estrutura do ritual

Estudiosos da religião como Victor Turner sugeriram que existe um "processo ritual" que transcende as diferenças superficiais entre os rituais para unificá-los num nível mais profundo. Turner escreveu extensamente sobre o processo ritual, desenvolvendo as ideias de Arnold van Gennep sobre os chamados *ritos de passagem*. Muitos rituais no mundo parecem acontecer em momentos-chave da vida dos indivíduos, dos grupos ou da sociedade como um todo. Os rituais acompanham estes momentos-chave – momentos em que as coisas estão mudando ou ameaçando mudar de alguma forma, como a puberdade, a idade adulta, o casamento, a paternidade/maternidade e a morte. E mais: os rituais ajudam ou servem para *completar* a mudança que está ocorrendo naquele momento; na linha dos atos ilocutórios de fala, o ritual facilita a mudança em vez de apenas reconhecê-la ou celebrá-la.

O processo ritual envolve três etapas, sendo que a do meio atraiu o grosso da atenção de Turner. Estas três etapas podem ser conceitualizadas da seguinte maneira:

Separação → Marginalidade/Liminaridade → Agregação

A melhor maneira de imaginar esta progressão é sob o aspecto da condição ou *status* dos sujeitos antes e depois do ritual. Antes de um ritual, a pessoa está em algum estado – digamos, solteira ou adolescente ou doente. Depois do ritual, a pessoa está num estado diferente – digamos, casada ou adulta ou saudável. Entrementes ocorre algo que transforma ou transfere o indivíduo de um *status* para outro. Contudo, isto não pode acontecer sem ocorrerem duas coisas concomitantes – a perda ou abandono ou "morte" do *status* antigo e a jornada por uma fase transicional ambígua.

Portanto, um rito de passagem começa tipicamente com uma ruptura simbólica do *status* anterior. Em algumas sociedades, um ritual de iniciação dos jovens para a idade adulta (talvez o clássico rito de passagem) ou de um xamã para sua nova vocação começa com uma captura do candidato e até com uma "morte" simulada. No caso das iniciações de chegada à maioridade, os homens adultos podem entrar na comunidade e capturar os jovens do sexo masculino enquanto suas mães lamentam que nunca mais verão seus filhos. Em certo sentido elas têm razão. Os adolescentes podem ser isolados do resto da sociedade enquanto durar o ritual ou por semanas ou meses, onde são submetidos a provações, inclusive operações físicas como circuncisão ou escarificação, lhes são mostrados objetos sagrados e instruídos no conhecimento religioso. Ou pode haver pouco desse "treinamento". Os Gisu de Uganda praticavam tradicionalmente um ritual de iniciação no qual os jovens entre dezoito e vinte e cinco anos eram circuncidados em público e depois recebiam dons que significavam sua entrada na idade viril, como utensílios agrícolas. No entanto, não recebiam nenhuma instrução específica. A principal função do ritual, afora anunciar a maturidade, parecia ser a de produzir um determinado traço emocional ou psicológico nos homens, que os Gisu chamavam de *lirima*. *Lirima* era a capacidade varonil de emoção violenta, ligada a raiva, ciúme, ódio e ressentimento. Não era, porém, uma emoção totalmente selvagem; implicava ou exigia também autocontrole, força de caráter, valentia e vontade. Era a característica que possibilitava aos homens superar o medo (o próprio ritual era um teste de superação do medo), mas era também uma característica perigosa, uma característica que produzia nos homens uma agressividade que os próprios Gisu lamentavam (HEALD, 1986).

Ilustração 5.4 Jovens vestindo insígnias de circuncisão dos Gisu, que consistem em toucas de macaco Colobus preto e branco, rabos de couro de vaca e conchas de caurim. Sob a direção de um líder do canto (à esquerda), isto faz parte da primeira fase da dança cerimonial na qual os meninos estão expressando interesse de passar pelos ritos mais tarde durante o ano. Cortesia do Pitt Rivers Museum, da Universidade de Oxford

Voltando à nossa análise geral, depois de separados de seu mundo social e de sua vida anterior, os candidatos aos ritos de passagem entram na segunda etapa ou etapa "liminar" (do latim *limen* ou limiar). Esta é uma condição que Turner chamou de "posição intermediária", não um outro *status*, mas um *non-status*. É a ausência de *status*, um não-lugar social, mas uma condição de potencial. É a entrada ou portal entre dois *status*, o caminho que liga a origem e o destino. Este *non-status* assume uma variedade de formas, muitas vezes comparadas a morte, deserto, retorno ao útero e até bissexualidade. Não tem nome, categoria ou identidade social. Os ocupantes deste limiar podem ser privados de posses, inclusive de roupas; eles vieram à existência nus, de modo que precisam entrar nus em sua nova existência. Muitas vezes se espera que sejam obedientes, passivos, receptivos e não-afirmativos. Em outras situações, entre as quais os rituais periódicos compartilhados pelos adultos, a linguagem da liminaridade pode implicar opostos, fazer coisas "de trás para frente" ou "de cabeça para baixo", e outras formas de contradição ou violação do comportamento cotidiano, como veremos mais adiante.

Em certo sentido, a situação liminar é uma condição humilde, na prática totalmente fora da sociedade. Em outro sentido, porém, é uma condição sagrada – especial, poderosa e talvez perigosa. Uma maneira característica de a liminaridade combinar todos estes traços consiste na eliminação das distinções, sociais ou outras. É uma manifestação do estado indiferenciado, a circunstância em que todas as coisas são iguais, mas por isso mesmo desestruturadas. Turner deu a esta condição o nome de *communitas*, uma espécie de existência indiferenciada ou amorfa. Não existem crianças ou adultos, homens ou mulheres, reis e plebeus. Por exemplo, quando os peregrinos muçulmanos empreendem a *hajj* ou peregrinação a Meca, eles se despojam de seus sinais de nacionalidade e classe e vestem as mesmas roupas brancas, mostrando o *status* compartilhado (e, portanto, indiferenciado) de peregrino (cf. p. 200-204).

Deve ser fácil perceber que, embora este seja um estado criativo, é também um estado instável. Nem os indivíduos nem a sociedade conseguem permanecer nele por muito tempo. Em outras palavras, "todas as manifestações prolongadas de *communitas* podem parecer perigosas e anárquicas, e precisam ser cercadas por prescrições, proibições e condições" (TURNER, 1969: 109). Curiosamente, Turner identificou esta experiência de *communitas* em outros lugares sociais além da liminaridade da passagem ritual, entre eles o *status* de "hippies", monges, profetas e palhaços/comediantes e sem dúvida poetas e artistas – todas estas pessoas que estão nas margens ou nos "interstícios" ou no sopé da sociedade. A sociedade estruturada os tolera, até tira proveito deles, mas sua "antiestrutura" sempre constitui uma ameaça à ordem social. Eles representam também o nicho criativo do qual surgirão novas ordens sociais. Assim, em última análise, a sociedade é, através da religião e do ritual, um ciclo ou dialética de *communitas* e diferenciação, de anarquia e ordem.

**Campos rituais, representações rituais e "teatro social"**

Na etnografia do comportamento religioso, como da linguagem religiosa, encontramos não uma prática monolítica única, mas um "campo" diversificado no qual são executados diferentes tipos de rituais. Talvez seja possível – mas frequentemente errôneo – imaginar os mitos e outros gêneros verbais sem a representação, como efetivamente fizeram Lévi-Strauss e outros (cf. Capítulo 4). No entanto, no caso do ritual, a representação é fundamental para sua realidade, e muito mais para sua eficácia; embora se possa resumir ou descrever um ritual, de modo algum o resumo ou a descrição se equipara à execução do ritual. Com efeito, Roy Rappaport escreveu que o ritual "é uma ordem de *atos* e *elocuções* e, como tal, só é avivado ou realizado quando esses atos são executados e essas elocuções são pronunciadas" (1992: 252). Somente por esta razão, o ritual não pode ser entendido separadamente de sua representação.

Também é verdade que, em qualquer sociedade, podem coexistir diferentes rituais ou gêneros inteiros de rituais e que qualquer ritual particular é uma combinação temporal de elementos tomados do campo ritual (como sugeriu Wallace). Turner, um dos que mais contribuíram para a análise performativa do ritual, chegou ao ponto de rejeitar o aspecto "obsessivo" do ritual – a repetição compulsiva de atos formulaicos – e realçar seus aspectos criativos e de multimídia. Ele considerou o ritual "uma imensa orquestração de gêneros em todos os códigos sensoriais disponíveis: fala, música, canto; a apresentação de objetos primorosamente trabalhados, como máscaras; pinturas murais, pinturas corporais; formas esculpidas; altares complexos e de múltiplas camadas; indumentárias; formas de dança com complexas gramáticas e vocabulários de movimentos corporais, gestos e expressões faciais" (1984: 25) e possivelmente muito mais. Cada uma destas orquestrações específicas – com suas resultantes crenças e papéis de especialistas – produzia um tipo específico de ritual. Por exemplo, Seneviratne (1978) distinguiu dois tipos de rituais no Kandy pré-colonial, um reino no Sri Lanka. Um tipo ocupava-se com a conservação de objetos sagrados, que incluía ritos diários e semanais de cuidar de artefatos e símbolos do templo, e também com as cerimônias anuais do Ano-novo que consistiam em banhar-se, ferver leite até transbordar e encharcar o lugar, e ofertas de alimentos. O segundo tipo concentrava-se em objetivos sociais comuns, como o festival do Novo Arroz (composto de uma série de eventos, que iam de procissões aos campos para calcular a colheita, passando pela distribuição entre os templos, até à apresentação de uma tigela de arroz ao *Dalada* ou relíquia do dente sagrado de Buda). Tambiah, trabalhando também num contexto budista, deparou com um campo ritual ainda mais abarrotado, com quatro tipos de rituais: rituais "formalmente" budistas (executados por monges), ritos *sukhwan* (executados por anciãos a fim de "ligar" os espíritos pessoais dos indivíduos aos seus corpos), cerimônias para o culto aos espíritos guardiães da aldeia e ritos de possessão visando os espíritos maus (executados por um conjunto de especialistas, dependendo da enfermidade e dos espíritos envolvidos). Tambiah concluiu explicitamente que "os quatro complexos rituais são diferenciados e também concatenados num campo *total único*" (1970: 2). Iniciamos este capítulo com um exemplo desta "politropia ritual" tomado da China.

Numa escala ainda mais ampla, Turner relacionou os rituais e o comportamento ritual com o que ele chamou de "dramas sociais" (1974). Os dramas sociais são espetáculos simbólicos públicos nos quais são representados os conflitos ou desarmonias da sociedade; podem ser também, embora Turner tenha realçado o lado desarmônico, espetáculos nos quais são representadas as harmonias ou relações essenciais ou verdades de uma sociedade. Os dramas sociais são construídos a partir de componentes básicos que ele chamou de *campos* e *arenas*. Neste sentido os campos são definidos como "os territórios culturais abstratos onde os paradigmas são formulados, estabelecidos e entram em conflito. Esses paradigmas consistem em conjuntos de 'normas' a partir das quais podem ser produzidos muitos tipos de sequências de ação social, mas que especificam, além disso, quais consequências podem ser deduzidas" (17). Em seguida, as arenas são "os cenários concretos onde os paradigmas são transformados em metáforas e símbolos com referência aos quais o poder político é mobilizado e nos quais existe uma prova de força entre portadores influentes de paradigmas" (17). Os dramas sociais, como resultado, são os processos encenados desta disputa social, representados em público e ao longo de um período (mais ou menos prolongado) de tempo. Caracterizam-se por quatro etapas, que vão da ruptura inicial das relações sociais, passando por algum tipo de crise social e por uma "ação reparadora" destinada a sanar a ruptura, até à reintegração definitiva dos atores na sociedade e (teoricamente) à restauração das relações e instituições sociais.

Os rituais enquanto dramas sociais são muitas coisas, inclusive interação socialmente apropriada com o sobrenatural, comunicação, ação eficaz, poder social e político e entretenimento. Todos estes traços se combinam numa noção de teatro social, no qual pessoas e grupos encenam representações uns para os outros, mesmo que de fato não estejam "encenando" intencionalmente suas representações. Um estudioso que levou a sério esta noção de teatro social foi o sociólogo Erving Goffman, cuja influente obra *The Presentation of Self in Everyday Life* [A apresentação do eu na vida cotidiana] (1959) apresentou um relato teatral da vida social, no qual todos os seres humanos são atores que assumem papéis e no qual todos os encontros são potencialmente palcos nos quais esses atores desempenham seus papéis. As situações mais insignificantes podem ser oportunidades para os indivíduos mostrarem sua competência social ou manipularem as impressões que eles causam nos outros; e, em alguns casos, os indivíduos se dão conta de que estão agindo assim e desempenham esses papéis conscientemente.

Se Goffman descreveu a ação social humana como performativa na escala mais reduzida, Clifford Geertz descreveu-a como tal na escala talvez mais ampla possível. Em sua análise da cultura balinesa tradicional, Geertz referiu-se a Bali como um "Estado teatral" onde o ritual era política e a política era ritual. No Estado teatral,

> os reis e os príncipes eram os empresários, os sacerdotes eram os diretores e os camponeses eram a casta sustentadora, a equipe do palco e a plateia. As estupendas cremações, lixamentos dos dentes, dedicações de templos, peregrinações e sacrifícios sangrentos, mobilizando centenas e até milhares de pessoas e grandes quantidades de riqueza, não eram meios para determinados fins: eram os próprios fins, eram o que o Estado fomentava. O cerimonialismo da corte era a força propulsora da política da corte; e o ritual de massa não era um expediente para escorar o Estado, mas antes o Estado, mesmo em seu último suspiro, era um expediente para a encenação do ritual de massa. O poder servia à pompa, e não a pompa ao poder (1980: 13).

O ritual era realmente teatro – uma grande exibição da sociedade, pela sociedade e para a sociedade – no qual as pessoas desempenhavam seus papéis e suas normas e, ao desempenhá-los, os tornavam reais. Uma cerimônia como uma cremação real (relatada detalhadamente por Geertz) era uma representação dos temas mais profundos e mais importantes da cultura balinesa: "o centro é exemplar, o *status* é o fundamento do poder, a política é uma arte teatral (120).

Provavelmente isto não é menos verdadeiro hoje, mesmo no mundo ocidental, e talvez seja mais visível hoje do que em qualquer época do passado: a política é representação, os líderes políticos são atores e o público é a plateia e, juntos, eles criam e sustentam o mundo cultural e político por eles habitado. O cerimonialismo da sociedade nunca é meramente decoração superficial, porque no Ocidente e na Bali pré-colonial, e provavelmente em todas as sociedades em todos os tempos, "os desfiles suntuosos não eram mera ornamentação estética, celebrações de uma dominação que existe independentemente: eles eram a própria coisa" (120). Em outras palavras, os rituais são "grandes gestos coletivos" (116), realizações no sentido de que eles "tornam reais" ideias culturais e ideais. Em última análise, os "dramas do Estado teatral" – e, provavelmente, de todos os Estados e sociedades –, "miméticos de si mesmos, não eram, afinal, nem ilusões nem mentiras, nem prestidigitação nem simulação. Eles eram aquilo que havia" (136).

### Peregrinação: religião em movimento

Entre os rituais e dramas sociais, um dos mais prolongados e potencialmente dramáticos é a peregrinação. Os cristãos têm feito peregrinações a Jerusalém e a vários lugares da Europa durante séculos e a *hajj* ou peregrinação a Meca é um dos "pilares" mais obrigatórios do islamismo; no entanto, a antropologia comprovadamente ignorou a peregrinação até a década de 1970 (cf. Ilustração 5.5). A rica descrição que Barbara Myerhoff (1974) fez da jornada sagrada do povo Huichol do México, conhecida como Caça ao Peiote, foi uma das primeiras análises extensas. No entanto, em sua introdução à edição de 2011 de *Image and Pilgrimage in Christian Culture* [Imagem e peregrinação na cultura cristã], de Victor Turner e Edith Turner (publicada originalmente em 1978), Deborah Ross credita aos Turner o mérito de serem "os fundadores dos estudos sobre a peregrinação" (TURNER & TURNER, 2011: xxxiv).

Naturalmente, os Turner entendiam a peregrinação como um rito de passagem, como sair do estado mundano e cruzar um limiar para entrar num lugar diferente e num tempo diferente – ou seja, na liminaridade. O lugar da peregrinação é muitas vezes literalmente longínquo e difícil de alcançar; no entanto, para o peregrino ele é o lugar mais importante, e até mesmo o verdadeiro lar do qual ele está separado e alienado na vida cotidiana. É o "centro lá longe", como se expressou Victor Turner (1973) em outro ensaio. Às vezes o local é uma hierofania

Ilustração 5.5 Peregrinos em Meca (*ca.* 1910). Cortesia da Prints and Photographs Division da Biblioteca do Congresso

no sentido de Mircea Eliade, um lugar onde outrora aconteceu algo importante e significativo e/ou onde residem hoje o poder e o sentido. De acordo com Turner, a jornada do peregrino "reencena as sequências temporais tornadas sagradas e permanentes pela sucessão de eventos ocorridos na vida dos deuses encarnados, dos santos, dos gurus, dos profetas e dos mártires" (1973: 221) e o peregrino acrescenta seu empenho à acumulação histórica de energia nesse percurso.

Como um caminho que outros trilharam – pelo menos o espírito ou ancestral que oficializou o caminho e, muito provavelmente, um cortejo de peregrinos anteriores –, o espaço da peregrinação não é espontâneo ou idiossincrático, mas tipicamente bem assinalado. Pode haver e muitas vezes há um "roteiro" especificado de peregrinação, como no Japão, onde o roteiro-padrão do peregrino "é uma visita a uma série de templos numa ordem determinada, resultando num circuito" (USUI, 2007: 29) (cf. Ilustração 5.6). Por exemplo, a peregrinação dos Trinta e Três Lugares Sagrados de Kannon inclui um circuito de trinta e três templos dedicados à divindade Kannon, enquanto oitenta e oito templos constituem um circuito de peregrinação na Ilha de Shikoku. Ao todo, Sachiko Usui aponta 234 roteiros de peregrinação em todo o Japão, ligando 4.423 templos.

Ilustração 5.6  Devotos num templo japonês. Cortesia do autor

Um aspecto intrínseco da peregrinação é, obviamente, o *movimento*, tanto no sentido de a pessoa *sair* do seu espaço cotidiano quanto de *percorrer* o espaço da peregrinação. Como tal, o tema da peregrinação se harmoniza bem com o crescente interesse da antropologia pelo fluxo e a circulação, pelo cruzar limites e fronteiras. A peregrinação levanta também importantes questões a respeito do corpo, já que o corpo do peregrino passa por muitas experiências novas e às vezes penosas, das quais o caminhar não é a menos importante. O compromisso de um peregrino, escreveu Turner, é a "plena fisicalidade", o *estar ali*, e assim o peregrino "se torna ele próprio um símbolo total" (1973: 221), que encena e encarna a mensagem e o poder do lugar e de sua história.

---

**Quadro 5.3  Levando o espírito a caminhar: o *Camino de Santiago* da Espanha**

Enquanto o "centro lá longe" para o cristianismo é Jerusalém e muitos cristãos fazem de fato peregrinações de volta à "terra santa", a própria Europa está entrecortada por roteiros de peregrinação. Um dos mais famosos é o *Camino de Santiago* ou senda/caminho de São Tiago, que termina em Santiago de Compostela no noroeste da Espanha. De fato, como descreve o website do *camino* (www.santiago-compostela.net) e Nancy Louise Frey analisou, o *Camino de Santiago* é realmente uma rede de caminhos, muitos de origem romana, que se estendem por toda a Europa, usados regularmente pelos peregrinos desde o século XI. [...] Os vários *caminos* se baseiam em outras estradas históricas de peregrinação a Santiago. O *camino inglés* (caminho inglês) levava os peregrinos britânicos que chegavam por mar a La Coruña, ao sul de Santiago; o *camino portugués* (caminho português) levava os portugueses para o norte; e a *via de la plata* (caminho da prata) era usada por peregrinos do sul e do centro da península para alcançar o *camino francés* (caminho francês/franco) em Astorga (FREY, 1998: 5).

Cada ano, milhares de pessoas de toda a Europa e do mundo percorrem o *camino*, alguns por causa da doutrina da Igreja Católica sobre salvação e remissão dos pecados, outros em busca de "espiritualidade transcendente, turismo, aventura física, nostalgia, um lugar para mortificar-se e iniciação esotérica" (4). Apesar de suas muitas motivações, um importante elemento comum entre os peregrinos é que muitos "acreditam que encontrarão 'algo' – Deus, amizade, a si mesmos, a outros – enquanto percorrem o caminho" (87). Consequentemente, embora o principiante possa pensar que o essencial do *camino* é chegar finalmente à cidade, na realidade a meta "é muitas vezes o próprio caminho, não a cidade" (45). Ou seja, o essencial da peregrinação é a jornada, não o destino final. E a jornada é muitas vezes tanto interna e psicológica quanto externa e geográfica. Entrevistando peregrinos na estrada, Frey descobriu que muitos deles estavam "fazendo uma transição de ciclo de vida – da juventude para a idade adulta, da reflexão e crise da meia-idade para a aposentadoria. Feridas mais graves – ou 'lacunas críticas da vida', nas palavras de um dos peregrinos – também atraem peregrinos para o *Camino*" (45). Victor Turner aprovaria isto como um clássico rito de passagem. Com efeito, muitas vezes o efeito era uma transformação pessoal verificada no peregrino, a conquista da "nova orientação que eles procuram em suas próprias vidas" (46).

A transformação começa muito antes da viagem como tal, durante os dias ou anos de preparação. Durante a própria peregrinação, duas grandes experiências são o anonimato e a solidão, ambas muito típicas da liminaridade. Na solidão, os peregrinos podem comungar com a natureza e praticar a introspecção. Com o anonimato, todos são iguais: "O fato de um diplomata andar com um trabalhador do campo, e um professor com um policial e um estudante de pós-graduação é algo muito encantador entre os peregrinos. Sentir-se anônimo e igual pode ser extraordinariamente libertador para muitos" (86). E a terceira grande experiência é o *caminhar*, já que o peregrino ideal faz a jornada a pé. Frey escreveu:

> Quando os peregrinos começam a caminhar, geralmente começam a acontecer diversas coisas em suas percepções do mundo, que continuam ao longo do trajeto: eles desenvolvem uma alteração no sentido do tempo, uma intensificação dos próprios sentidos e uma nova consciência de seus corpos e da paisagem. Marina começa seu relato com "Eu comecei a caminhar", ligando imediatamente o movimento humano básico com a alegria e a descoberta. O caminhar revela um mundo de beleza natural que existe fora do tempo ordinário. Neste momento, preparação e acaso se encontram. Por mais que alguém se prepare física, mental e espiritualmente, ele não consegue preparar-se para o imprevisto que o Caminho apresenta. Lançar-se no desconhecido é um primeiro passo importante para entrar em seu papel de peregrino (72).

Desde a obra pioneira dos Turner, o estudo antropológico da peregrinação cresceu. Em sua análise da peregrinação muçulmana, Dale Eickelman e James Piscatori (1990) indagaram se a peregrinação é necessariamente uma experiência extraordinária, em contraste com a vida e a rotina cotidianas. John Eade e Michael J. Sallow (1991), como está implícito no título de seu *Contesting the Sacred* [Contestando o sagrado], realçaram as divergências e desacordos nas experiências e interpretações dos peregrinos em vez de sua imputada *communitas*. Por fim, os antropólogos e outros estudiosos não podiam deixar de observar as semelhanças entre peregrinação e "turismo": como opinaram os próprios Turner, "um turista é meio peregrino, se um peregrino é meio turista" (2011: 20). Ambos viajam em busca de algo, ambos são talvez transformados por sua viagem. As pessoas podem até visitar lugares religiosos como turistas e não como peregrinos. Ao mesmo tempo, finalmente, as pessoas podem visitar lugares seculares e percorrer circuitos seculares com a atitude de um peregrino: Os fãs de Elvis Presley podem encarar uma parada em Graceland como uma peregrinação e uma experiência sagrada (cf. DAVIDSON & GITLITZ, 2002), assim como os americanos podem encarar um passeio a Gettysburg ou Plymouth Rock como uma peregrinação a um lugar sagrado.

## Conclusão

Os rituais são um componente-chave da religião. No entanto, a tendência a ver o ritual como exclusivamente religioso e exclusivamente simbólico distorce tanto a religião quanto o ritual. A religião não é tanto uma coisa na qual se deve acreditar ou que se deve "entender" quanto uma coisa que se deve *fazer*. Os humanos têm objetivos – práticos e sociais – a alcançar. Entretanto, se a linguagem é eficaz, a ação o é duplamente. A ação social – religiosa ou de outro tipo – é interação; e faz sentido que os humanos, que atribuem agência sobrenatural ao mundo, interajam com esses agentes da única maneira como sabem fazê-lo. Já que toda interação social humana ocorre num "código de interação" que não só comenta, mas também *representa* e leva a cabo essas interações, as interações religiosas podem ser entendidas igualmente como instâncias – e particularmente instâncias formais e sérias – de um código comportamental. E, enquanto o comportamento humano é, em grande parte, simbólico (e alguns comportamentos podem ser puramente simbólicos), o comportamento religioso deve ser entendido também, do ponto de vista do ator, como pelo menos parcialmente "real". Os rituais religiosos, tenham ou não efeitos práticos, têm efeitos sociais; mas é difícil imaginar que as pessoas executem rituais de cura apenas tendo em vista os efeitos sociais. Elas devem pensar, com ou sem razão, que o ritual tem também alguns efeitos curativos. Em outras palavras, os rituais não são meramente informativos (e muitas vezes simplesmente não informativos), mas *transformadores* – criando certos estados de ser (como bem-estar), certos tipos de pessoas ou de *status* sociais, certo tipo de sociedade e, por fim, certo tipo de mundo.

**Perguntas para debate**
- O que é ritualização? Como o "código de interação" ajuda a explicar as qualidades especiais do ritual?
- Quais são os principais tipos de ritual e como eles diferem?
- O que é o "processo ritual" de Victor Turner e como o ritual é uma espécie de representação e "teatro social"?

**Leitura suplementar (cf. website)**
- *Ritual and Experience: The Japanese Tea Ceremony.*
- *Cognitive Science of Religion and Ritual Competence: McCauley and Lawson.*
- *Two Turkish Pilgrimages: The Islamic Hajj and the Return Home.*
- *Return to Paradise: The Peyote Hunt of the Huichol.*

# 6
# Religião, moralidade e ordem social

Nos Estados Unidos e na Europa, a maioria dos cristãos espera que suas Igrejas "façam o bem" – empenhar-se em obras de caridade, como proporcionar alimento ou roupa para os pobres. O islamismo contém uma obrigação para todos os membros de oferecer caridade (*zakat*, literalmente "purificação"), como também a instituição do *waqf* (uma doação religiosa) para proporcionar benefícios a indivíduos ou organizações. Mas Tobias Köllner sustenta que a Igreja Ortodoxa russa "procurou evitar assumir um papel de fornecedor de amparo social" (2011: 193). Com efeito, um sacerdote entrevistado por Köllner, um certo Padre Vladmir, realmente

> se opõe a uma compreensão ocidental da caridade a fim de superar a miséria, a pobreza e a doença. Reportando-se à Bíblia, ele argumenta que a miséria e a pobreza sempre existirão e não existe nenhum meio de impedi-las. Mais exatamente, os donativos são entendidos como um meio de alguém assegurar a própria salvação e não como um meio viável de mudar o mundo (194).

Esses donativos "são entendidos e descritos como uma forma de penitência (*pokaianie*) pelos próprios pecados" (199), mas para que são usados, se não é para ajudar pessoas em necessidade? Eles são gastos "principalmente para a ereção de novas igrejas e a ornamentação (*ukrashenie*) ou reconstrução de igrejas existentes" (195).

Muitas vezes presume-se que a moralidade é a essência ou a maior contribuição da religião. As pessoas que conhecem ou prezam um pouco mais a respeito da religião podem apreciá-la por suas qualidades morais; os pais podem expor seus filhos à religião com a única finalidade de torná-los "bons". Com efeito, alguns argumentam que é impossível ser "bom sem Deus" (o que levanta o duplo e desconfortável problema de que "bom" é um termo relativo e de que nem todas as religiões têm deuses).

Embora não haja nenhuma dúvida de que todas as culturas realçam exortações e injunções comportamentais, a relação entre moralidade e religião tem sido uma relação controversa. E.B. Tylor escreveu de maneira um tanto desdenhosa que "o elemento moral, que entre as nações superiores constitui uma parte extremamente vital, é de fato pouco representado na religião das raças inferiores" (1958: 29). Com efeito, era a dimensão moral ou ética o que mais separava as religiões "inferiores" das religiões "superiores". Durkheim, por outro lado, colocou a moralidade na própria definição da religião: "crenças e práticas que unem numa única comunidade moral, chamada Igreja, todos aqueles que aderem a elas" (cf. Capítulo 1).

No presente capítulo, analisaremos a relação entre a religião, a moralidade concebida como códigos ou padrões de comportamento individual e a ordem e as instituições da sociedade. De um ponto de vista antropológico, estamos menos interessados nos pormenores de qualquer sistema moral, e muito menos em classificar tais sistemas em inferiores ou superiores; o que mais nos interessa é descobrir como esses sistemas contribuem para a sociedade e para a construção e transformação dos indivíduos na sociedade. A religião não é de maneira alguma a única fonte ou sanção de normas; mas, em sua função malinowskiana de "carta constitucional" da sociedade, ela é potencialmente a fonte mais segura. Ao mesmo tempo devemos reconhecer o papel da *desordem* ou pelo menos da violação, transgressão e inversão da ordem como parte da realidade social, com suas inevitáveis tensões, complexidades e ambiguidades.

## A antropologia da moralidade

Milhares de filósofos lutaram para definir e documentar a moralidade, com pouco sucesso ou consenso, de modo que não estaremos em condições de resolver o problema aqui. O que a antropologia traz para a análise da moralidade é uma atenção à diversidade, à construção social e à relatividade da linguagem. Em primeiro lugar, portanto, é intrinsecamente óbvio que a moralidade existe efetivamente como um acúmulo muito variado de *moralidades*, exatamente como a religião existe efetivamente como um acúmulo muito variado de *religiões*. Consequentemente, em sua maioria os estudos da moralidade têm sido tentativas não tanto de descrever e explicar a moralidade quanto de propor uma – ou *a* – moralidade "verdadeira" ou "melhor". Em outras palavras, em sua maioria as "teorias morais" têm sido na realidade uma defesa de certa moralidade. A ideia de diversidade moral tem estado geralmente ausente.

No entanto, quando adotamos uma visão intercultural, descobrimos, como se expressou o filósofo Nietzsche, mil e uma placas diferentes de bem e mal. Existem muitas moralidades, cada uma diferente em certos aspectos – alguns pequenos, outros grandes – das outras. Em algumas sociedades a poligamia é considerada imoral e em outras é tida como o tipo ideal de casamento. Certos comportamentos são imorais em uma sociedade, enquanto os mesmos comportamentos são aceitos e louvados em outras. Mesmo o homicídio é tolerado ou celebrado, pelo menos em algumas formas, em praticamente todas as sociedades. As escrituras judeu-cristãs, embora proíbam o homicídio numa passagem ("Não matarás"), permitem o homicídio em outra ("Um tempo para matar, um tempo para curar"); e a maioria dos ocidentais considera moralmente aceitável matar em autodefesa e numa "guerra justa". Com certeza matar insetos não traz nenhuma consequência moral para a maioria dos ocidentais, mas um jainista na Índia pode considerar isto um grave defeito moral.

Num exame mais acurado, portanto, não está claro o que significa moralidade. Antes de mais nada, nem mesmo é claro o que é ou não é uma questão moral. Nos Estados Unidos, a nudez em público é uma preocupação moral, mas em outras sociedades não é. Nos Estados Unidos, o sexo antes do casamento é pelo menos um tema para debate moral, mas em outras sociedades não é. Em sua descrição da religião Nuer, Evans-Pritchard retratou os Nuer como notavelmente "cristãos" em suas atitudes e práticas, mas também nos advertiu que "precisamos estar mais prevenidos do que geralmente estamos para não atribuir à mentalidade Nuer o que pode estar na nossa mentalidade e é estranho à deles. Deste ponto de vista, o conteúdo ético daquilo que os Nuer consideram faltas graves pode revelar-se muito variável e até totalmente ausente" (1956: 188). Com efeito, aquilo que os Nuer consideravam "faltas graves, ou simplesmente faltas", a um ocidental pode parecer "ações bastante triviais" (189) – e sem dúvida o sentimento seria mútuo. O incesto e o adultério são questões importantes tanto para nós quanto para eles, mas as injunções dos Nuer contra "um homem ordenhar sua vaca e beber o leite, ou um homem comer com pessoas com as quais sua parentela tem uma inimizade tradicional e sangrenta" (189) parecem peculiarmente irrelevantes aos ocidentais, assim como muitas injunções judeu-cristãs tradicionais – como proibição de comer carne na sexta-feira ou de nunca comer carne de porco ou crustáceos – pareceriam singularmente irrelevantes aos Nuer (e, francamente, a muitos cristãos modernos).

Parece, portanto, que não existem respostas morais universais, *porque não existem questões morais universais*. Mais exatamente, a maioria dos anglófonos, ao falar de moralidade, entende algo vago acerca de "bom comportamento" (ou, como nos Estados Unidos, "moralidade" tende a ser uma palavra-código para assuntos sexuais e reprodutivos). Mas existem definições e padrões variados de "bondade" nas sociedades e religiões. Uma forma usada por antropólogos e outros estudiosos para tentar resolver o debate sobre a "bondade" é em termos de "pró-socialidade", que Ara Norenzayan e Azim Shariff definem como "atos que beneficiam os outros a um custo pessoal" (2008: 58). Mas é difícil ver como algumas questões "morais", como nudez em público ou sexo antes do casamento, têm algo a ver com "benefício" e o fato de muitas religiões oferecerem recompensas por bom comportamento atenua o custo pessoal.

Além disso, mesmo na sociedade ocidental, nem todas as ações indesejáveis são "imorais". "Moral" como um adjetivo faz parte daquilo que o filósofo Kai Nielsen chamou de "linguagem de avaliação", o conjunto de palavras que as pessoas de língua inglesa usam para avaliar ou julgar o seu próprio comportamento e o dos outros, incluindo palavras como "(a)normal" ou "(anti)ético" ou "(i)legal" ou "(in)sensato". Nem toda ação que é imoral é ilegal e vice-versa (por exemplo, excesso de velocidade não é imoral por nenhum padrão familiar). Ética e moralidade não são totalmente sinônimas, já que podemos falar de "ética dos negócios", mas geralmente não de "moral dos negócios". Mesmo a etiqueta e as boas maneiras moldam nosso comportamento e nossas avaliações do comportamento dos outros: pode ser contrário à etiqueta, mas não imoral, recusar-se a apertar a mão de alguém ou usar o garfo errado.

### Pecado e contaminação

Assim como no caso da crença, do símbolo, do mito e do sacrifício (cf. Capítulos 2, 3, 4 e 10), o discurso da moralidade nas sociedades ocidentais, e em grande parte da antropologia, é o discurso judeu-cristão. Nesta tradição religiosa específica, a moralidade é entendida geralmente como explícita, formal (até posta por escrito), abstrata e legalista. É vista também tipicamente como um assunto individual (em vez de coletivo) e "existencial", ou seja, um tratado sobre o estado essencial de ser do indivíduo. Uma parte crucial desta linguagem é o conceito de "pecado", uma condição de falha moral e espiritual. No entanto, como a crença e o símbolo e o mito, o pecado em particular e a moralidade em geral podem ser imposições da visão de mundo de uma religião sobre outras.

Pecado é um conceito que não aparece em todas as religiões; é também um conceito com sentido variado e evolutivo na religião judeu-cristã. Uma raiz hebraica para pecado nas escrituras é *chet* ou *khate*, que significa extraviar-se ou errar o alvo – literalmente o termo usado, na arte de manejar o arco, para errar o alvo. As variedades de pecado são reconhecidas: *pasha* ou *mered* para a rebeldia contra as leis de Deus, *avon* para a luxúria ou outras emoções fortes (que são intencionais, mas não provocadoras) e *cheit* para violações involuntárias da lei. (Com efeito, a primeira ocorrência da palavra "pecado" está no Gênesis, ou *Bereishith* no original hebraico, capítulo 4, *antes* de serem instituídas quaisquer leis específicas.) Os cristãos acabaram desenvolvendo o conceito de "pecado original", um estado congênito, e por isso inevitável, de falha ou culpa, para o qual o único remédio é a salvação divina.

No entanto, nos usos originais do conceito de pecado, as conotações de congênito, permanente e mesmo "moral" não estavam necessariamente implícitas. O pecado era muitas vezes temporário, desaparecendo gradualmente com o tempo, ou podia ser removido e eliminado ou "purgado" mediante ações rituais específicas como ablução ou sacrifício. Com efeito, muitas coisas que os cristãos interpretam como "pecados" eram na verdade chamadas de "abominações" ou "impureza" e aplicadas a áreas de conduta que a maioria dos ocidentais modernos considera fora do alcance da moralidade. As leis relativas à alimentação, por exemplo, reconheciam determinadas espécies de plantas e animais como próprios ou impróprios para o consumo; do mesmo modo, homens e mulheres eram instruídos a não vestir roupas do sexo oposto (Deuteronômio/*Devarim* 22,5). Uma palavra que significava "impuro" (*niddah* ou *tum'ah*) era usada para descrever os efeitos de ações tão díspares como tocar um cadáver ou qualquer animal proibido, cometer adultério, ou apenas dar à luz. Após o parto, uma mulher era impura por sete dias (no caso de um menino) ou por catorze dias (no caso de uma menina), e o adultério com a mulher de um irmão não era imoral, mas impuro, resultando em esterilidade (Levítico/*Vayiqra* 20,21).

De acordo com Evans-Pritchard também os Nuer tinham uma noção de pecado (*nueer*), mas ele reconheceu que "os Nuer não expressam indignação com o pecado e aquilo que os deixa mais indignados não é considerado pecado" (1956: 194) – em outras palavras, as ações "pecaminosas" não eram sua maior preocupação "moral". Além disso, a ameaça de um ato não era sua qualidade "imoral", mas o "estado de grave perigo espiritual" que ele causava: por exemplo, não era imoral matar um homem num combate legítimo, mas ainda assim era espiritualmente perigoso. Por isso, o verdadeiro problema para os Nuer não era com "a moral das pessoas, se elas eram pessoas boas ou más de acordo com as ideias Nuer, mas com a condição espiritual, pois a conduta boa ou má pode afetar esta condição" (195).

Note-se que, para os Nuer, as ações não eram punidas por serem "más", mas antes eram más por serem punidas; a maldade estava nas consequências, e não na "moralidade", do comportamento. O *kwoth* (espírito) punia o que o *kwoth* punia, até ou principalmente "ofensas involuntárias", o que fazia as pessoas se sentirem angustiadas, mas não culpadas. As consequências podiam evidentemente ser bastante graves, incluindo a doença física. No entanto, a resposta ao perigo espiritual e ao castigo era *woc*, eliminá-lo através de meios religiosos e também materiais como medicamentos e outras ações de purificação, mas especialmente através do sacrifício.

Por mais diferentes que sejam, as visões dos Nuer e dos judeu-cristãos a respeito do pecado e do perigo têm em comum duas qualidades. A primeira é que elas resultam de violações de restrições sobrenaturais. A segunda é que elas são "infecciosas" no sentido de que infectam ou contaminam o indivíduo e, potencialmente, a família, a sociedade e o próprio mundo físico. Vários termos que podem ser e foram aplicados a esta concepção são: contaminação, mácula, impureza, imundície e profanação. (Lembremos que Durkheim sugeriu que o cerne da religião é a separação entre o sagrado e o profano.) A imoralidade neste sentido é como uma doença – mas, na maioria dos casos, uma doença curável – que corrompe a pessoa, o corpo ou a alma ou os dois.

Um dos primeiros antropólogos a levar a sério a ideia de pureza, limpeza e "sujeira" e sua relação com a religião e o perigo foi Mary Douglas. Em seu *Purity and Danger* [Pureza e perigo], publicado pela primeira vez em 1966, ela ligou sujeira com desordem, incluindo a desordem social. As noções de sujeira ou impureza, junto com as de higiene (física e espiritual), constituíam "um conjunto de relações ordenadas e uma contravenção dessa ordem" (1988: 35). A contaminação ou profanação "ofende a ordem. Eliminá-la não é um movimento negativo, mas um esforço positivo de organizar o ambiente", tanto natural quanto sobrenatural (2). Em sua análise mais famosa, ela explicou as leis dietéticas judaicas, as chamadas "abominações do Levítico", em termos de classificação e violação da classificação. Alguns animais, concluiu Douglas, pertenciam à categoria das espécies que "têm o casco partido e ruminam" e esses animais eram "puros" e próprios para o consumo. Os animais que se desviavam deste tipo eram impuros e impróprios para o consumo. Da mesma maneira, um "verdadeiro peixe" tinha barbatanas e escamas e qualquer exceção a esse tipo, como os crustáceos e mariscos, simplesmente não eram peixes e, portanto, eram impróprios para o consumo. Conforme ela concluiu: "em geral o princípio subjacente da pureza nos animais é que eles devem conformar-se plenamente com sua classe. São impuras aquelas espécies que são membros imperfeitos de sua classe, ou cuja classe confunde o esquema geral do mundo" (55).

No mesmo ano da publicação de Douglas, Louis Dumont publicou seu *Homo Hierarchicus* [O homem hierárquico] realçando a importância da "pureza" para a Índia e o sistema de castas. Os próprios humanos, insistiu ele, são classificados em castas com base em sua pureza espiritual ou ritual; e a casta mais alta e purista (os brâmanes sacerdotais) literalmente preocupava-se com a mácula causada pelo toque de um indivíduo de casta inferior, especialmente os "párias" ou "intocáveis". As castas inferiores como tais certamente não eram "imorais", mas eram contaminadas e contaminantes. Misturar as castas, portanto, assim como comer o animal errado ou executar a ação errada para Douglas, era uma violação da ordem das coisas – as normas e categorias que constituem a sociedade – e era *perigoso*. Por isso Douglas concluiu que as crenças a respeito de impureza, contaminação e "pecado" e os perigos resultantes

> são uma forte linguagem de exortação mútua. Neste nível as leis da natureza são introduzidas para sancionar o código moral: este tipo de doença é causado pelo adultério, aquele pelo incesto; este desastre meteorológico é o efeito da infidelidade política, aquele é o efeito da impiedade. Todo o universo é aproveitado para as tentativas do homem de obrigar uns aos outros à boa cidadania (3).

**Quadro 6.1 Comida, sexo e contaminação entre os Hua da Papua Nova Guiné**

Como foi descrita por Anna Meigs, a religião Hua era composta fundamentalmente e quase exclusivamente de normas relativas à contaminação, na maioria das vezes expressas através de normas alimentares, intimamente relacionadas com o gênero e com uma ontologia mais geral. O contexto era uma sólida ideologia de superioridade masculina; não só os homens eram política e culturalmente dominantes, mas as mulheres – especialmente seus órgãos sexuais e fluidos corporais – eram consideradas "repugnantes e perigosas" para os homens. Esta atitude estava estreitamente associada à sua noção de *nu*, uma substância semiespiritual, mas também bastante concreta, transmitida pela matéria, inclusive por matéria humana como "sangue, respiração, cabelo, suor, unhas, fezes, urina, pegadas e sombras" (1984: 20). Também o alimento transmitia *nu* e era "em certo sentido *nu* coagulado" (20). Ele compartilhava também o *nu* dos que o adquiriam ou preparavam, levando a um meticuloso sistema de restrições dietéticas e outras. Por exemplo, alguns alimentos, por suas próprias características, estavam mais associados a qualidades femininas, *korogo* ou suaves, suculentos, férteis, de crescimento rápido e frios. Outros eram mais masculinos, *hakeri'a* ou duros, secos, estéreis, de crescimento lento e quentes (79). Os homens precisavam evitar alimentos femininos ou alimentos preparados por mulheres, mas mais em certas fases da vida do que em outras: eles eram especialmente vulneráveis no fim da infância e na adolescência, quando sua masculinidade estava em formação, mas na idade adulta havia menos limitações e por ocasião da velhice quase nenhuma. Mas o alimento não era a única ameaça aos homens, já que também a atividade sexual ameaçava seu *nu*: em primeiro lugar, os homens tinham uma relativa deficiência na substância e acreditava-se que as relações sexuais a esgotavam. As mulheres, por outro lado, com seu excesso de *nu*, eram férteis e seu atributo especial era alimentar os outros. A fim de manter a separação entre as substâncias dos gêneros, os homens praticavam rituais para remover as influências femininas de seus corpos, entre os quais o vômito induzido, o suor e a hemorragia nasal. O material corporal e o *nu* que ele carregava, quando no lugar errado, era chamado de *siro na* ou sujeira ou contaminação. No entanto, estas substâncias não eram exatamente "imorais" e mesmo sua qualidade contaminante era afetada pelas relações e aplicações sociais. Por exemplo, dizia-se que o *nu* de uma criança era contaminante, mas não moralmente censurável para os pais. E mais: substâncias aparentemente *siro na*, como cabelo, fezes, urina e cadáveres, eram às vezes incorporadas a medicamentos e misturas que promovem o crescimento; e um homem besuntava "suor, óleo e vômito sobre os corpos de seus filhos reais e classificatórios para aumentar seu crescimento" (109). De acordo com a conclusão de Meigs a respeito dos Hua, "a contaminação não é inerente às substâncias corporais, como no caso de nossas próprias fezes. Ao invés, uma substância que em outras situações pode ser nutritiva pode ser temporariamente contaminante através dos contextos de sua produção e distribuição"; e outra que em outras situações pode ser contaminante pode ser temporariamente nutritiva (113). Em nossa própria cultura, a saliva de alguém pode ser repugnante, mas nós permitimos um pouco da saliva de nossa mãe para alisar nosso cabelo ou remover uma mancha de sujeira do nosso rosto.

### Moralidade e as exigências da vida social

Embora os detalhes da moralidade ou conduta apropriada difiram grandemente de uma sociedade para outra, alguma forma de comportamento apropriado e algum padrão para avaliação do comportamento aparecem em todas as sociedades. Durkheim chegou a afirmar:

> A lei e a moralidade são a totalidade dos laços que nos ligam à sociedade, que transformam a massa de indivíduos num conjunto unitário e coerente. Tudo aquilo que é fonte de solidariedade é moral; tudo aquilo que força o homem a dar atenção aos outros homens é moral; tudo aquilo que o obriga a regular sua conduta mediante algo que não seja o esforço do ego é moral; e a moralidade é tão sólida quanto estes laços são numerosos e fortes (1933: 398).

A moralidade num sentido importante *é* a sociedade, ou talvez a sociedade *é* a moralidade. Ou seja, os humanos que vivem num arranjo social terão maneiras normais, ou pelo menos "canalizadas" e habituais, de fazer as coisas, porque devemos tê-las. A normalidade social depende da regularidade e previsibilidade nos negócios humanos, como: eu sei o que devo fazer, sei o que você deve fazer, e sei que posso presumir sensatamente que você vai fazê-lo – e censurá-lo se não o fizer. Parece que a vida social sem estas características seria praticamente inconcebível e que, na ausência delas, novas características serão rapidamente criadas.

Isto vale não apenas para a vida social humana, mas para a vida de todas as espécies sociais. De maneira significativa, Charles Darwin observou, em *The Descent of Man* [A origem do homem], que "qualquer animal, dotado de instintos sociais bem acentuados, incluídas aqui as afeições parentais e filiais, irá inevitavelmente adquirir um senso ou consciência moral" (1882: 98). Em outras palavras, algum tipo de ordem comportamental é uma necessidade social. Vimos que os humanos não são a única espécie que tem um "código de interação" que ritualiza o comportamento (cf. Capítulo 5); um código de interação é um dos pré-requisitos de uma espécie social. Consequentemente, estudos de animais sociais tanto humanos quanto não humanos mostraram indícios de tipos "morais" de qualidades, entre as quais: apego e vínculo, cooperação e ajuda mútua (inclusive altruísmo ou "autossacrifício"), simpatia e empatia, reciprocidade direta e indireta, solução de conflitos e "pacificação", trapaça e descoberta da trapaça, preocupação com as avaliações de outros membros do grupo e uma consciência e sensibilidade às normas ou regras do grupo. O que a humanidade acrescenta essencialmente a esta lista é a autoconsciência destas características e a capacidade de especular sobre elas e detalhar ou "teorizar" sobre elas – ou seja, de criar "sistemas" ou "interpretações" morais onde já existia um "comportamento" moral.

Esta descoberta corrobora a afirmação de Durkheim de que a moralidade "nunca é encontrada, em todas as suas formas, a não ser em sociedade" (1933: 399) – mas também que ela *sempre* se encontra em sociedade. As sociedades – de humanos, macacos, peixes ou abelhas – são todas "comunidades morais" no sentido de que existem maneiras corretas e erradas de comportar-se nelas. A moralidade, num sentido fundamental, é basicamente uma consequência de viver num grupo social e ser sensível a ele. Novamente, um grupo social sem alguns "padrões morais" (embora tácitos e inconscientes, e até instintivos) provavelmente não poderia sobreviver; seus membros se matariam uns aos outros ou se dispersariam.

Mas não é apenas enquanto ordem mundana de relações humanas que a sociedade proporciona tanto a forma quanto a substância para interesses religiosos/morais; "a sociedade também consagra coisas, especialmente ideias" (DURKHEIM, 1965: 244). Ou seja, uma das propriedades ou funções da sociedade é cercar suas realidades sociais com aquilo que, nas palavras de Geertz, é uma "aura de factualidade" e (ou, talvez, por meio de) uma aura de sacralidade. Analisaremos isto bem mais adiante na seção final deste capítulo. Por agora, consideremos as noções de Radcliffe-Brown de "função social" e também de "valor ritual". Ele propôs que a função central de qualquer fato social, inclusive a religião ou a moralidade, é a contribuição que ele dá "para a formação e manutenção da ordem social" (1965: 154). Esta ordem é, em si própria, um fato social: as pessoas *estão* realmente em várias relações, grupos e instituições com vários direitos e responsabilidades recíprocas. (Muitas destas realidades sociais são até anteriores ao Homo sapiens e à língua falada etc.) *Existem* normas e regras e arranjos "costumeiros" entre os indivíduos. Radcliffe-Brown escreveu:

> Para cada norma que *precisa* ser observada deve haver algum tipo de sanção ou razão. Para atos que manifestamente afetam outras pessoas as sanções morais e legais proporcionam uma força geralmente suficiente de controle sobre o indivíduo. Para as obrigações rituais a conformidade e a racionalização são proporcionadas pelas sanções rituais. A forma mais simples de sanção ritual é uma crença aceita de que, se as normas do ritual não são observadas, provavelmente acontecerá alguma desgraça indeterminada (150).

Neste sentido, a moralidade é uma camada extra de valor e de obrigação ou coerção: as práticas, normas ou instituições não são apenas valiosas em si mesmas, mas também "moralmente" valiosas. Ou seja, elas são não só reais, mas também corretas. Mesmo que essas práticas, normas e instituições acarretem guerra, caça de cabeças ou sacrifícios humanos, elas são importantes porque são feitas (e talvez *apenas* porque são feitas) e alcançam o *status* de deveres ou interesses "morais".

### A eficácia da religião: formação e transformação

A moralidade é, em última análise, não apenas uma ideia ou crença, mas uma *prática*. Por isso, produzir comportamento moral significa produzir seres humanos morais, o que por sua vez significa produzir indivíduos com determinadas atitudes, hábitos e disposições. Ou, na clássica definição de Geertz, a peculiaridade da religião é "criar disposições de ânimo e motivações vigorosas, difusas e duradouras" nas pessoas (1973: 90). Podemos dizer, portanto, que a força da religião consiste não tanto em "informar" os humanos (dar-lhes conhecimento e crenças), quanto em *formar* e *transformar* os humanos – para fazer deles certos tipos de indivíduos que se comportam de determinadas maneiras. A informação religiosa *in-forma* os humanos no sentido de que instila neles uma forma; a instrução religiosa *in-strui* no sentido de criar neles uma estrutura. E a religião, entre todos os elementos da cultura, é particularmente bem-sucedida nisto porque é apresentada como "o realmente real".

Durkheim falou fundamentalmente da *efetividade*, da *eficácia*, da religião: ela *funciona* transformando os humanos individualmente e coletivamente. Praticando a religião, "os homens se tornam diferentes" (1965: 241). Ideias específicas e, mais ainda, sentimentos específicos são despertados e instalados neles. Uma sociedade tem – ou talvez é – um conjunto dessas ideias e sentimentos; é isso que ele entendia por "comunidade moral". Os "fatos sociais" (as famílias, linhagens, clãs, tribos, aldeias etc.) estão aí. Os membros da sociedade devem não só *representar* essas realidades para eles próprios; devem também *comprometer-se* com elas, ser influenciados por elas.

Durkheim via a religião, ou mais precisamente o ritual religioso, como o processo pelo qual esta meta é alcançada. Durante o ritual, é alcançada uma força psicológica que ele chamou de "efervescência", um estado de excitação, sugestionabilidade e "contágio" mental. "No meio de uma assembleia animada por uma paixão comum", sugeriu ele, "tornamo-nos suscetíveis a atos e sentimentos dos quais somos incapazes quando limitados às nossas próprias forças" (240). Nessas ocasiões, "cada sentimento expresso encontra um lugar sem resistência em todas as mentes, que estão bem abertas a impressões de fora; cada mente repercute as outras e é repercutida pelas outras" (247). Toda a experiência é "extática" no sentido de que o indivíduo sai de si mesmo e sente a presença e o poder de uma realidade externa maior, que é a sociedade.

Durkheim exagerou bastante a imediação e a unanimidade dos efeitos mentais das experiências rituais; nem todas as pessoas – sejam "primitivas" ou "modernas" – se apresentam exatamente com as mesmas ideias e atitudes no mesmo grau. Não obstante, Radcliffe-Brown concordou, quase com as mesmas palavras, que

> uma vida social disciplinada entre os humanos depende da presença, nas mentes dos membros de uma sociedade, de certos sentimentos, que controlam o comportamento do indivíduo em sua relação com os outros. Os ritos podem ser vistos como as expressões simbólicas reguladas de certos sentimentos. Pode-se, portanto, dizer que os ritos têm uma função social específica quando – e na medida em que – têm como efeito regular, manter e transmitir, de uma geração à outra, sentimentos dos quais depende a constituição da sociedade (1965: 157).

E Malinowski, que é mais conhecido por colocar as necessidades individuais acima das sociais, ao analisar determinadas cerimônias, inclusive os ritos de iniciação, chegou pelo menos a afirmar:

> eles são uma expressão ritual e dramática do poder e valor supremos da tradição nas sociedades primitivas; servem também para inculcar este poder e valor nas mentes de cada geração e são ao mesmo tempo um meio extremamente eficiente de transmitir o saber tribal, de assegurar a continuidade na tradição e de manter a coesão tribal (1948: 40).

Assim a religião é um componente fundamental na criação e perpetuação da ordem social, por ser um componente fundamental nas mentes e nas experiências dos seres que compõem a sociedade. A religião ocupa-se com as realidades sociais e as relações sociais nas quais os humanos se encontram, independentemente de suas ações ou intenções. A realidade religiosa está "simplesmente aí", da mesma forma como a realidade social está.

O efeito geral, como apontou Geertz, consiste em dar a estas realidades sociais e religiosas tal "aura de factualidade" que os humanos as aceitem sem questionar e as experimentem como "realmente reais". A religião contribui para este efeito ligando as relações sociais a uma base *não social*, ou fundamentando-as sobre ela. Uma das melhores e mais fortes expressões desta ideia veio de Marshall Sahlins (1976), que falou sobre "a culturalização da natureza e a naturalização da cultura". Ou seja, a fonte e por isso a razão e justificação da cultura são deslocadas da cultura para a não-cultura; estas certamente não são invenções humanas, mas são independentes e reais. Isto vale não só para a religião. Sahlins analisou como a teoria da seleção natural, proposta por Darwin, consistiu em projetar na natureza conceitos e práticas capitalistas do século XIX, particularmente a competição e a eliminação dos competidores, e com isso forneceu uma base para argumentar que esses conceitos e práticas muito *culturais* são *naturais*. Ao longo da história, antes e depois, as pessoas apelaram para a natureza em busca de modelos de cultura ou para a cultura em busca de modelos de natureza, muitas vezes, senão geralmente, de maneira inconsciente. Marx alegou que fundamentava suas leis e prognósticos sociais nas leis naturais/históricas e até mesmo o Iluminismo falou de "direitos naturais", como se estes direitos fossem algo que podemos encontrar na natureza. A força argumentativa desta abordagem é óbvia: se nossos princípios sociais e culturais são "naturais", eles são intelectualmente verdadeiros e moralmente vinculantes.

A religião dá um passo além. Ela invoca não só o que está "abaixo" da vida e da cultura humana (a natureza), mas também o que está "acima" da cultura humana (o sobrenatural). Assim podemos reafirmar a proposta de Sahlins de incluir a *culturalização da sobrenatureza e a sobrenaturalização da cultura*. A fonte, modelo e autoridade das relações, regulamentos e instituições humanas não são, portanto, simplesmente a natureza, e certamente não os próprios humanos, mas são os agentes e realidades sobre-humanos mencionados na religião. Por conseguinte, a cultura é extra-humana e sobre-humana, mas acima de tudo ela é *dada* aos humanos ou criada para eles. A sociedade humana e a cultura humana são uma dimensão num sistema trans-humano e todas as dimensões deste sistema refletem as mesmas verdades naturais/sobrenaturais básicas.

Se Nietzsche tinha razão ao dizer que "mesmo tudo o que vos é caro, procurai antes de mais nada que também esse vos seja comandado" (1976: 160), a peça faltante da moralidade é o "comando". Roy Rappaport (1999), consequentemente, sugeriu que o aspecto-chave do ritual e da religião não são os atos e o "conteúdo", menos ainda a doutrina ou crenças, e nem mesmo os significados dos atos e símbolos, mas a atitude para com todas estas coisas e o que elas representam, ou seja, a atitude de *compromisso*. Ele propôs que a própria execução dos rituais, a própria manipulação dos símbolos, produz estados morais e expressa e realiza o compromisso com eles. Para Rappaport a religião e sua representação tinham duas "funções". A primeira é a *aceitação*: executar um rito ou participar dele é aceitar publicamente seu direito, senão sua retidão. Ele foi inflexível em dizer que a aceitação não é "crença" e pode acontecer separadamente da crença ou sem ela. O ponto principal é adotar as *obrigações* que vêm com o ritual, a moralidade, a religião e a cultura. Quando as pessoas participam de um ritual, elas comunicam que esse comportamento é "a coisa certa a fazer" e que aqueles que presidem o ritual têm o direito de fazê-lo. Isto reconhece não só a obrigação, mas também a autoridade. Em seguida, a segunda função é em primeiro lugar o estabelecimento da convenção, primeiramente as "coisas certas a fazer". Uma vez estabelecida, a convenção é dotada de importância, de "sacralidade", que a torna obrigatória. Portanto, a obrigatoriedade do comportamento convencional *se torna* moralidade: "A violação da obrigação pode, portanto, ser *o* ato imoral fundamental. [...] O fracasso em manter os termos de uma obrigação é estigmatizado universalmente como imoral" (32). Talvez esteja aqui, portanto, uma teoria da própria gênese da moralidade.

Na descrição que faz da religião e da moralidade Tallensi, Meyer Fortes descobriu exatamente estas forças em ação. Os Tallensi observavam uma série de restrições comportamentais; algumas eram, para Fortes, questões de boas maneiras, outras eram questões de "injunção moral ou ritual". As normas morais/rituais faziam distinção entre "hábito ritual" (*malung*) e "hábito tabu" (*kyiher*), a diferença sendo a seguinte: "O medo de embaraço é a sanção do primeiro. No caso do último é a probabilidade da retribuição mística" (1987: 125). Apesar das diferenças, todos os seus regulamentos costumeiros eram "aceitos como absolutamente vinculantes", "imperativos morais cumpridos com atos de observâncias individuais ou com abstenção" (126).

> A observância de um tabu significa submissão a um mandado interno que é incontestável. [...] A transgressão equivale a repudiar sua identidade ou sua identificação com uma localidade ou função de *status*. [...] Esses tabus estabelecem normas de conduta que são vinculantes para o indivíduo, em primeiro lugar porque ele é a pessoa que ele é na situação em que ele está. A submissão a esses tabus significa que ele se identifica com as capacidades, os direitos e as obrigações, as relações e os compromissos que recaem sobre uma pessoa normal do seu *status* em sua situação e se apropria deles em benefício próprio.

Ele foi, é preciso lembrar, moldado nestes papéis ou em papéis preparatórios para eles desde a infância. Estando com ele todo o tempo, os tabus o mantêm consciente de sua identidade permanente, como uma pessoa em contraposição a outras pessoas.

Existe, no entanto, um segundo fator de fundamental importância nestas prescrições. Elas são definidas como obrigações para com os ancestrais fundadores e para com a Terra. [...] Elas representam o reconhecimento de uma determinada forma de dependência [...] a vínculos que equivalem a um cativeiro inevitável (126-127).

### Religião e a "encarnação" da moral

Como assinalou Fortes, os humanos são cuidadosa e continuamente treinados para ocupar seu(s) lugar(es) na sociedade e na religião. Isto significa que, embora os conceitos religiosos e a moral emanem supostamente da esfera não humana, eles estão encarnados em humanos reais de carne e osso e em instituições sociais reais. Os conceitos e a moral precisam tornar-se parte das mentes e personalidades humanas concretas, assim como as práticas, relações e instituições comuns. Isto inclui crenças e outros componentes intelectuais semelhantes, mas também estados emocionais. O objetivo é produzir pessoas que pensam e sentem certas coisas e, por isso, *fazem* certas coisas, e detê-las e vinculá-las a relações sociais que sustentam estas ações e que, por sua vez, são reproduzidas por estas ações. Isto pode incluir o "inscrever" literalmente a religião nos corpos dos membros.

Para Durkheim, como foi mencionado, os rituais são as ocasiões em que as ideias e sentimentos religiosos recebem forma e força emocional públicas. Mas isto não basta. Por um lado, nem sempre os rituais são particularmente informativos: os Gisu (cf. Capítulo 5) não comunicam explicitamente muito "conteúdo" em seus rituais de iniciação. Por outro lado, nem sempre os rituais transmitem a seriedade que Durkheim lhes atribuiu; lembremos o espírito brincalhão do funeral Salasaca. Não existe uma "atitude ritual" única, mas antes os rituais podem caracterizar-se por gravidade, leviandade e todo tipo de emoções intermediárias. E sumamente importante: é *desnecessário* que o ritual carregue todo o peso da transformação religiosa, já que o ritual não é a única oportunidade que as pessoas têm de experimentar sua religião. Com efeito, se o fosse, a religião seria muito empobrecida, já que as pessoas não gastam a maior parte de seu tempo em atividade ritual e, quando elas *estão* nesta atividade ritual, as palavras e gestos e objetos que elas encontram seriam novos e sem sentido.

Geertz é bem conhecido por enfatizar o papel dos símbolos na religião e na cultura, o que pode nos levar a concluir que para ele os símbolos representavam o papel que os rituais representam para Durkheim. No entanto, Geertz chegou a afirmar que a religião e a cultura existem como um "comércio" de símbolos (1973: 45), que ocorre não só durante o ritual, mas ininterruptamente na vida social. Podemos dizer, portanto, que o sentido dos símbolos e o poder dos rituais são "sobredeterminados" na sociedade: muito antes de uma pessoa experimentar um ritual, ela viu esse ritual (ou partes dele) e seguramente ouviu falar dele. Muito treino e preparação para o ritual ocorrem repetidamente antes e depois de sua representação. As pessoas ouvem relatos de rituais, recontam os mitos que inspiram os rituais e geralmente ensaiam as habilidades e hábitos que são comunicados pelo ritual. Por exemplo, embora uma cerimônia de núpcias possa ser um rito de passagem e dar início a um casamento, quase nunca essa cerimônia é a primeira ocasião em que o casal ouviu falar de casamento e de suas normas e expectativas. Eles podem ter assistido a outros cultos, observado seus próprios pais e outros adultos nos casamentos e ouvido por acaso uma incessante sucessão de debates sobre o casamento. Suas núpcias "reúnem tudo isto", mas grande parte do conhecimento e muitos dos hábitos que eles irão praticar já são bem conhecidos e bem arraigados.

A aquisição de "disposições de ânimo e motivações" significa literalmente treinar a mente, as emoções, todo o corpo, para agir e responder de certas maneiras. Charles Hirschkind (2001) acertou ao examinar o comportamento de ouvir gravações religiosas entre os muçulmanos no Egito. Em vez de seguir o método típico de estudar os "grandes" momentos do ritual, ele examinou a repetitiva atividade cotidiana de tocar preleções e sermões pré-gravados e os efeitos deste comportamento. Sua conclusão foi que adquirir e praticar uma religião é mais (e menos) do que adotar um conjunto de crenças ou participar de rituais formais. Uma religião, assim como uma cultura em geral, é um complexo de "habilidades perceptuais": as maneiras como pensamos, sentimos, nos concentramos, manifestamos emoção, e até como sentamos ou ficamos em pé ou outras maneiras de usar o nosso corpo. As "práticas" a que as pessoas se submetem e que elas executam, por mais triviais que pareçam, produzem uma "sensibilidade" que é um efeito e uma ulterior causa das práticas. É a mesma ideia proposta por Pierre Bourdieu (1977): uma maneira de pensar e sentir e agir, que ele chamou de *habitus*, precisa ser instilada na pessoa e, uma vez instilada, ela produzirá mais das mesmas experiências, exatamente como funcionam os sentidos e os órgãos. Um corpo "socialmente informado", em particular um corpo "religiosamente informado" ou "moralmente informado", terá sido construído.

Podemos encontrar outras versões deste processo in-formativo social e moral. Simon Coleman, por exemplo, destacou a maneira como as práticas de proselitismo dos pentecostais cristãos suecos alcançam os mesmos resultados. Para o recém-convertido, "contar e recontar histórias de conversão é um ritual central da fé, que molda a experiência pessoal numa linguagem canônica e recria essa experiência no contar" (2003: 16-17). Da mesma forma, todas as atividades cotidianas, como bater às portas, formar alunos de escolas bíblicas, viajar ao exterior, dar testemunho público e assim por diante – inclusive usar seus próprios meios de comunicação, como gravações, periódicos e programas de televisão – fazem parte da contínua estruturação do eu e do grupo. Também John e Jean Comaroff (1991) e Michael Gilsenan (2000) descreveram o papel não só das práticas religiosas cotidianas, mas também de práticas mais prosaicas, na construção da experiência religiosa e das atitudes "morais" no cristianismo e no islamismo, respectivamente, como veremos no Capítulo 8.

As mentes, as emoções e os corpos não podem, portanto, ser separados em nossa consideração do comportamento religioso e moral. O comportamento corporal é uma fonte e expressão da experiência e da solicitude moral. Ficar de pé, sentar, vestuário etc. constituem uma das dimensões da experiência corporal. Escarificação, circuncisão, tatuagem, joias, pintura corporal e outros adornos estão entre as formas usadas para que o próprio corpo se torne um objeto religioso e para produzir no corpo condições e orientações religiosas. Grande parte do que consideraríamos violência contra si mesmo ou contra o outro (cf. Capítulo 10), como sacrifício, ascetismo e autonegação e automortificação, são maneiras de treinar o corpo e as emoções para terem atitudes e motivações religiosas convencionais. Em outras palavras, não é apenas – talvez nem principalmente – moldando as mentes (com crenças e conceitos) que são feitos os membros religiosos, mas moldando também os sentimentos e os corpos.

Nossa conclusão é a seguinte: a religião, em suas formas grandes e pequenas, particularmente quando expressas como "moralidade", se ocupa menos com doutrina do que com preparação de indivíduos humanos para agirem de certas maneiras, garantindo que eles ajam e avaliando-os quando agem ou não agem. Isto pode implicar e geralmente implica tornar estas ações tão reais, tão obrigatórias, tão naturais que a maioria das pessoas nunca pense seriamente em agir de outra maneira – na verdade, nunca pense realmente a sério nas ações. Anthony Wallace e Frits Staal pareciam sugerir isto quando realçaram a eficiência comportamental (Wallace) e a falta de sentido (Staal) do ritual. O próprio estereótipo e a urgência moral de certas ações garantem praticamente (mas não inteiramente) sua execução bem-sucedida. Toda a vida social está estruturada e organizada, mas a religião "é disciplina elevada a um grau extraordinário" (WALLACE, 1966: 238) – e que recebe a sanção não só do homem, mas também da natureza e da sobrenatureza. Por fim, a meta e função do ritual, da religião e da moralidade "é preparar um ser humano para a execução eficiente de uma tarefa, transmitindo uma imagem de um sistema mundial altamente organizado, já descrito no sistema de crenças, e sugerindo um papel durante um processo ritual de aprendizado" (270) que o indivíduo deve desempenhar neste sistema.

Quadro 6.2 Corpos, comportamentos e substâncias morais entre os Muinane da Amazônia

Os Muinane, que se referem a si mesmos como Povo do Centro, mostram muita preocupação com o comportamento moral. Com efeito, afirmam que os humanos são "intrinsecamente morais" (LONDONO SULKIN, 2012: 48), tendendo ao "cuidado afetuoso, a um sentimento de objetivo, serenidade ou tranquila equanimidade, respeito e bom humor" (30). No entanto, a moralidade Muinane não se ocupa fundamentalmente com o espírito ou mesmo com a emoção, mas com o *corpo* e, de maneira mais geral, com a *substância*. Eles afirmam que são "ativos, conscientes, articulados e capazes de ação competente, moral e sociável, em parte por causa das 'falas' e 'respirações' que constituíam seus corpos e ressoavam dentro deles" (31). São estas múltiplas falas/respirações, e não alguma "alma" unitária individual, que tornam as pessoas naturalmente morais; e a pessoa ou corpo é feita destas falas/respirações a partir da interação – não só interação social, mas também interação com o mundo físico. Cada planta, cada animal e cada outra substância tem sua própria fala/respiração, que está relacionada com a sociedade humana e os corpos sexuados. O tabaco é talvez a mais moral das substâncias, porque dá aos humanos "pensamentos/emoções apropriados e a capacidade de aprender, lembrar e discernir" (96). Tanto o corpo masculino quanto o feminino são constituídos por seiva de tabaco, mas apenas os homens podem permutar e compartilhar o tabaco. A coca só é consumida por homens adultos e está estreitamente associada à moralidade em seu cultivo, preparação e consumo. O corpo e a moralidade das mulheres, pelo contrário, estão associados a mandioca, pimenta e ervas frescas e compostos por estas substâncias.

A conexão entre corpos, substâncias e moralidade na cultura Muinane pode remontar a duas ideias. Em primeiro lugar, diferentes povos tinham diferentes substâncias – e até diferentes tabacos – que produziam neles diferentes comportamentos. Por exemplo, "outras linhagens

> e clãs tinham tabacos intrinsecamente violentos, antissociais, promíscuos ou autoritários e, por conseguinte, falas e pensamentos/emoções similarmente indesejáveis" (35). E mais: dizia-se que os animais não humanos são essencialmente imorais, por não observarem as normas sociais e sexuais dos humanos. As espécies animais têm suas próprias falas/respirações, e mesmo seus próprios tabacos; mas, se uma fala/respiração/tabaco animal invade um humano, resulta um comportamento imoral. Por isso, "não era raro as pessoas afirmarem que um homem que se comportava mal tinha dentro de si um jaguar, ou que ele falava a linguagem de um jaguar" (55). Resumindo: os Muinane afirmam que "falas ou respirações quentes decorrentes de tabacos de animais e outras substâncias alteravam a sensibilidade das pessoas a ponto de não perceberem ou agirem como pessoas reais" (50) – ou seja, como pessoas morais.

## Religião e a ordem social

Se a mente, o corpo, a sociedade, a cultura, a natureza e a sobrenatureza são, todos eles, dimensões de um sistema integrado, devemos esperar encontrar conexões entre umas e outras e reflexos de umas nas outras. Devemos esperar que os mitos, os rituais, as crenças e os valores de uma religião se relacionem com as práticas e instituições de parentesco, políticas e até econômicas da sociedade. De acordo com Durkheim, este fato não só não causa surpresa, mas é também virtualmente obrigatório, já que a religião é "um sistema de ideias com as quais os indivíduos representam para si mesmos a sociedade da qual são membros e as relações obscuras, mas íntimas, que eles têm com ela" (1965: 257). A sociedade proporciona a "inspiração" para a religião ao ser onipresente, externa, "real" e coercitiva ou, pelo menos, inevitável; no entanto, ela proporciona também o "conteúdo" particular da religião, ao ser, como de fato é, o modelo no qual se baseia a religião do grupo.

A teoria de Durkheim talvez seja demasiadamente simplista e causal, mas exerceu grande influência no estudo sociocientífico da religião e foi desenvolvida por antropólogos que vão de Radcliffe-Brown a Mary Douglas. Em seu livro *Natural Symbols* [Símbolos naturais], Douglas expôs de maneira admirável uma visão da religião na qual a qualidade da experiência religiosa é moldada pela qualidade da experiência social geral, que ela chamou de "reprodução simbólica de um estado social" (1970: 82). Os humanos, portanto, não só obtêm da sociedade a ideia de religião, mas obtêm dela também formas religiosas específicas. A sociedade proporciona a experiência e o sentimento dos quais brota a religião, mas também as categorias particulares ou ordem que informam a religião. Em outras palavras: "As formas religiosas como também as formas sociais são produzidas pela experiência na mesma dimensão" (16), que é a dimensão da existência vivida de cada dia.

Douglas identificou certas variáveis da experiência qualitativa que têm impacto perceptível na expressão religiosa, intituladas "grupo" ou "grade". Em sua teoria, a grade se refere às experiências ou categorias individualistas ou focadas no ego, tais como títulos, papéis, *status* e nomes disponíveis numa sociedade, ou seja, a ordem na qual os indivíduos definem sua identidade. O grupo, por outro lado, representa os padrões organizacionais macrossociais, tais como classe, casta, linhagem e outras estruturas institucionais ou políticas às quais os indivíduos pertencem ou das quais participam. O grupo pode ser forte ou fraco. Por isso, os seres humanos vivem num contexto social no qual as experiências "pessoais"/grade e "estruturais"/grupo se entrecruzam de alguma forma: grade e grupo podem ser ambos fortes ou ambos fracos, ou um pode ser forte enquanto o outro é fraco. O resultado é um "sentimento" ou *ethos* geral da vida social. Sociedades com determinada combinação de qualidades de grupo e de grade, afirmou Douglas, estarão propensas a determinadas atitudes e práticas religiosas, tais como possessão por espíritos, transe e assim por diante.

Por fim, Douglas realçou um processo psicológico para ligar as dimensões pessoais, sociais e espirituais. Ela o chamou de *consonância*, literalmente "soar como/com", para sugerir que a experiência social e a experiência espiritual criam uma harmonia que quase se torna uma unissonância. Ela escreveu que existe uma "tendência a obter uma consonância entre experiência social e física e emocional" (149), que explica "o poder das estruturas sociais de produzir símbolos próprios" (151). Pessoas que habitam um tipo específico de ordem psicológica e social irão aprender a pensar e a sentir de maneiras específicas; seus próprios corpos estarão treinados e sintonizados para certos hábitos e sentimentos. Ter instituições ou crenças que estão "fora de sintonia" com a qualidade de sua vida criará uma espécie de "dissonância". Por isso: "Assim como a experiência da dissonância cognitiva é perturbadora, a experiência da consonância numa camada de experiência após a outra e num contexto após o outro é satisfatória" (70). É uma maneira muito humana de trazer sua própria ordem social, sua ordem emocional e sua ordem espiritual para uma grande ordem coerente.

Por conseguinte, devemos esperar encontrar algumas organizações sociais e alguns sistemas míticos/rituais/morais que ocorrem simultaneamente e outros que não. Sociedades pequenas e igualitárias não tendem a possuir conceitos de arranjos religiosos hierárquicos – panteões de deuses julgadores, por exemplo. As sociedades tendem a ver suas próprias instituições econômicas e políticas refletidas em suas religiões: os Dogon, uma sociedade agrícola, têm uma minuciosa cosmologia referente a cereais, celeiros e ferreiros, enquanto sociedades pastoris como os Nuer ou Dinka tinham o gado como elemento central para sua prática simbólica e ritual. Sociedades nas quais as relações de gênero são desiguais ou mesmo tensas têm essas relações retrorrefletidas no mito e no ritual. Entretanto, num levantamento intercultural de 186 sociedades, Frank Roes e Michel Raymond (2003) descobriram uma correlação entre grandes sociedades envolvidas em altos níveis de conflito externo e crenças em "deuses moralizantes".

Em todo o mundo e ao longo do tempo, as sociedades humanas desenvolveram a religião e a moralidade que se adéquam à sua ordem social e a fortalecem. Os ideais confucianos chineses de comportamento adequado ou *li* (traduzido alternadamente como etiqueta, decoro, moralidade ou conduta ritual) foram expressos nas chamadas Cinco Relações – pai e filho, marido e mulher, ancião e jovem, irmão mais velho e irmão mais novo, e governante e súdito – e são também produtores dessas relações. Cada relação reproduzia o mesmo padrão: um superior legitimamente dominante, mas benévolo, e um subordinado obediente e respeitoso. Com efeito, o caractere chinês para o valor fundamental do *jen* ou "humanismo" é um composto de dois caracteres: um que significa pessoa humana e o outro que significa "dois" (BRANNIGAN, 2005: 296). Assim, humanismo, moralidade e ordem social ocupam-se abertamente com os humanos em suas relações sociais.

Existem muitas outras maneiras de a religião relacionar-se com seu contexto cultural. Lenora Greenbaum (1973) esclareceu que existem fortes correlações entre a possessão por espíritos e outras variáveis culturais. A possessão por espíritos é um conceito muito comum em âmbito mundial, mas 86% das culturas que praticavam a escravidão, por exemplo, tinham também transe mediúnico em comparação com 14% das culturas sem escravidão. Da mesma maneira, 58% das sociedades com um sistema de estratificação de duas ou mais classes experimentavam tais transes, enquanto 74% das sociedades sem desigualdades de classes também não tinham transes. Sociedades que praticavam o matrimônio patrilocal tinham o dobro de probabilidades de ter possessão por espíritos e sociedades maiores (com mais de cem mil membros) tinham mais que o dobro de probabilidades. As sociedades agrícolas (87%), as sociedades que praticavam o pagamento de um dote ou um tempo de serviço à família da noiva (89%) e as sociedades com múltiplos níveis de poder político (83%) tinham, todas elas, dramaticamente maior probabilidade de acreditar em possessão.

Wallace (1966) identificou uma série ainda maior de fenômenos religiosos com correlatos sociais. A bruxaria, por exemplo, era mais comum em sociedades que não tinham "superiores políticos" para aplicar castigos ou em sociedades sem uma autoridade social central; isto sugere que a bruxaria proporcionava a função faltante. Além disso, um conceito de um "deus supremo" ocorria mais frequentemente em sociedades com múltiplos subgrupos distintos e soberanos e raramente em sociedades homogêneas. Um panteão de deuses e uma "sanção sobrenatural da moralidade" estavam muito mais associados à estratificação social do que ao igualitarismo.

### Legitimando a ordem

É uma ideia bem conhecida e bem consolidada que a religião legitima as relações e instituições humanas; os membros de comunidades religiosas tendem a acreditar que suas instituições e práticas (sua linguagem, seus conhecimentos e habilidades, seus arranjos de parentesco, seus sistemas políticos etc.) foram dadas por fontes espirituais – talvez os ancestrais, talvez os deuses, talvez algum tipo de "heróis da cultura" – e *por isso* estas instituições e práticas são moralmente obrigatórias. Com efeito, sua vida e as próprias formas de seus corpos podem ter sido estabelecidas de maneira sobrenatural. A legitimação da ordem humana equivale, afinal, à afirmação de que a ordem provém de uma realidade não humana – as próprias esferas naturais e/ou sobrenaturais – ou é autorizada por ela. Segundo a definição de Sahlins, a cultura se torna naturalizada (e sobrenaturalizada) e a natureza (sobrenatureza) se torna culturalizada.

Existem muitos exemplos deste efeito. A expressão mais clara e mais completa talvez seja o sistema de castas da Índia, estudado por Louis Dumont. O sistema hindu de castas foi e é um fenômeno social extremamente complexo, na realidade não um fenômeno unificado singular, mas um conjunto diverso e intrincado de crenças e práticas difundidas em todo o subcontinente do Sul da Ásia e em outros lugares (ou seja, Bali e outras sociedades "hinduizadas"). Envolvia essencialmente a estratificação da sociedade mediante uma rede holística de conceitos e instituições econômicos, políticos, religiosos e de parentesco. Pode ser o sistema moral-religioso mais bem elaborado do mundo. Kathleen Gough (1971: 11), por exemplo, apresentou as seguintes características das castas, embora precisemos ter em mente que o sistema funcionou de maneira diferente em diferentes áreas do Sul da Ásia:

- herdada do berço;
- endógama, ou seja, derivada de casamento por afinidade;
- associada a uma profissão;
- classificada e hierárquica em prestígio, poder e geralmente riqueza;
- separada por "distância social" e às vezes por distância física também (por exemplo, vivendo em distritos ou bairros diferentes do mesmo povoado);
- baseada numa noção de pureza e contaminação ritual.

Assim todas as esferas funcionais da cultura estão envolvidas nesse sistema abrangente.

A maioria dos leitores deve estar familiarizada com as quatro grandes categorias de "castas", a saber, *brâmanes* (a classe mais alta, de sacerdotes e eruditos; cf. Ilustração 6.1), *xátrias* (a segunda classe, de guerreiros e líderes políticos), *vaishyas* (a terceira classe, de comerciantes, artesãos e agricultores) e *shudras* (a quarta classe, de operários e servos). Na base do sistema ou até fora dele estava a classe dos *panchama* ou *pariah*, às vezes chamados "parias" ou "intocáveis" (hoje legalmente chamados *harijan* ou "filhos de deus"), que executavam o trabalho absolutamente mais desprezível e sujo, como limpar as ruas e esgotos, manusear os cadáveres e assim por diante. Contudo, na realidade o sistema compreendia centenas, ou até milhares, de *status* profissionais diferentes, chamados *jati*; o pescador é um *jati*, o carpinteiro é outro, o oleiro é outro, o barbeiro é outro. Uma categoria de castas, portanto, continha um grande número de vários *jati*, que podem ser classificados uns contra os outros, bem como contra as outras grandes categorias.

Não causa surpresa que o *status* de casta tendia a afetar a riqueza e o padrão de vida. Gough escreveu que, no povoado do sudeste da Índia por ela estudado, os brâmanes eram tipicamente muito mais ricos do que as três castas seguintes, que por sua vez eram um pouco mais ricas do que os situados na base da pirâmide, chamados *Adi Dravidas* ou "dravidianos originais" na classificação dela. Cada categoria não só tendia a viver em residências segregadas, mas tinha suas próprias normas e sua própria moral: os brâmanes praticavam especialmente a cremação, o

Ilustração 6.1 Brâmane hindu pintando sua fronte com as marcas vermelhas e brancas de sua seita e casta. Cortesia da Prints and Photographs Division da Biblioteca do Congresso

celibato das viúvas, a proibição do divórcio, a abstenção de sacrifícios de animais e outros comportamentos especializados. Podiam também interagir com algumas castas inferiores, mas não com as mais baixas; os *jati* mais rebaixados, a classe dos Pallan ou agricultores sem-terra, deviam manter-se a alguns metros de distância de um brâmane e não podiam andar na rua num bairro brâmane, e muito menos entrar numa de suas casas, e vice-versa (53-54).

É óbvio que está acontecendo aqui algo mais do que especialização profissional. Como explicou Gough, o hiato entre as castas (especialmente entre as mais altas e as mais baixas) era um hiato tanto *ritual* quanto natural (de acordo com Dumont, uma questão de pureza). Os brâmanes eram não apenas social ou economicamente superiores a seus subalternos, mas também espiritualmente melhores. Um brâmane era uma encarnação espiritual superior do ser humano, onerado com uma porção comparativamente menor de carma e mais próximo de atingir a meta da religião. Mereciam "naturalmente" o *status* e as vantagens que desfrutavam, porque eram realmente seres humanos melhores. Como observou Gough, a riqueza e o poder de alguém não conferia *status* de casta, mas antes o *status* de casta conferia riqueza e poder:

> A classe ritual é inerente às castas em virtude do berço e tem conotações de valor. Uma casta alta é muitas vezes chamada de casta "boa" e uma casta baixa de casta "má". [...] Um homem rico ou poderoso nem por isso é um homem "bom", mas um homem "grande"; uma pessoa pobre ou sem poder não é uma pessoa "má", mas uma pessoa "pequena" (51).

O aspecto mais revelador do valor legitimador da religião é a maneira como ela se adapta às instituições e relações sociais. A sociedade não está escrita em pedra; e assim nem as fontes religiosas da sociedade podem ser fixas e inalteráveis. Os grupos aborígines australianos tinham mecanismos para compartilhar, permutar e redistribuir conhecimento religioso, bem como lugares religiosos, como analisaremos no próximo capítulo. Beidelman apresentou outro exemplo de uma religião que se flexibiliza para acompanhar e legitimar as realidades sociais mutantes. Entre os Kaguru, os clãs possuíam determinadas porções de terra e realizavam ritos anuais (*tambiko*) para rejuvenescer o solo, garantindo chuva e fertilidade em grande parte por meio da agência dos espíritos do clã (*misimu*). No entanto ele também relatou:

> Estes ritos anuais são meios úteis pelos quais os membros de um clã proprietário impõem sua norma aos outros habitantes de sua terra. Contudo, embora os Kaguru sempre falem desta imposição em termos rituais místicos, estas atividades são invariavelmente a expressão das relações de poder numa área local; quando no passado estas relações mudaram e o poder de um clã foi perdido, o ritual foi usurpado por outros, que rapidamente apresentaram uma nova justificação lendária para seus poderes (1971: 34).

Observadores das religiões modernas têm notado esta característica repetidas vezes – como um grupo que estabelece novas relações, tais como ocupar um novo território, desenvolve bases mítico-rituais para suas novas circunstâncias. Muitas vezes os recém-chegados irão apropriar-se de parte das crenças e práticas do grupo removido; às vezes eles irão sobrepor seus rituais ou mitos aos anteriores, por exemplo, adotando os mesmos dias para atividades rituais (o uso cristão do domingo para seu *shabbat* foi uma apropriação do culto romano pagão ao sol, assim como o foi a adoção do dia 25 de dezembro como aniversário natalício de seu deus encarnado, uma crença herdada do culto a Mitras) ou literalmente situando seus lugares sagrados sobre lugares sagrados anteriores (sendo um excelente exemplo a Cúpula do Rochedo sobre o Monte do Templo judaico em Jerusalém). Depois, a transferência da legitimação divina do antigo para o novo prossegue relativamente sem problemas.

**Quadro 6.3 Legitimando o Estado no Japão**

O xintoísmo é amplamente reconhecido como a religião tradicional do Japão. No entanto, como demonstrou Daniel Holtom, é particularmente enganoso tentar definir ou classificar o xintoísmo; ele foi descrito como

> a religião autóctone do povo japonês; é o Caminho dos Deuses; é "culto a *kami*", uma espécie de definição em que *kami* significa as divindades do Japão enquanto distintas das que foram introduzidas no país por contatos com estrangeiros; [...] é o espírito racial do povo japonês (*Yamato Damashii*); é o conjunto de cerimônias sagradas realizadas diante do *kami*; é a essência dos princípios do governo imperial; é um sistema de etiqueta social e política correta; é a moralidade nacional ideal; é um sistema de patriotismo e lealdade centrado no culto ao imperador ("Mikadoísmo"); é, em sua forma pura e original, um culto à natureza, ou, em contraste com isso, o xintoísmo, entendido corretamente, é culto aos ancestrais; ou, novamente, é uma mistura do culto à natureza e aos ancestrais (1965: 5-6).

Ilustração 6.2 Santuário xintoísta de Itsukushima, Japão. Cortesia da Prints and Photographs Division da Biblioteca do Congresso

O mais provável é que o xintoísmo seja tudo isso ao mesmo tempo. Holtom caracterizou o xintoísmo como tendo quatro campos simultâneos de atividade: culto doméstico ou familiar, observâncias sectárias, cerimônias "estatais" em santuários públicos (cf. Ilustração 6.2) e os rituais da residência imperial. Os santuários xintoístas mais antigos eram locais ou objetos na natureza, e a religião mostra uma clara relação com a agricultura; com efeito: "Os antigos interesses da cultura do arroz, na qual estava centrada a vida destas pessoas antigas, penetraram profundamente o antigo xintoísmo" (101). No entanto, quando se deu a fusão do Estado japonês unificado sob o imperador hereditário, o xintoísmo passou a refletir e sustentar a realidade política. De acordo com Robert Bellah, os mais antigos registros que temos do xintoísmo mostram o surgimento de um culto estatal a partir daquilo que é claramente uma religião tribal primitiva. O povo Yamato consolidou sua hegemonia sobre o Japão central nos primeiros séculos da era cristã e, aparentemente em conexão com esta supremacia política, conseguiu estabelecer sua própria versão da mitologia (1957: 86).

Nesta mitologia, a deusa do sol Amaterasu-Omikami desempenha um papel eminente: ela "se tornou o símbolo de praticamente tudo o que é mais precioso e mais característico na evolução do povo japonês" (HOLTOM, 1965: 124). Nisto se inclui, de maneira significativa, a própria família imperial; o imperador é um descendente direto da deusa. Holtom citou um manual japonês que ensinava que a própria deusa proclamou: "Este país é uma terra que minha descendência governará. Tu, Neto Imperial, vai e governa-o. E a prosperidade do Trono Imperial será tão duradoura como o céu e a terra" (127). Sob o aspecto da prática ritual, o culto público/estatal é destinado a representar e instilar os valores-chave japoneses, particularmente ideais militares, honra e lealdade aos superiores e respeito ao imperador. Não causa surpresa que, com o Estado reformado e modernizado das eras Tokugawa (1603 ) e Meiji, o xintoísmo tenha sido elevado e modificado para tornar-se o que Bellah chamou de "uma forma sagrada de nacionalismo" (53).

**Invertendo a ordem**

A ordem é uma condição necessária e padronizada na sociedade humana; mas, como nos lembrou Turner entre outros, não é a única condição. Da mesma forma, os humanos experimentam e até mesmo exigem também alguma desordem, ou pelo menos a desordem é uma companheira inevitável da ordem. Além disso, como supôs Turner, a desordem pode ter suas próprias funções, positivas ou negativas. Em alguns casos, inversões ou transgressões da ordem social podem de fato ser uma reafirmação dessa ordem. Em outros, essas violações podem ser a explicação para os problemas da sociedade, proporcionando uma "solução" para esses problemas.

O próprio Turner investigou como exceções estruturadas da estrutura podem, elas próprias, ser estruturantes, geralmente nos conceitos de liminaridade e *communitas* e especificamente no caso dos rituais sociopolíticos, como os envolvidos na posse de um novo líder ou na renovação do poder desse líder. O líder deve ser respeitado e obedecido na maior parte do tempo, mas pode haver ocasiões em que é permitida ou até exigida uma subversão controlada da hierarquia, durante a qual o líder é zombado, ridicularizado, talvez até atacado. No entanto, o chefe ou rei (quase) sempre emerge do evento em segurança – e reintegrado no poder.

Mesmo em situações em que não existe inversão formal das relações sociais, existe sempre um aspecto incerto e liminar nas transições do poder. Beattie escreveu que o reino Bunyoro da África realizava cerimônias de coroação e "refeição" para seus reis. O rei reinante ou *mukama* era sempre, de acordo com a crença, descendente do rei originário numa sucessão patrilinear ininterrupta (estabelecendo assim a carta constitucional religiosa para a realeza, que dimana da primeira família de humanos). Quando um rei morria, havia um período institucionalizado de caos e perturbação social, durante o qual que se esperava que os filhos do rei falecido lutassem até o fim pelo trono. A morte do rei era deliberadamente dissimulada a fim de dar tempo para representar a competição de sucessão. Quando o novo rei era finalmente instalado, sua ascensão era cercada de ritual, incluindo "a entronização e o subsequente assassinato de um 'rei fantoche', que, segundo se acreditava, atrairia para si os perigos mágicos que acompanhavam a transição para a realeza, protegendo o rei real" (1960: 28).

No caso dos reis Shilluk, o confronto violento era mais prolongado, mas também mais simbólico, embora a concepção de uma continuidade religiosa da instituição do rei fosse semelhante. Todos os reis herdavam o lugar e o poder do primeiro grande rei, Nyikang. De fato, como descreveu Evans-Pritchard, "o rei não é o indivíduo que reina em determinado momento, mas Nyikang, que é o agente intermediário entre o homem e Deus (*Juok*) e, conforme se acredita, de certo modo participa de Deus e participa também do rei" (1962: 201). Consequentemente, a posse de um novo rei envolvia uma guerra simbólica entre o futuro rei e o próprio Nyikang, presente em efígie. Os sacerdotes exibiam a efígie de Nyikang, que viajava pela parte norte do reino reunindo literalmente os súditos do rei mítico. Finalmente, o exército de Nyikang enfrentava o exército do futuro rei.

> O exército do rei eleito é derrotado e este é capturado por Nyikang e levado por ele para a capital. A realeza captura o rei. Ali Nyikang é colocado no trono. Depois de algum tempo, ele é removido do trono e o rei eleito senta nele em seu lugar e o espírito de Nyikang entra nele, causando-lhe tremores, e ele se torna rei, ou seja, ele se torna possuído por Nyikang (205).

Num sentido importante e simbólico, depois da confusão e desordem, e graças a ela, a ordem era restabelecida – e era a mesma ordem (literalmente o mesmo espírito real) de antes.

Outra notável ilustração da liminaridade limitada e da *communitas* forçada é a prática do "carnaval", como se vê nas remanescentes e pálidas exemplificações da Terça-feira Gorda (cf. Ilustração 6.3) e talvez do Halloween nos Estados Unidos, onde o estranho, o mau e o imoral são permitidos e celebrados. Em outros tempos e lugares, o propósito e a prática do carnaval têm sido muito mais sérios. Peter Stallybrass e Allon White (1986) realizaram algum trabalho informativo sobre o sentido social destas inversões intencionais. O carnaval, por exemplo, era uma oportunidade para sair por um momento do estado de coisas mundano, colocar uma máscara, desempenhar um papel diferente, às vezes romper com as normas cotidianas e entregar-se ao diferente, ao grotesco e até ao imoral. Eles seguiram Mikhail Bakhtin, que entendia que um evento como o carnaval "celebrava o libertar-se temporariamente das verdades dominantes da ordem estabelecida; marcava a suspensão de toda classe hierárquica, privilégios, normas e proibições. O carnaval era a verdadeira festa do tempo, a festa do devir, da mudança e da renovação. Era hostil a tudo quanto era imortalizado e concluído" (1984: 10). Mesmo nos Estados Unidos de hoje, as pessoas colocam máscaras de personagens muitas vezes macabros uma noite por ano, embora o ritual tenha sido na maioria das vezes confiado às crianças, e quase todo o seu significado transgressivo tenha desaparecido em favor da busca de doces.

O ponto principal da análise de Stallybrass e White é que a "alta" cultura e a "baixa" cultura, o ordenado e desordenado, e até o moral e o imoral não são separáveis, mas são mutuamente dependentes. A ordem social normal procura muitas vezes negar ou pelo menos ignorar este fato: reis são reis, normas são normas. No entanto, em certos momentos é posta em prática realmente a independência "oficial" entre ordem e desordem, e temporariamente predomina a desordem; reis podem ser rebaixados, instituições (até sacerdotes e deuses) podem ser parodiadas, trapaceiros e brincalhões podem ser festejados e grandes tabus podem ser quebrados. Com razão eles se referem aos eventos carnavalescos como inversões, híbridos, transgressões e ritos de revogação.

Ilustração 6.3 Desfile da terça-feira gorda (terça-feira de carnaval), Nova Orleans. Cortesia do Carol M. Highsmith Archive, da Prints and Photographs Division da Biblioteca do Congresso

No entanto, dois fatos são certos. Em primeiro lugar, o momento transgressivo terminará. Teoricamente nunca foi de fato um perigo para a ordem. Foi sempre, como se expressou Terry Eagleton, "um assunto autorizado em todos os sentidos, uma ruptura permissível da hegemonia" (1981: 148). As autoridades geralmente até sancionaram e toleraram esse momento transgressivo e proporcionaram segurança para que pudesse ocorrer, mas não tornar-se demasiadamente turbulento. A ordem permitia uma inversão simbólica, talvez para que não ocorresse uma inversão real. Em segundo lugar, como diz o recente lema de *marketing*: "O que acontece em Las Vegas permanece em Las Vegas". Espera-se que as pessoas não levem suas transgressões além da linha que separa o carnaval da "vida real"; isso seria uma transgressão *real*. Ao invés, a inversão simbólica continua sendo um jogo jogado num campo limitado – um jogo, potencialmente, com efeitos reais e positivos, mas um jogo que não tem permissão de continuar fora do tempo e do lugar para ele reservados. É, afinal, uma ilegalidade legal, uma desordem ordeira, uma imoralidade moral.

Mas nem toda imoralidade ou transgressão é tão jocosa e moderada. Existem inversões sociais e morais reais, geralmente com consequências negativas. Uma das formas mais claras e mais comuns é a bruxaria e a feitiçaria. Vimos que muitas sociedades, senão a maioria, atribuíram muitas calamidades humanas, ou todas elas, a forças sobrenaturais, entre as quais os deuses e os ancestrais falecidos; estes fenômenos religiosos não são de modo algum sempre benévolos. Entre os seres espirituais malévolos estão humanos especialmente poderosos e maliciosos, que de alguma forma infringem ou invertem a ordem normal das coisas.

Como foi analisado nos Capítulos 3 e 4, os feiticeiros eram geralmente pessoas que usavam objetos e técnicas para alcançar resultados sobrenaturais (muitas vezes negativos). Adotando esse comportamento, eles estavam agindo de maneira antissocial e imoral (na maioria dos casos – algumas poucas sociedades consideravam normal uma pessoa procurar prejudicar a outra). Os bruxos/as, porém, eram um caso à parte; eram muitas vezes humanos com uma maldade espiritual inata, ou até não-humanos disfarçados de humanos. Os Barabaig afirmavam que um bruxo/a era uma pessoa cuja simples presença causava inquietação (KLIMA, 1970: 100). Os Kaguru eram mais extremados e acreditavam que os bruxos/as eram congenitamente maus, ou até pior, eram "os opostos físicos dos humanos, embora possam parecer semelhantes aos humanos normais" (BEIDELMAN, 1971: 37). Eram, portanto, uma espécie de perversão ou corrupção da natureza humana. De maneira mais reveladora, dizia-se que eram "retrógrados", opostos literais da normalidade humana: eram canibais, "andavam e dançavam de cabeça para baixo", perambulavam nus, cometiam incesto e faziam seu trabalho de noite.

> Tudo isto é o reverso do que é normal para os humanos; eles confundem humanos com animais, parentes com não-parentes, em cima com embaixo, dia com noite e pudor (roupa) com despudor (nudez e incesto). O que os Kaguru parecem estar dizendo é que os bruxos/as não reconhecem as normas e restrições da sociedade e os acusados de bruxaria são os que parecem não cumprir suas obrigações sociais básicas para com os outros humanos (37).

Se a anormalidade é o inverso da normalidade, os bruxos/as representavam o grau máximo desta inversão.

A dimensão social da bruxaria tem sido comentada por diversos observadores. Por um lado, pensou-se muitas vezes que o talento da bruxaria é herdado, de modo que havia nele um aspecto de parentesco. Os Suazi da África, por exemplo, afirmavam que uma mãe bruxa passava suas habilidades aos filhos de ambos os sexos (mas um pai bruxo não as passava). E não só os profissionais desta maldade estavam socialmente estruturados, mas as vítimas também: Kuper escreveu que a bruxaria Suazi "geralmente visava pessoas que já estavam vinculadas por laços sociais" (1963: 66). Para eles, como para muitas sociedades, a natureza "automática" da bruxaria era invocada em situações de "ódio, medo, ciúme e ambição frustrada", todas elas emoções sociais. Basso, falando dos Apache, disse que as pessoas "suspeitas de bruxaria são por definição culpadas de ódio" (1970: 87). Não deveria, portanto, causar surpresa que a bruxaria tendia a ser mais suspeitada ou perpetrada com mais frequência contra vizinhos e familiares do que contra os que estavam "mais afastados" física e socialmente.

Um caso particularmente esclarecedor de crença na bruxaria vem dos Apache, que pensavam que os *itkasn* eram os tipos mais perigosos de bruxos/as. Os *itkasn* do sexo masculino eram mais numerosos do que os do sexo feminino porque os homens sentiam mais *kedn* ou ódio do que as mulheres. Havia sinais ou indícios tanto estruturais quanto pessoais de que alguém era um bruxo/a. Entre os elementos estruturais estavam: pertencer a uma categoria de "poder" (como xamã ou homem rico), pertencer a um clã diferente do clã da vítima e ser mais velho do que a vítima (porque pessoas mais jovens geralmente não tinham poder sobre pessoas mais velhas). Os elementos pessoais e comportamentais do bruxo/a eram ainda mais impressionantes: incluíam egoísmo, raiva, belicosidade, mesquinhez, desonestidade, fofoca, ameaças, adultério e gatunagem – todos eles atos claramente "maus" e antissociais e imorais (BASSO, 1970: 81).

Obviamente uma das consequências desta ideia de bruxaria numa sociedade é que ela oferece um motivo para as pessoas se conformarem com as normas comportamentais; os que são antissociais têm uma probabilidade de ser acusados como bruxos/as. No entanto, existe uma maneira definitiva de este aspecto do controle social poder funcionar. Os Spindlers descobriram que, entre os Menomini, os bruxos/as não eram os desviantes antissociais habituais, mas a categoria da sociedade com mais poder e prestígio, os anciãos. Observaram que "o controle social era conseguido [...] pela ameaça de bruxaria por parte de figuras poderosas e não por acusação do bruxo/a por parte da comunidade" (1971: 73). Acreditava-se que todos os anciãos eram bruxos/as potenciais, o que, numa sociedade de pessoas relativamente iguais, era uma das poucas "relações de poder" disponíveis. De uma forma ou de outra, a bruxaria representava uma forte ideologia: conforme-se e seja bom, ou os bruxos/as pegarão você.

### Mistificando a ordem

Um dos aspectos cruciais da legitimação de uma sociedade é que os humanos não devem reconhecer que eles próprios originaram a ordem, nem que seu comportamento a perpetua. A própria autoridade e realidade da ordem vem do fato de ela "ser dada", do fato de os humanos serem receptores mais ou menos passivos dela. Isto vale especialmente quando as relações da sociedade são desiguais, e até exploradoras ou opressivas. Se os humanos fizeram o sistema, eles podem questioná-lo e desfazê-lo e refazê-lo. No entanto, se o sistema é natural ou sobrenatural – "exatamente da forma como ele é" ou "ordenado a partir de cima" –, ele é obrigatório e não há nada que os humanos possam fazer a respeito dele. Com efeito, como mostra a perspectiva hindu ou Tallensi, lutar com o "sistema" ou tentar reformá-lo equivaleria à própria imoralidade – rejeitar seus próprios deveres sociais e espirituais.

O próprio processo de naturalizar e sobrenaturalizar a cultura e de culturalizar a natureza e a sobrenatureza retira supostamente a cultura da esfera do fazer humano. Existe um valor "moral" nesta mudança, visto que dá às pessoas um motivo mais forte para conformar-se com as normas culturais e torna aquelas mesmas normas mais normais, aquela moral mais moral, aqueles valores mais valiosos. No entanto, de um ponto de vista socioconstrucionista, a dialética naturalizante/culturalizante também esconde das pessoas a base social da cultura e da moralidade, levando-as a crer que sua cultura e sua moralidade são naturais ou sobrenaturais. Para alguns estudiosos, isto equivale a uma "mistificação" das realidades sociais, tornando estas realidades mais misteriosas e opacas do que de outra maneira seriam. Este é um fator particularmente importante quando consideramos duas coisas – em primeiro lugar, que as realidades sociais mudam continuamente e as justificativas naturais e sobrenaturais mudam com elas e, em segundo lugar, que algumas dessas realidades são exploradoras ou até opressivas e as justificativas naturais e sobrenaturais as fazem parecer necessárias e inquestionáveis.

Marx foi um dos mais duros críticos do poder mistificador da religião. Para ele, uma sociedade está fundada, em última análise, na atividade prática e material, que dá origem a determinadas relações sociais (as "relações de produção"). Estas relações evoluíram ao longo do tempo, à medida que evoluíram os "meios de produção"; no entanto, enquanto muitos filósofos e observadores sociais viram as relações – e até as ideias e crenças – da sociedade impulsionando as ações práticas, Marx viu as coisas exatamente ao contrário. Os meios de produção eram o "mais real", as relações de produção eram o "mais real seguinte" e as ideias, crenças e valores eram o menos real, meros epifenômenos para explicar e legitimar os meios e as relações. Ele esperava que, se as pessoas desvendassem o mistério e entendessem os reais fundamentos de sua sociedade, elas não precisariam mais da religião, nem aceitariam os sacrifícios improdutivos (como sustentar uma classe ociosa de sacerdotes) que ela exige.

Nem todos os estudiosos da religião seguem Marx. No entanto, quase todos observaram o que ele observou: que a religião é um discurso eficaz para representar e justificar a sociedade para si mesma. Esta é a essência de toda a abordagem de Durkheim, embora ele acabe sendo muito menos crítico e chegando até a dizer que toda religião é "verdadeira" até certo ponto. Mas ainda assim a sociedade é o fundamento e a religião é o reflexo desse fundamento. Malinowski também escreveu que a religião pode associar-se a "qualquer poder social ou pretensão social e legitimá-los. Ela é usada sempre para justificar privilégios ou funções extraordinários, grandes desigualdades sociais, pesados fardos de classe social, seja esta alta ou baixa" (1948: 84).

Vemos este processo funcionando entre as culturas e ao longo do tempo. O sistema hindu o ilustra muito bem. De maneira semelhante, o conceito europeu de "direito divino dos reis" forneceu uma sólida explicação e base para a soberania de um único indivíduo numa hierarquia mais ou menos rebuscada de poder e privilégio pessoal: os reis individuais – e a própria instituição da realeza – foram ordenados por Deus, não feitos por práticas sociais humanas (como guerra ou classe social). O pensamento político-religioso chinês tradicional tinha um corolário no "mandato do céu", que assegurava que um imperador reinava com a bênção dos deuses e só podia ser removido por alguém superior a ele escolhido pelos deuses. Os casos supramencionados dos Bunyoro e dos Shilluk ilustram o mesmo fenômeno: o novo rei é o velho rei mítico, que torna sua pretensão mais forte e mais incontestável. Por fim, o conceito de *mana* nas sociedades polinésias fornecia um fundamento sobrenatural para o poder e sucesso (ou fraqueza e fracasso) das pessoas poderosas, inclusive chefes e reis.

Alguns analistas levaram o argumento mais longe. Maurice Bloch (1979), por exemplo, ao analisar a realeza em Madagascar, insistiu que mistificação, inversão e legitimação estão todas intimamente ligadas. A relação entre o rei e a sociedade (e a própria terra) nos reinos de Merina e Betsileo baseava-se na ideia de *hasina*, uma força animatística não diferente do *mana* ou de outras forças encontradas em todo o mundo. *Hasina* era um poder sobrenatural associado com a vida e a reprodução, tanto humana quanto natural (por exemplo, a agricultura). Assim como *mana* ou o conceito Apache de *diyi*, algumas pessoas possuíam *hasina* em maior quantidade do que outras, e as que a possuíam em maior quantidade eram mais importantes e tinham mais influência tanto sobre a sociedade quanto sobre a própria natureza.

Possuir ou controlar a *hasina*, portanto, habilitava a pessoa a receber mais honra e mais autoridade, já que a aplicação deste poder místico ajudava a sociedade e a própria natureza a funcionar melhor; as pessoas inferiores dependiam dos portadores de *hasina* de uma maneira que não era recíproca. Ou pelo menos assim dizia o sistema. Bloch reinterpretou a relação entre portador de *hasina* e necessitado de *hasina* como uma ofuscação das verdadeiras relações sociais e políticas. O poder sobrenatural fluía supostamente "de cima para baixo" a partir dos reis, mas o poder social/político fluía realmente "de baixo para cima" a partir do povo, tanto em formas simbólicas (obediência e outras obrigações) quanto literais (riqueza e dons). A mesma coisa pode ser vista no hinduísmo nas transações entre brâmanes e não brâmanes: a casta mais alta executava funções rituais para as castas interiores e as castas inferiores ofereciam deferência e respeito – e dinheiro – aos seus superiores.

Bloch concluiu, portanto, que a *hasina* criava uma ilusão de classe e uma ilusão da necessidade e da verdade das distinções de classe. Rituais político-religiosos específicos, nos quais interagiam o rei e seus súditos, comunicavam e reconstituíam relações desiguais entre eles, fazendo estas relações parecerem naturais e sobrenaturais, em vez de culturais e históricas. Esses rituais representavam as realidades sociais, como pensava Durkheim, mas também as *desvirtuavam*, como pensava Marx. O resultado, no caso de Madagascar como em muitos outros, era que o sistema político e o sistema religioso, embora claramente inter-relacionados, se tornavam de fato desconectados para as pessoas que neles participavam, e a direção da produção social era invertida: em vez de os governantes e os súditos criarem e manterem o sistema estratificado, a estratificação natural e sobrenatural parecia criar governantes e súditos. E as interações rituais e mundanas dos vários estratos, conduzidas em termos de mútuas concessões místicas, reproduziam continuamente o sistema.

## Conclusão

Toda sociedade fornece a seus membros um sentido das coisas corretas, valiosas ou boas a serem feitas, e não só através da religião. Como foi analisado no capítulo anterior, o ritual religioso se enquadra numa série de outras formas mais gerais de comportamento socialmente apropriado. O mesmo vale para a moralidade, que é em si uma forma de sanção social específica de certas culturas e religiões. O próprio conceito de "moralidade", para não mencionar os detalhes da conduta moral, é relativo, mas a força e o motivo subjacentes talvez não o sejam. Culturas e religiões diferentes regulamentam padrões comportamentais diferentes, mas a chave é que todas as culturas têm esses padrões e que estes padrões são *regulamentados* – sendo a religião a fonte mais profunda de regulamentação. O que exatamente se espera que os humanos façam é menos importante do que o fato de que existe algo a ser feito e que se espera que os humanos o façam. Aqui está a função de "carta constitucional" da religião, sua função de "modelo de/para" e sua função de in-formar e in-struir os indivíduos, os grupos, as instituições e a sociedade como um todo. A religião comunica que estas relações e ordenamentos do mundo social e natural são "dadas" – elas foram estabelecidas, e este estabelecimento vem de fora, da esfera sobressocial e sobrenatural. Portanto, a vida humana se baseia em última análise na *obrigação*, no *compromisso*; e os humanos não só são pressionados a reconhecer e cumprir esses padrões, mas lhes são dadas contínuas oportunidades de experimentá-los e praticá-los. A sociedade depende disto.

**Perguntas para debate**
- Qual a perspectiva antropológica a respeito da "moralidade"? Como as noções de contaminação ocupam um lugar central nos conceitos culturais e religiosos de moralidade?
- O que significa falar de "eficácia" da religião – individualmente e coletivamente?
- Como a religião legitima a sociedade – e às vezes contesta a legitimidade da sociedade?

**Leitura suplementar (cf. website)**
- *The Evolutionary Origins of Morality.*
- *The Moral of the Story: Persons, Places, Stories, and Morality among the Apache.*
- *The Moral Power of Witchcraft among the Sukuma of Tanzania.*
- *What is Allowed, What is Forbidden: Halal Goods and the Global Halal Industry in Islam.*

# 7
# Mudança religiosa e novos movimentos religiosos

A maioria das pessoas conhece o rastafarianismo através da música *reggae*. Mas o rastafarianismo, ou simplesmente Rastafari, é muito mais – uma religião, uma cultura e um movimento político. Desde que surgiu na década de 1930, os seguidores do Rastafari têm acreditado "que eles e todos os africanos da diáspora não passam de exilados na 'Babilônia', destinados a ser libertados do cativeiro por um retorno a 'Sião', ou seja, à África, a terra de seus ancestrais" (CHEVANNES, 1994: 1). As alusões bíblicas são claras. Quando os africanos foram transportados à força para o Caribe, encontraram-se com o cristianismo ocidental e disto resultaram muitas religiões híbridas novas, que misturam ideias e práticas africanas, cristãs e indígenas, como a Santería e o Vodu ("voodoo"). Na ilha da Jamaica, o Rastafari foi precedido por um movimento chamado Revivalism; mas, na década de 1930 foram acrescentados dois novos elementos – o "nacionalismo negro" e noção de volta-à-África, da Associação Universal para o Progresso Negro, criada por Marcus Garvey, e a reverência a Haile Selassie, imperador da Etiópia, que era conhecido pelo título de Ras Tafari (Tafari fazia parte de seu prenome e Ras era um título de nobreza). Muitos jamaicanos chegaram a considerar Ras Tafari não só a esperança de libertação africana, mas também uma figura divina e até *Jah* ou Deus. Assim estes "Rastafaris" viam a África não só como sua pátria perdida, mas como um lugar sagrado, como a Sião bíblica, da qual foram exilados para a Babilônia bíblica. Pelo final da década de 1940, alguns jovens Rastafaris especialmente inflexíveis, conhecidos como Fé Negra Jovem, adotaram o penteado "dreadlocks", sinalizando o fato de que eles eram guerreiros temíveis e "terríveis" ("dreadful"). Outros que não adotaram esse visual foram chamados de "Combsomes", separando a religião em duas "casas". Chevannes caracterizou os Dreadlocks como "zelotes" (163), que não só se opunham a boa parte da sociedade jamaicana, mas desenvolveram seus próprios códigos linguísticos, como o amplo uso de "I" como um pronome objetivo (em vez de "me"), como um pronome de segunda pessoa (em vez de "you") e como um pronome plural ("I and I" em vez de "we"). Diziam também "overstand" em vez de "understand" e "downpression" em vez de "oppression". Por fim, um grupo de Dreadlocks conhecido como Bobo formou uma dissidência, vivendo em comunidades e "distinguindo-se por vestir turbantes fortemente apertados, às vezes longas túnicas soltas pretas ou brancas e sandálias atraentes feitas à mão" (171).

A religião é muitas vezes entendida como uma força principalmente ou até totalmente conservadora. Ou seja, a religião parece – ou pretende – determinar um estilo de vida e um sistema de sentido e de moralidade que é estabelecido de uma vez por todas e que não pode mudar sem ser corrompido. Mas esta noção de permanência e imutabilidade é menos um fato acerca da religião do que uma *ideologia da religião*; sua suposta natureza antiga e imutável faz parte de sua pretensão de autoridade e legitimidade. No entanto, é manifestamente claro que as religiões mudam e sempre mudaram, surgindo em geral religiões inteiramente novas. Com efeito, toda *tradição* religiosa foi em algum momento uma *novidade* religiosa. O cristianismo e o islamismo, como analisaremos no próximo capítulo, eram outrora religiões novas, embora cada uma tenha tentado e conseguido apresentar-se como uma continuação de uma verdade religiosa mais antiga. E, de acordo com uma fonte, duas ou três novas religiões são inventadas todos os dias (LESTER, 2002: 38).

Em vez de considerar a religião uma força estática e estritamente conservadora, deveríamos considerá-la uma força dinâmica e altamente adaptável. Como parte da cultura e como um fenômeno composto, a religião pode e deve absorver aspectos da cultura mais ampla enquanto se difunde nela. Evidentemente, as religiões se encontram e interagem – às vezes entrechocando-se, mas quase sempre tomando emprestado. Por isso, neste capítulo examinaremos a permanente construção da religião. Mesmo religiões "tradicionais" foram dinâmicas e nenhuma versão ou fase particular dessas religiões foi a versão ou fase "verdadeira" ou "tradicional". Além disso, no momento em que os antropólogos entraram em cena, muitas religiões "tradicionais" já se tinham encontrado com missionários ou membros de outras religiões como o cristianismo, o islamismo ou o budismo. Em tempos mais recentes, os processos de mudança religiosa se aceleraram à medida que e por que se aceleraram os processos mais gerais de mudança cultural e de globalização.

## A antropologia da mudança religiosa

Como observou Malinowski há muito tempo: "A ficção do Nativo 'incontaminado' precisa ser suprimida da pesquisa de campo e do estudo. O motivo convincente para isto é que o Nativo 'incontaminado' não existe em nenhum lugar" (1961: 2). Por isso, "o antropólogo científico deve ser o antropólogo do Nativo mutante" (6). Evidentemente, a antropologia contemporânea é também a ciência do cidadão global moderno e também da sociedade global moderna. Contudo, no campo da religião, o antropólogo científico deve ser um antropólogo da religião mutante. Com efeito, a mudança religiosa é uma variedade da mudança cultural em geral, que Malinowski definiu como "o processo pelo qual a ordem existente de uma sociedade, ou seja, sua civilização social, espiritual e material, é transformada de um tipo para outro" (1). O significado desta avaliação é duplo: que as mudanças na religião estarão holisticamente relacionadas com mudanças em outros aspectos da cultura, e que os mesmos processos básicos de mudança estarão operando em ambas.

Na religião especificamente, e na cultura em geral, os dois aspectos de mudança mais fundamentais são *inovação* e *difusão*. No primeiro, um indivíduo ou um grupo da sociedade inventa ou descobre alguma nova ideia, objeto ou prática – no caso da religião, uma nova entidade na qual acreditar, um novo mito a contar, um novo símbolo a usar, um novo ritual a executar etc. No segundo, uma ideia, um objeto ou uma prática de outra sociedade são introduzidos na primeira sociedade, o que acarreta ulteriores processos culturais como contato, migração, casamento intergrupal, invasão ou conquista. Seja qual for a fonte última da novidade, o curso da mudança só começa com o aparecimento do novo item, como veremos mais adiante.

Podemos ser muito mais precisos acerca das formas e resultados da mudança religiosa e cultural. O resultado pode ser o *acréscimo* de um item ao repertório preexistente. Evans-Pritchard, por exemplo, comentou que diversos aspectos da religião Nuer pareciam provir de fora da sociedade Nuer, especificamente de seus vizinhos Dinka. Os *kwoth nhial* ou "espíritos do ar", de acordo com informantes, "haviam todos 'caído' em terras estrangeiras e apenas recentemente haviam entrado na terra dos Nuer e se tornado conhecidos a eles" (1956: 29). Ideias sobre totens, duendes da natureza e fetiches eram também atribuídas muitas vezes aos Dinka. Inversamente, a *supressão* pode ocorrer quando um item é suprimido do repertório, como também quando uma sociedade deixa de executar certo ritual. Muitas vezes ocorre uma *reinterpretação* de crenças e práticas anteriores, com antigas formas recebendo um novo significado; isto pode acontecer devido à mudança de circunstâncias e experiências sociais ou à mera sucessão das gerações, com novos membros trazendo novas perspectivas. Entre outros resultados, ou talvez versões de interpretação, estão: a *elaboração*, na qual uma noção ou prática preexistente é ampliada e desenvolvida, às vezes em direções totalmente inéditas; a *simplificação*, na qual uma noção ou prática preexistente é equipada com detalhes ou sofisticação; e a *purificação*, na qual os membros procuram expurgar (a partir de seu ponto de vista) elementos falsos ou estranhos e retornar à forma "real" ou "pura".

Um dos mais comuns e mais bem-estudados processos de mudança é o *sincretismo* (cf. p. 259-262), no qual elementos de duas ou mais fontes culturais/religiosas são fundidos, mais ou menos intencionalmente, para criar uma nova cultura ou religião. O resultado pode não ser uma simples combinação de fontes, mas um híbrido realmente original e criativo, como o Rastafari; da mesma forma que uma liga de metais não é apenas um intermediário de seus constituintes, assim as ligas de culturas ou religiões podem também desenvolver patrimônios novos e únicos. Por outro lado, por diversas razões, a consequência dos processos religiosos pode ser o *cisma* ou *cisão*, a especiação ou proliferação de religiões como ramos de crenças e tradições anteriores, levando a "seitas" e "denominações" e, finalmente, a religiões inteiras; um exemplo clássico seria o cisma cristão no qual o protestantismo se separou do catolicismo. Em alguns casos, o resultado de todos estes processos pode ser o *abandono* de uma religião e sua reposição ou substituição por uma religião nova ou estranha, levando talvez, em último caso, à *extinção* da religião anterior.

### A invenção da tradição (religiosa)

Os antropólogos destacaram convencionalmente a estabilidade e continuidade da cultura em geral, e da religião especificamente, especialmente desde que a antropologia foi amplamente associada – e se associou – com sociedades "tradicionais". Muitas vezes a impressão é que essas sociedades estão inalteradas desde tempos imemoriais, são fósseis vivos que lançam luz sobre os primeiros estágios da humanidade e da sociedade. O corolário é a antiguidade e a autenticidade; no entanto, como acabamos de observar, Malinowski dispensou rapidamente a sugestão de que as "sociedades tradicionais" eram antigas e inalteradas. Com efeito, a palavra "tradição" não implica necessariamente continuidade absoluta: do latim *tradere* ("dar-através"), sua conotação é entregar, transmitir ou passar à geração seguinte, mas isso não nos diz por quanto tempo ou com que perfeição o processo de transmissão ocorreu.

Na religião, a questão da tradição é particularmente aguda, porque grande parte da autoridade da religião provém de sua antiguidade e de sua suposta pureza inalterada. No entanto, em 1983 Eric Hobsbawm e Terence Ranger publicaram seu estudo pioneiro sobre "tradições inventadas", mostrando que muitas tradições supostamente antigas (como os tartãs escoceses ou vários rituais ou textos) eram na verdade frutos de uma safra surpreendentemente recente. Por isso, Hobsbawm insistiu que, embora as tradições geralmente afirmem que se ocupam com "o passado", este passado não precisa ser antigo e nem sequer real.

> O passado histórico no qual as novas tradições se inseriram não precisa ser de longa duração, remontando às fictícias brumas do tempo. [...] No entanto, na medida em que existe esta referência a um passado histórico, a peculiaridade das tradições "inventadas" é que a continuidade com ele é em grande parte artificial. Em suma, elas são respostas a novas situações que adquirem a forma de referência a situações antigas, ou que estabelecem seu próprio passado por repetição quase obrigatória (1983: 2).

Até mais do que os antropólogos, os folcloristas e estudiosos da religião tornaram-se imediatamente sensíveis ao problema de mudar ou até inventar tradições. Dell Hymes, folclorista e ao mesmo tempo antropólogo, chegou a recomendar que se pense a tradição como um *verbo*, como "tradicionalizar", afirmando que "cada pessoa, e cada grupo, faz algum esforço de 'tradicionalizar' aspectos de sua experiência" (1975: 353). Ou seja, os indivíduos e os grupos procuram oficializar suas ideias, práticas e instituições *como* tradições, providenciar que estas coisas sejam transmitidas ou passadas à geração seguinte e ligá-las de alguma forma "ao passado". O que chamamos de tradição é de fato, em determinado momento, a situação atual de um processo de tradicionalização, o que levou Hymes a concluir que "uma tradição intacta não é tanto uma questão de conservação quanto uma questão de recriação, por pessoas e gerações sucessivas, e em *performances* individuais"; em suma, não existem tradições não tradicionalizadas, se por não-tradicionalizado "entendemos a ausência de interpretação e esforço criativos" (355).

Até o respeitado biblista Walter Brueggemann afirma o caráter "tradicionado" das próprias escrituras judeu-cristãs, argumentando que "houve um longo processo de tradicionamento anterior à fixação do cânon como texto em forma normativa" (2003: 11). Ironicamente uma das ideologias do processo "tradicionante" (a invenção da tradição) é que a versão ou interpretação de cada momento é a versão ou interpretação absoluta e autorizada:

> Cada versão do recontar (e certamente houve muitas no processo de longo prazo) pretende, forçosamente, que o seu recontar particular deve ser o recontar "final" e certamente o recontar correto. No caso, porém, nenhum relato de tradicionamento acaba sendo o relato "definitivo"; mas cada ato de tradicionamento acaba sendo superado e de fato substituído ("suplantado") por uma versão mais recente. Presume-se sem dúvida que a última e substituinte forma da tradição é a forma "definitiva e correta"; mas certamente ela será por sua vez superada e, em parte, substituída por subsequentes versões da memória (9).

Por fim, Brueggemann se refere a este tradicionamento, a este "trabalho de tradição", como "lembrança imaginativa" (7).

### A invenção da religião "tradicional"

Embora seja fácil observar o tradicionamento ou tradicionalização nas culturas e religiões contemporâneas e letradas (especialmente nas letradas, nas quais podemos comparar textos, interpretações e práticas presentes com textos, interpretações e práticas mais antigos), a invenção da tradição não é exclusiva do mundo moderno. A tradicionalização de "sociedades tradicionais" tem sido mais difícil de ver e de aceitar. Se existe um protótipo de "cultura tradicional", são os aborígines australianos. Com efeito, Durkheim usou-os explicitamente como seu modelo de "religião elementar" – a religião mais simples, mais antiga, mais inalterável e, portanto, "purista" (até o nome "aborígine" deriva das raízes *ab origine*, que significam "desde o início"). As próprias sociedades aborígines apresentam muitas vezes suas religiões como modelos de relações imutáveis entre os mundos espiritual, humano/social e físico, expressas pelos Warlpiri, por exemplo, em termos do *jukurrpa* ou Sonho. Os Warlpiri contaram-me pessoalmente que "a Lei" (sua glosa em língua inglesa para conhecimento religioso e ordem religiosa) não pode ser mudada; e Françoise Dussart afirmou: "Se alguém perguntar aos Warlpiri se o *Jukurrpa* [...] é suscetível de mudança, eles dirão, categoricamente, que não é" (2000: 23). Richard Waterman e Patricia

Waterman afirmaram que os ocidentais foram seduzidos por esta atitude autóctone a pensar que "a cultura aborígine é montada calculadamente para abafar a inventividade" (1970: 101), ao passo que, na realidade, as religiões aborígines têm sido notavelmente flexíveis e chegaram até a incluir métodos "tradicionais" de inovação e mudança. Podemos até atrever-nos a insistir que inovação e mudança são tradições religiosas aborígines.

Houve três processos pelos quais a novidade pôde ser introduzida nas religiões aborígines sem parecer absolutamente uma novidade. O primeiro processo foi a revelação. Embora parecesse que o *jukurrpa* está concluído e que dele não podia advir nenhum novo conhecimento ou prática, a visão aborígine era que sempre havia mais verdades espirituais a aprender. Um portal evidente pelo qual podia advir um novo conhecimento eram os sonhos. *Jukurrpa* também significava literalmente "sonhos noturnos" entre os Warlpiri, de modo que uma pessoa podia sonhar um canto ou uma dança ou um símbolo ou um projeto ou um ritual inteiro e essa pessoa estava "vendo" um fragmento anteriormente não revelado do Sonho. Os indivíduos não eram considerados os "autores pessoais" desses fragmentos da religião, mas receptores da revelação permanente e nunca concluída do Sonho. Os humanos podiam também descobrir lugares ou objetos religiosos anteriormente desconhecidos. Ao mesmo tempo, um velho conteúdo podia ser abandonado. Como escreveu Dussart: "Se, porém, você lhes perguntar se um segmento específico do Sonho [...] pode ser esquecido, eles prontamente admitirão que essa amnésia é bastante comum" (23). Além disso, isto não afeta o *jukurrpa* como tal, mas apenas o conhecimento que as pessoas têm dele.

O segundo processo era a difusão e o intercâmbio. A Austrália aborígine era um imenso campo comercial de ideias religiosas, recursos materiais e conjuntos inteiros de conhecimento e prática espirituais (e outros conhecimentos e práticas culturais). Franz Joseph Micha (1970) encontrou indícios de comércio e difusão de diferentes tipos de pedra, de técnicas como fabricação de ferramentas e de objetos de culto, mitos e rituais. Era muito evidente que importantes elementos religiosos – como os mitos das irmãs Wawilak, ou da serpente do Arco-íris, ou da Kunapipi ou do culto Kurangara – estavam se alastrando pela Austrália aborígine em meados do século XX. Sylvie Poirier (1993) detalhou um determinado intercâmbio de conhecimentos e formas cerimoniais, focalizando dois rituais de mulheres chamados Tjarada e Walawalarra. Em março de 1988 trinta mulheres da região de Balgo viajaram para uma comunidade Pintupi chamada Kiwirrkura para transmitir o ritual Tjarada ao povo local. Aparentemente, isto era o estágio final de um longo e multifásico processo de intercâmbio ritual entre os dois grupos, um momento dentro de "um processo permanente que envolve a participação de vários grupos provenientes de diferentes áreas culturais, e no qual a realização de qualquer intercâmbio em sua totalidade pode durar anos, às vezes até décadas" (758). Consequentemente, o ritual Walawalarra, que estivera sendo propagado pelo menos desde a década de 1950, estava simultaneamente sendo levado em direção ao norte para Kiwirrkura. Em última análise, a circulação da religião "tradicional" era a norma; com efeito, Poirier declarou que "a própria possibilidade de uma 'posse' ou 'acumulação' de longo prazo de tais *corpus* de conhecimento parece estar excluída e os grupos parecem insistir numa circulação permanente" (771).

O terceiro processo de novidade era a distribuição social e interpretação do conhecimento religioso. Poirier observou que as formas religiosas "são 'abertas' e novas sequências e elementos podem ser acrescentados a um *corpus* já existente" (758), assim como material mais antigo "pode cair no esquecimento" (772). Em outras palavras, uma sociedade poderá e quase certamente irá e deverá ajustar as cerimônias e a mitologia concomitante às suas próprias circunstâncias; e, se e quando transferirem esse *corpus* para outra sociedade, os novos receptores farão a mesma coisa. Essa reelaboração poderá ocorrer até mesmo com as crenças e práticas "próprias" de uma sociedade, e as noções aborígines australianas a respeito do conhecimento quase o garantiram. A fim de entender isto, é importante captar a natureza do conhecimento aborígine, que se situava num contexto de "posse" e "direitos" e causava um profundo impacto sobre sua construção e constituição. Diferentes indivíduos e grupos sociais e locais tinham diferentes tipos e graus de direitos sobre o conhecimento e os objetos, dependendo de vários fatores e definindo vários resultados.

Howard Morphy mostrou a complexidade dos direitos sobre as pinturas, desde a "posse" até "o direito de produzir certas pinturas, o direito de divulgar os sentidos de uma pintura e o direito de autorizar ou restringir o uso de uma pintura" (1991: 57-58). O efeito sobre o conhecimento religioso era necessariamente uma espécie de distribuição: diferentes indivíduos tinham acesso a diferentes partes dele e/ou chegavam a diferentes sentidos, dependendo de uma diversidade de fatores sociais. Dois fatores-chave eram, evidentemente, idade e gênero. Grande parte da religião aborígine era fortemente segregada no tocante ao gênero; da mesma forma, pessoas mais jovens tinham menos conhecimento e menos direito ao conhecimento do que os mais velhos. Além disso, indivíduos e grupos sociais – famílias, "clãs", "casas" de Sonho e grupos locais/residenciais – tinham acesso diferente ao conhecimento e a interpretações acerca de matérias religiosas.

Assim o conhecimento religioso aborígine era não só distribuído, mas também restringido, ou o que Morphy chamou de "estratificado". Na sociedade Warlpiri, esta estratificação do conhecimento era captada na classificação autóctone de conhecimento e representação "baratos", "intermédios" e "caros" (DUSSART, 2000). O conhecimento "barato" era público, relativamente pouco poderoso e, portanto, sem risco espiritual, e acessível a todos. O conhecimento "intermédio" era um tanto poderoso e perigoso e como tal restrito a membros ritualmente ativos de ambos os sexos. Mas o conhecimento, objetos ou práticas "caros" eram muito poderosos e perigosos, secretos e restritos apenas a homens iniciados. É interessante que um mesmo objeto ou ritual ou conto podia ser barato ou intermédio ou caro, dependendo de quanto de seu detalhe e sentido "interior" era revelado; ou seja, o poder e o significado de um item religioso podem estar "escondidos à vista".

### Da mudança religiosa ao movimento religioso

Apesar do fato de religiões "tradicionais" como a dos Warlpiri serem tudo menos estáticas e tradicionais, existe uma diferença qualitativa e quantitativa entre aqueles processos e produtos e os processos e produtos que vemos no presente. Mesmo para os aborígines de hoje, a mudança religiosa (e outras mudanças culturais) chega mais depressa e diverge mais dos padrões anteriores. Em outras palavras, os processos culturais aborígines autóctones não criaram religiões completamente novas, mas antes permutas de formas reconhecivelmente "tradicionais". Em determinado momento, porém, entra em cena um *tipo* manifestamente novo de religião, que é amplamente considerado um "novo movimento religioso".

O estudo dos novos movimentos religiosos (NMR) é até mais problemático do que o estudo da religião em geral. Por um lado, o que significa "novo"? É pouco claro quão *recente* no tempo e quão *diferente* na doutrina uma religião deve ser para poder apresentar-se como uma "nova religião" e, portanto, quando uma religião deixa de ser "nova" e se torna "estabelecida" ou "ortodoxa". Por outro lado, nem sempre é óbvio o que é "religioso" no tocante aos NMRs. Muitos

NMRs integram elementos ou modelos não religiosos e também elementos ou modelos religiosos, como fazem a Cientologia, a "Porta do Céu" e o Raelianismo. Da mesma forma, muitos NMRs manifestam objetivos não religiosos e também objetivos religiosos, inclusive políticos, econômicos e pessoais/psicológicos. Em seu estudo dos "cultos à carga" (cf. adiante p. 270), Peter Lawrence chegou a caracterizá-los como fenômenos políticos incipientes, que davam aos membros "um senso de unidade que eles nunca haviam conhecido antes do contato com os europeus e, especialmente, seu último estágio, desenvolvido numa forma de 'nacionalismo embrionário' ou 'protonacionalismo" (1964: 7). Outros movimentos, como a "Revolta" dos Taiping na China, combinaram expressamente propósitos espirituais e políticos e até militares.

Em terceiro e último lugar, os NMRs não são entendidos ou apresentados apenas como religiões, mas como *movimentos* religiosos. Como tais, eles representam uma subcategoria de movimentos sociais ou até de "movimentos de massa", que tendem a ter certos traços comuns. Entre estes traços, o principal é a condição social da qual eles surgem. H. Neil McFarland, em sua investigação sobre as novas religiões no Japão após a Segunda Guerra Mundial, chamou-os de "religiões de crise", moldadas "para proteger as massas do impacto de um mundo ameaçador" (1967: 13). O mesmo padrão é reproduzido em outros tempos e lugares: NMRs surgem como respostas, acomodações ou protestos contra circunstâncias sociais novas e insatisfatórias. Por isso, insistiu ele, explicá-los é "examinar as relações dinâmicas entre estes movimentos religiosos e a sociedade emergente" na qual eles ocorrem (13). Em outras palavras, cada movimento é um produto singular de vários fatores sociais, entre os quais a sociedade particular onde ele acontece, as forças externas particulares que colidem com ele e as maneiras particulares como essas forças se manifestam, o indivíduo ou os indivíduos particulares que oferecem uma resposta e o cruzamento particular de todos estes fatores.

Apesar de sua diversidade, os NMRs no mundo moderno tendem a compartilhar algumas qualidades. McFarland apontou sete destas qualidades nas novas religiões japonesas, que são mais ou menos típicas:

- liderança carismática, ou um fundador ou profeta que afirma estar ou é dotado de autoridade e/ou poder sobrenatural;
- metas concretas, ou um programa para melhorar a vida individual ou coletiva, incluindo saúde, felicidade, sucesso e riqueza etc.;

- identificação com uma comunidade, o que inclui muitas vezes buscar novos membros entre os "desesperançados e solitários", entre os "deserdados" da sociedade, e organizá-los num novo grupo;
- organização sumamente centralizada, muitas vezes totalmente controladora e "antidemocrática";
- projetos ambiciosos de construção, como sedes para o movimento;
- atividades de massa, as principais visando o proselitismo;
- sincretismo, mistério e inovação, tais como um sentimento de proximidade ou posse de uma especial revelação ou mensagem ou responsabilidade.

Finalmente, a maneira como o público em geral, e muitas vezes a comunidade acadêmica, falam destes movimentos tende a manifestar dois preconceitos: em primeiro lugar, uma negatividade em relação a esses grupos e, em segundo, um viés nitidamente ocidental/cristão. Os NMRs, que geralmente são pequenos e, quase por definição, "heterodoxos", são muitas vezes estigmatizados como "cultos", com acusações de "lavagem cerebral", abuso, exploração, extremismo e tendências antissociais, e até violência, e evidentemente mera falsidade e delírio. As pessoas esquecem muito rapidamente que as religiões "ortodoxas" foram de início novas religiões, tão desprezadas por suas sociedades circundantes como os grupos de "culto" o são hoje. O cristianismo era um culto para os antigos romanos e o protestantismo inicial era um culto (ou uma coleção de cultos) para a Igreja Católica. Cada nova seita cristã – desde a Igreja de Jesus Cristo dos Santos dos Últimos Dias ou Mórmons até os Adventistas do Sétimo Dia, as Testemunhas de Jeová, os do Ramo Davidiano, as várias Igrejas pentecostais etc. – foi condenada como um culto por alguns; e religiões menos ligadas à corrente dominante, como a Cientologia, a Aum Shinrikyo e o Raelianismo, muitas vezes os são ainda hoje.

Deveria ser óbvio que "culto" não é um termo técnico, mas um julgamento. Na linguagem popular, é um termo pejorativo usado para expressar desaprovação a certos tipos de religião "estranha" ou "inaceitável" ou "má". Ninguém descreve sua própria religião como um culto; ela pode ser heterodoxa, mas não é má do ponto de vista dos membros. O tratamento acadêmico dos cultos seguiu muito frequentemente e muito de perto o tratamento popular, que em si é dominado por interesses sectários. O apologista cristão Jan Karel van Baalen designou literalmente como culto "qualquer religião considerada heterodoxa ou espúria" (1956: 363) e, apesar do fato de que a nova religião deve ser considerada assim *por alguém*, este uso encontrou acolhida em algumas definições de dicionários. Não surpreende que Van Baalen tenha equiparado a ortodoxia com a corrente principal do cristianismo. Walter Martin tornou sua definição ainda mais dependente do cristianismo, referindo-se ao culto como "um grupo de pessoas reunidas em torno de uma pessoa específica ou da interpretação errônea que uma pessoa faz da Bíblia", de tal modo que os cultos "contêm não poucos desvios importantes em relação ao cristianismo histórico" (1976: 11). De acordo com esta definição, os cultos, em sua maioria, simplesmente não seriam considerados cultos, já que têm pouco ou nada a ver com o cristianismo – e muitos grupos cristãos contemporâneos, ou a maioria deles, seriam considerados cultos.

> Quadro 7.1 Culto ou nova religião: o Movimento Sathya Sai na Índia
>
> Em 1925 ou 1926, na aldeia de Puttaparthi na Índia, nasceu um rapaz chamado Sathyanarayana Raju, que teria uma notável carreira religiosa: começando como um guru local, evoluiu para um "homem de deus global" (SRINIVAS, 2010: 51). Retrospectivamente seus seguidores consideram miraculoso seu nascimento, mas sua missão sagrada começou realmente em 1940, quando, segundo dizem, foi picado por um escorpião e ficou inconsciente. "Quando voltou a si, parecia ser uma pessoa diferente, chorando, ou catatônica, jorrando filosofia Vedanta, cantando cantos em sânscrito e descrevendo lugares distantes e imagens de divindades que sua família nunca havia visto" (56). Mostrou poderes místicos, inclusive a capacidade de materializar objetos com ar rarefeito. Adotando o nome de Sathya Sai Baba, afirmou ser a reencarnação de Shirdi Sai Baba, um místico sufi muçulmano que morrera duas décadas antes. Tulasi Srinivas sustenta que sua vida "segue o padrão indiano ideal de autorrealização" (58), que inclui deixar sua casa e família e adotar o aspecto físico de um mestre espiritual. Por causa de seus poderes mágicos e de cura, atraiu seguidores; seus milagres aumentaram até incluir "teletransporte, telecinesia, leitura do pensamento ou telepatia, aparição em sonhos para proporcionar orientação, falar muitas línguas e ressuscitar pessoas dentre os mortos" (61). E mais: suas pretensões espirituais aumentaram: em 1963 ele se declarou "a reencarnação do deus hindu Shiva e de sua consorte Shakti" (65) e, no início da década de 1970, identificou-se como "o Cristo cósmico", convidando os devotos a dirigir-se a ele como Krishna, Alá, Cristo ou qualquer nome divino (69). Em poucos anos havia integrado símbolos de muitas religiões – a cruz do cristianismo, o crescente do islamismo, a roda do darma do budismo, o fogo do zoroastrismo – em seu movimento. Enquanto isso, os devotos seguiam as viagens de Sathya Sai Baba, faziam peregrinações ao seu lugar de nascimento (que se transformou num importante destino religioso) e integravam suas plateias (cf. Ilustração 7.1). Sathya Sai materializou presentes, como doces e anéis, para seus seguidores, que o recompensavam entoando louvores e cantando e também obedecendo às suas ordens (por exemplo, normas dietéticas) e comprando seus produtos – não só música gravada e conferências gravadas, mas também "joias, canetas, relógios, estátuas, rosários, globos de neve, com imagens de Sathya Sai Baba, [...] cartões postais do ashram, calendários [...] e outra parafernália que atende aos gostos dos

buscadores espirituais globais" (300). O movimento Sai Baba caiu em descrédito por causa de alegações de abuso sexual e o próprio Supremo morreu em 2011, mas não sem antes fundar templos em todo o mundo, inclusive em Chicago, no Illinois (www.saibaba.org), e no Reino Unido (www.srisathyasai.org.uk), sem falar da Sri Lanka Sathya Sai University, de diversos hospitais Sri Sathya Sai e projetos de água potável em várias regiões da Índia.

Ilustração 7.1 Rezando diante de um quadro de Sai Baba no Hospital Especializado Sri Sathya Sai em Puttaparthi, Índia. © Tim Gainey /Alamy

## Religião e revitalização: usando a religião para trazer a sociedade de volta à vida

Ao longo da história, as sociedades e suas religiões enfrentaram crises de vários tipos – guerras, desastres, contato com povos e religiões hostis ou simplesmente diferentes e coisas desse tipo. Ou às vezes simplesmente descobriram que suas expectativas não correspondiam à realidade ou que seus prognósticos ou suas práticas não produziam resultados. A partir dessa experiência, perdeu-se uma espécie de inocência e novas e árduas questões lhes foram impostas. Até mais profundamente, os indivíduos e as sociedades viram-se muitas vezes expostos a forças que iam muito além de seu controle e de sua compreensão, forças da história mundial como urbanização, colonialismo, capitalismo, industrialização e destribalização. Suas "comunidades morais" durkheimianas podem ser estraçalhadas e atomizadas, ou pelo menos misturadas e remisturadas, por estas forças. Sem comunidades morais "tradicionais", as soluções adaptadas para estas comunidades não serão suficientes. Novas comunidades morais devem ser e serão encontradas.

Os humanos nestas condições podem sentir uma desconexão, um sentimento de perda, uma morte cultural (e muitas vezes literal) de seu estilo de vida, de seu povo e de seu próprio mundo. Podem também ver-se reduzidos a um grupo empobrecido, a uma minoria de classe inferior num sistema social mais amplo que não foi feito por eles nem no interesse deles. Podem experimentar "privação" – privação da independência, do sentido, da riqueza, do controle, da própria vida. Muitas destas sociedades já desapareceram da história humana, física ou culturalmente, há muito tempo. Muitos indivíduos foram absorvidos em entidades "modernizantes" mais amplas – cidades, Estados, movimentos de massa, religiões mundiais etc. No entanto, existe sempre a possibilidade e a esperança de nova vida, nova comunidade e novo sentido. Por isso muitos movimentos religiosos (e também não religiosos) assumem a forma de algum tipo de "revival" ou "revitalização".

### Movimentos de revitalização

Estas atividades para reavivar uma cultura moribunda ou modificar uma cultura insatisfatória assumem muitas vezes a forma de movimentos de revitalização. Anthony Wallace definiu os movimentos de revitalização como "esforços deliberados, conscientes e organizados feitos pelos membros de uma sociedade a fim de construir uma cultura mais satisfatória" (1956: 265). São, portanto, um subconjunto da mudança de cultura, especificamente um tipo de mudança direta, na qual as pessoas começam a efetuar mudanças que, em sua opinião, irão de alguma forma melhorar sua vida e a sociedade. Eles podem não redigir uma proposta de revitalização, mas alguém proporá uma mudança específica ou um conjunto de mudanças. Como todas as inovações ou difusões, os esforços de revitalização têm certas características.

De acordo com Wallace, os movimentos de revitalização surgem quando os indivíduos se encontram em tensão psicossocial crônica, causada pela combinação inadequada entre suas crenças e comportamentos atuais e o funcionamento de seu novo mundo social. Em outras palavras, primeiro as condições sociais mudam e as concepções e práticas religiosas se ajustam para tentar estabelecer alguma nova consonância. A primeira tendência dos humanos é fazer com que as novas condições se conformem com as antigas concepções ou supor que se conformarão, mas muitas vezes isto simplesmente não funcionará. Em certo momento, talvez (e geralmente) uma pessoa chegará a uma nova ideia, a uma nova interpretação, a uma nova visão que pretende tirar a sociedade de seu impasse e levá-la a um amanhã melhor. É isto a revitalização.

Wallace descreveu um padrão coerente entre esses movimentos, começando com a situação cultural original antes de aparecer qualquer mudança social dissonante. Ele deu a isto o nome de "estado estacionário" (embora saibamos que este estado "tradicional" nem sempre foi tão estacionário ou tão tradicional): a cosmovisão da sociedade se enquadra bastante adequadamente no mundo e quaisquer ameaças a essa cosmovisão ou sociedade podem ser acomodadas no interior das crenças e práticas existentes. No entanto, por causa de contato, conquista, desastre, globalização ou outras experiências, começa um período de *maior tensão individual*; mudanças na vida real, condições concretas já não satisfazem a cosmovisão ou as crenças tradicionais. As pessoas podem continuar fazendo o que sempre fizeram, mas com efeito decrescente ou efeito nenhum. Suas tradições estão se tornando claramente insuficientes e seu mundo não faz muito sentido para elas.

A isto segue-se uma fase de *distorção cultural*, na qual a prolongada e grave pressão do fracasso cultural pode levar a respostas negativas como alcoolismo, depressão, violência, neurose, suicídio e o colapso das instituições sociais. As pessoas percebem que as coisas estão se deteriorando rapidamente, mas a maioria não sabe como reagir de maneira eficaz. Muitos desistem, talvez integrando-se num outro sistema social, muitas vezes justamente aquele sistema que trouxe a desunião; por exemplo, após a conquista por parte de Roma, os antigos israelitas optaram algumas vezes por colaborar com Roma ou até tornar-se cidadãos romanos. Em muitos outros casos a sociedade simplesmente se desintegrou.

No entanto, em não poucos casos na história humana, surgiu uma resposta; é isto que Wallace chamou de *período de revitalização*. Esta fase de inovação cultural ou religiosa tem várias subfases importantes:

1) Reformulação cultural/psicológica. Elementos existentes de uma sociedade ou novos elementos são apresentados por um indivíduo criativo, um profeta ou um líder. É sumamente digno de nota que o inovador é geralmente um único indivíduo, alguém que tem um "momento de iluminação, um breve período de percepção das relações e oportunidades", que a ele/ela ou a outros parece uma revelação ou inspiração – um dom vindo de fora (270). Com bastante frequência esta iluminação vem de um sonho ou visão, uma experiência supostamente sobrenatural ou espiritual na qual algo é mostrado ou ensinado ao inovador. O sonho ou visão pode ser apocalíptico ou utópico; Wallace sugeriu que "um tal sonho funciona também quase como um ritual fúnebre: o estilo de vida 'morto' é reconhecido como morto; o interesse se desloca para um deus, uma comunidade e um novo estilo" (270). Que tipo de pessoa está propenso a tais experiências? O revitalizador potencial é uma pessoa em crise, talvez alguém dado a visões e rupturas dissociativas. Ele/ela é muitas vezes alguém que sofre de uma doença grave e potencialmente fatal ou de outra deficiência pessoal. Mas seja qual for o ímpeto da experiência, essas pessoas "retornam" com algum "conteúdo" específico – algumas sugestões sobre o que fazer, em que acreditar e como viver. Estas sugestões podem ser mais ou menos articuladas e profundas, mas muitas vezes o são de maneira extraordinária.

2) Comunicação. No passo seguinte, o inovador precisa expressar e divulgar sua visão das coisas futuras: O que está errado, por que está errado e o que devemos fazer para corrigi-lo? O profeta pode alcançar uma espécie de prestígio por ter sobrevivido à doença – por ter "retornado das portas da morte". Dois temas recorrentes nesta fase de "proselitização" são a fundação de uma nova comunidade sob o cuidado dos espíritos e uma promessa de sucesso (seja em que termos for) para os membros dessa comunidade; eles podem conseguir riqueza material, ou recuperar o controle de sua terra, ou trazer de volta os ancestrais falecidos etc. Os métodos precisos de comunicação podem e deverão variar; e, evidentemente, muitos programas de revitalização foram sem dúvida apresentados, mas não encontraram quem os aceitasse.

3) Organização. Geralmente um pequeno número de convertidos se torna o núcleo do novo movimento; muitas vezes esse núcleo é a família do profeta. Surge uma estrutura organizacional básica: líder, "círculo íntimo" de discípulos ou apóstolos e o resto. Muito frequentemente, a liderança efetiva do movimento

pode passar para as mãos de "homens de ação", líderes "políticos" práticos que atuam para o mensageiro espiritual e em nome dele. À medida que o movimento ganha impulso – e número de adeptos – ele precisará se reorganizar novamente, já que a comunidade "primitiva" simples não consegue administrar seu próprio sucesso. O movimento deve muitas vezes "burocratizar-se" para enfrentar seu crescente número de associados e sua crescente influência na sociedade.

4) Adaptação. Como qualquer caso de mudança na cultura, um movimento de revitalização não pode, e muito provavelmente não irá, permanecer o mesmo – do ponto de vista doutrinal, comportamental ou organizacional – ao longo do tempo. Ele encontrará resistência, incompreensão e mal-entendidos, desafios e malogros, e rivais e ameaças, já que pode haver mais de uma tentativa de revitalização em qualquer sociedade e em qualquer tempo. O movimento, se conseguir algum crescimento, empregará uma variedade de adaptações, inclusive "modificação doutrinal, manobras políticas e diplomáticas e força" entre outras e em várias combinações (274). As modificações podem ajustá-lo aos gostos, preferências e preconceitos dos crentes como também a mudanças no contexto social desde que o movimento apareceu pela primeira vez. Com muita frequência a hostilidade de alguns indivíduos ou de toda a sociedade (e forças de fora da sociedade) radicaliza o movimento, transformando-o "de um cultivo do ideal num combate contra o descrente" (275). Os que resistem ao movimento ou o combatem, ou simplesmente não ingressam nele, podem ser rotulados como demoníacos ou sub-humanos.

5) Transformação cultural. Se o movimento alcança proporções suficientes, um novo padrão cultural é criado por ele e em torno dele. Pode surgir um sentimento de exaltação, de inversão da sorte e de crescente poder e sucesso. A deterioração anterior parece ter terminado. No entanto, este novo plano e esta nova cultura "podem ser mais ou menos realistas e mais ou menos adaptativos: alguns programas são literalmente suicidas; outros representam projetos bem-concebidos e bem-sucedidos para promover uma reforma social, política ou econômica; alguns fracassam, não por qualquer deficiência na concepção e execução, mas porque as circunstâncias tornaram inevitável a derrota" (275).

6) Rotinização. Se o movimento sobrevive a todas as armadilhas e ciladas supracitadas, ele irá e deverá acabar assumindo um padrão rotineiro. O espírito "revolucionário" inicial não pode ser mantido para sempre, e provavelmente

não o será (lembremos as advertências de Turner sobre os perigos da liminaridade). Estruturas organizacionais são criadas, linhas de sucessão são estabelecidas e doutrinas são elaboradas e formalizadas. Se o movimento tiver suficiente sucesso, pode até tornar-se a "nova ortodoxia". O que uma vez era inovador e radical torna-se familiar e convencional.

Tendo passado por todos estes estágios, o destino final de um movimento de revitalização é *o novo estado estacionário*, no qual o movimento não só se institucionalizou, mas transformou-se numa cultura e numa visão de mundo que resolvem os problemas que ele se propôs resolver, dando às pessoas aquele sentimento de segurança, certeza e satisfação de que elas tão palpavelmente careciam na era pré-movimento. No entanto, Wallace afirmou que a grande maioria (99%) desses movimentos fracassa, que o momento mais provável para fracassar é a fase de "transformação cultural" e que os que sobrevivem permanecem em sua maioria como pequenas subculturas em suas respectivas sociedades, não se extinguindo completamente, mas estagnando como sistemas minoritários ou alternativos – "seitas", "denominações" ou até "cultos" – num campo religioso mais amplo. O movimento permanece à "margem" da sociedade como uma alternativa religiosa e social a mais.

**Tipos de movimentos de revitalização**

Os antropólogos distinguiram uma multiplicidade de diferentes "tipos" de movimentos de revitalização, com base em seus objetivos e métodos. Mas, como acontece em todas as tipologias que examinamos acima, estes tipos não são puros ou mutuamente excludentes. Um movimento concreto pode mostrar e geralmente mostra traços de duas ou mais dessas categorias; ele pode também não apresentar todos os traços de alguma categoria. Por fim, esses tipos ou processos não são exclusivos da religião. Mesmo assim, as categorias propostas por Wallace são úteis do ponto de vista da análise.

*Sincretismo*

O sincretismo refere-se a uma tentativa de misturar ou combinar elementos de duas ou mais culturas ou sistemas de crença para produzir uma nova – uma terceira – e melhor cultura ou sistema. Alguns antropólogos e outros estudiosos, como Rosalind Shaw e Charles Stewart (1996), defenderam o ponto de vista de que o sincretismo se refere exclusivamente à religião e, mais ainda, às interações entre duas ou mais religiões diferentes. Outros, como André Droogers (1989), seguindo J.H. Kamstra, sustentam que o sincretismo pode ocorrer *dentro* de uma religião individual, absorvendo elementos da cultura não religiosa. Embora possa ser desejável ter um termo para os processos especificamente religiosos de mistura, esses processos não são de modo algum exclusivos da religião: a mistura (com o nome de sincretismo ou qualquer outro nome) ocorre na alimentação, no vestuário, na música e em todos os domínios da cultura.

Num sentido bem real, toda religião é sincretista. Shaw e Stewart admitiram que "todas as religiões têm origens compostas e são continuamente reconstruídas através de processos permanentes de síntese e supressão" (1966: 7) ou, em termos de nossa análise anterior, todas as religiões são produto de tradicionamento. De fato, é justo dizer que toda cultura (e possivelmente toda a vida e a existência física) é sincretista, misturando e combinando até ao nível genético. No entanto, para nosso objetivo, as religiões não só tomam emprestado consciente ou inconscientemente uma das outras, mas indivíduos e grupos podem intencionalmente praticar este empréstimo, com a finalidade de inventar uma nova seita ou denominação ou até uma religião inteiramente nova. E, como o sincretismo é onipresente, Shaw e Stewart sugeriram que "em vez de tratar o sincretismo como uma categoria – um "ismo" – nós desejamos concentrar-nos nos *processos* da síntese religiosa e nos *discursos* do sincretismo" (7).

O sincretismo religioso pode obviamente inspirar-se em diversas fontes religiosas. O Cao Dai, uma nova religião surgida no Vietnã no início do século XX, incorporou abertamente elementos conceituais e organizacionais do budismo, das religiões chinesas (especialmente o confucionismo e o taoismo) e do cristianismo (especialmente o catolicismo). Aum Shinrikyo, o grupo responsável pelos ataques com gás no metrô no Japão em 1995, também fundiu componentes hindu-budistas com componentes cristãos. Movimentos minúsculos ou assim chamados "tribais", como os cultos à carga, a Dança dos Fantasmas e o movimento de Handsome Lake, tenderam a entremesclar crenças e práticas tradicionais com a religião invasora, frequentemente o cristianismo.

O sincretismo, mesmo na religião, pode inspirar-se e muitas vezes se inspira também em outras fontes não religiosas, que podem contribuir com elementos para um novo composto religioso. Aum Shinrikyo misturou aspectos de Nostradamus com tecnologia moderna (como preparação de gás venenoso) e "Y2K" ou preocupações da virada do milênio. O grupo suicida conhecido popularmente como Porta do Céu (cf. Ilustração 7.2), mas formalmente como Telah (The Evolutionary Level Above Human), tomou empréstimos da tecnologia da computação e da internet, bem como das crenças em Ovnis. A Cientologia não só se inspirou na psicologia e na saúde, mas começou concretamente como um movimento psicológico e voltado para a saúde. Finalmente, o movimento de espiritualidade das mulheres, em várias formas, apresenta características de diferentes tradições religiosas (cristãs, orientais, tribais, pagãs etc.) junto com temas e objetivos políticos, psicológicos e de gênero.

Ilustração 7.2  Website Porta do Céu. © Pictorial Press Ltd / Alamy

A menção dos discursos do sincretismo, feita por Shaw e Stewart, nos lembra que nem todos os observadores percebem o fenômeno da mesma maneira. Para os antropólogos, trata-se teoricamente de um processo neutro; no entanto, especialmente para os membros de uma religião ortodoxa, como também para os estudiosos interessados numa religião ortodoxa, o sincretismo é "muitas vezes considerado algo que implica 'inautenticidade' ou 'contaminação', a infiltração de uma tradição supostamente 'pura' por símbolos e sentidos vistos como pertencentes a tradições diferentes e incompatíveis" (1996: 1). Embora os antropólogos possam argumentar com esse ponto de vista ou simplesmente excluí-lo de consideração, Droogers advertiu que "*a controvérsia*, no interior de uma religião, sobre a aceitabilidade do sincretismo não deveria ser excluída da definição do conceito" (1989: 9).

Consequentemente, Shaw e Stewart destacaram que devemos prestar atenção também ao oposto do sincretismo, que eles chamaram de "antissincretismo", "o antagonismo à síntese religiosa, mostrado por agentes preocupados com a defesa das fronteiras religiosas" (1996: 7). Muitas vezes expresso em termos da pureza ou autenticidade – e até da "verdade" – de uma religião, o antissincretismo impede misturar elementos estranhos ou expurga os já misturados. O islamismo, por exemplo, proíbe explicitamente a *bid'a* ou "inovação/novidade", assim como o cristianismo se preocupa com ortodoxia *versus* heresia, embora a história de ambas as religiões tenha sido cisma e constante reinterpretação. Também as religiões minúsculas às vezes se opõem à intrusão das religiões mundiais. Catherine Allerton, que descreveu a personalidade da terra Manggarai (cf. Capítulo 3), também relata que os Manggarai têm resistido até hoje ao sincretismo em suas crenças e rituais relacionados com a terra. Embora em sua maioria os Manggarai de hoje se identifiquem como católicos, muitos deles continuam a sentir que o cristianismo é estranho e "não aplicável a práticas ligadas à terra, às suas energias e à fertilidade" (2009: 277). Chegam a "rejeitar a possibilidade de uma paisagem plenamente católica" (271), pelo menos em parte porque no cristianismo a terra é matéria inerte, não uma pessoa viva, e porque para "ter uma paisagem plenamente católica […] seria preciso mudar o nome da terra, deixando de chamá-la Manggarai, e mudar os nomes de todas as colinas, rios, montanhas e aldeias. Em suma, seria necessário transformá-la numa terra completamente diferente" (278).

*Milenarismo*

Milenarismo (do latim *mille*, que significa mil) é um conceito familiar aos conhecedores do cristianismo, que é uma religião basicamente milenarista. O cristianismo ensina que, em algum momento no futuro, o mundo tal qual o conhecemos irá terminar. As opiniões sobre a ordem específica dos acontecimentos, e sobre o que se seguirá, variam entre as denominações e seitas, mas há um consenso geral de que a transformação não será fácil ou indolor. Naturalmente, nem todas as religiões têm esta escatologia (cf. Capítulo 2) e a maioria das que contêm um prognóstico não o entendem em termos de mil anos; este é um artefato do sistema decimal do Ocidente (no qual 1.000 é $10^3$). Sociedades que não operam com o sistema decimal, como os antigos maias, ou que iniciam seus calendários em datas diferentes, não computam o tempo da maneira como os ocidentais o fazem. Por isso, o que importa no milenarismo não é literalmente o período de mil anos, mas a noção de que o mundo avança em períodos históricos ou espirituais, e o período atual terminará – e, muitas vezes, dentro em breve. Assim o milenarismo, enquanto fenômeno cultural geral, é um tipo de movimento baseado na concepção de que a era presente do mundo (uma era inferior, infeliz ou má) está prestes a terminar e que uma era superior está prestes a começar. Os seguidores do movimento precisam estar preparados para a mudança vindoura (à qual podem opor-se as forças do mal e das trevas ou as forças humanas do poder e da riqueza) ou agir para desencadear a mudança.

Embora não seja universal, o milenarismo é uma dimensão surpreendentemente comum dos novos movimentos religiosos. Existem provavelmente duas razões para isto. Uma razão é a influência global do cristianismo, que levou a expectativa a outras culturas. A segunda razão é a natureza geral de "protesto" de muitos NMRs, que visam explicitamente modificar ou eliminar as circunstâncias religiosas e culturais predominantes. A revolta dos Taiping era claramente milenarista (como também sincretista), com a esperança e determinação de levar a cabo uma nova sociedade divina na China. Muitos dos cultos à carga, senão todos, têm um tom milenarista, como o tinham a Telah e a Aum Shinrikyo e movimentos mais antigos como a Dança dos Fantasmas. Com efeito, se existe uma coisa que as novas religiões geralmente preveem – e buscam – é o fim "da vida como elas a conhecem" e o estabelecimento de uma vida melhor, pelo menos para os seguidores.

*Messianismo*

Messianismo é outro termo tomado da tradição judeu-cristã, que insiste que aparecerá (ou apareceu) um *messias* ou "ungido" para levar a sociedade à salvação e à felicidade. Como tal, ele é provavelmente um subtipo do milenarismo ou um companheiro dele: quando chegar o milênio, será uma figura messiânica quem dispensará o antigo e introduzirá o novo. Um dos traços-chave de um movimento messiânico talvez seja a crença de que aparecerá algum indivíduo para fundar e/ou guiar o movimento. Esta figura pode não ser sempre um *messias*, mas é geralmente algum tipo de profeta ou inovador ou fundador.

Ilustração 7.3 Adepto da Aum Shinrikyo medita diante de um retrato do fundador Shoko Asahara. Cortesia da foto de Toru Yamanaka/AFP/Gerry Images

Vários personagens, antigos e modernos, afirmaram ser figuras messiânicas ou receberam esse título. Nos movimentos inspirados no cristianismo, acredita-se muitas vezes que o messias é uma encarnação de Jesus; foi este o caso da seita Ramo Davidiano, na qual David Koresh (que até mudou seu nome para a ocasião) foi aceito como mais do que um líder religioso: como literalmente *o* messias que retornou para cumprir a promessa. No mormonismo (formalmente: Igreja de Jesus Cristo dos Santos dos Últimos Dias), Joseph Smith desempenhou o papel de fundador e profeta, e todos os líderes subsequentes (e até membros comuns) são profetas. Shoko Asahara exerceu a função para a Aum Shinrikyo (cf. Ilustração 7.3), enquanto Sathya Sai Baba foi a figura central de seu movimento. Com efeito, já que os movimentos são quase sempre a inspiração de um indivíduo, existe quase sempre um fundador individual identificável. No Adventismo do Sétimo Dia foi Ellen Harmon White; na Cientologia foi L. Ron Hubbard; e na Igreja da Unificação foi Sun Myung Moon (sugestivamente, um nome que significa, pelo menos em algumas traduções, "aquele que esclareceu a Verdade").

O papel do fundador, e de suas qualidades pessoais, tem sido notado desde Max Weber, senão antes. Weber considerou o "charisma" uma forma não-tradicional e também não-racional crítica de poder e autoridade, baseada nas características extraordinárias e sobrenaturais do líder – sua capacidade de realizar atos milagrosos, mostrar sabedoria e responder perguntas, profetizar o futuro e conseguir resultados. Peter Worsley acentuou o carisma em sua investigação sobre os cultos à carga, observando que o carisma enquanto traço da personalidade nunca é suficiente para sustentar um movimento; ele precisa ser institucionalizado, cristalizando

> crenças individuais num *sistema* de crenças e os crentes numa coletividade social, cujas percepções devem ulteriormente produzir uma disposição de comportar-se de maneira socialmente expressiva e causalmente significativa, e de fazê-lo em coordenação com outros de uma forma orientada para um objetivo e normativamente controlada (1968: xii).

Em outras palavras, embora "seja um comportamento não rotineiro *par excellence*" (xlviii), um movimento carismático precisa acomodar-se numa organização ou instituição – e não só isso, mas também produzir alguns efeitos. "Por isso, 'sinais', 'provas', a representação ou demonstração comportamental da promessa 'abstrata' são uma condição *sine qua non* para a continuação do movimento" (xii-xiii).

---

**Quadro 7.2 Um movimento messiânico milenarista: a Dança dos Fantasmas**

Uma das mais antigas descrições etnográficas é o relato de James Mooney (1896) sobre a Dança dos Fantasmas. Mooney achou que a Dança dos Fantasmas era um acontecimento religioso sem precedentes na cultura americana nativa, mas outros, entre os quais Leslie Spier (1935), mostraram convincentemente que ela estava relacionada com atividades anteriores de revitalização e também com crenças e rituais indígenas tradicionais muito distantes do lugar do incidente de 1890 em Wounded Knee, em South Dakota. Houve uma onda anterior de atividade de Dança dos Fantasmas em 1870 no noroeste dos Estados Unidos, especificamente na área do Oregon, que afetou os povos Modoc, Klamath e Paviotso. No entanto, retrocedendo ainda mais no tempo, Spier examinou a "Dança dos Profetas" e as visões apocalípticas de várias tribos do noroeste. Descreveu a crença dos Okanagan do Sul em desastres naturais (terremotos, estrelas cadentes etc.), em sonhos ou visões de deus ou da terra dos mortos, num "dia do juízo final" quando o mundo acabar e em danças e cantos visando a salvação humana no fim dos tempos. Os videntes dançavam durante dias seguidos até a crise passar, retornando à sua vida normal até que outro visionário lançasse outra advertência. Spier mencionou também a "dança da confissão", que surgia por ocasião de algum sinal perceptível dos dias finais; durante esta dança as pessoas ficavam de pé em círculo balançando e confessando seus pecados. A "dança do círculo" aparecia como um elemento-chave da Dança dos Fantasmas. Sejam quais forem suas raízes e precedentes, as crenças e práticas difundiram-se em regiões anteriormente não afetadas no final do século XIX. Houve anos sombrios para os Índios das Planícies. Às incursões iniciais dos brancos em território indígena seguiram-se tratados e guerras, levando à derrota final de tribos anteriormente independentes. Não só as pessoas foram subjugadas e confinadas em reservas, mas quase toda a população de búfalos foi dizimada. Por volta da década de 1880, até terras de reserva, mesmo pequenas e péssimas, estavam sendo desmembradas e distribuídas sob a política de "distribuição de terras". Na terra remanescente da reserva, as pessoas enfrentavam fome, doenças contagiosas e desarticulação cultural geral. Obviamente, grande número de indígenas foi despachado para juntar-se a seus ancestrais mortos.

O profeta da Dança dos Fantasmas é geralmente conhecido como Wovoka (o lenhador), provavelmente uma variante de *Quoitze* ou *Kwohitsauq*; foi chamado também de Jack Wilson. Na juventude mostrou interesse por assuntos religiosos e até participou supostamente de uma sociedade batista de abstinência de bebidas alcoólicas na idade adulta; pode até ter sido propenso a experiências religiosas menores. Mais tarde, como contou Michael Hittman (1997) com base em fontes primárias, a 1º de janeiro de 1889, enquanto estava cortando madeira, ouviu supostamente um "grande ruído", que o levou a desmaiar. Teve uma experiência de quase-morte e permaneceu inconsciente por um tempo não especificado, recuperando a consciência simultaneamente com um eclipse solar. Outros índios consideraram sua recuperação uma cura espiritual realizada pelo Sol e concluíram, de acordo com crenças como as supramencionadas, que ele salvou o mundo da destruição. Ele declarou que, durante o coma, visitou o céu e falou com "Deus". No céu todos os ancestrais falecidos estavam vivos e jovens novamente, dançando e felizes. Deus deu então a Wovoka poder sobre a natureza, junto com um código moral que continha normas contra a mentira, o roubo e a briga. Por fim, recebeu uma dança – a Dança dos Fantasmas – e lhe foi prometida vida e juventude no céu por obediência (cf. Ilustração 7.4). Aparentemente o profeta teve algum sucesso em suas profecias e poderes naturais, pois seu nome se propagou; não só enviou representantes a outras tribos com as boas notícias, mas não menos de trinta tribos enviaram delegações a ele para aprender as novidades.

Entre estas estavam os Lakota ou Sioux, que enviaram Bom Trovão, Cavalo das Nuvens, Faca Amarela e Pequeno Touro para encontrar-se com Wovoka em 1890. Quando os Lakota a receberam, suas condições, por terem sido recentemente assentados em reservas, eram muito diferentes das condições de outras tribos, inclusive da do próprio profeta. Apesar disso, boa parte da crença e prática da Dança dos Fantasmas dos Lakota era coerente não só com as instruções de Wovoka, mas também com a tradição apocalíptica do Noroeste descrita acima. Eles dançavam em círculo, ou em diversos círculos concêntricos, arrastando os pés de mãos dadas. Previam a restauração e rejuvenescimento da terra e da sociedade, já na primavera de 1891. Nesse tempo se reuniriam com seus ancestrais falecidos; provavelmente os brancos seriam eliminados, porque os Lakota tinham uma tradição mais agressiva do que os Paiutes ou tribos do Noroeste, para não falar de uma história recente mais violenta. Uma inovação que pode ter sido original dos Lakota era a camisa da Dança dos Fantasmas, uma peça de roupa à qual se atribuía não só um significado espiritual, mas também poder mágico. Pelo menos alguns acreditavam que ela protegia das balas quem a usava. Segundo se alega, tanto o profeta quanto seus seguidores acreditavam que ele próprio era invulnerável a flechas e balas, mas não está claro se isso se devia a algum traje especial ou apenas à sua pessoa espiritual singular. Seja como for, quando os Lakota começaram suas atividades da Dança dos Fantasmas à vista das autoridades da reserva (por mais discretos que eles procurassem ser), despertou entre os brancos um sentimento de alarme, já que uma população indígena mobilizada, junto com a ausência de sensibilidade às balas dos soldados ou pelo menos ausência de medo delas, representava uma situação perigosa para os brancos. Dois dias antes do fim do ano, após uma tentativa de prender o grande chefe Touro Sentado na qual ele foi morto, a tensão explodiu em violência quando os guardas atiraram contra uma multidão de homens, mulheres e crianças em Wounded Knee, matando trezentos na última "batalha" (ou massacre) nas Planícies. Foi o fim da resistência Lakota e da Dança dos Fantasmas.

Ilustração 7.4 Dança dos Fantasmas dos Sioux (gravura do século XIX). Cortesia da Prints and Photographs Division da Biblioteca do Congresso

*Irredentismo*

Irredentismo (do italiano *irredenta*, "não-resgatada") é outro traço recorrente, embora menos familiar, dos movimentos. Os movimentos irredentistas são tentativas de recuperar e reocupar uma pátria perdida; nem todos são religiosos por natureza, mas a religião pode servir como uma poderosa justificativa para o movimento. Estão no cerne de muitos dos conflitos étnicos no mundo moderno. A luta cingalesa/tâmil pelo Sri Lanka é uma espécie de movimento irredentista: os tâmeis afirmam estar lutando por sua antiga pátria, Tamil Eelam, que eles justificam com base em sua cultura distinta, sua ocupação anterior e seu atual *status* de maioria. Podemos também avaliar os aspectos irredentistas das guerras iugoslavas da década de 1990, em particular as pretensões sérvias sobre porções da Bósnia e mais ainda sobre Kosovo.

O movimento sionista, que começou oficialmente no final do século XIX, mas com raízes muito mais antigas, estabeleceu como seu objetivo a recriação de um Estado nacional judeu na "terra santa" judaica. Com base numa multiplicidade de justificativas – desígnio divino e "aliança" (a "terra prometida"), ocupação anterior e controle político (o antigo reino de Israel), direito de conquista (os hebreus bíblicos, sob Moisés e Josué, haviam lutado para ocupar a terra que lhes fora prometida) e, no contexto moderno, os direitos culturais e a sobrevivência cultural (viver na Europa revelara-se uma proposta perigosa) –, sionistas como Theodore Herzl, autor de *The Jewish State*, puseram-se a reivindicar sua pátria perdida, da qual haviam sido dispersos (fato conhecido como Diáspora) por quase dois mil anos. O subsequente estabelecimento do Estado moderno de Israel na Palestina em 1948 foi o resultado final deste movimento; e os extremistas sionistas contemporâneos, como a organização chamada Gush Emunim, preveem, com base em fundamentos escriturísticos e históricos, um dia em que todo o antigo Israel e para além dele – "desde o Rio Eufrates no Iraque até a torrente do Egito" (ARAN, 1991: 268) – será devolvido ao povo judeu (cf. Capítulo 12).

Evidentemente um lugar não é apenas um local geográfico físico; é também uma ideia e uma memória (inventada). "Sião" é para os judeus a faixa de terra na costa mediterrânea oriental. Lembremos que, para os Rastafaris, "Sião" foi transferida para a África, especificamente para a Etiópia – uma imaginária pátria perdida, imaginária porque os escravos africanos do Caribe foram em grande parte tirados da África Ocidental e não da África Oriental. E já na década de 1940 alguns Rastafaris jamaicanos "retornaram" à Etiópia, mas o que muitos encontraram não foi exatamente uma "pátria": tiveram dificuldade de obter a cidadania etíope ou direitos de possuir terra; e sua identidade jamaicana/Rastafari os diferenciou dos etíopes nativos (NIAAH, 2012). Subsequentemente, alguns Rastafaris reinterpretaram "Sião" mais uma vez, argumentando que Sião é a Jamaica. O mais fascinante é que o Rastafarianismo se espalhou pelo mundo, até em lugares para onde os afro-jamaicanos não haviam viajado, como a Nova Zelândia. Alguns Maori, povo autóctone da Nova Zelândia, adotaram o Rastafarianismo, misturando estilos Rastafari com cultura Maori tradicional, como tatuagens faciais *moko*; e para eles, evidentemente, Israel, Etiópia e Jamaica não tinham nenhum significado nem importância. Para eles, a pátria perdida são suas ilhas colonizadas da Nova Zelândia e seu Sião é o monte Hikurangi local (DOUGLAS & BOXILL, 2012).

*Modernismo/vitalismo*

O modernismo ou vitalismo procura importar e aceitar maneiras e costumes culturais estranhos, em parte ou na totalidade. O Japão, por exemplo, quando finalmente "se abriu" ao Ocidente em 1854, começou a adaptar-se a este novo contato apropriando-se de muita coisa do mundo ocidental. Tecnologia, organização militar, língua e estilos de vestuário e de música foram absorvidos. Por volta de 1868, estava em andamento uma revolução conhecida como Meiji (termo japonês para iluminação). Foi redigida uma constituição moderna, estabelecendo o imperador como chefe do Estado. O sistema feudal foi abolido, foi implementada a educação em massa patrocinada pelo Estado e foram feitos esforços concentrados para industrializar o país e para modernizar o exército.

A forma mais acabada de modernismo na religião é a conversão, a aceitação completa de um conjunto estranho de crenças, valores e práticas; e, no campo da religião, isto significa conversão a uma religião estranha, especialmente uma religião universal e uma religião proselitista como o cristianismo ou o islamismo. Teremos muito a dizer sobre este processo no próximo capítulo. Também as religiões autóctones podem modernizar-se incorporando aspectos de uma religião e cultura nova e estranha, em particular crenças num único deus ou num tempo final apocalíptico, ou valores e práticas como a monogamia ou a abstenção de álcool. Os membros podem chegar ao ponto de condenar e rejeitar sua religião tradicional e práticas e instituições a ela associadas (muitas vezes por influência de agentes exteriores de mudança, como os missionários).

Ao mesmo tempo, provavelmente todos os movimentos mostram algum grau de modernismo, mesmo que seja apenas a adoção de tecnologias modernas para preservar e propagar velhas crenças e práticas; muitas sociedades autóctones, por exemplo, mantêm websites e usam telefones celulares, automóveis e aviões. Por conseguinte, o modernismo/vitalismo não é um fenômeno total; mais exatamente, encontramos geralmente uma combinação de velho e novo – e novo visto através do olhar do velho – de maneiras singulares e surpreendentes.

**Quadro 7.3 Cultos à carga: religião local, política translocal**

Entre as formas mais pitorescas de movimentos sincretistas na literatura antropológica estão os chamados "cultos à carga" que se espalharam pelas Ilhas do Pacífico, particularmente na Melanésia e nas regiões do sudoeste, entre aproximadamente 1900 e 1950, como resultado da invasão em grande escala do colonialismo. Os cultos à carga tenderam a envolver o arremedo do comportamento religioso, social e moral ocidental a fim de obter a riqueza que os ocidentais possuíam, arremedo feito "com base na crença dos nativos de que os bens (carga) europeus [...] não são feitos pelo homem, mas obtidos de uma fonte não-humana ou divina" (LAWRENCE, 1964: 1). No entanto, Julia Zamorska viu nestes movimentos muito mais do que esforços para ficar rico, e sim "maneiras de adaptação, ajustamento a uma nova situação, tentativas de encontrar um novo lugar no mundo mutante e maneiras de procurar uma nova definição da cultura melanésia e uma identidade cultural redefinida do povo nativo" (1998: 7).

Louise Morauta descreveu a complexa interação entre o nativo/local e o estranho/global no chamado "culto a Yali", que irrompeu na região de Madang da Nova Guiné na década de 1960. A área tinha uma história de cultos à carga que remontava à década de 1920. Yali Singha tornou-se o líder de um movimento muito difundido, que cobria mais de duzentas aldeias cujos representantes seguiam seus ensinamentos, faziam encontros e coletavam donativos para seu líder. As dimensões do movimento de Yali eram incomuns, já que, em sua maioria, os cultos à carga anteriores e contemporâneos (pois o dele não era o único na vizinhança) eram menores e mais locais, às vezes restritos a uma única aldeia. Ao mesmo tempo, o movimento de Yali tinha duas características contraditórias. Em primeiro lugar, era relativamente centralizado, com "chefes locais" respondendo por Yali; era mais uniformizado e padronizado do que a maioria dos movimentos e realizado em *pidgin* (o híbrido de língua local e língua estrangeira) e não na língua autóctone e "não se limitava aos canais tradicionais de comunicação" (1972: 436). Mesmo assim, os seus seguidores eram uma minoria bem definida na região: em algumas aldeias ele simplesmente não tinha partidários e na maioria das aldeias havia divisão entre membros e não membros. É significativo que as aldeias onde Yali tinha pouco ou nenhum apoio eram aquelas mais eficazmente integradas no sistema colonial, ligadas por estradas, proporcionando emprego e servidas por escolas e hospitais. Yali se opunha ativamente à Igreja Luterana local como também àquelas Igrejas que apoiavam a administração colonial e o desenvolvimento econômico moderno. A influência de Yali era mais forte nas aldeias mais remotas e menos aculturadas, onde a alfabetização e a renda eram inferiores e – o que é mais importante – onde muitas das práticas e instituições pré-coloniais, que haviam proporcionado coesão social, tinham deixado de funcionar. O movimento de Yali parecia oferecer não só um novo meio de integração social e de sucesso material, mas também uma nova visão política e identidade. Era ao mesmo tempo tradicional e modernizante, unindo habitantes de aldeias desiguais numa sociedade regional e potencialmente nacional; seu movimento explorou as divisões internas nas aldeias para "forjar fortes laços entre as aldeias" (446), para satisfazer as necessidades de uma sociedade parcialmente destradicionalizada que buscava mais do que carga, ou seja, buscava também uma maneira de as pessoas relacionar-se entre si e com o mundo exterior.

*Nativismo/fundamentalismo*

No lado oposto do espectro da revitalização estão os movimentos nativistas ou fundamentalistas. O nativismo ou fundamentalismo é uma forma de movimento que enfatiza a cultura autóctone ou tradicional e a resistência à cultura estranha ou até sua expulsão. Ralph Linton definiu o movimento nativista como "qualquer tentativa consciente e organizada, por parte dos membros de uma sociedade, no sentido de reavivar ou perpetuar aspectos selecionados de sua cultura" (1943: 230). Esta é uma definição importante, porque mostra que o nativismo ou fundamentalismo não é apenas "tradição", mas tradição *seletivamente e intencionalmente reavivada ou perpetuada*. Por isso, ele nunca pode ser completamente tradicional, no espírito ou no conteúdo: por exemplo, a Dança dos Fantasmas realçava certos aspectos da cultura tradicional, mas também adotava especificamente "o uso de roupa, armas de fogo, chaleiras e outros objetos de fabricação europeia", que, garantiam os indígenas, seriam seus quando os brancos fossem "varridos" (231).

Linton especificou, além disso, quatro subtipos de movimentos nativistas: (1) revivalistas-mágicos, (2) revivalistas-racionais, (3) perpetuadores-mágicos e (4) perpetuadores-racionais. Sob o aspecto de seus objetivos, os movimentos revivalistas se empenham em recuperar elementos culturais perdidos, enquanto os movimentos perpetuadores lutam para manter vivos elementos culturais existentes; em ambos os casos, existem fortes alegações de que os elementos de interesse são particularmente antigos ou puros. Sob o aspecto de suas atitudes ou práticas, os movimentos mágicos assemelham-se ao tipo que estivemos analisando – muitas vezes promovidos por um profeta ou fundador carismático com "aspectos sobrenaturais e geralmente [...] apocalípticos e milenaristas" (232). Itens da cultura estão concentrados

> não [...] em seu próprio interesse ou na expectativa de vantagens práticas provenientes dos próprios elementos. Seu *revival* faz parte de uma fórmula mágica destinada a modificar o ambiente da sociedade de uma maneira que lhe será favorável. [...] Os membros da sociedade acreditam que, comportando-se como seus ancestrais se comportaram, eles irão, de alguma maneira geralmente indefinida, ajudar a recriar em sua totalidade a situação na qual seus ancestrais viveram. Talvez seja mais exato dizer que eles estão tentando recriar aqueles aspectos da situação ancestral que, em retrospectiva, parecem desejáveis (232).

Por outro lado, os movimentos racionais são primariamente psicológicos e conscientemente "simbólicos" e sociais: sua função consiste em proporcionar autoestima aos membros individuais e manter a solidariedade na sociedade coletiva. Curiosamente Linton conclui que todos os subtipos são bastante comuns, exceto os perpetuadores-mágicos, dos quais ele afirma não conhecer nenhum exemplo. Seja como for, no Capítulo 12 retornaremos aos movimentos fundamentalistas, que existem abundantemente no mundo moderno; com efeito, o fundamentalismo pode ser uma das formas mais frequentes, senão a mais frequente, entre as formas de revitalização religiosa da atualidade.

**Estudo de caso: a mistura de religiões no Cao Dai**

O Vietnã estava sob a autoridade colonial francesa na época em que Ngo Minh Chieu nasceu em 1878, como filho único de uma família pobre. Exposto muito cedo a noções religiosas chinesas, em particular ao confucionismo, e também à cultura francesa (trabalhando na sede do governador geral da Indochina em 1903), esteve na encruzilhada de culturas e religiões. Estudou não só tradições asiáticas e também tradições ocidentais, mas praticou o espiritismo e sessões espíritas; num desses eventos, recebeu uma mensagem espiritual que supostamente curou sua mãe da doença que ela tinha. Numa sessão subsequente, em 1920, foi visitado por *Duc Cao Dai*, o Ser Supremo, numa série de revelações que levariam a uma nova religião.

Após três anos de vegetarianismo ritual, Chieu começou a difundir seus conhecimentos por toda a cidade de Saigon. Obteve grande sucesso, especialmente entre a classe inferior dos camponeses; Susan Werner concluiu que a nova religião "afirmava ter conquistado mais seguidores após um ano de fundação do que o cristianismo conquistara ao longo de três séculos de proselitismo" (1981: 4). No dia 7 de outubro de 1926, quando foi assinada a "Declaração de fundação da religião Cao Dai", 247 membros estavam presentes e a congregação cresceu rapidamente. O nome original do movimento, *Dai Dao Tam Ky Pho Do* ou "A terceira grande anistia religiosa universal", mostrava claramente como a nova religião se considerava uma continuação ou renovação de tradições muito mais antigas (cf. Ilustração 7.5).

Chieu logo se retirou da administração cotidiana e Le Van Truang passou a atuar como o "papa" da Igreja. E não só isso. A nova Igreja adotou algumas das características estruturais da Igreja Católica, com um *Giao-Tong* (papa) presidindo um "colégio" de administradores eclesiásticos (*Cuu-Trung-Dai*), considerado o "ramo executivo". Três *Chuong Phap* ou "cardeais legislativos" chefiavam três "ramos legislativos", um para cada uma das religiões asiáticas antigas (confucionismo, budismo e taoismo). Abaixo disso, trinta e seis *Phoi-Su* ou "arcebispos" (doze para cada "ramo") tinham, cada qual, autoridade sobre mil *Giao-huu* ou "sacerdotes", com *Le-Sahn* ("sacerdotes estudantes"), *Chuc Viec* ("operários leigos") e *Tin-Do* ("adeptos" ou seguidores), dispostos numa ordem meticulosa.

Doutrinalmente, Cao Dai era um sincretismo universalista e ecumênico. Embora assemelhando-se institucionalmente ao catolicismo, sua agenda explícita consistia em unificar as grandes religiões asiáticas. Era monoteísta, acreditando em Deus Pai (*Duc Cao Dai*), mas também numa Mãe Universal. Reconhecia diversos seres divinos, entre os quais, Siddhartha, Confúcio, Lao-tse e Jesus. De acordo com Hum Dac Bui, sua cosmogonia e sua teologia eram provavelmente mais próximas do taoismo:

> No início, não existe senão um único princípio, uma única mônada; nenhum céu, nenhuma terra, nenhum universo. Esta mônada é Tao ou Deus. Deus não tem nome, nem cor, nem início, nem fim; Deus é invariável, incomensuravelmente poderoso, eterno e é a origem de tudo. Depois de criar o universo, Deus dividiu Seu espírito e com ele fez todas as criaturas, plantas e materiais (BUI, 1992: 22).

A nova religião, portanto, misturou explicitamente os ensinamentos de seus três predecessores – as três "joias" (matéria, energia e alma) e os "cinco elementos" (mineral, madeira/vegetal, água, fogo e terra) do taoismo; os "três deveres" (rei e súdito, pai e filho, e marido e mulher) e as "cinco virtudes" (amor, justiça, bom comportamento/cortesia, sabedoria e lealdade) do confucionismo; e os "três refúgios" (Buda, *dharma* e *sangha*) e as "cinco proibições" (não matar, não roubar, nada de álcool, não entregar-se a uma má conduta sexual ou tentações, e não falar mal) do budismo. O objetivo final da religião era basicamente o do budismo: alcançar a iluminação através do cuidadoso controle de seu carma, evitando más ações e empenhando-se no bem, inclusive ensinando aos outros o caminho correto. A recompensa era a reencarnação num estado superior ou evasão definitiva para uma realidade melhor, o céu ou o nirvana.

A prática Cao Daoista combinava culto ao Deus único, espiritismo e veneração dos ancestrais. Observâncias religiosas podiam ser praticadas em casa ou num templo local. Estes rituais diários incluíam quatro cerimônias: ao nascer do sol, ao meio-dia, ao pôr do sol (aproximadamente 8h) e à meia-noite. No início do mês (lunar), os rituais calendáricos eram realizados juntamente com os rituais para o Pai, a Mãe e outros Seres Divinos. Até mais propício era executar seus deveres cerimoniais no "templo-mãe" situado em Tay Ninh. O templo, chamado de Santa Sé, foi construído em 1928 e abriga um mural dos Três Santos do Cao Dai, que são: Trang Trinh (um poeta nacionalista vietnamita do século XV), Sun Yat-sen (o líder da revolução nacionalista chinesa de 1911) e Victor Hugo (o escritor francês). Estes três personagens não só representam a "Tríplice Aliança" de Vietnã, China e França, mas se comunicavam com os seguidores durante as sessões. As sessões, de acordo com a experiência pessoal inicial do próprio Chieu, constituíam uma parte decisiva da prática religiosa, usando tabuleiros Ouija ou fazendo os espíritos registrar as mensagens com leves pancadas na mesa ou escrevê-las com canetas rituais. Os médiuns eram obviamente oficiantes necessários nesses eventos.

Estas demonstrações exteriores da religião abrangiam o lado "exotérico" do Cao Dai, mas havia também um lado "esotérico". Esta versão "interior", como acontece em todas as religiões, era mais exigente e mais "avançada" e seguia o exemplo estabelecido pelo próprio Chieu ao retirar-se da observância exterior para dedicar-se a uma prática e compreensão mais profundas. O Cao Dai esotérico exigia vegetarianismo, meditação e ascetismo radicais. Este caminho não era para os fracos de coração e era adotado sobretudo pelos sacerdotes.

O Cao Dai encontrou resistência oficial no início, mas por volta de 1935 era tolerado como uma religião. Em 1941 a administração francesa fechou a Santa Sé e tentou erradicar o movimento; e a chegada do comunismo na década de 1940 apenas robusteceu mais os fiéis. No dia 7 de fevereiro de 1947 foi introduzido um exército Cao Dai com o título de "Grande comunidade para proteger a justiça e a humanidade"; os seguidores foram reconhecidos como "soldados do Caminho celestial". A milícia Cao Dai chegou a dez mil homens e lutou tanto contra os franceses quanto contra os comunistas. O fim da guerra do Vietnã em 1975, com a vitória dos comunistas norte-vietnamitas, significou a abolição de toda religião visível e a "reeducação" dos crentes como socialistas. Mesmo assim, o Cao Dai afirma ter cerca de cinco milhões de crentes em nível internacional, com pelo menos um milhão e meio no Vietnã, o que o torna a terceira maior religião do país – e uma nova "religião mundial" com templos nos Estados Unidos, na Austrália e na Europa (cf. www.caodai.org).

Ilustração 7.5 Templo Cao Dai. Cortesia de Shutterstock

## Estudo de caso: mudança no interior da religião no movimento "Igreja emergente"

Como Droogers insistiu acima, mudança religiosa e até movimentos religiosos podem ocorrer *no interior* de uma religião bem como entre religiões; e de fato estas dinâmicas intrarreligiosas são comuns quando as pessoas julgam insatisfatórias as ideias, práticas ou instituições de sua religião. Nos Estados Unidos de hoje, um dos mais interessantes acontecimentos recentes no cristianismo tem sido o movimento "Igreja emergente". Os advogados Eddie Gibbs e Ryan Bolger do Seminário Teológico Fuller definiram as Igrejas emergentes como "comunidades que praticam o caminho de Jesus nas culturas pós-modernas" (2005: 44). Ou seja, o movimento Igreja emergente é uma nova maneira de o cristianismo adaptar-se à cultura de hoje que o cerca. Especificamente, Gibbs e Bolger sugerem que essas Igrejas "levam uma vida sumamente comunitária" a fim de "transformar o campo secular"' (45).

James Bielo é um antropólogo que voltou o olhar antropológico para o cristianismo americano e julga que o que ele chama de evangélicos emergentes "são sujeitos religiosos que refletem sobre as condições culturais da modernidade e da modernidade tardia e respondem a estas condições" (2011: 17), condições que incluem urbanização e suburbanização, capitalismo e mercados, meios de comunicação de massa e autoconsciência reflexiva. Bielo descreve os evangélicos emergentes como "brancos, do sexo masculino, da classe média, com boa instrução, urbanos, pastores da Geração X, fundadores de Igrejas, consultores de Igrejas e leigos interessados" (5). Em busca de "autenticidade" moderna e pós-moderna, muitos destes indivíduos ficaram insatisfeitos com as Igrejas existentes, mesmo as evangélicas; tendem a ter uma história comum de "desconversão" e, em seguida, de reconversão para um cristianismo de Igreja emergente com uma "narrativa de crítica, de contraste, de repensamento, de recuperação, de revelação e, por fim, de manter a fé" (46). Como tais, eles se distinguem não só da cultura americana materialista secular, mas também do evangelicalismo dominante.

Enquanto cristãos pós-modernistas, um dos traços notáveis dos evangélicos emergentes é a ironia. Se a cultura americana contemporânea implica certa autoconsciência de mediação simbólica, certo superficialismo nas formas exteriores, certa "linguagem indireta, inversão, circunlóquio, sátira, paródia, fingimento e outras formas irônicas" (49), o cristianismo pós-moderno pode e deve mostrar estas qualidades. Bielo sugere que, tanto em relação aos produtos quanto em relação à linguagem, a ironia é um "ponto central" da *performance* evangélica emergente (50). Outro aspecto-chave do evangelicalismo emergente é aquilo que os membros chamam de sua orientação "antigo-futuro", que os faz misturar visivelmente – e surpreendentemente – o antigo com o novo e até "venerar Deus de maneiras que parecem claramente não evangélicas", como

> leitura pública de orações monásticas e católicas, queimar incenso, substituir a iluminação fluorescente por velas, adaptar antigos hinos protestantes à música contemporânea, cantar orações ortodoxas orientais, usar ícones, criar labirintos de oração, seguir o calendário eclesiástico para sermões e leituras do lecionário, usar a *lectio divina* para ler a Bíblia e ampliar o papel do silêncio (71).

Desta maneira e de outras, os evangélicos emergentes tomam emprestado e misturam, inovam e arremedam, tudo isto enquanto afirmam voltar ao "básico" ou aos "fundamentos" de sua religião.

Em sua maioria os evangélicos emergentes se comprometem a "ser um missionário para sua própria sociedade" (119), o que não acontece exclusivamente entre os cristãos. No entanto, já que eles se veem no contexto social americano mais amplo (ou seja, possuem uma identidade reflexiva pós-moderna), adotam uma abordagem da missionação cristã que eles chamam de "reino do agora e ainda não". Em outras palavras, a sociedade cristã que eles buscam está aqui e também ainda não está aqui. Os evangélicos emergentes têm o que eles chamam de "coração missionário" e parte de sua estratégia de missionar e partir para o "reino do agora e ainda não" é fundar Igrejas, o que às vezes os leva a bairros pobres e cheios de problemas a fim de iniciar novas congregações. Bielo insiste que esta fundação de Igrejas "pode ser interpretada como uma encarnação religiosa da disposição empresarial da modernidade" (164) e a fundação de Igrejas parece de fato ser apoiada por uma retórica, literatura e base institucional articuladas da "economia neoliberal". Além disso, Bielo postula que a fundação de Igrejas torna antiga-futura a realidade do "lugar" na religião, especialmente o que eles chamam de "espaços tênues" ("thin places") ou "espaços físicos na terra onde a presença de Deus podia ser mais facilmente sentida" (76).

Por fim, o movimento Igreja emergente representa um exemplo daquilo que Droogers, na esteira de Kamstra, chamou de sincretismo *no interior* de uma religião determinada, embora os praticantes quase certamente rejeitem o termo "sincretismo". O resultado é aquilo que Scot McKnight (2007), do Seminário Teológico de North Park, escrevendo para a revista evangélica *Christianity Today*, chama de "a colcha do evangelicalismo", com o evangelicalismo emergente assumindo seu lugar junto com "o Movimento de Jesus e os movimentos carismáticos da década de 1960". Como tal, o cristianismo americano contemporâneo evolui e se multiplica, para tornar-se mais contemporâneo e mais americano, ao mesmo tempo em que difunde o sentido e a diversidade do cristianismo – ou cristianismos.

## Conclusão

A religião, como toda cultura, está num constante estado de mudança, ou poderia ser melhor imaginar que, como toda cultura, a religião é dinâmica. Os processos e práticas sociais e culturais produzem e reproduzem continuamente a religião; quando a reproduzem como ela era antes, temos uma "estase religiosa" ou aparente estabilidade; mas, quando a reproduzem com modificações, temos "mudança religiosa". As religiões têm uma tendência, ou até um interesse particular, de apresentar-se como imutáveis, eternas e inalteráveis; mas isso faz parte da ideologia religiosa e não é um fato da religião. A aparente permanência e estase da religião lhe permite reivindicar o "prestígio do passado", mencionado por Eliade. Mesmo novas religiões declaram tipicamente que perpetuam ou aperfeiçoam crenças e práticas anteriores, ou então afirmam que recebem suas mensagens e revelações do "além", de alguma fonte extra-humana. Por conseguinte, no fenômeno da mudança religiosa observamos não só a relação holística entre uma religião e seu ambiente sociocultural e histórico, bem como a convergência entre o pessoal/psicológico e o social/institucional, mas também o processo essencial pelo qual a cultura – aqui, a mudança na cultura – se torna sobrenaturalizada, enquanto o sobrenatural se torna culturalizado. Nos dois próximos capítulos, examinaremos mais detalhadamente as consequências do dinamismo religioso, na forma de "religião mundial" e "religiões vernáculas".

**Perguntas para debate**
- O que os antropólogos querem dizer com "a invenção da tradição"? Como até religiões "tradicionais" inventam suas crenças e práticas?
- O que são os processos de mudança cultural e religiosa e como a mudança é diferente do "movimento"?
- O que é um movimento de revitalização e quais são os tipos ou elementos dos movimentos de revitalização?

**Leitura suplementar (cf. website)**
- The Making of a Modern Zoroastrianism.
- The Classical Study of Cargo Cults.
- Making Money the Sufi Way: The Murabutin Movement.
- An Old Religion as a New Religion: Druidry in the United States.

# 8

# Religião translocal: islamismo e cristianismo

"Um dos frutos da empresa missionária dos séculos XIX e XX em Gana", um pequeno país no noroeste da África, é a Igreja Presbiteriana de Gana (BINEY, 2011: 53). No entanto, a Igreja Presbiteriana de Gana não é a única forma de cristianismo existente em Gana; mais exatamente, o cristianismo existe como "uma tapeçaria de denominações diferentes e Igrejas independentes", pertencentes a categorias como as convencionais: africanas independentes, pentecostais, neoevangélicas, neopentecostais/carismáticas, para não mencionar as Testemunhas de Jeová e os Mórmons. O cristianismo missionário confrontou-se inevitavelmente e interagiu com tradições africanas locais, entre as quais: ideias a respeito dos espíritos ancestrais, bruxos/as e qualidades espirituais dos seres humanos. A partir da independência nacional em 1957, muitos ganeses emigraram para os Estados Unidos, levando consigo seu cristianismo ganês. Na cidade de Nova York, os imigrantes ganeses, predominantemente da sociedade ou grupo étnico Akan, organizaram a Igreja Presbiteriana de Gana em Nova York (PCGNY) em 1983 como um lugar para culto religioso e reunião da comunidade. O mais interessante é que a PCGNY se considera não apenas uma Igreja especificamente para ganeses (embora 99% de seus membros sejam de Gana), mas uma "missão ultramarina", que "procura propagar a mensagem e a missão da Igreja cristã nos Estados Unidos através de sua marca de presbiterianismo ganês (sic)" (68). Em outras palavras, o Ocidente missionou a África, mas pelo menos em escala minúscula agora a África está missionando o Ocidente.

A antropologia ganhou a vida examinando religiões pequenas, locais, "tribais" ou "tradicionais". Mas as religiões nunca foram tão isoladas e tão locais como imaginamos: as religiões Dinka e Nuer interagiram na África Oriental, os

Warlpiri intercambiaram a religião com seus vizinhos na Austrália central e o budismo coexistiu com ideias e práticas não budistas na Tailândia, como vimos em capítulos anteriores. Assim algumas religiões se tornaram translocais e até internacionais, alcançado o *status* de "religiões mundiais".

À primeira vista pode parecer que a antropologia está mal-equipada para estudar religiões translocais, já que os métodos de observação participante favorecem o conhecimento profundo de um cenário local. No entanto, como ocorre na África ou na Tailândia, o translocal ou global está presente no local, e religiões translocais ou globais como o cristianismo assumem formas locais específicas, como a Igreja Presbiteriana de Gana. E o que é sumamente importante: os antropólogos descobriram que seus conceitos e métodos não se limitam de maneira alguma às religiões locais ou "tradicionais", mas são igualmente aplicáveis – e criticamente necessários – ao estudo das religiões translocais ou "mundiais".

Este capítulo enfocará principalmente duas religiões translocais, o islamismo e o cristianismo, não por serem as religiões mais importantes ou as mais representativas (elas não o são), mas porque os próprios antropólogos estiveram especialmente ocupados em estabelecer uma "antropologia do islamismo" e uma "antropologia do cristianismo". Além disso, estes dois esforços são notavelmente recentes: apenas uns poucos anos atrás alguns antropólogos insistiam que, embora houvesse estudos antropológicos de grupos cristãos, não havia nenhuma antropologia do cristianismo, e gastou-se muita energia no debate sobre o tratamento antropológico destas duas religiões maciçamente translocais, que entre si reivindicam pelo menos metade da humanidade.

Além disso, o estudo antropológico das religiões translocais suscita questões de crucial importância para a antropologia. Uma questão é a formação e difusão de novos movimentos religiosos, que foi o tema do capítulo anterior. Outra questão é a diversidade no interior das religiões, que se adaptam e se tornam mais ou menos consonantes com seus ambientes sociais e culturais locais. Uma terceira questão são as interações entre as religiões, que muitas vezes compartilham um campo religioso onde elas competem e/ou cooperam. Uma última questão é a questão da identidade religiosa, ou seja, como e por que as pessoas chegam a afiliar-se a uma (ou mais do que uma) religião translocal e como esta afiliação molda sua identidade e suas relações com outras comunidades religiosas e com a sociedade mais ampla.

## A antropologia da "grande transformação"

Até recentemente podíamos falar de religiões do mundo, mas não de "religiões mundiais". Havia literalmente milhares e milhares de crenças e práticas religiosas e mitos e rituais e especialistas; de fato, praticamente toda entidade social identificável tinha uma religião própria. Ou, dito de outra maneira, havia literalmente milhares e milhares de sociedades, cada qual com uma tradição religiosa ou espiritual distinta. A religião era "local". Uns poucos antropólogos propuseram que, em certos tempos e em certos lugares e por certos motivos, ocorreu uma "grande transformação": além de algumas religiões "tradicionais" locais, ou a partir delas, nasceram não só novas religiões, mas também *um novo tipo de religião*. Estas teorias dependem de uma considerável quantidade de generalização intercultural, mas são interessantes e importantes.

Robert Redfield (1953) foi um dos primeiros a tentar uma comparação entre religiões locais e religiões translocais, ou o que ele chamou de "pequenas tradições" e "grandes tradições". De acordo com ele, as religiões pequenas ou locais eram produtos ou experiências de um tipo específico de sociedade, o tipo que todas as sociedades comprovadamente foram um dia. Pequenas e isoladas, "autônomas e autossuficientes", elas eram socialmente homogêneas, com um forte senso de solidariedade de grupo. O parentesco era o princípio organizativo fundamental, de modo que as relações sociais eram pessoais e informais. O controle social era, portanto, informal e quase inconsciente: as pessoas se comportavam de determinadas maneiras "porque para as pessoas parece decorrer da própria necessidade da existência que elas façam esse tipo de coisa" (14). A religião proporcionava a cola ou os fios que mantinham a sociedade unida e fazia com que isso parecesse necessário e evidente por si mesmo; com efeito, a religião era, em grande parte, não reflexiva e assistemática e talvez dependia de ser assim. O resultado era uma "comunidade moral" do tipo descrito por Durkheim; nas palavras de Redfield, "a ordem essencial da sociedade, o nexo que mantinha as pessoas unidas, era a moral" (15). "A 'ordem moral' inclui os sentimentos obrigatórios de justiça que estão a serviço da religião, a solidariedade social que acompanha o ritual religioso, o sentimento de seriedade religiosa e obrigação que fortalece os homens, e os efeitos de uma crença em seres invisíveis que encarnam a bondade" (21).

Mas tudo isto mudou quando mudaram as circunstâncias sociais e políticas. A experiência de viver numa "grande sociedade", o que Redfield chamou de "civilização", requer um *ethos* religioso diferente. As civilizações se caracterizam por comunidades grandes e/ou interconectadas, que são socialmente heterogêneas. As relações sociais não podem continuar sendo pessoais, mas se tornam institucionais e "racionais". O parentesco como princípio organizador dá lugar à "política", na forma de governo formal, relações contratuais e estratificação do poder e da riqueza. A especialização e a diferenciação no interior da sociedade chegam a incluir a própria religião, que se torna uma instituição entre outras instituições sociais, se bem que uma instituição que sustenta as instituições políticas. Nesse processo, a religião se torna mais "profissional" – com especialistas religiosos – e mais reflexiva, autoconsciente e sistemática. A antiga ordem moral não pode integrar essa sociedade, mas também não o pode uma nova ordem moral do tipo antigo. Em vez disso: "Na civilização as ordens morais sofrem, mas desenvolvem-se novos estados da mente que, em algum grau significativo, se encarregam da ordem moral. A história da ordem moral é a obtenção de alguma autonomia através de muita adversidade" (25).

Ernst Gellner também investigou esta hipotética ruptura entre religião local e religião translocal. Em sua opinião, as religiões locais

> davam como certo o significado geral mundo, muito embora tenham feito tanto esforço para mantê-lo. Elas não se sentiam obrigadas a fornecer garantias da bondade geral do mundo. O sentido era conferido ao mundo distraidamente, sem uma revelação codificada (1988: 91).

As religiões locais eram "concretas", não muito propensas à "especulação" e à intensa introspecção filosófica. Mais exatamente, elas "dão como certa" a verdade de suas crenças e a eficácia de suas ações como "evidentes por si mesmas". Por isso, eram mais "ad hoc", no sentido de que tratavam de problemas espirituais ou práticos específicos quando estes surgiam, em vez de estabelecer uma "instituição" e uma "ortodoxia" independentes permanentes. Em particular, eram não codificadas, não postas por escrito ou "fixadas" num "cânone" que contém o dogma oficial. Eram, ao invés, "manifestamente sociais"; e com isto Gellner queria dizer que, embora talvez nem todos os detalhes estivessem elaborados numa totalidade construída racionalmente, mesmo assim a religião e suas sociedades estavam estreitamente interligadas. As pessoas se empenhavam não tanto em *acreditar* em sua religião quanto em *praticá-la*. As "crenças" da religião espelhavam e reforçavam a "moralidade" ou seus imperativos comportamentais, que estavam embutidos nas práticas culturais e instituições sociais.

Naquilo que para Gellner foi um dos "grandes divisores de águas na história humana", umas poucas religiões começaram a difundir-se de seus locais originais para outros e potencialmente para todos os lugares, povos e tempos. Estas religiões, às vezes denominadas também religiões "altas" ou "universais", eram não só "maiores" do que as religiões locais, mas também diferentes em alguns aspectos fundamentais. O fator principal na criação e difusão de uma religião translocal ou "mundial" é, necessariamente, seu desligamento e separação do lugar. Isto não significa que uma religião mundial não possa ter lugares sagrados; elas podem tê--los e de fato os têm. No entanto, o fato de uma religião que só poder ser praticada num único local prejudica sua aspiração a ser uma religião translocal.

As religiões translocais/mundiais são "desenraizadas" de seu contexto social original para se tornarem religiões itinerantes, muitas vezes bastante missionárias e proselitistas. Afinal de contas, elas precisam recrutar membros e criar para eles uma nova comunidade e às vezes uma nova identidade. As religiões translocais tendem, portanto, a ser movimentos ou associações *voluntários*, aos quais os indivíduos podem juntar-se por decisão intencional. Isto leva a outro traço comum das religiões translocais: elas tendem a ser "individualistas" num sentido crítico. Isto não significa que não existe comunidade religiosa nem que o indivíduo pode pensar ou fazer tudo o que ele quiser. Mais exatamente, significa que os indivíduos podem ter que optar por juntar-se à religião e aceitar suas doutrinas como um ato pessoal. Segue-se que as religiões translocais estarão profundamente preocupadas com doutrina, com dogma, com crença ("ortodoxia" deriva de palavras gregas que significam crença correta ou reta). De forma bem concreta, o que mantém a religião unida e a torna uma religião e uma comunidade é a doutrina. Por isso é fundamentalmente importante que essas doutrinas sejam claras e, mais ainda, aceitas sem diversidade ou discordância (uma crença divergente ou discordante é "heresia").

Um dos requisitos fundamentais para esta elaboração e disseminação da ortodoxia é a escrita – e especificamente a escrita de um *corpus* oficial padronizado de literatura religiosa, ou seja, um *cânone*. Nas sociedades pré-letradas, podiam coexistir versões e interpretações variadas. Por exemplo, os antigos mitos gregos podiam existir e existiam em formas variadas, que depois variavam de uma representação para outra. No entanto, uma vez postos por escrito, as narrativas ou contos tornavam-se "fixados" ou "congelados" numa versão ortodoxa. De maneira semelhante, diferentes versões ou fragmentos de textos cristãos ou muçulmanos existiam (e ainda existem) antes de ser "fixados" na literatura canônica que se tornou a Bíblia e o Alcorão respectivamente. Outras versões ou escritos variantes tornaram-se, no melhor dos casos, heterodoxos e, no pior, cismáticos ou heréticos. Junto com a fixação de uma doutrina oficial baseada numa obra escrita oficial, uma "escritura", surgiu uma classe especializada de indivíduos para estudar, representar, executar e preservar essas doutrinas – ou seja, uma *instituição eclesiástica* de sacerdotes e outros funcionários. Assim a religião tornou-se institucionalizada e profissionalizada de maneiras inéditas e fatídicas.

O cristianismo e o islamismo têm sido as mais prolíficas das religiões translocais, difundidas por zelo missionário, comércio de longa distância e força militar. As outras religiões comumente consideradas religiões mundiais são o hinduísmo, o budismo e o judaísmo, embora nenhuma destas três ostente o número de filiados do cristianismo e do islamismo. Além disso, muitas religiões mais novas, como o sikhismo, o bahaísmo e o Cao Dai, contam com milhões de associados e membros espalhados por todo o mundo.

Dada a proeminência do cristianismo e do islamismo, que inicialmente eram ambos religiões locais, um dos mais vivos debates na antropologia foi se outras religiões locais podiam desembocar e teriam desembocado em religiões translocais sem contato com estas duas tradições estranhas. Ou seja, se as condições descritas por Redfield e Gellner tivessem prevalecido em outros lugares, será que teriam produzido religiões translocais a partir de suas antecessoras locais? Em 1972, Robin Horton era um paladino da noção de que as religiões locais africanas tinham o potencial de tornar-se translocais por conta própria. Seu famoso "experimento mental" imaginava as sociedades africanas passando por sua própria "grande transformação" sem colonização ou missionação, o que ele chamou de "a situação moderna, *minus* islamismo e cristianismo" (1972: 102). Iriam elas criar independentemente uma religião translocal/mundial? Ele respondeu que sim, que as religiões africanas tinham o potencial de transformar-se numa religião mundial por própria conta.

Em primeiro lugar, acreditava Horton, "diante do desafio interpretativo da mudança social, os adeptos [de uma religião tradicional] não a abandonam desesperados. Mais exatamente, eles a remodelam e desenvolvem" (102). Em particular, Horton identificou o que ele considerava um potencial universalizante nas religiões africanas na forma de um sistema de crenças bipartido, constituído por espíritos menores e inferiores (que, afirmava ele, representam o local ou "microcósmico") e um ser superior ou supremo (que representa o global ou "macrocósmico"). Com o tempo, ele esperava que as pessoas iriam ignorar os espíritos inferiores e "desenvolver uma teoria muito mais elaborada do ser supremo e de sua maneira de atuar no mundo, e uma série de novas técnicas rituais para abordá-lo e orientar sua influência". Além disso, as pessoas iriam

> começar a produzir um código moral para administrar sua vida mais ampla. Já que o ser supremo já está definido como o árbitro de tudo o que transcende as fronteiras dos microcosmos, ele é considerado aquele que sustenta este código moral universalista. A partir de uma posição de neutralidade moral, ele se move para uma posição de preocupação moral (102).

A conclusão de Horton foi que a mudança religiosa na África era inevitável; ele reduziu o islamismo e o cristianismo "ao papel de catalisadores – ou seja, estimuladores e aceleradores de mudanças que estavam 'no ar' de alguma forma" (104). Isto explica, disse ele, por que o cristianismo e o islamismo tiveram tão pouco sucesso em converter as pessoas do lugar sem mudanças sociais mais amplas. Horton encontrou, porém, veemente discordância da parte de Humphrey Fisher, que em dois artigos (1973, 1985) contestou tanto a noção de Horton de uma cosmologia africana distinta quanto sua avaliação do papel secundário e recente do cristianismo e do islamismo na África. Fisher respondeu que o islamismo, em particular, foi mais do que um catalisador para a mudança autóctone, foi um "carro de Jagannatha" (Vishnu) com "seu próprio impulso" na África (1985: 156), que esteve presente por séculos. Em outras palavras, o islamismo já era uma religião africana no tempo do experimento mental de Horton; e o islamismo na África já havia produzido "uma nova cosmologia" (166) no continente, que, de acordo com Fisher, Norton ignorou ou negou.

## "Conversão" a religiões translocais

Se as religiões locais têm o potencial de transcender seus contextos sociais e espaciais originais, ainda assim a verdade é que a maioria das sociedades recebeu uma religião translocal já existente (e muitas vezes mais do que uma). Além disso, as religiões translocais tendem a estar acompanhadas de outras mudanças sociais e culturais, parte de um pacote que Horton chamou de "a situação moderna". Consequentemente, novos conceitos, instituições e relações chegam e surgem como uma consequência do contato cultural e da mudança cultural; e novas atitudes e identidades individuais são apresentadas e aceitas no que convencionalmente é reconhecido como "conversão".

O modelo-padrão de conversão religiosa é apresentado por A.D. Nock (1993), que distinguiu entre religião primitiva ou orgânica e religião profética ou mundial. Ele chamou a religião primitiva/orgânica de "sabedoria coletiva da comunidade": "Aqueles que seguem tal tradição não têm nenhum motivo para interessar-se por outras tradições e nenhum estímulo para recomendar sua própria tradição a outros" (2). Em outras palavras, os membros das religiões "tradicionais" não se convertem a elas nem procuram converter outros. As religiões proféticas, enquanto *novas* religiões, são diferentes. Não são tradições, mas *movimentos*. Como são novas, tendem a permanecer fora do passado e da "tradição" e às vezes se opõem ativamente ao passado e à "tradição" (cf. a análise do pentecostalismo mais adiante, p. 308-312). E, como inicialmente não têm uma comunidade, precisam construir sua própria comunidade conquistando indivíduos de religiões anteriores. Do ponto de vista do indivíduo, portanto, participar de uma nova religião constitui uma *escolha*, uma decisão de romper com a tradição e tentar algo diferente. Para fazer isto, a nova religião precisa atuar sobre o indivíduo num nível psicológico, "criar nos homens as necessidades mais profundas que ela pretende satisfazer" (9). Isto significa que os indivíduos "tradicionais" não são atraídos para "novas" religiões; a pessoa precisa ser transformada antes de a religião poder ser transformadora.

Em sua maioria as religiões, como concluiu Nock, têm sido mais absortivas do que substitutivas: elementos de sistemas estranhos podem ser integrados numa religião existente sem alterá-la radicalmente e (como no caso da antiga religião romana) cultos estranhos inteiros podem ser acrescentados à religião existente para simplesmente produzir "mais religião". Em outras palavras, havia uma diferença crucial entre os processos de "adesão", ou acrescentar/absorver numa religião, e "conversão", definida como

> a reorientação da alma de um indivíduo, sua virada intencional passando da indiferença ou de uma forma anterior de piedade para outra, uma virada que implica uma consciência de que está envolvida uma grande mudança, de que o antigo estava errado e o novo está correto (7).

Em suma, a conversão era considerada uma completa substituição de religião – *repentina, total, exclusiva* (ou seja, o indivíduo só pode afiliar-se ou "pertencer" a uma só religião), *irreversível*, *"doutrinal"* (ou seja, baseada na aceitação da "verdade" da nova religião) e *pessoalmente profunda*.

Apesar do impacto do cristianismo e de outras religiões que realizam trabalho de expansão e missão, o interesse da antropologia pela conversão é surpreendentemente recente e a pesquisa antropológica não apoia o modelo-padrão expresso por Nock. Num artigo de revista publicado em 2012, Frédéric Laugrand afirmou que há trinta anos atrás "a conversão dos nativos e suas visões do cristianismo ainda não constituíam uma área de estudo na antropologia" (2012: 15). Há menos de quarenta anos, Raymond Firth avaliava que, com a exceção de Robin Horton, "poucos antropólogos (ou missionários) escreveram sistematicamente sobre a conversão como tal" (1976: 4), de modo que seus comentários estão entre os primeiros na literatura antropológica. Ainda referindo-se ao povo de Tikopia como "pagãos", Firth descreveu como os missionários da Igreja da Inglaterra não fizeram "quase nenhum progresso" na ilha por sessenta anos, até que um chefe adotou o cristianismo, em grande parte por razões econômicas, entre as quais: "acesso especial a instrumentos de aço, tecidos de algodão e outros bens tornados acessíveis através dos professores da missão" (5). As pessoas comuns sob a autoridade do chefe "converteram-se" subsequentemente porque "o filho mais velho do chefe obrigou-as a ir à igreja" e "ameaçou-as com violência caso se recusassem" (5). A instrução proporcionada pelos missionários foi outro fator que contribuiu para a "conversão", já que "a filiação cristã oferecia o principal meio de progresso" (5). Por fim, a Tikopia cristã pressionou suas famílias a ingressar na religião. Naturalmente, em muitos casos "a conversão não foi 'completa' no sentido de que a convicção intelectual foi modificada apenas parcialmente" (5).

O interesse da disciplina pela conversão foi intensificado pela coletânea *Conversion to Christianity: Historical and Anthropological Perspectives on a Great Transformation* [Conversão ao cristianismo: Perspectivas históricas e antropológicas sobre uma grande transformação], editada em 1993 por Robert Hefner. Em sua muitas vezes citada introdução à antologia, Hefner realçou que a natureza única e eficiente de religiões translocais como o cristianismo ou o islamismo não é simplesmente doutrinal, mas "social-organizacional" (1993: 19). Em outras palavras, embora a "mensagem" dessas religiões seja nova, o que é realmente eficaz nelas é sua capacidade de *institucionalizar-se*, de estabelecer e manter "instituições para a propagação e controle do conhecimento religioso e da identidade ao longo do tempo e do espaço" (19). Mas elas precisam dominar mais do que o conhecimento, a identidade e as instituições *religiosas*, o que exige que elas também estabeleçam conhecimento, identidade e instituições de caráter não religioso – ou pelo menos estabeleçam interdependências entre eles. Isto implicará a esfera política, econômica, educacional e muitas outras esferas da sociedade. O fracasso em institucionalizar-se na esfera não religiosa pode resultar no fracasso da conversão.

Mesmo antes dessa publicação, os estudos etnográficos sugeriam a necessidade de uma análise mais cuidadosa da "conversão". A pesquisa de Marshall Murphree (1969) sobre a "conversão" dos Shona no sul da Rodésia mostrou isto claramente. Não só os habitantes locais interpretavam e elaboravam a conversão idiossincraticamente, mas várias seitas cristãs a apresentavam de maneira diferente. Os missionários metodistas realçavam as experiências extáticas pessoais; para os sacerdotes católicos, por outro lado, "a conversão envolvia não uma experiência subjetiva, mas antes um compromisso com determinado sistema de crenças e práticas, junto com lealdade à organização" (80). Como o metodismo supunha uma experiência religiosa madura, seu foco eram os adultos, enquanto o catolicismo focava as crianças, que podiam ser recrutadas e socializadas para a instituição religiosa.

Como mostravam as práticas religiosas, a conversão nem sempre exigia uma instrução ou aceitação prévia da doutrina cristã e provavelmente raras vezes exigia ou comprovava uma real compreensão ou ortodoxia das crenças, e muito menos uma transformação pessoal. Muitas vezes o ritual do batismo *era* a conversão do ponto de vista católico, de modo que uma pessoa podia ser batizada primeiro e instruída depois. Também Maia Green (2003) observou que na década de 1920, no sul da Tanzânia, a maioria dos batismos era de crianças, e ainda na década de 1950 a maioria dos "convertidos" era de crianças ou moribundos – ou até falecidos, que haviam morrido sem nenhuma experiência de conversão.

O resultado inevitável destas práticas de "conversão" foi, para dizer o mínimo, uma heterodoxia religiosa e às vezes uma total falta de compreensão da doutrina correta ou de séria preocupação por ela. Na pesquisa de Murphree, como em outras, as crenças e práticas religiosas pré-contato sobreviveram e até proporcionaram a lente através da qual as novas religiões eram percebidas. Ele explicou que muitos cristãos Shona continuaram acreditando nos espíritos tradicionais, enquanto alguns não cristãos Shona absorveram conceitos como o de céu. Outras pessoas, como um subchefe entrevistado, afirmaram explicitamente praticar a tradição junto com o cristianismo: "'É melhor', diz ele, 'acreditar em tudo isto'" (132) – uma posição totalmente heterodoxa, senão herética, de acordo com o cristianismo.

A conversão não só era menos do que completa entre os Shona, mas muitas vezes também não era irreversível. Murphree descobriu que muitas pessoas se convertiam mais de uma vez e em múltiplas direções – do tradicional para o cristão, ou do cristão para o tradicional, ou de uma seita cristã para outra ou para algum outro movimento religioso. Com efeito, ele rejeitou totalmente o conceito de conversão neste caso, preferindo discutir a "mobilidade religiosa" (137). Pior ainda: com frequência os indivíduos simplesmente não compreendiam ou não compartilhavam a noção de uma "filiação religiosa" ou "identidade religiosa" exclusiva. Mais exatamente, "uma pessoa, *em certos tempos e em determinadas circunstâncias*, deixa o clássico padrão de crenças e práticas de seu grupo religioso e, temporariamente e para fins específicos, se alinha com o de outro grupo" (140); por exemplo, em ocasiões nas quais um cristão precisava participar de uma cerimônia tradicional ou vice-versa.

Por fim, como no caso de Firth, a "conversão" ou mobilidade religiosa nem sempre tinha a ver com "acreditar" na nova religião. Maia Green realçou que a conversão – ou pelo menos a afiliação – ao cristianismo às vezes tinha a ver menos com a verdade de doutrinas estrangeiras do que com o poder visível dos especialistas estrangeiros. Na pesquisa de Green, os tanzanianos pensavam que os sacerdotes cristãos controlavam energias, literalmente substâncias ou "remédios", presentes sobrenaturalmente nas águas e nos óleos usados pelos sacerdotes. Consequentemente, procuravam o batismo ou outros sacramentos, não por causa de seu significado espiritual cristão, mas por causa dos seus efeitos práticos (tradicionais), "a fim de incorporar em si próprios substâncias e objetos cristãos" para promover crescimento, riqueza, sucesso etc. (2003: 67). Em outras situações ainda, as autoridades religiosas estrangeiras detinham literalmente o controle de recursos como alimento e dinheiro, e também de instituições como matrimônio, emprego, educação e até governo; na Tanzânia a Igreja se intrometia nos arranjos matrimoniais e pagamentos de dote a fim de influenciar quem casava com quem e como (especificamente, para garantir que cristãos se casassem com cristãos na igreja).

Estes e muitos outros estudos antropológicos mostram que o modelo judeu-cristão clássico de conversão não se aplica em todas as circunstâncias. Como concluiu Diane Austin-Broos numa coletânea mais recente, *The Anthropology of Religious Conversion* [A antropologia da conversão religiosa], a conversão não é uma "experiência excepcional, paranormal ou de outro tipo, ou uma ruptura absoluta com uma vida anterior. [...] Mais exatamente, a conversão é uma passagem: constituída e reconstituída pela prática social e pela articulação de novas formas de relação" (2003: 9). Com efeito, casos como o da Igreja pentecostal no Quirguistão, descrito por Mathijs Pelkmans (2009), ilustram que a "conversão" é muitas vezes temporária; por isso, os antropólogos não deveriam considerar a conversão "completa" quando os indivíduos ingressam numa Igreja, já que depois eles podem deixá-la. Em outros casos, por exemplo no islamismo, a "conversão" pode simplesmente não ser um conceito operativo (cf. adiante, p. 294).

Finalmente, religiões translocais ambiciosas podem encontrar indiferença passiva ou resistência ativa. Aram Yengoyan (1993) insistiu que as disposições de ânimo e as motivações do cristianismo eram simplesmente estranhas demais para os aborígines australianos. Ele descobriu que, entre as décadas de 1960 e 1980, ocorreram apenas oito ou dez conversões verdadeiras entre os Pitjantjatjara; a maioria das pessoas achava o cristianismo "incompreensível", embora muito outros frequentassem a igreja porque apreciavam o canto. Ele insinuou que conceitos cristãos como salvação, condenação e pecado não tinham nenhuma ressonância para os habitantes locais; que a noção de uma "força onipotente única" sem nenhum "referente físico" (248) não fazia nenhum sentido para eles; e que sua falta de "individualismo" tornava a "escolha" religiosa pouco atraente. Por estas razões culturais e religiosas, "é evidente que os Pitjantjatjara e outras sociedades aborígines do deserto simplesmente não se convertem ao cristianismo" (244).

Charles Keyes (1993a) afirmou que os tailandeses resistiam ao cristianismo por razões muito diferentes. Neste caso, os missionários cristãos falharam em competir com sucesso com outra religião mundial – a saber, o budismo – por conversões entre os habitantes tradicionais das aldeias. Keyes propôs que as razões são duas. Em primeiro lugar, diferentemente do cristianismo, "a conversão ao budismo não requer que as pessoas rejeitem radicalmente suas crenças anteriores" (268); monges residentes e visitantes enfatizavam que os espíritos locais não eram falsos, mas estavam também sujeitos a conceitos budistas como o carma. Uma vez que os habitantes das aldeias tiveram suas crenças tradicionais subsumidas pelo budismo, os missionários cristãos foram incapazes de persuadi-los de que o cristianismo "proporciona maior introspecção na Verdade última do que o budismo" (277). Em segundo lugar, as instituições políticas e econômicas locais eram suficientemente fortes e independentes para impedir a penetração e dominação cristã; sem nenhum meio de controlar e explorar os recursos e as oportunidades – e nenhum meio de *"institucionalizar-se"* – o cristianismo não tinha meios para consolidar-se nas aldeias.

**A antropologia do islamismo**

No início do século XXI existe uma necessidade maior do que nunca de compreender o islamismo, em toda a sua diversidade e em todas as suas situações globais, não apenas no Oriente Médio. Com efeito, nem todos os muçulmanos vivem no Oriente Médio (a maior população muçulmana encontra-se na Indonésia) e nem todos os habitantes do Oriente Médio são muçulmanos. Existem muçulmanos na Europa e nos Estados Unidos; mais de um milhão e trezentos mil muçulmanos moram nos Estados Unidos, dos quais aproximadamente dois terços são imigrantes e um terço é convertido americano, entre os quais muitos muçulmanos afro-americanos. A maioria dos ocidentais está pelo menos familiarizada com a grande divisão do islamismo, entre sunitas e xiitas, mas muitos deles sabem pouco mais do que isto e de fato sofrem de estereótipos e daquilo que tem sido chamado de "islamofobia" ou medo e ódio aos muçulmanos.

**Orientalismo e o estudo antropológico do islamismo**

Os antropólogos, junto com outros estudiosos, têm uma longa história de descrições das sociedades islâmicas. Já em 1926 Edward Westermarck publicou *Ritual and Belief in Morocco* [Ritual e crença no Marrocos] e mais de duas décadas depois E.E. Evans-Pritchard lançou seu *The Sanusi of Cyrenaica* [Os Sanusi da Cirenaica] (1949). No entanto, retrospectivamente a relação da antropologia com o islamismo tem sofrido algumas críticas veementes. Uma das críticas é que os antropólogos tenderam a focalizar "nômades ou criadores de gado" (McLOUGHLIN, 2007: 280), perpetuando um conjunto de dicotomias entre islamismo rural e islamismo urbano e entre "formas 'folclóricas'/'populares'/'locais' de islamismo e islamismo 'alto'/'reformista'/'centrado no livro'/'doutrinal'" (MARSDEN & RETSIKAS, 2012: 5). Ironicamente relacionada com esta primeira crítica está a suposição de que o islamismo é um todo monolítico, de que existe "um objeto único chamado islamismo" e de que "podemos encontrar esse objeto diretamente na escritura" (BOWEN, 2012: 2). A obsessão escriturística ou textual nas análises do islamismo tende a fazer a religião parecer particularmente estática e particularmente totalística: o livro *Muslim Society* [Sociedade muçulmana], de Ernest Gellner, chamou o islamismo de "projeto de uma ordem social", cujas normas "existem, eternas, divinamente ordenadas e independentes da vontade dos homens" (1981: 1). Por isso, o islamismo foi caracterizado como singularmente imune, e até mesmo hostil, à modernização, à democracia, aos direitos humanos e à secularização. De modo geral o islamismo é retratado cronicamente como radicalmente outro, como diferente do Ocidente (que, a propósito, nunca é mencionado como "sociedade cristã") em todos os aspectos importantes. Num livro muito influente, Edward Said propôs o termo "orientalismo" para esta tendência da sociedade e da cultura ocidental a idealizar e usar o islamismo e os muçulmanos como o oposto e outro absoluto.

Numa síntese concisa do tema, Samuli Schielke concluiu que "existe demasiado islamismo na antropologia do islamismo" e insuficiente antropologia, ou seja, insuficiente consciência da sociedade, da cultura, da política e "das sensibilidades existenciais e pragmáticas de levar a vida num mundo complexo e muitas vezes perturbador" (2010: 1). Clifford Geertz foi um dos primeiros a tentar contextualizar as culturas do islamismo, comparando explicitamente a religião em dois contextos muito distantes um do outro: Marrocos e Indonésia. Com segurança lembrou-nos que uma religião translocal como o islamismo,

> mesmo quando se alimenta de uma fonte comum, é tanto uma força particularizante quanto uma força generalizante; e, na verdade, qualquer universalidade que uma determinada tradição religiosa consegue obter provém de sua capacidade de angariar um amplo conjunto de concepções de vida individuais, e até idiossincráticas, e ainda assim sustentá-las e elaborá-las todas de alguma forma (1968: 14).

O que surgiu foram dois islamismos locais, um islamismo nitidamente marroquino e um islamismo nitidamente indonésio, cada um em consonância com sua cultura, política e história local. No Marrocos o estilo fundamental de vida – e, portanto, de religião – era "vigoroso, fluido, violento, visionário, devoto, não sentimental e, acima de tudo, autoafirmativo" (8). Já que "o ativismo, o fervor, a impetuosidade, a coragem, a tenacidade, o moralismo, o populismo e uma autoafirmação quase obsessiva" são normas culturais (54), não causa surpresa que uma piedade do "homem santo" tenha evoluído para satisfazer uma política do "homem-forte". A figura central era o santo ou líder religioso (*marabout*) que possuía a bênção ou o favor divino (*baraka*). Os seguidores organizavam-se em irmandades (*awiya*) em torno desse líder e os santos falecidos (*siyyid*) e seus túmulos eram centros religiosos. O estilo fundamental de vida da Indonésia era "notavelmente flexível, experimental, sincretista e, mais importante de tudo, multivocal" (12), levando a normas de "intimidade, imperturbabilidade, paciência, equilíbrio, sensibilidade, esteticismo, elitismo e uma discrição quase obsessiva" (54). O islamismo indonésio não buscou a pureza da religião ou uma figura dominante única; ao invés, produziu "uma proliferação tão generalizada de abstrações, símbolos tão alusivos e doutrinas tão programáticas que podem ser encaixadas de fato em qualquer forma de experiência" (17).

À luz da obra de Geertz, Abdul Hamid el-Zein iniciou em 1977 "uma busca de uma antropologia do islamismo", acusando todos os lados de abordar o islamismo "como um território isolável e delimitado de fenômenos significativos basicamente distintos de outras formas culturais, como as relações sociais ou os sistemas econômicos, e de outras religiões" (1977: 241). Finalmente, concluiu que não existia algo como "um islamismo", mas antes, no melhor dos casos, um amontoado de "islamismos" locais. Talal Asad respondeu em 1986 com "The Idea of an Anthropology of Islam", aceitando a heterogeneidade do islamismo, mas apresentando a sugestão criativa de que estas diversas formas locais têm em comum uma *tradição discursiva*, definida como

> discursos que buscam instruir os praticantes no que diz respeito à forma correta e ao objetivo correto de determinada prática que, precisamente por ser estabelecida, tem uma história. Estes discursos relacionam-se conceitualmente com um *passado* (quando a prática foi instituída e a partir do qual o conhecimento de sua essência e representação apropriada tem sido transmitido) e com um *futuro* (como a essência dessa prática pode ser melhor assegurada no curto e no longo prazos, ou por que deveria ser modificada ou abandonada), através de um *presente* (como ela está ligada a outras práticas, instituições e condições sociais). Uma tradição discursiva islâmica é simplesmente uma tradição do discurso muçulmano que aborda a concepção do passado e do futuro islâmicos, com referência a uma determinada prática islâmica no presente (2009: 20).

Michael Gilsenan deu uma contribuição para sanar esta brecha entre a tradição e o presente, entre a religião e a sociedade mais ampla, em sua obra *Recognizing Islam* [Reconhecendo o islamismo]. Nesse livro ele analisou o islamismo em diversos ambientes diferentes, desde o Oriente Médio até o norte da África e o Paquistão, examinando tanto a história quanto a sociedade contemporânea. "Dissolvendo" intencionalmente a abordagem essencialista e a abordagem orientalista do islamismo, ele perguntou "o que o termo *islamismo* chega a significar em estruturas e relações econômicas, políticas e sociais muito diferentes", investigando temas tão diversos como "o suprimento do *salon* da burguesia libanesa; sexualidade, honra e estupro ligados à graça de Deus; a planta urbana do Cairo moderno; mercados tribais; feudos familiares; genealogias" (1982: 19), como também evidentemente as autoridades islâmicas e os jovens muçulmanos modernos.

### "Conversão" ao islamismo

A maior parte da atenção à conversão foi focada no cristianismo; no entanto, a conversão ao islamismo, como a religião que mais rapidamente cresce no mundo, é uma questão igualmente importante. Contudo, como notaram muitos observadores e membros, entre os quais Anna Mansson McGinty em seu estudo sobre as mulheres convertidas ocidentais: "Não existe em árabe uma palavra para 'conversão'; existe, ao invés, a ideia de 'tornar-se muçulmano'" (2006: 18). Esta noção especificamente muçulmana de conversão – ou o que seria melhor chamar de *reversão* – baseia-se na noção de que "todos os seres humanos nasceram muçulmanos e é de esperar que encontrem seu caminho e revertam (retornem) à única fé" (18). Assim, embora o islamismo tenha um conceito de *da'wa* ou "convidar", às vezes entendido como proselitismo, ele é suficientemente diferente da noção cristã para sugerir algumas novas maneiras de pensar acerca de afiliação a uma religião translocal.

Como outras religiões translocais, o islamismo se difundiu por migração, comércio e conquista. No tempo em que os colonialistas europeus chegaram a lugares como a África e o Sudeste Asiático, o islamismo se havia tornado uma religião "autóctone" para muitas sociedades; mesmo assim, os antropólogos tenderam a considerá-lo uma imposição estrangeira. S.F. Nadel repetiu esta visão em seu clássico estudo da religião entre os Nupe da África. Nadel continuou considerando o islamismo "uma intrusão" na "religião autóctone", embora tenha admitido que aquilo que ele observou não era o islamismo substituindo a tradição ou funcionando paralelamente à tradição; mais exatamente, o "islamismo

Nupe" não era "um tanto de religião Nupe mais um tanto de islamismo, mas um fenômeno fundamentalmente novo, sem precedentes, integrado, autossuficiente" (1954: 256). O islamismo originara-se de cima, trazido com os Fulani conquistadores no final do século XVIII. "Assim o islamismo somou-se à unificação do Estado-conquista, ampliando a área de uma cultura comum sobre uma população unificada, de resto, apenas por meios políticos" (233). Os Nupe juntaram-se ao islamismo por várias razões, entre as quais: isenção da escravidão e laços mais estreitos de clientela com a nobreza muçulmana. Ao mesmo tempo, no entanto, os Nupe assimilaram o islamismo à sua própria cultura. Adaptaram a mesquita ao padrão local (uma área aberta sob uma árvore que dá sombra), adequaram as preces obrigatórias aos interesses tradicionais, identificaram seu deus local Soko com Alá e selecionaram e escolheram entre festivais islâmicos ortodoxos. Os "estudiosos" (*mallam*) muçulmanos Nupe defenderam e ensinaram muitas vezes "uma mistura de conhecimentos incongruentes" a respeito da religião e os membros comuns pensavam que Maomé foi o primeiro ser humano (247). No tempo de Nadel, por fim, os jovens se convertiam ao islamismo "não por algum benefício particular que esperavam do islamismo", mas por considerações pessoais, práticas e políticas: sua conversão "significava abandonar práticas religiosas que, mais ou menos abertamente, representavam o *status quo*, a autoridade parental e uma estrutura familiar antiquada" (251).

Embora as pessoas estivessem ingressando no islamismo há séculos, Anne Sofie Roald afirma que os estudiosos só começaram a examinar a conversão muçulmana a partir da década de 1980 e que a praxe acadêmica era "considerar as experiências de conversão dos muçulmanos como um fenômeno que seguia o padrão da conversão ao cristianismo" (2012: 348). Esta praxe incluía, infelizmente, acompanhar os indivíduos apenas até o momento de sua conversão, ou seja, concentrar-se nos acontecimentos ou etapas *anteriores* à conversão. Roald adota a nova abordagem de acompanhar os indivíduos *após* a conversão, a fim de estudar o processo à medida que ele evolui na vida do convertido. Ela sugere quatro etapas pós-conversão, começando com o "fanatismo", o entusiasmo extremo característico do novo membro, um entusiasmo que é como "apaixonar-se" (349). Como ocorre em muitos romances, o arrebatamento dá lugar à "decepção", uma breve etapa em que os convertidos ficam entediados ou desiludidos com sua nova religião e, curiosamente, críticos dos "muçulmanos de nascença" cujo comportamento não parece estar à altura dos ideais islâmicos. Se os convertidos sobrevivem a esta etapa (e nem todos o conseguem), a terceira etapa é a "aceitação", uma avaliação das limitações dos seres humanos e um retorno à sua própria realidade, com um compromisso de serem os melhores muçulmanos que puderem realisticamente ser. Finalmente, enquanto nas três primeiras etapas existe uma tendência a entender "o islamismo como um estilo de vida" (356), na quarta etapa da "secularização" o islamismo se torna mais pessoal e privado, com uma consciência mais aguda da "possibilidade de compreender os textos sagrados de várias maneiras" e, portanto, "de ser um muçulmano sem precisar necessariamente aceitar cada detalhe do Alcorão" (357).

O islamismo começou a ganhar convertidos em áreas que apenas recentemente se haviam convertido ao cristianismo e esta segunda conversão vem muitas vezes acompanhada de fortes críticas ao cristianismo. Um caso são as Ilhas Salomão, onde 98% dos habitantes se identificam como cristãos (McDOUGALL, 2009). No entanto, um dos atrativos do islamismo é a percepção de que o cristianismo causou um declínio social e moral na sociedade, especialmente em relação ao gênero e à sexualidade: os missionários "destruíram cultos masculinos e suspenderam restrições sociais e espaciais às mulheres" (481), solapando a tradição e a autoridade masculina. Além disso, muitos habitantes locais consideravam o cristianismo hipócrita, divisor (com demasiadas seitas e denominações concorrentes) e racista; outros discordam de doutrinas como a trindade, preferindo o monoteísmo simples do islamismo. Mas McDougall escreve que, enquanto os primeiros convertidos muçulmanos achavam atraente o monoteísmo, a unidade e a inclusividade racial do islamismo, convertidos posteriores "parecem preocupados com o problema do pecado" (486). Muitos, escreve ela, "estão profundamente decepcionados com o cristianismo" (486) e, o que é fascinante, não só consideram o islamismo moralmente superior ao cristianismo, mas também mais convergente com a cultura e os valores pré-cristãos tradicionais. Alguns muçulmanos que se converteram do cristianismo pensam que o islamismo é mais semelhante à sua antiga religião em suas normas morais e de gênero; outros chegam a insistir que "o islamismo é de fato sua religião ancestral perdida" (487), ou seja, eles estão realmente *revertendo*, e não se convertendo.

**Quadro 8.1 O islamismo na Austrália aborígine**

Muito antes de os europeus desembarcarem na Austrália, os pescadores Makassan das regiões predominantemente muçulmanas do Sudeste Asiático estiveram visitando a margem setentrional do continente; mais tarde, o colonialismo ocidental trouxe um contingente de afegãos condutores de camelos para o deserto central. Isto significa que as sociedades aborígines australianas estiveram em contato com o islamismo por tanto tempo ou até por mais tempo do que com o cristianismo. Estes muçulmanos, em sua maioria do sexo masculino, interagiram com os povos nativos mais do que seus colegas brancos e casavam-se com mais frequência com mulheres aborígines. Não causa surpresa que tenha havido indivíduos e famílias aborígines muçulmanas por décadas, talvez por séculos, que observavam os costumes muçulmanos, absorviam valores muçulmanos e adotavam palavras muçulmanas, como o termo *walitha'walitha*, que supostamente deriva de "Alá". Peta Stephenson, num estudo há muito tempo esperado sobre o islamismo aborígene, descreve boa parte desta conversão como "kinversion" [conversão por parentesco], porque canalizada através do casamento e das conexões familiares. Notavelmente, como os supramencionados habitantes das Ilhas Salomão, muitos aborígenes veem o islamismo como semelhante, senão igual, às suas religiões tradicionais; ao mesmo tempo eles compartilham com os habitantes das Ilhas Salomão e outros povos missionados uma condenação "da depreciação de sua herança cultural e religiosa através dos processos de missionação e cristianização" (2010: 183). Recentemente os aborígenes (especialmente os homens) foram atraídos para a mensagem de aparência racialmente tolerante transmitida pelo islamismo, mensagem que se tornou um fator no emergente movimento de identidade aborígene. Anthony Mundine, um boxeador aborígene e convertido/revertido ao islamismo, tornou-se um modelo para os homens aborígenes que "deram ênfase à universalidade do islamismo 'enquanto oposto às doutrinas nacionalistas ou racistas'" (251) (cf. Ilustração 8.1). Outra figura inspirativa tem sido Malcolm X, um líder americano da Nação do Islã; e, como os negros nos Estados Unidos, muitos homens aborígines descobriram o islamismo enquanto estavam na prisão.

Ilustração 8.1 Boxeador Anthony Mundine segurando um livro sobre Malcolm X e o islamismo. Cortesia de Wade Laube/Sydney Morning Herald/Fairfax Syndication

*O islamismo em sociedades de maioria não muçulmana*

O islamismo não está e nunca esteve restrito às sociedades do Oriente Médio ou "islâmicas". Após sua constituição, o islamismo foi levado rapidamente para o norte da África, para a Ásia Central e a Índia, para o Sudeste Asiático e para a Europa. A Espanha foi controlada pelos muçulmanos (conhecidos como mouros) por quase um milênio e o islamismo propagou-se pelas Américas com os escravos africanos e posteriormente com imigrantes africanos, do Oriente Médio e asiáticos. Como acabamos de mencionar, o islamismo conquistou convertidos/revertidos entre os afro-americanos (por exemplo, a Nação do Islã), mas também entre americanos e europeus brancos. O estudo de Anna Mansson McGinty sobre as mulheres convertidas/revertidas encontra-as tanto nos Estados Unidos quanto na Suécia.

O islamismo em sociedades onde a maioria é composta por não muçulmanos apresenta um tema fascinante para a antropologia, bem como um problema incômodo para as populações e governos da maioria, sem falar das minorias muçulmanas. As religiões translocais que reivindicam uma verdade universal e buscam novos membros encontram-se quase inevitavelmente num clima de suspeita e competição entre si; mesmo que reivindicações universais não sejam objeto de competição, diferenças religiosas e sociais podem causar tensões. Acrescente-se a hostilidade ao islamismo como suposto agente de terrorismo, e as relações inter-religiosas podem compreensivelmente ser difíceis. No Reino Unido, foi criada a Liga Inglesa de Defesa (www.englishdefenceleague.org) para opor-se aos "extremistas muçulmanos" e à ameaça de "islamização" da sociedade britânica. Alguns americanos também expressaram consternação diante da perspectiva de islamização na forma de tribunais da *sharia*, mesquitas, centros islâmicos e práticas como o véu, crimes de honra e mutilação genital feminina. McDougall relata que a pequena minoria muçulmana nas Ilhas Salomão (cerca de 1% da população)

> é vista como uma ameaça por líderes da Igreja e políticos cristãos. [...] Os muçulmanos das Ilhas Salomão são chamados de "terroristas" quando trazem suas túnicas brancas e barretes característicos. Alguns líderes cristãos das Ilhas Salomão se preocupam, além disso, que o islamismo possa ameaçar a unidade nacional resultante de uma fé cristã comum e possa solapar o trabalho de reconciliação pós-conflito que está sendo executado em linguagem cristã (2009: 483).

Na vizinha Papua Nova Guiné, algumas organizações cristãs pediram literalmente uma proibição oficial do islamismo na forma de uma emenda constitucional "que restringe a liberdade de religião" (FLOWER, 2012: 205).

Tensões entre muçulmanos e não muçulmanos explodiram em ação política e física concreta, notadamente a divisão da Índia colonial em dois Estados, a Índia de maioria hindu e o Paquistão de maioria muçulmana, bem como a permanente rivalidade entre os dois. Irfan Ahmad (2009) relata a história do Jamaat-e-Islami (Partido do Islã) desde sua fundação até sua atual transformação. Organizado por Syed Abul Ala Maududi em 1941, com o objetivo de um Estado islâmico separado da Índia colonial, o partido praticou inicialmente um "islamismo político", misturando religião com política estatal do século XX. Outra inovação foi uma escola, a Darsgah-e-Jamaat-e-Islami (Escola Jamaat-e-Islami), que começou como uma instituição separatista e facciosa, mas gradualmente uniu-se à corrente dominante, mudando seu nome para algo menos político, abrindo seu currículo, alterando sua cultura interna e afiliando-se de forma sumamente dramática ao sistema educacional governamental anteriormente odiado. Na avaliação de Ahmad, o próprio partido deixou de rejeitar a democracia secular e passou a aceitá-la e participar dela, chegando até a criar um Fórum para Democracia e Harmonia Comunitária.

Entrementes, na Índia e em outros lugares, os muçulmanos foram às vezes vítimas de violência: por exemplo, a mesquita de Babri foi destruída pelos hindus em 1992 e recuperada como lugar do templo dedicado a Ram Llala. Essa violência radicalizou os muçulmanos em alguns lugares, mas estimulou outros a lutar pela paz, muitas vezes em nome do islamismo. Raphael Susewind (2013) identificou quatro tipos de muçulmanos trabalhando pela paz na Índia, entre os quais estão não apenas os "tecnocratas seculares", mas também os "profissionais céticos" que apreciam a ambiguidade do islamismo, as "mulheres emancipadoras" cuja jornada pessoal no islamismo as leva a auxiliar e libertar outras mulheres, e os "agentes baseados na fé" que adotam a religião e a escritura como fonte de suas atividades pacificadoras.

Os muçulmanos em sociedades de maioria não muçulmana enfrentam também o problema de como relacionar-se com a sociedade mais ampla e como praticar o islamismo quando as leis e instituições dominantes não são islâmicas. Esses muçulmanos enfrentam dilemas como os seguintes: se devem votar, se devem frequentar as escolas locais, se devem tomar um empréstimo bancário e, de modo geral, até que ponto deveriam integrar-se na sociedade dominante. Ao mesmo tempo, os Estados anfitriões adotam políticas variadas em relação às suas minorias muçulmanas. Ahmet Yükleyen (2012) analisa a situação dos muçulmanos turcos em dois Estados europeus – Alemanha e Holanda – e descobre uma série de atitudes e formas institucionais, entre as quais:

1) Diyanet – uma forma "oficial" de islamismo, controlada a partir da Turquia pelo Diyanet Isleri Baskanligi (Diretório de Assuntos Religiosos).

2) Milli Gorus – uma forma "política" de islamismo, que busca promover o reconhecimento do islamismo na Europa.

3) Süleymanli – uma forma "mística" de islamismo, que se concentra em aprender o Alcorão e executar os rituais.

4) Comunidade Gülen – uma forma "civil" de islamismo com escolas em todo o mundo.

5) Comunidade Kaplan – uma forma "revolucionária" de islamismo, que atualmente está proscrita por causa de sua insistência na fusão entre religião e Estado.

---

**Quadro 8.2 Ser muçulmano na França**

Podem os muçulmanos ser também bons cidadãos franceses? Pode o próprio islamismo ser francês, enquanto a França não é islâmica? Ser muçulmano na França é especialmente desafiador, dado o secularismo oficial do país (conhecido como *laïcité*; cf. Capítulo 11). Por isso, os muçulmanos que vivem na França precisam responder à seguinte pergunta: "Quais formas de ideias e instituições islâmicas capacitam os muçulmanos desejosos de praticar sua religião a fazê-lo plenamente e livremente na França?" (BOWEN, 2010: 5). Como previam os antropólogos, surgiram múltiplas respostas, inventadas pelo "papel ativo desempenhado pelo Estado e por certas municipalidades ao procurar organizar a vida religiosa para os muçulmanos" (32) e "construir e controlar um islamismo francês" (27). Dois lugares óbvios para construir um islamismo francês são as mesquitas e as escolas, que oferecem elas próprias uma série de soluções e serviços para os muçulmanos, desde "mesquitas oficiais" (cf. Ilustração 8.2) até pequenas instituições de bairro que proporcionam aulas, conferências e fóruns públicos. As atitudes dos muçulmanos para com o islamismo também variam, desde o islamismo como "um conjunto de normas absolutas" que são obrigatórias tanto na França como em qualquer lugar, passando pelo islamismo como "uma entre diversas tradições legais", até ao islamismo como "um conjunto de princípios baseados na Escritura" que podem ser interpretados no contexto francês local (63). Em seguida, existem as questões pragmáticas cotidianas que um muçulmano numa sociedade não muçulmana enfrenta. Por exemplo, pode um muçulmano usar o sistema bancário francês, operar como este faz segundo os princípios proibidos do *riba'* ou juro/usura? Existem também questões de direito de família, como casamento e divórcio, para não falar da questão da dieta e alimentos permitidos pela religião (*halal*). A questão última é "se deve haver normas islâmicas características para a França (e, por extensão, para a Europa)" ou se o islamismo é um caminho universal único que se aplica em todos os países (136). Os muçulmanos e seus vizinhos não islâmicos irão lidar com estas alternativas pelos próximos anos.

Ilustração 8.2 A Grande Mesquita de Paris. Cortesia de Shutterstock

Finalmente, nem todas as notícias são ruins. Em muitos lugares, muçulmanos e não muçulmanos não só coexistem, mas compartilham o espaço sagrado. Um exemplo é a Macedônia, que tem camadas de história cristã e muçulmana. Sveti Bogoroditsa Prechista é um mosteiro cristão ortodoxo situado na Macedônia, visitado não só por cristãos, mas também por muçulmanos, já que o santuário é famoso por seus poderes de cura; Glenn Bowman explica que o imame da mesquita próxima envia para lá especificamente os muçulmanos quando são atormentados por "demônios cristãos", que "só podem ser expulsos por forças cristãs benéficas" (2010: 206). Bowman observa também que, embora os muçulmanos interajam com os mesmos espaços e ícones como fazem os cristãos, eles interagem com eles de maneira diferente: os muçulmanos não beijam as imagens nem fazem o sinal da cruz e pronunciam orações muçulmanas enquanto os cristãos pronunciam orações cristãs. Mesmo assim, embora entendam que as forças espirituais no mosteiro são cristãs, eles dizem também que ele "é um lugar de cura que reconhecidamente funciona" (208), seja qual for a religião do pedinte.

301

## A antropologia do cristianismo

"Talvez cause surpresa que o cristianismo foi a última grande área de atividade religiosa a ser examinada na literatura etnográfica", admirou-se Fenella Cannell em 2006 (8). Com efeito, três anos antes Joel Robbins declarava não achar que uma antropologia do cristianismo fosse ainda "um empreendimento que apresenta bom desempenho" (2003b: 191). Citou concretamente "o sucesso da antropologia do islamismo" como prova "de que é possível construir uma iniciativa comparativa viável em torno do estudo de uma religião mundial" (192).

Apesar do fato de que, como mostraram os exemplos ao longo de todo este livro, os antropólogos descreveram o cristianismo em muitas sociedades em todo o mundo durante muitos anos, Cannell pensava que "o cristianismo ainda é um assunto bloqueado" ou até reprimido. Ela e outros antropólogos avaliaram diversas razões para o desenvolvimento tardio de uma antropologia do cristianismo. Uma das razões, julga Chris Hann numa opinião compartilhada por muitos, é que o cristianismo tendeu a parecer inautêntico aos olhos dos antropólogos, como "uma intrusão estranha que solapa uma cosmologia local" (2007: 384). Ou seja, como os antropólogos se haviam especializado em sociedades onde o cristianismo não era autóctone, mas havia sido introduzido (e bastante recentemente), o cristianismo tem sido considerado algo que obscurecia a "cultura tradicional" que havíamos esperado descobrir. Dois fatores, porém, mudaram esta posição. Em primeiro lugar, os antropólogos voltaram sua atenção para áreas como a Europa, onde o cristianismo tem estado presente por séculos (por exemplo, a obra *Saints and Fireworks: Religion and Politics in Rural Malta* [Santos e fogos de artifício: Religião e política na Malta rural], de Jeremy Boissevain, de 1965, ou *Demons and the Devil: Moral Imagination in Modern Greek Culture* [Demônios e o diabo: Imaginação moral na cultura grega moderna], de Charles Stewart, de 1991). Em segundo lugar, como escreveu Webb Keane em seu importante estudo *Christian Moderns* [Modernos cristãos], "o cristianismo tornou-se 'nossa' religião para uma grande parte do mundo não ocidental e não é considerado estranho" (2007: 45). Em outras palavras, o cristianismo *tornou-se* uma religião autóctone, da mesma forma que *se tornou* autóctone para a Europa depois de ser introduzido de outro lugar.

Mas Cannell, Robbins e outros apontam problemas maiores. Cannell afirma que os antropólogos (como outros estudiosos) tenderam a exagerar a qualidade "ascética" e ultramundana do cristianismo, descurando as experiências vivas dos cristãos e os laços entre a religião e a sociedade e cultura mais amplas. Ou talvez "os significados do cristianismo são 'óbvios' porque fazem parte da cultura na qual os antropólogos amplamente se inspiram" (2005: 340). Mas Joel Robbins sugere um obstáculo mais profundo, latente na própria cultura da antropologia: o cristianismo enfatiza a ruptura radical, e até total, com o passado, que observamos acima na análise da conversão – o que Robbins chama de "pensamento de descontinuidade" –, ao passo que a antropologia se caracteriza por um "pensamento de continuidade", "o tipo de pensamento que vê a mudança como lenta e conservadora" (2007: 16). Se ele estiver certo, a antropologia e o cristianismo são culturas estranhas uma à outra.

### Cristianismo, colonialismo e modernização

Como foi afirmado anteriormente, os antropólogos e outros estudiosos do cristianismo não ocidental enfatizaram frequentemente, ou até categoricamente, que a religião chegou a muitos lugares como parte da experiência colonial, ambas fazendo parte de um projeto maior de modernização. Para os colonizadores vindos da Europa, o cristianismo era considerado e oferecido como *a* religião moderna e a chave para ter uma sociedade moderna e ser um indivíduo moderno nessa sociedade. Em sua obra apropriadamente intitulada *Christian Moderns*, Webb Keane relaciona o proselitismo do calvinismo holandês no sudeste da Ásia com o "colonialismo e seu rastro pós-colonial", que afirma "a ideia de tornar-se moderno, com todas as promessas, ameaças e paradoxos que isto envolve" (2007: 38).

Consequentemente, a difusão do cristianismo não pode deixar de estar ligada a processos mais globais de mudança da cultura (motivo pelo qual, argumentam muitos, os antropólogos evitaram o estudo da religião). Michael Gilsenan (1982) foi um dos primeiros a realçar o papel das práticas não religiosas, e até ordinárias e mundanas, na perpetuação ou mudança da religião; ele considerou a religião não só dependente das formas e práticas cotidianas – até mobília, maneiras de sentar, estilos de vestuário e coisas assim –, mas até secundária em relação a elas. Assim, quando modelos estranhos e novos dessas práticas culturais entram em cena, a religião não pode deixar de ser afetada. Às vezes, é claro, agentes de mudança manipularam mais ou menos intencionalmente estes fatores não religiosos para objetivos religiosos.

John e Jean Comaroff prestaram atenção especial a estes processos. O colonialismo, sempre e em todos os lugares em que foi introduzido, implicou mudanças e dominação dos aspectos políticos e econômicos das sociedades subjugadas, junto com a religião e outros hábitos culturais como vestuário, linguagem, matrimônio, papéis de gênero e assim por diante. Todas estas formas e práticas, e não apenas as doutrinas religiosas e os rituais, transmitiam mensagens acerca do que é verdadeiro, bom, importante e possível. Com efeito, como os antropólogos perceberam cada vez mais, grande parte do "conhecimento" cultural e até religioso não é explícito e formal, mas implícito e informal, arraigado nas grandes e pequenas coisas que fazemos o dia todo e todos os dias – o que Jean Comaroff chamou de "os sinais e estruturas da vida cotidiana" (1985: 80). Por isso, o processo de missionação foi planejado para efetuar uma mudança nestes sinais e estruturas, uma "revolução nos hábitos", "uma busca de reformar o mundano: focalizar o esforço humano nas humildes fugas do dia a dia, do 'aqui-e-agora' em que a narrativa da redenção protestante assumiu sua forma contemporânea" (COMAROFF & COMAROFF, 1991: 9). Rotularam também esta luta como "um épico do ordinário" e "o cotidiano como epifania":

> Foi precisamente por meio da qualidade residual e naturalizada do hábito que o poder fixa residência na cultura, insinuando-se, aparentemente sem agência, no tecido de um mundo vital. Acreditamos que é por isso que remodelar as práticas mundanas rotineiras tem sido tão fundamental para todo tipo de reformadores sociais, incluídos os missionários coloniais (31).

Eles examinaram muito detalhadamente diversas esferas culturais nas quais os hábitos europeus/cristãos da mente e do corpo fixaram residência. Uma esfera importante foi a economia, especificamente as técnicas agrícolas. Os missionários apresentaram um modelo de "cultivo civilizado" na forma do "jardim da missão"; um aspecto importante deste novo modelo foi uma inversão dos papéis tradicionais de gênero, nos quais as mulheres haviam feito o grosso do trabalho de horticultura. O arado tornou-se um poderoso símbolo da agricultura de estilo ocidental; as cercas introduziram concepções de "clausura" e propriedade; e a desigualdade de produção, relacionada com a intensidade do trabalho, provocou como recompensa diferenças em riqueza e *status*, ao estilo ocidental. Mas a mudança econômica foi além da horticultura e chegou a novas instituições, como mercados e moeda. O trabalho moderno e o dinheiro faziam parte de uma nova "economia moral", que estigmatizava a ociosidade e a "produção primitiva" e promovia "o tipo de indústria e estilo de vida corretos que iriam remover a sujeira [da tradição]" (189).

No entanto, áreas mais mundanas como o vestuário e as práticas domésticas eram valorizadas por seus efeitos civilizadores e cristianizadores. As vestes significavam não só cobrir a nudez pagã, mas também ensinar aos habitantes locais o traje apropriado e o cuidado destas peças; o vestuário nativo, na opinião dos colonizadores, era sujo, demasiadamente "natural" e sem os necessários indicadores das distinções sociais– e especialmente de gênero. Com esta finalidade, velhas roupas usadas eram enviadas de navio da Inglaterra para cobrir, e assim transformar, o corpo pagão, ensinando-lhes vergonha e orgulho ao mesmo tempo. E, como já foi sugerido, o comportamento adequado (ou seja, ocidental/cristão) de gênero era essencial: as mulheres precisavam cobrir-se recatadamente e ser confinadas ao lar. O lar tornou-se uma esfera "doméstica", que se tornou a esfera da mulher, onde ela podia literalmente sentar-se, costurar e servir. Mas a casa nativa tradicional não servia para isto; a casa e a comunidade precisavam ser transformadas para deixar de ser o que os europeus viam como "um conjunto irregular de cabanas pequenas e sem traços característicos, espalhadas pela zona rural" (282). Novamente as casas e edifícios missionários serviam como modelo: com ângulos retos, espaços especializados (por exemplo, uma sala para comer, um quarto para dormir etc.), portas e fechaduras para a privacidade e móveis modernos, as estruturas da missão "tornaram-se um diorama" para a maneira como as pessoas deveriam viver (292). O conjunto de residências que formavam a "cidade" diferenciava espaços públicos de espaços privados, todos situados num universo de quarteirões quadrados e ruas largas. Desta maneira e de muitas outras, os estrangeiros estavam fazendo muito mais do que trazer uma nova religião; estavam "ensinando-os a construir um mundo" (296), um mundo no qual a própria civilização era expressa "em quadrados e linhas retas" (127).

Apesar destes esforços vigorosos, os cristãos ocidentais não podiam garantir a aceitação da religião nem suas estruturas locais específicas. Numa análise clássica, Michael Taussig descobriu que a população rural na Colômbia, apresentada ao conceito moderno de dinheiro como capital que traz lucro, estavam batizando sua moeda interceptando os batismos destinados às crianças e redirecionando essa força espiritual para o seu dinheiro. A nota batizada recebia até o nome cristão "que o ritual do batismo pretendia dar à criança" (1977: 137), que supostamente tornava o dinheiro vivo e forte (não podemos saber com que prejuízo para a criança).

Ilustração 8.3   Escravo indígena da tribo Tupinambá é batizado por um padre jesuíta perto da Bahia em 1550 (gravura, Escola espanhola, século XIX). Cortesia da Bridgeman Art Library/Getty Images

Em outros lugares, as pessoas reinterpretaram, inventaram ou resistiram ao cristianismo. Donald Pollock pesquisou as primeiras atividades católicas no Brasil, onde os povos Tupi e Guarani entraram em contato com os jesuítas em 1549. Os missionários jesuítas não foram os primeiros europeus com quem os nativos se encontraram, de modo que neste caso os sacerdotes foram bem acolhidos pelos locais, "que buscavam refúgio contra brutais soldados e comerciantes espanhóis e portugueses" (1993: 167) (cf. Ilustração 8.3). Como consequência, "os índios estavam satisfeitos em executar rituais sem sentido em troca de proteção contra os colonizadores, de donativos dos missionários e dos benefícios sobrenaturais dos poderosos xamãs europeus" (167). Muito mais recentemente os Siriono aceitaram o protestantismo por razões semelhantes – não por compromisso com doutrinas cristãs ou por amor aos missionários cristãos, mas "como um meio de fortalecer os laços sociais e culturais entre eles e os não índios" (173). Inversamente, os Kraho do Brasil central resistiram firmemente ao protestantismo por causa da hostilidade deste contra suas práticas religiosas e culturais tradicionais, mas aceitaram alguns elementos do catolicismo, como o batismo e o "patrocínio ritual" (a relação de "padrinhos"), que se assemelhavam às suas próprias práticas (174).

No caso dos Uiaku, uma comunidade papua, o contato anglicano iniciado em 1891 resultou num sistema segregado e na "coexistência contínua de dois ambientes sociais, o posto da missão e a aldeia" (BARKER, 1993: 199). Os missionários procuraram tipicamente incorporar as pessoas ao projeto religioso e colonial do Ocidente, através de educação e escolas, emprego e autoridade política. Apesar destas iniciativas mais ou menos bem-sucedidas, o fato físico de a missão estar situada fora da aldeia significava que a vida da aldeia podia prosseguir numa linha mais autóctone. O resultado foi um universo cultural e religioso duplo, no qual os locais moravam numa aldeia orientada para a tradição, mas "também cresciam frequentando a escola e a igreja, e moldavam seus papéis (senão todas as suas atitudes morais) segundo os professores e as ideias que eles tinham dos europeus" (209). Apenas alguns se converteram realmente ou tinham "mais do que uma vaga noção da doutrina da Igreja; a maioria dos aldeões está firmemente convencida da realidade dos espíritos da floresta e dos feiticeiros locais; e os indivíduos frequentemente não respeitam as restrições da Igreja ao matrimônio e ao divórcio" (209). Quando pensavam sobre o cristianismo, pensavam inevitavelmente sobre ele através de lentes tradicionais. Por exemplo, as crenças espirituais cristãs não substituíam as crenças locais; as crenças locais da aldeia se tornavam o "microcosmo", que as pessoas podiam conhecer e experimentar diretamente; enquanto as crenças cristãs representavam um "macrocosmo", que era revelado pelos missionários. Toda a relação entre aldeões e missionários era entendida através de conceitos sociais tradicionais, como a relação *kawo/sabu*, na qual os *kawo* ou grupos de categoria superior tinham direitos, mas também obrigações de cuidar dos *sabu* ou grupos de categoria inferior, que deviam respeito a seus superiores, mas podiam esperar cuidado em troca. Assim, os locais permutavam a frequência à igreja, o trabalho e o apoio por alimento e dinheiro para os rituais, batismos e conhecimento que a Igreja fornecia (212).

Uma das mais notáveis e permanentes maneiras de o cristianismo interpor uma visão da modernidade foi em seu impacto sobre outras religiões. Apresentado como a epítome da religião moderna, as autoridades das outras religiões procuraram muitas vezes modernizar e reformar suas religiões, especialmente à imagem do cristianismo protestante, enfatizando o monoteísmo, a escritura, a piedade individual mais que o ritual supostamente "vazio" e, evidentemente, a "crença". Em lugares como o Ceilão colonial (hoje Sri Lanka), os intelectuais budistas aperfeiçoaram com os cristãos suas habilidades para o debate, reformando neste processo seu budismo para enfrentar o cristianismo. Antropólogos como Talal Asad (1993) chegaram a sustentar que o próprio conceito de "religião" é uma distinção ocidental/cristã – que foi adotada por muitas culturas ocidentais/não-cristãs.

### Pentecostalismo

Uma das mais surpreendentes evoluções no campo do cristianismo global tem sido o surgimento de Igrejas pentecostais, especialmente em sociedades e países onde anteriormente o catolicismo mantinha um virtual monopólio. O pentecostalismo lança alguma luz interessante sobre as questões de modernidade e tradição, de local e global e de classe e gênero. No entanto, Robert Hefner, numa nova coletânea de ensaios, revela que um programa para estudar o cristianismo pentecostal em 1985 encontrou "uma mistura de ceticismo e perplexidade", porque, mais uma vez, "a maioria dos antropólogos considerou inautêntico e pouco interessante o cristianismo global" (2013a: vii). No entanto, ele observa que dentro de uma década os antropólogos começaram a mudar sua atitude.

O pentecostalismo não é tanto uma seita ou uma religião quanto um estilo de cristianismo, que acentua os "dons da graça" (às vezes chamados também de "carisma") e a presença do "Espírito Santo" em formas como falar em línguas, profecia, cura pela fé e exorcismo dos maus espíritos. Enquanto movimento organizado, ele é geralmente associado ao Azusa Street Revival [Reavivamento da Rua Azusa] em Los Angeles, na Califórnia, nos primeiros anos do século XX. De acordo com Hefner, ele se tornou rapidamente um movimento missionário internacional, com igrejas no Chile, na China, na Inglaterra, na Índia e na Noruega por volta de 1907, no Brasil por volta de 1908, na Rússia por volta de 1911 e no México por volta de 1914 (2013b: 3). No entanto, Hefner aponta também que não existe uma fonte única de pentecostalismo, mas muitas (houve até sinais de um tal movimento de *revival* na Índia em 1860), e, em última análise, não "um pentecostalismo único, mas muitos" (2).

David Martin foi um dos primeiros e continua sendo um dos principais estudiosos do pentecostalismo global, focando a América Latina, onde o catolicismo foi a mais antiga variedade de cristianismo e há muito tempo tem sido a dominante e mais plenamente institucionalizada. No entanto, ele descobriu uma "explosão de protestantismo" na América Latina nos anos de 1980, documentada em seu livro *Tongues of Fire* [Línguas de fogo], de 1990. O protestantismo foi, sobretudo, uma "religião dos pobres" em sociedades onde a Igreja Católica estava muitas vezes estreitamente ligada às elites políticas e econômicas e em grande parte uma força de conservadorismo social. (Na Igreja Católica, a "teologia da libertação" lutou por justiça social e pelos direitos dos pobres, mas foi fortemente combatida pela hierarquia eclesiástica, que tendia a associá-la ao comunismo.)

Enquanto aquilo que Martin descreveu recentemente como religião "pregada em linguagem simples com exemplos simples por pessoas simples para pessoas simples" (2013: 38), o pentecostalismo em particular parece à primeira vista contradizer a visão do protestantismo apresentada no clássico *A Ética protestante e o espírito do capitalismo*, de Max Weber, onde o protestantismo supostamente seguiu e liderou a emergente classe média do início da Europa moderna. No entanto, Martin e outros consideram o pentecostalismo um fenômeno decididamente moderno e modernizante, que tem o potencial de elevar os pobres à classe média enquanto se transforma numa religiosidade para a classe média.

Duas características importantes do pentecostalismo são sua estrutura organizacional e suas dimensões de gênero. Em primeiro lugar, como um produto de "mercados religiosos desregulados" (MARTIN, 2013: 42) numa marca de cristianismo (o protestantismo) que já é essencialmente descentralizada, o pentecostalismo assume frequentemente a forma de pequenos "grupos domésticos locais e igrejas vitrines" independentes, dirigidas por "empresários religiosos" (43). Qualquer pessoa tomada pelo Espírito Santo pode iniciar uma congregação pentecostal. Em segundo lugar, embora a liderança das Igrejas pentecostais seja quase invariavelmente masculina, e o pentecostalismo promova uma atitude nitidamente conservadora em relação aos papéis de gênero, as mulheres constituem a maioria dos membros, chegando a 75%. Seja na China (CAO, 2013), na Índia (SHAH & SHAH, 2013), na África ou na América Latina, parece que as mulheres afluem em bando ao pentecostalismo, onde se acredita amplamente que elas têm maiores dons espirituais do que os homens e onde elas podem de muitas maneiras tirar proveito da participação nessas Igrejas.

> **Quadro 8.3 Mulheres e pentecostalismo na Bolívia**
>
> As realidades da vida das mulheres pobres na Bolívia não se ajustavam ao modelo da feminilidade pentecostal: em vez de ficar confinadas no lar, elas, como a maioria das mulheres das classes inferiores, eram obrigadas "a gastar uma considerável parte do tempo trabalhando fora de seus lares e famílias" (GILL, 1990: 709). No entanto, a Igreja Pentecostal Unida recorreu a elas e prestou-lhes serviços de diversas maneiras, como um meio para estabelecer laços solidários entre as mulheres e criar "novas relações entre homens e mulheres" (709). É importante observar que, em sua maioria, os membros do sexo feminino pertenciam à primeira e segunda geração de aimarás que haviam migrado para a cidade de La Paz; como tais, eram tipicamente menos instruídos do que os urbanitas ou migrantes do sexo masculino, ganhando salários inferiores num ambiente mais restrito de empregos. Também como as mulheres pobres em âmbito global, elas geralmente não podiam "contar com homens – pais, maridos, amantes – para proporcionar renda para a unidade doméstica" (710); na verdade, em sua maioria as mulheres pertencentes à Igreja não eram casadas ou não mantinham relação estável com um homem. Uma vantagem que a Igreja lhes ofereceu foi "uma base institucional para desenvolver importantes e duradouras relações sociais" com outras mulheres; e os cinco serviços religiosos semanais proporcionavam "os rituais para corroborar estes laços emergentes, que ajudam a criar um sentido compartilhado de comunidade" (712). Além disso, a qualidade tipicamente emocional do culto pentecostal permitiu-lhes expressar "o desespero e a desesperança que outrora atormentavam sua vida e a paz e felicidade que elas encontraram depois que um encontro de surpresa com Deus mudou-as para sempre" (714). Contudo, pelo menos tão importante para elas foi a mensagem dada aos homens pentecostais, que foram admoestados a abster-se de pecados como "álcool, cigarro, jogos de azar e ligações extramatrimoniais" (717). Portanto, pode-se dizer que, embora os homens desfrutassem a autoridade na Igreja, eram também estimulados a "cultivar algumas qualidades tradicionalmente 'femininas'" que os tornavam homens de família melhores. Por conseguinte, era provável as mulheres pentecostais "encontrarem companheiros potencialmente 'domesticados' mais entre os fiéis do sexo masculino do que entre a população masculina em geral" (717).

Retomando o debate anterior sobre a conversão e a modernização, outra característica-chave do pentecostalismo é sua relação com a cultura tradicional e com o "passado". Muitos comentaristas observam que, enquanto o cristianismo geralmente promove a descontinuidade e uma radical ruptura com o passado, o pentecostalismo leva esta posição especialmente a sério. Joel Robbins aplicou este modelo de continuidade/descontinuidade (cf. p. 303) ao pentecostalismo, argumentando que ele é "rico em discursos e práticas disjuntivas destinadas a fazer rupturas com o passado" (2003a: 224). Mais do que a maioria das seitas do cristianismo, o pentecostalismo "organiza práticas rituais destinadas a criar ou defender continuamente as disjunções que esses discursos constroem" (224), incluindo condenações às suas vidas e culturas anteriores, bem como exorcismos dos maus demônios dessas vidas e culturas.

Talvez ninguém tenha documentado melhor esta ruptura do que Birgit Meyer (1988, 1999). Ela descobriu que os pentecostais em Gana obrigavam literalmente os seguidores a "fazer uma ruptura completa com o passado" (1998: 316). Para eles a tradição e a cultura local eram satânicas, de modo que, embora sua religião estivesse *na* África, ela não era *da* África: "A pentecostalização era oposta à africanização" (319). Um aspecto crucial da Igreja era a "libertação" dos males do passado e das religiões locais, inclusive o passado biográfico do indivíduo, os ancestrais, o "oculto" (que incluía o animismo como também o islamismo, o budismo, o mormonismo, as testemunhas de Jeová e várias Igrejas cristãs africanas) e evidentemente os maus espíritos. Neste empreendimento do movimento pentecostal ganês estudado por Meyer ocupa um lugar central a "libertação ritual", na qual

> as pessoas são obrigadas a compreender que elas estão sob o domínio do "passado", que é representado como uma coisa terrível fora de controle, e que elas só podem obter o controle sobre suas vidas individuais – e tornar-se, realmente, indivíduos modernos – lembrando primeiramente seu "passado" e só subsequentemente desatando os laços que as ligam a ele (339).

Significativamente, enquanto os pentecostais rompem os laços com sua vida passada e com as culturas locais, eles criam laços com uma nova vida moderna e culturas translocais, ligando-se a uma imaginária comunidade cristã não-local e universal.

Talvez ironicamente, portanto, o pentecostalismo tende a levar notavelmente a sério as crenças culturais e religiosas locais e parte de seu atrativo consiste em seu poder de combater o mal local. Em Trinidad, por exemplo, Stephen Glazier sugeriu que "o atrativo e subsequente 'crescimento' do pentecostalismo pode ser atribuído parcialmente à sua manipulação de crenças tradicionais, e decididamente antiquadas, relativas à Obeah e à possessão pelo demônio" (1980: 67). Obeah é uma religião da ilha que se ocupa com a sorte (principalmente má), na qual os profissionais lançam espíritos maus nas pessoas, geralmente a pedido de um cliente. O único remédio para um feitiço Obeah era o exorcismo realizado por um profissional ainda mais forte; e os pentecostais afirmavam ser espiritualmente mais poderosos e capazes de combater os demônios e os feitiços pagãos. Curiosamente, não só os pentecostais realizavam exorcismos, mas também os metodistas, os presbiterianos, os adventistas do Sétimo Dia e os católicos – cada religião adaptando-se às situações locais – e os habitantes locais recorriam a todos eles, embora os ritos pentecostais se tivessem tornado a solução preferida (70).

Finalmente, o pentecostalismo não é uma versão estática e inalterável do cristianismo, mas já mostrou sinais de evolução. Algumas congregações pentecostais obtiveram tremendo sucesso e crescimento, transformando-se em "megaigrejas" e às vezes largando suas crenças e práticas pentecostais mais extremadas em favor de aparatos mais "carismáticos" ou "evangélicos". Alguns observadores já começaram a aplicar o termo neopentecostal a estes avanços. Hefner afirma que as Igrejas neopentecostais tendem a fazer as pazes com alguns aspectos da modernidade, usando habilidosamente, por exemplo, "a mídia eletrônica moderna, tanto para acompanhar os serviços religiosos quanto para divulgar eventos de culto através de programas radiofônicos ao vivo ou gravados" (2013b: 24). Donald Miller (2009) usa o termo "pentecostalismo progressista" para designar as Igrejas pentecostais (ainda uma minoria) que se engajam em ativismo social, como programas de distribuição de alimentos e roupas, aconselhamento sobre divórcio e vício das drogas, e desenvolvimento comunitário. E, evidentemente, uma das transformações mais impressionantes, nos Estados Unidos e no mundo inteiro, tem sido o aparecimento do "evangelho da prosperidade" como uma forma de cristianismo, incluído o pentecostalismo, que promete riqueza material aos crentes, muitas vezes através de uma forma nitidamente modernista e capitalista de "investimento" e "troca" com Deus mediante "ofertas de sementes" que virtualmente obrigam Deus a recompensá-los.

### Outros cristianismos: ortodoxo oriental e copta

Esta seção se ocupou quase exclusivamente com o catolicismo e o protestantismo, porque a antropologia e outras disciplinas estiveram preocupadas com essas formações ocidentais familiares do cristianismo. Mas, como nos lembram Chris Hann e Hermann Goltz, em sua análise comparativamente rara de outros cristianismos: "As tradições orientais do cristianismo têm hoje em dia grandes congregações (contam com bem mais de 200 milhões), mas até hoje atraíram pouca atenção erudita dos antropólogos anglófonos" (2010: 2).

Antes de existir o cristianismo ocidental, existia o cristianismo oriental; com efeito, os americanos e os europeus ocidentais esquecem muito facilmente que o cristianismo começou como uma religião oriental e que as versões ocidentais, como o catolicismo e o protestantismo, foram evoluções muito posteriores. Embora a Igreja romana tenha reivindicado a primazia, o cristianismo oriental baseado na Grécia e em Bizâncio nunca aceitou esta reivindicação; e a ruptura ou cisma oficial entre os dois cristianismos, a respeito de diferenças doutrinais e políticas, remonta a 1054. Desde então, o cristianismo oriental ou ortodoxo assumiu um aspecto mais "nacional", consistindo em Igrejas nacionais mais ou menos autônomas, como a ortodoxa russa, a ortodoxa grega e assim por diante.

Uma das razões para o descaso manifestado pelo cristianismo ortodoxo, infelizmente, é a origem ocidental, católica ou protestante, da antropologia enquanto disciplina e da maioria dos antropólogos. Outra razão, igualmente infeliz, é que o cristianismo ortodoxo está situado principalmente em sociedades onde a antropologia despertou pouco interesse, ou onde os antropólogos ocidentais foram amplamente excluídos, até recentemente (a Rússia e seus satélites sendo uma zona proibida durante a Guerra Fria). Hoje, porém, uma antropologia do cristianismo não pode dar-se ao luxo de ignorar seus laços de sangue com o Oriente; e Hann e Goltz chegam a insistir que "as Igrejas ortodoxas podem reivindicar seriamente serem *mais* globais no sentido cristão original de unidade eclesial: elas formam uma estrutura *global* de Igrejas *locais*, enquanto distintas da 'globalização' de uma Igreja local, seja ela a romana ocidental, a wittenbergiana [isto é, luterana] ou a genebrina [isto é, calvinista]" (3). E mais: muitas pretensões a respeito do cristianismo passaram por dolorosas provações no caso do cristianismo ortodoxo.

Duas destas pretensões atingem o âmago da análise antropológica do cristianismo e o âmago de algumas teorizações antropológicas de vanguarda sobre a religião. A primeira, como observa Cannell, é uma ênfase demasiada no ascetismo e na sobrenaturalidade; e a segunda, de acordo com Robbins, é uma descontinuidade detectada ou ruptura temporal radical. O cristianismo ortodoxo questiona ambas as pretensões. O cristianismo oriental, como afirmam vários observadores, nunca acentuou o ascetismo como o fizeram o catolicismo ou o protestantismo. Além disso, contra Robbins, "os cristãos orientais tendem a realçar a continuidade em suas autorrepresentações. Suas noções básicas do tempo parecem (em todo caso em certos intelectuais em certos períodos) ser bastante diferentes das temporalidades ocidentais" (HANN & GOLTZ, 2010: 7).

Sobre a questão do ascetismo, Alice Forbess sustenta que a sobrenaturalidade do cristianismo ocidental se refere a uma teologia de que "o 'retraimento' de Deus deixou o homem 'num estado de incompletude que só pode ser resolvido na morte'" (2010: 132). Pelo contrário, mesmo na tradição monástica oriental, os monges e as monjas estão "mais preocupados com a *indumnezeirea* (divinização) – a proeza de tornar-se semelhante a Deus estando ainda na carne, como se pensa que os santos fizeram" (132-133); assim pode-se dizer que o cristianismo oriental não é tão alienado do mundo e da carne e não está tão em guerra com eles como o cristianismo ocidental. Esta diferença pode estar refletida na atração oriental por relíquias e outras manifestações físicas da divindade (embora o cristianismo ocidental não seja estranho às relíquias: em novembro de 2013 a Igreja Católica exibiu alguns fragmentos de osso atribuídos a Pedro e o cristianismo ocidental continua fascinado pelo Sudário de Turim, pelo Santo Graal e pela Arca de Noé).

Uma ponte entre estes pontos e a segunda pretensão é a reverência oriental pelos ícones ou representações visuais de santos, de Jesus ou de Deus. Esta segunda pretensão é captada por Harvey Whitehouse em sua influente dicotomia entre modos "imagísticos" e modos "doutrinais" de religiosidade (cf. Capítulo 1). Whitehouse pensa que a religiosidade imagística é inferior em frequência e geralmente menos apropriada para religiões estáveis, oficiais e modernas do que a alternativa doutrinal. No entanto, as Igrejas ortodoxas orientais usam imagens frequentemente e intensamente e alcançaram grande estabilidade (cf. Ilustração 8.4). Hann e Goltz concluem: "pode-se afirmar que os cristãos orientais confundem a dicotomia de Whitehouse, que é deixada, quando muito, com um valor heurístico limitado" (2010: 16). Numa avaliação mais condenatória, eles continuam: "O que está claro é que nem ele nem quaisquer outros protagonistas dos atuais debates cognitivos examinaram o cristianismo oriental com alguma profundidade" (16).

Embora nem todos os cristãos ortodoxos acreditem nos ícones de maneira igual (se é que é exato dizer que eles simplesmente "acreditam em" ícones), estes objetos pintados ou dourados ocupam um lugar central na prática religiosa ortodoxa. A existência e o uso de ícones evocam as ideias de Alfred Gell a respeito de objetos materiais e personalidade distribuída (cf. Capítulo 3). Os ícones não são ídolos que os cristãos ortodoxos veneram; ao invés, são resíduos, presenças, de pessoas santas e de poder sagrado. Como explica Gabriel Hanganu no caso do ícone romeno de Santa Ana, a matéria física é também potencialmente santa e o trabalho manual humano faz parte do "trabalho de transformação da natureza" para perceber sua espiritualidade:

> Pede-se que as pessoas acrescentem sua contribuição aos *logoi* que Deus originalmente implantou nos materiais constitutivos dos objetos e ao fluxo de

Ilustração 8.4 Sacerdote ortodoxo no Mosteiro de Santa Catarina no Sinai. Cortesia da Prints and Photographs Division da Biblioteca do Congresso

energias divinas que mantêm o mundo inteiro na existência. Em virtude de sua livre-vontade elas podem fabricar e usar objetos seja em favor ou contra o cumprimento da potencialidade sagrada da natureza. [...] Os objetos religiosos constituem uma categoria determinada de objetos destinados a ser usados para estimular e facilitar a relação das pessoas com Deus. Seu uso "apropriado" pode abrir canais invisíveis pelos quais energias espirituais são direcionadas aos vários campos, em benefício de elementos animados e inanimados do cosmos. [...] Além de serem objetos materiais produzidos e empregados no mundo visível, são também imagens que proporcionam representações do campo espiritual invisível (2010: 45).

Mais outra razão para o fato de a antropologia ter ignorado o cristianismo ortodoxo é que as sociedades cristãs ortodoxas não estiveram envolvidas tão ativamente no colonialismo e, portanto, não transplantaram sua religião tão amplamente para o mundo não ocidental. Isto não significa, de modo algum, que a ortodoxia não viajou junto com os cristãos orientais. Um lugar fascinante de cristianismo ortodoxo colonial é o Alaska, para onde os exploradores e colonizadores russos levaram sua religião. O principal cronista do cristianismo ortodoxo

315

no noroeste americano é Sergei Kan (1999), que estudou a ortodoxia russa entre os Tlingit. Mais recentemente, Medeia Csoba DeHass informou sobre os Sugpiaq do Alaska, que não só foram missionados pela ortodoxia russa, mas "interpretaram e integraram a religião ortodoxa russa antes estrangeira em suas noções básicas do que a 'Sugpiaq-idade' deveria ser" (2007: 208). Num desafio às categorias antropológicas clássicas, DeHass diz que os Sugpiaq "são o povo mais 'tradicional' na área" (208), sendo também completamente ortodoxos. DeHass reconhece que é "impossível encontrar informações concretas sobre as crenças e práticas pré--cristãs, já que todas as pessoas da comunidade são ortodoxas russas e declaram com orgulho que a ortodoxia é sua religião original" (209). Mesmo assim, é possível "reconhecer aspectos da atual ortodoxia russa Sugpiaq que correspondem a ideias pré-cristãs e que estão incorporadas através do processo de indigenização da ortodoxia russa" (210).

O espaço permite apenas uma breve menção a outra variedade negligenciada de cristianismo – o cristianismo copta, baseado no Egito. Enquanto minoria cristã num país predominantemente muçulmano, não causa surpresa que boa parte da literatura sobre os cristãos coptas focalize sua situação política e de segurança. Por exemplo, Angie Heo relata a fascinante história de uma mulher copta chamada Samia Youssef Basilious, que foi milagrosamente curada de um câncer e começou a transpirar óleo sagrado pela mão. Infelizmente tanto a hierarquia copta quanto o governo egípcio "foram ambivalentes e cautelosos a respeito da visibilidade pública" de tal milagre não autorizado, que representava "um importante desafio ao arranjo das verdades religiosas e à sua governabilidade" (2013: 151). Consequentemente, ela foi trancada num convento por cinco anos, durante os quais um cartaz impresso (nem sequer uma quadro oficial) da Virgem Maria em sua cela começou também a produzir óleo. Heo caracteriza a apoteose de Samia como uma transformação "de uma veneração de imagem até a própria pessoa tornar-se-uma-imagem" (153) e explica o fenômeno dos ícones, dizendo que "eles são 'poros', portais e aberturas acessíveis em suas superfícies" e, por isso, pontos "onde santos viajam entre campos celestes e terrestres" (158), estes últimos incluindo imagens e corpos humanos.

Para encerrar esta discussão e o presente capítulo e voltar ao ponto de partida, Lise Paulsen Galal descreve como a coexistência entre coptas e muçulmanos no Egito implica inevitavelmente os cristãos numa política de semelhança e diferença.

Num estado religiosamente plural, os coptas enfatizam naturalmente sua egipciedade, rejeitando assim qualquer *status* de grupo estranho ou minoritário no Egito; obviamente também, "insistindo em ser a mesma, a Igreja rejeita ao mesmo tempo qualquer identificação dos coptas como cidadãos inferiores, de segunda classe" (2012: 47). No entanto, simultaneamente, os coptas querem defender sua diferença enquanto grupo religioso, já que é enquanto cristãos coptas que eles reivindicam seu lugar e sua igualdade na sociedade egípcia. Assim eles se colocam na desconfortável e até contraditória posição de promover seu "cristianismo como uma identidade primária sem comprometer a egipciedade, postulando o primeiro como uma parte integral da segunda" (52). Como era de esperar, ao longo da história, mas particularmente desde o colapso do regime de Mubarak, desencadearam-se tensões e violência entre egípcios muçulmanos e coptas.

## Conclusão

As religiões translocais ou "mundiais" estão entre as forças mais notáveis e mais influentes no palco internacional de hoje. Muitas vezes elas pretendem, visam ou tentam impor coesão e ortodoxia em todas as suas zonas de influência. No entanto, como verificamos, seria enganador tomar literalmente demais suas pretensões – ou aspirações – de homogeneidade. A homogeneidade é não tanto um fato das religiões translocais quanto *parte da doutrina ou autoidentidade* dessas religiões. A realidade é que não existem linhas nítidas ou absolutas que dividem as religiões umas das outras ou que unem todas as versões locais de uma religião determinada umas com as outras. Finalmente, uma religião translocal/mundial não é uma "coisa" global única, mas um agrupamento de coisas locais díspares, unidas por uma tradição discursiva. Como tal, cada religião translocal/mundial se encontra, se confronta e luta não apenas com religiões "tradicionais" e outras religiões mundiais – e acaba adaptando-se a elas –, mas também com a diversidade dentro de sua própria religião, sem falar de forças não religiosas (inclusive modernizantes e secularizantes). O resultado final é uma paisagem religiosa e social dinâmica, fervilhante e sempre variegada, na qual as práticas e identidades religiosas são continuamente contestadas, feitas, desfeitas e refeitas. Com efeito, algumas das religiões translocais/mundiais de hoje podem não ser as religiões translocais/mundiais de amanhã e algumas das religiões locais – ou até ainda-não-existentes – podem ser religiões translocais/mundiais amanhã.

**Perguntas para debate**

- Quais são as diferenças entre religiões "tradicionais"/locais e religiões "translocais"/mundiais? Quais são as condições sociais que promovem estas diferenças?
- Por que o estudo do islamismo foi importunado pelo "orientalismo" e como a emergente antropologia do islamismo é diferente das análises anteriores da religião?
- Por que uma antropologia do cristianismo demorou tanto para se formar? Que novos rumos a antropologia está tomando – e deveria tomar – no estudo do cristianismo?
- Por que estudar o cristianismo ortodoxo oriental é essencial para compreender o cristianismo, e talvez também outras religiões?

**Leitura suplementar (cf. website)**

- *The Politics of Muslim Conversion in Pakistan and Papua New Guinea.*
- *Why Have the Akha Resisted Christian Conversion?*
- *Hinduism and Buddhism as Translocal Religions.*

# 9

## Religião vernácula

Em novembro de 2013, a Marvel Comics anunciou a criação de um novo super-herói, Ms. Marvel, que não só é do sexo feminino (que é uma relativa raridade no campo masculino dos super-heróis), mas também muçulmano. Kamala Khan, uma adolescente paquistanesa-americana que vive em Jersey City, oriunda de uma família muçulmana conservadora que se preocupa com sua pureza, descobre superpoderes como a capacidade de alterar sua forma e se chama Ms. Marvel. Por mais insólito que este personagem seja entre os super-heróis americanos, ela não é a primeira heroína muçulmana de uma história em quadrinhos. Marvel apresentou anteriormente Dust, uma mulher sunita afegã que tem o poder de transformar-se numa tempestade de areia; ela se juntou aos Novos X-Men em 2002. Uma década antes dela, Monet St. Croix, um muçulmano norte-africano conhecido pela alcunha de M, apareceu num fascículo de "Uncanny X-Men" em 1994. Entrementes, DC Comics (a casa do Superman e do Batman) criou em 2011 Nightrunner, um super-herói argelino-francês cujo nome real era Bilal Asselah, e no ano seguinte um muçulmano americano chamado Simon Baz tornou-se a última encarnação de Lanterna Verde. As editoras americanas de histórias em quadrinhos também não são as únicas criadoras de heróis muçulmanos. Em 2006 a Teshkeel Comics, sediada no Kuwait, publicou o primeiro fascículo de *The 99*, sobre noventa e nove muçulmanos jovens que desenvolvem superpoderes graças às pedras mágicas Noor (www.the99.org). Baseando-se na noção muçulmana dos noventa e nove nomes de Alá, os noventa e nove heróis muçulmanos, com nomes como Aleem ("onisciente"), Bari ("curandeiro") e Raheema ("misericordioso"), até desfrutaram uma curta cooperação com a Liga da Justiça da América em 2010-2011. O produtor de *The 99*, Naif Al-Mutawa, conta a luta para introduzir suas criações no mundo muçulmano num filme intitulado *Wham! Bam! Islam!*, no qual afirma que "as crianças muçulmanas precisam de novos heróis".

O islamismo também não é a única religião a ser tratada num livro de histórias em quadrinhos ou em forma de romances gráficos. A Campfire Graphic Novels publicou uma série de "mitologia", retratando personagens e deuses hindus como Krishna "defensor do darma", Draupadi "princesa nascida do fogo" e Sita "filha da terra". E, evidentemente, editoras cristãs de histórias em quadrinhos como Christian Knight Comics (www.christianknightcomics.com) criaram super-heróis como Mr. Christian, Desertwind e The Christian Knight para combater o mal e difundir o cristianismo; existem também cartazes, figurinhas e livros para colorir para estes personagens. Situada em Orlando, na Flórida, a Associação Cristã de Super-heróis (The Christian Super-Hero Association – TCSHA, www.tcsa.com e Facebook) proclama sua missão de "proporcionar o banco de dados 'The Official Christian Super-Hero Universe – Enter Thy Kingdom', HeroCons locais e comunidade para todos os líderes ministeriais, criadores, ilustradores, editores e fãs. Nossa visão consiste em glorificar a Deus por 'Colher Almas [...] através de Super-Heróis de Deus!'"

As histórias em quadrinhos e os romances gráficos parecem um lugar estranho, e até inadequado, para promover a religião. No entanto, a religião tem estado "fora dos padrões" da religião oficial por décadas, senão por séculos ou até desde os inícios da religião. Seja na forma de "panfletos de Chick" (os "panfletos gospel em cartuns" feitos pela primeira vez por Jack Chick há mais de cinquenta anos; cf. www.chick.com), desenhos animados como "Davi e Golias", filmes e música populares, ou bonés e camisetas, a religião sai da igreja, da mesquita, da sinagoga ou do templo e aparece em todos os cantos da cultura.

A antropologia, com seu profundo compromisso com a prática e as coisas concretas, está bem preparada para reconhecer a religião que opera para além da esfera dos escritos, eventos e lugares oficiais. Outras disciplinas podem identificar a religião com escrituras, doutrinas, rituais e espaços sagrados, mas a antropologia identifica a religião onde quer que ela possa encontrar-se, em qualquer forma que ela possa assumir. Esta religião para além da religião oficial, a religião como é praticada pelas pessoas comuns, tem sido chamada de "religião popular", ou "religião cotidiana", ou "religião vernácula"; e, como observa a socióloga Nancy Ammermann, esta religião de não especialistas "pode ocorrer em lugares imprevisíveis. Pode combinar elementos de múltiplas fontes religiosas" (2007: 9) – e pode combinar elementos de fontes não religiosas, como as histórias em quadrinhos.

As consequências de levar a sério a religião vernácula são muito profundas. A religião vernácula tende a romper limites, primeiramente entre o que é "religião" e o que não é. Corrói também conceitos familiares e dualismos como sagrado e profano. Jean Comaroff, a quem retornaremos mais adiante, pensa que o sagrado "está se tornando mais proeminente em lugares profanos" (2010: 17) e acrescenta: "Comércio, governo, educação, mídia e artes populares – nada parece trivial ou desprezível demais para oferecer grãos para o moinho espiritual" (20). Martin Stringer, baseando-se em seu trabalho sobre o Culto no Birmingham Project, ao estudar a religião cotidiana na Inglaterra, chega a sustentar que, por causa da preocupação acadêmica com textos escritos, rituais eclesiásticos e "crenças", nós "compreendemos fundamentalmente de maneira errada a natureza da 'religião'" (2008: ix).

## A antropologia da religião vernácula

Particularmente em sociedades pré-modernas e "tribais", os antropólogos encontraram a religião distribuída pela cultura mais ampla e integrada com ela; como observamos acima, muitas sociedades carecem de um conceito de "religião" como algo distinto do resto da cultura e não institucionalizam a religião separadamente. Chegamos até a argumentar que a própria ideia de uma coisa chamada "religião" pode ser exclusiva da sociedade ocidental/cristã. No último capítulo, porém, examinaremos novas formas de religião – religiões translocais ou "mundiais" – que sofreram uma transformação, passando a ter estruturas centralizadas, oficiantes profissionalizados e escrituras e doutrinas padronizadas. Como analisaremos no próximo capítulo, estas variedades mais institucionalizadas da religião são propensas a novas formas de intolerância e violência. No presente capítulo, examinaremos como este fenômeno de uma religião centralizada, profissionalizada e padronizada leva a variações entre o que "a religião" diz e o que as pessoas realmente fazem – o que, em última análise, nos obriga a reconsiderar o que é "a religião".

## A linguagem da religião vernácula

Os observadores notaram há muito tempo a divergência entre as doutrinas explícitas das religiões e as ideias e práticas religiosas concretas das pessoas. Houve, porém, pouco acordo sobre que nome dar a esta distinção. Uma sugestão foi a de rotular a religião das pessoas como "religião do povo", mas os estudiosos se opuseram a esta expressão por diversos motivos. Por exemplo, a religião do povo implica uma religião *anterior à* religião dominante (geralmente translocal ou mundial) e independente dela, tudo o que sobrevive de uma religião do passado, como as religiões pré-cristãs em contraste com o cristianismo. Outro competidor é "religião popular", que sugere meramente a religião "das pessoas". Mas a religião oficial pode também ser a religião das pessoas e não fazemos nenhuma afirmação sobre quão popular é determinada crença ou prática não oficial. Entre outras alternativas estão: "religião cotidiana", "religião vivida", "religião implícita" e, pior de todas, "religião residual", a religião restante depois de subtrair a religião oficial.

Como lamentou justificadamente o folclorista Leonard Primiano, estas expressões (especialmente a última) tendem a "residualizar a vida religiosa dos crentes" (1995: 38), transformando suas ideias e práticas concretas em restos depois de ser identificada a religião "real". Ao mesmo tempo, implicam uma religião real que "existe em algum lugar como um elemento puro, que de certa forma é transformado, e até contaminado, por sua exposição às comunidades humanas" (39). Para evitar este resultado conceitual e metodológico, Primiano apresenta a expressão "religião vernácula", com a qual ele quis indicar "a religião como ela é vivida: como os humanos se encontram com ela, a entendem, a interpretam e a praticam" (44). O termo "vernáculo" é tomado da linguística, onde ele significa simplesmente "na linguagem nativa/local" ou "na linguagem simples, cotidiana, comum". Às vezes isto significa literalmente traduzir a religião numa linguagem local nova; em outros casos significa comunicar termos técnicos em termos das pessoas leigas.

Muitas vezes as religiões têm linguagens complicadas e técnicas, como também doutrinas esotéricas e rituais arcanos, que não são necessariamente conhecidos, compreendidos ou aceitos pelos membros comuns. A religião pode ser traduzida (vernaculizada) para as pessoas comuns, ou elas próprias podem traduzi-la/vernaculizá-la. As pessoas comuns podem até inventar suas próprias ideias e práticas religiosas (cf. adiante p. 350-355). Por isso, como insistiu Primiano, e Schielke e Debevec repetiram, a religião vernácula se "caracteriza por ambiguidade, incerteza, ansiedade, jogo criativo e contestação" (SCHIELKE & DEBEVEC, 2012: 7). Numa afirmação muito mais recente, Primiano acentua que a lente da religião vernácula "compreende a religião como a contínua arte de interpretação e negociação individual de diversas fontes influentes. Toda religião é sutilmente e vibrantemente marcada por contínua interpretação, mesmo depois de ter sido concretizada em formas expressivas ou estruturadas" (2012: 384).

Já que os humanos invariavelmente criam e recriam, interpretam e falam, e usam e adaptam suas religiões, Primiano chegou a afirmar que "é impossível que a religião de um indivíduo não seja vernácula" (1995: 44). Quer cheguemos ou não tão longe, a noção de religião vernácula desmascara a "suposição de que a religião é um sinônimo de autoridade institucional ou hierárquica" (45). Além disso, incentivando-nos a "compreender a religião como foi vivida no passado e como é vivida hoje" (51), as fronteiras entre religião vernácula e religião oficial ficam borradas, como ficam borradas as fronteiras entre diferentes religiões e entre religião e não religião. Isso ocorrerá especialmente quando, como consideramos nos dois capítulos anteriores, múltiplas tradições religiosas interagem num campo religioso compartilhado, ou quando tradições religiosas se encontram com a mídia moderna e com a cultura popular. Descobriremos então, como advertem Bowman e Valk, que a religião "não pode ser simplesmente compartimentalizada nos contêineres teóricos do discurso acadêmico" (2012: 2).

**Religião e religião vernácula: duas tradições ou uma só?**

Alguns estudiosos aplicaram a distinção de Redfield entre grandes e pequenas tradições, ou a distinção de Gellner entre religião local e religião translocal, à questão da religião vernácula. No entanto, como se vê no estudo de Stringer sobre a religião britânica, na maioria das vezes não existem duas religiões diferentes em jogo, certamente não uma pré-moderna ou tribal ao lado de uma moderna. Gananath Obeyesekere apresentou outra maneira de pensar sobre as variações da religião numa sociedade. No contexto do budismo cingalês, ele modificou a noção de Redfield de grandes e pequenas tradições, sustentando que, embora os habitantes das aldeias praticassem o budismo diferentemente da versão oficial (e diferentes aldeias a praticavam diferentemente umas das outras), eles claramente não se viam praticando uma "tradição" diferente: "A identificação da pessoa comum ocorre dentro de uma única tradição e os papéis dela são significativos na maioria das vezes em relação a esta tradição" (1963: 140).

Em vez de conceitualizar o budismo cingalês como duas religiões – "pequena" religião das aldeias e "grande" religião translocal –, Obeyesekere recomendou que pensemos em vários níveis ou estilos de religião dentro da mesma sociedade. A religião das aldeias, insistiu ele, é "a religião das massas", ao passo que a religião translocal oficial é a religião dos "monges, intelectuais e eruditos" (142). Por causa de sua formação e de sua posição nas instituições do budismo, os monges, os intelectuais e os eruditos têm um conhecimento, interpretações e perspectivas sobre o budismo diferentes do conhecimento, das interpretações e das perspectivas dos leigos e dos habitantes das aldeias. Os habitantes das aldeias podem de fato misturar alguns elementos não budistas e pré-budistas ao seu budismo, mas esta não é a principal questão nem a única; ao invés, as pessoas comuns têm um conhecimento comum da religião e *aplicam a religião à sua vida ordinária*. Assim "a religião das massas" pode divergir da "religião das elites", mas não é uma religião diferente. Como concluiu Obeyesekere: "O budismo cingalês é uma única tradição religiosa, que tem importantes elos estruturais e está em constante interação com a grande tradição" (142). Ou seja, os habitantes das aldeias aprendem sua religião das elites e as elites procuram tornar a crença e a prática das aldeias mais ortodoxa. O que Obeyesekere chamou de "idioma comum", que une os habitantes das aldeias e as elites, "deriva historicamente de uma grande tradição [uma tradição das elites], embora remodelada para ajustar-se à visão de mundo dos camponeses"; este idioma comum – os conjuntos compartilhados de crenças e práticas – "não só une a pequena tradição à grande tradição, mas também une as pequenas tradições umas às outras" (153).

A utilidade da abordagem de Obeyesekere reside não só na reintegração de duas pretensas "tradições" num único sistema cultural-religioso, mas no reconhecimento da contestação entre elas. Escrevendo a partir do cristianismo russo ortodoxo, Alexander Panchenko endossa o raciocínio de Gregory Freeze de que a grande meta daquela Igreja ou de qualquer instituição religiosa formal consiste "em 'confinar o sagrado' – temporalmente e espacialmente – no campo eclesiástico" (citado 2012: 45). Em outras palavras, os líderes religiosos e as elites religiosas querem monopolizar a crença e a prática, querem que seu conhecimento e suas interpretações particulares sejam os únicos e querem colocar toda a atividade religiosa sob sua autoridade e controle. A chamada grande tradição, ou aquilo que é realmente o ponto de vista dos estudiosos e funcionários graduados, apresenta-se assim como a *ortodoxia* da religião. "A questão da ortodoxia, por conseguinte, se torna uma questão política: a ortodoxia nada mais é do que a capacidade de alegar de modo verossímil que ela representa a leitura e a prática verdadeiras e corretas de uma tradição – uma posição que está sujeita a mudança e contestação" (SCHIELKE & DEBEVEC, 2012: 6). Por isso Samuli Schielke e

Liza Debevec comparam não grandes tradições com pequenas tradições, mas "grandes esquemas" (de conformidade e ortodoxia) com "vida ordinária".

No caso da religião russa, Panchenko descreve os três tipos de santuários que se pode encontrar nas regiões rurais – santuários individuais ou espontâneos, santuários comunitários e santuários oficiais. Qualquer "ponto isolado da paisagem" pode tornar-se "um objeto de culto por parte de um indivíduo ou de uma família" (2012: 46). Alguns destes são esquecidos quando os devotos morrem. "Mais frequentemente, porém, esses lugares sagrados se tornam objetos de culto para comunidades rurais inteiras ou grupos de comunidades" (47) – ou seja, santuários individuais são adotados como santuários comunitários. Quando isto acontece, surge muitas vezes contestação, que vai desde "concorrência de várias tramas ou temas de narrativas" até "contradição entre narrativas de crença e descrença, culto e sacrilégio" (49). Entretanto, a Igreja mantém um conjunto de santuários oficiais, nos quais as autoridades ditam o sentido e o comportamento. Mas, para tornar as coisas muito mais complicadas, às vezes um santuário individual ou "comunitário" "é reconhecido, aprovado e adaptado pelos funcionários da Igreja", enquanto simultaneamente "cada santuário oficial é venerado de diferentes maneiras vernáculas, apesar de todas as tentativas da Igreja e das autoridades seculares no sentido de unificar e padronizar tanto os rituais quanto as narrativas relacionadas com o lugar ou objeto sagrado" (49).

---

**Quadro 9.1 Fazendo santos gregos: onde o popular se torna oficial**

O caso dos santuários russos acima analisados ilustra as fronteiras porosas entre religião vernácula e religião ortodoxa. Séverine Rey relata um fenômeno semelhante na Grécia moderna, onde a canonização de novos santos ilustra "um entrelaçamento de esferas e discursos conflitantes" (2012: 82). Na década de 1950 uma família de aldeões construiu uma pequena capela em seus campos, semelhante aos santuários individuais russos mencionados acima. Depois de terem sido descobertas no lugar uma sepultura e uma cruz esculpida da época bizantina (séculos XIII-XIV), "começaram a ocorrer fatos extraordinários e misteriosos", inclusive supostos milagres e sonhos místicos (84). Os habitantes locais procuraram verificação e aprovação, por parte de funcionários eclesiásticos, dos prodígios religiosos que haviam experimentado, mas de início "as autoridades deram a impressão de não estar interessadas neste fenômeno e o criticaram como um sinal de imaginação e credulidade" típicas de "pessoas simples e principalmente de mulheres" (84). No entanto, no cristianismo ortodoxo a canonização de um novo santo "é um processo que endossa de maneira particular a veneração popular. Esta veneração é considerada realmente evidência da graça divina que habita um

> indivíduo" (86). Entretanto, como no caso de Samia Youssef Basilious (cf. Capítulo 8), cuja milagrosa produção de óleo era ambígua e ameaçadora para as autoridades, o bispo grego encarregado da investigação "reconheceu a vitalidade da nova devoção, os laços inquebrantáveis entre os fiéis e as instituições eclesiásticas e a necessidade de estas últimas controlarem a evolução da situação" (87). Finalmente, a Igreja criou alguns novos santos a partir da experiência, absorvendo-os na categoria oficial de "neomártires" e vinculando-os à doutrina e à história da Igreja. Em última análise, portanto, "mesmo que a Igreja não tenha sido a origem desses sonhos e histórias, ela tem, apesar disso, os meios de controlar sua evolução, dando-lhes (ou negando-lhes) apoio oficial", e de traduzi-los do vernáculo para o ortodoxo (91).

## Vernaculização a partir de cima: inculturação e a Igreja Católica

Quando as instituições religiosas, as elites e os especialistas não são a fonte da vernaculização, suas respostas à religião vernácula variam. Às vezes, como no caso acima, as instituições podem cooptá-la e institucionalizá-la; em outras ocasiões podem reprimi-la como heresia (um conceito cristão que indica escolha) ou *bid'a* (um conceito muçulmano que significa inovação ou desvio religioso). Em alguns casos, porém, as instituições podem participar ativamente na vernaculização de sua religião.

Como ficou demonstrado pelos exemplos mencionados nos dois últimos capítulos, o cristianismo passou pela vernaculização enquanto passava pela translocalização. Isto ocorreu evidentemente até nos primeiros séculos, quando o cristianismo adotou gradualmente a parafernália do Império romano, traduziu suas escrituras para o grego e o latim, absorveu a filosofia ocidental e tomou elementos da Europa Ocidental e Setentrional, como a árvore de Natal, os cepos de Natal e os coelhos de Páscoa. Através da expansão europeia e do colonialismo em particular, muitas outras sociedades ficaram expostas ao cristianismo e vernaculizaram a religião, com ou sem a aprovação dos missionários. De fato, as autoridades cristãs procuraram eliminar boa parte desta inovação e substituí-la pela ortodoxia; por outro lado, os cristãos dedicados ao proselitismo também viam o valor de usar a linguagem local, misturando crenças e tradições locais e, em alguns casos, sobrepondo o novo deus aos deuses antigos.

Isto significa que muitas vezes as autoridades cristãs permitiram ou até iniciaram a vernaculização. Um dos mais antigos e mais respeitados exemplos é Nossa Senhora de Guadalupe, a versão da Virgem Maria de pele escura e de língua

Nahuatl, que, segundo se diz, se revelou a Juan Diego em 1531, não muito tempo depois de o México ter sido conquistado. Como no caso grego, a Igreja acabou tolerando a visão, Nossa Senhora de Guadalupe tornou-se um símbolo nacional mexicano e, séculos depois, em 2002, o próprio Diego foi declarado santo.

É óbvio, portanto, que a vernaculização não é nova, não precisa ser destrutiva e pode ser positivamente benéfica para o progresso do cristianismo. Mesmo assim, boa parte desta vernaculização ocorreu sem compreensão teórica real. No entanto, em décadas recentes a Igreja Católica tornou-se bastante consciente e articulada a respeito deste processo, que ela reconhece e promove como *inculturação*. Um dos principais documentaristas da inculturação católica é Aylward Shorter, cuja obra *Toward a Theology of Inculturation* [Para uma teologia da inculturação] fornece uma história, uma análise e uma justificação. É importante notar que a política de inculturação da Igreja é muito bem-informada antropologicamente, relacionando-se "com a 'descoberta' feita no século XX da cultura como um fenômeno plural" (1988: xi); em seu livro, Shorter examina de fato Tylor, Geertz e Durkheim. Assim a teologia da inculturação significa "o reconhecimento de que a fé precisa tornar-se cultura, se quiser ser plenamente aceita e vivida" (xi).

Já no século II, mas ainda não na linguagem moderna da cultura, a *Carta a Diogneto* explicava que o cristianismo não impõe nenhuma cultura específica, que "os cristãos não se distinguem dos outros homens, nem por sua terra, nem por sua língua ou costumes, [...] nem têm algum modo especial de viver" (5,1-2). Isto implica a separação entre cristianismo e cultura e a consequente neutralidade cultural da religião; em outras palavras, o cristianismo pode ser praticado em qualquer língua vernácula sem perder seu núcleo religioso; e o cristianismo convencional estabelecido na Europa é nada mais do que o cristianismo vernáculo europeu, não o cristianismo "real".

Shorter, consequentemente, seguindo o Padre Arrupe, define a inculturação como

> a encarnação da vida cristã e da mensagem cristã num determinado contexto cultural, de modo que esta experiência não só encontra expressão através de elementos próprios da cultura em questão (somente isto não passaria de uma adaptação superficial), mas se torna um princípio que anima, orienta e unifica a cultura, transformando-a e refazendo-a a fim de provocar uma "nova criação" (1988: 11).

Esta noção sofisticada implica que "a fé cristã não pode existir senão numa forma cultural" (12) – e não necessariamente na forma cultural ocidental que nos é familiar. Mas – o que é até mais importante – os estudiosos católicos, tanto no Ocidente quanto em sociedades não ocidentais, insistem que a difusão do cristianismo não é um processo de mão única; mais exatamente, a inculturação "implica que a mensagem cristã transforma uma cultura. Acontece também que o cristianismo é transformado pela cultura, não de uma maneira que falsifica a mensagem, mas no sentido de que a mensagem é formulada e interpretada de outra forma" (14).

Apesar de Shorter concluir que a inculturação "não é senão a evangelização profunda de um povo em sua cultura" (63), ela é na verdade muito mais do que isso, já que tem múltiplos efeitos não só sobre a cultura local, mas também sobre a Igreja global. Por exemplo, ela leva a Igreja a não permanecer sob o controle unicamente dos ocidentais, aumentando o número e a força do clero nativo. Ela abre caminho para múltiplos catolicismos: as reformas do Concílio Vaticano II na década de 1960 afirmam explicitamente, na Constituição sobre a Liturgia 38, que "deve-se dar lugar a legítimas variações e adaptações para os diversos grupos, regiões e povos [...] quando forem reformados os livros litúrgicos". E algumas destas revisões podem fazer seu caminho de volta para o Ocidente (como no caso da Igreja missionária ganesa em Nova York, mencionada no Capítulo 8), alterando o cristianismo ocidental.

Os antropólogos não estiveram na vanguarda do estudo da inculturação, mas uma das análises antropológicas mostra o impacto cultural mais amplo destas políticas. Andrew Orta apresentou um relatório sobre a inculturação entre os aimarás da Bolívia, que, segundo ele, "se esforça por recuperar e revalorizar a cultura indígena"; em vez de condenar e erradicar práticas tradicionais, o catolicismo as adota "como profundamente cristãs – ou, pelo menos, como expressão de uma religiosidade indígena – que não resistem à tradução para um quadro de referência cristão" (1998: 168). A qualidade surpreendente e generosa desta abordagem consiste em "apresentar aos aimarás uma maneira de ser aimará da maneira como Jesus teria sido aimará" (171) – o que refrata sobre o cristianismo, implicando que a vida e a missão de Jesus eram culturalmente específicas pelo fato de Ele ter nascido hebreu e não aimará. Orta afirmou que os missionários até desafiaram seus catequistas aimarás "a viver e escrever seu próprio Novo Testamento aimará" (172). Mas Orta reconheceu também que o relativismo cultural exterior da inculturação "é baseado num universalismo cristão" (171), insistindo que o cristianismo é verdadeiro e será o futuro da cultura e identidade aimará. E, mais profundamente, Orta argumentou que, embora "da perspectiva da Igreja global a inculturação seja localizante, na prática local concreta ela é enganosamente homogeneizante" (169), ignorando e apagando diferenças no *interior* da sociedade aimará (e de outras) e adotando – e construindo – uma cultura homogênea. Numa palavra, embora respeitando certos aspectos do "local", ela apaga outros.

**Religião vernácula na televisão e no cinema**

Em 1987-1988 a televisão na Índia transmitiu versões seriadas de duas epopeias religioso-históricas clássicas: o *Ramayana* e o *Mahabharata*. Cada domingo de manhã, de acordo com Cybelle Shattuck, os espectadores se reuniam para assistir a estas representações televisivas de suas histórias sagradas. E mais:

> Eles encaravam o programa como um acontecimento religioso, uma oportunidade de ter *darshan*, uma "visão" do divino, por meio da *dur-darshan*, "visão-distante", ou seja, a televisão. Em muitos lugares, antes de cada transmissão começar, os espectadores realizavam rituais usados tradicionalmente para reverenciar imagens e divindades. Os aparelhos de TV eram decorados com grinaldas e lhes eram oferecidas oferendas. De acordo com reportagens dos jornais, em toda a Índia o trabalho parava enquanto a multidão se reunia para assistir às histórias divinas (1999: 11).

Todas as religiões encontraram maneiras de visualizar o que muitas vezes (mas nem sempre) é invisível, inclusive o cristianismo, que privilegia mais o mental e o textual do que o visual (especialmente a forma protestante de cristianismo), e o islamismo, que comumente é considerado "anicônico" ou oposto a qualquer representação visual de Alá ou de seu profeta Maomé. No entanto, o capítulo anterior mostrou como os cristãos ortodoxos contemplam e veneram suas imagens; e o Capítulo 3 mencionou o uso que os muçulmanos iranianos fazem de imagens no ritual xiita. Na verdade, a "piedade visual" (cf. MORGAN, 1998) é uma parte importante de praticamente toda religião; e as pessoas em todos os tempos e lugares fabricaram manifestações materiais e visíveis de sua religião, seja estátuas, pinturas, quadros, gravuras, máscaras, desenhos na areia ou, como analisamos no início do capítulo, desenhos animados.

Na sociedade contemporânea, com suas tecnologias visuais de televisão e cinema, é inevitável que também a religião seja traduzida para estes meios de comunicação e seja também transmitida através deles. A religião tem sido tema de filmes desde que existem filmes, desde *Os dez mandamentos* até *A Paixão de Cristo* e *O Apocalipse*. Entrou também para a televisão, reverentemente em séries televisivas como *O toque de um anjo* e satiricamente em *South Park* e *Os Simpsons*. Outros programas de televisão, embora não promovendo uma mensagem explicitamente religiosa, frequentam o mundo da religião: a série *Sobrenatural/Supernatural* toma como real o mundo cristão de céu, inferno, anjos e Deus (embora um Deus ausente); e noções cristãs familiares, como uma figura semelhante a um salvador, permeiam enredos não religiosos, desde *O Senhor dos anéis* até *Matrix*.

No contexto da África Ocidental, Birgit Meyer (cujas contribuições ao estudo do pentecostalismo foram reconhecidas no Capítulo 8) descreve um "espaço público no sul de Gana" onde "transborda a tremenda popularidade do cristianismo, especialmente o ramo pentecostal-carismático" (2008: 87). Ela descobre que "a cultura popular cristã colonizou com êxito o espaço público [...] onde os sinais cristãos – disseminados através de cartazes, cantos e programas de rádio, TV e filmes, e esplêndidos lemas em lojas [...] – criam um ambiente cristão difuso" (84). De fato, num artigo anterior ela insiste que a religião

> não pode ser analisada separadamente das formas e práticas de mediação que a definem. Ela é um recurso que produz diferentes formas de expressão, que não se limitam à esfera institucional, mas são articuladas na esfera pública, e em parte a (re)modelam, na era da informação (2004: 94).

Nesse escrito anterior, Meyer focaliza os filmes populares, que exibem não só "a imprecisão de fronteiras entre religião e entretenimento", mas, mais particularmente, o que ela chama de "estilo cultural pentecostalista" (92). Como foi apontado no Capítulo 8, o pentecostalismo na África (e em outros lugares) tende a exigir uma ruptura radical com o passado, junto com uma visão de mundo na qual forças satânicas (na forma de religião pré-cristã, outras religiões não cristãs, cultura consumista moderna e o próprio diabo) estão atuando invisivelmente. Esta perspectiva, insinua ela, é compatível especialmente com o estilo do melodrama, um gênero que explora os aspectos "ordinários e banais" da vida, mas "propõe-se revelar as forças subjacentes que governam o que acontece na superfície da vida cotidiana" (98). Para os cristãos, e especialmente para os pentecostais, estas forças subjacentes são o bem e o mal sobrenaturais.

Consequentemente, Meyer identifica alguns dos traços do estilo cultural visual pentecostalista, a começar pela "modernidade cristã". A modernidade cristã é o mundo real e inevitável das casas belas, roupas finas e vida citadina confortável; ela é desejável, mas também sedutora e perigosa, promovendo "maneiras imorais e egoístas de alcançar a riqueza" e outras satisfações, inclusive as satisfações sexuais (102). "A esposa e o pastor são retratados como heróis" nesta visão da modernidade, "mas os maridos geralmente aparecem como fracos" e facilmente inclinados a sucumbir à tentação (102). Naturalmente, um segundo traço do estilo pentecostalista é o dualismo de Deus contra satanás.

> Assim os filmes geralmente giram em torno de uma luta entre, por um lado, "os poderes das trevas", com seu firme controle sobre maridos irresponsáveis, moças licenciosas, homens de negócios egoístas, sogras gananciosas, maus amigos, ou assassinos rituais, homicidas e membros de cultos secretos e, por outro, o poder divino, que sempre apoia a dona de casa piedosa, a criança inocente e, evidentemente, o pastor pentecostal. Finalmente, nesses filmes, o bem precisa superar o mal, assim como nos sermões pentecostais se afirma que Deus é mais forte do que o mal (103).

Finalmente, num esforço por transmitir a experiência cristã/pentecostal, os filmes incorporam estratagemas visuais e efeitos especiais destinados a fazer o espectador sentir que os filmes "revelam aquilo que permanece invisível aos olhos, mas determina o curso da vida" (104).

> Os frequentadores assíduos de cinema se posicionam de maneira a compartilhar o olho de Deus, simulado tecnologicamente pela câmera. Na verdade, o público é levado a compartilhar mimeticamente a visão superior que possibilita a Deus penetrar as trevas; eles são tratados como espectadores-crentes e até como *voyeurs* que espiam aquilo que, caso contrário, é proibido. Longe de expor a não existência das forças invisíveis, no filme popular o olho da câmera aproxima-se das operações dessas forças e as projeta na tela, criando com isso a ilusão de oferecer visões em primeira mão do fundo do inferno. Desta maneira, o trabalho de representação que constitui o filme, bem como a tecnologia visual da qual essa representação depende, são mistificados – a encenação aparece como uma revelação do real invisível (104).

**Quadro 9.2 O melodrama pentecostal na República Democrática do Congo**

Os pastores cristãos e as congregações cristãs de Kinshasa, capital da República Democrática do Congo (antigo Zaire), levam muito a sério a noção de melodrama, de acordo com Katrien Pype. Ela descobre que congregações-companhias teatrais fazem seus próprios programas de TV ou telenovelas com uma "missão explícita de proselitismo cristão" e seus membros "se imaginam como censores da sociedade de Kinshasa" (2012: 3). Na sociedade congolesa, "quase todos afirmam ser cristãos" (32), embora o cristianismo conviva desconfortavelmente com outras religiões, especialmente religiões tradicionais. Pior ainda, convive desconfortavelmente com o "calor" da cidade, com seu materialismo e sua sexualidade, confusão e incerteza. O pentecostalismo de Kinshasa adota a divisão dualista convencional da sociedade urbana moderna entre a parte piedosa boa e a parte ímpia má, com "uma forte crença na demonização da vida cotidiana e uma batalha invisível [...] entre Deus [...] e o Diabo" (38). Cristianismo e "bruxaria" ou "o oculto" se confrontam constantemente, embora, como acentua Pype, pareçam menos dessemelhantes do que cada um gosta de admitir. Quanto à produção de melodramas pentecostais, a equipe de produção tem um líder ou patrocinador, que neste caso é um homem pentecostal que recebeu um "chamado" de Deus. Ele é o "grande homem" e patriarca, literalmente, já que "mulheres raramente dirigem companhias de teatro" (70). Assim o líder combina dois papéis, o de um "pai artístico" e o de um "pai espiritual" (73); e o grupo de atores é essencialmente uma Igreja ou ministério e, portanto, se preocupa consideravelmente com quem é ou não é um "cristão real" em oposição a simplesmente um "cristão carnal" ou "cristão da carne". Os próprios melodramas são quase invariavelmente uma espécie de dramas de fundo moral, retratando as ameaças da vida urbana moderna e exibindo personagens como a "garota má", "uma adolescente com poderes ocultos, que não pertence ao campo da realidade terrestre, mas habita um mundo demoníaco" (211). Com efeito, Pype define estes seriados como acusações de bruxaria e condenações mais amplas da religião tradicional, do poder dos anciãos e da imoralidade da cidade. Não causa surpresa que "os melodramas pentecostais terminem muitas vezes com confissões" (163) e com a vitória dos cristãos sobre as forças das trevas. A fim de transmitir esta luta pela televisão, os melodramas pentecostais congoleses utilizam os tipos de efeitos especiais mencionados por Meyer, mas sua autêntica eficácia torna estes espetáculos espiritualmente poderosos. Para os atores as experiências não são totalmente ficcionais, mas bastante reais, de modo que os indivíduos às vezes hesitam em desempenhar personagens maus; e, antes de começar a filmagem, a trupe frequenta "sessões especiais de oração, nas quais os membros participantes não só buscam inspiração, mas também solicitam orientação espiritual e proteção" (131). E não são só os atores que precisam de proteção contra as próprias forças que eles interpretam e potencialmente desencadeiam; também as plateias dos programas têm "expressado medo de ficar enfeitiçados enquanto observam os atores realizando danças provenientes do mundo das trevas" (145) ou então dando vida a esses seres e forças maus.

O cristianismo consegue muito bem integrar a religião na televisão e no cinema, mas ele não é de modo algum o único a fazê-lo. Mattias Krings descreve os filmes islâmicos no norte da Nigéria, que funcionam como instrumentos de conversão e só surgiram em 2002. Múltiplos gêneros são usados, para o mesmo efeito geral:

> Na epopeia, situada em tempos pré-coloniais, *mujahids* muçulmanos lutam contra tribos pagãs e as convertem ao islamismo, estabelecendo assim uma relação apenas vaga com as *jihads* do século XIX. Na estrutura do melodrama romântico, os rapazes muçulmanos piedosos precisam escolher entre uma moça pagã e uma moça muçulmana e, numa adaptação dos gêneros ocidentais de vampiro, ficção científica e filme policial, um pagão pobre precisa ser curado do vampirismo antes de poder converter-se ao islamismo e retornar aos companheiros de tribo numa missão de proselitismo (2008: 46).

Como ocorre em outros lugares, alguns tradicionalistas muçulmanos se opuseram à produção de filmes islâmicos e tentaram conseguir uma proibição total, mas outros argumentaram que os filmes "podem ser considerados um instrumento educativo legítimo de um ponto de vista islâmico" (49). Embora os últimos tenham ganho a disputa, eles ainda precisam lutar para legitimar o uso religioso dos filmes populares e tornar esses filmes aceitáveis o mais possível aos muçulmanos:

> Para justificar a legitimidade moral de seus videofilmes, diversos cineastas remodelaram seu trabalho como uma admoestação religiosa (*fa'dakarwa*) ou pregação religiosa (*wa'azi*) e, nas entrevistas de imprensa, se assemelham a mestres religiosos (*malamai*). De acordo com a nova terminologia, nos créditos de diversos videofilmes os atores já não aparecem na rubrica de "artistas" (*'yan wasa*), mas como "admoestadores" (*masu fa'dakarwa / masu wa'azi*). Os créditos iniciais geralmente começam com as palavras "Em nome de Alá", legitimando assim um videofilme como sancionado pela divindade. De maneira semelhante, muitos videofilmes terminam com as palavras "Graças a Alá Misericordioso e Onipotente" (49).

Krings afirma que estes "filmes de conversão" têm dois objetivos. Em primeiro lugar, funcionam como "um chamado à reorientação islâmica individual", destinado em grande parte aos Hausas, que já são muçulmanos; em segundo lugar, oferecem "um manual para a conversão dos chamados pagãos", que ainda não são muçulmanos (53). Como nos filmes pentecostais, a bruxaria aparece como uma ameaça aos verdadeiros crentes. "Algumas tramas têm um erudito islâmico que luta contra o oculto", acrescenta Krings, "um muçulmano sósia do pastor protestante que luta contra bruxos/as e magos em muitos vídeos do sul da Nigéria" (54). Ocorrem também enredos mais criativos e heterodoxos, como no filme *Qarni*, cuja história se passa em "uma cidade muçulmana atormentada por um vampiro misterioso, que mata as virgens chupando seu sangue durante as noites de lua cheia"; finalmente, o vampiro é restituído cirurgicamente à forma humana, se converte ao islamismo e retorna à sua aldeia não muçulmana como um missionário do islamismo (57). Em resumo, e da mesma forma como nos meios de comunicação cristãos, esses filmes "retratam os muçulmanos como salvacionistas" (58) que combatem as forças da falsidade e da imoralidade.

Por fim, a televisão e os filmes podem evidentemente ser usados para registrar e transmitir uma atividade entendida como convencionalmente religiosa: por exemplo, sermões, missas e rituais. Michael Wilmore fala sobre um canal a cabo local que televisionou festivais religiosos na cidade de Tansen no Nepal. O Nepal é um país onde o hinduísmo e o budismo coexistem, e rituais tanto hindus quanto budistas são mostrados; curiosamente, no entanto, Wilmore afirma que uma cerimônia hindu, o Krishna Jayanti, não foi televisionada. Isto o leva a duas conclusões. Em primeiro lugar, as transmissões da atividade religiosa pela mídia moldam e até certo ponto criam uma "esfera pública" ou "arena pública", na qual os cidadãos podem ficar cientes e fazer parte dos acontecimentos de toda a sociedade; esta esfera/arena pública pode ter efeitos nitidamente integradores. No entanto, alguém pode decidir quais eventos serão televisionados e Wilmore argumenta que a religião transmitida de Tansen pode ser vista como

> uma demonstração de como as representações midiáticas da cultura religiosa podem ser usadas para reproduzir o poder das elites locais. Reproduzem a ordem política hegemônica, porque muitos dos festivais que elas televisionam são obviamente focados nos circuitos de troca das elites (ou seja, entre membros de castas superiores das comunidades Parbatiya e Newar e agentes do Estado e ONGs internacionais que apoiavam a organização) (2006: 331).

Vale a pena lembrar que nem todos os indivíduos gostam da representação de sua religião na tela ou especificamente da maneira como é representada. Um episódio de 2013 da série televisiva americana *Marvel's Agents of S.H.I.E.L.D.* causou alvoroço ao insinuar que Vishnu, um deus hindu, podia ser um extraterrestre. Rajan Zed, presidente da Sociedade Universal do Hinduísmo, expressou indignação diante do insulto à fé sagrada de milhões de hindus.

## Religião vernácula nos negócios e na economia

Para muitos ocidentais e cristãos, nada poderia estar mais distante da religião, ou até ser incompatível com ela, do que o dinheiro e os negócios. Elementos do cristianismo têm condenado, há muito tempo, a riqueza e a atividade econômica, desde os ataques de Jesus aos coletores de impostos e aos agiotas até à familiar ameaça de que os ricos têm tanta chance de entrar no céu quanta tem um camelo de passar pelo buraco de uma agulha. Mas nem todas as religiões compartilham o desdém pelo "lucro sujo" e o cristianismo certamente não tem sido coerente em sua condenação da riqueza: sempre houve cristãos ricos e instituições cristãs ricas (como a Igreja Católica). Max Weber acreditava que o protestantismo foi um elemento central para a consolidação do capitalismo na Europa e muitos cristãos contemporâneos, inclusive evangélicos e pentecostais, subscrevem a doutrina do "evangelho da prosperidade", segundo a qual Deus quer que seu povo seja próspero (cf. Capítulo 8).

Além disso, muitas corporações ou donos de corporações não fazem uma separação entre seus negócios e sua religião. Algumas companhias famosas dos Estados Unidos, como a loja de artes e ofícios Hobby Lobby e o restaurante de *fast-food* Chik-Fil-A, promovem visivelmente crenças e práticas religiosas (por exemplo, Hobby Lobby coloca muitas vezes propaganda religiosa em jornais e fecha suas lojas aos domingos) e valores cristãos (Chik-Fil-A teve papel ativo no combate ao casamento entre pessoas do mesmo sexo). A cadeia de *fast-food* In-N--Out Burger é conhecida por imprimir versículos da Bíblia em suas embalagens (cf. Ilustração 9.1) e a loja de roupas Forever 21, que não tem escrúpulos de vender roupas sexy a moças jovens, coloca o versículo de Jo 3,16 no fundo de suas sacolas de supermercado. Outras firmas menos abertas se opõem muitas vezes a políticas que ofendem suas sensibilidades religiosas, tais como proporcionar serviços de saúde que incluem serviços de reprodução humana assistida ou fornecem benefícios a parceiros *gays* dos empregados. E, evidentemente, todos esses artefatos cristãos, desde Bíblias e crucifixos até vestes sacerdotais, são produzidos por alguma companhia.

Os antropólogos descobriram conexões até mais estreitas entre religião e práticas econômicas contemporâneas. John e Jean Comaroff, que analisaram a experiência cotidiana prática da colonização (cf. Capítulo 7), comentaram também o "dramático crescimento", no final do século XX e início do século XXI, daquilo que eles chamaram de "economias ocultas" ou "a utilização, real ou imaginária, de meios mágicos para fins materiais" (1999: 279). Entre as expressões de economia oculta que eles destacaram estavam "o 'assassinato ritual', a venda de partes

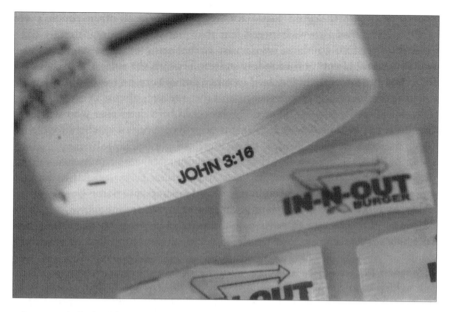

Ilustração 9.1 Versículo da Bíblia impresso na base de um copo de plástico num restaurante In-N-Out Burger. Foto de Patrick T. Fallon/Bloomberg via Getty Images

do corpo e a suposta produção de zumbis", o que os levou a perguntar: "Por que tudo isto está ocorrendo com tanta intensidade, justamente agora?" (279), especialmente quando o mundo está supostamente se modernizando e secularizando (cf. Capítulo 11).

Os Comaroff argumentaram que "os efeitos contraditórios do capitalismo milenar e da cultura do neoliberalismo" (279) estavam sendo experimentados em termos espirituais, levando a respostas espirituais bizarras. As pessoas sentiram-se literalmente assaltadas por forças econômicas, como se seus próprios corpos estivessem sendo invadidos; "daí o fascínio pelos *cyborgs*, o medo de invasão de alienígenas vestidos em forma corporal vulgar, a perigosa promessa de clonagem e mutação genética" (281). Igualmente importante, ou até mais importante: parecia que formas de trabalho e produção eram pervertidas pelo capitalismo global, como se espíritos ou humanos maus, utilizando poderes maus, estivessem "desviando o fluxo" do trabalho ou da riqueza "para objetivos egoístas". A percepção da intenção espiritual má na economia levou a duas reações.

> A primeira reação é a constante busca de meios novos e mágicos para objetivos intangíveis de outra forma. A segunda é o esforço para erradicar as pessoas que,

conforme se supõe, enriquecem por estes mesmos meios; através da ilegítima apropriação, ou seja, não só dos corpos e coisas dos outros, mas também das próprias forças de produção e reprodução (284).

Assim, por exemplo, as pessoas em todo o mundo recorrem à bruxaria para obter sucesso e riqueza, ou acusam outras de recorrer à bruxaria, resultando em processos de bruxaria e/ou no assassinato de supostos bruxos/as. Como prova, eles relataram que na província setentrional da África do Sul houve 300 assassinatos relacionados com bruxaria entre 1985 e 1995, com outros 676 apenas na primeira metade de 1996 (285). Tudo isto foi levado muito a sério, a ponto de o governo criar uma Comissão de Inquérito sobre a Violência contra a Bruxaria e Assassinatos Rituais.

A bruxaria não foi a única tática para furtar ilegitimamente a produtividade econômica de outras pessoas. Havia também o difuso temor de que grupos maliciosos, "geralmente pessoas velhas, estivessem transformando outros em zumbis, num vasto exército virtual de trabalhadores fantasmas, cuja força vital abastecia uma economia vibrante e imoral que pulsava sob o indolente ritmo da vida do país" (285). E estes terrores se manifestavam em outros campos da cultura popular, inclusive "nas histórias em quadrinhos, no rádio, na televisão e na internet; quase todos os dias os jornais e revistas fazem publicidade de 'disque-adivinhos'", que poderão ajudar a determinar quem estava enfeitiçando ou zumbificando uma vítima (286-287). E os sinais ou provocações da bruxaria eram artigos mundanos, mas valiosos, como "casas, televisões, telefones celulares" (288).

Em resumo: os Comaroff concluíram que as economias ocultas eram respostas religiosas compreensíveis ao capitalismo global, com suas "formas sempre mais brutais de espoliação" (290), sua inerente injustiça e suas misteriosas normas e operações. Algumas pessoas ficavam ricas por meios inexplicáveis e provavelmente ilegítimos e as economias ocultas se ocupavam "com o desejo de investigar o segredo desses meios invisíveis" e, em seguida, "refrear a difusão de uma economia macabra e visceral, fundada na violência da espoliação e da abstração",

> (1) na qual a maioria é mantida pobre pelas maquinações místicas de poucos; (2) na qual o emprego minguou por causa da criação de uma força de trabalho virtual a partir de mortos-vivos; (3) na qual o lucro depende de concentrar o espaço e o tempo, de canibalizar os corpos e transformar a produção na província espectral das pessoas da noite; (4) na qual os velhos são acusados de abortar o processo natural de reprodução social, impedindo a próxima geração de asse-

gurar as bases de sua existência material e social – e os jovens, reciprocamente, são demonizados (293).

Um assustador exemplo de infestação espiritual do mundo corporativo moderno foi descrito por Aihwa Ong no final da década de 1980 (ONG, 1987, 1988). Segundo se acreditava, mulheres que trabalhavam em fábricas da Malásia eram atacadas de maneira repentina e brutal por "espíritos vingativos", que faziam as mulheres "explodir em gritos e furor demoníacos no chão da fábrica" (1988: 28). Curiosamente, Ong explicou que, antes da industrialização, os espíritos atormentavam principalmente mulheres casadas mais velhas. "Com a urbanização e a industrialização, a possessão por espíritos tornou-se, da noite para o dia, o tormento de mulheres jovens não casadas, situadas em organizações modernas" (29). Consequentemente, Ong avaliou que os assaltos dos espíritos, nas duas circunstâncias, estavam relacionados com as pressões sociais sobre as mulheres. Na aldeia a possessão de mulheres por espíritos era "associada ao seu confinamento a papéis domésticos prescritos" enquanto esposa, mãe, divorciada ou viúva (32). Quanto às mulheres jovens não casadas, esperava-se que fossem "reservadas, obedientes e respeitosas, a serem observadas e não ouvidas" (33). No entanto, nos empregos industriais modernos as mulheres estavam executando atividades anteriormente associadas aos homens, nas quais eles eram atuantes e expostos.

Não causa surpresa que os sintomas do ataque por espíritos espelhassem sua condição de serem socialmente outras pessoas: jovens mulheres possuídas "falavam em outras vozes que se recusam a ser silenciadas" e depois não tinham nenhuma lembrança do surto (33). E mais: Ong descobriu também outros casos, nos quais se acreditava que nas fábricas os espíritos afligiam mulheres "que haviam infringido códigos morais, tornando-se com isso 'impuras'" (33). Embora, evidentemente, nem todos interpretassem estes incidentes como possessões por espíritos – os empresários tendiam a lançar a culpa na "histeria coletiva", sem questionar seriamente o que tornava histéricas as jovens operárias –, Ong concluiu que de qualquer maneira os episódios eram "expressões de medo e de resistência contra as múltiplas violações dos limites morais na fábrica moderna. São atos de rebelião, que simbolizam o que não pode ser dito diretamente e exigem uma renegociação das obrigações entre a administração e os operários" (38).

Morten Pedersen critica o conceito de economias ocultas em sua análise da perturbação por espíritos na Mongólia contemporânea. Saindo de um sistema socialista no qual, pelo menos, a economia era estável, as pessoas estão sujeitas às mesmas forças do mercado global que os Comaroff descreveram na África do Sul. Mas Pedersen vê as explicações da economia oculta como projeções simbólicas ou metafóricas de ideias religiosas nas experiências econômicas, enquanto opina que o mundo dos espíritos (e seu xamanismo associado) e o mundo econômico dos mongóis são "isomórficos", que eles assumem a mesma forma básica – que eles "são, ambos, variações de um único estado imanente de transição" (2011: 35). Com efeito, o capitalismo global introduz incerteza na vida moderna (incerteza de processos e incerteza de resultados), mas Pedersen sustenta que esta é precisamente também a mensagem dos espíritos e xamãs: os xamãs e os "espíritos inquietos" com os quais eles lidam *eram* a incerteza como tal; eles eram materializações, atualizações, instanciações e condensações do onipresente estado de confusão cosmológica, chamado variegadamente de 'democracia', 'transição' ou ' era do mercado'" (39). Em resumo: o xamanismo e o pós-socialismo compartilham a mesma lógica subjacente, de modo que espíritos enfurecidos são não tanto uma nova economia oculta quanto uma realidade familiar de transição permanente e inevitável. Ironicamente, portanto, o problema para os mongóis modernos, na avaliação de Pedersen, não é haver atores religiosos *demais* tentando tirar proveito das oportunidades econômicas (cooptar ou sequestrar a riqueza e a produtividade dos outros), mas precisamente haver *muito poucos* atores religiosos (ou seja, xamãs qualificados) que possam administrar os espíritos multiformes.

---

**Quadro 9.3  A corporação islâmica moderna na Indonésia**

As corporações podem ser lugares de devastação espiritual, como demonstrou Aihwa Ong, mas podem também ser lugares de piedade. Com efeito, as práticas comerciais contemporâneas e as ideias e valores religiosos podem ser integrados mais tranquilamente do que muitas pessoas imaginam. Um exemplo notável é a cidade industrial de Cilegon, na Indonésia, o país com a maior população muçulmana do mundo. Quando o islamismo se tornou mais proeminente na sociedade indonésia, ele se deslocou para mais setores dessa sociedade. Daromir Rudnyckyj menciona a mesquita de Salman, situada no *campus* do Instituto Tecnológico de Bandung, onde um professor de engenharia elétrica, Imaduddin Abdulrahmin, se tornou um líder na tentativa "de reconciliar o islamismo com a modernidade", associando o islamismo com o trabalho moderno em seu livro *O espírito da Tawhid* [unicidade ou monoteísmo] *e a motivação para o trabalho* (2010: 58). Para Imaduddin, a unicidade de Deus significava que toda atividade de alguém é efetuada em nome de Deus, não apenas as atividades reconhecíveis como religiosas, tais como dirigir-se à mesquita ou realizar as orações prescritas. Assim, Imaduddin expôs o argumento de que existia uma ética econômica inerente ao islamismo, que podia facilitar o desenvolvimento indonésio (59).

Outra figura-chave naquilo que Rudnyckyj chama de "desenvolver a fé" (ou seja, injetar fé no desenvolvimento econômico, desenvolvendo ao mesmo tempo a fé dos operários modernos) é Ary Ginanjar, uma espécie de guru corporativo muçulmano indonésio e locutor motivacional, que promove uma forma de islamismo neoliberal em programas como Quociente Emocional e Espiritual (Emotional and Spiritual Quocient – ESQ) e Administração do Coração, que oferecem sessões de treinamento para operários e administradores corporativos. O ESQ e programas semelhantes operam a partir da premissa simples, mas surpreendente, de que as virtudes muçulmanas são virtudes corporativas. "Um tema central do treinamento do ESQ era que as origens dos pilares gêmeos da modernidade ocidental – ciência e capitalismo – podem ser encontradas no Alcorão e nos *hadiths*" (82-83). Após estabelecer que a ciência e o capitalismo eram autenticamente muçulmanos, os seminários de formação com duração de muitos dias passaram a "afirmar que a prática espiritual intensificada produz sucesso nos negócios" (85). Mas, muito mais do que isso, o ESQ e também a Corporação Manajemen Qolbu ou Administração do Coração procuraram elaborar um novo tipo de pessoa muçulmana moderna, uma pessoa racional e eficiente, trabalhadora, autodisciplinada e pessoalmente responsável, atenta ao tempo, honesta e moral. Deste ponto de vista, "a própria fé se tornou um objeto de desenvolvimento" (126) – e do mesmo tipo do desenvolvimento neoliberal encontrado alhures, no qual a governamentalidade se desloca das instituições formais de governo para outras instituições como a corporação e a religião e, em última instância, para a própria pessoa. Rudnyckyj dá a isto o nome de "economia espiritual", em contraste com uma "economia oculta", porque não existe nada de oculto ou mágico acerca do islamismo neoliberal; mais exatamente, toda a questão é que as economias espirituais "focalizam o processo de racionalização inerente ao capitalismo" (133). Elas simplesmente o fazem em vernáculo e com a legitimação da religião dominante. Assim, os três componentes fundamentais das economias espirituais são: "(1) reconfigurar o trabalho como uma forma de culto e dever religioso; (2) objetificar a espiritualidade como um lugar de administração e intervenção; e (3) inculcar uma ética da responsabilidade individual que seja proporcional à transparência, à produtividade e à racionalização com objetivos de lucro" (131-132).

## As variedades da experiência pagã

O termo paganismo é usado muitas vezes como sinônimo de religião vernácula ou, mais ainda, de religião do povo. Muitas pessoas entendem o paganismo como religião do povo ou religião pré-cristã no sentido mais autêntico, que é como os primeiros cristãos romanos entendiam o termo: do latim *paganus*, que significa literalmente "povo do campo", a palavra subentendia as pessoas que ainda se apegavam à religião antiga, geralmente politeísta, de seus antepassados e não à nova e verdadeira religião. Como é encontrado hoje, o paganismo (às vezes escrito Paganismo) não implica necessariamente uma religião pré-cristã ou politeísta, mas tende de fato a transmitir um sentido de religião passada, ou até perdida.

Paganismo não se refere a nenhuma religião específica; com efeito, alguns contemporâneos, que se autodefinem como pagãos, simplesmente não se consideram "religiosos". Portanto, "embora possa haver traços comuns ligando expressões atuais de Paganismo, é importante lembrar que não existe realmente nenhuma coisa em particular que possa ser denominada exatamente Paganismo" (SAGE, 2009: 36). Além disso, já que praticamente (alguns diriam absolutamente) nenhum pagão de hoje segue de fato religiões antigas, muitos observadores os consideram "neopagãos", o que, de acordo com Sarah Pike,

> cobre uma ampla variedade de crenças e tradições, entre as quais: recriações do antigo druidismo celta (uma organização britânica de adoradores do sol, que se reuniam em bosques sagrados), Wicca ou bruxaria, magia cerimonial e neoxamanismo (*revivals* de jornadas extáticas pelo mundo dos espíritos e por culturas autóctones e pré-cristãs) (2004: 19).

Vanessa Sage caracteriza o paganismo como participante do espírito do romantismo, um movimento cultural do início da Europa moderna, que reverenciava a natureza e procurou instilar novamente o "encantamento" que a modernidade parecia ter expulsado da vida e da sociedade (cf. Capítulo 11 sobre a secularização). Tanto o paganismo quanto o romantismo, continua Sage,

> são produtos da modernidade; ambos realçam a imaginação e a emoção; ambos questionam o lugar da racionalidade na maneira como conhecemos aquilo que conhecemos; ambos atribuem grande importância ao indivíduo e perguntam qual é seu lugar numa comunidade mais ampla; ambos buscam no passado um modelo do futuro; ambos são políticos, idealistas e às vezes utópicos; e ambos consideram a natureza o principal instrumento para a realização de seus objetivos (2009: 36-37).

Este suposto apego ao passado, porém, é complicado e variado, já que, como sustenta Pike, na Europa

> as organizações pagãs contemporâneas geralmente reivindicam uma linhagem antiga e ininterrupta, muitas vezes ligada ao nacionalismo e ao orgulho étnico. Comunidades "neopagãs" americanas, britânicas e australianas diferem pelo fato de serem *revivals* conscientes de si mesmos, criadas para serem igualitários, individualistas e, no caso americano, influenciados por correntes de apocalipticismo e movimentos de mudança social (2004: 19).

Por isso é necessário tratar o paganismo europeu continental e o paganismo americano separadamente.

### (Neo)paganismo europeu continental

Os grupos e movimentos (neo)pagãos são numerosos em toda a Europa Central e Oriental e, embora possamos ser tentados a classificá-los como novos movimentos religiosos, Piotr Wiench argumenta convincentemente que eles "em muitos aspectos não se encaixam nas características típicas de um movimento *religioso*"; com efeito, geralmente "os grupos inspirados em ideias neopagãs podem manifestar uma quase total falta de características realmente religiosas", por estarem "concentrados mais no discurso da identidade e, em alguns casos, até numa mensagem abertamente política" (2013: 13). Significativamente, na medida em que são simplesmente "religiões", Wiench recomenda que os consideremos menos como religiões pagãs ou antigas e mais como religiões *étnicas*. Escrevendo no contexto da Hungria, Réla Szilárdi insiste que estas religiões têm o efeito e o propósito de "sacralizar a nação", de levar a sociedade e sua cultura a "distinguir-se de outras nações em origem e missão" e, além disso, de afirmar que "seu destino influencia toda a civilização humana" (2013: 233). O objetivo, como verificam Kaarina Aitamurto e Alexey Gaidukov no caso da Rússia, é ter *rodnaya vera*, "uma fé própria" (2013: 150), ou seja, uma fé que é específica de seu povo, de sua história e de sua cultura.

Os (neo)pagãos, tanto na Europa quanto nos Estados Unidos, são muitas vezes ávidos leitores da história, do folclore e da etnografia, em sua busca das origens (supostamente) autênticas, e muitas vezes perdidas ou suprimidas, e da anterior grandeza de sua raça. Na Hungria, por exemplo, os movimentos (neo)pagãos "participam desta tradição de radical reinterpretação da cultura nacional e da origem histórica da nação, acentuando o 'caráter nacional', o passado heroico e a continuidade das antigas tradições", precisamente porque os membros se opõem ao que eles percebem como "uma história dominante 'falsificada'" que lhes nega seu caráter verdadeiro e único (SZILÁRDI, 2013: 231). Já em meados do século XIX estudiosos húngaros como Arnold Ipolyi foram em busca da cultura popular húngara, publicando em 1854 *Magyar Mythológia*, um texto que ainda hoje faz parte do discurso pagão. No século XX foram feitas afirmações espantosas de conexões históricas húngaras com o antigo Egito ou até com a Suméria. O nacionalismo pagão (e outros nacionalismos) estão obviamente também ligados ao país e, para alguns (neo)pagãos húngaros, os Montes Pilis são o lugar das ruínas "de um antigo centro sagrado fundado por antepassados hunos-húngaros" (SZILÁRDI, 2013: 233), com os quais os húngaros modernos estão ligados por uma continuidade ininterrupta. De importância vital para esta espiritualidade era o xamã ou *Táltos*, um visionário religioso e curandeiro. Mas o espírito do povo húngaro não precisa estar limitado a esta terra: Szilárdi descobre que uma versão "esotérica" do neopaganismo húngaro, apresentada por György Kisfaludy da Igreja do Universo, sustenta "ideias um tanto espantosas a respeito dos ancestrais hunos que vieram de Sirius [uma estrela distante] e povoaram a antiga ilha de Atais no Oceano Pacífico, que foi destruída por uma calamidade mundial" (236). Entre as organizações mais terrestres ao movimento (neo)pagão húngaro estão: a Comunidade da Religião Húngara, a Igreja Húngara Antiga, Igreja Yotengrit, Movimento da Cruz Solar, Círculo de Tambores do Táltos Pássaro de Fogo, Círculo de Tambores Povo de Arpad, Igreja das Doutrinas Esotéricas (Igreja da Coroa Sagrada) e Antiga Igreja Húngara de Táltos (237). Percorrendo estas diversas instituições, Szilárdi identifica alguns temas comuns, entre os quais a ideia de nação sagrada, exclusividade nacional/étnica e até intolerância e, portanto, às vezes atividade política que assume a forma de "xenofobia", como também de ativismo "antipluralista" (ou seja, antiminorias e anti-imigrantes) e "antiglobalista" (244-245).

Esta associação entre paganismo e intolerância, e até violência, é ainda mais pronunciada na Rússia (cf. Ilustração 9.2). Victor Shnirelman, seguindo os passos de Vladimir Pribylovsky, observa duas formas variantes de neopaganismo na Rússia: uma de natureza "folclorista menos politizada" e a outra de índole "nacional-patriótica altamente politizada" (2013: 63). Para os nacionalistas, "o nacionalismo russo é o verdadeiro credo e [...] as crenças e símbolos pagãos legitimam a implementação do domínio russo étnico e a discriminação contra os não russos" (65). Isto levou, infelizmente, a uma aliança entre os neopagãos e organizações de direita, inclusive neonazistas/skinheads; Shnirelman menciona a União de Comunidades Eslavas da Fé Nativa Eslava como um dos grupos neopagãos que mantém laços com os skinheads. As duas alas do movimento nacionalista podem recorrer à violência concreta contra minorias étnicas como também contra Igrejas cristãs, por eles consideradas falsas e estrangeiras. Assim Shnirelman nos convida a entender o neopaganismo russo "ao mesmo tempo como uma ideologia [...] e como uma prática de combate" (73). Curiosamente, outro local para a vernaculização da religião (neo)pagã é a música do *hard rock*, especificamente o *heavy metal*: Deena Weinstein (2013) calcula que bandas pagãs de *heavy metal* são mais proeminentes na Europa Oriental, particularmente nos antigos países comunistas da Rússia, Bielorrússia, Ucrânia, Lituânia, Polônia e Bulgária. Na extremidade escura do espectro do *hard rock*, Benjamin Hedge Olson descobre as origens do Black Metal Nacional-Socialista (NSBM) nos países escandinavos; com sua mensagem de que "o presente está doente e degradado; o passado foi esplêndido e vital; o presente precisa ser destruído e/ou evitado a fim de atingir uma existência significativa" (2013: 137), a Europa Oriental desenvolveu "um dos cenários de *black metal* mais vibrantes, fanáticos e racistas do mundo" (146), embora os Estados Unidos "se tenham tornado um dos mais prolíficos produtores de NSBM nos últimos dez anos" (140).

Ilustração 9.2 Membros da população local celebram o Dia de Ivan Kupala em Tavernichi, Rússia. A celebração está relacionada com o solstício de verão e inclui diversos ritos pagãos.
Cortesia de De Visu/Shutterstock

### (Neo)paganismo americano

Aparentemente os Estados Unidos têm sua dose de paganismo nacional/político, mas de modo geral a versão americana é uma criatura comparativamente benigna. Sarah Pike escreve que o (neo)paganismo nos Estados Unidos realça "um desejo de reviver antigas religiões de natureza pré-cristã" (2004: 19) e estas crenças geralmente não conseguem contribuir para uma espinhosa política de autêntica identidade americana étnica. No entanto, os americanos compartilham a tendência (neo)pagã de investigar o passado e com liberdade surripiar elementos dele:

> No processo de criar novas religiões no molde das antigas, os neopagãos apropriam-se de elementos das culturas religiosas indígenas americanas e de outras culturas disponíveis. Os neodruidas muitas vezes aprendem línguas celtas e se concentram em seus papéis de guardas das florestas. Os neopagãos fascinados por culturas antigas específicas voltam sua atenção para os panteões tibetanos, gregos, romanos e egípcios. Encontram textos rituais, geralmente em tradução, e moldam sua prática de acordo com histórias mitológicas, tais como as da descida da deusa Perséfone ao mundo dos mortos. Neopagãos vestidos como Afrodite e Dioniso podem apresentar-se em festivais neopagãos, onde os rituais estimulam os participantes a explorar arquétipos divinos de antigos panteões de divindades (19).

Mas o resultado geral do (neo)paganismo americano tende a ser uma atitude religiosa tolerante e inclusiva, muito mais em sintonia com questões ambientalistas do que nacionalistas.

Em sua orientação de amor à terra e de capacitar os indivíduos, o (neo)paganismo americano tem muita coisa em comum com o espiritualismo do século XIX e com o movimento de "cura pela mente" (cf. adiante p. 348), os quais, como também o romantismo analisado acima, viam a natureza impregnada pelo espírito e fundamentalmente dependente dele e prometiam às pessoas o poder de levar uma vida melhor e mais saudável. Para os (neo)pagãos, portanto, o mundo é novamente encantado, inundado de magia, que une novamente o que a sociedade materialista moderna separou. Como se expressa Pike em outro de seus livros: "Os neopagãos estão empenhados em procurar opções religiosas que, no seu entender, irão provocar harmonia entre os humanos e a natureza, sacralizar o corpo e a sexualidade, curar feridas causadas pela intolerância e criar comunidades saudáveis e pacíficas" (2001: xiii).

Nessa obra anterior de Pike, como em grande parte da pesquisa sobre o (neo) paganismo americano, o foco tendeu a recair sobre as atividades rituais, incluindo grandes festivais, mas não se limitando a eles. Nestas concentrações coletivas,

> os participantes trabalham para fazer uma experiência diferenciada de sua vida "em casa". Criam lugares-mitos: combinações de rumores, imagens e experiências que tornam fascinantes determinados lugares. Estes mitos podem exaltar

os vícios de um lugar, mas também suas virtudes. Os neopagãos contam histórias destinadas a situar o festival numa geografia imaginária diante de lugares-mitos de outras cidades e regiões que formam o contraste que estabeleceu sua reputação como um destino liminar (2001: 19).

Aquilo que Pike chama de "mundos de festival" acrescenta uma dimensão que falta à vida cotidiana, uma dimensão do "fantástico e encantador", e nesses lugares e eventos "a própria região, as árvores e a terra são revestidos com os desejos e sonhos dos frequentadores de festivais e se tornam domínios 'sagrados' para os participantes do festival" (27). E, ao contrário da experiência europeia, nesses eventos o nacional e o espiritual não são fundidos; mas, quando muito, o nacional é posto de lado num universalismo espiritual que une espírito e terra, mas desconsidera a nação, como no seguinte canto cantado na *Liturgia para a Senhora Liberdade* do Caminho Espiralado, ao som de "America" ou "My Country 'Tis of Thee" (que, aliás, é também a melodia do hino nacional britânico, "God Save the Queen"):

> Abençoada e abundante terra,
> A salvo na mão da Senhora,
> De Ti eu canto.
> Terrores são desviados
> Dispersos pelo raio da liberdade;
> Castigados pela luz do dia,
> Todos os temores levantam voo
> (citado em CHASE, 2006: 152).

Zohreh Kermani olha o (neo)paganismo americano de um ângulo diferente, considerando-o uma cultura, já que, enquanto os adultos podem "converter-se" ao (neo)paganismo, seus filhos são "(neo)pagãos de segunda geração". Esta perspectiva nos permite enxergar alguns dos processos e contradições na religião. Como explica Kermani, os (neo)pagãos tendem a reverenciar as crianças, atribuindo-lhes um tipo singular de consciência espiritual e sabedoria; os adultos também procuram cultivar qualidades infantis em si mesmos. Ao mesmo tempo, os valores (neo)pagãos de liberdade e tolerância dissuadem os adultos de doutrinar seus filhos com sua própria religião, expondo assim os filhos a crenças e práticas (neo)pagãs, embora não lhes impondo essas crenças e práticas. Kermani não pode deixar de comentar a ameaça inerente ao (neo)paganismo, o qual, diferentemente da maioria das religiões, evita ativamente a doutrinação religiosa formal e obrigatória.

Outra contradição ou tensão é o fato de que os adultos (neo)pagãos habitam frequentemente seu próprio mundo de infância perpétua, uma espécie de Neverland (Terra do Nunca) na qual eles "lembram e imaginam suas próprias infâncias religiosas" (2013: 72) de maneiras que não podem deixar de afetar, e até oprimir, as crianças atuais. Muitíssimas vezes, afirma Kermani, os adultos (neo)pagãos parecem estar numa missão "de reconstruir os mundos religiosos que eles desejariam ter habitado" e, com isso, "redimir suas infâncias mágicas perdidas moldando os mundos religiosos de seus próprios filhos" (73). Um problema ulterior de interação intergeracional no (neo)paganismo são aqueles aspectos da religião que são demasiado "adultos" (inclusive demasiado sexuais) para as crianças, o que torna a participação das crianças no ritual um problema espinhoso. No entanto, os pais desejam compartilhar sua religião com os filhos, mas não impô-la a eles, de modo que os adultos inovam criativamente versões de práticas rituais que são apropriadas para as crianças e incluem as crianças (uma vernaculização da vernaculização), o que não é um grande problema, dada a liberdade que os (neo)pagãos têm para inventar. Duas invenções específicas beirando a instituições, descritas por Kermani, são os Escoteiros Espirais, uma espécie de Meninos/Meninas Escoteiros para crianças (neo)pagãs, e cerimônias específicas para crianças como Wiccaning, uma cerimônia de passagem à maturidade e resposta (neo)pagã ao batizado. Se tudo isto é suficiente para superar as desvantagens de uma religião geralmente não institucionalizada e não imposta, só o tempo o dirá.

## O cristianismo vernáculo nos Estados Unidos

Como ilustra a análise acima, os Estados Unidos são e sempre foram um viveiro da religião vernácula. Com efeito, seus famosos primeiros colonizadores eram grupos heréticos de cristãos, os "peregrinos" e puritanos, que praticavam sua própria versão do cristianismo e não conseguiam encontrar para ela um lar na Inglaterra. Desde aquele tempo até hoje, os americanos foram extraordinariamente criativos em sua religião e extraordinariamente desejosos e ávidos de expressá-la em vernáculo. Um motivo é o caráter protestante da cultura básica da América, que não reconhece uma autoridade central como a Igreja Católica para controlar a invenção e o desvio. A cultura americana contém um filão antiautoritário até mais profundo, relacionado com seus ideais igualitários, que impede os americanos de conformar-se com uma visão ou interpretação única da religião. Além disso, o caráter de fronteira dos Estados Unidos durante grande parte de sua história significou que as pessoas estavam distantes, geográfica e culturalmente, dos centros da religião oficial, e sempre houve empresários religiosos prontos a levar o cristianismo "ao povo" e "às pessoas".

### Os primeiros séculos americanos

Na época em que a América do Norte foi colonizada, o cristianismo já se havia diferenciado irrevogavelmente em muitas Igrejas, denominações e seitas. Um século após a colônia de Plymouth (que, a propósito, foi uma aventura empresarial da Plymouth Company, que foi fretada para fundar colônias na costa oriental e recrutou peregrinos cristãos entusiastas para juntar-se aos seus colonizadores), as colônias americanas estavam experimentando seu primeiro "grande despertar" de fervor religioso. Os anos entre 1720 e 1750 presenciaram uma explosão de atividade cristã, a maior parte dela ocorrida "nas bases". Surgiram denominações novas ou em expansão, como os batistas e os metodistas, mesmo nas cidades; mas a elite urbana e a elite universitária eram muitas vezes consideradas pessoas que estudavam e pregavam a religião, mas não a *viviam* e não conseguiam comunicá-la às pessoas comuns. Seus sermões eruditos não tinham o "fogo" de uma pessoa inflamada pelo Espírito Santo e, por isso, não conseguiam transmitir esse fogo. Esta tarefa coube a homens de paixão, senão de saber, como Jonathan Edwards, George Whitefield, James Davenport, Charles Woodmason, Devereux Jarratt e Samuel Morris. Estes homens foram os primeiros "pastores itinerantes" da religião americana, pregadores ambulantes que viajavam de uma aldeia para uma fazenda e daí para um vilarejo, parando para difundir o Evangelho em "revivals" ao ar livre ou em barracas onde quer que pudessem reunir um público. Falavam com o conhecido entusiasmo do evangelista – de fato, foram os primeiros evangelistas americanos, portadores da "mensagem" (*evangelho* vem da palavra grega que designa o mensageiro ou portador de boas-novas). Eles não só circulavam entre as massas, mas também proferiam a mensagem num estilo e numa linguagem que as massas podiam digerir.

Cerca de um século mais tarde (1820-1850), ocorreu um segundo grande despertar e popularização. Um de seus traços essenciais foi o discurso do "cristianismo primitivo". Elias Smith, por exemplo, pedia um tipo mais simples e mais igualitário de cristianismo, um cristianismo no qual as massas pudessem interpretar a Bíblia por si mesmas; seus seguidores até evitavam um nome e se apresentavam simplesmente como "cristãos" ou "Discípulos de Cristo". Neste período, apareceram outros movimentos religiosos mais famosos e duradouros, como a Igreja de Jesus Cristo dos Santos dos Últimos Dias (mórmons), um cristianismo realmente americano, que afirmava que Jesus havia visitado a América do Norte após sua missão em Israel e que tribos de hebreus haviam construído uma civilização no continente. Enquanto isso, seguidores de William Miller predisseram o fim do mundo na década de 1830 (um dos tropos mais sólidos no cristianismo americano); mas, quando essa predição não se cumpriu, alguns "milleritas" romperam para tornar-se os Adventistas do Sétimo Dia. Dois movimentos sociais mais amplos – o utopismo e o espiritualismo/"cura pela mente" – reproduziram variações do cristianismo, entre as quais, respectivamente, a Sociedade Unida dos Crentes (os "Shakers") e a Igreja de Cristo Cientista (Ciência Cristã).

Uma corrente subestimada na religião americana é o transcendentalismo, que remonta a Emanuel Swedenborg (1688-1771), o qual, em escritos como *The Worship and the Love of God* [O culto e o amor de Deus] e seu *Arcana Coelestia* [Arcana celeste], em oito volumes, sustentou que a Bíblia cristã não devia ser considerada um documento literal e histórico, mas um código espiritual ou alegoria. Para ele a existência tinha três "níveis" ou "planos" – o físico (animal, vegetal e mineral), o espiritual e o celestial. Cada um destes planos reiterava os outros, de modo que cada entidade no plano físico (ele as chamava de "princípios fundamentais") tinha um corolário no plano espiritual e no plano celestial. Por isso não havia necessidade de obediência servil às escrituras ou interpretações deturpadas das mesmas; a questão era alguém saber sua relação com as esferas superiores da realidade e pôr suas afeições e ações em ordem. Estas ideias influenciaram pensadores americanos como Ralph Waldo Emerson e Henry David Thoreau, cuja reverência para com a natureza os afastava muito do cristianismo convencional; Emerson rejeitava realmente a antiga "religião" literalista em favor da intuição espiritual. A religião geralmente praticada era pouco mais do que "as formas mortas de nossos antepassados" (citado em MARTY, 1984: 210) e Emerson e seus pares pediam literalmente aos americanos que "esquecessem o cristianismo histórico".

Pode-se afirmar que pelo menos uma parte dos americanos atendeu ao seu conselho. O cristianismo americano continuou a transformar-se em novas e inéditas formas vernáculas, misturando noções populares de espiritualismo e de saúde baseada nos espíritos, doutrina esotérica e religiões e filosofias orientais. Sempre confiantes nos poderes do indivíduo, e até para sentir-se literalmente bem, adeptos americanos como Phineas Parkhurst Quimby (1802-1866) realizaram sessões de cura depois de 1840, primeiramente usando um sujeito hipnotizado como seu meio de diagnóstico e cura. No final da década de 1860, Quimby abandonou o parceiro e realizou suas próprias curas, usando uma combinação de toque, gestos hipnóticos, imagens visuais e fala. Para Quimby e seus seguidores, a causa da doença eram pensamentos e crenças doentios. Henry Wood representou um outro lado, mas um lado familiar, do movimento mentalista, ou seja, o uso da "visualização" ou das imagens mentais. Em seu livro *Ideal Suggestion Through Mental Photography* [Sugestão ideal através da fotografia mental], de 1893, ele se apropriou essencialmente da distinção tripartida de Swedenborg (aqui: material, psicológico e espiritual), insinuando que os humanos existem em todos os três níveis simultaneamente, mas que a doença resulta da fixação apenas no material. Na realidade, sugeriu ele, nem a doença nem a cura é um processo puramente físico, mas também um processo psicológico/espiritual.

Outra infeliz forma vernácula americana de cristianismo no século XIX foi a Ku Klux Klan, que apareceu imediatamente após a queda do Sul na Guerra Civil americana. Por oferecer uma mistura tóxica de cristianismo, racismo e nacionalismo, foi suprimida pelo presidente Ulysses Grant na década de 1870, mas ressurgiu na década de 1920, desta vez praticando a queima de cruzes cristãs junto com a adoção de antigos títulos esotéricos como Hidra, Gigante, Grande Titã e Ciclope Exaltado. Ainda uma terceira encarnação da KKK nasceu após a Segunda Guerra Mundial, em oposição ao movimento dos direitos civis, e sua filosofia assemelhava-se ao movimento Identidade Cristã e ao Anglo-Israelismo, que identificaram o verdadeiro cristianismo (e até a verdadeira humanidade) com a raça branca ou, ainda mais estritamente, com os brancos anglos (ingleses e americanos).

### O século XX e depois

O século XX trouxe profundas mudanças à sociedade americana, facilitadas pelas tecnologias da comunicação e do transporte. Todas estas inovações causaram impacto no cristianismo americano, a começar pelo automóvel e o rádio e seguidas logo pela televisão e a internet. Jeffrey Hadden (1993) relatou que a primeira transmissão radiofônica na América foi um culto de domingo à tarde da

Calvary Episcopal Church em Pittsburgh em 1921. Entretanto, por volta de 1916 a evangelista Aimee Semple McPherson começara uma *tournée* de pregação pelos Estados do Sul em seu "Carro do Evangelho", usando um megafone, embora logo tenha descoberto a força do rádio para transmitir sua mensagem. De acordo com Hadden, um sacerdote católico, Charles E. Coughlin, foi o primeiro pregador de rádio a atingir um público de massa, alcançando âmbito nacional em 1930, mas ninguém obteve a proeminência do bispo Fulton Sheen, cujo programa radiofônico de domingo à tarde, intitulado "A Hora Católica", começou também em 1930. O famoso Billy Graham obteve um ministério radiofônico próprio em 1944. Assim nasceu a era do televangelismo, da pregação religiosa à distância e de massa, embora o termo seja muitas vezes reservado à pregação pela televisão.

O bispo Sheen entrou para o mercado da televisão em 1951 com um programa chamado "A vida vale a pena ser vivida" e muitas das "cruzadas" de Graham foram também televisadas. Rex Humbard teve um programa semanal de televisão que começou em 1953; e muitas personalidades cristãs nacionais e locais entraram para o grupo dos televangelistas daí em diante, entre as quais: Oral Roberts, Jimmy Swaggart, Jim e Tammy Faye Bakker, Robert Schuller e evidentemente Jerry Falwell e Pat Robertson. Pouco depois os cristãos estavam criando suas próprias radioemissoras, a começar pela Christian Broadcasting Network de Pat Robertson em 1977, apresentando "The 700 Club". Pouco depois, Paul Crouch fundou a Trinity Broadcasting Network (TBN) e Jim Bakker respondeu com a rede Praise the Lord (PTL). Em 1997, Marcus e Joni Lamb fundaram Daystar, mas àquela altura muitos televangelistas famosos haviam caído embaraçosamente em desgraça, entre os quais Roberts, Bakker e Swaggart.

Ao mesmo tempo, na esteira do humilde Carro do Evangelho de McPherson, o automóvel estava transformando a paisagem geográfica e religiosa da América. À medida que os americanos ganharam mais mobilidade e se tornaram mais urbanos (e, mais tarde, suburbanos), o cristianismo americano deslocou-se com eles e aprendeu a falar esse vernáculo. Assim como os americanos inventaram e adotaram cinemas *drive-in* e restaurantes *drive-in*, o ano de 1949 viu a primeira igreja *drive-in* da América, quando o reverendo Norman Hammer, da Igreja Luterana Emanuel de North Hollywood, pregou um sermão num terreno baldio. Por volta de 1955, Robert Schuller começou a realizar cultos num terreno de cinema *drive-in*, onde as pessoas podiam ouvir a pregação dentro de seus carros através do mesmo sistema de som usado para os filmes.

À medida que os americanos de classe média que trabalhavam em escritórios se deslocaram para os subúrbios pela metade do século, o cristianismo se deslocou com eles, evoluindo até tornar-se mais suburbano, de classe média e parecido com um escritório. Um dos resultados mais espetaculares foi a "megaigreja", que explorou terrenos abundantes e de grande densidade populacional para conquistar membros aos milhares. A Igreja da Comunidade Willow Creek nos arredores de Chicago, fundada em 1975, é muitas vezes considerada a primeira megaigreja (cf. Ilustração 9.3). Foi um projeto baseado literalmente em pesquisas de mercado, examinando que tipo de experiência religiosa os locais queriam. De acordo com Susan Harding, Jerry Falwell já dera a resposta em 1971, ao insistir que "a Igreja devia ter a sensatez de examinar os negócios para uma previsão de inovação futura"; e, já que os negócios nos haviam dado "centros comerciais gigantes", a religião deveria fazer o mesmo, "colocando pelo menos dois ou mais serviços num lugar a fim de atrair os clientes" (2000: 16). No vernáculo corporativo, Willow Creek identificou sua "meta geográfica" e elaborou um serviço religioso e instalou um espaço religioso físico que os suburbanos de classe média iriam desfrutar. De forma esclarecedora, Stewart Hoover relatou que um guia na igreja explicava: "Você não verá absolutamente nenhum simbolismo cristão aqui. A metáfora ou imagem que estamos procurando projetar aqui é a Igreja corporativa ou comercial, não a Igreja tradicional" (2000: 145).

Aos olhos de alguns, existe pouca religião em megaigrejas como Willow Creek – nenhuma cruz, nenhuma pregação apocalíptica. O culto dominical parece mais um espetáculo, com cantos e dramatizações e leituras. E, como acrescentou Hoover, as megaigrejas "certificam-se que seus estacionamentos sejam grandes e convenientes. Proporcionam assistência às crianças e outras coisas que tornam a frequência mais acessível. Muitas têm lojas e cafeterias. Algumas proporcionam instalações recreativas, aeróbica e coisas semelhantes" (152). Com efeito, como o megacentro comercial ou *shopping center* da imaginação de Falwell, a megaigreja se caracteriza por uma série de instalações, das quais nem todas se encaixam na tradicional esfera da religião. Além disso, as megaigrejas muitas vezes incluem de fato "uma panóplia de 'ministérios' – tipicamente grupos de apoio, oportunidades de associação ou combinações destes – relacionados com as pressões e tensões características da vida contemporânea", inclusive "seminários sobre criação dos filhos; grupos de recuperação em doze passos 'por categoria' (ou seja, álcool, drogas, jogo etc.); aulas

Ilustração 9.3  Culto dominical na igreja da Comunidade Willow Creek, Chicago. © John Gress/Reuters/Corbis

para casais em preparação para o casamento; aulas para 'construção e formação de lares'; um *brunch* para 'mulheres no local de trabalho'" (153) e assim por diante. Justin Wilford observa a mesma abordagem na Igreja Saddleback de Rick Warren, cuja índole é "uma experiência infinitamente especializada" (2012: 168), um amontoado de microministérios que reflete e acomoda a fragmentação da vida suburbana contemporânea. Enquanto geógrafo, Wilford avalia como Warren vernaculizou o cristianismo para a experiência espacial dos subúrbios, promovendo pequenos grupos que se reúnem nas casas dos membros; na estratégia de Warren, "o centro da vida espiritual da maioria dos membros da Saddleback" não é o *campus* da igreja, mas a casa da família (111).

Finalmente, fora do sistema religioso nos Estados Unidos, o cristianismo tem sido vernaculizado repetidamente em cada novo gênero e subcultura da sociedade americana. A década de 1960 viu o surgimento do grupo *hippie* "Jesus freaks" ("loucos por Jesus") e os Evangelhos ganharam um tratamento de ópera *rock* em 1971 com "Jesus Cristo Superstar" (transformado em filme em 1973), sem mencionar o Jesus *hippie* na camiseta do Superman em "Godspell – A esperança" de

1971. E os crentes comuns se encarregaram de expressar o cristianismo em todos os vernáculos concebíveis, como:

- The Church for Men (www.churchformen.com), que oferece meios para "atrair um público masculino para sua Igreja";
- Christian Mingle (www.christianmingle.com) para encontros cristãos;
- Guitar Praise, uma versão cristã do videogame "Guitar Hero";
- "Veggie Tales", desenhos animados cristãos para crianças;
- Christian Wrestling Federation (www.christianwrestling.com), que usa a luta corporal para "assistência evangélica efetiva";
- Lord's Gym (www.lordsgym.org), para força física e moral;
- Gospel Light's Sonrise National Park Vacation Bible School (www.gospellightvbs.com/sonrise), para campismo cristão;
- Cross the Sky Ministries (www.crossthesky.com), que ensina habilidades de palhaço para o cristianismo.

Todo gênero imaginável de música popular tem também sua versão cristã, desde o *rock*, passando pela música *country*, até ao *rap*. Um dos meus favoritos, para o praticante de sexo grupal que é também um cristão, é "Banging for Christ" (www.youtube.com/watch?v=o5WLdvVEkpw). Entretanto, até as próprias escrituras não estão imunes à vernaculização: a versão King James da Bíblia está escrita no vernáculo do século XVII, para cuja atualização foram criadas a American Standard Version, a International Standard Version, a New Revised Standard Version e muitas outras. E, para os que acham que a Bíblia existente está cheia de "distorções liberais de tradução", existe o Projeto Bíblia Conservadora (http://conservapedia.com/Conservative_Bible_Project). Uma das tentativas malsucedidas de vernaculização é a torradeira que grava uma imagem de Jesus no pão, que a Amazon removeu de seu site durante a época do Natal em 2013.

## Conclusão

A religião se encontra não só nas palavras congeladas das escrituras e nas doutrinas e rituais ortodoxos de peritos e funcionários. A religião é vivida e praticada pelas pessoas dentro das instituições religiosas e também fora delas. Além disso, à medida que a religião penetra a sociedade, ela é refratada pela linguagem, pela classe, pelo gênero, pela região e por outras variáveis sociais e, enquanto fenômeno compósito, ela absorve a cultura local ao mesmo tempo em que é absorvida por essa cultura. O resultado inevitável é a formação de múltiplas expressões vernáculas da religião.

As autoridades religiosas muitas vezes desconfiam da religião vernácula, já que ela acrescenta inovações e ameaça o monopólio das instituições religiosas. Mas as autoridades religiosas podem também endossar e adotar estas vernaculizações, desvernaculizando-as e tornando-as oficiais e institucionais. No final, porém, a versão oficial ou institucional da religião é simplesmente o vernáculo que ganhou a batalha entre os vernáculos e que em dado momento se impõe como sendo *a* religião. No entanto, se os antropólogos se concentram apenas na religião oficial, deixarão escapar a diversidade dinâmica e a evolução contínua da religião.

**Perguntas para debate**
- O que é religião vernácula e qual a sua relação com a religião oficial ou ortodoxa?
- Como e por que a religião é representada nos meios modernos populares de comunicação como a televisão e o cinema?
- O que é uma "economia oculta"?
- O que é o (neo)paganismo e como ele difere na Europa continental e nos Estados Unidos?

**Leitura suplementar (cf. website)**
- *Representing Religion in Contemporary Japanese Manga.*
- *Witchcraft and the Search for Fame in New York City.*
- *Vernacular Muslim Education: The Gülen Movement.*

# 10
# Violência religiosa

Algumas pessoas caminham descalças sobre brasas quentes por sua religião. Os cristãos da aldeia grega de Agia Eleni caminham sobre brasas durante seu ritual da Anastenaria (cf. Ilustração 10.1). Trazido para a Grécia há um século por refugiados do Norte, o caminhar sobre brasas não faz parte obviamente do cristianismo ortodoxo; e a Anastenaria "não tem textos sagrados ou tradições escritas", mas adquire seu conhecimento religioso especial da experiência como também de mitos e lendas (XYGALATAS, 2012: 91). Pelo fato de o ritual ser considerado heterodoxo e até pagão, durante anos a Igreja "perseguiu a Anastenaria, muitas vezes violentamente, espancando os praticantes do caminhar sobre brasas e queimando seus ícones" (16). No entanto, os líderes da Igreja acabaram aceitando esta expressão vernácula de fé e até assumiram algum controle sobre ela, aceitando os ícones de São Constantino e Santa Helena durante a execução dos rituais. Caminhar sobre brasas é o ato culminante num festival que dura três dias e inclui "várias procissões, música e dança, um sacrifício de animais e dança ritual extática" (90). Por fim, os adeptos caminham descalços sobre carvões em brasa carregando os ícones de seus santos. Alguns percorrem os carvões mais de uma vez, alguns em duplas. Xygalatas observou, depois, que "seus pés não apresentavam nenhum sinal de queimadura" (84).

No início do século XXI, é impossível ignorar a relação entre religião e violência. Por exemplo, de acordo com Magnus Ranstorp (2003), o número de movimentos religiosos extremistas de todos os tipos em todo mundo triplicou desde meados da década de 1960 até meados da década de 1990. Ao mesmo tempo, o número de grupos terroristas inspirados na religião passou de zero para aproximadamente um quarto de todas as organizações terroristas conhecidas. No período de 1970 a 1995, os grupos religiosos foram responsáveis por mais da metade de todos os atos de terrorismo mundial – tudo isto antes do 11 de setembro.

Não causa surpresa que tenha aparecido uma virtual indústria de literatura sobre violência religiosa. No entanto, todas estas abordagens, por mais valiosas que sejam, sofrem de três limitações. Em primeiro lugar, elas tendem a examinar um número limitado de religiões, geralmente apenas o cristianismo e o islamismo, com alguma menção ao judaísmo. Em segundo lugar, tendem a considerar uma quantidade limitada de violências, na maioria das vezes "terrorismo" e "guerra santa". Em terceiro lugar, tendem a defender uma dentre duas posições a respeito da relação entre religião e violência, seja culpando a religião pela violência ou isentando a religião da violência.

Para a antropologia a questão da violência religiosa é mais variada e mais complicada. Uma compreensão meticulosa da violência resultante da religião exige um exame mais abrangente das religiões. Além disso, embora seja vital entender o terrorismo e a guerra santa, estes dificilmente esgotam a variedade da violência baseada na religião; mais exatamente, são formas comparativamente raras de violência. Por fim, é crucial considerar que a violência não é nem inerente à religião nem inimiga da religião. Antes, a violência é um comportamento construído culturalmente, resultante de condições sociais específicas, que não são exclusivas da religião, mas infelizmente são comuns à religião.

Ilustração 10.1 Caminhando sobre brasas em Agia Eleni. © Pixelstock/Alamy

## A antropologia da violência

Compreender a violência religiosa exige que compreendamos a religião e que compreendamos a violência. O problema é que muitas pessoas pensam que a violência não requer compreensão, que ela é um fenômeno simples e óbvio, ou que compreendê-la é de certa forma tolerá-la. Esta última opinião é particularmente significativa porque uma atitude predominante é que a violência é sempre inaceitável. No entanto, a quase universalidade da violência, a pletora de formas que ela assume nas culturas e a diversidade de reações a ela e avaliações dela tornam mais problemática a abordagem antropológica da violência.

Os que explicam a violência deparam com dois grandes problemas. O primeiro é a noção de que a violência é, por definição, causadora de desordem, destruidora e, na verdade, antissocial. Max Gluckman foi um dos primeiros antropólogos a desviar a atenção da presumida homogeneidade e homeóstase da cultura e direcioná-la para a divisão interna e o conflito. Muitas sociedades, senão todas, observou ele, são "cuidadosamente divididas e atravessadas por compromissos consuetudinários de fidelidade" que jogam os membros da sociedade uns contra os outros de diferentes formas (1956: 1). Ele pensa realmente que esta divisão interna e conflito de baixa intensidade são integradores em vez de desintegradores, já que

> estas lealdades conflitantes e divisões de fidelidade tendem a inibir o desenvolvimento de rixas abertas e, [...] quanto maior a divisão numa área da sociedade, tanto mais provável é que haja coesão num âmbito maior de relações – contanto que exista uma necessidade geral de paz e o reconhecimento de uma ordem moral na qual esta paz possa florescer (25).

Seja boa ou não para a sociedade, a violência certamente faz parte da sociedade. O segundo problema, portanto, é a noção de que a violência é uma coisa objetiva, absoluta e unitária. Esta maneira de pensar leva a uma clara definição da violência, mas essa definição – especialmente em âmbito intercultural – tem sido notoriamente difícil de formular. Ao invés, a violência "é um conceito escorregadio – não linear, produtivo, destrutivo *e* reprodutivo. [...] Ela desafia a categorização fácil. Pode ser tudo e nada; legítima ou ilegítima; visível ou invisível; necessária ou inútil; sem sentido e gratuita ou inteiramente racional e estratégica" (SCHEPER-HUGHES & BOURGOIS, 2004: 1-2). Existe pouca coisa que todos os atos de violência têm em comum e que os distingue dos atos de não violência; com efeito, exatamente o mesmo ato pode ser considerado violência num contexto e não ser considerado violência em outro.

Isto levanta a importante questão de que a violência é não tanto uma qualidade objetiva de um ato ou de um ator quanto um conceito e um *julgamento*. Nancy Scheper-Hughes e Philippe Bourgeois prosseguem:

> A violência está no olho do observador. O que constitui a violência é sempre mediado por uma dicotomia expressa ou implícita entre atos legítimos/ilegítimos, permissíveis ou sancionados, como quando a violência "legítima" do Estado militarizado é diferenciada da violência indisciplinada e ilícita da multidão ou dos revolucionários. [...] Os atos mais violentos consistem na conduta que é socialmente permitida, estimulada ou inculcada como um direito ou um dever. A maior parte da violência não é um comportamento desviante, nem desaprovado; mas, pelo contrário, é definida como ação virtuosa a serviço de normas sociais, econômicas e políticas convencionais geralmente aplaudidas (5).

Deste ponto de vista, a violência é não só um julgamento cultural, mas também um julgamento *político*, ou seja, quem vai rotular – e, portanto, condenar – um ato ou um ator é uma questão de posição social e de poder. Como diz David Riches,

> a violência é em grande parte uma palavra dos que testemunham certos atos, ou são vítimas deles, e não dos que os praticam. [...] Quando uma testemunha ou uma vítima invocam a noção de violência, elas emitem um julgamento: essa ação não apenas causa dano físico, mas ela é também ilegítima (1986: 3-4).

E o julgamento da violência é um julgamento cultural e, portanto, contestável: uma pessoa, um grupo ou uma sociedade podem rotular um ato como violência, enquanto outra pessoa, outro grupo ou outra sociedade – ou a mesma pessoa, o mesmo grupo ou a mesma sociedade em outro tempo – podem rotulá-lo de outra maneira. Por exemplo, quando eu era jovem, bater numa criança não era considerado violência, mas para muitos americanos de hoje é.

A "violência" enquanto rótulo é, portanto, relativa e construída. Além disso, é um entre vários rótulos sociais disponíveis para julgar e condenar ou perdoar um comportamento. A língua inglesa e outras línguas ocidentais têm uma série de termos com sentidos diferentes, mas em parte sobrepostos, como "conflito", "rivalidade", "concorrência", "agressão", "hostilidade", "abuso" e assim por diante. Todas estas palavras/conceitos carregam alguma conotação negativa, mas definições diferentes. Ao mesmo tempo, existe um discurso paralelo – muitas vezes aplicado às mesmas ações – que transmite uma mensagem positiva, como "autodefesa", "justiça", "direito", "dever" e assim por diante. Matar em defesa própria é melhor, é mais legítimo, do que matar por agressão, mesmo que a vítima esteja igualmente morta.

Finalmente, vários observadores têm comentado que a ciência, junto com a opinião popular, tendeu a focalizar as "explosões" repentinas, extremas e excepcionais de violência – aquelas que são menos representativas e menos instrutivas. A violência excepcional nos afasta da "violência do dia a dia", a chamada "violência estrutural" ou "violência simbólica", ou simplesmente das práticas e valores rotineiros e aceitos naturalmente, que contribuem para essas explosões. Carolyn Nordstrom e JoAnn Martin (1992) insistiram que é não só ingênuo, mas também perigoso, acreditar que a violência só ocorre quando as pessoas estão se matando umas às outras e termina quando a matança cessa; a paz não é simplesmente ausência de violência. A violência, como todos os outros fenômenos culturais, é "praticada" e surge de circunstâncias concretas, moldada por normas, crenças e valores que são encarnados pelos indivíduos da vida real em determinadas situações.

### Os componentes da violência cultural

A perspectiva antropológica sugere que a violência não é (geralmente) algo que as "pessoas más" fazem, mas algo que as pessoas comuns fazem em certas situações sociais. Para testar esta hipótese, Stanley Milgram (1963) realizou um experimento clássico, pedindo que pessoas comuns aplicassem choques elétricos dolorosos e potencialmente letais a outras pessoas normais, como parte de um suposto "estudo pedagógico". Ele relatou que dois terços dos indivíduos estavam dispostos a aplicar o nível máximo de choque, mesmo que a "vítima" gritasse de dor e depois emudecesse. Evidentemente, não havia vítima real nem mesmo choque real, mas os indivíduos pensavam que havia. A descoberta de Milgram foi que as pessoas comuns querem intencionalmente causar danos aos outros em certas circunstâncias, especificamente circunstâncias nas quais alguma autoridade os impulsiona a fazê-lo e as exime de responsabilidade pelo acontecido.

Com base nesta pesquisa e em outra, o psicólogo social Philip Zimbardo (2000) sugeriu que, ao praticar a violência, os fatores sociais são muito mais importantes do que os fatores psicológicos. Em particular, ele apontou seis fatores que são eficientes para levar pessoas boas a fazer coisas más:

1) doutrinação num sistema de pensamento que racionaliza ou legitima a violência;

2) obediência à autoridade, sem nenhuma oportunidade de discordância;

3) anonimato e desindividuação (por exemplo, ficar perdido numa multidão ou ver seus poderes decisórios serem tomados ou suprimidos);

4) difusão da responsabilidade (por exemplo, "apenas seguir ordens" ou dividir o comportamento violento entre um grupo de pessoas);

5) escalada gradual da violência;

6) desumanização do inimigo ou da vítima.

Destes seis fatores, ele considerou que a obediência cega à autoridade é o mais perigoso.

Uma conclusão importante destes estudos é que um ingrediente essencial para cometer ações injuriosas é a falta de empatia para com potenciais vítimas. Na empatia sentimos o sofrimento dos outros ao nosso redor; quando tenho empatia, o sofrimento realmente "me machuca tanto quanto machuca você". Se alguém pode causar dor sem experimentar dor, é muito mais fácil. E, se alguém pensa que o outro *merece* a dor, ou nem sequer sente dor, ou está abaixo do interesse do perpetrador (nada mais do que "refugo", "um verme", "um lixo" ou de qualquer maneira sub-humano), ele pode realmente sentir-se bem enquanto faz mal ao outro – ou não sentir absolutamente nada.

Podemos assim identificar uma série de fatores ou condições que contribuem para a frequência, a intensidade e a "normalidade" da violência. Quanto maior o número destas dimensões ou condições, tanto mais provável e mais forte pode ser a violência.

*1) Incorporação em grupos.* Se os humanos têm um violento potencial enquanto indivíduos, esse potencial aumenta dramaticamente nos grupos. E não é simplesmente um aumento aditivo. Os grupos parecem ter suas próprias dinâmicas – e uma das mais importantes é criar um "grupo de não-pertença", um "outro", um "não-nós" contra o qual podemos cometer violência de maneira mais absurda. Muitos comentaristas observaram as tendências violentas dos grupos. O filósofo Friedrich Nietzsche escreveu em *Além do bem e do mal* (n. 156): "A loucura é muito rara nos indivíduos; é regra, porém, nos grupos, nos partidos, nos povos, nas épocas". Também Sigmund Freud argumentou que os grupos têm sua própria psicologia distinta, caracterizada por mais intensa emocionalidade e irracionalidade, maior excitabilidade e agitação e uma espécie de "sugestionabilidade" encontrada em estados hipnóticos. É, na opinião de Freud, quase como se surgisse uma espécie de "mente de grupo". Gustave Le Bon, escrevendo há mais de um século, deu uma avaliação igualmente triste e desanimadora do efeito dos grupos. Sustentou ele

> que os grupos não raciocinam, que eles aceitam ou rejeitam as ideias como um todo, que não toleram nem discussão nem contradição e que as sugestões que os afetam invadem todo o campo de sua compreensão e tendem ao mesmo tempo a transformar-se em atos. Mostramos que as multidões convenientemente influenciadas estão prontas a sacrificar-se pelo ideal no qual se inspiraram. Vimos também que elas só nutrem sentimentos violentos e extremos, que em seu caso a simpatia se torna rapidamente adoração e a antipatia, quase no mesmo instante em que surge, se transforma em ódio. Estes indícios gerais já nos fornecem um pressentimento da natureza das convicções das multidões (1896: 62-63).

*2) Identidade.* A identidade, o sentimento que alguém tem de "quem ele/ela é", é uma construção cultural complexa, que consiste tipicamente em quatro elementos, todos eles relacionados mais ou menos diretamente com a integração de grupo. O primeiro é um nome. O fundamento para o nome pode ser qualquer coisa – língua, território, história, religião, raça ou coisas semelhantes – mas geralmente deriva de um grupo e é compartilhado por ele. O segundo elemento são valores e crenças, que também são aprendidos com um grupo ou uma sociedade e compartilhados por esse grupo ou sociedade e interiorizados à medida que crescemos. O terceiro elemento, que é o fundamento para os dois primeiros, é certo montante de interação direta e pessoal. Quanto mais contínua e intensa a interação pessoal, tanto mais forte é a identidade, embora outras fontes indiretas – jornais, televisão etc. – também possam causar grande impacto na formação da identidade. Em quarto lugar, a identidade implica um sentimento de futuro ou "destino", não só de quem somos ou fomos, mas de quem seremos e do que queremos realizar – individualmente ou, de maneira significativa, enquanto grupo e com um grupo. A identidade, portanto, separa necessariamente os indivíduos e os grupos uns dos outros, intensificando o pensamento do nós-contra-eles que aumenta a violência.

*3) Instituições.* Os grupos não são apenas coleções de indivíduos, mas têm suas próprias estruturas e processos. As instituições de um grupo ou de uma sociedade podem promover ou reduzir o conflito e a violência, dependendo dos seus detalhes. As instituições sociais incluem fatores como hierarquia e liderança, como também estratificação baseada em características de classe, raça, etnicidade, religião, gênero etc. As próprias instituições de gênero têm muitas vezes efeitos diretos sobre a violência, especialmente sobre as mulheres, desde o patriarcado generalizado e o desempoderamento feminino até práticas específicas como dote ou lobolo, poliginia ou operações genitais das mulheres. O governo enquanto instituição aumenta as capacidades violentas de uma sociedade, especialmente suas organizações de violência legítima como os militares e a força policial. Algumas instituições como a escravidão são violentas em seu cerne. Numa palavra, as instituições estabilizam e perpetuam o grupo/sociedade e, se estes são violentos, estabilizam e perpetuam sua violência.

*4) Interesses.* Os indivíduos e os grupos habitam um mundo no qual os recursos muitas vezes são escassos e quase sempre distribuídos de maneira desigual. Eles têm, portanto, interesses; e com isso queremos referir-nos às exigências ou objetivos práticos do grupo, como riqueza, poder, terra, empregos ou educação, e também aos objetivos "simbólicos", como prestígio, amor-próprio, direitos e reconhecimento – ou, no campo religioso, pureza ou favor espiritual ou o céu. Os humanos individualmente e os grupos coletivamente competem quase necessariamente por seus interesses. Além disso, muitas vezes os indivíduos não podem deixar de notar que sua oportunidade de alcançar seus interesses é afetada ou determinada por sua pertença ao grupo: um grupo pode dominar ou controlar recursos valiosos e negá-los ao(s) outro(s). A distribuição desigual e injusta dos recursos, e a associação do acesso ou exclusão com a pertença ao grupo, podem transformar-se em competição, que pode transformar-se em conflito, que pode transformar-se em violência (mortal e prolongada, e até genocida). Geralmente este não é o primeiro passo no processo; mais exatamente, as competições e divergências aumentam progressivamente ao longo do tempo. Apesar disso, neste sentido, a violência pode ser "instrumental" ou orientada para um objetivo e pode ser eficaz.

*5) Ideologia.* A ideologia é um modelo ou visão de como o mundo funciona, modelo ou visão baseados em crenças e valores fundamentais. Como tal, ela é muitas vezes imune à evidência e ao argumento. Certas ideologias, como as de Mohandas (Mahatma) Gandhi ou Martin Luther King Jr., podem contribuir para a não violência. No entanto, outras ideologias podem tornar a violência provável ou até necessária. Ideologias violentas tendem a ser *idealistas*, ou seja, a imaginar um mundo ideal e perfeito – muitas vezes um mundo futuro – no qual elas triunfaram e se estabeleceram. Muitas vezes são *absolutistas*, pleiteando que seu caminho é o único caminho e dividindo as pessoas em boas e más. Já que aqueles que compartilham a ideologia são os bons, essas ideologias são frequentemente *exclusivistas*; os estranhos ou portadores de outras ideologias podem ser "inimigos" – o "eles" definitivo que atrapalha nossa realidade ideal. Esta atitude pode desculpar ou forçar a supressão, derrota ou total erradicação do outro. Desta maneira, essas ideologias operam com a premissa da *guerra boa*, ou até *guerra cósmica*, de que o mundo é uma arena de inevitável conflito. Por fim, estas ideologias são muitas vezes tomadas por um sentimento de *certeza*, de que as ideias e o grupo são infalíveis e invencíveis e, portanto, todos os outros estão fadados à derrota ou destruição.

Note-se que a religião não é um aspecto exclusivo ou inerente de qualquer um destes cinco critérios da violência. O que estamos afirmando é que a religião não é a única a preencher estas condições. Justamente o contrário: grupos políticos, raciais, linguísticos, de gênero e até "de interesse especial" (por exemplo, grupos ecológicos radicais), instituições e ideologias podem preencher todas as condições e têm sido observados incitando as pessoas à violência. Nossa afirmação é precisamente que a religião *não* é a única fonte de violência. Os humanos são violentos de muitas maneiras e por muitas razões. No entanto, a religião não está isenta de fomentar a violência, porque, de alguma forma, ela preenche com requinte essas cinco condições. A religião é sempre um fenômeno social e um fenômeno de grupo. Frequentemente ela contribui muito para a identidade individual e coletiva. Ela busca a institucionalização e depende dela. Quase invariavelmente ela instala interesses (espirituais como também práticos) e, com isso, cria não só uma "comunidade moral", mas também uma "comunidade de interesses". E sua ideologia *pode* incorporar crenças e objetivos absolutistas, idealistas, exclusivistas e irrestritos. Nem todas as religiões preenchem estes critérios com a mesma perfeição, mas quando o fazem, a violência – vista da perspectiva dos membros como *violência legítima ou como violência nenhuma* – não deveria causar surpresa.

## A religião como explicação e justificação da violência

A religião faz parte da cultura e a violência faz parte da cultura. É quase inevitável, portanto, que religião e violência acabem entrelaçadas. Duas maneiras peculiares de a religião se encontrar com a violência são: como explicação e como legitimação. Em outras palavras, a religião deve ajudar as pessoas a entender a violência empírica e inegável no mundo natural e social e pode também servir, ela própria, como razão e justificação da violência em certas situações contra certos alvos.

Como foi analisado no Capítulo 1, uma teoria ou abordagem comum da religião é considerá-la como um fenômeno "intelectual", que soluciona problemas e responde a perguntas. E uma das perguntas recorrentes que os humanos se fazem é: Por que acontecem coisas ruins? Por que existe mal ou violência ou infortúnio etc. no mundo? E, mais especificamente: Por que aconteceu comigo e com os meus? Já que a existência da dor e da luta é irrefutável, nenhuma religião seria levada a sério se não oferecesse alguma compreensão – e algum remédio – para estes acontecimentos indesejáveis. Da mesma forma, enquanto modelo do mundo e para o mundo, a religião *pode* oferecer explicações e respostas de maneira como nenhum outro sistema humano de pensamento pode fazê-lo.

As explicações religiosas da violência são inumeráveis como a própria religião. Em grande parte, a explicação que uma religião oferece dependerá dos seres, forças, conceitos e papéis de especialistas que ela pressupõe. Uma razão familiar para a violência no mundo humano são os próprios humanos. Na tradição cristã, o "livre-arbítrio" humano é a causa de muito sofrimento: os seres humanos são livres para ajudar ou causar dano e muitas vezes optam por causar dano. No cristianismo as imperfeições humanas podem até ser usadas para explicar o "mal natural" como espoliação, envelhecimento e morte: de acordo com as crenças cristãs, não havia morte no mundo antes de os humanos desobedecerem e, subsequentemente, atraírem a morte e a dor sobre si e também sobre o mundo natural. Em outras palavras, toda a realidade sofre por causa das fraquezas da humanidade.

Existem também outros tipos de humanos especialmente poderosos e perniciosos, como os bruxos/as e os feiticeiros/as. Algumas religiões atribuem quase toda miséria e desgraça a tais agentes humanos. Como vimos no Capítulo 3, os Azande explicavam tudo – desde pragas agrícolas, passando por insucessos na caça, até mau humor e infertilidade – em termos de bruxaria; "quaisquer insucessos ou desgraças [...] que se abatem sobre qualquer um em qualquer tempo e em relação a qualquer uma das múltiplas atividades de sua vida [...] podem ser devidos à bruxaria" (EVANS-PRITCHARD, 1937: 19). Feiticeiros e bruxos/as usavam uma série de substâncias e forças naturais e sobrenaturais para fazer seu trabalho sujo e muitas vezes visavam com ele os que de alguma forma *os* haviam ofendido ou desrespeitado.

Um aspecto comum e provavelmente universal da religião é a afirmação de que existem seres não humanos ou "espíritos" perniciosos ou pelo menos excêntricos (cf. Capítulo 2). Alguns destes seres atormentam os humanos porque isto pertence à sua natureza e sentem prazer em fazê-lo, como os trinta e sete *nats* de Spiro na Tailândia. Uma infinidade de demônios, ogros, diabos e seres semelhantes povoam as religiões do mundo. Além dos seres espirituais maléficos, existem os espíritos das plantas, dos animais e de outros fenômenos naturais que simplesmente exigem a atenção e o respeito que merecem enquanto "pessoas" – como os "seres dotados de espírito" da religião Ainu – e podem causar dano aos humanos, caso estes não os tratem corretamente. Igualmente seres humanos falecidos, os ancestrais, podem causar todo tipo de contratempos aos vivos. Os ancestrais !Kung ou Ju/hoansi (//*gauwasi* ou //*gangwasi*) eram os portadores diretos de muita desgraça e os ancestrais Tallensi determinavam o "destino mau" de uma pessoa.

Em outras religiões, as forças sobrenaturais impessoais podiam muitas vezes ser responsáveis pela miséria dos humanos. Desde a antiga noção grega de destino até o *mana* e o *chi*, considerava-se que essas forças influenciavam ou determinavam o curso da vida de alguém, para o bem ou para o mal. O conceito hindu-budista de carma significava que o mal causado por alguém volta a ele, na próxima vida, senão antes; havia um elemento de causa e efeito sobrenatural que explicava as venturas e desventuras de uma pessoa. O budismo foi talvez o que mais elaborou esta visão e a tornou central para a religião, na ideia de *dukkha* ou sofrimento. Com efeito, entre as Quatro Nobres Verdades, a primeira é simplesmente e inevitavelmente que a própria existência é *dukkha*; as verdades subsequentes explicam a causa (apego ou desejo), a cura (desapego ou extinção do desejo) e o método para implementar a cura. Contudo, a religião não promete uma mitigação, e muito menos uma anulação, do sofrimento, mas apenas uma aceitação e superação dele.

Finalmente, nas religiões que têm deuses, os próprios deuses podem ser os arquitetos do mal humano. Por exemplo, um ou mais deuses podem especializar-se em tribulação, tais como um deus da guerra ou um deus da doença. O sofrimento pode ser castigo divino ou "justiça" divina por más ações, se o(s) deus(es) mostra(m) um interesse moral pelos humanos. Em outras ocasiões, a adversidade pode ser uma advertência. E alguns deuses têm simplesmente uma natureza má. O cristianismo tende a acentuar as qualidades positivas de seu deus, passando por alto o fato de ele ter declarado: "Eu faço a paz e crio o mal: Eu, o Senhor, faço todas estas coisas" (Is 45,7). Em outras tradições, o contratempo que se abate sobre os humanos vem da luta entre um deus bom e um deus ou ser mau, estando os humanos presos no meio. Pode ter sido um deus/ser mau quem por primeiro desencadeou o sofrimento no mundo, como na alegação zoroastriana de que Angra Mainyu – uma espécie de deus "anticriador" – introduziu as serpentes, pragas, "pilhagem e pecado", descrença, "lágrimas e lamentação" e as 99.999 doenças na criação perfeita de Ahura Mazda, o deus bom.

A religião não só explica por que a violência e outros fardos existem no mundo, mas muitas vezes explica também por que essas coisas são *necessárias, boas, e até nobres*. Para muitas religiões certos tipos de violência em certas ocasiões contra certas entidades são toleráveis, morais ou até exigidos.

Desde as menores e mais "tradicionais", as religiões criam espaço para algumas formas de violência sancionada, como examinaremos mais a fundo adiante. Por exemplo, religiões que aceitam a realidade dos bruxos/as consideram muitas vezes aceitável e desejável castigá-los ou executá-los. Indivíduos que violam tabus religiosos, infringem injunções morais sagradas, blasfemam ou negam crenças religiosas podem estar sujeitos a sanções, inclusive a morte. No entanto, não cabe dúvida que as religiões translocais apresentaram justificações mais amplas e elaboradas para a violência e a praticaram em escala sem precedentes. Um conceito como "guerra santa" faria pouco sentido para a maioria das religiões locais. As "religiões mundiais" criaram um dualismo entre crentes e não crentes que tornou a violência possível, ou até inevitável: grupos que se sentem possuidores da "única religião verdadeira" têm pouca simpatia ou tolerância com grupos discordantes. O deus da Torá/Antigo Testamento ordenou claramente a violência contra outras sociedades, como também contra membros desobedientes ou descrentes de sua própria sociedade:

> E travaram combate contra os madianitas, conforme o Senhor ordenou a Moisés; e mataram todos os homens. [...]
>
> E os filhos de Israel levaram como cativas todas as mulheres de Madiã e suas crianças e saquearam todo o seu gado e todos os seus vistosos castelos e todos os seus bens. [...]

> [Moisés disse:] Matai, portanto, todas as crianças do sexo masculino e matai a mulher que teve relação com um homem deitando-se com ele.
>
> Mas as meninas que não tiveram relação com um homem deitando-se com ele, conservai-as vivas para vós (Nm 31,7-18).

Também o islamismo, herdando o absolutismo monoteísta do judaísmo e do cristianismo, ordena a violência em nome da religião.

> Mas quando os meses sagrados tiverem transcorrido, matai os idólatras onde quer que os encontreis, e capturai-os e cercai-os e ficai de emboscada contra eles; se se arrependerem e recitarem a oração e pagarem a taxa de auxílio aos pobres, deixai o caminho livre para eles; com certeza Alá é Perdoador e Misericordioso (Alcorão, sura 9,5).

> Ó vós que credes, combatei os descrentes que estão próximos de vós e fazei-os sentir a vossa dureza; e sabei que Alá está com os que se guardam (contra o mal) (sura 9,123).

Como muitas ideologias que toleram a violência, os perpetradores da violência religiosa podem considerar-se a *si mesmos* vítimas de abuso ou perseguição e, portanto, ver seus atos como defesa pessoal; podem também demonizar o inimigo, que não merece tratamento melhor.

> O erro é pior que a matança; e eles não cessarão de vos combater até que vos levem, se puderem, a renegar vossa religião; e quem de vós renegar sua religião e morrer como um descrente terá perdido este mundo e o outro. Estes são os habitantes do fogo; nesse lugar permanecerão (sura 2,217).

Embora os monoteísmos estejam particularmente propensos a essas atitudes, eles não estão sozinhos. O hinduísmo, por exemplo, justifica a violência e a guerra através de seus conceitos de darma, carma, casta e reencarnação. A declaração clássica está no *Bhagavad Gita*, no qual o guerreiro Arjuna contempla a iminente batalha na qual enfrentará amigos e parentes no exército adversário. Disposto a jogar no chão suas armas num gesto de desespero, seu cocheiro, o deus Krishna, explica por que a guerra e a matança são não só necessárias, mas também morais: Arjuna é um xátria, nascido na casta dos guerreiros, como também seus adversários. Matar é seu dever, seu darma, como é o deles. Não pode ser imoral cumprir seu dever espiritual; mais exatamente, seria imoral *não* lutar e matar. E mais: já que os humanos são realmente seres espirituais e não corpos materiais, nenhum dano pode acontecer a qualquer combatente; um guerreiro só pode matar o corpo, não o espírito, e essa morte realmente *beneficia* o espírito, que morreu bem e conscienciosamente. Como você vai se lamentar por aquilo que não pode ser destruído – repreende-o Krishna – já que o espírito está "incólume, intato, imortal"? Nascimento, morte e dever são todos ordenados; sendo assim, qual o motivo para estar triste ou sentir-se culpado?

## A diversidade da violência religiosa

Religião e violência são claramente compatíveis, mas não são idênticas. A religião é complexa e modular; e a violência é um de seus módulos – não universal, mas recorrente. Enquanto módulo conceitual e comportamental, a violência não é de maneira alguma exclusiva da religião. A violência não é nem essencial para a religião nem exclusiva da religião. E nem toda violência religiosa é igual. Existem numerosas manifestações e motivações para a violência em nome e a serviço da religião. Qualquer religião pode tolerar algumas e condenar outras. E praticamente toda forma de violência religiosa tem seu equivalente não religioso.

Alguns estudiosos, em sua maioria não antropólogos, procuraram descobrir um significado teórico para a violência religiosa. Os dois pensadores mais influentes são provavelmente René Girard e Walter Burkert, ambos sustentando uma ligação vital entre violência e religião. A influente análise de Girard, *A violência e o sagrado* (1977), postulava que a religião está fundamentalmente ligada à violência, mas de uma maneira surpreendente: a religião não produz a violência, mas *a violência produz a religião*. Os humanos enquanto criaturas sociais, insistiu Girard, experimentam inevitavelmente tensões e conflitos uns com os outros. A causa deste problema, teorizou Girard, é o "desejo mimético", ou seja, os membros da sociedade aprendem a apreciar e desejar as mesmas coisas e, portanto, a competir por elas. Os humanos são invariavelmente rivais e obstáculos uns para os outros, criando hostilidade e violência. Quando deixada prosseguir sem controle, esta violência interna desmantela a sociedade através de lutas, rixas, vendetas, guerras civis e assim por diante. A religião fornece uma solução, retirando a violência do rival real e projetando-a numa vítima substituta, o "bode expiatório". Este não é um ato "simbólico", insistiu Girard, já que deve ser real para os atores. Girard terminou equiparando a violência ao sacrifício e equiparando a religião a um sistema de controle para prevenir a difusão da violência. Em última análise, a religião é "outro termo para essa obscuridade que cerca os esforços do homem para defender-se, através de meios curativos ou preventivos, contra sua própria violência" (23). Assim Girard esperava encontrar a violência (sacrifício) em sociedades que não têm outros meios mais formais e "judiciais" de lidar com a competição e o conflito.

Para Burkert, a violência religiosa estava relacionada com a prática humana da caça. Em seu livro *Homo Necans* [O homem que mata], ele propôs a teoria de que os humanos se tornaram humanos através do ato da matança (daí o título, que significa "homem que mata" ou "homem assassino"). Mas, por mais crucial que fosse a caça, a experiência era horripilante: os caçadores pré-históricos, acreditava Burkert, sentiam choque e angústia pela morte que causavam. Estas experiências intensas – "o choque do golpe mortal e do sangue jorrando, o êxtase corporal e espiritual da refeição festiva, a ordem rigorosa que cercava todo o processo" – são a própria fonte do sentimento religioso, o "*sacra* por excelência" (1983: 40). "Portanto – concluiu ele – sangue e violência escondem-se de modo fascinante no próprio âmago da religião", com o sacrifício desempenhando novamente o papel paradigmático da violência religiosa (2).

## O sacrifício

Já que o sacrifício tem ocupado um lugar tão central na análise da violência religiosa, é tentador começar com o tópico do sacrifício. A própria palavra significa "tornar sagrado" (do latim *sacer*, que significa "sacro" ou "sagrado", e *facere*, que significa "fazer"). O sacrifício acarreta a danificação ou destruição de algum objeto, muitas vezes um ser vivo, para um objetivo sobrenatural. Numa de suas primeiras análises sociológicas, publicada originalmente em 1898, Henri Hubert e Marcel Mauss definiram o sacrifício como "um ato religioso que, pela consagração de uma vítima, modifica a condição da pessoa moral que o realiza ou a de certos objetos com os quais ela está relacionada" (1964: 13). À maneira de Durkheim, eles consideraram o sacrifício uma mediação entre os polos do sagrado e do profano, representados pelo sacrificante e pela entidade sobrenatural à qual ele sacrifica. Durante o processo, o objeto é removido, literalmente, do mundo profano e "sacralizado", de modo que possa ser transferido para o mundo sagrado numa espécie de comunicação e permuta sobrenaturais.

Outros analistas apresentaram várias opiniões. Tylor via o sacrifício como um dom oferecido ao divino, enquanto Frazer o interpretava como um controle ritual da morte e Robertson Smith como sendo predominantemente uma refeição comunitária. Mais recentemente, Meyer Fortes realçou que o sacrifício "geralmente é mais uma resposta a um pedido ou ordem proveniente de agências sobrenaturais, ou então o cumprimento de uma obrigação padrão, do que uma oferta espontânea"; implica "um elemento de pedido, certamente de persuasão, por parte do doador" (1980: xiii-xiv).

Do ponto de vista antropológico, o sacrifício é não só um ato destrutivo e um ato ordenado e, portanto, adequado, mas também um ato social. A natureza e o significado da permuta social e da obrigação mútua implicada foram muitas vezes considerados através do olhar judeu-cristão, como uma questão de "purificar do pecado" ou agradar a Deus ou, como acentuou Girard, arranjar um bode expiatório (ou seja, uma matança substitutiva). E se a prática do bode expiatório é o paradigma do sacrifício, a oferta feita por Abraão de seu filho Isaac a Deus é o paradigma da prática do bode expiatório. No entanto, o judeu-cristianismo não é a única tradição religiosa que tem sacrifícios; e a prática do bode expiatório não é o único tipo de sacrifício no judeu-cristianismo. As escrituras mencionam "ofertas pacíficas" (Ex 20), "ofertas pelo pecado" (Lv 5,19), "sacrifícios de ação de graças" (Lv 22,29) e "ofertas de ciúmes" (Nm 5,15) entre outros.

Evans-Pritchard estudou o sacrifício entre os pastores de gado Nuer da África Oriental, onde o sacrifício era uma prática habitual (cf. Ilustração 10.2). Ali o sacrifício não tinha nada a ver com a prática do bode expiatório, mas antes parecia ocorrer em duas circunstâncias. A primeira estava relacionada com "mudanças de *status* social e com a interação dos grupos sociais", tais como a iniciação de indivíduos do sexo masculino à idade adulta. A segunda envolvia "situações de perigo que surgiam das intervenções do Espírito nos negócios humanos", situações que ameaçavam "o bem-estar moral e físico do indivíduo" (1954: 21). A qualidade fundamental do sacrifício para os Nuer parecia ser, portanto, "a eficácia do rito", seus efeitos concretos sobre as pessoas, a propriedade e os espíritos, efeitos que eram "considerados físicos e imediatos" (25).

O sacrifício sangrento é uma prática notavelmente difundida. O hinduísmo começou como uma religião fundamentalmente sacrificial. Os primeiros textos hindus, como os Vedas, consistem principalmente em hinos e instruções sobre o sacrifício; e o deus Agni, literalmente a divindade do fogo, era o "soberano" do sacrifício e o sacrifício era um – senão *o* – ato ritual decisivo. Os antigos gregos

Ilustração 10.2 Sacrifício de ovelha entre os Nuer. Foto de E. Evans-Pritchard, *ca*. 1935. Cortesia do Pitt Rivers Museum, da Universidade de Oxford

e romanos praticavam o sacrifício de animais, como a *buphonia* ou sacrifício de um boi ao deus Zeus e sacrifícios aos deuses romanos. O recente reexame do sacrifício grego, feito pelo historiador Fred Naiden, sustenta que teorias sociais do sacrifício como as de Girard e Burkert "excluíram os deuses do sacrifício" (2013: 4) e contra-ataca afirmando que esses atos rituais deveriam ser entendidos como "uma representação feita para um público invisível de alguém" (19), uma representação que geralmente incluía um pedido e esperava uma resposta.

As práticas sacrificiais dos astecas e dos maias são particularmente famosas e particularmente "políticas". Pelo menos três grandes temas combinavam-se para produzir essas prodigiosas matanças religiosas, inclusive de humanos. O primeiro tema era a crença de que o sol era um deus cansado e faminto, que precisava de um constante fluxo de sangue para rejuvenescê-lo e mantê-lo retornando cada dia. O segundo tema era o modelo dos próprios deuses. De acordo com um mito asteca, o deus Huitzilipochtli nasceu das entranhas da deusa Coatlicue já plenamente adulto e plenamente armado para a batalha. Nascido como um deus da guerra, Huitzilipochtli lutou contra sua irmã Coyolxauahqui e outros deuses e os derrotou. O corpo despedaçado de sua irmã, decapitado e desmembrado, pousou na base da escadaria de seu templo (MATOS MOCTEZUMA, 1984: 136). Sacrifícios humanos subsequentes realizados no grande templo em Tenochtitlan, na atual Cidade do México, reencenavam esta vitória: vítimas humanas eram mortas no cume do templo, tendo teoricamente o coração palpitante arrancado, depois eram sangradas e finalmente seus corpos eram arremessados escada abaixo para pousarem no lugar onde a deusa vencida havia caído e da mesma forma como ela. Em alguns rituais particularmente macabros, sacerdotes esfolavam as vítimas e eles próprios vestiam a pele, transformando-se temporariamente em deuses. O terceiro tema era um tema abertamente político: os imperadores astecas e maias proclamavam sua bravura política e militar presidindo imensos sacrifícios, muitas vezes de inimigos derrotados, num teatro de poder absoluto sobre a vida e a morte.

No reino de Daomé o rei vivo e os espíritos dos reis mortos exigiam sacrifícios em ocasiões como a morte de um membro da família real, a construção de um novo palácio, o início ou conclusão de uma guerra, a abertura de um novo mercado e as cerimônias para alimentar seus ancestrais (HERSKOVITS, 1938). A existência de práticas sacrificiais em sociedades como as apresentadas acima contradiz o prognóstico de Girard de que o sacrifício deve desaparecer onde sistemas políticos e judiciais complexos substituem a justiça substitutiva-simbólica. Além disso, não existe evidência etnográfica de tradições sacrificiais em sociedades forrageiras, nas quais tanto Girard quanto Burkert mais esperavam encontrá-las. Ao invés, o sacrifício está estreitamente associado à domesticação de animais (quase sempre são oferecidos animais domesticados) e a governos centralizados, nos quais vítimas são mortas para o soberano e pelo soberano.

---

**Quadro 10.1 Sacrifício no reino do Havaí**

O Havaí anterior à conquista tinha um sistema político altamente desenvolvido, beirando ao *status* de Estado. Os sacrifícios eram comuns neste sistema e cruciais para ele. Eram realizados por uma multiplicidade de objetivos, entre os quais: ocasiões de ciclos vitais como nascimento, casamento e morte; atividades relacionadas com trabalho ou produção, como construir uma casa, dispor redes de pesca e lavrar a terra para colheitas; combater doenças e falhas rituais e morais; progresso natural e proteção, como trazer chuva ou fertilidade ou proteger contra tubarões ou vulcões; e como parte da feitiçaria e adivinhação. Cada uma das muitas divindades das ilhas exigia seus sacrifícios específicos, de espécies ou objetos associados a ela. Muitas das vítimas estavam também associadas aos humanos, como animais domesticados, ou tinham ligações metafóricas como os humanos, como bananas e cocos. Em alguns casos, os próprios humanos eram oferecidos. Entre outras coisas, os sacrifícios eram alimento para os deuses, que comiam a "essência" da oferta e deixavam o resto para ser compartilhado entre os participantes humanos, os quais, "segundo se acreditava, absorviam o mana divino" (VALERI, 1985: 56). O rei era não só o líder político, mas o sacrificante supremo. Neste papel, supunha-se que ele participava da "natureza do deus para o qual suas ações eram eficazes" e era até "uma manifestação humana deste deus" (131). O rei, presidindo ou, pelo menos, autorizando o sacrifício – especialmente o sacrifício supremo, o humano – proclamava e estabelecia, literalmente *desempenhava*, seu papel como o mais elevado dos homens. Resumindo: "O rei, portanto, é rei porque é o chefe do culto, o sacrificante supremo, o homem mais próximo da divindade" (140). Ser o sacrificante supremo, portanto, não só fazia parte de seu poder político, mas era *a fonte de seu poder político*: "É precisamente isto que lhe confere autoridade sobre os homens, porque torna suas ações mais perfeitas e eficazes do que as deles" (142). "Ele, em suma, é o ponto de conexão entre o conjunto social e o conceito que o justifica" (142) – ou seja, o sobrenatural e sua exigência de vítimas.

Muito antes das especulações de Girard e Burkert, um estudioso menos conhecido chamado E.O. James sugeriu, em 1933, que o sacrifício não se ocupa com a morte, mas com a vida:

> No ritual do derramamento de sangue o que é realmente fundamental não é o tirar a vida, mas o doar a vida, porque o sangue não é morte, mas vida. O derramamento do fluido vital de fato, ou por meio de um substituto, é o ato sagrado com o qual a vida é dada para promover e preservar a vida, e para estabelecer assim um vínculo de união com a ordem sobrenatural (1971: 33).

Em outras palavras:

> O princípio fundamental em todos os casos de sacrifício é o mesmo: a doação da vida para promover ou preservar a vida, sendo a morte apenas um meio de liberar a vitalidade. [...] Consequentemente, a destruição da vida, à qual muitos autores atribuíram uma posição central no rito, assume uma posição de importância secundária em comparação com a "transmissão" da substância da alma [para qualquer ser ou objetivo que se tenha em mente] (256).

Isto explica por que o sacrifício é tão comum e tão crucial para manter o *poder* dos seres sobrenaturais, dos papéis sociais (como o rei) e de itens físicos, *mas culturais*, como edifícios, terrenos agrícolas e animais *domesticados*. O sacrifício ilustra um complexo natural/social/sobrenatural que está contido numa *economia de vida* na qual a vitalidade deve ser gasta aqui para investir lá.

**Automortificação**

Se existe uma expressão universal de violência nas religiões, provavelmente não é o sacrifício, mas antes a automortificação – qualquer uma das milhares de maneiras como os humanos se impõem privações, se ferem ou até se matam a si mesmos por razões espirituais. Sua própria universalidade faz dela um fenômeno incrivelmente diverso, com muitas variações e muitas justificações. Os xamãs em fase de aprendizado passaram muitas vezes por provações dolorosas, como picadas de insetos, privação de alimento e de sono, ingestão de drogas e operações físicas. Os participantes dos ritos precisaram muitas vezes observar restrições comportamentais a respeito de alimento ou de sono ou de sexo. As iniciações incluíam tipicamente imposição direta ou indireta de dor nas formas de circuncisão, escarificação, "circuncisão feminina" ou mutilação genital feminina, perfuração do septo nasal, extração de dentes e assim por diante. Embora a religião se ocupe ostensivamente com o espírito, ela muitas vezes busca e até requer ser inscrita no corpo.

O ato supremo de autodestruição religiosa é o martírio: matar-se a si mesmo ou deixar-se morrer por uma causa religiosa. De certa forma, o martírio pode ser interpretado como autossacrifício. O judaísmo até certo ponto, e o cristianismo mais ainda, elevaram o martírio a um ato justificado. Arthur Droge e James Tabor deram a seu livro sobre o martírio o título de *A Noble Death* [Uma morte nobre] (1992), já que o morrer é visto pelo ator e muitas vezes pelo público como algo superior a viver num estado profanado. Por exemplo, no texto conhecido como *Testamento de Moisés*, um pai insistiu com seus filhos: "Vamos morrer em vez de transgredir os mandamentos do senhor dos senhores" (citado em DROGE & TABOR, 1992: 72). Os livros dos Macabeus apresentam mais modelos: Eleazar, por exemplo, recebeu a ordem de comer alimento impuro; mas, em vez disso, "preferindo a morte com honra a uma vida em contaminação, caminhou voluntariamente para o suplício [...], como deveriam fazer os que têm a coragem de recusar coisas que não é permitido comer" (2Mc 6,18-20). O fim do cerco de Massada, onde toda a população se matou para não cair prisioneira dos romanos, mostra até que ponto eles preferiam a morte a renunciar à religião.

O martírio se tornou um apêndice do cristianismo primitivo, em parte porque imitava o ato paradigmático de Jesus. Alguns, como Tertuliano, antigo Pai da Igreja, chegaram a deleitar-se positivamente com a noção, vendo o martírio não apenas como o único caminho para a salvação, mas como uma grande e gloriosa escolha: "a condenação nos dá mais prazer do que a absolvição" (citado em DROGE & TABOR, 1992: 136). "Sustento firmemente que o martírio é bom", pregou ele (146), e muitos outros concordaram. Orígenes considerava o martírio uma espécie de batismo que eliminava os pecados, enquanto Cipriano opinava que "a morte torna a vida mais completa, a morte leva antes à glória" (citado em SMITH, 1997: 91). Tendo recebido a ordem de adorar os deuses romanos, Carpo e Palilo caminharam com entusiasmo para a morte (DROGE & TABOR, 1992: 138). Vívia Perpétua ajudou efetivamente em sua própria morte, mantendo firmemente a espada do executor contra seu pescoço, de acordo com a *Paixão das Santas Perpétua e Felicidade*. De fato, a literatura cristã reúne um grande número de "atas de mártires" ou "vidas de mártires".

A mortificação não fatal como a autoflagelação apareceu recentemente como uma prática em algumas regiões das Filipinas (onde alguns corajosos até ficaram conhecidos por crucificar-se) e a autoflagelação "penitencial" também foi praticada no cristianismo europeu e suas ramificações, como a Irmandade dos Penitentes no Novo México, que a praticou no século XIX e início do século XX e em algumas regiões ainda pode fazê-lo. Michael Carroll (2002) afirma que a autoflagelação foi introduzida nas colônias espanholas como uma técnica de conversão cristã, como uma espécie de "disciplinamento social" – uma "teatralidade de sangue" que produzia uma forte reação emocional e compromisso com o catolicismo. O comportamento acabou se institucionalizando nos "Irmãos de Sangue" com papéis e categorias de disciplina e automortificação.

O islamismo tem sua própria tradição de martírio, como comprova o versículo do Alcorão: "E os que obedecem a Alá e ao Mensageiro juntar-se-ão aos agraciados de Deus: os profetas, os fiéis, os mártires e os homens de bem. E que boa companhia eles são!" (sura 4,69). No islamismo o martírio é chamado *shahadat* e o mártir é um *shahid*, da palavra árabe que significa "testemunha" (aliás, nossa palavra "mártir" vem do grego *martys*, que também significa "testemunha"). Embora tradicionalmente os muçulmanos não tenham procurado o martírio tão avidamente como os cristãos, ainda assim ele é um destino nobre. Pelo menos para alguns muçulmanos o martírio provém do modelo histórico de Hussein ou Husayn, que foi morto nos primeiros tempos da religião. Os muçulmanos xiitas praticam às vezes a automortificação durante seus rituais. No festival da Ashura, os devotos se flagelam a si mesmos nas costas com lâminas ligadas a chicotes para experimentar o martírio (cf. Ilustração 10.3). Mary Elaine Hegland descreveu a seguinte cena:

Ilustração 10.3 Autoflagelação com correntes e lâminas durante a Ashura. Cortesia de Majid Saeedi/ Thinkstock via Getty Images

> Diversos círculos e fileiras de homens, nus até a cintura, estavam golpeando vigorosamente o próprio peito seguindo o ritmo do canto. Permaneciam parados no lugar por algum tempo e depois se adiantavam um pouco antes de parar novamente. Sempre que se ouvia o som de metal tinindo, as pessoas corriam na direção do barulho para ver os homens golpeando suas costas com manguais de correntes que terminavam em facas, pois poucos momentos antes outros os forçaram a cessar sua sangrenta automortificação. Quando os homens cortavam as costas, o sangue escorria para baixo, embebendo seus *shalwar* [camisas longas e soltas] às vezes até os tornozelos e aparecendo em impressionante contraste vermelho com as imaculadas calças de algodão branco (1998: 245).

Embora as mulheres não tivessem a liberdade de participar junto com os homens, Hegland explica que elas encontravam sua própria maneira de provocar dor batendo no peito e na cabeça. Durante uma reencenação da morte de Hussein,

> as mulheres começaram rapidamente a golpear a própria cabeça agitadamente. Gritavam sua mágoa a Zuljinnah [o cavalo sem cavaleiro de Hussein] em verso com voz mais forte. A reverberação de seus punhos batendo na própria cabeça ecoava agudamente, substituindo o som surdo provocado pelas pancadas de milhares de palmas batendo no peito (246).

O ascetismo é outra forma muito comum de automortificação existente nas religiões; nele as pessoas intencionalmente fazem mal a si mesmas ou se impõem privações. Os comportamentos ascéticos podem incluir: isolamento extremo, autoinanição, privação de sono, ausência de instalações e medidas sanitárias, pobreza, silêncio e evidentemente castidade sexual, ou qualquer outra ação que torna a vida difícil ou desconfortável (vestir roupas ásperas, dormir em superfícies duras ou expor-se ao calor ou ao frio). Pode incluir também aplicação ou aceitação deliberada de sofrimento físico. A tradição monástica (segregar-se num mosteiro) originou-se dessas proezas individuais de rigor ascético.

Talal Asad estudou o monaquismo cristão medieval como um conjunto de "práticas disciplinares" destinadas a "regular, informar e construir sujeitos religiosos" (1987: 159). A primeira lição, de acordo com Asad, era a obediência, que é, ironicamente, um ato da vontade: o monge "que aprende a *querer* a obediência [...] é uma pessoa para a qual a obediência é a *sua* virtude" (159). O ascetismo, com seu confinamento e contínuo monitoramento do asceta, também "visava construir e reorganizar emoções características – o desejo (*cupiditas/caritas*), a humildade (*humilitas*), o remorso (*contritio*) – das quais dependia a virtude cristã central da obediência a Deus" (166-167). Já que o pecado, experimentado mais imediatamente através das emoções e desejos insaciáveis do corpo, era um problema constante, o ascetismo funcionava como "técnicas de autocorreção" (192).

O hinduísmo compartilha algo da ideologia anticorpo, característica do cristianismo, como ilustra a seguinte passagem do *Maitreya Upanishad* (1.3):

> Senhor, este corpo é produzido apenas por relações sexuais e é desprovido de consciência; ele é um verdadeiro inferno. Nascido através do canal urinário, é formado com ossos, rebocado com carne e coberto com pele. É enchido com fezes, urina, vento, bílis, mucosidade, medula, gordura, linfa e muitos outros tipos de sujeira. Num corpo assim eu vivo.

Assim o ascetismo, especialmente em suas formas mais extremas, se fundamenta numa concepção religiosamente inspirada de um eu pecador ou vil e apresenta um método e uma disciplina "para tornar-se uma pessoa diferente, um novo eu; para tornar-se uma pessoa diferente em novas relações; e para tornar-se uma pessoa diferente numa nova sociedade que forma uma nova cultura" (VALANTASIS, 1995: 547).

A maioria das religiões sugere o ascetismo como um caminho para o pequeno grupo da elite. O budismo, por outro lado, ensina essencialmente que todo ser humano é ou deveria ser um asceta; embora alguns adeptos se entreguem mais plenamente à meta do que outros, a vida budista ideal é uma vida de abnegação. O hinduísmo, além dos ascetas em tempo integral, oferece a renúncia como uma etapa da vida para qualquer homem que, em sua velhice, deseje dedicar-se apenas ao progresso espiritual. Depois de cumprir seus deveres de família e de governo da casa, o ideal era que um homem se tornasse um *sannyasin*, abandonando o mundo e seus prazeres e vagueando como um pobre atleta espiritual. O caminho não era tão acessível e apropriado para as mulheres, embora Lynn Denton (2004) tenha encontrado na Índia contemporânea um grupo de ascetas ou *sannyasin* do sexo feminino, que estavam empenhadas em jejum ritual e abstinência sexual; elas se organizavam literalmente em comunidades ou subculturas ascéticas formais com seitas e líderes e categorias e rituais. No entanto, para a vasta maioria das mulheres hindus, a abnegação e a autodestruição aguardavam a morte do marido, quando, em vez de levar uma vida de viuvez, o ideal era que a esposa se matasse juntando-se ao marido na pira funerária, a fim de tornar-se uma *sati* ou "esposa pura". Numerosos modelos míticos e históricos estabeleciam este paradigma de devoção feminina e conjugal.

---

**Quadro 10.2 Ascetas do sexo feminino no jainismo**

O jainismo é uma religião indiana que apareceu mais ou menos na mesma época do budismo, famosa por sua extrema não violência. Denominados assim porque o *status* ideal de um membro era ser um *jina* ou vencedor (alguém que venceu as paixões e fragilidades do corpo), os jainistas evitam matar até animais ou insetos e os "virtuoses religiosos" da crença podem optar por tornar-se Digambars ou "monges desnudos", que "andam nus, viajam muito a pé, comem uma vez por dia e praticam formas difíceis de automortificação" (CARRITHERS, 1989: 219). O monge Digambar não deve banhar-se ou sentar enquanto come e faz o voto de *Sallekhana*, ou seja, de terminar a vida por inanição em vez de continuar a destruir outros seres. Este ascetismo é fundamentalmente para os homens, já que as mulheres são tipicamente consideradas inadequadas para esta disciplina e porque é considerado impróprio as mulheres aparecerem nuas em público ou abandonar seus deveres conjugais e maternais. No entanto, Manisha Sethi encontrou uma seita de *sadhvis* (a versão feminina do *sadhu* ou asceta) entre os jainistas (cf. Ilustração 10.4). Como seus equivalentes do sexo masculino, elas haviam renunciado à vida mundana e feito votos de pobreza e castidade. Mas, com peculiaridades que vão além de sua própria existência num sistema religioso patriarcal, estas mulheres devotas desafiam os estereótipos acerca do ascetismo. Embora aceitem privações e um estilo de vida monástico, elas não se desligam inteiramente do mundo e nem todas vêm de ambientes pobres ou trágicos como a viuvez, como muitas vezes se supõe. Sethi calcula que muitas mulheres optam voluntariamente pelo caminho de uma *sadhvi* antes de casar ou até enquanto estão casadas. Entre as motivações, a principal é uma visão positiva do ascetismo, a visão de que ele representa "um plano espiritual mais elevado" (2012: 99). Algumas juntaram-se ao grupo após ter-se inspirado numa *sadhvi*, muitas vezes uma parenta. Mas muitas preferiram as agruras de uma vida ascética às agruras da vida normal das mulheres. Com efeito, Sethi afirma que a vida de uma esposa e mãe pode ser mais aborrecida e mais pesada do que a vida de um renunciante; em sua cultura "uma mulher só pode adquirir individualidade através da renúncia" (130). E a escolha também não é totalmente altruísta ou autodestrutiva: "As *sadhvis* jainistas estão firmemente encaixadas numa rede de relações sociais" (186), que as envolvem na vida de mulheres leigas, recebendo donativos de alimento e oferecendo em troca exortações, instrução, liderança ritual e serviços sociais, "que empreendem atividades de bem-estar no campo da saúde e da educação" (186) – o que Sethi chama de "uma ética do cuidado" (188).

Ilustração 10.4 Monjas (*sadhvis*) assistem a uma cerimônia religiosa num templo jainista na Índia. Cortesia de Daniel J. Rao/Shutterstock

## Perseguição

A perseguição vai da discriminação e intolerância brandas, passando pela hostilidade ativa, até chegar à violência genocida; o aspecto unificador destas práticas é a desaprovação de uma comunidade religiosa por outra. Cada religião, evidentemente, cria uma comunidade de crentes, que por sua vez cria uma comunidade de não crentes, essencialmente todas as outras pessoas do mundo. A religião, portanto, instala uma dinâmica fundamental de nós-contra-eles. Entretanto, nem todas as religiões promovem essa dicotomia de maneira igual – ou simplesmente não a promovem – e nem todas a seguem tão zelosamente. As religiões "locais" nunca esperaram que todos os humanos compartilhassem as mesmas crenças e práticas; seres, forças, rituais e símbolos geográfica e socialmente limitados constituíam sua realidade religiosa. Mas outros tipos de religiões – especialmente aquelas que apresentam pretensões universais, totalísticas e absolutas de verdade e moralidade – são mais propensas à intolerância e ao conflito com base na religião. Entre estas estão as religiões translocais.

A perseguição requer não só crença, mas também poder. No entanto, é uma trágica lição da história que os perseguidos tendem a tornar-se os perseguidores quando alcançam o poder. Em seus primeiros anos, o cristianismo foi perseguido. A maior parte desta hostilidade resultava de sua recusa a conformar-se com as convenções religiosas imperiais romanas, como oferecer sacrifícios ao imperador. Quando o cristianismo alcançou o poder no império, praticou também a perseguição. Por exemplo, quando foi estabelecida a ortodoxia religiosa no Concílio de Niceia em 325, todos os pontos de vista discordantes tornaram-se heresias. Entre estas heresias estavam: afirmar que Deus não era uma trindade, ou que Jesus não era divino, ou que os sacramentos da Igreja eram falsos ou desnecessários. Em 380 Teodósio estabeleceu, para quem discordasse da doutrina oficial, penalidades que iam desde multas e perda de propriedade até desterro, tortura e morte; em 385 o bispo espanhol Prisciliano e seis de seus seguidores tiveram a honra de ser os primeiros a ser executados, por decapitação, com base nos novos editos.

Tertuliano foi apenas o mais extremado defensor da perseguição ao escrever:

> Como admirarei, como rirei, como me rejubilarei, como exultarei, ao contemplar tantos monarcas orgulhosos, e deuses imaginários, gemendo no mais profundo abismo das trevas; tantos magistrados, que perseguiram o nome do Senhor, derretendo-se em chamas mais ardentes do que aquelas que eles algum dia acenderam contra os cristãos (citado em FREKE & GANDY, 1999: 243).

Agostinho e Tomás de Aquino eram da mesma opinião. Com efeito, Agostinho afirmou que a perseguição e a execução eram não só justiça, mas também benevolência: a Igreja matava "por amor, [...] para regenerar do erro a fim de salvar almas" (citado em LEVY, 1993: 48). Consequentemente, havia perseguição injusta e perseguição justa, a saber: "uma perseguição injusta que os malvados aplicam à Igreja de Cristo, e [...] uma perseguição justa que a Igreja aplica aos malvados". Tomás de Aquino afirmou que alguns crimes mereciam a pena capital e que a blasfêmia e a "descrença" eram os piores crimes. Por isso, os hereges

> por direito [...] podem ser executados e espoliados de seus bens pelas autoridades seculares, mesmo que não corrompam a outros, porque são blasfemadores contra Deus, pelo fato de acatarem uma fé falsa. Por isso, podem ser punidos justamente mais do que os acusados de alta traição (52).

A Inquisição, instituída no século XIII, foi a forma mais institucionalizada de perseguição religiosa na Europa, visando primeiramente seitas cristãs "protestantes" e, por fim, judeus e muçulmanos. Não cristãos que não se convertiam ao cristianismo, ou que se convertiam, mas eram suspeitos de "apostasia" ou de seguir secretamente sua antiga religião, eram muitas vezes torturados e mortos. Martinho Lutero, que por um triz escapou da Inquisição, infelizmente não foi nenhum paladino da tolerância: em 1530 ele pediu o encarceramento, tortura e morte para *outros* hereges como os anabatistas e aprovou a perseguição dos judeus.

Muitas religiões praticaram ou sofreram suas próprias formas de perseguição. Os hindus e os muçulmanos perseguiram-se uns aos outros e continuam a fazê-lo, ao longo da fronteira entre Índia e Paquistão. A religião do sikhismo na Caxemira nasceu, e tornou-se militarizada, a partir de conflitos religiosos na fronteira muçulmano-hindu. As religiões tribais locais foram amplamente reprimidas e perseguidas sob o colonialismo europeu e religiões de todos os tipos foram perseguidas por governos comunistas na União Soviética, na China, no Camboja e em outros lugares. Na tentativa de depurar a sociedade da religião, funcionários de todas as crenças eram destituídos de suas funções, às vezes forçados a casar, publicamente ridicularizados e "reeducados", e não poucas vezes mortos; propriedades religiosas eram confiscadas para usos seculares ou simplesmente destruídas.

Os judeus foram alvos especiais de perseguição no mundo ocidental, por uma série de motivos. Eles têm sido o grupo mais numeroso e proeminente de não cristãos em sociedades geralmente cristãs. Às vezes ocuparam posições de riqueza e poder. E, evidentemente, foram muitas vezes acusados de serem "assassinos de Cristo". Durante toda a história europeia foram segregados em guetos, obrigados a trajar roupas que os identificavam, excluídos de certas profissões ou posições sociais e periodicamente erradicados ou aterrorizados. Na Rússia imperial, *pogroms* periódicos obrigavam-nos a sair de suas casas. O próprio modelo de perseguição religiosa moderna, o Holocausto nazista, foi apenas e abertamente a "solução final" para o que havia sido considerado um problema por muitos ocidentais durante muitos séculos.

### Guerra santa

A noção de guerra santa pressupõe a noção de guerra. Embora praticamente todas as sociedades tenham tido seus episódios mais ou menos violentos, nem todas praticaram a guerra, termo com o qual entendemos uma iniciativa prolongada e coordenada por parte de uma "instituição militar" mais ou menos formal, no sentido de conquistar e, muitas vezes, de ocupar a terra de outra sociedade, e às vezes de vencê-la ou até exterminá-la. A maioria das análises antropológicas da guerra dá a entender que ela é uma característica de sistemas políticos de nível estatal – talvez uma característica *definidora* desses sistemas – e que esta forma de política ocorre tipicamente, mais uma vez, com as religiões que são religiões mundiais.

A guerra santa, portanto, provavelmente só existe nas religiões universalistas e exclusivistas. Não só cada uma se considera a única possuidora da verdade e, portanto, em competição mortal com todas as outras religiões (locais e mundiais), mas cada uma pode, em determinada ocasião, estar em aliança com o aparato do Estado, incluído o aparato militar, ou até de posse deste aparato. Na mente da maioria das pessoas, o islamismo é a religião mais estreitamente associada com a doutrina da guerra santa ou *jihad*, mas o conceito cristão de *cruzada* significa precisamente a mesma coisa. Ambas remontam à antiga doutrina hebraica da *milhemet mitzvah* ou guerra ordenada/obrigatória. Como provam as escrituras e a história judaicas, seu deus ordenava-lhes periodicamente guerrear contra certos vizinhos, tornando essa guerra não só santa, mas obrigatória. Pelo menos de acordo com alguns comentaristas e algumas tradições, a *milhemet mitzvah* também incluía ou permitia guerras de autodefesa, inclusive preventivas, a fim de impedir um ataque esperado; alguns comentários até sugerem que guerras para expandir o território de Deus são obrigatórias. Assim como a prática islâmica posterior, a antiga guerra hebraica exigia primeiramente uma oferta de paz ao inimigo, o que evidentemente significava rendição e sujeição ao conquistador; se os inimigos recusassem a "oferta de paz", o exército divino podia destruí-los ou escravizá-los justificadamente. Em comparação com algumas versões posteriores da guerra santa, a variante hebraica antiga não pretendia a conversão, mas eliminar a "abominação" e manter a religião íntegra e "pura" contra a influência estrangeira.

O islamismo é geralmente apresentado como o modelo da guerra santa. Como ocorre no cristianismo, a religião entende o mundo como basicamente dualístico, com um campo de paz, onde reina a verdadeira religião (*dar al-islam*), e um campo de conflito e luta, onde a religião está ausente (*dar al-harb*). O campo de paz é naturalmente aquele onde o islamismo é observado. O campo de conflito é aquele onde o islamismo não é observado – mas deveria ser e haverá de ser observado.

*Jihad*, a palavra geralmente conhecida para designar a guerra santa, na verdade não significa "guerra" em árabe (que é *qital*). *Jihad* significa "luta", que inclui a chamada "*jihad* maior" da luta contra seu próprio eu imoral e a "*jihad* menor" – a *jihad* da espada – da luta contra os inimigos da religião. Apesar desta distinção, a *jihad* menor pode empregar e de fato emprega armas reais e causa morte real. Como ensina o Alcorão: "Permissão (de combater) é concedida aos que forem atacados; e certamente Alá é capaz de socorrê-los" (sura 22,39); por isso "matai os idólatras onde quer que os encontreis" (sura 9,5; cf. acima p. 368). Como na antiga guerra hebraica, aos descrentes é dada a opção de abandonar sua irreligião e aceitar a verdade; mas, se não o fizerem, a guerra é autorizada. Também o islamismo considera esta violência uma defesa, a saber, defesa contra a perseguição.

Os Sikhs da Caxemira e do Punjab prezavam a guerra em nome da fé. O sikhismo (da palavra híndi que significa "discípulo") nasceu na luta, especificamente a luta entre hindus e muçulmanos no século XVI. Um guru chamado Nanak apresentou uma nova visão religiosa e um movimento que aceitavam aspectos dos dois lados. No entanto, primeiro os governantes muçulmanos e mais tarde os governantes hindus se opuseram e reprimiram a religião, martirizando o guru Arjan em 1606. Por isso, em 1699, o último guru humano, Gobind Singh, estabeleceu uma ala militar de puristas religiosos, a Khalsa ou "companhia dos puros". Como se expressa um website sikh contemporâneo:

> A prontidão para o sacrifício supremo ou para oferecer a própria cabeça na palma de sua mão ao Guru é uma condição essencial estabelecida pelos Gurus para tornar-se um Sikh da Khalsa. Procurar a morte, não para glória pessoal, para ganhar uma recompensa ou para ir ao céu, mas com a finalidade de proteger os fracos e os oprimidos era o que tornava a Khalsa intrépida e invencível. Já desde os tempos dos Gurus até o último conflito entre Índia e Paquistão (1971), os Sikhs demonstraram que a morte a serviço da verdade, da justiça e do país faz parte de seu caráter e de sua gloriosa tradição. Eles não procuram o martírio, eles o alcançam. Morrer é o privilégio dos heróis. Deveria, no entanto, ser por uma causa aprovada ou nobre (GATEWAY TO SIKHISM, 2005).

Muitas religiões além do Sikhismo não só justificaram a guerra, mas criaram de fato suas próprias organizações de guerreiros, como as várias ordens de cavaleiros no cristianismo. Muitas dessas ordens foram organizadas pela Igreja para ou durante as cruzadas, como a Ordem de São João de Jerusalém, os Cavaleiros de Malta, os Cavaleiros Teutônicos e a famosa Ordem dos Templários. O artigo 3 da constituição dos Cavaleiros Teutônicos é direto ao afirmar:

> Esta ordem, que significa tanto a cavalaria celeste quanto a terrestre, é a mais notável porque prometeu vingar a desonra causada a Deus e à sua Cruz e lutar para que a Terra Santa, que os infiéis sujeitaram ao seu domínio, pertença aos cristãos. Também São João viu uma nova cavalaria descendo do céu. Esta visão significa para nós que a Igreja terá agora cavaleiros que fazem o juramento de expulsar os inimigos da Igreja pela força ("The Rules and Statutes of the Teutonic Knights", 1969).

A mesma filosofia apareceu em outros lugares e tempos, como no Japão medieval, onde foram criados grupos de monges budistas combatentes (*sohei* ou "monges guerreiros"). Guerras entre monges e mosteiros estouraram no século X, época em que o templo de Enryakuji criou o primeiro exército permanente de monges no país. O maior destes exércitos budistas talvez tenha sido o Ikko-Ikki (Ikko significando "decidido" ou "devoto" e Ikki significando "aliança" ou "multidão"), que conquistou uma área ao redor de Kyoto no século XVI. Como o descreve T. Dugdale Pointon (2005):

> Com sua crença num paraíso que os aguardava, os monges guerreiros do Ikko-Ikki eram guerreiros destemidos e impetuosos, que se mostravam muito úteis para qualquer lado que estivessem ajudando na época. Na batalha usavam muitas vezes o canto ritual do nome de Buda (*nembutsu*) para atemorizar os inimigos e melhorar seu próprio estado de espírito.

Evidentemente cada religião elabora sua noção de guerra religiosa de acordo com seus próprios princípios religiosos. De acordo com Surya Subedi, "não existe no hinduísmo justificação para qualquer guerra contra estrangeiros ou pessoas de outras crenças" (2003: 339). No entanto, de acordo com o conceito hindu de darma, havia uma distinção entre *dharma yuddha* ou guerra justa (guerra que segue o darma) e *adharma yuddha* ou guerra injusta. A guerra justa se conformava com uma série de normas, entre as quais: uma declaração formal; proibição de certas armas; proibição de fazer mal a mulheres, crianças, velhos ou soldados em retirada; e normas de tratamento humanitário dos prisioneiros. De maneira muito característica, o hinduísmo providenciou uma casta de guerreiros, os xátrias (como

Arjuna na narrativa do *Bhagavad Gita* citada acima) e decretou que somente a classe militar podia empreender a guerra, limitando assim as dimensões e o alcance da guerra. Em outras palavras, o que tornava a guerra "justa" no hinduísmo clássico não era que sua causa fosse santa, mas que se conformasse com expectativas de comportamento justo, em particular "proibir a desigualdade no combate e proteger os que mostrassem desamparo" (357). A guerra não devia ser empreendida "para difundir a religião hindu ou para conter a difusão de outra religião" (346).

### Conflito etno-religioso

Enquanto fenômeno social modular, a religião pode facilmente ficar entrelaçada com outras identidades e interesses. Quando um grupo religioso puro ou híbrido e/ou seus interesses são ameaçados, ou o grupo é simplesmente impedido por outro grupo de atingir seus interesses, pode resultar conflito e violência. Em tais casos, embora a religião faça parte do problema e grupos religiosos sejam os competidores ou combatentes, seria simplista ou errado presumir que a religião é a *causa* do distúrbio ou que as partes estão "combatendo pela religião". Nestas circunstâncias a religião pode ser mais uma marca distintiva dos antagonistas do que um real ponto de disputa entre eles.

Apesar disso, a religião é um elemento numa série de grandes "conflitos étnicos" do século XX e início do século XXI. Católicos *versus* protestantes na Irlanda do Norte, cristãos *versus* muçulmanos na Bósnia, hindus e muçulmanos *versus* sikhs na Caxemira, hindus *versus* budistas no Sri Lanka, sunitas *versus* xiitas no Iraque – em todos estes casos, os beligerantes se distinguem pela religião. Entretanto, seria mais exato e útil ver estes conflitos como choques de *comunidades e de identidade* – de grupos de interesse – do que como choques de doutrinas religiosas. Um exemplo claro é a violência sectária desde 1969 na Irlanda do Norte. Protestantes e católicos estiveram engalfinhados em violência, às vezes beirando à guerra civil, por quase três décadas, mas *não* por questões de religião. Com efeito, não se tratava de religiões diferentes, mas de denominações da mesma religião. Nos Estados Unidos, e em outros lugares, protestantes e católicos coexistem sem sucumbir a conflitos sectários. Já que na Irlanda do Norte prevalecem as mesmas diferenças como nos Estados Unidos, essas diferenças não são a fonte principal ou real de atrito. Mais exatamente, ser um protestante ou ser um católico *no contexto cultural norte-irlandês* faz uma diferença crucial, em termos de interesses econômicos e políticos. Por exemplo, os protestantes – uma maioria de dois terços na região – tendem a ser "unionistas", ou seja, desejam manter a união entre a Irlanda do Norte e o Reino Unido; os católicos tendem a favorecer o fim da associação com o Reino Unido e a integração à República da Irlanda. Um motivo óbvio para o desacordo é que os católicos constituem uma maioria na República da Irlanda, mas são uma minoria na Irlanda do Norte; inversamente, os protestantes, que são uma maioria de dois terços na Irlanda do Norte, se tornariam uma minoria num Estado irlandês unificado. Além disso, os protestantes ocupam a maioria dos postos de poder e controlam a maior parte da riqueza no Norte. Os católicos se percebem como uma subclasse, com bairros, escolas etc. segregados, tomando por base sua religião. O que começou como uma luta por "direitos civis", após uma fracassada tentativa de secessão do Reino Unido, acabou se intensificando e se transformou num conflito "étnico".

A escalada e o endurecimento das pretensões e identidades "étnicas" é geralmente o processo em tais cenários. Na Caxemira, uma região disputada no norte da Índia, os nacionalistas sikhs esperam uma pátria sikh; no entanto, tanto as autoridades indianas/hindus quanto paquistanesas/muçulmanas reivindicam esta área como sua. Ali as hostilidades acabaram levando a um ataque indiano contra o Templo Dourado dos sikhs em Amritsar em 1984. No Oriente Médio, as tensões entre judeus e muçulmanos fervilharam desde o século XIX, quando os judeus começaram a imigrar para reocupar sua pátria histórica. Quando foi fundado o Estado de Israel, os árabes/muçulmanos locais desencadearam uma campanha para esmagar o Estado, levando a uma série de guerras e à criação de vários grupos extremistas violentos, como a Organização para a Libertação da Palestina, o Hamas e o Hezbollah, dedicados à destruição de Israel. Neste caso, questões de soberania, terra, riqueza e poder político se fundem com diferenças e ódios religiosos históricos.

Apesar da reputação do budismo de ser uma religião de paz, os cingaleses budistas no Sri Lanka empenharam-se numa luta com os tâmeis hindus durante quase cinquenta anos. Os tâmeis, cerca de 15% da população da ilha, com sua própria língua e história, buscavam inclusão no governo pós-colonial, mas os cingaleses cada vez mais nacionalistas não só os excluíram, mas promulgaram leis discriminatórias contra eles, entre as quais um decreto de língua oficial (o cingalês), um decreto de religião oficial (o budismo) e decretos relativos a voto, cidadania e educação. Pior ainda: os cingaleses se sentiam como uma "maioria oprimida", já que não existiam em nenhum outro lugar a não ser nesta ilha, ao passo que os tâmeis tinham uma "pátria" no subcontinente indiano. E o pior de tudo: eles se viam como os ocupantes originários e, portanto, legítimos da ilha – uma pretensão sancionada até pelo próprio Buda – e os tâmeis como invasores ou intrusos. Uma luta por igualdade transformou-se numa luta por separação e por um Estado tâmil, uma guerra dolorosa que só terminou em 2009 com a derrota dos militantes Tigres de Libertação do Tamil Eelam (também conhecidos como Tigres Tâmeis).

**Quadro 10.3 Conflito religioso e "limpeza étnica" na Bósnia**

A coexistência de grupos religiosos resulta muitas vezes de conquista seguida de conversão. No caso da Bósnia, turcos muçulmanos invadiram a área no século XIV e mantiveram o controle até o final do século XIX. Muitos locais se converteram ao islamismo, por razões analisadas no Capítulo 6 – afrouxamento de restrições religiosas, acesso à riqueza e poder, assimilação e, sem dúvida, às vezes crença genuína. Os sérvios, que migraram para o nordeste a fim de fugir da influência turca, ativeram-se firmemente à sua fé ortodoxa oriental, enquanto os croatas que migraram para o noroeste mantiveram o catolicismo. Quando foi criado o Estado da Iugoslávia após a Primeira Guerra Mundial, foram feitas tentativas de minimizar as diferenças "nacionais" e "étnicas", mas por volta da década de 1990 a Iugoslávia começou a desintegrar-se de acordo com linhas nacionais. Foram reconhecidas cinco "nações" (*nacija* ou *narod*) – sérvios, croatas, eslovenos, montenegrinos e macedônios –, cada qual com sua própria república nacional; os muçulmanos não foram reconhecidos como uma nação, mas considerados sérvios ou croatas apóstatas. Nas décadas de 1940 e 1950 a maioria dos muçulmanos bósnios se identificava primeiro como "iugoslavos" e depois como bósnios ou muçulmanos, embora tivessem recebido permissão de criar algumas instituições religiosas, como o cargo de *Reis-ul-Ulema* (o chefe nacional dos muçulmanos) e as organizações *vaqf* (caritativas). No entanto, em 1961 foi acrescentada ao censo uma nova categoria – "muçulmano étnico" – e por volta de 1964 os muçulmanos foram reconhecidos como uma "nação".

Depois, com o surgimento do fundamentalismo islâmico no Irã e em outros lugares (cf. Capítulo 12), outros iugoslavos começaram a desconfiar das simpatias e motivos dos muçulmanos bósnios. Apareceram escritos antimuçulmanos, como o romance de Vuk Draskovic *Noz* (O punhal), de 1982, retratando estereótipos ofensivos dos muçulmanos. O pensador sérvio Dragos Kalajic insistiu que os muçulmanos não pertenciam à "família europeia de nações", mas eram, do ponto de vista cultural e genético, o produto de invasão estrangeira e mistura de raças: "ao satisfazer seus impulsos sexuais [...] os exércitos e administradores otomanos – angariados nos bazares do Oriente Médio e do norte da África – criaram um grupo étnico semiárabe distinto" (citado em CIGAR, 1995: 26). Os temores aumentaram a tal ponto que, em 1983, Alija Izetbegovic (que acabara se tornando presidente da Bósnia) e doze outros muçulmanos foram processados sob a acusação de "conspirar para transformar a Bósnia num Islamistão" e foram todos eles considerados culpados. Embora estivesse envolvido incontestavelmente algum ódio religioso puro, havia também motivos políticos e econômicos: os nacionalistas sérvios queriam expandir o poder e o território sérvios na região, e outros sérvios não podiam deixar de notar a relativa privação econômica de sua terra natal em comparação com áreas mais "desenvolvidas" como a Croácia e a Eslovênia. Quando estas repúblicas relativamente mais ricas se retiraram da Iugoslávia no início da década de 1990 com muito pouca resistência, a Bósnia decidiu seguir o exemplo, de modo que no início de 1992 declarou a independência. Contudo, a composição étnica da Bósnia – aproximadamente 45% muçulmanos, 37% sérvios e 17% croatas – tornou-a quase totalmente ingovernável. Alguns, tanto sérvios quanto croatas, consideraram a Bósnia, com Izetbegovic como presidente, um Estado muçulmano com uma minoria sérvia ou croata cativa; por isso foram criadas milícias bósnio-sérvias e bósnio-croatas e declaradas regiões autônomas. Entre as milícias étnicas e o exército iugoslavo (que nessa época era basicamente um instrumento da Sérvia) foi adotada uma política de expulsar os muçulmanos (e às vezes croatas e outras minorias) da antiga ou futura terra sérvia – uma política conhecida como "limpeza étnica". Segundo a descrição de Cigar, a limpeza étnica

> não era nem uma expressão espontânea de ódios comunitários, que remontavam a mais de um milênio, nem uma emoção popular primeva, que a [...] liderança não podia controlar. Pelo contrário, ao procurar desenvolver um instrumento para sua própria aquisição e consolidação do poder, a [...] elite (tanto governamental quanto não governamental) julgou necessário empenhar-se numa sistemática e intensiva campanha a fim de criar um movimento nacionalista e exacerbar as relações intercomunitárias ao ponto de tornar plausível o genocídio (6).

O resultado foi não só um quase-genocídio, mas a quase-destruição de um país e de uma cultura.

### Abuso, crime e assassinato

Nem todo crime cometido por uma pessoa religiosa é um crime "religioso"; do contrário, quase todos os crimes seriam crimes religiosos. Igualmente, muitas pessoas religiosas cometem abusos e crimes não porque são religiosas, mas porque são abusadores e criminosos, como mostra amplamente o caso do escândalo de abuso sexual de menores enfrentado pela Igreja Católica (mas não *só* a Igreja Católica – existem também infratores protestantes e outros). No entanto, exatamente como a religião não está imune à violência, ela também não está imune ao crime. Mesmo assim, nesta análise queremos restringir-nos a abusos e crimes que são cometidos por razões explicitamente religiosas. Como tais, muitas vezes eles simplesmente não são interpretados como "abusos" ou "crimes" pelos perpetradores, mas como ações necessárias e até boas.

Entre os crimes mais terríveis está o assassinato de crianças por suas mães. Andrea Yates, a mulher texana que matou seus cinco filhos (chamados, de maneira significativa, Noé, João, Paulo, Lucas e Maria) em 2001, afirmou que sua motivação era religiosa. Ela contou aos médicos depois disso:

> Meus filhos não eram justos. Eles tropeçaram porque eu era má. Da maneira como eu os estava criando, eles nunca poderiam ser salvos. [...] É melhor alguém atar-lhes uma pedra de moinho ao pescoço e arremessá-los num rio do que fazê-los tropeçar. Eles iriam perecer [no Inferno] (citado em BAKER, 2002).

Duas outras mulheres, Deanna Laney e Dena Schlosser (de Tylor e Dallas, no Texas, respectivamente), também mataram seus filhos por razões religiosas. Laney, uma pentecostal, espancou com pedras dois de seus filhos até à morte, porque, afirmou ela, Deus lhe disse para fazê-lo. Schlosser, membro da Igreja Caminho da Vida, matou sua filhinha de dez meses, porque queria oferecê-la a Deus. E os estudos indicam que elas não estão sozinhas. Lisa Falkenberg cita dois estudos que ligam a religiosidade à violência contra crianças. Um dos estudos descobriu que, de trinta e nove mulheres que mataram seus filhos, quinze tinham motivações relacionadas com a religião; o outro estudo concluiu que, das cinquenta e cinco mulheres analisadas que mataram filhos, um quarto tinha "delírios" religiosos (FALKENBERG, 2004) – embora, na ocasião pelo menos, elas simplesmente não os tenham considerado delírios.

Com efeito, em alguns casos as mortes violentas de crianças ou de adultos fizeram parte de uma crença mais sistemática. O caso dos irmãos Lafferty tornou-se infame no *best-seller* de Jon Krakauer *Under the Banner of Heaven* [Sob a bandeira do céu] (2003). No dia 24 de julho de 1984, Ron e Dan Lafferty mataram a mulher e a filha de seu irmão Allen, porque Deus lhes dissera para fazê-lo. Membros de uma seita fundamentalista do mormonismo, até hoje eles não se arrependeram, argumentando que, se Deus ordena uma ação, não há como desobedecer. De maneira semelhante, quando Jacques Robidoux deixou seu filho pequeno morrer de inanição em 1999, foi por ordem de Deus. Robidoux era membro de uma ramificação da Igreja Universal de Deus conhecida apenas como O Corpo. Os membros acreditavam que haviam recebido "orientações" ou mensagens diretas de Deus, uma das quais mandava Jacques privar seu bebê de comida sólida. Depois de vinte e dois dias, o bebê Samuel definhou e morreu.

O cristianismo não é certamente a única religião que levou pessoas a matar. Um grupo hindu conhecido como Thuggee (uma seita de ladrões e assassinos) praticava assassinatos rituais até o século XIX. Os membros se infiltravam em bandos de viajantes e os assaltavam com armas cerimoniais, como uma picareta mágica (*kussee*), um cachecol ou pano especial (*rumal*) para estrangular as vítimas, ou uma adaga sagrada. As vítimas eram desmembradas e sepultadas em sepulturas coletivas, sobre as quais os assassinos bem-sucedidos realizavam rituais. Tudo isto era feito a mando da deusa Kali, que exigia os mortos como sacrifícios oferecidos a ela. Os modelos e valores religiosos desempenham um papel pelo menos parcial na prática moderna muito comum da queima da noiva ou "morte por dote de casamento", na qual os maridos ou suas mães ferem ou matam as esposas em "acidentes de cozinha" encenados. Uma cerimônia bianual abusiva, mas geralmente não fatal, conhecida como Kuzhimattru Thiru Vizha, implica enterrar uma criança viva "por um breve tempo", como gesto de ação de graças; a criança é supostamente drogada até ficar inconsciente e então colocada numa cova rasa e coberta com lama por até um minuto, enquanto sacerdotes rezam por ela.

Em sociedades muçulmanas, como já mencionamos, as moças são muitíssimas vezes objeto de injúria e abuso, como nos "crimes de honra" por comportamento impróprio, o que inclui sexo antes do casamento, namoro fora da religião ou do grupo étnico, ou apenas "agir de maneira demasiadamente ocidental". Em não poucos casos, especialmente quando se vive em países ocidentais, as famílias mandaram irmãos mais novos fazer sexo, já que a lei ocidental é mais leniente com menores. Nestas sociedades e em muitas outras, muitas vezes as mulheres são casadas jovens e fisicamente abusadas no casamento, sob a justificativa de que os homens têm autoridade espiritual sobre as mulheres. E em diversas sociedades – pelo menos dezoito, segundo o levantamento de Dickeman (1975) – as famílias matavam um dos gêmeos ou ambos, com base na crença de que gêmeos são maus ou anormais ou algum tipo de mau presságio.

Nem todas as mortes inspiradas na religião são assassinatos intencionais; algumas, como o caso Robidoux, se parecem mais com uma negligência criminosa inspirada na religião. A maioria das pessoas modernas pensa que privar de cuidados médicos uma pessoa doente é uma forma de negligência; mas este é um tema controverso, já que diversos grupos religiosos reivindicam o direito de recusar a assistência médica para si ou para seus filhos a favor de curas espirituais. Não só muitos grupos religiosos rejeitam a medicina científica, mas a lei americana muitas vezes concede uma "isenção religiosa" de tratamentos médicos seguros e eficazes. O resultado, como observaram Seth Asser e outros, é uma elevada taxa de mortes evitáveis. No estudo que ele e Rita Swan realizaram a respeito da rejeição de tratamento motivada pela religião, ocorreram 172 mortes de crianças (por causas como diabetes, desidratação, trauma, infecções, condições cardíacas e tumores), das quais, com assistência médica moderna, 104 teriam tido uma chance de sobrevivência de 90% (ASSER & SWAN, 1998). A crença de que os pais estavam fazendo algo eficaz, algo ordenado por sua fé, levou diretamente à morte evitável de seus filhos. É mais um caso de pessoas que, graças à religião, pensam que estão fazendo o bem, quando na verdade estão fazendo o mal.

## Conclusão

Muito bem veio da religião. Muito mal também veio dela. E muito mal veio também de outras fontes que não a religião. No entanto, verificamos que as características da religião – sua natureza de grupo, seus princípios de autoridade, seus aspectos de identidade, seus interesses práticos e suas ideologias específicas – podem ser e têm sido particularmente produtoras de violência. E estiveram não só produzindo, mas justificando, valorizando e praticamente exigindo violência. Como disse o filósofo Blaise Pascal – que certamente não era inimigo da religião – em seus *Pensées*: "Os homens nunca fazem o mal tão completamente e com tanta alegria como quando o fazem a partir de uma convicção religiosa".

A violência, a agressão e a destrutividade fazem parte não só da condição humana, mas também da condição natural. Não causa surpresa que a religião tenha dado atenção à violência – e, mais de uma vez, tenha tirado proveito dela. A religião é diversa, ambígua e cultural e a violência é igualmente diversa, ambígua e cultural. Misturadas como podem estar, produzem uma chocante e alarmante exibição de violência inspirada na religião e muitas vezes sancionada pela religião. A violência, portanto, não é nem inata nem estranha à religião. Mais exatamente, dever-se-ia dizer que tanto a violência quanto a religião são inatas aos humanos e caminham juntas.

**Perguntas para debate**
- Quais são as cinco variáveis que moldam a violência? Como as religiões proporcionam estas variáveis de maneira particularmente eficaz?
- Por que algumas teorias dominantes do sacrifício não são apoiadas pela evidência antropológica? Como o sacrifício está relacionado com as crenças religiosas e com o poder político nas culturas?
- O que é a automortificação? Que formas diversas ela assume e a que funções individuais e coletivas ela serve?

**Leitura suplementar (cf. website)**
- *Predicting Human Sacrifice: A Cross-Cultural Survey.*
- *Self-Mortification and Self-Discipline in the Indian Wrestler.*
- *Toward an Anthropology of Terrorism.*

# 11
## Secularismo e irreligião

Após a revolução comunista de 1949, a República Popular da China adotou uma política de ateísmo estatal oficial. Baseando-se no pensamento marxista de que a religião é exploração de classe e falsa consciência, o regime comunista reprimiu a religião, "reeducou" crentes e líderes religiosos e destruiu edifícios religiosos ou os transformou para usos não religiosos. Desde a morte do presidente do Partido Comunista Mao, o governo chinês relaxou algumas restrições à religião, permitindo a prática religiosa "normal" e reconhecendo oficialmente cinco grandes religiões – islamismo, budismo, catolicismo, "cristianismo" (ou seja, protestantismo) e taoismo (BARNETT, 2012: 29). No entanto, o regime assegura o controle do catolicismo independente de Roma na China e continua a reprimir novas religiões como o Falun Gong. De acordo com alguns levantamentos, mais de 40% dos chineses se consideram ateus ou agnósticos. Quando a China invadiu (ou, do ponto de vista chinês, recuperou) o Tibete, uma sociedade profundamente budista liderada pela autoridade espiritual e política, o Dalai Lama, o Tibete teve de início a permissão de manter seu sistema religioso; em 1959 uma revolta levou o Dalai Lama ao exílio e a uma severa repressão ao budismo, que incluiu "reforma agrária e luta de classes" (34). Em meados da década de 1990, os tibetanos que trabalhavam para a administração chinesa, como também todos os estudantes, foram proibidos de praticar a religião em templos ou mosteiros ou em casa. No entanto, ao longo da maior parte de seu controle do Tibete, a China usou a estratégia de "promover dignitários religiosos tibetanos para serem governantes locais" (32), não destruindo a religião tibetana, mas "microadministrando os rituais místicos no cerne do sistema religioso-político tibetano" (31). Por exemplo, o governo assumiu o controle da identificação das reencarnações dos lamas tradicionais: em 1992 um menino de sete anos de idade foi declarado a décima sétima encarnação do Karmapa e logo foi levado numa turnê pela China para ser festejado e cooptado. Ainda mais notavelmente, em 1995 foi televisionada para toda a China uma cerimônia conhecida como ritual da Urna Dourada, destinada a identificar o próximo Panchen Lama. O governo comunista não só controlou a cerimônia, mas aparentemente também a inventou: Barnett afirma que, para povo tibetano, "os detalhes do ritual indicavam que ele foi uma montagem executada sob coerção" (43). Mas, evidentemente, a representação não era para os tibetanos; mais exatamente, esta "imitação da religião é dirigida ao público moderno e secularizado da China continental" (44), o que divertiu os não crentes e "parece demonstrar respeito oficial ao ritual tibetano, mas ao mesmo tempo lembra forçosamente aos espectadores tibetanos que ela controla esse ritual, inclusive seu resultado" (45).

De acordo com Adherents.com existe no mundo cerca de 1,1 bilhão de pessoas "não religiosas" ou "seculares" ou "agnósticas" ou "ateias"; sendo assim, elas constituiriam a terceira maior categoria após o cristianismo (2,1 bilhões) e o islamismo (1,3 bilhão). E nem todas as pessoas não religiosas se encontram na China; de acordo com vários levantamentos, chegam a 15% ou 16% os americanos que não se identificam com uma religião, e cerca de 12% deles se identificam como ateus ou agnósticos. Muitas vezes se diz que grande parte da Europa é "pós-cristã", com níveis muito baixos de crença religiosa e participação – em 2005 apenas 16% dos estonianos admitiam uma crença em Deus (HEELAS, 2013: 72) e os japoneses em sua maioria se dizem não religiosos (cf. abaixo p. 414). Por isso, a irreligião ou secularismo parece ser um tema urgente para a antropologia.

No entanto, como nos lembra Talal Asad, "os antropólogos quase não prestaram atenção à ideia do secular" (2003: 17). Ele chegou a citar uma pesquisa dos roteiros para cursos de antropologia da religião, realizada por Andrew Buckser para a Associação Antropológica Americana, que revelou que o tópico do secularismo "não aparece na coleção. E também não é tratado em nenhum dos textos introdutórios conhecidos" (22). Mas, como insistiu Asad: "Qualquer disciplina que busca compreender a 'religião' precisa também procurar compreender seu oposto" (22).

As coisas não são tão desanimadoras como eram no tempo da declaração de Asad, ou mesmo no tempo da primeira edição de nosso manual. Juntamente com a antropologia do cristianismo e do islamismo, analisada no Capítulo 8, surgiram pedidos de uma antropologia do secularismo (por exemplo, CANNELL, 2010) e, em 2001, *The Australian Journal of Anthropology* publicou todo um fascículo dedicado ao tema do secularismo.

Uma perspectiva antropológica sobre o secularismo ou irreligião ou ateísmo (que, como logo veremos, não são sinônimos) é importante não só porque existem em abundância no mundo. Assim como a antropologia insistiu que a "religião" não é uma coisa simples e única, assim um ponto de vista antropológico sobre a não-religião sugere que ela é complexa e diversa. Com efeito, se o conceito ou categoria "religião" é socialmente construído, então não só o conceito ou categoria de "não-religião" ou "anti-religião" seria igualmente construído, mas *os dois conceitos ou categorias seriam mutuamente construídos*. Ou seja, identificando ou criando um fenômeno ou espaço chamado "religião", aparecerá um fenômeno ou espaço concomitante de "não-religião" e, como ilustra o caso da China, o secularismo ou irreligião pode exercer uma espécie de poder de controle sobre o que é – e onde está – a "religião".

## A antropologia do secularismo

O componente não religioso da sociedade tem sido relativamente ignorado por muitas razões. Uma razão é que ele não tendeu a formar uma comunidade localizada distinta, de modo que não havia "nenhum lugar onde se pudesse ir" investigá-lo – nenhum lugar onde se pudesse fazer um trabalho de campo. Além disso, habitualmente se pressupôs que o componente era tão pequeno que não merecia muita atenção (apesar de a antropologia focalizar o nível microssocial da análise), mas isso evidentemente não é verdade. E mais: habitualmente se pressupõe que a religião é a posição-padrão de qualquer sociedade e da humanidade como tal, de modo que a irreligião nada mais é do que uma *falta* de religião e, portanto, não tem nenhuma qualidade social própria. Na pior das hipóteses, o secularismo ou a irreligião têm sido interpretados como antinaturais, antissociais ou simplesmente como inexistentes. O eminente historiador Arnold Toynbee, por exemplo, opinou:

> Ter religião é uma daquelas características tipicamente humanas da humanidade que nos diferenciam dos companheiros não humanos na superfície deste planeta. Esta suposição implica que todo ser humano tem religião: na verdade, que não se pode ser humano sem ter religião de alguma forma (citado em CAMPBELL, 1971: 130).

Não causa surpresa que teólogos e estudiosos cristãos concordem, como Martin Marty, que injuriosamente apelidou o secularismo de "descrença", definido como "qualquer tipo de afastamento sério ou permanente da crença em Deus (simbolizada pelo termo 'Trindade') e afastamento da crença de que Deus não só existe, mas também atua (simbolizada pela referência histórica 'Encarnação')" (1966: 30). Mas, de acordo com esta definição, não só *os humanos em sua maioria são descrentes*, já que não têm conceitos como trindade ou encarnação ou mesmo deus, mas também muitos cristãos seriam descrentes, já que nem todos os cristãos são trinitários. Conforme o reconhece próprio Marty, esta vasta rede apanharia "descrentes, incrédulos, infiéis, os que não têm seriedade, os desatentos" (27) e necessariamente os dois terços ou mais da humanidade que não são cristãos. Com efeito, o respeitável estudioso David Martin, em sua obra *A General Theory of Secularization* [Uma teoria geral da secularização], confessou: "com o termo 'religião' eu entendo neste contexto o cristianismo" (1978: 2). Mas esta abordagem talvez não possa produzir uma teoria "geral" de nada.

**Teoria da secularização**

Apesar do desacordo e desdém em torno do tema do secularismo ou da irreligião, a secularização tem sido uma marca da teoria sociológica e antropológica por mais de um século. Antes do surgimento das ciências sociais modernas, os *philosophes* franceses do século XVIII, por exemplo, eram intensamente críticos da religião e esperavam e desejavam e, de fato, tramavam seu declínio e desaparecimento (cf. abaixo p. 416). Auguste Comte, um dos primeiros sociólogos, dividiu a história da humanidade em três épocas, sendo a etapa "teológica" a mais antiga e mais primitiva, seguida pela etapa "metafísica" da filosofia e da investigação racional. Comte pressentiu que durante sua vida (1798-1859) havia chegado uma nova etapa "positiva", caracterizada pela ciência e pela busca dos fatos, o que dispensaria qualquer especulação teológica ou metafísica remanescente.

Karl Max é talvez o mais estreitamente associado à teoria moderna da secularização. Em sua visão materialista dialética da história, cada sociedade é uma formação fundada sobre suas condições materiais/econômicas. A religião é um efeito de forças materiais/econômicas mais básicas; é moldada por essas forças, mas também legitimadora dessas forças. Como vimos no Capítulo 1, Marx sustentava que a religião era um reflexo distorcido ou invertido da sociedade, uma falsa consciência que ofuscava em vez de esclarecer os funcionamentos reais da formação social. Era o suspiro das massas oprimidas e, embora apontasse o verdadeiro sofrimento do povo, não fazia nada de concreto para enfrentar esse sofrimento. Por isso, Marx prognosticava que, quando a desigualdade e a exploração econômicas da sociedade terminassem (em sua ordem comunista perfeita), a religião nem sequer precisaria ser erradicada; ao invés, como o próprio Estado, a religião simplesmente murcharia devido à falta de interesse.

O final do século XIX foi um tempo de grande expectativa secular. O filósofo Friedrich Nietzsche anunciou em 1888 que "Deus está morto". No que talvez seja sua passagem mais famosa, "O insensato", contida em seu livro *A gaia ciência*, ele proclamou que Deus está morto e "nós o matamos. Mas sua sombra ainda se agiganta" (1976: 95). Mas Nietzsche reconhecia também que a novidade, a realização, do fim de Deus podia não ter chegado ainda às pessoas – e que elas poderiam não ser capazes de ouvir ou suportar a novidade. Numa série de escritos, particularmente seu *O futuro de uma ilusão*, de 1927, também Sigmund Freud diagnosticou a morte da religião, chamando-a de ilusão sem futuro, aparentada com uma neurose; quando os humanos resolverem seus problemas psicológicos diretamente, não precisarão do bálsamo indireto da religião.

A afirmação provavelmente mais importante sobre a secularização veio de Max Weber, que a considerou uma parte – e uma parte praticamente inevitável – do processo mais geral da *modernização*. No passado, em ambientes sociais como os descritos por Redfield e Gellner antes da "grande transformação" (cf. Capítulo 8), a religião de qualquer sociedade era onipresente e aceita sem questionar, uma espécie de cola moral que mantinha unida a sociedade. No entanto, à medida que mudaram as relações sociais e o *ethos* ou "tato" da sociedade, também mudaram a natureza e a função da religião. Em outras palavras, a secularização, vista como o declínio da religião, foi um efeito de outras forças sociais.

Weber considerou que os traços centrais da modernização incluem *racionalização*, *industrialização*, *burocratização*, *urbanização* e, finalmente, *secularização*. A industrialização e a urbanização são bastante óbvias. A racionalização significou que os objetivos, e os métodos para alcançá-los, se tornaram cada vez mais "práticos" e "econômicos" enquanto opostos aos "morais" e "religiosos". Eficiência da ação e do custo, divisão do trabalho, relações de intercâmbio e imperativos tecnológicos substituíram interesses e relações mais pessoais e espirituais. A burocratização significou que a organização social se tornou mais formal, diferenciada, hierárquica e "integrada", com "administradores" muito afastados – física ou socialmente – do lugar de produção. Igualmente instituições como "a fábrica" ou "o mercado" ou "o governo" ou "a família" se tornaram funcionalmente desligadas umas das outras, espaços sociais separados. De modo geral, a experiência da sociedade ficou mais complicada, mais diversa, mais fragmentada (ou seja, as pessoas com as quais interagimos na fábrica não são as mesmas com as quais interagimos no mercado ou na família etc.) e mais "privada". A sociedade moderna, esperava e lamentava Weber, passaria por um "desencanto", perdendo suas qualidades espirituais e mágicas.

A asserção básica da teoria da modernização, como explicou Steve Bruce, é "que a modernização cria problemas para a religião" (2002: 2). Na linha marxista, poderíamos imaginar a religião crescendo no solo da sociedade: solos diferentes produzem religiões diferentes – e alguns solos são totalmente inóspitos para a religião. Assim, enquanto a sociedade desenvolve traços mais racionais, industriais, burocráticos e urbanos, a religião é mudada ou derrotada. A religião, na melhor das hipóteses, evolui para uma "instituição" a mais na sociedade, desligada de suas múltiplas funções sociais e morais; transforma-se em algo que se "faz" aos domingos num edifício especializado; torna-se uma peça de uma vida moderna complicada. Ou a religião pode se transformar em – ou ser restringida a – um assunto privado, uma escolha e prática pessoal, de maneira nenhuma um assunto público. Com efeito, pode tornar-se descortês ou causa de divisão praticar a religião de maneira demasiado pública. Para alguns, finalmente, ela simplesmente perde importância ou é completamente ignorada, seja como insignificante ou impraticável ou *falsa*, ou é abandonada em favor de outras atividades que competem com ela numa agenda secular agitada, como a temporada de futebol.

Assim os sociólogos Peter Berger e Thomas Luckmann, como tantos outros, afirmaram ver o declínio do poder e da influência da religião na "autonomização progressiva dos setores sociais em relação ao domínio do sentido religioso e das instituições" (1966: 74). O que eles queriam dizer é que, à medida que várias atividades, papéis e instituições se "libertam" (se tornam "autônomos") da religião, o impacto da religião sobre a sociedade não pode deixar de declinar. Um aspecto crítico deste recuo da religião em relação à sociedade é a diversidade social, de duas maneiras. Em primeiro lugar, à medida que, por várias razões históricas, as sociedades começaram a abranger múltiplas comunidades raciais, étnicas, linguísticas e, evidentemente, religiosas, nenhuma religião as unificava todas e, por isso, não constituíam uma "comunidade moral". Em outras palavras, o *pluralismo* da modernidade ameaçava a religião tanto quanto qualquer outra força: Bruce argumentou que a "separação entre Igreja e Estado foi uma das consequências da diversidade" (17). Em segundo lugar, mesmo numa religião como o cristianismo e cada vez mais em todas as religiões, inclusive as religiões "tradicionais", o cisma e o sincretismo levaram a uma proliferação de "religiões" ou movimentos religiosos alternativos e concorrentes; o monopólio católico na Europa antiga e medieval impediu quase totalmente esta evolução; mas o triunfo da Reforma protestante provocou um novo tipo de religião ou uma nova atitude em relação à religião, que "era extremamente vulnerável à fragmentação, porque eliminava a instituição da Igreja como fonte de autoridade entre Deus e o homem" (BRUCE, 2002: 10), deixando ao indivíduo a tarefa de voluntariamente escolher entre alguma das ofertas religiosas ou "converter-se" a ela. O resultado é uma "abordagem consumista" das religiões, abordagem na qual o indivíduo enquanto agente livre e privado "pode escolher entre o sortimento de sentidos 'últimos' como ele achar conveniente" (LUCKMANN, 1970: 99).

Por mais vigoroso e difuso que seja este processo de modernização, seus resultados religiosos são diversos. Mesmo dentro de um paradigma de secularização, Bryan Wilson sugeriu uma variedade de possíveis consequências para a religião, tais como:

> o sequestro da propriedade e dos recursos das agências religiosas pelos poderes políticos; o deslocamento de várias das antigas atividades e funções da religião do controle religioso para o controle secular; o declínio na proporção de tempo, energia e recursos que os homens dedicam a interesses supraempíricos; a decadência das instituições religiosas; a substituição, em matéria de comportamento, dos preceitos religiosos por exigências que correspondem a critérios estritamente técnicos; e a gradual substituição de uma consciência especificamente religiosa (que pode variar desde uma dependência de sortilégios, ritos, palavras mágicas ou orações até um interesse ético de ampla inspiração espiritual) por uma orientação empírica, racional e instrumental; o abandono de interpretações míticas, poéticas e artísticas da natureza e da sociedade a favor de descrições prosaicas e, com isso, a rigorosa separação entre disposições avaliativas e emotivas e orientações cognitivas e positivistas (1982: 149).

Numa análise muito respeitada, José Casanova (1994) reduziu a teoria da secularização a três afirmações primárias. Em primeiro lugar, a secularização pode acarretar uma diferenciação estrutural, ou seja, a separação entre a religião e outros domínios da sociedade, e seu isolamento numa "instituição religiosa" (como "a Igreja") desligada de outras instituições (como "o Estado"). Em segundo lugar, a secularização pode significar privatização, algo que os indivíduos fazem no interior de suas casas, mentes e corações sem impacto público mais amplo. Em terceiro lugar, a secularização pode envolver o declínio na fé e participação religiosas (por exemplo, menor frequência à Igreja, menos oração, mais declarações de descrença) e, assim, a diminuição da influência das instituições religiosas.

### Talal Asad e *Formations of the Secular* [Formações do secular]

A mais influente contribuição antropológica para o estudo do secularismo foi sem dúvida o livro *Formations of the Secular* (2003), de Talal Asad. Como fizera para a religião em seu livro *Genealogies of Religion* (1993) e para o islamismo em seu artigo "The Idea of an Anthropology of Islam" (2009), Asad pediu "uma antropologia do secularismo" que analise o secularismo como uma doutrina social e política e "o secular" como um conceito ou categoria cultural (2003: 1). Asad insistiu, como observamos no início deste capítulo, que a negligência do secularismo era séria, já que "qualquer disciplina que busca compreender a 'religião' precisa também procurar compreender seu oposto" (22). Mas até o momento "a própria categoria do secular permanece não examinada" (23).

Assim como ocorre com o conceito de "religião" e outros termos e categorias convencionais, Asad afirma que "o secular não é nem singular na origem nem estável em sua identidade histórica"; em outras palavras, "tanto o 'religioso' quanto o 'secular' não são categorias essencialmente fixas" (25). Com efeito, como mostrou o estudo das religiões translocais e das religiões vernáculas, o que é ou não é "religião" não é evidente nem coerente; diferentes sociedades interpretam a categoria da religião de maneiras diferentes – ou simplesmente não a interpretam – e essas interpretações variam ao longo do tempo. Mas, assim como a compreensão e o alcance da "religião" variam, também varia o "secular", se entendemos o "secular" como aquilo que não é religião.

Asad sustenta que o secularismo e "o secular", como são entendidos hoje, são essencialmente um modo de pensar europeu ocidental e notoriamente toda esta discussão tem a ver com a experiência europeia ocidental, na qual o cristianismo traçou uma linha entre a "religião" e "o mundo", entre "espírito" e "matéria", entre "sagrado" e "profano". As ciências sociais ocidentais absorveram amplamente estas categorias culturalmente específicas; note-se a afirmação de Durkheim de que a religião trata fundamentalmente de "coisas sagradas". A conclusão desta linha de análise é que outras sociedades definem "o secular" de maneira diferente – ou simplesmente não o definem. E "o secular", em vez de ser diametralmente oposto à "religião", está intimamente relacionado com ela.

---

**Quadro 11.1 Tradições do pensamento secular judaico**

Cada religião proporciona as condições para sua própria marca registrada de secularismo. Ou poderíamos, melhor ainda, dizer *marcas registradas* de secularismo, já que, como relata o estudioso da história judaica David Biale, o judaísmo produziu diversos secularismos diferentes, que não rejeitam necessariamente a religião, mas antes desenvolvem certas possibilidades internas da religião. Não é um fato sem importância que Marx e Freud, arquissecularistas, tinham antecedentes judaicos; para eles, como para muitos outros secularistas, "o secularismo judaico era uma revolta baseada na tradição que ele rejeitava" (BIALE, 2011: 1). Além disso, como Asad esperava, "diferentes condições locais criaram diferentes tipos de secularização" (4): para alguns judeus, o secularismo "era a fuga das comunidades tradicionais, da autoridade rabínica e da rotina diária prescrita pela lei judaica", enquanto para outros era uma denúncia da "religião medieval obscurantista" em favor de uma cultura e de uma identidade mais modernas (x). Para outros ainda, o secularismo era o resultado lógico de certas ideias existentes na própria religião. Uma variação destas é o panteísmo, como vem representado por Benedito/Baruch Spinoza (1632-1677). Biale explica que estudiosos judeus clássicos como Moisés Maimônides (1138-1204) concluíram que Deus "era absolutamente transcendente, tão afastado do mundo a ponto de não ter nada em comum com ele" (19). A radical separação entre "natureza" e "Deus", feita por Maimônides, ofereceu a Spinoza uma forma de unificá-los de uma maneira heterodoxa e secular: para Spinoza Deus não era uma pessoa, não tinha sentimentos, nem amor aos humanos. Este Deus "desaparecia da vista, deixando apenas o universo"; como Biale resumiu Spinoza: "Deus *é* o universo – e nada mais" (26). Uma segunda espécie de secularismo judaico era a tradição mística da Cabala, que ensinava que "quando Deus começa a criar o mundo, Ele se retira de um ponto central, deixando um espaço vazio" (47). O mundo natural, então, é precisamente o lugar onde Deus *não* está, levando a "uma radical identificação secular de Deus com o nada ou até com a morte" (47). Em terceiro lugar, Biale menciona "a ressurreição dos antigos deuses pagãos, tanto gregos como cananeus", o que equivalia a "um assalto ao Deus de Israel através do recurso a seus antigos inimigos" (57). Note-se que nenhuma destas alternativas é antirreligiosa no sentido estrito. Também não o é o atual movimento do judaísmo humanista (http://www.shj.org), que se anuncia como "uma alternativa não teísta na vida judaica contemporânea", que "combina a celebração da cultura e da identidade judaicas com uma adesão a valores e ideias humanistas".

Mas o caso de Asad vai muito além. Lembremos que, além de caracterizar o secularismo como um conceito (o secular), Asad o caracterizou como uma doutrina política, e até como uma ideologia. Poderíamos dizer que o secularismo é um *projeto* e Asad ligou estreitamente o projeto secular aos projetos da modernidade e do Estado moderno. O projeto do Estado moderno, postulou ele, "visa institucionalizar diversos princípios (às vezes conflitantes, muitas vezes evolutivos): constitucionalismo, autonomia moral, democracia, direitos humanos, igualdade civil, aplicação ao trabalho, consumismo, liberdade de mercado – e secularismo" (2003: 13). Especificamente, o Estado reivindica para si a autoridade de ditar como a sociedade é organizada: ele cria as esferas institucionais díspares da "economia", da "família" e, naturalmente, da "religião". O indivíduo, além disso, deve lealdade acima de tudo ao Estado, embora o Estado possa adotar a religião para sua própria legitimação. Mas, mesmo quando "se diz que o Estado está 'subordinado a Deus', ele tem sua existência apenas 'neste mundo' – um tipo especial de mundo. Os homens e as mulheres de cada sociedade nacional fazem sua história e são *donos* de sua história" (193).

O Estado moderno não só "exige espaços nitidamente demarcados, que ele pode classificar e regulamentar: religião, educação, saúde, lazer, trabalho, renda, justiça e guerra" (201). Dentro de cada um destes espaços, o Estado determina o que cada um destes fenômenos é e como ele pode comportar-se. "Do ponto de vista do secularismo", opina Asad, "a religião tem a opção de confinar-se à crença e ao culto privados ou de engajar-se num discurso público que não faz exigências a respeito da vida. Nos dois casos essa religião assume, na visão do secularismo, a forma que ela propriamente deveria ter" (199). Em resumo, à medida que a sociedade e a política modernas restringiram a religião (como no caso chinês descrito no início do capítulo), elas criaram uma noção de "secular" – e de *religião secularizada* – e ao mesmo tempo dependeram dela.

**Variedades da experiência secular**

Inspirados em Asad, os antropólogos reconheceram cada vez mais que o secularismo é "um conceito com locais e padrões geográficos e históricos específicos de exportação, primeiro a partir da Europa e depois a partir da América" (CANNELL, 2010: 90). No entanto, alguns anos antes do estudo pioneiro de Asad, Jack Goody salientou que seria incorreto supor que o secularismo, que inclui "formas explícitas de ceticismo e agnosticismo (e até de ateísmo)" (1996: 667), é exclusivo do Ocidente moderno. Sem dúvida, afirmou ele, podemos encontrar ideias secularistas/céticas na antiga Grécia, que "já tinha um conceito de *agnostos*" (aquilo cujo conhecimento não está disponível ou é impossível; de *a-*, que significa não/sem, e *gnosis*, que significa conhecimento) e onde "o próprio Deus pertencia a esta categoria" (668).

Um dos primeiros a expressar estes pensamentos foi o poeta Teógnis, do século VI a.C., que estava perturbado com a aparente injustiça no mundo: "Caro Zeus, tu me desconcertas", escreveu ele, porque "não fazes distinção entre o pecador e o homem bom, entre o homem que se dedica a atos comedidos e responsáveis e o homem que comete atos de *hybris* [orgulho]. Dize-me, filho de Cronos, como podes distribuir tal injustiça?" (citado em WHEELWRIGHT, 1966: 29-30).

Xenófanes debateu-se com um problema semelhante: Como podem os deuses, autores de todo bem e justiça, agir de maneira tão evidentemente má nas histórias tradicionais? "Homero e Hesíodo atribuíram aos deuses todo tipo de ações que, quando cometidas por homens, são indecorosas e merecedoras de reprovação – atos desregrados como roubo, adultério e trapaça mútua" (citado em WHEELWRIGHT, 1966: 33). Uma resposta possível, embora perturbadora, era que os mitos e os poetas estavam errados. Esta conclusão era sustentada pelo fato manifestamente óbvio de que diferentes sociedades acreditavam em deuses diferentes, que eram visivelmente semelhantes aos próprios crentes:

> Os etíopes têm deuses com narizes arrebitados e cabelo preto, os trácios têm deuses com olhos castanhos e cabelo vermelho. [...] Se os bois e os leões tivessem mãos capazes de desenhar e pintar quadros como fazem os homens, eles retratariam seus deuses com corpos semelhantes aos deles; os cavalos os retratariam como cavalos e os bois os retratariam como bois (33).

Portanto, todos estes retratos locais dos deuses poderiam não passar de antropomorfismos (ou cavalo-morfismos) para deuses que na verdade não têm nenhum destes traços – ou talvez simplesmente nem existem.

As consequências desta linha de raciocínio não tardaram a aparecer. Os "filósofos naturais" pré-socráticos começaram a ponderar como o universo poderia funcionar – e até como ele pôde vir à existência – sem o esteio da religião. Seu objetivo, afirmou Wheelwright, era "explicar sistematicamente a natureza em termos da natureza, em vez de reportar-se à suposta vontade ou capricho de seres sobrenaturais" (41). O que é, por exemplo, a substância primeira da natureza, da qual todas as outras coisas são feitas? Como a diversidade da natureza (os "muitos") veio da fonte única (o "um") e como ocorre a mudança entre formas? Estas são perguntas essencialmente ateísticas, que buscam respostas ateísticas.

As respostas precisas foram várias e não nos interessam. O ponto essencial é que a função explicativa anteriormente reservada à religião foi usurpada pela natureza, como quando Heráclito raciocinou que: "Este universo, que é o mesmo para todos, não foi feito por algum deus ou por algum homem, mas sempre foi, é e será – um fogo sempre vivo, que se acende por padrões regulares e se apaga por padrões regulares" (71). A nova explicação era a suficiência natural e a lei natural: a natureza não precisava senão da natureza para criar ou sustentar o universo e a natureza operava por meio de leis que, em princípio, eram reconhecíveis ao homem. Parmênides escreveu:

> Pois uma forte Necessidade retém [o Ser] em seus vínculos de limite, que o comprimem de todos os lados; a Lei Natural proíbe que o Ser seja outra coisa senão perfeitamente completo. Ele não tem necessidade de nada; porque, se tivesse necessidade de alguma coisa, teria necessidade de tudo (98).

A noção-chave era a *causa*. As coisas naturais têm uma causa e essas causas são outras coisas naturais. A história da guerra do Peloponeso (432-404 a.C.), de Tucídides, descreveu a ação humana sem referência a deuses. Hipócrates argumentou que a doença, até mesmo a "doença divina" da epilepsia, tinha causas exclusivamente naturais. E Protágoras fez a mais forte afirmação de todas, que lhe mereceu a acusação de blasfêmia:

> Quanto aos deuses, não tenho como saber se eles existem ou se não existem; nem, caso existam, qual é sua aparência. Pois os obstáculos a este tipo de conhecimento são muitos, entre os quais a obscuridade da questão e a brevidade da vida humana (240).

Anaxágoras foi o primeiro homem na história documentada a ser indiciado por ateísmo; foi até redigida uma lei, por volta de 438 a.C., para "denunciar os que não creem nos seres divinos ou ensinam doutrinas sobre coisas que estão no céu", como planetas ou meteoros (citado em HECHT, 2003: 10). Mas coube a Sócrates o destino de ser o único ateniense condenado à morte por "impiedade" e por "corromper os jovens" fazendo demasiadas perguntas impertinentes.

Após a conquista das cidades gregas por Alexandre e da ascensão de Roma mais tarde, surgiu uma nova sociedade cosmopolita, o que teve importantes consequências para a religião. Algumas pessoas se ativeram aos velhos hábitos; outras adotaram novas religiões e "cultos de mistérios", como o mitraísmo e finalmente o cristianismo. Mas outros praticaram aquilo que Jennifer Hecht, em seu estudo sobre a história da dúvida, chama de "uma perspicaz resignação ao caos e à incerteza e uma convicção de que a realidade, mesmo uma realidade dolorosa, é preferível a viver sob falsas ideias", incluídas falsas ideias religiosas (2003: 27). Duas dessas filosofias e estilos de vida eram o cinismo, a desconfiança em relação a toda autoridade e muitas vezes o escárnio de toda convenção, e o estoicismo, uma filosofia que combinava a racionalidade com uma irredutível e conformada resignação às tribulações da vida. O epicurismo, comumente associado à insensata busca do prazer, ensinava concretamente que as pessoas poderão ser felizes no mundo presente se forem libertadas do erro, das crenças equivocadas e dos medos. O fundador, Epicuro, levantou uma das mais duradouras questões da história da religião:

> Ou Deus quer eliminar o mal e é incapaz, ou Ele é capaz e não quer; ou Ele nem quer nem é capaz, ou Ele quer e também é capaz. Se Ele quer e é incapaz, Ele é fraco, o que não condiz com a natureza de Deus; se Ele é capaz e não quer, Ele é invejoso, o que está igualmente em desacordo com Deus; se Ele nem quer nem é capaz, Ele é tanto invejoso quanto fraco e, portanto, não é Deus; se Ele quer e também é capaz, a única coisa condizente com Deus, de que fonte vêm então os males? Ou por que Ele não os elimina? (LACTÂNCIO, 1871).

Por fim, o ceticismo defendido por Pirro e seu sucessor Carnéades argumentava que os indivíduos poderiam, e até deveriam, viver sem crenças e valores firmes e seguros. A certeza era impossível, já que o caso oposto sempre era possível e nada podia ser realmente conhecido. Já que nada poderá ser conhecido dever-se-ia suspender ou evitar todas as decisões ou julgamentos. Carnéades foi até mais longe, desmascarando efetivamente a maioria dos argumentos clássicos para deus(es), entre os quais experiência pessoal, desígnio, tradição ou crença comum e a "bondade" de deus(es).

Mas Goody não se detém nos gregos. Ele observou que a possibilidade de descrença era reconhecida, embora condenada, nas escrituras hebraicas (o Antigo Testamento cristão): o livro do Eclesiastes dá um pouco a impressão de ser um texto epicureu ou estoico. Goody pretendeu encontrar o ceticismo também em escritos babilônios e egípcios, em tradições não ocidentais e em sociedades tribais.

Ele citou um autor indiano medieval, Madhavacarya, que especulou que "não havia Deus, nem alma, nem sobrevivência após a morte" (673), comentou que Confúcio era agnóstico acerca da esfera sobrenatural e afirmou que o antropólogo Evans-Pritchard encontrou "fé misturada com ceticismo" entre os Azande (677).

### A linguagem do secularismo

Nossa hesitação acerca de termos como "secular" ou "secularismo" ou "irreligião" ou "ateísmo" ilustra as complexidades terminológicas e confusões que existem no tema. Antes de prosseguir, é essencial declarar que, em sua origem, a palavra "secular" não se refere ao "mundo material" enquanto oposto à "esfera espiritual", que supostamente diz respeito à religião. A palavra "secular", do latim *saeculum*, é comumente e fundamentalmente entendida de maneira equivocada. Ela não denota um lugar como o mundo físico *versus* céu, mas um *tempo*, uma determinada era ou época, uma idade ou geração. Portanto, "secular" designa propriamente falando aquilo que é característico de um período específico de tempo, em oposição àquilo que supostamente é "eterno". Neste sentido novo, mas mais preciso, "secular" significa aproximadamente aquilo que "vernáculo" significou no Capítulo 9: quando as escrituras hebraicas ou aramaicas ou gregas são traduzidas para línguas contemporâneas, elas são escrituras *seculares* e, quando crenças ou histórias religiosas são retratadas em filmes, cantos, websites e histórias em quadrinhos, elas são exemplos de religião *secular*.

Ou seja, "secular" não implica a ausência da religião ou uma hostilidade à religião. "Secularização" pode significar o desapego da religião em relação à cultura, mas pode também significar o apego da religião *à* cultura. A inculturação católica é uma forma de secularização: um Novo Testamento aimará seria bem característico de um determinado tempo. E, quando as Igrejas organizam ligas de basquete ou jogos de bingo, isso também é secularização.

Mesmo na história do cristianismo, o termo secular não tinha originalmente o sentido de não religioso ou antirreligioso. O cristianismo medieval reconheceu um "clero secular" ou sacerdotes que trabalhavam em paróquias, ocupando-se com o povo comum, diferentemente dos sacerdotes que emitiam votos monásticos e se enclausuravam longe do "mundo". O termo "secular" foi usado pela primeira vez com seu sentido atual em meados do século XIX por George Jacob Holyoake, um britânico descrente do cristianismo, que caracterizou o secularismo como:

> Uma série de princípios para a orientação dos que julgam a Teologia indefinida, ou inadequada, ou a consideram inconfiável. O termo substitui a teologia, que de maneira geral considera a vida uma necessidade pecaminosa, um cenário de tribulação através do qual nós passamos para um mundo melhor. O secularismo regozija-se nesta vida, considerando-a a esfera daqueles deveres que educam os homens para adequar-se a alguma vida futura e melhor, se esta acontecer (1871: 11).

Outro termo disponível durante séculos no Ocidente é "livre-pensamento", que, assim como o termo secularismo, inicialmente não implicava irreligião. Mais exatamente, o livre-pensador era uma pessoa que chegou às suas próprias conclusões acerca da religião; por exemplo, sobre a maneira de interpretar a Bíblia. Por extensão, evidentemente, alguém pode chegar à conclusão de que a Bíblia ou toda religião é "indefinida, inadequada ou inconfiável" e o livre-pensamento hoje tende a ser um sinônimo de descrença religiosa. Ainda um terceiro termo é "humanismo", que entrou em uso durante a Renascença (séculos XIII e XIV). Humanistas da Renascença como Erasmo (um sacerdote católico ordenado) e Petrarca, que de modo algum eram antirreligiosos inatos, interpretaram e promoveram as literaturas grega e romana clássicas, dedicaram-se a questões práticas e ao estudo da natureza e tenderam a apoiar a tolerância religiosa. O humanismo no século XXI, como é definido pela Associação Humanista Americana e como se repete em cada fascículo de sua revista *The Humanist*, é

> uma filosofia racional informada pela ciência, inspirada pela arte e motivada pela compaixão. Afirmando a dignidade de cada ser humano, ele apoia a maximização da liberdade e da oportunidade individuais, consonantes com a responsabilidade social e planetária. Defende a ampliação da democracia participativa e a expansão da sociedade aberta, simbolizando os direitos humanos e a justiça social. Livre do sobrenaturalismo, ele reconhece os seres humanos como parte da natureza e sustenta que os valores – sejam eles religiosos, éticos, sociais ou políticos – têm sua fonte na natureza humana, na experiência e na cultura. Quanto aos objetivos da vida, o humanismo os deduz da necessidade humana e do interesse, e não de abstrações teológicas ou ideológicas, e afirma que a humanidade precisa assumir a responsabilidade por seu próprio destino.

Como vimos acima, o "ceticismo" é um termo antigo que designa uma atitude interrogativa, um desejo de verificar por si mesmo as pretensões; não significa necessariamente a rejeição de todas as pretensões e alguém pode ser cético a respeito de qualquer assunto, não só da religião. Muito mais recentemente, Thomas

Huxley, um contemporâneo e defensor de Darwin, cunhou o termo "agnosticismo" em 1869 – proveniente do grego *gnosis*, que significa conhecimento, e que literalmente quer dizer "sem conhecimento" –, que muitas pessoas ainda acreditam que significa indecisão ou uma posição intermediária entre crença e descrença. Huxley explica sua intenção da seguinte maneira:

> O agnosticismo não é um credo, mas um símbolo, cuja essência está na vigorosa aplicação de um princípio único. Positivamente o princípio pode ser expresso assim: em assuntos do intelecto, siga sua razão até onde ela pode levá-lo sem outras considerações. E negativamente: em assuntos do intelecto, não pretenda que estão certas as conclusões que não são demonstradas ou demonstráveis. É errado um homem dizer que ele está certo da verdade objetiva de uma proposição, a menos que possa produzir evidência que justifique logicamente essa certeza (1902: 245-246).

Em outras palavras, Huxley não pensou estar oferecendo uma nova crença, mas estar expressando uma antiga e confiável abordagem do conhecimento: não pretenda saber o que você não pode provar que sabe. Neste sentido o agnosticismo é praticamente idêntico ao ceticismo e ao livre-pensamento e à própria razão – o processo pelo qual reunimos nossos fatos e chegamos às nossas conclusões.

Finalmente, "ateísmo" (de *a-*, que significa não, e *theos*, que significa deus) significa no linguajar moderno uma descrença em deus(es). Alguns ateístas e outros comentaristas distinguem entre ateísmo "negativo" e ateísmo "positivo", sendo que o ateísmo negativo apenas refuta os argumentos em favor da existência de deus(es) e o ateísmo positivo apresenta seus próprios contra-argumentos para justificar a não existência de deus(es). Existem hoje ateístas agressivos, que negam clamorosamente a existência de deus(es) e até denigrem os crentes, enquanto outros simplesmente desejam estar livres para levar uma vida sem deus(es). Existem, porém, dois fatos importantes a notar a respeito do ateísmo. Em primeiro lugar, no sentido mais estrito, o ateísmo apenas se opõe a deus(es); seria logicamente coerente, embora não comum, não crer em deus(es) e ainda assim crer em espíritos, ancestrais falecidos ou outros seres ou forças religiosas. (Evidentemente, os ateístas que são materialistas ou naturalistas inflexíveis rejeitam também essas noções.) Em segundo lugar, o ateísmo ocidental contemporâneo, operando num ambiente teísta, tende a *opor-se* a deus(es), enquanto muitas religiões apenas *carecem* de deus(es); em outras palavras, é inteiramente possível, e bastante comum, ter uma religião ateísta.

Este levantamento da terminologia mostra que existem muitas maneiras sobrepostas, mas não sinônimas, de falar sobre crença religiosa ou descrença. Nem todos estes termos implicam uma tenaz negação da religião e nem todos são aplicáveis a religiões não cristãs ou não teístas.

**Sociedades sem religião?**

Afirma-se frequentemente que a religião é um fenômeno humano universal, e até, como Toynbee e outros acreditavam (cf. acima p. 396), que é inconcebível uma humanidade sem religião. Esta afirmação depende naturalmente da maneira como se define a religião e essa definição pretende muitas vezes ser um argumento a favor da religião. Se existem sociedades sem religião é uma questão controversa, mas importante.

Os Hua da Papua Nova Guiné, descritos por Anna Meigs (cf. Capítulo 6), pareciam estar preocupados apenas com a contaminação e seu conceito de *nu*, que continha pureza ou contaminação, era em parte espiritual, mas também imanentemente material, já que era encontrado em substâncias corporais, e até em pegadas e sombras, mas especialmente nos alimentos. Além deste sistema de contaminação, Meigs não relata nada nos Hua que se assemelhe a uma "religião" no sentido ocidental/cristão que nos é familiar. O relato de Colin Turnbull sobre o povo Mbuti das florestas tropicais do Congo revelou pouca coisa que para nós se pareça com religião. Para os Mbuti, sua floresta era aproximadamente um ser senciente e, por isso, um ser benévolo; Turnbull maravilhou-se com a "fé total dos pigmeus na bondade de seu mundo da floresta" (1961: 93), mas chamá-lo de sagrado talvez seria ir longe demais. Na verdade, a desgraça se abatia às vezes sobre os Mbuti, mas sua compreensão era que "a floresta estava dormindo e não estava cuidando de seus filhos"; a maneira adequada de agir, ensinaram eles a Turnbull, era: "Nós a despertamos. Nós a despertamos cantando para ela, e o fazemos porque queremos que ela acorde feliz. Então tudo estará bem e bom novamente" (92). Com esta finalidade os Mbuti entoavam cantos e tocavam uma trombeta ou corneta, ambos chamados *molimo*. Poderíamos ser tentados a chama isso de "ritual", mas Turnbull insistiu que a música *molimo* "não se ocupa com ritual ou magia. Com efeito, ela está tão desprovida de ritual, expresso seja em atos ou em palavras, que é difícil ver com o que ela se ocupa" (80). Turnbull confessou sua consternação com a falta de seriedade ou reverência, de atitude religiosa, com que os Mbuti executavam seus cantos e levavam a vida.

Na clássica etnografia de Fredrick Barth sobre os criadores de gado Basseri das montanhas do Irã, a religião nem sequer mereceu um capítulo próprio. Com efeito, a ausência de religião entre estas pessoas supostamente muçulmanas aborreceu Barth a ponto de levá-lo a analisá-la num apêndice no fim do livro, onde ele escreveu:

> Apenas umas poucas referências foram feitas ao ritual neste relato sobre os Basseri – pouquíssimas cerimônias foram descritas e os padrões de comportamento foram analisados em termos dos sistemas pragmáticos da economia ou da política e quase nunca em termos de seu sentido dentro de um sistema ritual. Isto resultou da natureza do próprio material e não é simplesmente um reflexo dos interesses dos atuais pesquisadores de campo ou da orientação analítica deste estudo particular. Os Basseri mostram uma pobreza de atividades rituais que é bastante surpreendente na situação de campo; o que eles têm de cerimônias, costumes de abstenção e crenças parece influenciar muito poucas das suas ações ou ser expresso nelas. E mais: os diferentes elementos do ritual não parecem estreitamente ligados ou correlacionados com um sistema mais amplo de significados; dão a impressão de ocorrer sem referência uns aos outros, ou a aspectos importantes da estrutura social (1961: 135).

Embora os Basseri confessassem o islamismo xiita, Barth afirmou que eles mostravam pouco interesse por ele. Eram conscientemente "negligentes" em sua religião e "indiferentes a problemas metafísicos". Não tinham quaisquer especialistas rituais, embora pudessem convidar um homem santo da aldeia para executar casamentos ou algumas outras cerimônias. De maneira geral sua vida cerimonial era bastante simples e pragmática. Observavam alguns rituais que envolviam acontecimentos-chave da vida, como nascimento, casamento e morte, mas eram rituais mais sociais e políticos do que religiosos; o sobrenatural parecia desempenhar pouco papel ou nenhum. Mesmo os funerais eram "relativamente pouco elaborados" (142) e nenhum especialista ritual participava. Observavam alguns outros costumes, como rituais calendáricos (muitas vezes associados a padrões de migração), mas não rezavam regularmente e não havia "nenhuma reunião comunitária de devotos num campo ou mesmo numa tenda" (136). Os interesses religiosos não chegavam a muito mais do que conceitos de sorte e "mau-olhado". Não sabendo como "explicar" a relativa "falta de religião" dos Basseri, Barth sugeriu que a sociedade "investia seus valores" em suas atividades econômicas, especialmente seus rebanhos e as migrações cíclicas. Presumivelmente, portanto, se a vida "secular" dos Basseri fosse menos satisfatória, eles teriam mais religião.

> **Quadro 11.2 Muçulmanos irônicos no Quirguistão**
>
> Como observamos no Capítulo 8, o estereótipo dos muçulmanos é o de um povo profundamente religioso, aparentemente fascinado por sua religião e imune às forças de modernização, democratização e secularização. Isto faz parte do que Edward Said chama de "orientalismo". Imaginemos então a surpresa de Maria Louw ao ouvir os quirguizes da Ásia Central afirmarem que "o povo quirguiz, aliás, nunca foi *realmente* muçulmano" (2012: 144). Louw descobre que muitos quirguizes na cidade de Bishkek "mostram um profundo desconforto com a 'religião' e com pessoas que começaram a adotar, e exibir publicamente, uma identidade 'religiosa'" (151). É verdade que o Quirguistão esteve sujeito ao ateísmo de Estado durante décadas sob o controle soviético. Mas, quando a União Soviética foi dissolvida no final da década de 1980, antropólogos e visitantes comentaram que "quase não havia sinais de um 'revival' religioso no país" (148), notando "a falta de interesse da maioria dos quirguizes pela religião" (149). Isto não significa que eles não adotassem nenhum comportamento "religioso". Louw explica que o *közü achik* ou vidente é importante na sociedade quirguiz e que as pessoas locais levam a sério os presságios, que geralmente lhes aparecem nos sonhos. Mas as pessoas ficam "um pouco embaraçadas em falar destas coisas" e, quando falam, referem-se de maneira irônica à sua crença e comportamento religiosos. Por ironia Louw entende o seguinte: "as pessoas jogam com as categorias usadas para descrever sua maneira de ser muçulmanos e com as quais eles cercam as práticas durante os rituais 'religiosos'" (155). Em outras palavras, "a prática do islamismo é muitas vezes acompanhada por atitudes e gestos irônicos. [...] Muitas vezes deparei com reações de surpresa e comentários irônicos, como: 'Você sabe, se um muçulmano *real* nos observasse, ele/ela não pensaria que nós somos muçulmanos [risos]'" (156). Louw classifica este comportamento como
>
>> uma forma cotidiana de secularismo, uma maneira de relacionar-se com a "religião" num contexto onde o significado da religião se tornou objeto de exame minucioso e grande controvérsia e onde uma crescente "religiosidade" notada na sociedade é associada a excessos pós-soviéticos – e, na verdade, globais – de todo tipo (144).

Finalmente, já em 1936, J.H. Driberg nos advertiu sobre a aplicação de conceitos religiosos cristãos ocidentais a religiões africanas tradicionais. "Palavras como 'culto', 'sacrifício', 'oferendas', 'oração', 'santuário' e até, embora num grau ligeiramente diferente, 'alma' têm todas elas um significado especializado em nossa língua e sua aplicação ao sistema ancestral dos africanos é uma ofensa tanto linguística quanto cultural", escreveu ele, insistindo que o chamado "culto aos ancestrais", ao invés, "é na verdade uma atitude puramente secular" (1936: 6). Por exemplo, "nenhum africano 'reza' para seu avô falecido, como também não 'reza' para seu pai vivo" (6); e o que estamos acostumados a chamar de "santuário" do antepassado é simplesmente uma miniatura da casa onde a pessoa falecida mora. Da mesma maneira, "os chamados 'sacrifícios' que os falecidos recebem [...] são idênticos ao tributo recebido e transmitido pelos anciãos vivos e fazem parte dele, e são oferecidos aos mortos em reconhecimento por seu conselho aos vivos" (11). O que nós não compreendemos, insistiu Driberg, é que a *idade* é "o mais importante critério de classificação que encontramos nas sociedades africanas" (9) e, já que os anciãos vivos merecem respeito e tratamento especial, os anciãos ainda mais velhos falecidos, que são os antepassados, merecem o mesmo ou até melhor respeito e tratamento. Por isso, a suposta atitude religiosa para com os ancestrais "não é nada de sagrado, mas um reconhecimento social do fato de que o homem falecido adquiriu um novo *status* e de que [...] ele continua fazendo parte" da sociedade dos vivos (7).

Trinta e cinco anos mais tarde Igor Kopytoff reforçou a conclusão de Driberg numa linguagem talvez até mais clara. Pesquisando os Suku do sudoeste do Congo, ele descobriu que essa sociedade não tinha de fato uma palavra para "ancestral"; mais exatamente, os ancestrais falecidos e os anciãos vivos juntos eram chamados *bambuta*, que significava "os grandes" ou "os velhos". Como afirmou Driberg, a idade e a senioridade são a questão-chave e, de fato, "a ancianidade confere a uma pessoa poderes místicos sobre os mais jovens" (1971: 131). "Se existe um 'culto' aqui", argumentou Kopytoff ironicamente, "é um culto aos *bambuta*, os anciãos vivos e mortos"; os mais moços devem aos mais velhos honra e respeito e "a linha que separa os vivos dos mortos não afeta a estrutura da relação" (133). Com palavras fortes, Kopytoff advertiu que a "convicção etnocêntrica ocidental de que os 'ancestrais' devem ser separados dos 'anciãos' vivos condiciona o conjunto cognitivo com o qual abordamos os dados africanos e teorizamos a respeito deles" (136). Sabiamente ele nos advertiu que, quando usamos termos cristãos ocidentais "como 'culto', 'veneração' e 'sacrifício', nós introduzimos paradoxos semânticos que depois nos sentimos obrigados a explicar" (138). Mas quando "reconhecemos que os 'ancestrais' africanos são acima de tudo anciãos e devem ser entendidos sob o aspecto da mesma categoria dos anciãos vivos, pararemos de levar adiante uma multidão de problemas criados por nós mesmos" (138).

### Xintoísmo: uma religião mundial do Japão

O Japão é muitas vezes considerado uma sociedade sumamente secular, realmente não religiosa. A Pesquisa Mundial de Valores de 2005 registrou que 62% do povo japonês se identificavam como não religiosos e 13,7% como ateus, e 88% não eram membros de alguma organização religiosa, enquanto apenas 4,4% eram membros ativos de alguma organização religiosa. No entanto, Emily Aoife Somers observa que o *Dicionário de lugares sagrados do Japão* lista "milhares de santuários, templos e formações naturais que têm ligações sobrenaturais, importância festiva ou outras manifestações lendárias" (2013: 219) – entre os quais o sagrado Monte Fuji – e o Japão tem sido um lugar de novos movimentos religiosos frenéticos desde o século XIX.

Igualmente Ian Reader sustentou que os japoneses contemporâneos tendem a afirmar "que eles não são religiosos, mesmo executando atos de natureza abertamente religiosa como rezar num santuário ou fazer uma peregrinação" (1991: 1). Com efeito, mencionou que, numa pesquisa de 1981, dois terços dos japoneses responderam que não tinham nenhuma crença religiosa. Eles podem confessar não ter uma religião e simultaneamente envolver-se em coisas que pessoas estranhas poderiam chamar de religião, por causa de sua concepção particular de "religião" ou por causa da natureza de sua religião "tradicional", o xintoísmo. A palavra japonesa para religião, *shukyo*, afirmou Reader, é uma introdução moderna,

> uma palavra derivada que adquiriu importância no século XIX, como resultado dos encontros dos japoneses com o Ocidente e particularmente com os missionários cristãos, para denotar um conceito e uma visão da religião comuns no campo da teologia do século XIX, mas ao mesmo tempo não encontrados no Japão, ou seja, um conceito e visão da religião como uma entidade específica moldada pela crença (13).

Esta visão estranha (mas familiar aos ocidentais) da religião como "religião organizada" ou "doutrina" ou "credo" nunca pegou no Japão, especialmente entre os jovens: outro estudo sobre os estudantes universitários mostrou que 92% deles afirmaram que nunca participariam de um movimento religioso organizado (14).

Tudo isto não significa que o Japão é irreligioso ou secular no sentido ocidental dos termos. Ao invés, a sensibilidade religiosa particular dos japoneses tendeu a seguir a linha naturalista (*versus* sobrenaturalista), social (*versus* espiritual) e comportamental (*versus* doutrinal). Em primeiro lugar, e mais fundamentalmente, "o mundo religioso japonês não está separado do fluxo geral da vida, mas é uma parte intrínseca dele, preservando-o, reforçando-o e dando-lhe sustentação" (54). A abordagem dualista das religiões ocidentais, que separam o "religioso" do "secular", não é uma compreensão autóctone. Por exemplo, a noção de espíritos ou deuses (*kami*) xintoístas não era transcendente nem relativa ao outro mundo: "Tradicionalmente, qualquer coisa que inspirasse um sentimento de reverência ou temor (ou seja, que expressasse, através de sua natureza, alguma qualidade especial ou um sentimento de vitalidade) podia ser considerada um *kami* ou a morada de um *kami*, inclusive rochas e árvores" (25). O mundo dos espíritos e o mundo da natureza e da sociedade humana não estavam separados infinitamente um do outro, mas eram contínuos, de modo que os humanos podiam tornar-se *kami* e os *kami* podiam agir como os humanos; os espíritos sofriam dor, perda, decadência e morte como qualquer outra pessoa.

Além disso, Reader sugeriu que a religião, para os japoneses tradicionais e contemporâneos, tinha mais a ver com cumprir obrigações sociais do que com possuir uma fé profunda. Visitar um santuário, frequentar um festival, participar de um ritual eram questões de "pertença social": os indivíduos pertenciam a grupos corporativos como famílias, bairros, aldeias, empresas (especialmente na atualidade) e, evidentemente, a nação; e estes grupos corporativos tinham deveres religiosos corporativos. De maneira significativa, isto tornou a religião japonesa particularmente "flexível" e "sincretista", ao ponto de levar muitas pessoas a fazer pouca distinção entre xintoísmo e budismo. Os *kami* e os Budas existiam lado a lado ou eram até equiparados uns aos outros e as pessoas frequentavam quaisquer atividades religiosas disponíveis ou que eram de sua incumbência. As pessoas podiam, como vimos em outros casos, "assumir (e abandonar) hábitos e usos religiosos de acordo com exigências e circunstâncias" (21-22). No limite, como se expressou Reader, os japoneses nascem xintoístas, mas morrem budistas, integrando as duas realidades em sua vida em diferentes ocasiões ou em diferentes estágios.

A religião japonesa permitia esta inclusividade, porque "crença", e muito menos "crença exclusiva", não eram um traço central. A religião era mais algo a fazer do que algo em que acreditar. Tinha interesses e objetivos muito práticos e mundanos, entre os quais criar e manter relações sociais com os deuses e os ancestrais e assegurar pureza, saúde, prosperidade e tranquilidade aos humanos viventes. A ortodoxia era menos importante do que a ortopraxia, ou seja, fazer as coisas corretas para obter os resultados corretos. As pessoas podem comportar-se religiosamente sem qualquer crença ou compreensão religiosa significativa.

Muito recentemente, observou Reader, a religião japonesa se tornou cada vez mais "secular" no sentido convencional. Por exemplo, os festivais cívicos se tornaram comuns: o Festival de Kobe, "patrocinado pelas autoridades civis, pretende criar uma sensação de orgulho cívico e um sentimento de comunidade na cidade e consiste em muita pompa, desfiles e acontecimentos espetaculares nas ruas, que têm pouco ou nenhum conteúdo religioso" (73). Ao mesmo tempo, as empresas absorveram e "cooptaram" a religião, adotando instituições ou formas religiosas, patrocinando festivais, fazendo a manutenção de santuários e templos, organizando visitas a lugares sagrados e coisas semelhantes – tudo com o objetivo de reforçar a lealdade dos trabalhadores e de promover a imagem da empresa.

**França: secularismo de Estado**

A França é um caso raro, senão único no mundo, de um Estado oficialmente secular; sua constituição atual, adotada em 1958, declara inequivocamente (Parte I, artigo 2) que a França é "uma República indivisível, secular, democrática e social". O termo usado para "secular" na constituição é *laïque* e o termo francês para secularismo é *laïcité*.

A sociedade francesa tem uma longa história de luta com a religião. No século XVIII, os *philosophes* da França como Rousseau, Voltaire e Diderot eram abertamente críticos da religião; ou talvez seja mais exato dizer que eles eram críticos do clero e do fanatismo religioso e da intolerância religiosa. Muitos condenavam os sacerdotes como inúteis e hipócritas e também suspeitavam da noção convencional de Deus, preferindo ao invés uma crença deísta num deus criador impessoal. Poucos foram tão longe como Paul-Henri Thiry, o Barão de Holbach, que defendeu o ateísmo em obras como *O cristianismo desvendado* (1761) e *Sistema da natureza* (1770).

A hostilidade contra a religião atingiu o apogeu na Revolução Francesa, iniciada em 1789. Como observou o famoso historiador Alexis de Tocqueville: "Uma das primeiras iniciativas do movimento revolucionário foi um ataque combinado contra a Igreja e, entre as muitas paixões excitadas por ele, a primeira a ser acesa e a última a ser extinta foi de natureza antirreligiosa" (1955: 5). Inicialmente o governo revolucionário procurou colocar o clero católico sob o controle secular através da Constituição Civil do Clero em 1790. Por volta de 1793, elementos mais radicais estavam à frente da revolução, de modo que foi promulgado um novo calendário, desligando do cristianismo a contagem do tempo e fixando o Ano 1 em 1792; a semana de sete dias foi eliminada e, evidentemente, o domingo desapareceu. Naquilo que o historiador J.M. Thompson chamou de "campanha de descristianização", igrejas foram vandalizadas, sinos foram fundidos para fazer moedas ou armas e sacerdotes foram encarcerados, deportados e às vezes executados; o deus cristão foi ridicularizado como "ciumento, volúvel, ganancioso, cruel, implacável" (1962: 115). Em 1794 Maximilien Robespierre introduziu um Culto ao Ser Supremo e à Natureza, de cunho não teísta, completado com dias santos seculares nacionais, mas a nova religião secular morreu com ele.

No século XIX a *laïcité* fazia parte do discurso político francês e se referia à liberdade das instituições sociais, principalmente as escolas, em relação à autoridade católica. O secularismo oficial de Estado em relação à educação foi muito recentemente reafirmado na Carta do Secularismo na Escola de 2013, que começa com uma reafirmação da posição constitucional do país a respeito da religião e acrescenta artigos que promovem a separação entre religião e Estado e a liberdade de consciência (ou seja, liberdade "de crer ou não crer"). Além disso, a carta insiste ainda que o secularismo "assegura aos alunos o acesso a uma cultura comum e compartilhada" (artigo 7) e também oferece "a condição de forjar suas personalidades", livres de "todo proselitismo e de qualquer pressão que os impediria de fazer suas próprias escolhas" (artigo 6). O currículo é também explicitamente secularizado: "nenhum tema é excluído *a priori* do questionamento científico e pedagógico" e os alunos não podem usar a religião para "contestar o direito de um professor de abordar uma questão do programa de estudos" (artigo 12). Por fim, e o que é mais discutível, a escola está firmemente estabelecida como um espaço secular, no qual os alunos não podem promover "uma pertença religiosa recusando-se a conformar-se" (artigo 13) e no qual "é proibido trazer sinais com os quais os alunos demonstram ostensivamente uma pertença religiosa" (artigo 14).

Assim a França é um exemplo perfeito da noção de Asad do Estado que usa o secularismo para definir e coagir a religião e para criar uma cultura pública comum. No entanto, embora a *laïcité* tivesse como alvo originalmente o catolicismo, mais recentemente ela se voltou da forma mais dura contra o islamismo. Embora tenha acomodado o islamismo em vários aspectos, com espaços de oração reservados para a prática muçulmana e condições de trabalho ajustadas a fim de permitir tempo para a oração, a França se envolveu no tipo de microadministração da religião observado acima. Por exemplo, em 2002 Nicolas Sarkozy (na época ministro do Interior, mais tarde presidente) criou o Conselho Francês para a Religião Muçulmana, reunindo organizações muçulmanas sob a vigilância do governo; Sarkozy também providenciou que o presidente do conselho fosse o chefe da mesquita de Paris, que "por muito tempo havia sido uma parceira preferida do Estado" (BOWEN, 2010: 26).

A manifestação mais controversa de *laïcité* foi a lei de 2004, que proibia "sinais religiosos visíveis" nas escolas, que para muitos visava a prática muçulmana de usar o véu (cf. Ilustração 11.1). Numa esclarecedora análise que recorre a Asad, Mayanthi Fernando ilustra como a formação francesa específica do secular tornou difícil a vida para os muçulmanos. Fernando observa a distinção francesa entre "o direito de consciência" (de crer ou não) e "o direito a expressões ou manifestações de consciência, que pode estar sujeito a restrição" (2010: 19). Baseando-se na familiar premissa ocidental de que a religião é "privada" e "interna", os defensores da proibição justificaram-na por não interferir na crença, mas apenas no comportamento. Fernando mostra com razão que essa interpretação depende de "uma compreensão secular específica da relação entre crença e prática": "se as práticas religiosas não são uma parte tão integrante da religião como o são as crenças nem são constitutivas da crença, então uma restrição da prática não constituiria, segundo esta lógica, uma violação da liberdade religiosa" (26). No entanto, esta abordagem não se harmoniza com a compreensão que as mulheres muçulmanas têm do véu (ou lenço), considerado por elas uma decisão pessoal, mas uma decisão que é crucial para sua identidade religiosa. A *laïcité* francesa não tem essa concepção: o véu, como todo comportamento religioso, é classificado como "ou uma escolha ou uma obrigação" (27); e, pior ainda: "qualquer pressão externa [...] diminui o direito dos indivíduos de escolher livremente, violando sua liberdade de consciência" (29). Para ouvidos seculares, "imaginar o véu como uma decisão pessoal e também como uma obrigação religiosa constituía, e continua constituindo, uma espécie de 'linguagem ambígua' [...] que representa ou uma subjetividade incoerente ou uma insidiosa trama para mascarar uma agenda 'fundamentalista' com linguagem liberal-republicana" (30). Em suma, as mulheres muçulmanas eram forçadas a falar a linguagem secular da *laïcité*, defendendo o véu como uma opção – que está, assim, sujeito a proibição.

Ilustração 11.1 Mulher com *niqab* anda na rua em Estrasburgo, apesar da lei que proíbe cobrir o rosto. Cortesia de Walencienne/Shutterstock

**Turquia: secularização, modernização, ocidentalização**

O moderno Estado da Turquia nasceu das cinzas do Império otomano, por muito tempo o epicentro político do islamismo. O sistema político otomano clássico consistia em três grandes instituições: o sultanato ou cargo de chefe do Estado (o sultão), o califado ou cargo de chefe do islamismo (o califa, um sucessor de Maomé) – ambos estes cargos estavam unidos no imperador – e a *Sheriat* ou lei islâmica (a versão turca da *sharia*). No século XVIII, quando alguns otomanos começam a sentir um declínio do poder imperial, eles pressionaram por reformas; já em 1720 haviam-se difundido no império influências francesas na arquitetura, no paladar (inclusive casas de café e bares) e no pensamento. Em 1731 Ibrahim Muteferrika escreveu um livro sobre "política racional" envolvendo democracia, governo parlamentar e representação popular, sem falar da ciência militar ocidental. Na mais duradoura das primeiras reformas modernas, Mahmud II inaugurou um sistema conhecido como *Tanzimat* ou "reordenamento" na década de 1830, que previa o Estado otomano "composto de povos de diversas nacionalidades e religiões, baseado nos princípios seculares de soberania em contraste com o conceito medieval de um império islâmico" (BERKES, 1998: 90). Foi nomeado um conselho secular para decidir questões judiciais fora da *Sheriat* e a jurisdição dos tribunais da *Sheriat* foi diminuída; foi promovida a ciência ocidental, a educação (no nível primário) foi tornada obrigatória e foram empreendidas a modernização da linguagem e a modernização da literatura. Foi proposto um novo vocabulário secular que incluía "liberdade de expressão", "opinião pública", "ideias liberais" e "direitos naturais".

Enquanto sistema para empoderar o império contra seus rivais europeus, a *Tanzimat* falhou, mas mesmo assim representou um passo na secularização da sociedade. Foi também apenas um dos elementos numa sociedade mutante marcada por uma crescente classe operária urbana, o que acarretava "o colapso de diversas tradições, hábitos, gostos e atitudes" (273) e o surgimento de uma classe profissional culta, com seus jornais e outra literatura de estilo ocidental, e introduzia novas "formas de estados psicológicos, sentimentos de conflito, dúvida, angústia e, principalmente, a prática de filosofar e moralizar, que eram, ambos, sinais de secularização da mente e da moralidade" (280).

De acordo com Jenny White, o movimento "Jovens Turcos", surgido no início do século XIX, defendia um secularismo ao estilo francês; o termo turco para secularismo de Estado, *laiklik*, baseava-se até no francês e representava "um controle do Estado sobre a religião e um forte papel do Estado em manter a religião fora da esfera pública" (2013: 28). Para os modernizadores, entre os quais Mustafá Kemal, que se tornou líder da Turquia após a Primeira Guerra Mundial, "a religião era uma força divisora e perigosa na sociedade, que não podia ser eliminada e, por isso, devia ser mantida sob a autoridade do Estado" (28). Além de perigosa e divisora, a religião era retrógrada e antiquada.

Quando Kemal (conhecido como Atatürk ou "pai dos turcos") assumiu o cargo, o sultanato foi abolido; já que o califado agora não tinha lugar na política turca, foi também abolido. Os tribunais da *Sheriat* foram fechados; as madrassas (escolas religiosas), as *tariqas* (irmandades muçulmanas) e os *türbe* (túmulos e santuários dos santos) foram todos fechados. O Ministério da *Sheriat* foi fechado e alguns papéis e títulos religiosos foram eliminados. Foi promulgado um novo código de lei civil/familiar, que "significou a secularização completa da vida civil. Os homens da religião perderam sua função, não só nos processos civis, mas também na administração da lei" (BERKES, 1998: 472), incluída a área do matrimônio, que foi inteiramente secularizada. Até o vestuário foi secularizado: o tradicional barrete para os homens (o fez) foi restringido e as mulheres foram fortemente dissuadidas de trazer o véu ou lenço tradicional. Até a religião foi submetida à autoridade do Estado, que abriu suas próprias escolas para a formação de imames (especialistas religiosos) sob a jurisdição do Ministério da Educação. Em 1924 foi criado um Departamento dos Assuntos da Religiosidade "para gerir os assuntos administrativos da religião" (484).

Obviamente, quer se trate de exibições públicas de religião, de educação ou dos corpos de homens e mulheres turcos, o secularismo "esteve estreitamente ligado à encenação e representação da modernidade na Turquia" (ZENCIRCI, 2012: 96). No entanto, Zencirci, entre outros, fez a notável observação, que poderia ser aplicada a outras iniciativas de secularização, de que a *laiklik* foi em grande parte uma iniciativa "autoritária" (107), feita de cima para baixo e impulsionada pelas elites. Kabir Tambar acrescenta que "o secularismo continua carecendo de uma base popular" na Turquia e que "os organizadores secularistas não conseguiram 'popularizar sua mensagem'" (2009: 522). Tanto Zencirci quanto Tambar consideram, porém, que isto está mudando, já que os secularistas saíram literalmente às ruas nos anos recentes a fim de protestar contra a ascensão do islamismo na cultura e na política (cf. Ilustração 11.2). Numa demonstração em 2007 contra o Partido da Justiça e do Desenvolvimento, que está no poder, os secularistas que defendem a visão de Kemal para a sociedade ficaram conhecidos por repetir: "A Turquia é secular e permanecerá secular" (TAMBAR, 2009: 519). Zencirci sustenta que "a experiência pública do secularismo mudou, passando de uma perspectiva autoritária, solene e ordeira para um lugar onde a satisfação e a participação pluralista e voluntária se tornaram centrais em seu apelo emocional" (2012: 107) – o que poderíamos, com razão, chamar de *secularismo vernáculo*.

## O movimento (antirreligião) secular contemporâneo

Em 2009 muitas pessoas ficaram surpresas ao saber que a Universidade de Harvard tinha uma Capelania Humanista, quando o capelão, Greg Epstein, publicou seu livro *Good Without God*. Com efeito, a Capelania Humanista de Harvard

Ilustração 11.2 Homem segura um pôster de Atatürk durante protestos contra o governo em Istambul (2013).
Cortesia de fulya atalay/Shutterstock

tem quase quarenta anos de existência, fundada por um antigo sacerdote católico, e descreve sua missão como "criar e conectar uma rede nacional de comunidades humanistas focalizadas na melhoria individual, grupal e social, fornecendo-lhes os instrumentos e os conhecimentos necessários para tornar o humanismo reconhecido, acessível e influente nos Estados Unidos" (http://harvardhumanist.org/explore-2/mission-statement/). Entre seus valores declarados estão: "razão, compaixão, criatividade, justiça, integridade, consciência, ambientalismo, feminismo, igualdade, ciência, progresso e pluralismo" – todos eles possíveis sem a religião.

Se o secularismo é um *continuum* ou um campo, então na extremidade do espectro ou na borda do campo estão aqueles que são não apenas indiferentes ou mundanos, mas também mais ou menos conscientemente e intencionalmente irreligiosos ou antirreligiosos. Não existem Estados ou cidades ou mesmo bairros humanistas ou ateístas, o que até hoje tornou difícil estudá-los antropologicamente. Isto não significa, porém, que não existe algo como uma cultura ou comunidade ou organização humanista/ateísta/secularista. Por muito tempo o movimento secular teve organizações formais e agora está se movendo na direção de formar comunidades.

Podemos imaginar o movimento antirreligioso mais como uma rede do que como uma sociedade, uma rede de indivíduos, grupos e organizações. Fundamentais para o movimento têm sido oradores inspirativos como Robert Ingersoll (1833-1899) e mais recentemente Richard Dawkins e Christopher Hitchens. Mas nenhuma visão de mundo pode sobreviver ou difundir-se sem alguma forma de organização; e essenciais para a irreligião moderna, como para praticamente todos os movimentos sociais, têm sido a mídia impressa e organizações de pertença. Entre as mais destacadas publicações no secularismo contemporâneo estão as revistas *American Atheist, Freethought Today, Free Inquiry, Skeptical Inquirer, Secular Nation, Skeptic, The Humanist* e *Open Society*, sem falar dos inúmeros jornais e boletins informativos.

Muitas dessas publicações são porta-vozes de organizações formais. Uma das mais antigas organizações antirreligião existentes nos Estados Unidos é a dos Ateístas Americanos (cf. Ilustração 11.3), fundada por Madalyn Murray (depois O'Hair) em Baltimore a 1º de julho de 1963, duas semanas após o bem-sucedido processo da Corte Suprema a respeito da leitura da Bíblia e da oração nas escolas públicas. Rapidamente O'Hair tornou-se conhecida como "a pessoa mais odiada na América" por causa de seu ateísmo público, ainda que seu coquerelante no processo fosse um unitarista. Por causa da feroz hostilidade contra o ateísmo, o nome original da organização foi Outros Americanos (ou seja, os que *não* são cristãos), que foi mudado para Sociedade dos Separatistas e finalmente para Ateístas Americanos em 1976. Possui uma editora própria (American Atheists Press) e publica livros ocasionais, bem como dois periódicos. Produz também um programa de TV, "The Atheist Viewpoint", e em 2004 criou um comitê de ação política para fazer *lobby* em favor dos direitos dos ateístas. Realiza todos os anos uma conferência durante o fim de semana da Páscoa.

Após um cisma com os Ateístas Americanos, foi criada a Fundação para a Liberdade em Relação à Religião (FFRF – Freedom from Religion Foundation). A fundadora da organização é Anne Gaylor e as outras figuras centrais do grupo são sua filha Annie Laurie e Dan Barker, marido de Annie Laurie. Barker é o rosto público da FFRF, um antigo crente que fala e também canta canções pela causa

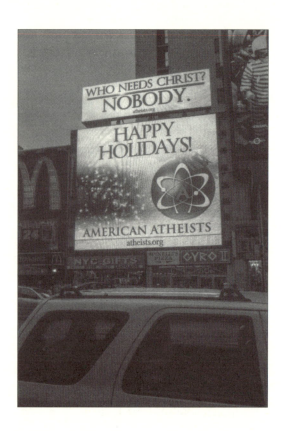

Ilustração 11.3 Cartaz ateísta na cidade de Nova York. © Richard Levine / Alamy

de irreligião. Sediada em Madison, no Wisconsin, a FFRF publica um periódico mensal, *Freethought Today*. A causa principal da FFRF é a separação entre Igreja e Estado, o que inclui combater exibições religiosas em espaço público e o uso de instalações como escolas para fazer proselitismo. Levou a cabo algumas publicações, entre as quais *Losing Faith in Faith* [Perdendo a fé na fé], autobiografia de Barker, e *Women Without Superstition* [Mulheres sem superstição], de Laurie Gaylor, uma coletânea de escritos de livres-pensadoras dos séculos XVIII e XIX. Realiza uma conferência anual em Madison no outono, com encontros ocasionais menores em todo o país.

A Aliança Ateísta Internacional é um grupo frouxamente associado de organizações de ateístas e livres-pensadores das bases populares, que tem uma abordagem "democrática" de suas atividades. Mantém um website e realiza uma conferência anual (a mais recente em agosto de 2013), mas é muito mais informal do que os outros grupos acima comentados. Publica também uma revista chamada *Secular Nation*. O Conselho para o Humanismo Secular foi dirigido pelo

Dr. Paul Kurtz, um filósofo de Buffalo, em Nova York, considerado por muitos o líder intelectual do humanismo. Em 1980 ele criou o conselho, que mantém uma multiplicidade de atividades concentradas em pesquisa, educação e publicações. A organização possui uma importante editora, a Prometheus Books, que publica obras sobre livre-pensamento, ciência, política, filosofia e outros assuntos. Publica também revistas, entre as quais *Free Inquirer*, *Skeptical Inquirer* (um instrumento do Comitê para a Investigação Científica das Pretensões dos Paranormais, ou Csicop) e *Philo*. Tem uma extensão que a conecta com os alunos de escolas e faculdades, a Campus Aliança do Livre-Pensamento. Por fim, ela movimenta uma série de "Centros de Pesquisa" nos quais são levadas a cabo pesquisa e educação. Os locais atuais são Amherst, Nova York (a matriz), Hollywood, New York City e Tampa Bay; existem até sites internacionais na Rússia, México, Peru, Nigéria, Alemanha, França e Nepal. Estudiosos importantes como Ibn Warraq (que publicou recentemente *Why I am not a Muslim* [Por que não sou muçulmano] e Karen Armstrong trabalham para e com os centros. Nesses lugares, e ocasionalmente em todo o país, o Conselho para o Humanismo Secular oferece seminários de formação sobre pensamento crítico, ciência, história e outros temas de interesse para os humanistas.

Americanos Unidos para a Separação entre Igreja e Estado é uma organização com uma única agenda – a separação entre Igreja e Estado prevista na Primeira Emenda. Esta organização não está associada diretamente com questões ateístas e de fato é chefiada por um homem religioso, o Reverendo Barry Lynn. Ela inicia ou junta-se a ações legais em casos de violação da Primeira Emenda e Lynn é uma figura habitual no noticiário nacional e em programas de debates.

A Associação Humanista Americana, fundada em 1941, é provavelmente, entre as organizações de livre-pensamento, a que tem mais orientação social. Entre os temas típicos que ela aborda estão: temas ambientais, políticos, educacionais, ético-morais, de justiça social e, evidentemente, religiosos. Realiza reuniões locais em todo o país como também um grupo estudantil de ajuda, a Aliança de Estudantes Seculares. Publica uma revista intitulada *The Humanist* e um boletim informativo chamado *Free Mind*. Mantém até um registro de oficiantes seculares para humanistas que desejam um casamento ou um funeral não religioso.

A Sociedade dos Céticos é essencialmente obra de Michael Shermer, autor de títulos como *Why People Believe Weird Things* [Por que as pessoas creem em coisas estranhas] e *The Science of Good and Evil* [A ciência do bem e do mal]. Sediada em Pasadena, publica a revista *Skeptic*, cujo alvo principal é a pseudociência, com temas típicos que vão desde Ovnis e tratamentos medicinais alternativos até o criacionismo e a negação do Holocausto. Embora não seja explicitamente antirreligiosa, ela repreende a religião por suas pretensões "científicas" falsas ou sem provas. Publicou *The Skeptic Encyclopedia of Pseudoscience* [Enciclopédia cética da pseudociência] e patrocina conferências mensais no Instituto de Tecnologia da Califórnia. Promove também várias atividades educativas, entre as quais: pesquisas, oradores e eventos locais e roteiros de instrução e informação, dos quais um dos mais importantes é o "Kit de Detecção de Mentiras" para ajudar as pessoas a identificar erros, falácias e pseudociência onde quer que os encontrem.

Decisivos para a irreligião no final do século XX e início do século XXI têm sido a internet e meios de comunicação como o Facebook. A Secular Web/Internet Infidels é uma das principais iniciativas que existem unicamente na internet (www.infidels.org). Mantém uma ampla biblioteca online de artigos e informação sobre tópicos que vão da religião, passando pela política, até a ciência. Apoia também organizações locais e nacionais listando atividades em seu site. Atualmente, um dos recursos mais úteis para planejar atividades seculares/ateístas tem sido Meetup.com; em 2009 havia 388 grupos locais de encontro de ateístas com mais de 46 mil membros. Existem também muitos projetos de internet menores ou privados, como também diversos mercados de rádio via internet, como "Freethought Radio", "The Infidel Guy", "Hellbound Allee" e assim por diante, que apresentam convidados e debates sobre temas secularistas, tais como o *podcast* da revista *Secular Nation*.

Como mencionamos acima, o movimento ateísta descobriu recentemente algumas celebridades e heróis, entre os quais Richard Dawkins, Christopher Hitchens, Daniel Dennett e Sam Harris, cujos escritos desde 2004 lhes mereceram o título de "Os Quarto Cavaleiros do Ateísmo". Figuras como estas têm sido úteis para inspirar a organização local; e comunidades ateístas/de livre-pensamento começaram a formar-se pelos Estados Unidos e pelo mundo. Alguns exemplos de comunidades mais ativas são: a Comunidade Ateísta de Austin, no Texas; os Ateístas da Cidade de Nova York; a Comunidade Ateísta de Topeka, no Kansas; a Comunidade Ateísta de Dalhousie, no Canadá; e os Humanistas do Centro-Oeste: Uma Comunidade Ateísta Irlandesa.

O que é realmente novo e fascinante é o aparecimento do ateísmo na cultura popular e de uma cultura secular/ateísta popular ou vernácula. Programas de TV ou filmes convencionais como *Dogma* de Kevin Smith, *Blasphemy: The Movie* de John Mendoza, *Religulous* de Bill Maher, *Bullshit* de Penn e Teller e *Brief History of Disbelief* de Jonathan Miller teriam sido quase inconcebíveis alguns anos atrás. Além disso, os secularistas começaram a inventar tudo aquilo que antes estava associado à religião, não só capelanias e oficiantes para casamentos e funerais, mas também feriados ou dias santos. Puseram em seu calendário: Dia de Darwin (nascimento de Charles Darwin, a 14 de fevereiro), Dia Nacional da Razão (no início de maio), Dia Nacional do Serviço Secular (18 de outubro), Luz Humana (23 de dezembro) e celebrações sazonais para solstícios e equinócios. Oferecem alternativas seculares a programas de base religiosa do tipo Alcoólicos Anônimos, tais como Recuperação Racional, e dirigem um acampamento para crianças chamado Camp Quest, com múltiplos locais em todo o território dos Estados Unidos. Propuseram uma nova terminologia para substituir rótulos mais incendiários ou tendenciosos, alguns preferindo chamar-se "os brilhantes" ou "os universistas". Usam uma variedade de símbolos para identificar-se no Facebook e em outros lugares e põem anúncios em *outdoors* e em ônibus. Em outras palavras, o movimento secularista está evoluindo, passando de descrentes solitários e da discussão inflamada para a construção de uma cultura e de uma sociedade.

---

**Quadro 11.3 Um movimento ateísta na Índia contemporânea**

O movimento antirreligião nos Estados Unidos e em grande parte do Ocidente tem duas agendas principais – refutar a existência de Deus e combater a incursão da religião na política e na cultura pública. No entanto, os movimentos antirreligiosos são encontrados também em outros países, onde podemos atestar, parafraseando Asad, diversas formações de ateísmo. Num raro estudo etnográfico sobre uma organização ateísta, Johannes Quack (2012a; 2012b) descreve a história, a filosofia e a atividade da Andhashraddha Nirmoolan Samiti (ANiS ou Organização para a Erradicação da Superstição) em Maharashtra, na Índia. Quack cita Goparaju Vijayam, o diretor executivo do Centro Ateísta em Vijayawada, que salienta que a Índia "é não só uma terra de religião, superstição e crenças cegas, mas também de ateísmo, racionalismo, humanismo, ceticismo e agnosticismo" (2012a: 3). Representando a extremidade do espectro, Quack verifica que o movimento ateísta indiano "se baseia no propósito explícito de questionar a crença em poderes mágicos de eficácia irracional, como também a influência de gurus carismáticos, de modo a tentar deter o dano e as injustiças que os racionalistas acreditam resultarem dessa crença"; em outras palavras, os ateístas indianos querem "mostrar a seus colegas indianos uma saída de seu mundo encantado em direção a um estilo de vida racional e mundano" (3).

O ateísmo indiano moderno foi influenciado pelo colonialismo britânico e pelo livre-pensamento, levando a duas organizações em meados do século XIX: a Sociedade Vernácula de Gujarate e a Deve Samaj ou Sociedade da Excelência, sendo que esta segunda publicou uma revista intitulada *Science-Grounded Religion*. Mas o personagem-chave para o ateísmo indiano contemporâneo é Goparaju Ramachandra Rao, mais conhecido como Gora, que fundou o Centro Ateísta em 1940. De acordo com Quack, o Centro Ateísta "é não só uma organização; também possui e dirige um *campus* que inclui casas para hóspedes, salões de leitura e um hospital, bem como uma impressionante (embora desorganizada) biblioteca com uma coleção de literatura ateísta e revistas de todas as partes do mundo" (2012b: 71). Além das conferências e seminários padronizados, o Centro Ateísta

> é também atuante, por exemplo, no campo da promoção da consciência ambiental e da consciência ecológica; colabora com centros de reabilitação sociopsicológica para antigos criminosos, promove educação sexual, educação para a saúde, controle da natalidade e planejamento familiar, e apoia outras áreas de serviço de assistência social. Finalmente, o Centro Ateísta lançou também o que ele chama de "programas abrangentes de desenvolvimento rural".

A ANiS leva sua mensagem ao povo via "*vans da ciência*", que transportam ativistas a várias comunidades onde eles podem envolver as pessoas locais em temas que incluem "educação sexual, preocupações ambientais, igualdade de gênero e problemas de alcoolismo e fazem exposições sobre o 'consumismo'" (77). O que é especialmente interessante nestas iniciativas é que o movimento ateísta indiano não se limita a questões estritamente "religiosas"; ele "não pode ser reduzido a debates sobre o papel da(s) religião(ões) na esfera pública" (77) e não se inquieta muito com a existência de deuses ou com a compatibilidade ou incompatibilidade entre religião e ciência. Como disse o próprio Vijayam: "Diferentemente do que ocorreu no Ocidente, na Índia não houve nenhum conflito aparente entre ciência e religião. Na Índia verificamos que o conflito é entre religião e reforma social. Na Índia verificamos liberdade filosófica de um lado e ostracismo social do outro" (79). Uma ilustração sumamente reveladora da diferença entre ateísmo ocidental e ateísmo indiano é uma conferência internacional organizada no Centro Ateísta, intitulada "Ateísmo e progresso social": Quack observa que os ensaios apresentados por grupos ateístas ocidentais "quase não abordam o tópico da conferência" (78). Por isso, Quack sugere proveitosamente que pensemos em diversos "modos de descrença" locais, em vez de uma simples oposição entre religião (que abrange, ela própria, muitos "modos de religiosidade") e não religião.

## Conclusão

As religiões, embora possam referir-se e dar ênfase a "outros mundos", habitam o aqui e agora. Como vimos repetidas vezes, a distinção radical entre "esfera espiritual" e "esfera material" é uma preocupação cristã não compartilhada por todas as culturas e religiões. E, assim como as sociedades cristãs constroem "a religião" de determinada maneira, elas também constroem "o secular" de determinada maneira. Estas diferentes construções culturais são aquilo que Talal Asad entende por "formações do secular". Consequentemente, os antropólogos ficaram atentos ao papel da cultura na produção de certas visões do secular e ao papel do secular enquanto projeto dos Estados modernos na produção de certos tipos de sociedades e subjetividades.

Além disso, embora ocupe um lugar eminente nas sociedades ocidentais modernas, o secular não é exclusivo da modernidade ou do Ocidente. Houve alternativas seculares na história anterior: e outras sociedades, desde o Japão até a Turquia e a Índia, desenvolveram suas próprias formações do secular. E mais: muitas culturas e religiões não dividiram o mundo entre religião e não religião e, como ocorreu no "culto aos ancestrais" africano, a imposição do pensamento cristão ocidental a outras sociedades pode nos levar a ver "religião" onde as pessoas locais não a veem.

Evidentemente, portanto, "o secular" não é necessariamente a ausência ou o oposto de "o religioso". Os estudiosos sugeriram a noção de "religião secular" e boa parte da religião vernácula representa um cruzamento entre "o religioso" e "o secular". Existem, evidentemente, indivíduos, organizações e governos que são abertamente hostis à religião. Contudo, mais frequentemente o secularismo é um dos efeitos (bastante misto e ambíguo) da modernização sobre a religião. Outro efeito tem sido a proliferação de novos movimentos religiosos, alguns apresentando pretensões universalistas e outros sendo inteiramente "locais". Outro efeito pode ser o apego a tradições, mesmo quando não se encaixam inteiramente nas condições modernizantes. Quando este apego se torna suficientemente intenso e agressivo, podemos até encontrar uma espécie de "fundamentalismo", que é o tópico do capítulo final.

**Perguntas para debate**

- O que Talal Asad entendia por "formações do secular"? Como "o secular" é moldado por noções sociais de "religião" e também por governos do Estado moderno? Por que "o secular" não significa simplesmente "nenhuma religião" ou "antirreligião"?
- O que é "teoria da secularização" e como a religião contemporânea questionou a teoria?
- Quais são algumas "formações do secular" específicas e de que maneira termos como "secular" ou, aliás, "religião" não se encaixam igualmente bem em todas as culturas?

**Leitura suplementar (cf. website)**
- *State Atheism in the Early Soviet Union.*
- *Formations of the Conflict between Science and Religion: Unification Church, Iskcon, and Heaven's Gate.*
- *A Secular Bible Movement in the United Kingdom.*

# 12

# Fundamentalismo religioso

Para muitíssimos ocidentais o islamismo equivale a fundamentalismo e, para os que conhecem um pouquinho mais sobre o islamismo, o salafismo equivale a fundamentalismo islâmico. Com efeito, uma fonte tão confiável quanto a Universidade de Princeton define o salafismo como "um grupo militante de sunitas extremistas, que se acreditam os únicos intérpretes corretos do Alcorão e consideram infiéis os muçulmanos moderados; procuram converter todos os muçulmanos e assegurar que sua própria versão fundamentalista do islamismo domine o mundo" (http://wordnetweb.princeton.edu/Perl/webwn?s=salafism). No entanto, como explica Laurent Bonnefoy, *salafiyyah* em árabe denota "os ancestrais" ou "os primeiros anos", em particular a geração dos fundadores do islamismo e sua forma original (e, portanto, autorizada) da religião. Com raízes na Idade Média, o salafismo é uma espécie de tradicionalismo islâmico, que

> ganhou impulso no decorrer do século XX. Este movimento é caracterizado, em termos teológicos, como um retorno aos fundamentos religiosos [...] e os devotos pretendem retornar às práticas dos "ancestrais piedosos" (*al-salaf al-salih*) [...], ou seja, a mais antiga geração de muçulmanos, que são considerados modelos de piedade (2011: 42).

O que causa surpresa a muitos ocidentais é que este islamismo supostamente fundamentalista não advoga necessariamente a violência e nem mesmo o extremismo. Mais exatamente, Bonnefoy identifica três variantes: salafismo missionário, salafismo ativista e salafismo jihadista. Concentrando-se no salafismo missionário, porque questiona tão primorosamente nossos pressupostos, Bonnefoy o descreve como um tipo quietista de religião, uma religião que não tem interesse na política e rejeita a violência. Evidentemente os salafitas missionários, como todos os missionários religiosos, aspiram a difundir sua versão da verdade, mas dificilmente são hostis a todos os aspectos da modernidade: eles dependem de recursos como livros e gravações de áudio e vídeo, bem como de uma circulação internacional de especialistas, ideias e dinheiro. E em outros aspectos eles são justamente o oposto do estereótipo dos fundamentalistas: não defendem a obrigação de as mulheres cobrirem o rosto nem a proibição de as mulheres dirigirem carros, nem endossam a violência contra os não muçulmanos; e pelo menos um estudioso pediu que os palestinos abandonem sua campanha contra Israel. Seu purismo se concentra sobretudo em "comportamentos e práticas características de menor importância", como vestuário e cuidados com a aparência externa; e Bonnefoy informa até sobre uma escola salafita onde são toleradas diferenças de opinião e divergências em relação ao salafismo oficial. Ele conclui que esta "capacidade de viver e deixar viver no nível local e de ocupar-se com a simples doutrina mostra mais uma vez que o estudo do salafismo não deveria limitar-se a uma análise da produção ideológica de seus líderes" (198), e muito menos dos pressupostos de partidários não muçulmanos.

Os séculos XX e XXI mostraram que, parafraseando Mark Twain, os boatos da morte da religião foram muito exagerados. A religião sobreviveu às investidas violentas da modernização e da secularização, revelando sua capacidade característica e quase infinita de adaptar-se a influências extrarreligiosas e absorvê-las. Não só a religião não desapareceu silenciosamente, mas vicejou e multiplicou-se, produzindo mais religiões e novos movimentos religiosos – especialmente nas décadas após a Segunda Guerra Mundial – do que os estudiosos podiam acompanhar. E pelo menos algumas destas religiões e novos movimentos religiosos ofereceram resistência – e até resistência virulenta – à modernização, ou a outras culturas e religiões, ou "ao mundo" como comumente o conhecemos.

A religião, alguns poderiam dizer, ressurgiu com uma vingança enquanto força social global – sendo o fundamentalismo o mais vingativo. Outros poderiam dizer, como observamos no Capítulo 11, que a secularização foi sempre um projeto da elite que superestimou seu impacto sobre a religião; não poucos estudiosos declararam que a sociedade moderna nunca foi tão secular como havíamos pensado. Muito mais exatamente, a modernidade (que é, ela própria, múltipla e diversa) causa, sem dúvida, múltiplos e diversos efeitos sobre a religião – em alguns casos criando secularismo, em outros casos novas religiões, e em outros casos ainda tradicionalismo ou fundamentalismo religioso.

O fundamentalismo não é uma religião *per se*, nem é uma seita ou denominação religiosa. De acordo com Thomas Meyer (2000), devemos considerá-la um "estilo" de religião. Ele não é, evidentemente, o único estilo de religião: existem muitos estilos, desde o liberal e o sincretista até o conservador e o purista. Também não é exclusivo de alguma religião particular: existe cristianismo fundamentalista, islamismo fundamentalista, hinduísmo fundamentalista e assim por diante. Com efeito, o fundamentalismo simplesmente não é exclusivo da religião: para Meyer ele é um "estilo de civilização" (29), que pode ocorrer em qualquer área da cultura. Alguém pode ser fundamentalista a respeito de política ou economia ou raça ou gênero ou *baseball*. Finalmente, embora o fundamentalismo possa ser um fenômeno caracteristicamente moderno, ou pelo menos um tipo de resposta a certos desafios colocados pela modernidade, é possível, sem forçar o termo, identificá-lo também em contextos pré-modernos.

## A antropologia do fundamentalismo

O fundamentalismo religioso deriva seu nome (e grande parte de sua energia) da noção de "fundamentos", aqueles elementos – crenças, comportamentos, estruturas organizacionais e/ou injunções morais – que dão a impressão de ser os aspectos mais essenciais e centrais, mais antigos, mais profundos e mais verdadeiros da religião. A visão popular e muitas vezes erudita é dominada pelo fundamentalismo cristão e pelo fundamentalismo muçulmano: George Marsden, por exemplo, definiu o fundamentalista como "um protestante evangélico que se opõe combativamente às teologias liberais e a alguns aspectos do secularismo na cultura moderna" (1990: 22). Esta definição é insatisfatória, porém, já que exclui não só todos os não cristãos, mas também a maioria dos cristãos (por exemplo, os católicos e os ortodoxos).

Em vez de associar o fundamentalismo a uma religião específica, ou à religião simplesmente, Richard Antoun, embora ainda focalize abertamente as versões cristã, muçulmana e judaica, considerou-o "uma orientação para o mundo, tanto cognitiva quanto afetiva. A orientação afetiva, ou emocional, indica indignação e protesto contra a mudança e contra certa orientação ideológica, a orientação do modernismo (e também medo delas)" (2001: 3). Também Meyer entendeu o fundamentalismo como "uma ideologia política do século XX", que combina "de maneira ambiguamente pragmática elementos da época moderna tardia com aspectos tirados do estoque dogmatizado de tradições pré-modernas" (2000: 17).

As abordagens sociocientíficas do fundamentalismo religioso ressaltam diversos pontos comuns. Em primeiro lugar, o fundamentalismo religioso é *para* alguma coisa, promovendo aquilo que no seu entender são os elementos fundamentais e cruciais de sua fé, aquilo que constitui a cosmovisão *e a verdade* para os praticantes. No caso do cristianismo, entre estes fundamentos estão tipicamente: a Bíblia enquanto documento literal e infalível e fonte de conhecimento; a exclusão e às vezes a condenação dos outros (até outros cristãos) como corruptos e perdidos; uma nítida distinção entre a religião e "o secular", sendo este último inferior ou até mesmo mau; uma escatologia na qual o fim dos tempos está próximo e somente eles sobreviverão para entrar no novo reino; uma moralidade intransigente; e, cada vez mais, uma disposição de participar da política para institucionalizar tudo o que foi arrolado acima, inclusive um desejo mais ou menos consciente de desmantelar a separação entre Igreja e Estado. Outras religiões, obviamente, têm seus próprios programas baseados em seus próprios "fundamentos": uma religião baseada em escrituras, como o islamismo, encontra seus fundamentos no Alcorão, enquanto outros tipos de religião os encontram alhures.

Em segundo lugar, o fundamentalismo religioso é *contra* alguma coisa. Praticamente todos os comentaristas acentuam a atitude exclusivista, tensa e até militante do fundamentalismo. Como salientou Marsden, os fundamentalistas "precisam não só acreditar em suas doutrinas evangélicas, mas precisam também estar dispostos a lutar por elas contra as teologias modernistas, o humanismo secular e coisas semelhantes" (23). Martin Marty e Scott Appleby, na introdução ao seu volumoso estudo comparativo, afirmaram que os fundamentalistas se consideram pessoas que estão lutando, especificamente *revidando*:

> Não é nenhum insulto ao fundamentalismo considerá-lo militante, seja no uso de palavras e ideias, ou votações ou, em casos extremos, balas. Os fundamentalistas se consideram militantes. Isto significa que a primeira palavra para referir-se a eles é dizer que eles são reativos (1991a: ix).

Eles estão, com suas palavras e muitas vezes com suas atividades, em guerra com o mundo.

Os antropólogos aplicam sua perspectiva singular ao fundamentalismo, perguntando-se, com as palavras de Susan Harding, "como o 'fundamentalismo' foi inventado, quem o expressa, quais são as categorias, pressuposições e trajetórias implícitas em suas representações narrativas" (1991: 374). Harding insistiu que os fundamentalistas "não existem simplesmente 'lá fora', mas são também produzidos pelas práticas discursivas modernas" (374). Na invenção do fundamentalismo, argumentou ela, ocupa um lugar central o secularismo: exatamente como estipulou Asad (cf. Capítulo 11), o secularismo se empenha em definir "a religião correta" e confinar a religião em sua esfera própria (teoricamente, a igreja e a vida privada). Os atores religiosos que rejeitam estas limitações secularistas se tornam, do ponto de vista secular, "uma categoria de pessoas cujo comportamento desafia as expectativas razoáveis e, por isso, precisa – e pode – ser explicado" (374). Em outras palavras, o "fundamentalismo" se torna uma categoria cultural – e o que ela chamou de categoria *repugnante* – porque "as vozes modernas representam os fundamentalistas e suas crenças como um objeto histórico, um 'outro' cultural, independente da 'modernidade', e até antitético a ela, que emerge como o termo positivo" na luta entre modernidade secular e religião (374).

Quase uma década mais tarde, mas dois anos antes de *Formations of the Secular*, de Asad, Judith Nagata endossou e ampliou o argumento de Harding. Nagata observou que o "fundamentalismo" referia-se originalmente à religião, mas enquanto "metáfora de escolha" estava sendo aplicado "a uma série cada vez mais ampla de ideias e comportamentos" (2001: 481), entre os quais: nacionalismo, etnicidade, língua, política e até mercado e meio ambiente. Com efeito, Nagata postulou que o fundamentalismo ou tradicionalismo era uma reação à incerteza, ao "excesso de abertura e escolha" que acompanha a vida moderna; é "uma maneira de estabelecer limites, uma 'anti-hermenêutica'", que pretende acabar com a incerteza acabando com a interpretação (a "hermenêutica" é o estudo e a prática da interpretação), identificando a crença supostamente original ou verdadeira. Mas, precisamente porque os fundamentalistas adotam esta postura decididamente antimoderna, o termo "fundamentalista" torna-se "um epíteto para o Outro, invariavelmente negativo, o arqui-inimigo, alguém cuja posição deve ser desprezada ou difamada; e a meta é a demonização, independentemente do conteúdo ideológico, político, religioso ou moral" (489). Nas palavras de Nagata, o rótulo "fundamentalista" é uma espécie de "munição verbal" (489), uma tática para desacreditar e marginalizar as pessoas e sua posição. Essa estratégia é interessante e muitas vezes eficaz politicamente; mas, como acentuou Harding, é muito destrutiva antropologicamente, servindo para "eliminar as realidades fundamentalistas" e retratar todos os tradicionalistas como "versões aberrantes, geralmente retrógradas ou cegas dos indivíduos modernos", confirmando a pessoa moderna racional "como a norma neutra da história" (1991: 374).

### Variedades da experiência fundamentalista

Em vista da análise antropológica acima, é adequado, ou até essencial, aplicar também ao fundamentalismo conceitos anteriormente aplicados à religião e ao secularismo. Em resumo, assim como existem diversas "formações" da religião e do secular, podemos também imaginar diferentes "formações do fundamental". Da mesma maneira, assim como existem múltiplos "modos de religiosidade", também podemos pensar em "modos de fundamentalismo", nem todos políticos e nem todos violentos.

Com efeito, entre os fundamentalistas, os *puristas morais e ideológicos* são provavelmente o tipo mais comum e menos extremado; eles apenas levam sua religião especialmente a sério e deixam que ela impregne e defina mais ou menos cada aspecto de sua vida. Alguns grupos e seitas levam mais longe esta noção de comunidade, tornando-se *separatistas pacíficos*, como os menonitas ou os Amish (cf. Ilustração 12.1), que Larsen (1971) chamou de "fanáticos tranquilos". Estes grupos rejeitam em maior ou menor grau o mundo moderno e exterior e se apegam às suas convicções, separando-se não só ideologicamente, mas também fisicamente, da sociedade mais ampla. Existem tipicamente certas práticas que só podem ser seguidas num ambiente separatista, tais como a poligamia entre os mórmons fundamentalistas do sudoeste dos Estados Unidos.

Os grupos ou seitas que buscam envolver-se na sociedade mais ampla, com o objetivo de alinhar essa sociedade a suas crenças e valores, podem ser considerados *ativistas*. A Maioria Moral e a Coalizão Cristã, entre outras agências religiosa e culturalmente conservadoras, representam esse esforço: elas querem não só viver seus próprios princípios morais e ideológicos, mas também impô-los ao resto da sociedade, e estão dispostas a usar métodos políticos (inclusive eleitorais e governamentais) para alcançar seus objetivos. Suas técnicas incluem legislar e institucionalizar princípios religiosos. Mais intransigentes são os *reconstrucionistas*, que buscam uma total transformação ou reinvenção da sociedade, de acordo com suas convicções religiosas (cf. abaixo, p. 448-451). No entanto, não usam, ou pelo menos até agora não usaram, a coerção para alcançar seus propósitos. Na extremidade, por fim, estão os *militantes*, que estão dispostos a empregar a força

Ilustração 12.1 Vida de pessoas Amish em Lancaster, Pensilvânia. Cortesia do Carol M. Highsmith Archive, Prints and Photographs Division da Biblioteca do Congresso

contra os considerados inimigos – entre os quais podem estar o governo e a população em geral – em busca de suas agendas religiosas. Estes são os grupos que pilotam aviões de passageiros contra torres ou lançam caminhões com explosivos contra prédios federais.

---

**Quadro 12.1 Fundamentalistas e liberais judeus vivendo harmoniosamente na Dinamarca**

Os fundamentalistas podem ser o Outro para os cidadãos liberais modernos, mas nem sempre precisam ser um "outro repugnante". Na Dinamarca contemporânea vive uma pequena e bem-aculturada comunidade de judeus, que interagem pacificamente com a sociedade não judaica mais ampla, se unem com cristãos por casamento e não mantêm "bairros, sotaques, profissões ou estilos de vestuário especiais" (BUCKSER, 2005:128). Esperaríamos que a chegada de um grupo ultraortodoxo ou fundamentalista a Copenhague iria perturbar os judeus dinamarqueses modernos; e, quando Yitzchock e Rochel Loewenthal fundaram a Casa Chabad na década de 1990, houve no início consternação a respeito de sua "religiosidade rígida" e "alteridade cultural" (125). No entanto, após essa suspeita e hostilidade iniciais, não só as emoções serenaram, mas Andrew Buckser atestou "um apreço" e "uma relutante admiração" pelos fundamentalistas locais. Os judeus dinamarqueses aculturados certamente não ficaram impressionados com as crenças de Loewenthal: o grupo Chabad não teve "sucesso missionário" nem "conquistou convertidos entre os judeus dinamarqueses" (132). Mas, por diversas razões, os judeus liberais gostam de ter os judeus ortodoxos por perto. Uma das razões é que a Chabad mantém uma sadia distância em relação à socie-

> dade mais ampla: já que seus fundadores são imigrantes vindos da Inglaterra e dos Estados Unidos, à Chabad tem uma atmosfera "decididamente não dinamarquesa", que inclui cultos religiosos predominantemente em inglês (132). Esta distância isola a Chabad do facciosismo da pequena comunidade judaica dinamarquesa. E o que é mais importante: já que a Chabad opera acima da algazarra das facções judaicas locais, "ela consegue executar o tipo de atividades inovadoras que os judeus autóctones não conseguem" (135), patrocinando, por exemplo, eventos e festivais para toda a comunidade. Por fim, nestes eventos e nas pessoas dos Loewenthals, os judeus dinamarqueses podem experimentar e celebrar uma "judeidade não apologética" (131), que é satisfatória e libertadora para os dinamarqueses aculturados. Buckser conclui: "O apelo da Chabad estava quase inteiramente em sua atitude positiva para com a identidade judaica" (132). Para muitos judeus secularizados, "a disposição dos Loewenthals de exibir sua identidade anômala os torna figuras quase heroicas" (136) e Buckser opina que, embora os judeus seculares não queiram juntar-se à Chabad, eles a tratam como "um valioso recurso para a comunidade judaica" (140).

Portanto, o fundamentalismo não é um fenômeno monolítico único, e também a relação entre os fundamentalistas e a sociedade circundante não assume apenas uma única forma (conflituosa). Contudo, resumindo sua pesquisa sobre o fundamentalismo religioso, Marty e Appleby encontram as seguintes características recorrentes ao longo da história e entre as culturas:

- Idealismo religioso;
- Pretensões religiosas como base irredutível para a identidade comunitária e pessoal;
- Extremismo, retórico ou efetivo, que "serve a diversos propósitos, entre os quais a apresentação de um teste decisivo para separar os verdadeiros crentes dos estranhos" (1991b: 818);
- Escatologias dramáticas;
- Uma dramatização, demonização e até "mitologização" de seus inimigos;
- Uma orientação de contra-aculturação, ou seja, uma recusa a comprometer-se com influências "exteriores" ou integrar-se nelas;
- Zelo missionário;
- Uma mentalidade de crise: "O fundamentalismo surge ou ganha proeminência em tempos de crise, real ou imaginária" (822);
- Liderança carismática e autoritária (geralmente do sexo masculino);
- Apelo às massas;
- Uma declarada rejeição da modernidade, misturada com "uma arguta exploração de seus processos e instrumentalidades" (827).

## O fundamentalismo como um sistema cultural

Os fundamentalismos não são, como tampouco o são os novos movimentos religiosos ou a secularização ou a própria modernidade, programas puramente negativos; não são apenas contra alguma coisa, mas também a favor de alguma coisa. Cada um, como os casos abaixo irão ilustrar amplamente, se considera uma tentativa de criar uma religião boa e verdadeira, como parte de um projeto maior de criar uma sociedade boa e verdadeira. Como Marty e Appleby afirmaram claramente:

> O fundamentalismo não pretende nem uma imposição artificial de práticas e estilos de vida arcaicos nem um simples retorno a uma era dourada, a um passado sagrado, a um tempo das origens que se foi – embora a nostalgia de tal era seja uma marca registrada do fundamentalismo retórico. Ao invés, a identidade religiosa assim renovada se torna a base exclusiva e absoluta para uma ordem política e social recriada, que se orienta para o futuro e não para o passado. Selecionando elementos da tradição e da modernidade, os fundamentalistas procuram refazer o mundo a serviço de um compromisso dual com o drama escatológico que vai se desenrolando (devolvendo todas as coisas submissamente ao divino) e com a autopreservação (neutralizando o "Outro" ameaçador) (1993: 3).

Os fundamentalismos, portanto, estão empenhados na nobre prática – na verdade, a prática essencialmente e somente humana – de criar um mundo, ou o que Antoun chamou de "tradicionamento". Por tradicionamento ele entendia um processo ativo, no qual "tradições" são escolhidas e modificadas (embora às vezes não confessamente), interpretadas e às vezes totalmente inventadas para dar forma à religião. Estas tradições "tradicionadas" são, portanto, "dadas" como *os fundamentos de sua fé, através dos quais se espera que os membros vejam e compreendam seu passado, seu presente e, de maneira sumamente criteriosa, seu futuro*. Em outras palavras, o fundamentalismo é um caso especial do processo mais geral da "invenção da tradição". Isto explica outra característica que Antoun vê no fundamentalismo, a "modernização seletiva", através da qual esses movimentos competem com as influências modernas/estranhas, mas também se adaptam a elas.

Os fundamentalismos são, portanto, não só culturais, mas também *culturas ou potenciais culturas*. E, com base em tudo aquilo que conhecemos acerca da cultura, os fundamentalismos estão fazendo o que deve ser feito: estão oferecendo não só um modelo *do* mundo, mas também um modelo *para* o mundo, um modelo no qual "*ethos*" e "visão de mundo" se correspondem. Estão produzindo a "consonância" entre a religião e outras esferas da sociedade e, em certo sentido, às vezes intencional, estão eliminando a moderna "separação" entre a religião e o resto da sociedade.

Uma parte – na verdade, uma parte essencial – do programa fundamentalista é a fundação de instituições, religiosas e de outro tipo, mas necessariamente autorizadas e legitimadas pela religião. Os detalhes da fundação de instituições variam de uma religião para outra, de uma sociedade para outra e de um período histórico para outro. Apesar disso, alguns elementos deste processo são bem típicos. Os fundamentalistas, nas palavras de Marty e Appelby, "são pessoas que estabelecem fronteiras: sobressaem em distinguir-se dos outros por vestuário, costumes e conduta característicos" (1993: 4). Estas distinções são, evidentemente, uma das dimensões de sua cultura, sejam elas cachos de cabelos para os judeus, barbas para os muçulmanos ortodoxos ou pulseiras "WWJD" para os cristãos ortodoxos. Quanto às fronteiras, o grupo que é delimitado por elas pode ser uma congregação individual, um movimento ou toda uma religião, um grupo étnico, uma sociedade ou um Estado. Uma das coisas mais interessantes que observamos é a fácil concatenação entre religião e nacionalidade ou nacionalismo, como acontece com a *Hindutva* na Índia ou com o budismo no Sri Lanka (cf. abaixo, p. 462-464 e 464-466, respectivamente).

A relação entre os fundamentalismos e o Estado é uma relação problemática, como se poderá ver pelos exemplos que apresentaremos. Dependendo de sua teologia e de sua política, um movimento fundamentalista pode ser hostil a qualquer Estado (sendo Deus ou a religião a única fonte da autoridade e da lei) ou inflexivelmente pró-Estado (vendo o governo como o mecanismo para alcançar a retidão religiosa na terra). Em não poucos casos, grupos fundamentalistas tentaram, às vezes com sucesso (por exemplo, o Aiatolá Khomeini no Irã ou o Talibã no Afeganistão), assumir o governo e usar o poder político para implementar seus planos religiosos. Alguns estudiosos se perguntaram se é razoável falar de um fundamentalismo-no-poder, já que o fundamentalismo é, por definição, oposicionista; mas a pergunta está malformulada: um movimento fundamentalista não está em oposição ao poder (de maneira direta, todo movimento fundamentalista busca o poder), mas às influências modernas ou estranhas existentes na sociedade. Portanto, um fundamentalismo-no-poder tem ainda muitas coisas a opor-se, entre as quais está a resistência por parte dos membros modernizados da sociedade, sem falar de todos os não membros do movimento. Uma questão mais séria é se um fundamentalismo-no-poder deve necessariamente fazer algumas concessões ao secularismo, ou seja, um movimento religioso, quando assume o poder e governa o Estado, deve, em primeiro lugar, participar em áreas da sociedade onde ele nunca o fez antes – redefinindo assim as instituições e práticas religiosas (como a lei da *sharia* muçulmana) de maneiras originais – e, em segundo lugar, submeter ao menos parcialmente o princípio religioso e a autoridade religiosa a interesses pragmáticos e mundanos. Em outras palavras, uma religião, quando se torna governo, precisa entregar a correspondência, recolher o lixo e comandar o exército.

A cultura do fundamentalismo traz consigo outros ingredientes perturbadores. A experiência mostrou que o fundamentalismo tende a ser "essencialmente antidemocrático, antiacomodacionista e antipluralista e viola, *por uma questão de princípio*, os padrões dos direitos humanos defendidos, embora nem sempre apoiados perfeitamente, pelas democracias ocidentais" (MARTY & APPLEBY, 1993: 5). Esta atitude, que não é exclusiva do fundamentalismo (encontramo-la em movimentos absolutistas e idealistas tanto de direita quanto de esquerda), decorre da autoridade sobre-humana do sistema: o poder e a soberania não são funções do *demos*, mas do divino. Da mesma forma, naturalmente, todas as outras posições, mesmo oposições leais, estão necessária e completamente erradas. Assim, a legitimação do movimento e suas resultantes instituições e (caso seja bem-sucedido) regime acarretam quase inevitavelmente a deslegitimação de todas as alternativas e rivais possíveis, que são punidos como maus, corruptos e assim por diante. Esta atitude pode, obviamente, levar à violência.

Além do pluralismo e da soberania popular, outros aspectos da vida social moderna são questionados ou rejeitados pelos fundamentalismos. Um aspecto é a natureza autocrítica e incerta da modernidade, ou mesmo da pós-modernidade, o colapso ou fracasso de todas as "grandes narrativas" da vida humana e do sentido social. Como foi mencionado por Nigata, Peter Berger sustentou que a modernidade "abala todas as antigas certezas; a incerteza é uma condição que muitas pessoas consideram muito difícil de suportar; por isso, qualquer movimento (não só religioso) que prometa fornecer ou renovar a certeza tem um mercado disponível" (1999: 7). Nancy Ammerman (1987), em sua etnografia de uma congregação fundamentalista, citou repetidas vezes o impulso de seus membros para a certeza; a inerrância de suas autoridades (escriturísticas, humanas e institucionais) é tipicamente o primeiro princípio do movimento.

Um segundo aspecto da modernidade que é depreciado é a separação entre o religioso e o secular ou, como muitas vezes se formula na religião moderna, a transferência da religião para "o privado", independentemente da vida social e política pública. A religião não é apenas privada, não apenas uma questão de escolha ou sentimento; por isso, ela pode e deve ser institucionalizada. Deste ponto de vista, a religião é o próprio fundamento e fonte da sociedade e de suas instituições. Isto leva, como se podia esperar, a uma perspectiva sobre a própria religião que é diametralmente oposta à perspectiva adotada pelo secularismo (ou pela antropologia). Enquanto para os secularistas a religião é essencialmente "simbólica" e "social" e "funcional", os fundamentalistas insistem que ela é literal e verdadeira, pública e efetiva. Em outras palavras, a perspectiva fundamentalista "rejeita a ideia moderna generalizada de que a religião [...] não significa realmente o que ela de fato diz" (GELLNER, 1992: 2). Um exemplo claro é o televangelista James Kennedy, que rejeitou a abordagem simbolista ao argumentar que, com exceção de partes obviamente metafóricas da Bíblia (como "fé do tamanho de um grão de mostarda"), o resto deve ser tomado literalmente. Para ele, Jonas foi literalmente engolido por uma baleia, Adão foi uma pessoa real e Jesus andou realmente sobre a água; não existe interpretação, não existe análise simbólica: "Ao viver, explicar e defender nossa fé, devemos muito provavelmente dizer: 'A Palavra de Deus diz. [...]' Enquanto crentes, isto resolve a questão, seja ela qual for" (1997: 20).

Por fim, os fundamentalistas, como todos os formadores de cultura, precisam pôr seus planos em ação; isto pode significar impregnar e "colonizar" as instituições existentes de uma sociedade. Muito frequentemente as principais instituições em disputa entre os fundamentalistas e o resto da sociedade são: o governo, o sistema de educação e a mídia. Os fundamentalistas, nos Estados Unidos e em outros lugares, têm tentado ativa e diretamente penetrar e dominar estes segmentos da sociedade (cf. também abaixo, p. 449-451). Muitas vezes, devido ao seu *status* de minoria ou ao seu notório extremismo, eles têm sido derrotados nessas iniciativas. No entanto, devido à sua certeza e à sua energia, raramente a derrota é o fim de seus esforços de formar uma cultura: como salientou Ammerman, "sempre que os fundamentalistas perderam uma batalha, eles responderam retirando-se para criar suas próprias instituições alternativas" (1987: 211). Em casos extremos, como os Amish, eles literalmente se retiram e vivem num mundo-dentro-de-um-mundo projetado por eles próprios. Mais comumente, se não conseguem controlar as escolas públicas, por exemplo, eles fundam escolas privadas ou escolas domiciliares onde podem ensinar seu próprio currículo. A Igreja Católica administrou por muito tempo um extenso sistema de escolas paralelas às escolas públicas; as sociedades muçulmanas dependeram muitas vezes de escolas religiosas ou madrassas e as seitas protestantes têm explorado cada vez mais a noção. Recentemente, movimentos fundamentalistas abriram suas próprias universidades (por exemplo, a Liberty University ou Bob Jones University) e escolas de direito, criando também suas próprias estações de rádio e televisão, imprimindo seus próprios currículos e livros didáticos, publicando suas próprias revistas e jornais, organizando seus próprios grupos de ação política e assim por diante.

Por isso Anthony Giddens, o brilhante teórico social, estava errado ao declarar que o fundamentalismo é uma "tradição defendida da maneira tradicional" (1994: 6). Como ele próprio admitiu mais adiante: "A questão a respeito das tradições é que não se precisa realmente justificá-las: elas contêm sua própria verdade, uma verdade ritual, assegurada como correta pelo crente" (6). Existe uma enorme diferença entre tradição e "tradicionalismo", entre os fundamentos de uma religião e "fundamentalismo". Mas, já que os fundamentalismos são não apenas movimentos, mas *argumentos e ideologias* – e argumentos e ideologias que compartilham o espaço social com outros, fundamentalistas e não fundamentalistas –, eles atuam de maneira sumamente não tradicional. Em outras palavras, os fundamentalismos podem ocupar-se *com* a tradição, mas não são "tradicionais", e podem apresentar queixas contra a inovação, mas são essencialmente inovadores.

**Fundamentalismos cristãos**

Embora o fundamentalismo no cristianismo seja especialmente notável no momento presente, ele não é totalmente sem precedentes. A Reforma protestante pode muito bem ser considerada um movimento fundamentalista. O propósito de Martinho Lutero era, muito explicitamente, dispensar os acréscimos do tempo e da tradição e retornar a um cristianismo mais simples, mais puro e, portanto, mais verdadeiro (uma espécie de cristianismo salafita), um cristianismo sem sacerdotes e sacramentos, mas apenas com o crente e a Bíblia. Mesmo antes disto, poderíamos considerar movimentos divergentes como os Espíritos Livres do século XII como uma espécie de fundamentalismo, que se inspirou numa leitura literalista (de algumas partes) da escritura para suas crenças e estilos de vida. E recuando ainda mais, os desafios unitaristas e outros à ortodoxia católica podem ser vistos como tentativas de haurir diretamente da fonte e restaurar uma ortodoxia original perdida, uma "Igreja primitiva" como ela era nos primeiros anos da religião. Finalmente, muitas, senão todas, as tradições ascéticas e monásticas são tentativas de criar um oásis de crença e conduta corretas num deserto de caos e corrupção.

### A ascensão do fundamentalismo moderno

Embora reforma e revivalismo sejam tradições cristãs antigas, os termos "fundamentalismo" e "fundamentalista" só entraram no vocabulário inglês pouco depois da virada para o século XX. Entre 1910 e 1915 apareceu uma série de doze publicações intituladas *The Fundamentals: A Testimony to the Truth* [Fundamentos: Um testemunho da verdade]. Deste trabalho surgiu uma organização, a Associação Mundial de Fundamentos Cristãos, fundada por Wiliam B. Riley em 1919, e a nova terminologia. Em 1920 o editor do jornal batista do norte *Watchman Examiner*, Curtis Lee Laws, descreveu efetivamente o fundamentalista como uma pessoa que está disposta a "travar uma batalha decisiva" pelos fundamentos cristãos.

Havia cinco pontos básicos na posição fundamentalista primitiva: a verdade e a inerrância absolutas das escrituras cristãs, o nascimento virginal de Jesus, a expiação do pecado através do sacrifício substitutivo de Jesus na cruz, a ressurreição corporal e segunda vinda futura de Jesus, e a divindade de Jesus e/ou a realidade dos milagres por Ele realizados. Entre estes pontos, a âncora é evidentemente a inerrância da Bíblia, que é a fonte (e suposta prova) das outras quatro pretensões. Uma questão mais interessante é: Por que o fundamentalismo apareceu neste momento particular da história social? Houve vários *revivals* ou "despertares" na história americana (cf. Capítulo 9); e algumas das mais bem-sucedidas e respeitadas denominações no país, como os metodistas e os batistas, começaram como vigorosas tentativas revivalistas, com "pregadores itinerantes" viajando pelas zonas rurais e apresentando às pessoas comuns uma versão da religião que elas podiam entender e digerir.

Portanto, a "religião de antigamente" não é nada de novo. Mas, embora as especificidades destes movimentos e de outros semelhantes difiram, em alguns pontos gerais eles estão em substancial acordo. Todos invocavam a pureza e a perfeição da escritura. Cada um estava voltado não apenas para um mundo físico, mas até para um mundo espiritual que de alguma forma havia "falhado"; como escreveu o evangelista do século XIX Alexander Campbell: "A torrente do cristianismo ficou poluída" (citado em HATCH, 1989: 168). E cada um se considerava um representante do cristianismo autêntico. Cada movimento imaginava ser – e *somente* ele – a *restauração* da religião. Consequentemente, Campbell escreveu uma coluna intitulada "Uma restauração da antiga ordem das coisas", na qual estabeleceu o programa de "trazer o cristianismo [sic] e a Igreja do tempo presente" para os padrões do "estado do cristianismo [sic] e da Igreja do Novo Testamento" (citado em HATCH, 1989: 168). Outras Igrejas eram, na melhor das hipóteses, corrompidas e, na pior das hipóteses, falsas ou até satânicas.

No entanto, havia outras ameaças a caminho. Uma ameaça crucial era a ciência e sua concomitante secularização; afinal de contas, em 1859 apareceu *A origem das espécies*, de Darwin. As filosofias humanistas e as ciências sociais também estavam avançando. A própria Bíblia estava sendo tratada cada vez mais como literatura e não como verdade literal, ao ponto de se questionar a autenticidade de algumas das suas passagens ou até a própria historicidade de Jesus. Finalmente, a sociedade americana estava mudando, sob as forças da urbanização, da industrialização e da imigração; já na década de 1840 os católicos romanos eram a maior denominação cristã individual nos Estados Unidos, e continuam sendo até hoje, substituindo qualquer seita protestante individual como a Igreja com maior número de membros no país (embora os protestantes, coletivamente, ainda superem os católicos na proporção de aproximadamente três por um). Dentro do próprio cristianismo estão ocorrendo processos "modernizantes", que procuram conciliar as realidades científicas e sociais com a religião.

No final do século XIX, enquanto os cristãos liberais estavam fazendo as pazes com a mudança cultural e a modernidade, os conservadores estavam organizando sua oposição. Charles Hodge, em seu livro *Systematic Theology* [Teologia sistemática], de 1873, sustentava que cada palavra das escrituras era literalmente verdadeira, e não alegórica ou simbólica; ele prosseguiu com *What is Darwinism?* [O que é o darwinismo?], no qual escreveu que a religião "precisa lutar por sua vida contra uma ampla classe de homens da ciência". Por volta de 1875 os cristãos conservadores dos Estados Unidos estavam organizando conferências bíblicas e outras reuniões desse tipo para pregadores e professores. Por exemplo, o ano de 1875 viu a criação da Assembleia de Crentes para o Estudo da Bíblia (que em 1883 se tornou a Conferência Bíblica de Niágara). Em 1886 teve início o que se tornaria o Instituto Bíblico Moody, seguido em 1909 pelo Instituto Bíblico de Los Angeles e muitos livros, jornais, boletins informativos e revistas.

**O ressurgimento do fundamentalismo no final do século XX**

O fundamentalismo americano atingiu seu ponto alto no processo contra Scopes no Tennessee em 1925, conhecido como "julgamento do macaco", no qual um homem chamado John Thomas Scopes foi acusado do crime de ensinar a evolução. Por diversas décadas o fundamentalismo ficou desacreditado e foi substituído pelo mais benigno e menos político "evangelicalismo", cujo melhor representante é Billy Graham: o objetivo era salvar almas, não mudar a sociedade. Até mesmo Jerry Falwell, mais tarde, sustentou que os fundamentalistas "não estão interessados em controlar a América; estão interessados em ver as almas salvas e as vidas mudadas para a glória de Deus. Eles acreditam que o grau de realização disto irá influenciar naturalmente o curso da sociedade na América" (citado em PINNOCK, 1990: 50). No entanto, os acontecimentos culturais da segunda metade do século XX levaram os fundamentalistas a ficar impacientes com este curso natural e, portanto, a tornar-se politicamente mais atuantes. Em primeiro lugar, o movimento em prol dos direitos civis da década de 1950 exasperou alguns conservadores culturais, como se pode observar a partir das atividades anti-imigração da Ku Klux Klan e de certos políticos sulistas. A década de 1960 viu minorias de todo tipo – feministas, *hippies* e ativistas antiguerra, e até *gays* e ateístas – supostamente pisoteando "valores tradicionais" e definições convencionais de família e sociedade. Os casos da oração nas escolas, do início da década de 1960, e a luta a respeito da Emenda para a Igualdade de Direitos foram duas causas de reagrupamento. Mas a gota d'água foi a decisão da Suprema Corte *Roe v. Wade*, de 1973, que legalizou o direito ao aborto. Para alguns, isso equivalia a assassinato legalizado e satanismo de Estado. A partir desta data, bastaram poucos anos para o fundamentalismo se cristalizar. Que são precisamente estas as questões que preocupam os fundamentalistas é evidenciado pela ladainha de queixas destacadas no influente livro *The Battle for the Mind* [A batalha da mente] de Tim LaHaye, de 1980, entre as quais estão: Emenda para a Igualdade de Direitos, oração nas escolas, aborto, direitos dos *gays* e a filosofia geral do "humanismo secular", e também outros temas como limitação do castigo corporal de crianças, exigências de atestado para escolas cristãs e investigações das finanças das Igrejas.

Um fundamentalismo cristão americano com nova motivação e politicamente ativo aglutinou-se no final da década de 1970, encarnado em organizações como a Maioria Moral. Personagens como Falwell, Ralph Reed e Pat Robertson adquiriram proeminência num novo tipo de filosofia e plataforma. Susan Harding realizou um trabalho antropológico de campo no interior do ministério de Falwell na década de 1990 e descobriu um movimento que "rompeu velhos tabus que reprimiam as interações [dos fundamentalistas] com estranhos, reivindicou um novo território cultural e remodelou-se nos serviços religiosos" (2000: ix). Muito claramente, um jovem ministro disse a Harding: "Nós não praticamos um cristianismo caseiro. Somos militantes e agressivos em apresentar ao público a mensagem de Cristo" (4). Ao contrário do que esperavam alguns críticos do fundamentalismo, Harding não encontrou "grandes assembleias políticas, nem ações diretas, nem debates políticos públicos, nem conversações políticas acaloradas, nem política partidária que valesse a pena mencionar" (9). No entanto, Falwell disse a seu rebanho que "Deus queria que os fundamentalistas entrassem novamente no mundo, reocupassem o mundo" e usassem táticas sociais e políticas modernas para alcançar seu objetivo (cf. Capítulo 9). O que era especialmente intrigante na marca do fundamentalismo de Falwell (a ser logo adotado por outros) era o papel do pregador e a estrutura organizacional da Igreja. Pregadores como Falwell "'preenchem a lacuna' entre a linguagem da Bíblia cristã e a linguagem cotidiana", traduzindo – ousaríamos dizer: vernaculizando – o linguajar bíblico "para expressões idiomáticas teológicas e culturais locais e introduzindo acontecimentos atuais na sucessão das histórias bíblicas. As pessoas da Igreja, por sua vez, adotam, customizam e reproduzem em sua vida cotidiana o discurso baseado na Bíblia de seus pregadores e outros líderes" (12). Precisamente porque os pregadores e congregados falavam a mesma linguagem fundamentalista, a Igreja não precisava estabelecer uma estrutura centralizada rígida; ao invés, como aparece no relato de Wilford a respeito da Igreja de Rick Warren, a organização de Falwell "era administrada por redes pastorais frouxas e fragmentárias ou estruturas denominacionais fracas", que se apoiavam fortemente em "organizações paraeclesiais" (274). O resultado foi contrário ao estereótipo do fundamentalismo: "heterogeneidade e não homogeneidade, hibridade e não pureza, fluidez e não fixidez caracterizaram o movimento em todos os níveis" (274) – produzindo o que Harding chamou de uma espécie de "absolutismo flexível" (275).

Fora da "corrente dominante" do fundamentalismo americano existem outros grupos e movimentos mais inflexíveis. Referimo-nos anteriormente a tipos separatistas como os Amish e os menonitas, que criaram com sucesso sua própria sociedade-dentro-de-uma-sociedade, na qual podem praticar sua religião e suas tradições sem serem perturbados pelo mundo moderno exterior. Jerry Falwell até anunciou um plano de estabelecer uma comunidade cristã na Virgínia, onde, teoricamente, uma pessoa podia nascer, frequentar a escola, trabalhar, aposentar-se e morrer sem nunca pôr os pés fora. E o movimento conhecido como Êxodo Cristão foi mais longe; como eles expõem claramente em seu website (www.christianexodus.org):

> ChristianExodus.org é uma associação de cristãos que não desejam mais viver sob a usurpação injusta de poderes por parte do governo federal e, por isso, resolve desligar-se formalmente desta autoridade tirânica e retornar ao modelo de governança de uma república constitucional. Procuramos um governo republicano limitado por poderes delegados pela constituição. Se isto não puder ser alcançado nos Estados Unidos, acreditamos que uma retirada pacífica da União seja o último recurso disponível.

Sua missão expressa, portanto, é migrar em massa para um Estado relativamente pequeno (a Carolina do Sul é sua atual escolha), nomear-se a si mesmos para o cargo e inaugurar uma sociedade baseada nos seus princípios religiosos. Entre estes princípios estão a proibição do aborto e do casamento entre pessoas do mesmo sexo, a institucionalização da oração e da Bíblia cristã nas escolas, a exclusão da evolução do currículo, a exposição pública dos Dez Mandamentos e o direito de possuir armas, entre outros. Como eles insinuam em sua declaração, se o governo federal interferir em sua iniciativa de construir uma sociedade cristã (nenhuma menção é feita aos não cristãos ou aos cristãos não pertencentes ao Êxodo Cristão na Carolina do Sul), eles estão preparados para separar-se da União.

Mais adiante na escala fundamentalista está o movimento Reconstrução Cristã. Ele visa estender para todo o país aquilo que o Êxodo Cristão visa fazer para um Estado: estabelecer uma sociedade religiosa e um governo religioso. Conhecido também como Dominionismo e Teonomia, o Reconstrucionismo Cristão apresenta a seguinte agenda:

- A reformulação do direito civil de acordo com os padrões bíblicos, especificamente a Torá/Antigo Testamento, incluindo a pena de morte por adultério, blasfêmia, heresia, homossexualidade, idolatria e bruxaria;

- A proibição de qualquer congregação ou religião que não aceite a lei mosaica, entre as quais estão evidentemente todas as religiões não cristãs;
- O retorno das mulheres ao seu antigo *status* subordinado;
- A eliminação do imposto de renda e do sistema prisional (a pena de morte tornando o cárcere presumivelmente desnecessário na maioria das vezes);
- A criminalização do aborto, também punível com a morte.

A fundamentação lógica que está por trás desta agenda foi expressa claramente por R.J. Rushdoony, um dos fundadores do Reconstrucionismo Cristão: "A lei é, portanto, a lei para o homem cristão e a sociedade cristã. Nada é mais mortífero ou mais abandonado do que a noção de que o cristão tem liberdade para escolher que tipo de lei ele quer ter" (1973: 8-9). E, por "lei", eles entendem a lei hebraica. Outro personagem proeminente no movimento, Gary North, escreveu:

> O *Novo* Testamento nos ensina que – a menos que sejam reveladas exceções em outro lugar – *cada* mandamento do Antigo Testamento é vinculante, até mesmo como padrão de justiça para todos os magistrados (Rm 13,1-4), incluindo toda retribuição estipulada para transgressões civis da lei de Moisés (Hb 2,2). Só a partir do Novo Testamento aprendemos que devemos adotar como nossa *presunção* operativa que todo requisito penal do Antigo Testamento é vinculante hoje para todos os magistrados civis. A presunção pode certamente ser modificada pela doutrina revelada explícita da Escritura; mas, na ausência dessas qualificações ou mudanças, qualquer sanção penal do Antigo Testamento que tenhamos em mente será moralmente obrigatória para os governantes civis (1986: 242).

Em outras palavras, e de forma excepcionalmente manifesta, o Reconstrucionismo Cristão busca remodelar o futuro à imagem do passado (antigo). Igualmente de forma manifesta, North reformulou em outro lugar a luta fundamentalista que, conforme costumamos imaginar, opõe a religião à modernização. A batalha pela mente, que outros fundamentalistas como LaHaye também reconhecem,

> é travada, conforme acreditam alguns fundamentalistas, entre o fundamentalismo e as instituições da Esquerda. Esta concepção da batalha é fundamentalmente incorreta. A batalha pela mente é travada entre o movimento Reconstrução Cristã, que é o único entre os grupos protestantes a levar a sério a lei de Deus, e qualquer outro movimento (1984: 65-66).

Não só a modernidade está errada, mas igualmente todas as outras religiões estão erradas.

Quase na extremidade da escala, o movimento Identidade Cristã é uma associação frouxa de vários grupos e agendas, desde os anglo-israelistas, passando pelos supremacistas brancos, até chegar a alguns "movimentos de milícia". O anglo-israelismo é uma doutrina inspirada na obra de John Wilson *Lectures on our Israelitish Origin* [Preleções sobre nossa origem israelita], de 1840, que afirmou que as pessoas brancas, especificamente os anglo-saxões, são os descendentes diretos e verdadeiros de Israel. Foi promovido pela primeira vez nos Estados Unidos por Howard Rand, que fundou a Federação Anglo-Saxã da América em 1930. Mas o movimento recebeu um maior impulso quando Wesley Swift se associou a ele na década de 1940; proveniente de uma posição cristã e politicamente de direita, introduziu "o antissemitismo demoníaco e o extremismo político" na mistura religiosa (BARKUN, 1977: 61). Swift iniciou na Califórnia a Congregação Cristã Anglo-Saxã, que acabou tornando-se a Igreja de Jesus Cristo Cristão. Em 1970 sucedeu-o Richard Butler, que também fundou o movimento Nação Ariana em Idaho (cf. Ilustração 12.2).

De acordo com a organização de vigilância ReligiousTolerance.org, as crenças dos grupos da Identidade Cristã, embora variadas, compartilham fatores comuns, entre os quais: "uma interpretação muito conservadora da Bíblia", que leva à condenação da homossexualidade e dos membros de outras religiões; a superioridade dos brancos que são a "raça adâmica", ou seja, os verdadeiros descendentes de Adão, que era um homem branco; depreciação dos não brancos como "geração satânica", sub-humanos e "povo sujo", que corrompem e ameaçam o verdadeiro povo de Deus; separação racial ou, em caso extremo, extermínio racial; proibição absoluta do matrimônio inter-racial ou "adultério racial"; e teorias mais ou menos complexas de conspiração, tendo muitas vezes os judeus ocupando o centro. Pelo menos alguns grupos da Identidade Cristã combinaram visões religiosas fundamentalistas e ideologias raciais com patriotismo americano, produzindo uma volátil mescla de convicção religiosa e extremismo político. Como relatou Richard Abanes:

> Muito antes das milícias de hoje, estes seguidores dos supremacistas brancos / Movimento Identidade Cristã estavam se chamando a si mesmos de "patriotas". Um boletim da Nação Ariana (c. 1982), por exemplo, cataloga o fundador da Nação Ariana Richard Butler e o líder racista Dan Gayman como "patriotas cristãos". [...] Diversas cartas racistas para arrecadação de fundos desde a década de 1980, como as produzidas pelo Grande Feiticeiro Don Black da KKK, foram endereçadas a companheiros "Patriotas Brancos". [...] Por volta da década

de 1980, "patriotas" brancos estavam também formando grupos paramilitares semelhantes às milícias. Por exemplo, em meados da década de 1980 um grupo de racistas semelhante a uma milícia, chamado Patriotas do Arizona, foi preso e condenado por estar tramando bombardear diversos alvos, entre os quais prédios federais em Phoenix e Los Angeles (1997: 31-33).

Ilustração 12.2 Richard Butler, fundador da Nação Ariana, com seus seguidores (*ca*. 1995). © Evan Hurd/Sygma/Corbis

O potencial de violência aparece não só na associação mantida pelo movimento Identidade Cristã, que inclui a Ku Klux Klan, a Nação Ariana, a Aliança Nacional e o Posse Comitatus, mas também nas ações de seus adeptos, entre as quais os atentados a bomba ao Parque Olímpico do Centenário e a clínicas de aborto, cometidos por Eric Rudolph, e o atentado com um carro-bomba em Oklahoma City, cometido por Timothy McVeigh.

## Os fundamentalismos na perspectiva intercultural

Outras religiões têm suas próprias formações dos fundamentos; além disso, as formas de fundamentalismo no interior de uma religião diferem dependendo da sociedade ou do país e, mais ainda, do grupo ou movimento específico no interior da sociedade ou do país. E, enquanto os fundamentalismos "modernos" resistem à modernidade, os fundamentalismos passados lutaram contra suas ameaças sociais, morais ou ideológicas contemporâneas. Cada um se aferra aos seus próprios "fundamentos" e os exalta e procura restaurar sua própria versão do passado. No interior desta diversidade, o fundamentalismo é um tema recorrente na vida humana. Com efeito, é mais do que interessante avaliar como a década de 1970 foi um tempo especialmente fértil para os movimentos fundamentalistas – e para o sucesso destes movimentos.

### Fundamentalismos judaicos

Mesmo nos tempos antigos, os profetas hebreus e outros devotos tentavam constantemente trazer o povo de volta ao culto correto de seu deus. Um dos mais constantes e perniciosos problemas entre os antigos judeus foi a influência dos "baals" ou deuses dos vizinhos estrangeiros; e eles foram repetidamente admoestados a abandonar esses falsos deuses e retornar ao seu próprio deus. Quando Israel caiu sob a influência primeiramente dos gregos e em seguida dos romanos, isto criou uma nova dinâmica fundamentalista; agora eles estavam diante de assimilação e sincretismo culturais e também religiosos. Como ocorre em qualquer caso de contato cultural, alguns israelitas adotaram a cultura do estrangeiro, como prestígio ou como desafio à autoridade judaica tradicional; alguns misturaram antigas e novas culturas e, a partir da mistura, moldaram algo localmente único. Mas alguns se ativeram firmemente à "antiga religião" e até se tornaram paladinos militantes da ortodoxia contra desafios tanto externos quanto internos. Como vimos no Capítulo 10, muitos seguidores estiveram dispostos a morrer por suas verdades religiosas.

Os essênios e os macabeus são dois exemplos de grupos "restauracionistas" no antigo judaísmo. Após séculos de domínio estrangeiro, Judas Macabeu liderou uma revolta judaica e estabeleceu temporariamente um Estado judeu no final da década de 160 a.C., que foi a restauração não só do Estado, mas também da religião. E os essênios, uma facção separatista monástica, parecem surpreendentemente modernos em suas atitudes, entre as quais estão: sua denúncia dos sacerdotes de Jerusalém "como irremediavelmente corrompidos por sua acomodação aos costumes gentios e pela colaboração com os ocupantes romanos", como também suas doutrinas "do arrependimento e do julgamento vindouro de Deus, [o que significava que] os judeus devem afastar-se de tais influências contaminadoras e voltar à estrita observância da lei de Deus" (PAGELS, 1995: 18).

Os chamados *sicarii*, ou portadores de punhais, atuantes durante a ocupação romana, defendiam suas convicções com a violência. Eram uma seita de fanáticos nacionalistas, que atacavam os inimigos em plena luz do dia, preferentemente em dias santos quando o templo estava cheio, e matavam com um punhal (*sica*) donde deriva seu nome. Suas vítimas, como se pode prever, não eram exclusivamente ou mesmo normalmente os ocupantes estrangeiros, mas os moderados e colaboracionistas entre seu próprio povo, realçando mais uma vez o fato de que os fundamentalistas visam muitas vezes seus correligionários "liberais" como seu principal inimigo. E sua motivação religiosa é inegável; o historiador Josefo os descreve como pessoas que têm "uma paixão pela liberdade que é quase invencível, já que estão convencidos de que só Deus é seu líder e senhor" (citado em RAPAPORT, 1989: 29).

As origens do fundamentalismo judaico moderno podem remontar ao início do século XVIII como uma resposta às mudanças modernistas ou "iluministas" na cultura judaica. Esta é uma importante distinção entre os fundamentalismos cristãos e os fundamentalismos não cristãos a ser analisada mais adiante: nos casos não cristãos, a modernidade parece não só secular, mas também *estrangeira*, uma força ou cultura do Ocidente estrangeiro, muitas vezes envolvida com o colonialismo. Entre os primeiros judeus modernos, os membros modernistas/ocidentalistas – os *maskilim* ou homens iluminados – sofriam oposição dos mestres religiosos tradicionais ou rabinos, bem como de uma nova classe de líderes mais ortodoxos que se intitulavam *zaddikim* ("homens justos") ou *rebbes*. Estes homens fundaram o movimento conhecido como hassidismo, uma forma ultraortodoxa de judaísmo que se identificava com os macabeus e com o judaísmo medieval e "forneceu o modelo espiritual para o que emergiu como fundamentalismo judaico" (LAWRENCE, 1989: 124). Para esses *rebbes* a maior ameaça do modernismo era "o afastamento dos judeus de sua observância coletiva dos *mitzvoth*, ou mandamentos da Torá" (126).

No final do século XIX a cultura e a política judaicas tomaram um novo rumo com o movimento sionista, representado por Theodor Herzl e seus esforços para estabelecer um Estado judeu. O movimento cresceu até conseguir, após a Segunda Guerra Mundial, criar o Estado de Israel. Embora possa parecer que todos os judeus acolheram com prazer esta evolução, alguns dos elementos mais tradicionalistas de fato não o acolheram. Uma das reações veio na forma dos *haredim* (literalmente: "os que tremem"), que não é um grupo unificado individual, mas uma coleção de organizações e comunidades com as mesmas ideias. Todos estes grupos, entre os quais *Neturei Karta* e *Toldot Aharon*, compartilham algumas ideias e valores, como uma observância estrita de todas as leis da escritura e uma oposição teológica ao sionismo e ao Estado secular de Israel. Tentaram eliminar de suas escolas religiosas (*yeshiva*) o ensino secular inapropriado e purificar sua cultura, retirando-se o quanto possível da sociedade mais ampla. Ehud Sprinzak descreveu-os como "um sistema totalitário que não reconhece a privacidade" (1993: 465); eles mantêm, por exemplo, uma instituição conhecida como *Miahmarot Hatzniut* ou "Os guardas da castidade", que policiam o comportamento sexual da comunidade. Politicamente eles interpretam a formação de Israel como uma traição da escatologia, um indício de que a história divina não está progredindo, mas dando uma guinada na direção errada. Eles são um pequeno segmento (menos de 3%) de uma sociedade geralmente muito mais secular (menos de 20% dos judeus israelenses se identificam como "religiosos", embora 35-40% se denominem "tradicionais" em vez de seculares [LIEBMAN, 1993]), mas têm sido muito falantes e influentes.

Outros grupos e movimentos compartilham o espaço social do Israel contemporâneo, com agendas e estratégias variadas. Um grupo pequeno, mas eficiente (com talvez 20.000 membros atuantes), é o *Gush Emunim* (Bloco dos fiéis), que surgiu no início da década de 1970, na esteira do sucesso israelense na Guerra dos Seis Dias em 1967. Para os adeptos do *Gush Emunim* este evento foi apocalíptico, um sinal do envolvimento e da aprovação de Deus. Começando como um movimento de estudantes da *yeshiva* do rabino Abraham Itzhak Hacohen Kook e seu filho Zvi Yehuda Kook, tenderam a ser mais jovens, melhor instruídos e de classe social mais alta do que os *haredim* – produtos da época moderna. Outra diferença é sua atitude em relação ao Estado de Israel: eles não são hostis a ele, mas antes procuram dilatá-lo, teoricamente, "do Rio Eufrates no Iraque até a Torrente do Egito" (ARAN, 1991: 268). Foram, portanto, particularmente atuantes no movimento de assentamentos nos territórios ocupados de Gaza e na Cisjordânia. Opuseram-se a qualquer plano de retirada dos territórios conquistados, como o Sinai, e cometeram vandalismo e perseguição contra os palestinos locais. Sprinzak descreveu sua agressão como "vigilantismo de colonizadores", mas observou também que eles estiveram envolvidos em "violência messiânica", incluindo uma trama para destruir a mesquita muçulmana, a Cúpula do Rochedo, situada no alto do Monte do Templo na antiga Jerusalém.

Ilustração 12.3  Meir Kahane, fundador da Liga de Defesa Judaica, numa conferência de imprensa em Nova York (1981). Foto de Fred W. McDarrah/Getty Images

Nosso terceiro e último exemplo fundamentalista judaico é o movimento associado ao rabino extremista Meir Kahane (cf. Ilustração 12.3), que Lawrence considerou "um ativista judeu, mas não um fundamentalista" (1989: 130). Kahane ganhou proeminência em 1968 com sua Liga de Defesa Judaica, sediada em Nova York, e sua retórica raivosa tanto contra Israel quanto contra os não judeus. O Estado de Israel, ensinava ele, era pecador e seus líderes eram seculares e corruptos. E continuava: o judaísmo não era uma religião individualista, mas uma religião coletiva, de modo que todos os judeus precisam obedecer coletivamente aos mandamentos da Torá. Expressou também uma profunda hostilidade a todos os gentios e até considerava o Estado de Israel não um dom aos judeus, mas uma vingança contra os não judeus. Por fim, seu pensamento se cristalizou numa ideologia violenta encarnada no grupo *Kach* (Assim!), para o qual todas as opressões e humilhações do povo judeu eram um sacrilégio contra Deus. Seu grupo defendeu e comandou violência e terrorismo contra os árabes e até contra outros judeus.

### Fundamentalismos islâmicos

Para a maioria das pessoas, a própria epítome do fundamentalismo no mundo moderno é o tipo islâmico de fundamentalismo; certamente os casos mais dramáticos de violência recente foram executados em seu nome por seus seguidores. Isto levou alguns observadores a concluir que o islamismo está singularmente propenso a tendências fundamentalistas e, consequentemente, a criticar a religião; outros separaram a corrente fundamentalista do islamismo da religião mais ampla, rotulando-a com o termo depreciativo "islamista" (embora nunca se ouçam os termos "judeísta" ou "cristianista") ou "fascista islâmico". Para além das tendências críticas e orientalistas, falar sobre o fundamentalismo islâmico é especialmente complexo, porque o islamismo existe em tantos países e sociedades diferentes, com tantas variáveis internas diferentes (históricas, políticas e étnicas) e com uma relação tão problemática com "o Ocidente". Além da natureza "estranha" do secularismo e da modernização, precisamos compreender a conexão, para muitas pessoas e grupos muçulmanos, destas forças não só com a Europa e os Estados Unidos, mas também com o cristianismo e com o colonialismo e, por fim, com suas próprias lutas nacionalistas. O islamismo é também um dos poucos casos onde os fundamentalistas conquistaram realmente poder político e começaram a implementação de um sistema social religioso.

Poderíamos considerar as próprias origens do islamismo como uma espécie de movimento fundamentalista: a recuperação e reestabelecimento de um monoteísmo original e básico que perpetuou, mas aperfeiçoou, revelações anteriores do judaísmo e do cristianismo. Uma das coisas essenciais a entender é que, desde o início, o islamismo foi teoricamente tanto uma religião quanto um sistema social; com efeito, o cisma religioso/secular realmente não existiu. O islamismo é um conjunto de crenças e rituais, sem dúvida, mas é e sempre foi também um conjunto de leis e um sistema de jurisprudência, estabelecido antes de tudo no Alcorão e depois nas "tradições" das decisões de Maomé, na história das decisões e interpretações sociais e legais e na lei da *sharia*, que gradualmente se aglutinaram.

O islamismo nunca experimentou uma "reforma" ou um "iluminismo" como a Europa cristã e nunca reconheceu uma "separação entre Igreja e Estado".

O islamismo tem sua história singular de movimentos e lutas pela crença e pelo poder, que remontam aos primeiros anos e à controvérsia sobre o sucessor (califa) de Maomé. Isto levou imediatamente à divisão entre os sunitas e os xiitas (os *Shi'a Ali* ou os "partidários de Ali", um parente de Maomé). Assim os xiitas em particular tenderam a considerar-se os purificadores e reformadores de um islamismo literalmente "desencaminhado". No entanto, os movimentos que surgiram após um constante contato com o Ocidente e a colonização por parte do Ocidente são os que mais nos interessam. O vaabismo é uma das manifestações mais familiares e importantes. Muhammad Ibn 'Abd al-Wahhab (1703-1792), que viveu no que viria a ser a Arábia Saudita, liderou um movimento purista que se distinguiu por uma "oposição às superstições e inovações populares, por sua insistência em juízos independentes esclarecidos em contraste com a confiança nas autoridades medievais em vista da função e por seu apelo à islamização da sociedade e à criação de uma ordem política que dê um adequado reconhecimento ao islamismo" (VOLL, 1991: 351). Especificamente, isto acarretou um retorno aos fundamentos textuais do Alcorão e à outra grande escritura islâmica, os *Hadith* ou "tradições". O vaabismo ainda é uma influente escola de pensamento na Arábia Saudita.

O islamismo foi um instrumento de discurso, resposta e resistência em todas as sociedades muçulmanas invadidas pelo colonialismo e pela cultura ocidentais, desde a África até a Ásia. Como ocorreu no Império otomano, alguns governantes locais tentaram adotar a modernização, ainda que apenas por interesses pessoais (cf. Capítulo 11); entre eles estavam Muhammad 'Ali e Isma'il no Egito do século XIX. Movimentos tradicionalistas e de "contrarreforma" surgiram em reação, embora Abdel Azim Ramadan (1993) tenha observado que até recentemente não existia nenhum equivalente arábico para "fundamentalistas"; antes da invenção do termo *usuliyyun*, esses grupos eram chamados simplesmente "radicais". Um dos exemplos mais influentes foi a Irmandade Muçulmana, fundada por Hasan al-Banna (1906-1949) no final da década de 1920 para defender o islamismo contra contaminações estranhas, como "suas mulheres seminuas [...], suas bebidas alcoólicas, seus teatros, seus salões de dança, seus entretenimentos, suas histórias, seus jornais, suas novelas, seus caprichos, seus jogos estúpidos e seus vícios", bem como

> escolas e institutos científicos e culturais no próprio coração do território islâmico, que lançaram dúvida e heresia nas almas de seus filhos e lhes ensinaram como rebaixar-se a si mesmos, depreciar sua religião e sua terra natal, despojar-se de suas tradições e crenças e considerar sagrado tudo o que é ocidental (citado em VOLL, 1991: 360-361).

A Irmandade rejeitou a separação entre mundo religioso e mundo temporal e pediu uma sociedade e um governo islâmicos, argumentando que a neutralidade política era um crime contra o islamismo. Finalmente foi criada uma ala militar secreta, com a finalidade de defender o grupo e com a esperança de algum dia tomar o poder; tentaram até assassinar o líder egípcio Nasser. A Irmandade Muçulmana produziu outros movimentos no Egito, como a *takfir* de Sayyid Qutb, que acusou de ateísmo todas as sociedades muçulmanas existentes (*takfir* significa literalmente: "declaração de incredulidade" ou "excomunhão") e, portanto, rejeitou sua legitimidade. Alguns grupos *takfir* defenderam a derrubada de regimes, enquanto outros propuseram retirar-se deles (por exemplo, a *al-Takfir wal-Hijra* ou "acusação de ateísmo e emigração", de Shukri Mustafa). Por volta de 1975 foi fundada a Organização Jihadista para ampliar a visão, pedindo uma guerra santa contra qualquer sociedade ou administração não regida pelas leis de Deus.

O modelo mais inspirador para o fundamentalismo islâmico no século XX foi sem dúvida a revolução iraniana, que precisa ser considerada no contexto da política interna e internacional. Uma revolução em 1906 havia levado a uma constituição que não era anti-islâmica, mas também não se baseava na lei da *sharia*. Em 1941 Muhammad Reza Pahlavi tornou-se governante ou xá e, depois de ser reinstalado pelo Ocidente após uma insurreição no início da década de 1950, tornou-se um importante aliado e paladino da modernização, senão das liberdades políticas. Sua política modernizante e seus laços estreitos com o Ocidente, junto com a repressão praticada através de sua polícia secreta, tornaram o regime cada vez mais impopular. A partir de seu exílio na França, o Aiatolá Khomeini exerceu contínua pressão, pedindo uma administração islâmica que governaria, mas não "legislaria", já que todas as leis já eram proporcionadas pelo islamismo. Em 1979 a revolução foi bem-sucedida e Khomeini declarou o Irã uma República Islâmica – a primeira vez na história moderna que um movimento fundamentalista muçulmano alcançou de fato o poder.

De acordo com Said Amir Arjomand, a teoria de Khomeini de governo islâmico era o "Mandato do Jurista", uma interpretação totalmente não tradicional do papel do jurista ou intérprete da lei. Os juristas xiitas haviam reivindicado anteriormente seus direitos à autoridade religiosa, mas nunca ao poder político; e não só isso, mas Khomeini afirmou que, se algum jurista individual algum dia conseguisse fundar um governo, todos os outros estavam obrigados a submeter-se a ele (infringindo o tradicional princípio da igualdade dos aiatolás). Ele começou a elaborar um sistema islâmico (especificamente islâmico xiita), expresso numa nova constituição que descrevia a iniciativa "como uma tentativa, por parte da nação, de purificar-se da poeira do governo ímpio e de ideias estranhas, como uma maneira de retornar a Deus e às 'posições intelectuais e visão de mundo autênticas do islamismo'" (ARJOMAND, 1993: 92). O artigo 2 da constituição inaugurou explicitamente uma teocracia, com toda soberania e poder legislativo postos em Deus, e um Conselho de Guardiães (composto por aiatolás) à frente. Ironicamente, como mostrou Ann Elizabeth Mayer (1993), as necessidades da política exigiram uma espécie de secularização *de facto* da revolução religiosa: em 1988 Khomeini decretou que o Estado tinha a autoridade de governar mesmo em oposição à lei islâmica ou à obrigação ritual.

Mayer continuou argumentando que o fundamentalismo islâmico, embora afirmando a unidade doutrinal e o absolutismo, produziu de fato diversas interpretações e foi usado para diversos objetivos: "Uma multiplicidade de formulações ideológicas da *sharia*, que vão desde a esquerda radical até à direita reacionária, têm sido propostas nas últimas décadas" (111), usadas para apoiar cosmovisões democráticas e até socialistas, como também cosmovisões antimodernistas e autoritárias. O resultado é um movimento complexo e inconsistente moldado por forças locais. Por exemplo, enquanto a maioria xiita apoiou amplamente o fundamentalismo iraniano, o programa religioso de Zia ul-Haq no Paquistão na década de 1980 proveio em grande parte do lado sunita e sofreu a oposição da maioria xiita, que nessa circunstância era liberal e antifundamentalista. Com efeito, o fundamentalismo de Zia pode ter sido motivado mais por interesse pessoal do que por devoção. No Sudão, em 1983, o ditador militar Jafar al-Numayri iniciou um programa de islamização em meio a numerosas crises nacionais, entre as quais calamidades econômicas, fome, tensões étnicas e ameaça de guerra civil no Sul. Seu suposto *revival* islâmico estranhamente não incluiu nenhum líder religioso real, de modo que sofreu oposição não só da parte secular do governo, mas também de muitos da parte religiosa da sociedade. Muitos dos rebeldes no Sudão do Sul ainda culpam a política por contribuir para a guerra local.

**Quadro 12.2  Fundamentalistas no controle: o Talibã no Afeganistão**

A 27 de abril de 1978, um golpe comunista assumiu o poder no Afeganistão, um Estado multiétnico criado pelo colonialismo britânico no século XIX. Já na década de 1870 haviam surgido vários movimentos de resistência, geralmente encabeçados por clérigos religiosos que recrutavam apoio entre os inumeráveis líderes e grupos tribais locais da região; esses movimentos nunca haviam tentado uma revolução política, apenas reformas culturais e legais (da *sharia*), geralmente apelando para a população rural. Seguindo o mesmo padrão, os resistentes rurais inspirados no islamismo haviam libertado dois terços do Afeganistão antes de a União Soviética intervir em dezembro de 1979 para salvar o regime. Agora a resistência precisava lutar com o exército soviético; mas, com a ajuda e a liderança dos Estados Unidos e o financiamento fornecido por estrangeiros como Osama Bin Laden, os combatentes *Mujahadin* expulsaram os soviéticos em 1989. No vácuo de poder e lutas facciosas que se seguiram, um grupo de estudantes religiosos (*talib* é o singular para expressar estudante, *taliban* é o plural) surgiu em 1994 e tomou a cidade de Kabul, que era a capital, em 1996. Começara o reinado do Talibã. O Talibã resultou do sistema de escolas religiosas (madrassas) do Afeganistão e do Paquistão, muitas vezes em campos de refugiados, onde eles também proporcionavam outros serviços sociais e religiosos às comunidades e as defendiam quando necessário; eram também recrutados predominantemente entre o grupo étnico Pashtun, que compreendia aproximadamente 48% da população do Paquistão. Como fontes de educação, adotavam uma versão particularmente ortodoxa e puritana do islamismo, associada ao vaabismo (cf. acima, p. 457). Sob seu líder Mullah Muhammad Omar, a administração Talibã começou estabelecendo sua marca estrita do islamismo como programa social e político. Muitas práticas modernas ou

Ilustração 12.4 Homens afegãos na frente da grande cavidade onde ficava um dos antigos Budas de Bamiyan até serem destruídos pelo Talibã. Cortesia de Majid Saeedi/Thinkstock by Getty Images

heterodoxas foram banidas, entre as quais: filmes e televisão, música de todos os tipos, a internet, pornografia, livros não islâmicos, soltar pipas (considerado um comportamento hindu), fumar, ingerir álcool e fazer proselitismo em outras religiões. Foram impostas outras práticas "tradicionais", como execuções públicas por assassinato e adultério, amputação da mão em caso de roubo, obrigatoriedade da barba para os homens, e uma panóplia de restrições para as mulheres – nada de emprego fora de casa, nada de educação, cobrir completamente o corpo em público e nada de imagens impressas ou eletrônicas de mulheres, entre muitas outras. Até mesmo a pintura nas unhas podia levar a ter os dedos decepados. Como já foi mencionado, todas as religiões não muçulmanas e pré-islâmicas eram consideradas iníquas; por isso, em 2001, duas enormes estátuas de Buda foram destruídas para livrar o país da idolatria (cf. Ilustração 12.4). Também em 2001 oito ocidentais que prestavam ajuda humanitária foram processados por pregar o cristianismo e punidos com a morte. O Talibã foi retirado do poder pelos Estados Unidos após o 11 de setembro de 2001 por proporcionar refúgio à al-Qaeda. Em 2014 os combatentes do Talibã continuavam a travar escaramuças com as forças americanas e haviam efetivamente restabelecido o controle em algumas partes do país.

## Fundamentalismos hindus

Embora os monoteísmos sejam particularmente propensos a fundamentalismos religiosos, eles não são de modo algum os únicos nesse sentido. Qualquer religião – de fato, qualquer posição ou ideologia – pode desenvolver tendências fundamentalistas, especialmente quando combinadas com outras ideias e forças sociais voláteis. No contexto da Índia, a tradição e a modernização se encontraram através do colonialismo europeu. Como explicou Robert Frykenberg, nunca houve uma sociedade ou um Estado indianos unificados antes do Raj Britânico ou Índia Britânica, que criou a Índia colonial e moderna. Ao invés, a sociedade sempre foi diversificada, descentralizada e fracamente integrada, "uma hierarquia cuidadosamente organizada de contratos sociais, políticos e religiosos" (1993: 235). Não só não havia nenhuma integração "nacional" pré-colonial do tipo "Estado" moderno ocidental, mas também não havia nenhuma *identidade* "nacional". Em particular, não havia algo como um "hinduísmo"; o que nós consideramos hinduísmo era (e em grande parte é) um "mosaico de cultos, divindades, seitas e ideias diferentes" (237). Não causa surpresa que a formalização e progresso do "hinduísmo" correu paralelamente à formalização da "sociedade" e do "Estado" inclusivos e delimitados da Índia, essencialmente uma conquista da modernização e do colonialismo. "O 'hinduísmo' proclamado pelas mobilizações de massa – o crescente ideal de uma 'comunidade hindu' monolítica oniabrangente – é, por conseguinte, uma evolução recente" (237).

Parte deste sucesso, como ocorreu no budismo do Sri Lanka (cf. abaixo, p. 464-466), veio das atividades do Raj, tanto políticas quanto eruditas. A necessidade de nomear a cultura e a sociedade locais, para distingui-las das muçulmanas, cristãs etc., levou à adoção do termo "hindu". Ao mesmo tempo, estudiosos ocidentais como Max Mueller estavam estudando e codificando ativamente as culturas e tradições asiáticas, proporcionando ordem, atenção e legitimidade a essas tradições; com iniciativas como *Sacred Books of the East*, em cinquenta volumes, editados por Mueller, havia agora uma "literatura hindu oficial". O Parlamento Mundial das Religiões em 1893 tornou o hinduísmo um nome familiar e uma religião mundial.

A outra parte da aglutinação da cultura e da identidade hindus veio de iniciativas socioculturais autóctones. Em 1871 o Partido do Congresso Nacional Indiano introduziu uma classificação das categorias religiosas e comunitárias, incluindo a categoria "hindu". Pouco depois, em 1875, apareceu a *Arya Samaj* ou Sociedade dos Árias como uma organização fundamentalista védica, que observava uma adesão estrita aos textos hindus mais antigos (os Vedas) e descartava "grande parte das tradições hindus posteriores como prática degenerada que é melhor esquecer" (GOLD, 1991: 534). A All-India Hindu Mahasabha foi criada em associação com o Partido do Congresso Nacional Indiano e como uma reação cultural à Liga Muçulmana.

Desta atividade surgiu uma ideologia conhecida como *Hindutva*, analisada na publicação que traz o mesmo nome, feita por Vinayak Damodar Savarkar em 1923-1924. Significando essencialmente "hindu-idade" ou "nacionalismo hindu", seus princípios incluíam a ideia de que os hindus eram não só uma nação individual (*rashtra*), mas a autêntica nação autóctone do subcontinente. Todos os verdadeiros nativos do país, independentemente de sua casta ou seita ou língua, eram hindus; os "fundamentos" da identidade e da crença hindus estavam literalmente no sangue. Por isso, toda a Índia era não só um lar, mas um lar *sagrado*, para os hindus (cf. o Capítulo 9 para outros exemplos da "nação sagrada"). Esta ideologia foi institucionalizada no movimento *Rashtriya Swayamsevak Sangh* (RSS – União Nacional de Voluntários/Servidores) de 1925, dirigido por Kesnar Baliram Hedgewar. Esta nova compreensão pedia uma radical transformação pessoal, basicamente uma conversão ou reconversão para a verdadeira hindu-idade do indivíduo. O RSS recrutava "voluntários" ou "servidores espontâneos" (*swayamsevaks*) para defender e levar adiante a causa – o quadro de elite, formado nos valores dos xátrias e organizado em regimentos militares.

Em 1939 havia 60.000 membros atuantes do RSS e em 1981 1.800.000 *swayamsevaks* formados em 25.000 ramos nacionais (FRYKENBERG, 1993). O movimento se tornara muito influente na política indiana no final do século XX e foi muito bem resumido por Madhav Sadashir Golwalkar, que escreveu em seu livro *We, or Our Nationhood Defined*, de 1938:

> As pessoas não hindus do Hindustão precisam adotar a cultura e a língua hindus, precisam aprender a respeitar e reverenciar a religião hindu, precisam não alimentar outra ideia senão a glorificação da raça e da cultura hindus: ou seja, elas precisam não só abandonar sua atitude de intolerância e ingratidão para com esta terra e suas antiquíssimas tradições, mas precisam também cultivar, ao invés, uma atitude positiva de amor e devoção, [...] numa palavra, precisam deixar de ser estrangeiros ou precisam permanecer neste país inteiramente subordinados à nação hindu, não exigindo nada, não merecendo nenhum privilégio, e muito menos qualquer tratamento preferencial, nem mesmo os direitos de cidadão (citado em FRYKENBERG, 1993: 243).

Como é retratada por Kalyani Devaki Menon, a reconversão nacional exigida pela *Hindutva* implica muitas vezes reverter a conversão cristã e recuperar pessoas que "foram enganadas por missionários ou [...] seduzidas por ofertas de remuneração material" (2003: 43). Do ponto de vista nacionalista hindu, o proselitismo de outras religiões "faz parte de uma conspiração para destruir a cultura 'indiana' e desestabilizar o regime 'indiano'" (43). Como tal, a conversão dos indianos a religiões estrangeiras, e sua bem-sucedida reconversão à sua verdadeira e inata religião e identidade, "não é considerada simplesmente uma expressão individual de fé, mas antes uma escolha política que implica necessariamente questões de fidelidade nacional, patriotismo e determinação cultural" (51).

---

Quadro 12.3 **Acampamento da *Hindutva*: ensinando o fundamentalismo entre os hindus americanos**

Os leitores talvez estejam familiarizados com o filme *Jesus Camp* e com o fenômeno dos acampamentos para crianças cristãs evangélicas e fundamentalistas (mas não limitados apenas a elas). Jessica Marie Falcone descobriu algo muito semelhante no Shantiniketan, "um acampamento de verão de tendência política nacionalista hindu (*Hindutva*) sediado nos arredores de Washington, D.C." (2012: 164). O Acampamento de Verão Shantiniketan era um programa organizado por membros locais da Hindu Swayamsevak Sangh e da Vishwa Hindu Parishad, duas instituições "que trabalhavam, de forma veemente, e às vezes violenta, contra o Estado indiano secular, em favor de um Estado hindu excludente" (170). No acampamento, onde passavam quatro dias e quatro noites, as crianças e seus pais eram presenteados com a ideologia da *Hindutva*

> através de várias atividades, inclusive jogos, leituras e eventos. As crianças aprendiam um conjunto de exercícios e formação, como também o que só posso descrever como ioga militante, que refletia a missão dos líderes de militarizar o hinduísmo. A atmosfera de disciplina era pontuada com ruidosos cantos nacionalistas à solidariedade hindu (170-171).

O acampamento, evidentemente, incluía também atividades "de natureza mais especificamente religiosa, destinadas a exaltar e ensinar aspectos do ritual hindu, [...] a fim de criar conexões sugerindo que a prática religiosa hindu é inseparável da teologia política e do discurso da *Hindutva*" (171). E, como outros fundamentalismos, a *Hindutva* do Shantiniketan não era apenas a favor de alguma coisa, mas também contra alguma coisa. Ensinava-se aos participantes do acampamento que eles precisavam lutar arduamente "contra o assim chamado assalto muçulmano e cristão: 'a batalha está em curso. Os missionários cristãos estão tentando nos destruir. [...] Resistam!'" (172). Em particular, diziam-lhes que hindus só devem namorar e casar com hindus. Curiosamente, Falcone conclui que esta marca única de "*Hindutva* ianque" representa uma combinação excepcional de nacionalismo hindu e experiência imigrante americana. Ela relata que poucos dos pais sustentavam ideias da *Hindutva* antes da chegada aos Estados Unidos, embora muitos achassem que os muçulmanos tinham vantagens injustas na Índia. Uma vez nos Estados Unidos, porém, eles se associavam à *Hindutva*, em parte "para ter a consciência de estarem contribuindo de maneira significativa para sua terra natal" (170), em parte por pressão de grupo vinda de sua comunidade e em parte por causa da discriminação sentida contra os indianos em seu novo país. Ela observa que os grupos americanos de *Hindutva* na verdade coletam fundos expressivos para os partidos da *Hindutva* na Índia, o que significa que "a '*Hindutva* ianque' é cúmplice da política indiana atual" (167). Mas, independentemente da situação religiosa e política na terra natal, e da mesma forma como os judeus dinamarqueses analisados acima (p. 437s.), viver numa terra estrangeira tornou muitos imigrantes indianos mais conscientes de sua cultura e etnicidade. Por fim, "no clima de 'supremacia branca' dos Estados Unidos, muitos indianos adotaram a *Hindutva* como um antídoto ao seu orgulho humilhado" e também em reação à "culpa que alguns americanos hindus sentem por ter deixado a 'Mãe Índia' para trás" (169). Por serem uma comunidade de diáspora, "a alienação nos Estados Unidos desperta fome da narrativa romantizada de pertença, aceitação e unidade hindu que as histórias da *Hindutva* construíram" (169).

### Fundamentalismos budistas

A noção popular do budismo é que ele é uma religião de moderação e paz e, portanto, não é suscetível ao extremismo, ao fundamentalismo e à violência. Na prática, porém, embora talvez não com tanta frequência, também o budismo mostrou tendências fundamentalistas. Nos casos mais brandos, como o caso relatado por Sherry Ortner no Nepal, esses fenômenos podem assumir a forma de movimentos para melhorar ou inculcar ou purificar a crença e a prática religiosas. O budismo Sherpa se caracterizou por mosteiros providos de monges casados, um hábito instituído no final do século XVII. No entanto, o início do século XX presenciou iniciativas de organizar uma instituição mais ortodoxa, "os primeiros mosteiros budistas de celibatários entre os Sherpas do Nepal" (1989: 3). E a fundação dos mosteiros foi apenas a primeira etapa num processo de reortodoxificação: "Uma vez construídos os mosteiros Sherpa, foi desencadeado todo um processo: os monges lançaram uma campanha para elevar o nível da religião popular e alinhá-la com a visão e os valores monásticos" (3).

Em outros casos, o restauracionismo budista tem sido mais robusto, mas também mais "moderno" e sincretista, particularmente na Birmânia contemporânea (às vezes chamada Mianmar). Como ocorreu em muitas partes do mundo, o impulso veio originariamente da experiência colonial: por volta de 1800, algumas autoridades religiosas exigiam um retorno ao budismo e uma purificação do mesmo contra a ameaça cristã, o que envolveu uma "nova exegese do Tripitaka, as escrituras budistas, e uma adesão mais estrita à 'disciplina' por parte dos monges" (KEYES, 1993b: 368). A modernização e a integração na economia global trouxeram choques ulteriores: quando a grande depressão da década de 1930 empobreceu muitos birmaneses, surgiram movimentos milenaristas como o *Saya San*, que visava a expulsão dos britânicos e o retorno da monarquia budista. Os birmaneses mais modernizados desenvolveram uma autoidentidade mais acentuada enquanto budistas, com uma agenda mais ativista e "política". Um dos personagens-chave foi U Ottama, que defendeu um estilo militante e "fundamentalista", com um papel político para os monges. Mais importante ainda foi U Ba Swe, que fundiu conscientemente budismo com marxismo, considerando o marxismo a contraparte prática temporal do budismo. O golpe político de Ne Win em 1962 levou ao poder um regime comprometido justamente com esse "socialismo budista", que exaltava a religião e ao mesmo tempo consumava o controle da religião pelo Estado; por exemplo, a liderança da *sangha* ou comunidade religiosa passou para o Partido do Programa Socialista da Birmânia.

O Sri Lanka proporciona o melhor caso de um budismo que conquistou o poder político e chegou à violência religiosa. O Sri Lanka é uma ilha que compreende dois grupos étnicos ou religiosos/identitários principais: os cingaleses (budistas), que formam a maioria, e os tâmeis (hindus), que são a minoria. Os cingaleses pretenderam também ser os habitantes originais e legítimos; e, em várias épocas do passado, existiram sólidos reinos budistas, especialmente sob o herói da cultura budista cingalesa Dutthagamani, que supostamente expulsou um rei não budista em nome do budismo. Pelo menos desde então, ou até já antes, os monges budistas (*bhikkhus*) foram politicamente importantes, considerando que é seu direito e dever preservar e promover a religião e o reino.

Imediatamente após tornar-se uma colônia britânica em 1802, missionários cristãos começaram a inundar a ilha. Em algumas décadas foram criadas *samagamas* (associações) budistas, como a *Sarvagna Sasanabhivruddhi Dayaka Dharma Samagama* em 1862, para "proteger e desenvolver o budismo", e porta-vozes budistas como Gunananda disputavam com o cristianismo, realizando até debates públicos. É interessante que a Sociedade Teosófica sediada na América teve um papel no fomento da autoidentidade budista e foram fundados revistas e jornais cingaleses como *Lankapakaraya* e *Lak Mini Kirula* (ambos em 1881) para fomentar a identidade e os interesses budistas. Mas o personagem mais importante no fundamentalismo budista do século XIX foi, provavelmente, Anagarika Dharmapada, que defendeu uma identidade e hegemonia cingalesa/budista exclusiva para a ilha:

> A ilha de Lanka pertence aos cingaleses budistas. Por 2.455 anos esta foi a terra natal dos cingaleses. Outras raças vieram para cá para prosseguir suas atividades comerciais. Para os europeus, além desta terra, existe o Canadá, a Austrália, a África do Sul, a Inglaterra e a América para ir; para os tâmeis existe o sul da Índia; para os mouros [...] o Egito; os alemães podem ir para a Holanda. Mas para os cingaleses só existe esta ilha (citado em DHARMADASA, 1992: 138).

À medida que se aproximava a independência na década de 1940, elementos budistas tornaram-se mais ativos, como os *bhikkhus* políticos que fundaram a *Lanka Eksath Bhikkhu Mandalaya* (União dos Bhikkhus do Ceilão) para promover o budismo, se necessário por meio da derrubada do governo colonial. Em 1956 o Congresso Budista do Ceilão publicou um comunicado intitulado "A traição do budismo", que se queixava da condição do budismo, do governo e da sociedade; pedia a interrupção da ajuda às escolas cristãs e o restabelecimento da unidade entre Estado e *sangha*. Não causa surpresa que, no mesmo ano, o partido político dominante, o Partido da Liberdade do Sri Lanka, se tenha tornado mais pró-budista e pró-cingalês, promulgando leis para favorecer a religião budista e a língua cingalesa, medidas que indignaram os tâmeis a tal ponto que estourou uma guerra civil etno-religiosa entre tâmeis e cingaleses.

## Conclusão

Nenhuma religião está imune a tendências fundamentalistas, especialmente num mundo moderno de pluralismo religioso e cultural, de rápidas mudanças sociais e fortes crenças e sentimentos religiosos. Todos os fundamentalismos têm em comum certa índole reacionária ou defensiva – e até mesmo certa militância –, embora variem também de forma significativa não só entre religiões e entre sociedades/Estados, mas também no interior das religiões. No entanto, e isto é muito claro, eles também não são exclusivos dos tempos modernos, mas podem ser encontrados em todos os tempos de mudança e ameaça – que são quase todos os tempos. Eles são, finalmente, uma das formas recorrentes dos "movimentos de revitalização", que surgem em todas as sociedades (e não só em instituições religiosas) durante momentos de perturbação e declínio social (real ou imaginário).

O fundamentalismo, portanto, não é "má religião" nem é "verdadeira religião", mas antes uma das muitas variações que a religião pode assumir, e muitas vezes assume, em determinadas circunstâncias históricas e sociais. O fato de que estas mesmas circunstâncias irão certamente continuar e até se intensificar no futuro sugere que os fundamentalismos provavelmente persistirão e mostra também convincentemente que a "modernidade" não é a morte da religião, mas antes pode dar-lhe uma vida nova e vigorosa. Finalmente, os fundamentalismos são uma ilustração perfeita das múltiplas formações ou modos de religião (e irreligião), da vernaculização das religiões e do valor de uma perspectiva antropológica a respeito das religiões.

### Perguntas para debate

- O que significa falar de "formações do fundamento"? Como o fundamentalismo é elaborado na e pela sociedade secular, e por que Harding o chama de o "outro repugnante"?
- Quais são as variedades do fundamentalismo? Defendem todas elas a violência – ou até a ação política?
- Como e por que o fundamentalismo surgiu nos Estados Unidos? Como os fundamentalismos de outras religiões e países se assemelham ao fundamentalismo cristão americano e como diferem dele?

### Leitura suplementar (cf. website)

- *Fieldwork among Fundamentalists: The Southside Gospel Church.*
- *The Hyper-Christian, Hyper-Modern Children of God.*
- *Jesus.com: Internet Fundamentalism.*

# Glossário

Apresentamos abaixo definições úteis de alguns termos importantes na antropologia da religião. Outros termos são por demais complexos ou controversos para definições simples, tais como "ritual" ou "secularismo" ou "crença" e frustrariam o propósito da antropologia de tentar acomodar o debate profissional num glossário. Outros termos-chave têm seções ou capítulos inteiros dedicados a eles e os leitores são exortados a consultar essas páginas para debates e avaliações de terminologia.

**Adivinhação** – O uso de técnicas religiosas para "ler" informações vindas do mundo sobrenatural.

**Adivinho** – Um especialista religioso que usa uma dentre muitas técnicas para "ler" informações vindas do mundo sobrenatural.

**Agência** – A capacidade das pessoas de agir com base em sua própria subjetividade, seus desejos ou suas intenções, e não como um objeto das intenções de outro.

**Agente** – Um ser que tem sua própria subjetividade e pode agir sobre seus próprios desejos ou intenções; algo que é mais do que um mero objeto passivo.

**Agnosticismo** – Formulado por Thomas Huxley (e derivado do grego *a-*, que significa não/sem, e *gnosis*, que significa conhecimento). A postura de que não devemos pretender ter conhecimento a não ser que possamos demonstrar as razões para nosso conhecimento – não, como geralmente é entendido, que o conhecimento é impossível ou uma postura intermediária entre crer e não crer.

**Alma** – Conceito religioso de um ou mais componentes imateriais de um ser humano vivo. Existe uma crença muito generalizada de que a alma sobrevive à morte do corpo, pelo menos temporariamente, e continua numa outra forma de existência.

**Anglo-israelismo** – Um movimento cristão que afirma que os povos de língua inglesa (particularmente os britânicos e os americanos) são os verdadeiros cristãos e herdeiros da aliança de Deus com Israel.

**Animatismo** – A concepção religiosa de que existem no mundo forças espirituais impessoais e de que elas afetam a vida e o comportamento humanos.

**Animismo** – A concepção religiosa segundo a qual objetos (animais, plantas, colinas, lagos, lua etc.) e forças naturais (vento, chuva etc.) têm componentes espirituais que interagem socialmente com os humanos.

**Antissincretismo** – Resistência a misturar na religião elementos novos ou estranhos.

**Ascetismo** – Uma forma de disciplina religiosa que envolve autoprivação, a rejeição de comodidades e às vezes a imposição deliberada de dor a si mesmo.

**Ateísmo** – Do grego *a-*, que significa não/sem, e *theos*, que significa deus. A ausência de um conceito de deus(es) ou de crença em deus(es); em termos convencionais, a rejeição da existência de deus(es).

**Automortificação** – Qualquer uma de uma variedade de práticas destinadas a infligir desconforto e dor a si mesmo, chegando a incluir a morte.

*Bid'a* – Termo árabe que designa inovação ilícita ou novidade na religião.

**Bruxaria** – O uso dos poderes de um bruxo/a, geralmente para causar infortúnio ou dano.

**Bruxo/a** – Especialista religioso, muitas vezes imaginado como um humano dotado de uma capacidade sobrenatural de causar dano aos outros, às vezes por possuir um órgão corporal anormal ou uma personalidade anormal; às vezes considerado um tipo antissocial e até anti-humano que causa infortúnio por excessiva ganância ou cólera ou ciúme.

**Cânon** – O conjunto de escritos ou doutrinas e práticas oficiais padronizadas de uma religião.

**Código de interação** – De acordo com John Skorupski, um conjunto especializado de comportamentos que estabelecem ou mantêm (ou destroem) um equilíbrio, ou mútuo acordo, entre as pessoas envolvidas numa interação no tocante à sua correspondente posição social ou função e aos seus compromissos e obrigações recíprocos.

*Communitas* – No modelo ritual de Victor Turner, a condição da existência indiferenciada e sem estrutura; a unidade que caracteriza o estado de liminaridade, quando o ator ritual se encontra entre *status* sociais.

**Conflito etnorreligioso** – Violência entre grupos étnicos ou de identidade, que têm a religião como um de seus elementos de identidade ou de interesses conflitantes.

**Contaminação** – Aquelas substâncias, objetos, ações e talvez pensamentos que fazem com que uma pessoa se torne "imunda/impura".

**Conversão** – Termo usado mais comumente no linguajar cristão; a suposta ruptura repentina e total com o passado e a adoção de uma nova crença e identidade religiosas.

**Cosmogonia** – Noções a respeito da origem do universo.

**Cosmologia** – Noções a respeito da ordem ou estrutura da realidade última.

**Crime de honra** – O assassinato, geralmente de mulheres, quando seu comportamento trouxe vergonha ou desonra a uma família através de comportamentos como sexo antes do casamento ou "namorar" fora das categorias designadas.

*Da'wa* – Termo árabe que significa "convidar", muitas vezes entendido no islamismo como sinônimo de conversão.

**Deísmo** – A ideia religiosa de um deus que criou o universo, mas tem pouco interesse pelos humanos e não intervém nos assuntos humanos.

**Diáspora** – A dispersão de um grupo social de sua terra natal histórica (muitas vezes aplicada especificamente à comunidade judaica).

**Difusão** – A disseminação de itens da cultura de uma sociedade para outra.

**Difusionismo** – A opinião ou teoria etnológica ou antropológica do século XIX segundo a qual a cultura – ou práticas culturais, objetos ou instituições específicos – apareceu uma única vez ou, na melhor das hipóteses, umas poucas vezes, e se espalhou a partir de seu centro original.

**Drama social** – Espetáculos simbólicos públicos (geralmente ritualizados), nos quais são representados os conflitos ou desarmonias da sociedade.

**Economia oculta** – De acordo com John e Jean Comaroff, a utilização, real ou imaginária, de meios mágicos para fins materiais, inclusive assassinato ritual, venda de partes do corpo e a suposta produção de zumbis.

**Enteógeno** – Substância química que provoca uma experiência de tipo religioso.

**Escatologia** – Noções a respeito do fim do mundo.

**Estruturalismo** – A teoria, associada mais estreitamente a Claude Lévi-Strauss, de que o significado de um item (palavra, função, prática, crença) está não tanto no item em si, mas em sua relação com outros. Em outras palavras, é sumamente importante a "estrutura" de múltiplos itens e a localização de cada um em relação aos outros.

**Etnografia** – Um relato escrito ou descrição de uma determinada cultura, incluindo geralmente seu ambiente, seu sistema econômico, seus acordos de parentesco, seus sistemas políticos e suas crenças religiosas; e muitas vezes incluindo alguma análise das mudanças culturais.

**Evemerismo** – A noção de que a ideia de deuses ou espíritos deriva de relatos modificados ou exagerados de pessoas e eventos verdadeiros.

**Êxodo cristão** – Um movimento cristão americano que trabalha para deslocar um grande número de cristãos para um estado (por exemplo, a Carolina do Sul), onde eles podem estabelecer uma cultura cristã.

**Fantasma** – Um ser religioso ou espiritual, geralmente considerado a parte espiritual desencarnada de um humano falecido.

**Feitiçaria** – O uso de técnicas religiosas para obter efeitos sobrenaturais, geralmente efeitos maléficos.

**Feiticeiro** – Um especialista religioso que usa técnicas, entre as quais fórmulas mágicas e poções etc., para obter efeitos sobrenaturais.

**Folclore** – A literatura "tradicional", geralmente oral, de uma sociedade, que consiste em vários gêneros, como mito, lenda, conto popular, canto, provérbio e muitos outros.

**Funcionalismo** – O método, e subsequentemente a teoria, de que um traço cultural pode ser investigado por causa da contribuição que ele traz à sobrevivência dos humanos individuais, ao funcionamento de outros itens culturais ou à cultura como um todo.

**Funcionalismo estrutural** – A teoria de que a função de um traço cultural, particularmente uma instituição, é a criação e preservação da ordem social e da integração social.

**Fundamentalismo** – Uma espécie de movimento cultural/de revitalização, no qual os membros procuram abordar problemas ou desvantagens sociais visíveis restaurando os "fundamentos" visíveis ou os elementos mais antigos, mais importantes e mais "genuínos" da cultura.

***Gush Emunim*** – Bloco dos Fiéis, um grupo judeu extremista surgido no início da década de 1970, na esteira do êxito israelense na Guerra dos Seis Dias em 1967; apoia o Estado de Israel e está ansioso por ampliar seu território até incluir toda a terra do antigo Israel.

***Haredim*** – Literalmente: "os que tremem". Um conjunto de organizações e comunidades judaicas da mesma opinião, entre as quais *Neturei Karta* e *Toldot Aharon*, que compartilham algumas ideias e valores, como uma observância estrita de todas as leis da escritura e uma oposição teológica ao sionismo e ao Estado secular de Israel.

**Hierofania** – Uma aparição do sagrado no meio do profano ou mundano.

***Hindutva*** – Uma espécie de nacionalismo hindu na Índia, que reivindica o hinduísmo como a verdadeira religião de todos os indianos e o subcontinente indiano como a terra natal sagrada dos hindus.

**Holismo** – A parte da perspectiva antropológica que implica a consideração de cada parte de uma cultura em relação a cada outra parte e ao todo.

**Humanismo** – Uma filosofia racional fundamentada na ciência, inspirada na arte e motivada pela compaixão; uma filosofia que situa a humanidade como o princípio mais alto.

**Identidade cristã** – Um movimento cristão que atribui o verdadeiro cristianismo à raça branca, chegando ao ponto de rotular as outras raças como "prole de satanás" ou sub-humanas ou "povo sujo". Cf. tb. **Anglo-israelismo**.

**Inculturação** – Uma política oficial da Igreja Católica, destinada a injetar a religião na sociedade mais ampla e também injetar a cultura local na religião, resultando em múltiplos cristianismos locais.

**Inovação** – A invenção ou descoberta de novos itens culturais.

**Irredentismo** – Do italiano *irredenta*, que significa "não resgatada", uma espécie de movimento de revitalização para recuperar e reocupar uma pátria perdida.

***Jihad*** – Termo árabe que significa "luta"; inclui tanto a luta consigo mesmo quanto a luta violenta contra os outros.

*Laïcité* – A política francesa oficial do secularismo de Estado.

*Laiklik* – Termo turco que designa o secularismo de Estado.

**Liminaridade** – Associada principalmente à obra de Victor Turner. A condição de estar "no meio" ou "nas margens" dos papéis sociais, em particular de estar em transição (como durante o ritual) entre um papel social e outro.

**Liturgia** – O mais formal, fixo e denso dos rituais, no qual precisam ser usados os gestos, objetos e palavras exatos da maneira rigorosamente correta, para que o ritual seja "bem-sucedido".

**Magia contagiosa** – A crença e prática de que objetos que entram em contato uns com os outros têm alguma conexão sobrenatural entre si.

**Magia simpática** – A ideia e a prática de que objetos que têm algo em comum uns com os outros (por exemplo, a mesma forma ou textura) têm alguma conexão sobrenatural uns com os outros.

**Mana** – Uma força ou energia sobrenatural reconhecida por algumas sociedades das Ilhas do Pacífico, que confere a seus portadores humanos poder ou eficácia.

**Martírio** – O dar sua vida por uma causa, que inclui uma causa religiosa, mas não se limita a ela.

**Materialismo histórico** – A teoria, associada a Karl Marx, de que as condições materiais ou econômicas moldam a sociedade, de modo que cada sociedade particular é uma formação baseada nas condições e relações materiais de um determinado momento da história.

**Megaigreja** – Uma forma (sub)urbana moderna de cristianismo, que apresenta amplas instalações eclesiais, múltiplas atividades religiosas e sociais destinadas a nichos específicos, e muitas vezes formas muito moderadas e maleáveis de culto.

**Mentalidade primitiva** – A pressuposição, associada a Lucien Lévy-Bruhl, de que os povos tribais (e alguns outros humanos) pensam de uma maneira diferente e inferior.

**Messianismo** – Baseado na tradição judeu-cristã, é uma espécie de movimento de revitalização que insiste que irá aparecer (ou apareceu) um *messiah* ou "ungido" para levar a sociedade à salvação e à felicidade.

**Milenarismo** – Uma espécie de movimento de revitalização que visa preparar para o fim ou talvez provocar o fim da "era presente", como quer que se entenda esta era, e substituí-la por uma existência nova e melhor.

**Modernismo** – Uma espécie de movimento de revitalização que pretende adotar as características de uma sociedade estrangeira e "moderna", abandonando durante o processo algumas ou todas as características "tradicionais" da sociedade que está submetida ao movimento.

**Modos de religiosidade** – A ideia, associada mais estreitamente a Harvey Whitehouse, de que existem duas diferentes formas ou modos de religião, um baseado na doutrina e o outro baseado em imagens e em experiência carregada de emoção.

**Monolatria** – A devoção a um deus entre os muitos deuses reconhecidos como existentes.

**Monoteísmo** – A postura religiosa de que existe um só deus.

**Movimento de revitalização** – De acordo com Anthony Wallace, a tentativa deliberada, organizada e autoconsciente de membros de uma sociedade no sentido de criar uma cultura mais satisfatória.

*Mulid* – Uma celebração islâmica, associada sobretudo ao sufismo, geralmente relacionada com o nascimento do profeta Maomé.

**Nativismo** – Uma espécie de movimento de revitalização que visa perpetuar, restaurar ou reviver práticas ou características culturais "tradicionais", que são consideradas a fonte da força do grupo e que estão ameaçadas ou foram perdidas.

**Observação participante** – O método antropológico de estudo de campo no qual nos deslocamos para a sociedade que queremos estudar e passamos ali longos períodos de tempo, não só observando sua cultura, mas também participando dela o máximo possível.

**Ontologia** – Ideias acerca dos tipos de coisas (seres, forças etc.) que existem.

**Oração** – Uma forma de comportamento religioso linguístico na qual os humanos falam e interagem com seres sobrenaturais.

**Oráculo** – Um especialista religioso (ou qualquer objeto ou processo religioso) com poder de prever o futuro ou responder a perguntas através de comunicação com forças sobrenaturais ou manipulação das mesmas.

**Orientalismo** – Associado especialmente a Edward Said. A asserção de que o pensamento e a pesquisa ocidentais sobre o islamismo (e o mundo "oriental" mais amplo) se basearam em pressupostos que tornam o islamismo e as sociedades não ocidentais exóticos, incompreensíveis, antimodernos e inferiores – o totalmente "outro" da sociedade ocidental.

**Paganismo** – Um agrupamento vago de movimentos religiosos ou tradicionalistas ou religiões que comemoram ideias e identidades locais ou pré-cristãs.

**Panteísmo** – Uma forma de teísmo na qual se afirma que "tudo" é deus, que o universo e todo o mundo material são a mesma coisa que deus, que deus é "imanente" ao mundo físico e coextensivo com ele.

**Pentecostalismo** – Uma forma de cristianismo, geralmente protestante, que enfatiza "dons do espírito" como falar em línguas, experiências extáticas e cura religiosa.

**Peregrinação** – Deslocamento ou viagem a locais religiosos ou por motivos religiosos, o que inclui sair do espaço cotidiano e entrar num espaço religioso/sagrado e percorrê-lo.

**Personalidade distribuída** – A ideia, associada a Alfred Gell, de que uma pessoa pode ser "distribuída", ou seja, nem todas as suas "partes" precisam estar fisicamente ligadas, mas podem estar localizadas em outras pessoas, lugares e objetos.

**Politeísmo** – A postura religiosa de que existem dois ou mais deuses.

**Processo ritual** – De acordo com Victor Turner, a estrutura comum das ações rituais, que envolvem afastamento da vida e das funções cotidianas, liminaridade e, em seguida, transformação e reintegração na sociedade.

**Profeta** – Um humano que fala pelos espíritos ou deles recebe mensagens.

**Pró-sociabilidade** – A execução de ações que beneficiam outros a um custo pessoal.


**Reconstrucionismo** – Conhecido também como dominionismo. Um movimento cristão que visa "reconstruir" a sociedade moderna em conformidade com valores e instituições cristãs (especificamente do Antigo Testamento).

**Relativismo cultural** – A parte da perspectiva antropológica que insiste que nós compreendamos e julguemos o comportamento de outra cultura em termos de seus padrões de bom, normal, moral, legal etc. e não em nossos próprios termos.

**Religião translocal** – Às vezes chamada de "religião mundial". Uma religião que coexiste em múltiplos locais pelo mundo; embora ela possa considerar-se uma religião única, suas formas locais são muitas vezes bastante diferentes.

**Religião vernácula** – Religião na "língua local" ou, de modo mais geral, religião que se amolda às ideias, práticas e relações das pessoas comuns e às circunstâncias cotidianas, em oposição a religião oficial, ortodoxa ou de elite.

**Rito de intensificação** – Uma forma de ritual na qual os membros da sociedade são levados a uma maior comunhão, na qual os laços sociais são intensificados.

**Rito de passagem** – Uma forma de ritual destinada a acompanhar ou realizar uma mudança de *status* ou do papel dos participantes, como iniciação (passagem da juventude para a idade adulta) ou casamento.

**Ritual de salvação** – De acordo com Anthony Wallace, o tipo de ritual que busca provocar mudança da personalidade.

**Ritual ideológico** – De acordo com Anthony Wallace, uma espécie de ritual que visa o controle social, no qual os indivíduos, os grupos ou a sociedade em sua totalidade são movidos, influenciados e manipulados.

**Sacerdote** – Um especialista religioso, muitas vezes em tempo integral, que é formado numa tradição religiosa e atua como um funcionário de uma instituição religiosa para executar o ritual e perpetuar a instituição religiosa.

**Sacrifício** – Um comportamento ritual no qual algo é destruído ou morto, como forma de oferta a seres sobrenaturais ou comunicação com eles; acredita-se geralmente que afeta a condição social ou espiritual do sacrificador.

**Salafismo** – Do árabe *salafiyyah*, que significa "os ancestrais" ou "os primeiros anos". Uma forma de islamismo que acentua a piedade e as práticas da geração fundadora do islamismo e sua religião original (e, portanto, autorizada).

*Sannyasin* – Um homem hindu que abandona a casa e a família e inicia uma vida espiritual itinerante.

**Sati** – A prática indiana tradicional na qual uma viúva comete suicídio atirando-se na pira funerária do marido morto.

**Secular** – Do latim *saeculum*, que significa a era ou geração presente. Aquilo que é característico de um determinado período de tempo em vez de ser eterno, ou aquilo que se refere ao mundo cotidiano presente em oposição ao mundo espiritual eterno.

**Secularismo de Estado** – A promoção oficial do secularismo (talvez até da antirreligião) pelo governo.

***Shahadat*** – Termo árabe para designar o martírio (literalmente: "testemunho").

***Shahid*** – Termo árabe para designar um mártir.

***Sharia*** – Lei islâmica.

***Sicarii*** – Antiga seita judaica de portadores de punhais, atuantes durante a ocupação romana, que atacavam os inimigos em plena luz do dia e os matavam com um punhal.

**Simbolização** – De acordo com Leslie White, conferir sentido a uma coisa ou a um ato, ou captar e avaliar os sentidos assim conferidos.

**Símbolo** – Um objeto, gesto, som ou imagem que "representa" alguma outra ideia ou conceito ou objeto. Alguma coisa que tem "sentido", particularmente quando o sentido é arbitrário e convencional e, portanto, culturalmente relativo.

**Sincretismo** – Uma espécie de movimento de revitalização, no qual elementos de duas ou mais fontes culturais se misturam formando um novo e mais satisfatório arranjo cultural.


**Talibã** – Um movimento islâmico fundamentalista que tomou o poder no Afeganistão em 1996 e governou até ser destituído pelos Estados Unidos em 2001.

**Teísmo** – A postura religiosa de que existe pelo menos um deus.

**Televangelismo** – O uso dos meios modernos de comunicação (especialmente a televisão) para praticar o evangelismo ou difundir a mensagem cristã.

**Teodiceia** – A prática de explicar a fonte ou causa do sofrimento ou do mal no mundo, especialmente em religiões que postulam um deus poderoso e bom.

**Teoria da secularização** – A postura dos séculos XIX e XX segundo a qual a sociedade moderna é incompatível com a religião, levando a um declínio inevitável da presença ou da importância da religião.

**Teoria da sinalização custosa** – A ideia de que as religiões destacam ações difíceis e difíceis-de-fingir, porque essas ações demonstram compromisso social e cooperação.

**Teoria evolucionária cognitiva** – A abordagem da religião (e de outros comportamentos complexos) que sugere que, durante a evolução humana, desenvolveram-se características cognitivas e sociais específicas, que tornam possíveis e prováveis esses comportamentos complexos.

**Totemismo** – Termo, não muito usado hoje, que designa a concepção religiosa de que indivíduos ou grupos humanos têm uma conexão simbólica ou espiritual com determinadas espécies, objetos ou fenômenos naturais.

**Tradição discursiva** – Para Talal Asad, discursos ou maneiras de falar e interpretar que procuram instruir os praticantes religiosos a respeito da forma correta e do objetivo de determinada prática que, precisamente por ser estabelecida, tem uma história.

**Tradicionalização** (tb. **Tradicionamento**) – A tentativa mais ou menos intencional de introduzir ideias, práticas e instituições como "tradições" e fazer com que sejam transmitidas ou passadas adiante, tipicamente ligando-as de alguma forma ao "passado".

**Vaabismo** – Movimento islâmico fundado por Muhammad Ibn ʿAbd al-Wahhab, que defendia uma forma purista de islamismo caracterizada pela oposição às superstições e inovações populares e uma islamização da sociedade com base no islamismo das escrituras.

**Vitalismo**, cf. **Modernismo**.

**Xamã** – Um especialista religioso, geralmente em tempo parcial, que tem poder pessoal – baseado em experiências excepcionais de vida ou no aprendizado com um xamã sênior – de comunicar-se, interagir e às vezes lutar com seres ou forças sobrenaturais, muitas vezes com o objetivo de curar.

# Referências

ABANES, Richard (1997). America's Patriot Movement: Infiltrating the Church with the Gospel of Hate. *Christian Research Journal*, 19/3: 10-19, 46.

AHMAD, Irfan. (2009). *Islamism and Democracy in India*: the Transformation of Jamaat-e-Islami. Princeton, NJ: Princeton University Press.

AITAMURTO, Kaarina & GAIDUKOV, Alexey (2013). Russian Rodnoverie: Six Portraits of a Movement. In: AITAMURTO, Kaarina & SIMPSON, Scott (eds.). *Modern Pagan and Native Faith Movements in Central and Eastern Europe*. Durham, UK/Bristol, CT: Acumen, p. 146-163.

ALLERTON, Catherine (2013). *Potent Landscapes:* Place and Mobility in Eastern Indonesia. Honolulu, HI: University of Hawaii Press.

_____ (2009). Static Crosses and Working Spirits: Anti-Syncretism and Agricultural Animism in Catholic West Flores. *Anthropological Forum*, 19/3: 271-287.

AMMERMAN, Nancy T. (2007). Introduction: Observing Religious Modern Lives. In: AMMERMAN, Nancy T. (ed.). *Everyday Religion:* Observing Modern Religious Lives. Oxford/Nova York: Oxford University Press, p. 3-20.

_____ (1987). *Bible Believers:* Fundamentalists in the Modern World. New Brunswick/Londres: Rutgers University Press.

ANTOUN, Richard T. (2001). *Understanding Fundamentalism:* Christian, Islamic, and Jewish Movements. Walnut Creek, CA: AltaMira Press.

APPADURAI, Arjun. (1981). *Worship and Conflict under Colonial Rule:* A South Indian Case. Cambridge: Cambridge University Press.

ARAN, Gideon (1991). Jewish Zionist Fundamentalism: The Bloc of the Faithful in Israel (Gush Emunim). In: MARTY, Martin & APPLEBY, R. Scott (eds.). *Fundamentalisms Observed*. Chicago, IL: The University of Chicago Press, p. 265-344.

ARJOMAND, Said Amir (1993). Shi'ite Jurisprudence and Constitution Making in the Islamic Republic of Iran. In: MARTY, Martin E. & APPLEBY, R. Scott (eds.). *Fundamentalisms and the State:* Remaking Polities, Economies, and Militance. Chicago, IL/Londres: The University of Chicago Press, p. 88-109.

ARMSTRONG, Karen (2000). *The Battle for God.* Nova York: Ballantine Books.

ASAD, Talal (2009) [1986]. The Idea of an Anthropology of lslam. *Qui Parle*, 17/2: 1-30.

_____ (2003). *Formations of the Secular:* Christianity, Islam, Modernity. Stanford, CA: Stanford University Press.

_____ (1993). *Genealogies of Religion:* Discipline and Reasons of Power in Christianity and Islam. Baltimore, MD: Johns Hopkins University Press.

_____ (1987). On Ritual and Discipline in Medieval Christian Monasticism. *Economy and Society*, 16/2: 159-203.

ASSER, Seth M. & SWAN, Rita (1998). Child Fatalities from Religion-Motivated Medical Neglect. *Pediatrics*, 101/4: 625-629.

ATRAN, Scott (2002). *In Gods We Trust:* The Evolutionary Landscape of Religion. Oxford: Oxford University Press.

AUSTIN, J.L. (1962). *How To Do Things with Words.* Oxford: Clarendon.

AUSTIN-BROOS, Diane (2003). The Anthropology of Conversion: An Introduction. In: BUCKSER, Andrew & GLAZIER, Stephen D. (eds.). *The Anthropology of Religious Conversion.* Lanham, MD: Rowman & Littlefield Publishers, Inc., p. 1-12.

BACCHIDDU, Giovanni (2011). Holding the Saint in One's Arms: Miracles in Apiao, Southern Chile. In: FEDELE, Anna & LLERA BLANES, Ruy (eds.). *Encounters of Body and Soul in Contemporary Religious Practices:* Anthropological Reflections. Nova York/Londres: Berghahn Books, p. 23-42.

BAKHTIN, Mikhail (1984) [1965]. *Rabelais and His World* [Trad. Hélène Iswolsky]. Bloomington, IN: Indiana University Press.

BAKER, Don (2002). *The Andrea Yates Case:* The Christian God 0 vs. Christianity Meme 3 [Disponível em www.christianitymeme.org/yates.shtml – Acesso em 12/01/2006].

BARFIELD, Thomas (1997). *The Dictionary of Anthropology.* Oxford: Blackwell.

BARKER, John (1993). "We are *Ekelesia*": Conversion in Uiaku, Papua New Guinea. In: HEFNER, Robert (ed.). *Conversion to Christianity:* Historical and

Anthropological Perspectives on a Great Transformation. Berkeley, CA: University of California Press, p. 199-230.

BARKUN, Michael (1997). *Religion and the Racist Right.* Chapel Hill: University of North Carolina Press.

BARNETT, Robert (2012). Mimetic Re-Enchantment: The Contemporary Chinese State and Tibetan Religious Leadership. In: BUBANDT, Nils & VAN BEEK, Martijn (eds.). *Varieties of Secularism in Asia:* Anthropological Explorations of Religion, Politics, and the Spiritual. Londres/Nova York: Routledge, p. 29-53.

BARRETT, Justin L. (2004). *Why Would Anyone Believe in God?* Lanham, MD: AltaMira Press.

BARTH, Fredrik (1961). *Nomads of South Persia:* The Basseri Tribe of the Khamseh Confederacy. Oslo: Oslo University Press.

BASCOM, William R. (1965). The Forms of Folklore: Prose Narratives. *Journal of American Folklore*, 78 (307): 3-20.

_____ (1953). Folklore and Anthropology. *Journal of American Folklore*, 66 (262): 283-290.

BASSO, Keith H. (1970). *The Cibecue Apache.* Nova York: Holt, Rinehart, and Winston.

BAUMAN, Richard (ed.) (1992). *Folklore, Cultural Performances, and Popular Entertainments:* A Communications-Centered Handbook. Nova York/Oxford: Oxford University Press.

BAUMAN, Richard (2001). Verbal Art as Performance. In: DURANTI, Alessandro (ed.). *Linguistic Anthropology:* A Reader. Malden, MA/Oxford: Blackwell Publishing, p. 165-188.

BEALS, Alan R. (1962). *Gopalpur:* A South Indian Village. Nova York: Holt, Rinehart, and Winston.

BEATTIE, John (1960). *Bunyoro:* An African Kingdom. Nova York: Holt, Rinehart, and Winston.

BEIDELMAN, T. O. (1971). *The Kaguru:* A Matrilineal People of East Africa. Nova York: Holt, Rinehart, and Winston.

BELL, Catherine (1997). *Ritual Perspectives and Dimensions.* Nova York: Oxford University Press.

_____ (1992). *Ritual Practice, Ritual Theory.* Nova York: Oxford University Press.

BELLAH, Robert N. (1957). *Tokugawa Religion:* The Values of Pre-Industrial Japan. Nova York: The Free Press.

BERGER, Peter L. (1999). The Desecularization of the World: A Global Overview. In: BERGER, Peter L. (ed.). *The Desecularization of the World:* Resurgent Religion and World Politics. Grand Rapids, MI: William B. Eerdmans, p. 1-18.

BERGER, Peter & LUCKMANN, Thomas (1966). *The Social Construction of Reality:* A Treatise in the Sociology of Knowledge. Garden City, NY: Doubleday & Company, Inc.

BERKES, Niyazi (1998) [1964]. *The Development of Secularism in Turkey.* Londres: Hurst & Company.

BIALE, David. (2011). *Not in the Heavens:* The Tradition of Jewish Secular Thought. Princeton, NJ/Oxford: Princeton University Press.

BIELO, James S. (2011). *Emerging Evangelicals:* Faith, Modernity, and the Desire for Authenticity. Nova York/Londres: New York University Press.

BINEY, Moses O. (2011). *From Africa to America:* Religion and Adaptation among Ghanaian Immigrants in New York. Nova York/Londres: New York University Press.

BLOCH, Maurice (1979). *Ritual, History, and Power:* Selected Papers in Anthropology. Londres: The Athlone Press.

BODDY, Janice (1988). Spirits and Selves in Northern Sudan: The Cultural Therapeutics of Possession and Trance. *American Ethnologist*, 15/1: 4-27.

BOISSEVAIN, Jeremy (1965). *Saints and Fireworks:* Religion and Politics in Rural Malta. Londres: The Athlone Press.

BONNEFOY, Laurent (2011). *Salafism in Yemen:* Transnationalism and Religious Identity. Nova York: Columbia University Press.

BOURDIEU, Pierre (1977). *Outline of a Theory of Practice.* Cambridge: Cambridge University Press [Orig.: *Esquisse d'une théorie de la pratique*].

BOURGUIGNON, Erika (1976). *Possession.* São Francisco, CA: Chandler & Sharp Publishers, Inc.

BOWEN, John R. (2012). *A New Anthropology of Islam.* Cambridge: Cambridge University Press.

_____ (2010). *Can Islam be French?* – Pluralism and Pragmatism in a Secularist State. Princeton, NJ: Princeton University Press.

BOWMAN, Glenn (2010). Orthodox-Muslim Interactions at "Mixed Shrines" in Macedonia. In: HANN, Chris & GOLTZ, Hermann (eds.). *Eastern Christians in Anthropological Perspective*. Berkeley, CA: University of California Press, p. 195-219.

BOWMAN, Marion & VALK, Ülo (2012). Introduction: Vernacular Religion, Generic Expressions and the Dynamics of Belief. In: BOWMAN, Marion & VALK, Ülo (eds.). *Vernacular Religion in Everyday Life:* Expressions of Belief. Sheffield, UK/Bristol, CT: Equinox, p. 1-19.

BOYER, Pascal (2001). *Religion Explained:* The Evolutionary Origins of Religious Thought. Nova York: Basic Books.

BRANNIGAN, Michael (2005). *Ethics Across Cultures:* An Introductory Text with Readings. Boston: McGraw-Hill.

BRINGA, Tone (1995). *Being Muslims the Bosnian Way:* Identity and Community in a Central Bosnian Village. Princeton, NJ: Princeton University Press.

BRUCE, Steve (2002). *God is Dead:* Secularization in the West. Malden, MA/Oxford: Blackwell Publishing.

BRUEGGEMANN, Walter (2003). *An Introduction to the Old Testament:* The Canon and Christian Imagination. Louisville, KY: Westminster John Knox Press.

BUCKSER, Andrew (2008). Cultural Change and the Meanings of Belief in Jewish Copenhagen. *Social Analysis*, 52/1: 39-55.

_____ (2005). Chabad in Copenhagen: Fundamentalism and Modernity in Jewish Denmark. *Ethnology*, 44/2: 125-145.

BUECHLER, Hans C. & BUECHLER, Judith-Maria (1971). *The Bolivian Aymara*. Nova York: Holt, Rinehart, and Winston.

BUI, Hum Dac (1992). *Caodaism:* A Novel Religion. Redlands, CA: Chan Tam Publishers.

BULBULIA, Joseph & SOSIS, Richard (2011). Signalling Theory and the Evolution of Religious Cooperation. *Religion*, 41/3: 363-388.

BURCH, Ernest & FORMAN, Werner (1988). *The Eskimos*. Norman: University of Oklahoma Press.

BURKERT, Walter (1983) [1972]. *Homo Necans:* The Anthropology of Ancient Greek Sacrificial Ritual and Myth [Trad. Peter Bing]. Berkeley, CA: University of California Press.

CAMPBELL, Colin (1971). *Toward a Sociology of Irreligion.* Nova York: Herder and Herder.

CAMPBELL, Joseph (2001). *Thou Art That:* Transforming Religious Metaphor. Novato, CA: New World Library.

CANNELL, Fenella (2010). The Anthropology of Secularism. *Annual Review of Anthropology*, 39: 85-100.

_____ (2006). Introduction: The Anthropology of Christianity. In: CANNELL, Fenella (ed.). *The Anthropology of Christianity.* Durham, NC/Londres: Duke University Press, p. 1-50.

_____ (2005). The Christianity of Anthropology. *The Journal of the Royal Anthropological Institute*, 11/2: 335-356.

CAO, Nanlai (2013). Gender, Modernity, and Pentecostal Christianity in China. In: HEFNER, Robert W. (ed.). *Global Pentecostalism in the 21st Century:* Gender, Piety, and Politics in the World's Fastest-Growing Faith Tradition. Bloomington/Indianápolis, IN: Indiana University Press, p. 149-175.

CARRITHERS, Michael (1989). Naked Ascetics in Southern Digambar Jainism. *Man* (New Series) 24/2: 219-235.

CARROLL, Michael P. (2002). *The Penitente Brotherhood:* Patriarchy and Hispano-Catholicism in New Mexico. Baltimore, MD/Londres: The Johns Hopkins University Press.

CASANOVA, José (1994). *Public Religions in the Modern World.* Chicago, IL: The Chicago University Press.

CASSIRER, Ernst (1954) [1944]. *An Essay on Man:* An Introduction to a Philosophy of Human Culture. Garden City, NY: Doubleday & Company, Inc.

CHAGNON, Napoleon (1992) [1968]. *Yanomamo.* 4. ed. Fort Worth, TX: Harcourt Brace College Publishers.

CHASE, Christopher (2006). Be Pagan Once Again: Folk Music, Heritage, and Socio-Sacred Networks in Contemporary American Paganism. *The Pomegranate*: International Journal of Pagan Studies, 8/2: 146-160.

CHAU, Adam Yuet (2012). Efficacy, Not Confessionality: On Ritual Polytropy in China. In: BOWMAN, Glenn (ed.). *Sharing the Sacra:* The Politics and Pragmatics of Intercommunal Relations around Holy Places. Nova York/Oxford: Berghahn Books, p. 79-96.

CHEVANNES, Barry (1994). *Rastafari:* Roots and Ideology. Syracuse, NY: Syracuse University Press.

CIGAR, Norman (1995). *Genocide in Bosnia:* The Policy of "Ethnic Cleansing". College Station: Texas A&M University Press.

CLEMENTS, Forest E. (1932). Primitive Concepts of Disease. *University of California Publications in American Archaeology and Ethnology*, 32/2: 185-252.

COLEMAN, Simon (2003). Continuous Conversion? The Rhetoric, Practice, and Rhetorical Practice of Charismatic Protestant Conversion. In: BUCKSER, Andrew & GLAZIER, Stephen D. (eds.). *The Anthropology of Religious Conversion.* Lanham, MD: Rowman & Littlefield Publishers, Inc., p. 15-27.

COMAROFF, Jean (2010). The Politics of Conviction: Faith on the Neo-Liberal Frontier. In: KAPFERER, Bruce; TELLE, Kari & ERIKSEN, Annelin (eds.). *Contemporary Religiosities:* Emergent Socialities and the PostNation State. Nova York/Oxford: Berghahn Books, p. 17-38.

_____ (1985). *Body of Power, Spirit of Resistance:* The Culture and History of a South African People. Chicago, IL/Londres: The University of Chicago Press.

COMAROFF, John L. & COMAROFF, Jean (1999). Occult Economies and the Violence of Abstraction: Notes from the South African Postcolony. *American Ethnologist*, 26/2: 279-303.

_____ (1991). *Of Revelation and Revolution:* The Dialectics of Modernity on a South African Frontier. Vol. 2. Chicago, IL/Londres: The University of Chicago Press.

CORR, Rachel (2008). Death, Dice, and Divination: Rethinking Religion and Play in South America. *Journal of Latin American and Caribbean Anthropology*, 13/1: 2-21.

COURSE, Magnus (2011). *Becoming Mapuche:* Person and Ritual in Indigenous Chile. Urbana, IL: University of Illinois Press.

DA SILVA SÁ, Domingos Bernardo Gialluisi (2010). Ayahuasca: The Consciousness of Expansion. In: LABATE, Beatriz Caiuby & MacRAE, Edward (eds.). *Ayahuasca, Ritual, and Religion in Brazil.* Londres/Oakville, CT: Equinox Publishing, p. 161-189.

DARWIN, Charles (1882). *The Descent of Man and Selection in Relation to Sex.* 2. ed. Londres: John Murray.

DAVIDSON, Linda Kay & GITLITZ, David (eds.) (2002). *Pilgrimage: From Ganges to Graceland* – An Encyclopedia. Santa Bárbara, CA: ABC-CLIO.

DeHASS, Medeia Csoba (2007). Daily Negotiation of Traditions in a Russian Orthodox Sugpiaq Village in Alaska. *Ethnology*, 46/3: 205-216.

DENG, Francis Mading (1972). *The Dinka of the Sudan.* Nova York: Holt, Rinehart, and Winston.

DENTON, Lynn Teskey (2004). *Female Ascetics in Hinduism.* Albany: State University of New York Press.

DE TOCQUEVILLE, Alexis (1955) [1856]. *The Old Regime and the French Revolution* [Trad. Stuart Gilbert]. Nova York: Anchor Books [Orig.: *L'ancien régime et la révolution*].

DHARMADASA, K.N.O. (1992). *Language, Religion, and Ethnic Assertiveness:* The Growth of Sinhalese Nationalism in Sri Lanka. Ann Arbor, MI: The University of Michigan Press.

DICKEMAN, M. (1975). Demographic Consequences of Infanticide in Man. *Annual Review of Ecology and Systematics*, 6: 107-137.

DOBBIN, Jay & HEZEL, Francis X. (2011). *Summoning the Powers Beyond*: Traditional Religions in Micronesia. Honolulu, HI: University of Hawaii Press.

DOUGLAS, Edward Te Kohu & BOXILL, Ian (2012). The Lantern and the Light: Rastafari in Aotearoa (New Zealand). In: BARNETT, Michael (ed.). *Rastafari in the New Millennium*. Siracusa, NY: Syracuse University Press, p. 35-65.

DOUGLAS, Mary (1988) [1966]. *Purity and Danger:* An Analysis of the Concepts of Pollution and Taboo. Londres/Nova York: Ark Paperbacks.

_____ (1970). *Natural Symbols.* Harmondsworth, UK: Penguin.

DOW, James W. (2001). Protestantism in Mesoamerica: The Old within the New. In: DOW, James W. & SANDSTROM, Alan R. (eds.). *Holy Saints and Fiery Preachers:* The Anthropology of Protestantism in Mexico and Central America. Westport, CT: Praeger, p. 1-23.

DOWNS, James F. (1972). *The Navajo.* Nova York: Holt, Rinehart, and Winston.

DOZIER, Edward (1967). *The Kalinga of Northern Luzon, Philippines.* Nova York: Holt, Rinehart, and Winston.

DRIBERG, J.H. (1936). The Secular Aspect of Ancestor-Worship in Africa. *Journal of the Royal African Society*, 35 (138): 1-21.

DROGE, Arthur J. & TABOR, James D. (1992). *A Noble Death:* Suicide and Martyrdom Among Christians and Jews in Antiquity. Nova York: HarperSan Francisco.

DROOGERS, André (1989). Syncretism: The Problem of Definition, the Definition of the Problem. In: GORT, Jerald D.; VROOM, Hendrick M.; FREHHOUT, Rein & WESSELS, Anton (eds.). *Dialogue and Syncretism:* An Interdisciplinary Approach. Grand Rapids, MI: Wm. B. Eerdmans Publishing Co., p. 7-25.

DUGDALE POINTON, T. (2005). *lkko-Ikki* [Disponível em www.historyofwar.org/articles/weapons_ikko.html – Acesso em 18/01/2006].

DUMONT, Louis (1980) [1966]. *Homo Hierarchicus:* The Caste System and its Implications. Chicago, IL: The University of Chicago Press.

DUNDES, Alan (1965). What is Folklore? In: DUNDES, Alan (ed.). *The Study of Folklore.* Englewood Cliffs, NJ: Prentice-Hall, Inc., p. 1-3.

DURKHEIM, Émile (1965) [1915]. *The Elementary Forms of the Religious Life.* Nova York: The Free Press [Orig.: *Les formes élémentaires de la vie religieuse*].

_____ (1933) [1893]. *The Division of Labor in Society* [Trad. George Simpson]. Nova York: The Free Press [Orig.: *De la division du travail social*].

DUSSART, Françoise (2000). *The Politics of Ritual in an Aboriginal Settlement:* Kinship, Gender, and the Currency of Knowledge. Washington, DC/Londres: Smithsonian Institution Press.

EADE, John & SALLOW, Michael J. (eds.) (1991). *Contesting the Sacred:* The Anthropology of Pilgrimage. Londres/Nova York: Routledge.

EAGLETON, Terry (1981). *Walter Benjamin:* Towards a Revolutionary Criticism. Londres: Verso.

EICKELMAN, Dale F. & PISCATORI, James (eds.) (1990). *Muslim Travellers:* Pilgrimage, Migration, and the Religious Imagination. Berkeley/Los Angeles, CA: University of California Press.

ELIADE, Mircea (1998) [1963]. *Myth and Reality* [Trad. Willard R. Trask]. Prospect Heights, IL: Waveland Press, Inc.

_____ (1970) [1958]. *Patterns in Comparative Religion* [Trad. Rosemary Sheed]. Cleveland, IN/Nova York: Meridian Books.

_____ (1964) [1951]. *Shamanism:* Archaic Techniques of Ecstasy. Princeton, NJ: Princeton University/Bollingen Foundation.

EL-ZEIN, Abdul Hamid (1977). Beyond Ideology and Theology: The Search for the Anthropology of Islam. *Annual Review of Anthropology*, 6: 227-254.

EL-ZEIN, Amira (2009). *Islam, Arabs, and the Intelligent World of the Jinn.* Siracusa, NY: Syracuse University Press.

EPSTEIN, Greg M. (2009). *Good Without God:* What a Billion Nonreligious People Do Believe. Nova York: William Morrow.

EVANS-PRITCHARD, E.E. (1962). *Social Anthropology and Other Essays.* Nova York: The Free Press.

_____ (1956). *Nuer Religion.* Nova York/Oxford: Oxford University Press.

_____ (1954). The Meaning of Sacrifice among the Nuer. *The Journal of the Royal Anthropological Institute of Great Britain and Ireland*, 84/1/2: 21-33.

_____ (1949). *The Sanusi of Cyrenaica.* Oxford: Oxford University Press.

_____ (1937). *Witchcraft, Oracles, and Magic Among the Azande.* Nova York: Oxford University Press.

FALCONE, Jessica Marie (2012). Putting the "Fun" in Fundamentalism: Religious Nationalism and the Split Self at Hindutva Summer Camps in the United States. *Ethos*, 40/2: 164-195.

FALKENBERG, Lisa (2004). Religiosity Common Among Mothers who Kill Children. *San Antonio Express-News*, 14 de dezembro.

FEINBERG, Richard (1996). Spirit Encounters on a Polynesian Outlier: Anuta, Solomon Islands. In: MAGEO, Jeannette Marie & HOWARD, Alan (eds.). *Spirits in Culture, History, and Mind.* Nova York/Londres: Routledge, p. 99-120.

FERNANDO, Mayanthi L. (2010). Reconfiguring Freedom: Muslim Piety and the Limits of Secular Law and Public Discourse in France. *American Ethnologist*, 37/1: 19-35.

FIRTH, Raymond (1976). Conversion from Paganism to Christianity. *RAIN*, 14 (maio-junho): 3-7.

_____ (1973). *Symbols:* Public and Private. Ithaca, NY: Cornell University Press.

_____ (1940). The Analysis of Mana. *The Journal of the Polynesian Society*, 49: 483-510.

FISHER, Humphrey J. (1985). The Juggernaut's Apologia: Conversion to Islam in Black Africa. *Africa*, 55/2: 153-173.

_____ (1973). Conversion Reconsidered: Some Historical Aspects of Religious Conversion in Black Africa. *Africa*, 43/1: 27-40.

FLASKERUD, Ingvild (2010). *Visualizing Belief and Piety in Iranian Shiism*. Londres/Nova York: Continuum.

FLOWER, Scott (2012). Christian-Muslim Relations in Papua New Guinea. *Islam and ChristianMuslim Relations*, 23/2: 201-217.

FORBESS, Alice (2010). The Spirit and the Letter: Monastic Education in a Romanian Orthodox Convent. In: HANN, Chris & GOLTZ, Hermann (eds.). *Eastern Christians in Anthropological Perspective*. Berkeley, CA: University of California Press, p. 131-154.

FORTES, Meyer (1987). *Religion, Morality, and the Person*: Essays on Tallensi Religion [Jack Goody (ed.)]. Cambridge: Cambridge University Press.

_____ (1980). Preface: Anthropologists and Theologians: Common Interests and Divergent Approaches. In: BOURDILLON, M.F.C. & FORTES, Meyer (eds.). *Sacrifice*. Londres: Academic Press, p. v-xix.

_____ (1959). *Oedipus and Job in West African Religions*. Cambridge: Cambridge University Press.

FRAZER, James G. (1958) [1922]. *The Golden Bough*: A Study in Magic and Religion. Nova York: Macmillan.

FREKE, Timothy & GANDY, Peter (1999). *The Jesus Mysteries:* Was the "Original Jesus" a Pagan God? Nova York: Harmony Books.

FREY, Nancy Louise (1998). *Pilgrim Stories:* On and Off the Road to Santiago. Berkeley/Los Angeles, CA/Londres: University of California Press.

FRYKENBERG, Robert Eric (1993). Hindu Fundamentalism and the Structural Stability of India. In: MARTY, Martin E. & APPLEBY, R. Scott (eds.). *Fundamentalisms and the State:* Remaking Polities, Economies, and Militance. Chicago, IL/Londres: The University of Chicago Press, p. 233-255.

GALAL, Lise Paulsen (2012). Coptic Christian Practices: Formations of Sameness and Difference. *Islam and Christian-Muslim Relations*, 23/1: 45-58.

*Gateway to Sikhism* (2005) [Disponível em www.allaboutsikhs.com/mansukh/ 013.htm – Acesso em 18/02/2007].

GEERTZ, Clifford (1984). Distinguished Lecture: Anti Anti-Relativism. *American Anthropologist*, 86/2: 263-278.

_____ (1983). *Local Knowledge:* Further Essays in Interpretive Anthropology. Nova York: Basic Books.

_____ (1980). *Negara:* The Theatre State in Nineteenth-Century Bali. Princeton, NJ: Princeton University Press.

_____ (1973). *The Interpretation of Cultures.* Nova York: Basic Books.

_____ (1968). *Islam Observed:* Religious Development in Morocco and Indonesia. Nova Haven, CT/Londres: Yale University Press.

GELL, Alfred (1998). *Art and Agency:* An Anthropological Theory. Oxford: Clarendon Press.

GELLNER, Ernest (1992). *Postmodernism, Reason, and Religion.* Londres/Nova York: Routledge.

_____ (1988). *Plough, Sword, and Book:* The Structure of Human History. Chicago, IL: The University of Chicago Press.

_____ (1981). *Muslim Society.* Cambridge: Cambridge University Press.

GIBBS, Eddie & BOLGER, Ryan (2005). *Emerging Churches:* Creating Christian Community in Postmodern Cultures. Grand Rapids, MI: Baker Academic.

GIDDENS, Anthony (1994). *Beyond Left and Right:* The Future of Radical Politics. Stanford, CA: Stanford University Press.

GILL, Lesley (1990). "Like a Veil to Cover Them": Women and the Pentecostal Movement in La Paz. *American Ethnologist*, 17/4: 708-721.

GILL, Sam D. (1981). *Sacred Words:* A Study of Navajo Religion and Prayer. Westport, CT: Greenwood Press.

GILSENAN, Michael (2000). [1982]. *Recognizing Islam:* Religion and Society in the Modern Middle East. Londres/Nova York: I. B. Tauris Publishers.

GIRARD, René (1977). *Violence and the Sacred* [Trad. Patrick Gregory]. Baltimore, MD: The Johns Hopkins University Press.

GLAZIER, Stephen D. (1980). Pentecostal Exorcism and Modernization in Trinidad, West Indies. In: GLAZIER, Stephen D. (ed.). *Perspectives on Pentecostalism:* Case Studies from the Caribbean and Latin America. Washington, DC: University Press of America, p. 67-80.

GLUCKMAN, Max (1956). *Custom and Conflict in Africa.* Oxford: Basil Blackwell.

GOFFMAN, Erving (1959). *The Presentation of Self in Everyday Life*. Garden City, NJ: Doubleday.

GOLD, Daniel (1991). Organized Hinduisms: From Vedic Truth to Hindu Nation. In: MARTY, Martin & APPLEBY, R. Scott (eds.). *Fundamentalisms Observed*. Chicago, IL: The University of Chicago Press, p. 531-593.

GOLDMAN, Irving (2004). *Cubeo Hehenewa Religious Thought:* Metaphysics of a Northwestern Amazonian People. Nova York: Columbia University Press.

GOODY, Jack (1996). A Kernel of Doubt. *The Journal of the Royal Anthropological Institute*, 2/4: 667-681.

_____ (1977). Against "Ritual": Loosely Structured Thoughts on a Loosely Defined Topic. In: MOORE, Sally F. & MYERHOFF, Barbara G. (eds.). *Secular Ritual*. Amsterdam: Van Gorcum, p. 25-35.

GOUGH, E. Kathleen (1971). Caste in a Tanjore Village. In: LEACH, Edmund R. (ed.). *Aspects of Caste in South India, Ceylon, and North-West Pakistan*. Cambridge: Cambridge University Press, p. 11-60.

GREEN, Maia (2003). *Priests, Witches, and Power:* Popular Christianity after Mission in Southern Tanzania. Cambridge: Cambridge University Press.

GREENBAUM, Lenora (1973). Societal Correlates of Possession Trance in Sub--Saharan Africa. In: BOURGUIGNON, Erika (ed.). *Religion, Altered States of Consciousness, and Social Change*. Columbus, OH: Ohio State University Press, p. 39-57.

GUTHRIE, Stewart (1993). *Faces in the Clouds:* A New Theory of Religion. Nova York/Oxford: Oxford University Press.

HADDEN, Jeffrey (1993). The Rise and Fall of American Televangelism. *Annals of the American Academy of Political and Social Science*, 527: 113-130.

HALLOWELL, A. Irving (1960). Ojibwa Ontology, Behavior, and World View. In: DIAMOND, Stanley (ed.). *Culture in History:* Essays in Honor of Paul Radin. Nova York: Columbia University Press, p. 19-52.

HANGANU, Gabriel (2010). Eastern Christians and Religious Objects: Personal and Material Biographies Entangled. In: HANN, Chris & GOLTZ, Hermann (eds.). *Eastern Christians in Anthropological Perspective*. Berkeley, CA: University of California Press, 33-55.

HANN, Chris (2007). The Anthropology of Christianity per se. *European Journal of Sociology*, 48/3: 383-410.

HANN, Chris & GOLTZ, Hermann (2010). Introduction: The Other Christianity? In: HANN, Chris & GOLTZ, Hermann (eds.). *Eastern Christians in Anthropological Perspective*. Berkeley, CA: University of California Press, p. 1-29.

HARDING, Susan Friend (2000). *The Book of Jerry Falwell:* Fundamentalist Language and Politics. Princeton, NJ: Princeton University Press.

_____ (1991). Representing Fundamentalism: The Problem of the Repugnant Cultural Other. *Social Research*, 58/2: 373-393.

HARRIS, Marvin (1974). *Cows, Pigs, Wars, and Witches:* The Riddles of Culture. Nova York: Random House.

HATCH, Nathan O. (1989). *The Democratization of American Christianity*. New Haven, CT: Yale University Press.

HAVILAND, John B. (2009). Little Rituals. In: SENFT, Gunter & BASSO, Ellen B. (eds.). *Ritual Communication*. Oxford/Nova York, p. 21-50.

HEALD, Suzette (1986). The Ritual Use of Violence: Circumcision among the Gisu of Uganda. In: RICHES, David (ed.). *The Anthropology of Violence*. Oxford: Basil Blackwell, p. 70-85.

HECHT, Jennifer Michael (2003). *Doubt: A History* – The Great Doubters and their Legacy of Innovation from Socrates and Jesus to Thomas Jefferson and Emily Dickinson. Nova York: HarperCollins.

HEELAS, Paul (2013). On Transgressing the Secular: Spiritualities of Life, Idealism, Vitalism. In: SUTCLIFFE, Steven J. & GILHUS, Ingvild Saelid (eds.). *New Age Spirituality:* Rethinking Religion. Durham, UK/Bristol, CT: Acumen, p. 66-83.

HEFNER, Robert W. (2013a). Preface. In: HEFNER, Robert W. (ed.). *Global Pentecostalism in the 21st Century*: Gender, Piety, and Politics in the World's Fastest-Growing Faith Tradition. Bloomington/Indianápolis, IN: Indiana University Press, p. vii-x.

_____ (2013b). The Unexpected Modern: Gender, Piety, and Politics in the Global Pentecostal Surge. In: HEFNER, Robert W. (ed.). *Global Pentecostalism in the 21st Century:* Gender, Piety, and Politics in the World's Fastest-Growing Faith Tradition. Bloomington/Indianápolis, IN: Indiana University Press, p. 1-36.

_____ (1993). Introduction: World Building and the Rationality of Conversion. In: HEFNER, Robert W. (ed.). *Conversion to Christianity:* Historical and Anthropological Perspectives on a Great Transformation. Berkeley, CA: University of California Press, p. 3-44.

HEGLAND, Mary Elaine (1998). Flagellation and Fundamentalism: (Trans)forming Meaning, Identity, and Gender through Pakistani Women's Rituals of Mourning. *American Ethnologist*, 25/2: 240-266.

HEIDER, Karl (1979). *Grand Valley Dani:* Peaceful Warriors. Nova York: Holt, Rinehart, and Winston.

HEO, Angie (2013). The Bodily Threat of Miracles: Security, Sacramentality, and the Egyptian Politics of Public Order. *American Ethnologist*, 40/1: 149-164.

HERODOTUS (1942). *The Persian Wars* [Trad. George Rawlinson]. Nova York: Modern Library.

HERSKOVITS, Melville J. (1938). *Dahomey:* An Ancient West African Kingdom. Vol. 2. Nova York: J.J. Augustin, Publisher.

HINGORANI, Alka (2013). *Making Faces:* Self and Image Creation in a Himalayan Valley. Honolulu, HI: University of Hawaii Press.

HIRSCHKIND, Charles (2001). The Ethics of Listening: Cassette Sermon Audition in Contemporary Cairo. *American Ethnologist*, 28/3: 623-649.

HITTMAN, Michael (1997). *Wovoka and the Ghost Dance*. Lincoln, NE: University of Nebraska Press.

HOBSBAWM, Eric (1983). Introduction: Inventing Tradition. In: HOBSBAWM, Eric & RANGER, Terence (eds.). *The Invention of Tradition*. Cambridge: Cambridge University Press, p. 1-14.

HOBSBAWM, Eric & RANGER, Terence (eds.) (1983). *The Invention of Tradition*. Cambridge: Cambridge University Press.

HOEBEL, E. Adamson (1960). *The Cheyenne*. Nova York: Holt, Rinehart, and Winston.

HOLTOM, Daniel Clarence (1965) [1938]. *The National Faith of Japan:* A Study of Modern Shinto. Nova York: Paragon Book Reprint Corp.

HOLY, Ladislav (1991). *Religion and Custom in a Muslim Society:* The Berti of Sudan. Cambridge: Cambridge University Press.

HOLYOAKE, George Jacob (1871). *The Principles of Secularism Illustrated*. 3. ed. Londres: Austin & Co.

HOOVER, Stewart M. (2000). The Cross at Willow Creek: Seeker Religion and the Contemporary Marketplace. In: FORBES, Bruce David & MAHAN, Jeffrey H. (eds.). *Religion and Popular Culture in America*. Berkeley, CA: University of California Press, p. 145-159.

HORTON, Robin (1972). African Conversion. *Africa*, 41/2: 85-108.

_____ (1960). A Definition of Religion, and its Uses. *The Journal of the Royal Anthropological Institute of Great Britain and Ireland*, 90/2: 201-226.

HOWARD, Alan (1996). Speak of the Devils: Discourse and Belief in Spirits on Rotuma. In: MAGEO, Jeannette Marie & HOWARD, Alan (eds.). *Spirits in Culture, History, and Mind*. Nova York/Londres: Routledge, p. 121-145.

HUBERT, Henri & MAUSS, Marcel (1964) [1898]. *Sacrifice*: Its Nature and Function. Chicago, IL/Londres: The University of Chicago Press.

HUXLEY, Thomas (1902). *Collected Essays*. Vol. V: Science and Christian Tradition. Nova York: D. Appleton and Company, p. 209-262.

HYMES, Dell (2001). On Communicative Competence. In: DURANTI, Alessandro (ed.). *Linguistic Anthropology:* A Reader. Malden, MA/Oxford: Blackwell Publishing, p. 53-73.

_____ (1975). Folklore's Nature and the Sun's Myth. *The Journal of American Folklore*, 88 (350): 345-369.

IRONS, William (1996). Morality as an Evolved Adaptation. In: HURD, J.P. (ed.). *Investigating the Biological Foundations of Morality*. Lewiston, NY: Edwin Mellon Press, p. 1-34.

JAMES, E.O. (1971) [1933]. *Origins of Sacrifice:* A Study in Comparative Religion. Port Washington, NY/Londres: Kennikat Press.

JAMES, William (1958) [1902]. *The Varieties of Religious Experience:* A Study in Human Nature. Nova York: Mentor Books.

JUNG, C.G. (2012). *Símbolos da transformação*. OC 5. Vol. 8. Petrópolis: Vozes.

KAN, Sergei (1999). *Memory Eternal:* Tlingit Culture and Russian Orthodox Christianity through Two Centuries. Seattle, WA: University of Washington Press.

KANG, Yoonhee (2006). "Staged" Rituals and "Veiled" Spells: Multiple Language Ideologies and Transformations in Petalangan Verbal Magic. *Journal of Linguistic Anthropology*, 16/1: 1-22.

KATZ, Richard (1982). *Boiling Energy:* Community Healing Among the Kalahari Kung. Cambridge, MA/Londres: Harvard University Press.

KEANE, Webb (2007). *Christian Moderns:* Freedom and Fetish in the Mission Encounter. Berkeley, CA: University of California Press.

_____ (1997). Religious Language. *Annual Review of Anthropology*, 26: 47-71.

KENNEDY, James (1997). *Skeptics Answered:* Handling Tough Questions About the Christian Faith. Sisters, OR: Multnomah Publishers, Inc.

KERMANI, S. Zohreh (2013). *Pagan Family Values:* Childhood and the Religious Imagination in Contemporary American Paganism. Nova York/Londres: Nova York University Press.

KEYES, Charles F. (1993a). Why the Thai Are Not Christians: Buddhist and Christian Conversion in Thailand. In: HEFNER, Robert (ed.). *Conversion to Christianity:* Historical and Anthropological Perspectives on a Great Transformation. Berkeley, CA: University of California Press, p. 259-283.

_____ (1993b). Buddhist Economics and Buddhist Fundamentalism in Burma and Thailand. In: MARTY, Martin E. & APPLEBY, R. Scott (eds.). *Fundamentalisms and the State: Remaking Polities, Economies, and Militance*. Chicago, IL/Londres: The University of Chicago Press, p. 367-409.

KIEFER, Thomas M. (1972). *The Tausug:* Violence and Law in a Philippine Moslem Society. Nova York: Holt, Rinehart, and Winston.

KLIMA, George J. (1970). *The Barabaig:* East African Cattle-Herders. Nova York: Holt, Rinehart, and Winston.

KLUCKHOHN, Clyde (1965). Recurrent Themes in Myths and Mythmaking. In: DUNDES, Alan (ed.). *The Study of Folklore*. Englewood Cliffs, NJ: Prentice-Hall, Inc., p. 158-168.

KÖLLNER, Tobias (2011). Built with Gold or Tears? Moral Discourses on Church Construction and the Role of Entrepreneurial Donations. In: ZIGON, Jarrett (ed.). *Multiple Moralities and Religions in Post-Soviet Russia*. Nova York/Oxford: Berghahn Books, p. 191-213.

KOPYTOFF, Igor (1971). Ancestors as Elders in Africa. *Africa:* Journal of the International African Institute, 41/2: 129-142.

KRAKAUER, Jon (2003). *Under the Banner of Heaven:* A Story of Violent Faith. Nova York: Doubleday.

KRINGS, Matthias (2008). Conversion on Screen: A Glimpse at Popular Islamic Imaginations in Northern Nigeria. *Africa Today*, 54/4: 44-68.

KUPER, Hilda (1963). *The Swazi:* A South African Kingdom. Nova York: Holt, Rinehart, and Winston.

LA BARRE, Weston (1972) [1970]. *The Ghost Dance:* The Origins of Religion. Nova York: Dell Publishing Co.

LABATE, Beatriz Caiuby, MacRAE, Edward & GOULART, Sandra Lucia (2010). Brazilian Ayahuasca Religions in Perspective. In: LABATE, Beatriz Caiuby & MacRAE, Edward (eds.). *Ayahuasca, Ritual, and Religion in Brazil.* Londres/Oakville, CT: Equinox Publishing, p. 1-20.

LACTÂNCIO (1871). *The Works of Lactantius* [Trad W. Fletcher]. Edimburgo: T. & T. Clark.

LAMBEK, Michael (1981). *Human Spirits:* A Cultural Account of Trance in Mayotte. Cambridge: Cambridge University Press.

LANGER, Suzanne K. (1942). *Philosophy in a New Key:* A Study in the Symbolism of Reason, Rite, and Art. Nova York: Mentor Books.

LARSEN, Egon (1971). *Strange Cults and Sects:* A Study of their Origins and Influence. Nova York: Hart Publishing Company, Inc.

LAUGRAND, Frédéric (2012). The Transition to Christianity and Modernity among Indigenous Peoples. *Reviews in Anthropology*, 41/1: 1-22.

LAWRENCE, Bruce B. (1989). *Defenders of God:* The Fundamentalist Revolt against the Modern Age. São Francisco, CA: Harper & Row.

LAWRENCE, Peter (1964). *Road Belong Cargo:* A Study of the Cargo Movement in the Southern Madang District New Guinea. Melbourne/Manchester: Melbourne University Press/Manchester University Press.

LEACH, Edmund (1966). A Discussion of Ritualization of Behavior in Animals and Man. *Philosophical Transactions of the Royal Society of London* – Series B, Biological Sciences, 251 (772): 403-408.

LE BON, Gustave (1896). *The Crowd:* A Study of the Popular Mind. Nova York: The Macmillan Company.

LEE, Richard B. (1984). *The Dobe !Kung.* Nova York: Holt, Rinehart, and Winston.

LEHMANN, Arthur C. (2001). Eyes of the Ngangas: Ethnomedicine and Power in Central African Republic. In: LEHMANN, Arthur & MYERS, James (eds.).

*Magic, Witchcraft, and Religion:* An Anthropological Study of the Supernatural. 5. ed. Mountain View, CA: Mayfield Publishing Company, p. 154-162.

LESSA, William A. (1966). *Ulithi:* A Micronesian Design for Living. Nova York: Holt, Rinehart, and Winston.

LESTER, Tory (2002). Oh, Gods! *The Atlantic Monthly* (fevereiro), p. 37-45.

LÉVI-STRAUSS, Claude (1966). *The Savage Mind* [Trad. George Weidenfeld]. Chicago, IL: The University of Chicago Press [Orig.: *La pensée sauvage*].

_____ (1963). *Structural Anthropology* [Trad. Claire Jacobson & Brook Grundfest Scheepf]. Nova York: Basic Books [Orig.: *Anthropologie structurale*].

LEVY, Leonard W. (1993). *Blasphemy:* Verbal Offense against the Sacred, from Moses to Salman Rushdie. Nova York: Alfred A. Knopf.

LEVY, Robert I.; MAGEO, Jeannette Marie & HOWARD, Alan (1996). Gods, Spirits, and History: A Theoretical Perspective. In: MAGEO, Jeannette Marie & HOWARD, Alan (eds.). *Spirits in Culture, History, and Mind.* Nova York/Londres: Routledge, p. 11-27.

LEWIS-WILLIAMS, J.D. & DOWSON, T.A. (1988). The Signs of All Times: Entoptic Phenomena in Upper Palaeolithic Art. *Current Anthropology*, 29/2: 201-245.

LIEBMAN, Charles S. (1993). Jewish Fundamentalism and the Israeli Polity. In: MARTY, Martin E. & APPLEBY, R. Scott (eds.). *Fundamentalisms and the State:* Remaking Polities, Economies, and Militance. Chicago, IL/Londres: The University of Chicago Press, p. 68-87.

LINTON, Ralph (1943). Nativistic Movements. *American Anthropologist*, 45/2: 230-240.

LONDONO SULKIN, Carlos David (2012). *People of Substance:* An Ethnography of Morality in the Colombian Amazon. Toronto: University of Toronto Press.

LOUW, Maria (2012). Being Muslim the Ironic Way: Secularism, Religion, and Irony in Post-Soviet Kyrgyzstan. In: BUBANDT, Nils & VAN BEEK, Martijn (eds.). *Varieties of Secularism in Asia:* Anthropological Explorations of Religion, Politics, and the Spiritual. Londres/Nova York: Routledge, p. 143-161.

LUCKMANN, Thomas (1970). *The Invisible Religion:* The Problem of Religion in Modern Society. Nova York: Macmillan.

McCREERY, John L. (1995). Negotiating with Demons: The Uses of Magical Language. *American Ethnologist*, 22/1: 144-164.

McDOUGALL, Debra (2009). Becoming Sinless: Converting to Islam in the Christian Solomon Islands. *American Anthropologist*, 111/4: 480-491.

McFARLAND, H. Neill (1967). *The Rush Hour of the Gods:* A Study of New Religious Movements in Japan. Nova York: The Macmillan Company.

McGINTY, Anna Mansson (2006). *Becoming Muslim:* Western Women's Conversions to Islam. Nova York: Palgrave Macmillan.

McKNIGHT, Scot (2007). *Five Streams of the Emerging Church* [Disponível em http://www.christianitytoday.com/ct/2007/february/11.35.html – Acesso em 15/04/2012].

McLOUGHLIN, Seán (2007). Islam's in Context: Orientalism and the Anthropology of Muslim Societies and Cultures. *Journal of Beliefs & Values*, 28/3: 273-296.

MALINOWSKI, Bronislaw (1961) [1945]. *The Dynamics of Culture Change:* An Inquiry into Race Relations in Africa. New Haven, CT: Yale University Press.

_____ (1948). *Magic, Science, and Religion and Other Essays.* Garden City, NY: Doubleday Anchor Books.

MARETT, R.R. (1909). *The Threshold of Religion.* Londres: Methuen & Co.

MARRIOTT, McKim & INDEN, Ronald B. (1977). Toward an Ethnosociology of South Asian Caste Systems. In: DAVID, Kenneth A. (ed.). *The New Wind*: Changing Identities in South Asia. The Hague: Mouton, p. 423-438.

MARSDEN, George M. (1990). Defining American Fundamentalism. In: COHEN, Norman J. (ed.). *The Fundamentalist Phenomenon:* A View from Within, A Response from Without. Grand Rapids, MI: William B. Eerdmans Publishing Company, p. 22-37.

MARSDEN, Magnus & RETSIKAS, Konstantinos (2012). Introduction. In: MARSDEN, Magnus & RETSIKAS, Konstantinos (eds.). *Articulating Islam:* Anthropological Approaches to Muslim Worlds. Dordrecht: Springer, p. 1-31.

MARTIN, David (2013). Pentecostalism: An Alternative Form of Modernity and Modernization? In: HEFNER, Robert W. (ed.). *Global Pentecostalism in the 21st Century:* Gender, Piety, and Politics in the World's Fastest-Growing Faith Tradition. Bloomington/Indianápolis, IN: Indiana University Press, p. 37-62.

_____ (1990). *Tongues of Fire:* The Explosion of Protestantism in Latin America. Oxford/Cambridge, MA: Blackwell.

_____ (1978). *A General Theory of Secularization.* Nova York/Evanston, IL/São Francisco, CA: Harper & Row Publishers.

MARTIN, Walter (1976). [1965]. *The Kingdom of the Cults*. Mineápolis, MN: Bethany House.

MARTY, Martin E. (1984). *Pilgrims in Their Own Land:* 500 Years of Religion in America. Nova York: Penguin Books.

_____ (1966) [1964]. *Varieties of Unbelief.* Nova York: Anchor Books.

MARTY, Martin E. & APPLEBY, R. Scott (eds.) (1993). Introduction. In: MARTY, Martin E. & APPLEBY, R. Scott. *Fundamentalisms and the State:* Remaking Polities, Economies, and Militance. Chicago, IL/Londres: The University of Chicago Press, p. 1-9.

_____ (1991a). *Fundamentalisms Observed*. Chicago, IL: The University of Chicago Press.

_____ (1991b). Conclusion: An Interim Report on a Hypothetical Family. In: MARTY, Martin E. & APPLEBY, R. Scott (eds.). *Fundamentalisms Observed*. Chicago, IL: The University of Chicago Press, p. 814-842.

MARX, Karl (1843). *Critique of Hegel's Philosophy of Right* [Trad. Annette Jolin & Joseph O'Malley]. Cambridge: Cambridge University Press.

MATOS MOCTEZUMA, Eduardo (1984). The Templo Mayor of Tenochtitlan: Economics and Ideology. In: BOONE, Elizabeth (ed.). *Ritual Human Sacrifice in Mesoamerica*. Washington, DC: Dumbarton Oaks Research Library and Collection, p. 133-164.

MAYER, Ann Elizabeth (1993). The Fundamentalist Impact on Law, Politics, and Constitutions in Iran, Pakistan, and the Sudan. In: MARTY, Martin E. & APPLEBY, R. Scott (eds.). *Fundamentalisms and the State*: Remaking Polities, Economies, and Militance. Chicago, IL/Londres: The University of Chicago Press, p. 110-151.

MEIGS, Anna S. (1984). *Food, Sex, and Pollution:* A New Guinea Religion. New Brunswick, NJ: Rutgers University Press.

MENON, Kalyani Devaki (2003). Converted Innocents and their Trickster Heroes: The Politics of Proselytizing in India. In: BUCKSER, Andrew & GLAZIER, Stephen D. (eds.). *The Anthropology of Religious Conversion*. Lanham, MD: Rowman & Littlefield Publishers, Inc., p. 43-53.

MEYER, Birgit (2008). Powerful Pictures: Popular Christian Aesthetics in Southern Ghana. *Journal of the American Academy of Religion*, 76/1: 82-110.

_____ (2004). "Praise the Lord": Popular Cinema and Pentecostalite Style in Ghana's New Public Sphere. *American Ethnologist*, 31/1: 92-110.

_____ (1999). *Translating the Devil:* Religion and Modernity Among the Ewe in Ghana. Edimburgo: Edinburgh University Press.

_____ (1998). "Make a Complete Break with the Past": Memory and Post-Colonial Modernity in Ghanaian Pentecostalist Discourse. *Journal of Religion in Africa*, 28/3: 316-349.

MEYER, Thomas (2000) [1997]. *Identity Mania:* Fundamentalism and the Politicization of Cultural Differences. Londres/Nova York: Zed Books.

MICHA, Franz Josef (1970). Trade and Change in Australian Aboriginal Cultures: Australian Aboriginal Trade as an Expression of Close Culture Contact and as a Mediator of Culture Change. In: PILLING, Arnold R. & WATERMAN, Richard A. (eds.). *Diprotodon to Detribalization*: Studies of Change Among Australian Aboriginals. East Lansing, MI: Michigan State University Press, p. 285-313.

MILGRAM, Stanley (1963). Behavioral Study of Obedience. *Journal of Abnormal and Social Psychology*, 67/ 4 : 371-378.

MILLER, Donald E. (2009). Progressive Pentecostalism: An Emergent Trend in Global Christianity. *Journal of Beliefs & Values*, 30/3: 275-287.

MOONEY, James (1896). *The Ghost-Dance Religion and the Sioux Outbreak of 1890.* Washington, DC: Fourteenth Annual Report, Bureau of American Ethnology, part 2.

MORAUTA, Louise (1972). The Politics of Cargo Cults in the Madang Area. *Man* ( n.s.), 7/3: 430-447.

MORGAN, David (1998). *Visual Piety*: A History and Theory of Popular Religious Images. Berkeley, CA: University of California Press.

MORPHY, Howard (1991). *Ancestral Connections:* Art and an Aboriginal System of Knowledge. Chicago, IL: The University of Chicago Press.

MURPHREE, Marshall (1969). *Christianity and the Shona.* Londres: The Athlone Press.

MYERHOFF, Barbara C. (1974). *Peyote Hunt:* The Sacred Journey of the Huichol Indians. Ithaca, NY: Cornell University Press.

NADEL, S.F. (1954). *Nupe Religion.* Glencoe, IL: The Free Press.

NAGATA, Judith (2001). Beyond Theology: Toward an Anthropology of "Fundamentalism". *American Anthropologist*, 103/2: 481-498.

NAIDEN, F.S. (2013). *Smoke Signals for the Gods:* Ancient Greek Sacrifice from the Archaic through Roman Periods. Oxford/Nova York: Oxford University Press.

NEEDHAM, Rodney (1972). *Belief, Language, and Experience*. Chicago, IL: The University of Chicago Press.

NEWBERG, Andrew, d'AQUILI, Eugene & RAUSE, Vince (2002). *Why God Won't Go Away*: Brain Science and the Biology of Belief. Nova York: Ballantine Books.

NIAAH, Jahlani (2012). The Rastafari Presence in Ethiopia: A Contemporary Perspective. In: BARNETT, Michael (ed.). *Rastafari in the New Millennium*. Siracusa, NY: Syracuse University Press, p. 66-88.

NIELSEN, Kai (1989). *Why Be Moral?* Búfalo, NY: Prometheus Books.

NIETZSCHE, Friedrich (1976). *The Portable Nietzsche* [Ed. Walter Kaufmann Harmondsworth]. UK/Nova York: Penguin Books.

NOCK, A.D. (1933). *Conversion:* The Old and the New in Religion from Alexander the Great to Augustine of Hippo. Oxford: Oxford University Press.

NORDSTROM, Carolyn & MARTIN, JoAnn (1992). The Culture of Conflict: Field Reality and Theory. In: NORDSTROM, Carolyn & MARTIN, JoAnn (eds.). *The Paths to Domination, Resistance, and Terror*. Berkeley, CA: University of California Press, p. 3-17.

NORENZAYAN, Ara & SHARIFF, Azim F. (2008). The Origin and Evolution of Religious Prosociality. *Science*, 322 (3 de outubro), 58-62.

NORTH, Gary (1986). *The Sinai Strategy:* Economics and the Ten Commandments. Tyler, TX: Institute for Christian Economics.

_____ (1984). *Backward Christian Soldiers?* – An Action Manual for Christian Reconstruction. Tyler, TX: Institute for Christian Economics.

OBEYESEKERE, Gananath (1981). *Medusa's Hair:* An Essay on Personal Symbols and Religious Experience. Chicago, IL: University of Chicago Press.

_____ (1963). The Great Tradition and the Little in the Perspective of Sinhalese Buddhism. *The Journal of Asian Studies*, 22/2: 139-153.

OHNUKI-TIERNEY, Emiko (1974). *The Ainu of the Northwest Coast of Southern Sakhalin*. Nova York: Holt, Rinehart, and Winston.

OLSON, Benjamin Hedge (2013). Voice of Our Blood: National Socialist Discourse in Black Metal. In: HJEML, Titus; KAHN-HARRIS, Keith & LeVINE, Mark (eds.). *Heavy Metal:* Controversies and Countercultures. Sheffield, UK/Bristol, CT: Equinox, p. 136-151.

ONG, Aihwa (1988). The Production of Possession: Spirits and the Multinational Corporation in Malaysia. *American Ethnologist*, 15/1: 28-42.

_____ (1987). *Spirits of Resistance and Capitalist Discipline:* Factory Women in Malaysia. Albany, NY: State University of New York Press.

ORING, Elliott (1986). Folk Narratives. In: ORING, Elliott (ed.). *Folk Groups and Folklore Genres:* An Introduction. Logan, UT: Utah State University Press, p. 121-145.

ORTA, Andrew (1998). Converting Difference: Metaculture, Missionaries, and the Politics of Locality. *Ethnology*, 37/2: 165-185.

ORTIZ, Alfonso (1969). *The Tewa World*: Space, Time, Being, and Becoming in a Pueblo Society. Chicago, IL/Londres: The University of Chicago Press.

ORTNER, Sherry B. (1989). *High Religion:* A Cultural and Political History of Sherpa Buddhism. Princeton, NJ: Princeton University Press.

_____ (1978). *Sherpas Through their Rituals*. Cambridge: Cambridge University Press.

_____ (1973). On Key Symbols. *American Anthropologist*, 75/5: 1.338-1.346.

OVERING, Joanne (1986). Images of Cannibalism, Death, and Domination in a "Non-Violent" Society. In: RICHES, David (ed.). *The Anthropology of Violence*. Oxford: Basil Blackwell, p. 86-102.

PAGELS, Elaine (1995). *The Origin of Satan*. Nova York: Random House.

PANCHENKO, Alexander (2012). How to Make a Shrine with Your Own Hands: Local Holy Places and Vernacular Religion in Russia. In: BOWMAN, Marion & VALK, Ülo (eds.). *Vernacular Religion in Everyday Life:* Expressions of Belief. Sheffield, UK/Bristol, CT: Equinox, p. 42-62.

PARK, Jungnok (2012). *How Buddhism Acquired a Soul on the Way to China*. Sheffield, UK/Bristol, CT: Equinox Publishing.

PARKS, Douglas 1996). *Myths and Traditions of the Arikara Indians*. Lincoln, NE/Londres: University of Nebraska Press.

PAUL, Robert A. (1976). The Sherpa Temple as a Model of the Psyche. *American Ethnologist*, 3/1: 131-146.

PEDERSEN, Morten Axel (2011). *Not Quite Shamans:* Spirit Worlds and Political Lives in Northern Mongolia. Ithaca, NY/Londres: Cornell University Press.

PELKMANS, Mathijs (2009). Temporary Conversion: Encounters with Pentecostalism in Muslim Kyrgyzstan. In: PELKMANS, Mathijs (ed.). *Conversion after Socialism:* Disruptions, Modernisms and Technologies of Faith in the Former Soviet Union. Oxford: Berghahn Books, p. 143-162.

PERSINGER, Michael (1987). *Neuropsychological Bases of God Beliefs.* Westport, CT: Praeger Publications.

PIKE, Sarah M. (2004). *New Age and Neopagan Religions in America.* Nova York: Columbia University Press.

_____ (2001). *Earthly Bodies, Magical Selves:* Contemporary Pagans and the Search for Community. Berkeley, CA: University of California Press.

PINNOCK, Clark H. (1990). Defining American Fundamentalism: A Response. In: COHEN, Norman J. (ed.). *The Fundamentalist Phenomenon:* A View from Within, A Response from Without. Grand Rapids, MI: William B. Eerdmans Publishing Company, p. 38-55.

POIRIER, Sylvie (1993). "Nomadic" Rituals: Networks of Ritual Exchange between Women of the Australian Western Desert. *Man* (n.s.), 27/4: 757-776.

POLLOCK, Donald K. (1993). Conversion and "Community" in Amazonia. In: HEFNER, Robert (ed.). *Conversion to Christianity:* Historical and Anthropological Perspectives on a Great Transformation. Berkeley, CA: University of California Press, p. 165-197.

POSPISIL, Leopold (1963). *The Kapauku Papuans of West New Guinea.* Nova York: Holt, Rinehart, and Winston.

POUILLON, Jean (1992). Remarks on the Verb "To Believe". In: IZARD, Michel & SMITH, Pierre (eds.). *Between Belief and Transgression:* Structuralist Essays in Religion, History, and Myth [Trad. John Leavitt]. Chicago, IL/Londres: The University of Chicago Press, p. 1-8.

PRIMIANO, Leonard Norman (2012). Manifestations of the Religious Vernacular: Ambiguity, Power, and Creativity. In: BOWMAN, Marion & VALK, Ülo (eds.). *Vernacular Religion in Everyday Life:* Expressions of Belief. Sheffield, UK/Bristol, CT: Equinox, p. 382-394.

_____ (1995). Vernacular Religion and the Search for Method in Religious Folklife. *Western Folklore,* 54/1: 37-56.

PYPE, Katrien (2012). *The Making of the Pentecostal Melodrama:* Religion, Media, and Gender in Kinshasa. Nova York/Oxford: Berghahn Books.

QUACK, Johannes (2012a). *Disenchanting India:* Organized Rationalism and Criticism of Religion in India. Oxford/Nova York: Oxford University Press.

_____ (2012b). Organised Atheism in India: An Overview. *Journal of Contemporary Religion*, 27/1: 67-85.

RADCLIFFE-BROWN, A.R. (1965) [1952]. *Structure and Function in Primitive Society.* Nova York: The Free Press.

RADIN, Paul (1957). *Primitive Religion:* Its Nature and Origin. Nova York: Dover Publications.

RAMADAN, Abdel Azim (1993). Fundamentalist Influence in Egypt: The Strategies of the Muslim Brotherhood and the Takfir Groups. In: MARTY, Martin E. & APPLEBY, R. Scott (eds.). *Fundamentalisms and the State:* Remaking Polities, Economies, and Militance. Chicago, IL/Londres: The University of Chicago Press, p. 152-183.

RANSTORP, Magnus (2003). Terrorism in the Name of Religion. In: HOWARD, Russell D. & SAWYER, Reid L. (eds.). *Terrorism and Counterterrorism:* Understanding the New Security Environment. Guilford, CT: Mc-Graw Hill/Dushkin, p. 121-136.

RAPOPORT, David C. (1989). Terrorism and the Messiah: An Ancient Experience and Some Modem Parallels. In: RAPOPORT, David C. & ALEXANDER, Yonah (eds.). *The Morality of Terrorism:* Religious and Secular Justifications. Nova York: Columbia University Press, p. 13-42.

RAPPAPORT, Roy (1999). *Ritual and Religion in the Making of Humanity.* Cambridge: Cambridge University Press.

_____ (1992). Ritual. In: BAUMAN, Richard (ed.). *Folklore, Cultural Performances, and Popular Entertainment:* A Communications-Centered Handbook. Nova York: Oxford University Press, p. 249-260.

RAY, Dorothy Jean (1967). *Eskimo Masks:* Art and Ceremony. Seattle, WA: University of Washington Press.

READER, Ian (1991). *Religion in Contemporary Japan.* Honolulu, HI: University of Hawaii Press.

REDFIELD, Robert (1953). *The Primitive World and its Transformations.* Ithaca, NY: Cornell University Press.

REY, Séverine (2012). The Ordinary within the Extraordinary: Sainthood-Making and Everyday Religious Practice in Lesvos, Greece. In: SCHIELKE, Samuli &

DEBEVEC, Liza (eds.). *Ordinary Lives and Grand Schemes:* An Anthropology of Everyday Religion. Nova York/Oxford: Berghahn Books, p. 82-97.

RICHES, David (1986). The Phenomenon of Violence. In: RICHES, David (ed.). *The Anthropology of Violence.* Oxford: Basil Blackwell, p. 1-27.

ROALD, Anne Sofie (2012). The Conversion Process in Stages: New Muslims in the Twenty-First Century. *Islam and Christian-Muslim Relations,* 23/3: 347-362.

ROBBINS, Joel (2007). Continuity Thinking and the Problem of Christian Culture: Belief, Time, and the Anthropology of Christianity. *Current Anthropology,* 48/1: 5-38.

_____ (2003a). On the Paradoxes of Global Pentecostalism and the Perils of Continuity Thinking. *Religion,* 33: 221-231.

_____ (2003b). What is a Christian? Notes Toward an Anthropology of Christianity. *Religion,* 33: 191-199.

ROES, Frank L. & RAYMOND, Michel (2003). Belief in Moralizing Gods. *Evolution and Human Behavior,* 24: 126-135.

ROOTH, Anna Birgitta 1957). The Creation Myths of the North American Indians. *Anthropos,* 52: 497-508.

RUDNYCKYJ, Daromir (2010). *Spiritual Economies:* Islam, Globalization, and the Afterlife of Development. Ithaca, NY/Londres: Cornell University Press.

RUEL, Malcolm (1997). *Belief, Ritual, and the Securing of Life:* Reflexive Essays on Bantu Religion. Leiden: E.J. Brill.

RUSHDOONY, R.J. (1973). *The Institutes of Biblical Law.* Nutley, NJ: Craig Press.

SAGE, Vanessa (2009). Encountering the Wilderness, Encountering the Mist: Nature, Romanticism, and Contemporary Paganism. *Anthropology of Consciousness,* 20/1: 27-52.

SAHLINS, Marshall (1976). *The Use and Abuse of Biology:* An Anthropological Critique of Sociobiology. Ann Arbor, MI: University of Michigan Press.

SAID, Edward W. (1978). *Orientalism.* Nova York: Vintage Books.

SCHAFFER, Matt & COOPER, Christine (1980). *Mandinko:* The Ethnography of a West African Holy Land. Nova York: Holt, Rinehart, and Winston.

SCHEPER-HUGHES, Nancy & BOURGOIS, Philippe (2004). Introduction: Making Sense of Violence. In: SCHEPER-HUGHES, Nancy & BOURGOIS, Philippe (eds.). *Violence in War and Peace:* An Anthology. Malden, MA/Oxford: Blackwell Publishing, p. 1-31.

SCHIELKE, Samuli (2012). *The Perils of Joy:* Contesting Mulid Festivals in Contemporary Egypt. Siracusa, NY: Syracuse University Press.

_____ (2010). *Second Thoughts about the Anthropology of Islam, or How to Make Sense of Grand Schemes in Everyday Life.* Working Papers n. 2, Zentrum Moderner Orient.

SCHIELKE, Samuli & DEBEVEC, Liza (2012). Introduction. In: SCHIELKE, Samuli & DEBEVEC, Liza (eds.). *Ordinary Lives and Grand Schemes:* An Anthropology of Everyday Religion. Nova York/Oxford: Berghahn Books, p. 1-16.

SENEVIRATNE, H.L. (1978). *Rituals of the Kandyan State.* Cambridge: Cambridge University Press.

SETHI, Manisha (2012). *Escaping the World:* Women Renouncers among Jains. Londres/Nova York: Routledge.

SHAH, Rebecca Samuel & SHAH, Timothy Samuel (2013). Pentecost amid Pujas: Charismatic Christianity and Dalit Women in Twenty-First-Century India. In: HEFNER, Robert W. (ed.). *Global Pentecostalism in the 21st Century:* Gender, Piety, and Politics in the World's Fastest-Growing Faith Tradition. Bloomington/Indianápolis, IN: Indiana University Press, p. 194-222.

SHATTUCK, Cybelle (1999). *Hinduism.* Londres: Routledge.

SHAW, Rosalind & STEWART, Charles (1996). Introduction: Problematizing Syncretism. In: STEWART, Charles & SHAW, Rosalind (eds.). *Syncretism/Anti-syncretism:* The Politics of Religious Synthesis. Londres/Nova York: Routledge, p. 1-26.

SHERZER, Joel (1983). *Kuna Ways of Speaking.* Austin, TX: University of Texas Press.

SHNIRELMAN, Victor A. (2013). Russian Neopaganism: From Ethnic Religion to Racial Violence. In: AITAMURTO, Kaarina & SIMPSON, Scott (eds.). *Modern Pagan and Native Faith Movements in Central and Eastern Europe.* Durham, UK/Bristol, CT: Acumen, p. 62-76.

SHORTER, Aylward (1988). *Toward a Theology of Inculturation.* Maryknoll, NY: Orbis Books.

SKORUPSKI, John (1976). *Symbol and Theory:* A Philosophical Study of Theories of Religion in Social Anthropology. Cambridge: Cambridge University Press.

SMITH, Karl (2012). From Dividual and Individual Selves to Porous Subjects. *The Australian Journal of Anthropology*, 23: 50-64.

SMITH, Lacey Baldwin (1997). *Fools, Martyrs, Traitors:* The Story of Martyrdom in the Western World. Nova York: Alfred A. Knopf.

SOMERS, Emily Aoife (2013). Transnational Necromancy: W.B. Yeats, Izumi Kyôka and *neo-nô* as Occultic Stagecraft. In: BOGDAN, Henrik & DJURDJEVIC, Gordan (eds.). *Occultism in a Global Perspective*. Durham, UK/Bristol, CT: Acumen, p. 203-230.

SONE, Enongene Mirabeau (2011). Religious Poetry as a Vehicle for Social Control in Africa: The Case of the Bakossi Incantatory Poetry. *Folklore*, 122/3: 308-326.

SOSIS, Richard & ALCORTA, Candace (2003). Signaling, Solidarity, and the Sacred: The Evolution of Religious Behavior. *Evolutionary Anthropology*, 12: 264-274.

SPERBER, Dan (1975). *Rethinking Symbolism* [Trad. Alice L. Morton]. Cambridge: Cambridge University Press.

SPIER, Leslie (1935). *The Prophet Dance of the Northwest and its Derivatives:* The Source of the Ghost Dance. Menasha, WI: George Banta Publishing Company.

SPINDLER, George & SPINDLER, Louise (1971). *Dreamers without Power:* The Menomini Indians. Nova York: Holt, Rinehart, and Winston.

SPIRO, Melford (1978) [1967]. *Burmese Supernaturalism*. Ed. ampliada. Filadélfia, PA: Institute for the Study of Human Issues.

SPRINZAK, Ehud (1993). Three Models of Religious Violence: The Case of Jewish Fundamentalism in Israel. In: MARTY, Martin E. & APPLEBY, R. Scott (eds.). *Fundamentalisms and the State:* Remaking Polities, Economies, and Militance. Chicago, IL/Londres: The University of Chicago Press, p. 462-490.

SRINIVAS, Tulasi (2010). *Winged Faith:* Rethinking Globalization and Religious Pluralism through the Sathya Sai Movement. Nova York: Columbia University Press.

STAAL, Frits (1979). The Meaningless of Ritual. *Numen*, 26/1: 2-22.

STALLYBRASS, Peter & White, Allon (1986). *The Politics and Poetics of Transgression*. Ithaca, NY/Londres: Cornell University Press/Methuen Books.

STEPHENSON, Peta (2010). *Islam Dreaming:* Indigenous Muslims in Australia. Sydney: University of New South Wales Press.

STEWART, Charles (1991). *Demons and the Devil:* Moral Imagination in Modern Greek Culture. Princeton, NJ: Princeton University Press.

STRATHERN, Marilyn (1988). *The Gender of the Gift:* Problems with Women and Problems with Society in Melanesia. Berkeley, CA: University of California Press.

STRINGER, Martin D. (2008). *Contemporary Western Ethnography and the Definition of Religion.* Londres/Nova York: Continuum.

SUBEDI, Surya P. (2003). The Concept in Hinduism of "Just War". *Journal of Conflict and Security Law*, 8/2: 339-361.

SUSEWIND, Raphael (2013). *Being Muslim and Working for Peace:* Ambivalence and Ambiguity in Gujarat. Nova Delhi/Thousand Oaks, CA: Sage Publications.

SWINBURNE, Richard (1977). *The Coherence of Theism.* Oxford: Clarendon Press.

SZILÁRDI, Réka (2013). Neopaganism in Hungary: Under the Spell of Roots. In: AITAMURTO, Kaarina & SIMPSON, Scott (eds.). *Modern Pagan and Native Faith Movements in Central and Eastern Europe.* Durham, UK/Bristol, CT: Acumen, p. 230-248.

TAMBAR, Kabir (2009). Secular Populism and the Semiotics of the Crowd in Turkey. *Public Culture*, 21/3: 517-537.

TAMBIAH, Stanley J. (1979). *A Performative Approach to Ritual.* Londres: The British Academy/Oxford University Press.

_____ (1970). *Buddhism and the Spirit Cults in North-East Thailand.* Londres: Cambridge University Press.

TAUSSIG, Michael (1977). The Genesis of Capitalism amongst a South American Peasantry: Devil's Labor and the Baptism of Money. *Comparative Studies in Society and History*, 19/2: 130-155.

TEDLOCK, Dennis (1983). *The Spoken Word and the Work of Interpretation.* Filadélfia, PA: University of Pennsylvania Press.

_____ (1972). *Finding the Center:* Narrative Poetry of the Zuni Indians. Nova York: The Dial Press.

*The Rules and Statutes of the Teutonic Knights* (1969) [Trad. Indrikis Sterns] [Disponível em www.theorb.net/encyclop/religion/monastic/tk_rule.html – Acesso em 30/06/2014].

THOMPSON, J.M. (1962). *Robespierre and the French Revolution.* Nova York: Collier Books.

THOMS, William (1846). Folklore. *The Athenaeum*, 982: 862-863.

TOOKER, Deborah (1992). Identity Systems of Highland Burma: "'Belief", Akha Zan, and a Critique of Interiorized Notions of Ethno-Religious Identity. *Man* (n.s), 27/4: 799-819.

TRIGGER, Bruce G. (1969). *The Huron:* Farmers of the North. Nova York: Holt, Rinehart, and Winston.

TUCKER, Catherine (2010). Private Goods and Common Property: Pottery Production in a Honduran Lenca Community. *Human Organization*, 69/1: 43-53.

TURNBULL, Colin M. (1961). *The Forest People:* A Study of the Pygmies of the Congo. Nova York: Touchstone.

TURNER, Victor (1984). Liminality and the Performative Genres. In: Mac--ALOON, John J. (ed.). *Rite, Drama, Festival, Spectacle:* Rehearsals toward a Theory of Cultural Performance. Filadélfia, PA: Institute for the Study of Human Issues, p.19-41.

_____ (1981) [1968]. *The Drums of Affliction:* A Study of Religious Processes among the Ndembu of Zambia. Londres: Hutchinson University Library for Africa.

_____ (1974). *Dramas, Fields, and Metaphors:* Symbolic Action in Human Society. Ithaca, NY/Londres: Cornell University Press.

_____ (1973). The Center Out There: Pilgrim's Goal. *History of Religion*, 12/3: 191-230.

_____ (1969). *The Ritual Process:* Structure and Anti-Structure. Chicago, IL: Aldine Publishing.

_____ (1967). *The Forest of Symbols:* Aspects of Ndembu Ritual. Ithaca, NY: Cornell University Press.

TURNER, Victor & TURNER, Edith L.B. (2011) [1978]. *Image and Pilgrimage in Christian Culture.* Nova York: Columbia University Press.

TYLOR, E.B. (1958) [1871]. *Primitive Culture.* Vol. 1. Nova York: Harper.

USUI, Sachiko (2007). The Concept of Pilgrimage in Japan. In: DEL ALISAL, Maria Rodriguez; ACKERMANN, Peter & MARTINEZ, Dolores P. (eds.). *Pilgrimages and Spiritual Quests in Japan.* Abingdon, UK/Nova York: Routledge, p. 27-38.

UZENDOSKI, Michael A. & CALAPUCHA-TAPUY, Edith Felicia (2012). *The Ecology of the Spoken Word:* Shamanism among the Napo Runa. Urbana, Chicago/Springfield, IL: University of Illinois Press.

VALANTASIS, Richard (1995). A Theory of the Social Function of Asceticism. In: WIMBUSH, Vincent L. & VALANTASIS, Richard (eds.). *Asceticism*. Oxford/ Nova York: Oxford University Press, p. 544-552.

VALERI, Valerio (1985). *Kingship and Sacrifice:* Ritual and Society in Ancient Hawaii [Trad. Paula Wissig]. Chicago, IL/Londres: The University of Chicago Press.

VAN BAALEN, Jan Karel (1956) [1938]. *The Chaos of the Cults*. Grand Rapids, MI: Eerdmans.

VOLL, John O. (1991). Fundamentalism in the Sunni Arab World: Egypt and the Sudan. In: MARTY, Martin & APPLEBY, R. Scott (eds.). *Fundamentalisms Observed*. Chicago, IL: The University of Chicago Press, p. 345-402.

VON FUERER-HAIMENDORF, Christoph (1969). *The Konyak Nagas:* An Indian Frontier Tribe. Nova York: Holt, Rinehart, and Winston.

WALLACE, Anthony F.C. (1966). *Religion:* An Anthropological View. Nova York: Random House.

_____ (1956). Revitalization Movements. *American Anthropologist*, 58/2: 264-281.

WATERMAN, Richard A. & WATERMAN, Patricia Panyity (1970). Directions of Culture Change in Aboriginal Arnhem Land. In: PILLING, Arnold R. & WATERMAN, Richard A. (eds.). *Diprotodon to Detribalization:* Studies of Change Among Australian Aboriginals. East Lansing, MI: Michigan State University Press, p. 101-109.

WEINSTEIN, Deena (2013). Pagan Metal. In: WESTON, Donna & BENNETT, Andy (eds.). *Pop Pagans:* Paganism and Popular Music. Durham, UK/ Bristol, CT: Acumen, p. 58-75.

WERNER, Susan Jayne (1981). *Peasant Politics and Religious Sectarianism:* Peasant and Priest in the Cao Dai in Vietnam. New Haven, CT: Yale University Southeast Asia Studies.

WESTERMARCK, Edward (1926). *Ritual and Belief in Morocco*. 2 vols. Londres: Macmillan & Co.

WESTH, Peter (2011). Illuminator of the Wide Earth; Unbribable Judge; Strong Weapon of the Gods: Intuitive Ontology and Divine Epithets in Assyro-Babylonian Religious Texts. In: MARTIN, Luther H. & SORENSEN, Jesper (eds.). *Past Minds:* Studies in Cognitive Historiography. Londres/Oakville, CT: Equinox, p. 48-61.

WHEELWRIGHT, Philip (ed.) (1966). *The Presocratics*. Nova York: The Odyssey Press, Inc.

WHITE, Jenny (2013). *Muslim Nationalism and the New Turks*. Princeton, NJ/Oxford: Princeton University Press.

WHITE, Leslie A. (1959). The Concept of Culture. *American Anthropologist*, 61/2: 227-251.

WHITEHOUSE, Harvey (2004). *Modes of Religiosity:* A Cognitive Theory of Religious Transmission. Lanham, MD: AltaMira Press.

_____ (1995). *Inside the Cult:* Religious Innovation and Transmission in Papua New Guinea. Oxford: Clarendon Press.

WIENCH, Piotr (2013). A Postcolonial Key to Understanding Central and Eastern European Neopaganisms. In: AITAMURTO, Kaarina & SIMPSON, Scott (eds.). *Modern Pagan and Native Faith Movements in Central and Eastern Europe*. Durham, UK/Bristol, CT: Acumen, p. 10-26.

WILFORD, Justin G. (2012). *Sacred Subdivisions:* The Postsuburban Transformation of American Evangelicalism. Nova York/Londres: New York University Press.

WILLIAMS, Thomas Rhys (1965). *The Dusun:* A North Borneo Society. Nova York: Holt, Rinehart, and Winston.

WILMORE, Michael J. (2006). Gatekeepers of Cultural Memory: Televising Religious Rituals in Tansen, Nepal. *Ethnos*, 71/3: 317-342.

WILSON, Bryan (1982). *Religion in Sociological Perspective*. Oxford: Oxford University Press.

WORSLEY, Peter (1968). *The Trumpet Shall Sound:* A Study of "Cargo Cults" in Melanesia. Nova York: Shocken Books.

XYGALATAS, Dimitris (2012). *The Burning Saints:* Cognition and Culture in the Fire-Walking Rituals of the Anastenaria. Sheffield, UK/Bristol, CT: Equinox.

YENGOYAN, Aram A. (1993). Religion, Morality, and Prophetic Traditions: Conversion among the Pitjantjatjara of Central Australia. In: HEFNER, Robert (ed.). *Conversion to Christianity:* Historical and Anthropological Perspectives on a Great Transformation. Berkeley, CA: University of California Press, p. 231-258.

YÜKLEYEN, Ahmet (2012). *Localizing Islam in Europe:* Turkish Islamic Communities in Germany and the Netherlands. Syracuse, NY: Syracuse University Press.

ZAMORSKA, Julia (1998). *Modernity in a Different Way*: Cargo Cults in Melanesia as Creative Response to Modernisation [Disponível em *www.geocities.com/southbeach/lagoonl3638/*anthro2.html – Acesso em 03/03/2004].

ZENCIRCI, Gizem (2012). Secularism, Islam, and the National Public Sphere: Politics of Commemorative Practices in Turkey. In: CINAR, Alev, ROY, Srirupa & YAHYA, Mahayudin Haji (eds.). *Visualizing Secularism and Religion:* Egypt, Lebanon, Turkey, India. Ann Arbor, MI: University of Michigan Press, p. 93-109.

ZIMBARDO, Philip (2000). The Psychology of Evil. *Psi Chi*, 5/1: 16-19.

# Índice

Abominações do Levítico 212
Aborígines australianos 26, 32, 90, 119, 124, 164, 191s., 230, 247-250, 290
   Islamismo e 297
Aborto 446, 448, 451
Adivinhação/adivinho 126-128, 133, 135, 183, 186, 373
   disque-adivinhos 337
Adventismo do Sétimo Dia 185, 252, 264, 311
Afeganistão/afegão 297, 319, 440, 460
África/africano 28, 46, 71s., 74, 79, 81, 90, 114, 117, 119, 124, 127, 189, 233, 237, 242, 268, 279s., 284s., 294, 298, 309, 311, 319, 330, 371, 388, 412s., 429, 457
   afro-brasileiro 46
África do Sul 127, 337, 339, 466
Agência 55-57, 68, 105, 113, 204, 230, 304
Agnosticismo 404, 409, 427
Agostinho 381
Ahura Mazda 87, 367
Aimará 126, 310, 328s., 407
Ainu 75, 79, 90, 366
Akan 279
Akha 61
Alá 76, 154, 187, 253, 295, 319, 329, 333, 368, 376, 384
al-Banna, Hasan 457
Alcorão 116, 120, 128, 169, 284, 296, 300, 340, 368, 376, 384, 434, 456
Alcorta, Candace 58s.
Aliança Ateísta Internacional 424
Allerton, Catherine 113, 262
Alma 16, 27, 47, 54, 62, 70-75, 79, 90, 93, 111, 123, 127s., 132s., 171, 184, 189, 211, 223, 273, 286, 320, 374, 381, 407, 412, 446, 458

Amaterasu-Omikami 232
América do Norte 72, 83, 113, 115, 348
Americano nativo 113, 145, 265
Amish 119, 436, 442, 448
Ammerman, Nancy 320, 441
Anabatistas 382
Anastenaria 356
Anglo-israelismo 350, 450
Angra Mainyu 88, 367
Antissincretismo 262
Antoun, Richard 433, 439
Anutans 64, 76
Apache 82, 130, 237, 240
Apiao 96
*Apocalipse, O* 330
Arikara 151s., 158s., 163
Armstrong, Karen 139, 166, 425
Asad, Talal 26, 293, 308, 378, 395, 401-404, 417s., 427, 429, 435
Asahara, Shoko 264
Asceta/ascetismo 128s., 133, 222, 274, 302, 313, 378-380, 444
Ashura 376
Asser, Seth & Rita Swan 392
Associação Humanista Americana 408, 425
Asteca 372
Ateísmo/ateísta 394, 396, 404s., 409, 412, 422-428, 446, 458
Ateístas americanos 423s.
Atran, Scott 57
Aum Shinrikyo 252, 260s., 263s.
Austin, J.L. 165s., 176
Austin-Broos, Diane 290
Autoflagelação 375-378
*Avesta* 120
Ayahuasca 45s.
Azande 28, 79, 89, 126, 131, 141, 365, 407

Bacon, Roger 38
Bagandu 114

Bahai/bahaísmo 120, 284
Bakhtin, Mikhail 234
Bakossi 152
Bali/balinês 117, 199, 227
"Banging for Christ" 354
Barabaig 127, 236
Barfield, Thomas 173
Barth, Fredrik 411
Bascom, William 149, 151
Basseri 411
Bastian, Adolf 42
Batismo/batista (denominação) 266, 348, 444s.
Batismo (ritual) 288s., 305-307, 376
Bauman, Richard 149, 163
Beattie, John 126, 130, 143, 233
Beidelman, T.O. 79, 90, 127, 143, 230, 236
Bell, Catherine 174, 182, 190
Bellah, Robert 232
Berger, Peter & Thomas Luckmann 399
Berti 105, 116, 169
*Bhagavad Gita* 86, 89, 368, 386
Bíblia 120, 206, 222, 253, 276, 284, 335, 349, 354, 408, 423, 434, 442-445, 447
*Bid'a* 262, 326
Bielo, James 275s.
Bin Laden, Osama 460
Birmânia /birmanês 61, 63, 72, 77, 132, 465
Black Metal Nacional-Socialista 344
Bloch, Maurice 239s.
Boas, Franz 157
Bob Jones University 443
Bolívia 126, 310, 328
Bonnefoy, Laurent 431
Bósnia/bósnio 116, 268, 386, 388s.
Bourdieu, Pierre 221
Bourguignon, Erika 190
Boyer, Pascal 55s.

Brahma 94

Brahman (alma cósmica) 78

Brâmane (casta) 27, 125, 133, 212, 228s., 240

Brasil/brasileiro 46, 193, 306, 308

*Bricolage/bricoleur* 44, 147

Bruce, Steve 399

Brueggemann, Walter 247

Bruxo/bruxa/bruxaria 28, 34, 51, 54, 76s., 88, 91, 115, 127, 131s., 150, 155, 181, 185, 191, 227, 236s., 279, 332s., 337, 341, 365, 367, 448

Buckser, Andrew 67, 395, 437s.

Buda 27, 74, 198, 273, 388, 461

Budismo/budista 38, 72, 88, 120, 129, 152, 243, 260, 280, 284, 290s., 308, 311, 334, 366, 378, 394
   Aum Shinrikyo e 260
   birmanês 72, 77, 132
   Cao Dai 260, 272
   cingalês 323s., 387s., 465s.
   fundamentalismo no 464-467
   japonês 414-416
   linguagem b. na China 27
   monges guerreiros no 385
   movimento Sathya Sai e 253
   Newar 334
   Sherpa 109, 114, 465
   tailandês 133, 168s.
   tibetano 171
   zen 120

Bulbulia, Joseph 58

Bunyoro 126, 130, 132, 143, 233, 239

*Buphonia* 372

Burkert, Walter 369s., 372-374

Butler, Richard 450


Caaba 111

Cabala 67, 402

Calvinismo/calvinista 303, 313

Caminho Espiralado 346

*Camino de Santiago* 202s.
Campbell, Alexander 445
Campbell, Colin 396
Campbell, Joseph 104
Camp Quest 427
Cannell, Fenella 302, 313, 395
Cao Dai 260, 272-274, 284
Capitalismo 255, 276, 312, 335-337, 339s.
Carma 229, 273, 290, 366, 368
Carnaval 21, 192, 234
Casa Chabad 67, 437
Casanova, José 400
Cassirer, Ernst 101, 139
Casta 49, 89, 125, 212, 225, 228s., 240, 334, 368, 385, 462
Catolicismo/católico 43, 46, 111, 119, 126, 167, 180, 188, 245, 252, 260, 262, 306-308, 312s., 335, 347, 351, 376, 400, 422, 433, 443-445
  África e 285
  Bósnia e 388s.
  Cao Dai e 260, 272
  escândalo do abuso sexual e 389
  inculturação no 326s., 407
  Irlanda do Norte e 386s.
  movimento Igreja emergente e 275-277
  na América Latina 308s.
  na China 394
  peregrinação no 202s.
  secularismo francês e 416-418
Caxemira 382, 384, 386
Ceticismo 37, 308, 404, 406, 408, 427
Chagnon, Napoleon 84
Cheyenne 115
Chile 76, 96, 308
China/chinês 27, 49, 63, 74, 82, 120, 198, 226, 239, 251, 260, 274, 308s., 382
  ateísmo oficial na 394-396
  Cao Dai e 260, 272
  funerais na 171
Christian Broadcasting Network 351
Christian Knights Comics 320

Christian Mingle 354
Ciência Cristã 110, 120, 349
Cientologia 120, 251s., 261, 264
Cingalês 267, 323, 387s., 465s.
Cinismo 406
Coalizão Cristã 436
Código de interação 174-177, 204, 214
Colonialismo 255, 270, 297, 303-308, 315, 326, 382, 428, 453s., 456s., 460s.
Comaroff, Jean 304, 321
Comaroff, John & Jean 222, 304, 335-337, 339
*Communitas* 196s., 204, 232, 234
Comte, Auguste 38, 397
Comunidade moral 29, 48, 207, 215s., 255, 281, 364, 400
Comunismo/comunista 49, 274, 309, 344, 382, 394s., 398, 460
Conferência Bíblica de Niágara 445
Confuciano/confucionismo 171, 226, 260, 272s.
Confúcio 120, 273, 407
Congo 410, 413
    República Democrática do Congo 332
Conselho para o Humanismo Secular 424s.
Consonância 16, 225, 256, 280, 292, 440
Contaminação 171, 209-213, 228, 375, 410, 457
Conversão 222, 269, 285-290, 303, 310, 333, 376, 383, 388, 462
    ao islamismo 294-297
    desconversão 276
Corporação 335, 339s.
Cosmogonia 33, 83, 141, 143, 273
Cosmologia 83s., 86s., 105, 133, 141, 226, 285, 302
*Cows, Pigs, Wars and Witches* 50
Crime de honra 298, 391
Cristão copta 312, 316
Cristianismo/cristão 21, 27-29, 32, 37s., 62, 64, 66s., 69, 71-73, 97, 109, 111, 128, 168, 179, 185, 208, 222, 230, 242s., 269, 284s., 287-292, 294-298, 301s., 325-330, 334s., 356s., 386, 390, 394s., 397, 400, 402, 406s., 410, 412, 428s., 456, 461-466
    Cao Dai e 260
    colonialismo e 303-308

copta 316
cosmologia 83
deus cristão 77
escatologia 93-95
escrituras 47, 119-121
espaço sagrado 111
falar cristão 27
fundamentalismo e 432-440, 443s., 446-450, 452
ganês 279
guerra santa no 383s.
história em quadrinhos 319s.
judeu-cristão 32, 113, 165, 208-212, 247, 263, 371
martírio no 375s.
messianismo e 263
milenarismo 262s.
monaquismo 378
movimento Igreja emergente no 275-277
movimento Sathya Sai e 253
não cristão 410, 423, 453
novos movimentos religiosos 251, 263
ortodoxo oriental 312-315, 324-326, 356, 388
pentecostal 308-312
peregrinação 200-203
perseguição e 380-382
pós-cristão 395
pré-cristão 296, 316, 322, 330, 340s., 345
secularismo francês e 416s.
teodiceia 87
vernáculo nos Estados Unidos 347-354
Cruzadas 383, 385
Cubeo 144
Culto à carga 57, 193, 251, 260, 263, 265, 270
Culto a Yali 270
Cúpula do Rochedo 230, 455

Dalai Lama 394
Dança dos Fantasmas 260, 263, 265-267, 271
Dani 73, 75, 132
Daomé 373

Darma 253, 385, 466
  *dharma yuddha* 385
Darwin, Charles 38, 214, 218, 409, 445
Dawkins, Richard 426
De Tocqueville, Alexis 416
Deísmo 78
Delfos 126
Dharmapala, Angarika 466
Dia de Darwin 427
Digambar 379
Dinamarca 67, 437
Dinamarquês 67, 437s., 464
Dinka 90, 226, 244, 279
Direito divino dos reis 49, 192, 239
Divinização 314
Dogon 117, 226
Douglas, Mary 16, 52s., 119
  *Natural Symbols* 224
  *Purity and Danger* 211s.
Drama social 40, 198-200
Driberg, J.H. 412s.
Droge, Arthur J. & James D. Tabor 375
Droogers, André 260, 262, 275, 277
Druidismo 86, 341
  neodruidismo 345
*Dukkha* 88, 366
Dumont, Louis 212, 227-229
Durkheim, Émile 29, 47s., 51, 62, 104, 174, 191, 207, 211, 214-218, 220s., 224, 239s., 247, 255, 281, 327, 370, 402
Dussart, Françoise 247s., 250
Dusun 72, 82, 93

Economias ocultas 335, 337-340
*Edda* 94
Eddy, Mary Baker 120
Édipo 40, 148
Edwards, Jonathan 348

Efervescência 48, 216
Egito/egípcio 21, 128, 221, 268, 454, 457s., 466
  antigo 38, 113, 342
  cristãos coptas no 316
Einstein, Albert 78
Eliade, Mircea 110, 122, 137, 201, 278
Emenda da Igualdade de Direitos 446
Emerson, Ralph Waldo 349
Enigmas 149, 152, 157
Enteógenos 45s.
*Enuma Elish* 120
Epíteto divino 153, 167
*Epopeia de Gilgamesh*
Escatologia 93-95, 262, 434, 438, 454
Escoteiros Espirais 347
Espanha 202s., 298
Espanhol 306, 376, 381
Espiritualismo 345, 349
Essênios 452
Estado teatral 199s.
Estados Unidos 97, 206, 208s., 234, 265, 274s., 279, 291, 297s., 312, 335, 342, 344, 347s., 353, 386, 422, 427, 436, 442, 445, 448, 450, 456, 460, 464, 466
Estoicismo 406
Estruturalismo 43s.
Etiqueta 178, 180, 209, 226
Etnografia 24, 26, 28, 59s., 104s., 157, 189, 197, 265, 288, 302, 342, 373, 411, 427, 441
  da comunicação 159
Europa/europeu 38, 46, 49, 74, 200, 203, 206, 239, 251, 268, 270s., 274, 291, 294, 297-300, 302-307, 309, 312, 326s., 335, 341s., 344, 346, 355, 376, 382, 388, 395, 400-403, 420, 456s., 461, 466
Evangélicos emergentes 275-277
Evans-Pritchard, E.E. 28, 64, 79s., 90, 114, 131, 141, 208, 211, 233, 244, 291, 365, 371, 407
Evêmero 37
Evolução cognitiva 55, 60
Êxodo Cristão 448
Expiação 188

523

Falcone, Marie 463
Falwell, Jerry 351s., 446-448
Fantasma/espírito 72s., 77, 90, 126, 135, 143, 154-156
Feinberg, Richard 64, 76
Feitiçaria/feiticeiro 51, 88, 116, 122, 127, 129s., 185s., 189, 236, 307, 365, 373
Fielding, Henry 29
Firth, Raymond 81, 98, 287, 289
Folclore 21, 149s., 152, 164, 342
*Formas elementares da vida religiosa, As* 47
*Formations of the Secular* 401
Fortes, Meyer 74, 83, 219s., 371
França 274, 300, 416-418, 425, 458
Frazer, James G. 28s., 41, 174, 370
   definição de religião 29
   sobre magia 183
Freud, Sigmund 30, 40s., 50, 98s., 139, 361s., 398, 402
Funcionalismo 47, 50s.
Funcionalismo estrutural 50s.
Fundação para a Liberdade em relação à Religião 423

Gana 279s., 311, 330
Gandhi, Mohandas (Mahatma) 363
Ganges 111
Gardner, Gerald 120
Garvey, Marcus 242
*//gauwasi (//gangwasi)* 81, 123, 366
Geertz, Clifford 30, 52s., 67s., 139, 167, 215s., 327
   sobre Bali 199s.
   sobre o islamismo 292
   sobre os símbolos 101s., 107, 134, 180, 221s.
Gell, Alfred 110, 314
Gellner, Ernest 282-284, 292, 323, 398, 442
Giddens, Anthony 443
Gill, Sam 84, 154-156, 164
Gilsenan, Michael 222, 293, 303
Girard, René 369-374
Gisu 194s., 220

Glazier, Stephen 311
Gluckman, Max 358
Goffman, Erving 199
*Golden Bough, The* 28
Goody, Jack 174, 403, 406
Gough, Kathleen 228s.
Grabner, Fritz 38
Graham, Billy 351, 446
Green, Maia 288s.
Grego 28, 36, 46, 66, 73, 77s., 88, 113, 117, 126, 283, 313, 326s., 345, 348, 366, 371s., 402, 406-409, 452
    *Demons and the Devil: Moral Imagination in Modern Greek Culture* 302
    praticantes do caminhar sobre brasas da Anastenaria 356
    santuários 325
Guadalupe, Nossa Senhora de 326s.
Guerra santa 357, 367, 383s., 458
*Gush Emunim* 268, 454
Guthrie, Stewart 55s.

Hadith 120, 340, 457
*Hajj* 196, 200
*Halal* 300
Hallowell, A. Irving 38
Hamas 387
Hann, Chris & Hermann Goltz 312-314
Harding, Susan 352, 434s., 447
*Haredim* 454
Harris, Marvin 50
Hassidismo 453
Hatch, Nathan 445
Havaí/havaiano 125, 373s.
Hebraico/hebreu 47, 78, 128, 209, 268, 328, 349, 383s., 406s., 449, 452
Hecht, Jennifer 405s.
Hefner, Robert 287, 308, 312
Hegel, Georg 38
Hegland, Mary Elaine 377
Heródoto 28, 37s.

Herzl, Theodor  268, 454
Hezbollah  387
Hierofania  110, 137, 200
Himalaia  118
Hindu/hinduísmo  27, 38, 49, 71, 78s., 85s., 89, 94, 97, 107, 111, 113, 119s., 125, 133, 181, 227, 238, 240, 284, 299, 320, 334, 366, 368, 371, 378, 382, 384-386, 461-464
   ascetismo no  128s.
   Aum Shinrikyo e  263
   fundamentalismo no  432, 439-441, 461-464
   movimento Sathya Sai  253
   nos Estados Unidos  334s., 463s.
*Hindutva*  440, 462-464
Hirschkind, Charles  221
Hobbes, Thomas  39
Hobby Lobby  335
Hobsbawm, Eric & Terence Ranger  246
Hodge, Charles  445
Holismo  16, 25
Holy, Ladislav  105s., 116, 120, 169
Holyoake, George Jacob  407
Horton, Robin  31, 177, 284s., 287
*How To Do Things With Words*  165
Hua  213, 410
Hubbard, L. Ron  120, 264
Huichol  141, 200
Huitzilipochtli  372s.
Húngaro  342s.
Huron  72, 75, 91, 124
Hussein  376s.
Hymes, Dell  158, 246

Identidade Cristã  350, 450
Igreja da Comunidade Willow Creek  352s.
Igreja da Inglaterra  29, 287
Igreja da Unificação  264
Igreja Ortodoxa  206, 301, 312-316, 324-326, 329, 356, 381, 388, 433

Igreja Ortodoxa russa 206, 313, 315s.
Ikko-Ikki 385
Ilhas Trobriand/trobriandeses 40, 93, 105, 175
Ilocutório 165, 176, 194
Iluminismo 218, 453, 457
  budismo e 152
  japonês 269
Imagens entópticas 45
Inculturação 326-329
Índia 27, 50, 72, 110s., 125, 208, 212, 227-229, 298s., 308s., 329, 379, 382, 384, 387, 407, 440, 466
  movimento ateísta na 427s.
  movimento Sathya Sai na 253s.
  fundamentalismo hindu na 440, 461-464
Índios norte-americanos 72, 83, 140
Indonésia 113, 154, 291-293, 339
Ingersoll, Robert 423
Inquisição 382
Instituto Bíblico Moody 446
Internet Infidels 426
Irã/iraniano 114, 329, 388, 440, 458
Irlanda do Norte 386s.
Irmandade dos Penitentes 376
Irmandade Muçulmana 457s.
Irmãs Wawilak 248
Irredentismo 267s.
Islamismo 37, 73, 76, 78, 111, 114, 119-121, 126, 153, 168, 190, 206, 222, 243, 253, 262, 269, 279s., 284s., 287, 290-300, 302, 311, 357, 394s., 401
  aborígenes australianos e 297
  Berti e 116, 169
  Basseri e 411
  Bósnia e 388s.
  "conversão" e 290, 294-296
  corporação e 339s.
  filmes e 332-334
  França e 300
  fundamentalismo no 431-434, 456-461
  histórias em quadrinhos e 319s.

peregrinação no 200s.
pré-islâmico 154
quirguiz 412
Turquia e 419-421, 429
violência no 367-369, 375, 383s.
Islamofobia 291
Israel/israelense/israelita 50, 256, 268s., 349, 367, 387, 402, 432, 452-455
Iugoslávia/iugoslavo 268, 388s.

Jainismo/jainista 208, 379s.
Jamaat-e-Islami 299
James, E.O. 374s.
James, William 29, 53s.
Japão/japonês 75, 111, 114, 117, 176, 201, 231s., 251, 260, 269, 385, 395, 414-416, 429
Jerusalém 111, 200, 202, 230, 453, 455
Jesuíta 306
Jesus 74, 94, 111, 187, 264, 273, 275, 277, 314, 328, 335, 353s., 375, 381, 442, 444s.
   Cao Dai e 272s.
*Jesus Camp* 463
Jesus Cristo Cristão, Igreja de 450
Jesus Cristo dos Santos dos Últimos Dias, Igreja de 252, 264, 349
   cf. tb. Mórmon/mormonismo
"Jesus Cristo Superstar" 353
*Jihad* 333, 383s., 431
   Organização Jihadista 458
Judaísmo 37, 50, 66s., 78, 94, 111, 284, 357, 368, 375, 456
   fundamentalismo no 432, 452s.
   guerra santa no 383s.
   secularismo no 402
Judeu/judaico 38, 66s., 119, 125, 211, 230, 266
   fundamentalistas 432s., 436-438, 452s., 455s.
   pensamento secular 402
Ju/hoansi 74, 81, 122, 366
   cf. tb. !Kung
*Jukurrpa* 26, 66, 247s.
   cf. tb. Sonho
Julgamento do "macaco" de Scopes 446
Jung, Carl Gustav 42, 99, 139

Kaguru 79, 90s., 127, 132, 143s., 230, 236
Kahane, Meir 455
Kali 94, 391
Kalinga 128
*Kami* 231, 415
*Kamuy* 80
Kan, Sergei 316
Kapauku 130
Keane, Webb 136, 167, 302s.
Kemal, Mustafá (Ataturk) 420s.
Kennedy, James 442
Kermani, Zohreh 346s.
Khalsa 119, 384
Khomeini, Aiatolá 440, 458
King Jr., Martin Luther 363
Kluckhohn, Clyde 141
Konyak Nagas 72, 79, 91s.
Kook, rabino Abraham Itzhak Hacohen 454
Kopytoff, Igor 413
Koresh, David 264
Krakauer, Jon 390
Krings, Mattias 332s.
Krishna 89, 253, 320, 334, 368s.
Ku Klux Klan 350, 446, 451
Kuna 159s., 180
Kunapipi 248
!Kung 74, 81, 122-124, 366
   cf. tb. Ju/hoansi
Kurtz, Paul 425
*Kwoth* 64, 80, 211, 244

La Barre, Weston 98
Lafferty, Ron e Dan 390
LaHaye, Tim 446, 449
*Laïcité* 300, 417-419
Lakota 266
Lambek, Michael 189

Langer, Suzanne 52, 99-101, 139, 166
Lawrence, Peter 251, 270
Le Bon, Gustave 362
Leach, Edmund R. 173
Lenca 15
Lévi-Strauss, Claude 43s., 146-148, 155, 157, 199
Lévy-Bruhl, Lucien 30, 42s.
Liberty University 443
Liga Inglesa de Defesa 298
Liga Muçulmana 462
Liminar/liminaridade 194-196, 200, 203, 232s., 259, 346
Linton, Ralph 271
Liturgia 136, 178, 180
   Constituição sobre a Liturgia 328
   *Liturgia para a Senhora Liberdade* 346
*Livro de Mórmon* 120
*Livro de Urântia* 120
*Logos* 139, 166
Lutero, Martinho 382, 443
Luterano 67, 270, 313, 351

Macabeus 375, 452s.
Madagascar 189, 240
Madrassa 420, 443, 460
Magia 21, 28, 41s., 54, 93, 105, 129s., 135, 152s., 175, 181, 183s., 233, 253, 266, 271s., 319, 336, 340, 391, 399, 410, 427
   contramágica 114
   mago/mágico 28, 124, 126, 336
   paganismo e 340s., 344-346
Magia contagiosa 184
Magia imitativa 130, 184
Magia simpática 184, 186
   cf. tb. magia
*Mahabharata* 86, 120, 329
Maher, Bill 427
Maia 37, 372
Maioria Moral 436, 447

Malinowski, Bronislaw 39, 42, 50, 52, 93, 184, 191, 207, 217, 239, 244, 246
    sobre o mito 103, 138, 167
Mana 32, 54, 81s., 181, 239s., 366, 374
Mandato do céu 49, 239
Mandato do Jurista 458
Mandinko 72, 93
Manggarai 113, 262
Maomé 21, 111, 120, 128, 187, 295, 329, 419, 456
Maori 268
Mapuche 76
Marett, R.R. 171
Marrocos 291s.
Marsden, George 433s.
Martin, David 308s., 397
Mártir/martírio 201, 326, 375-377, 384
Marty, Martin 349, 397
Marty, Martin & R. Scott Appleby 434, 438-441
Marvel Comics 319
Marx, Karl 30, 38, 49s., 218, 238-240, 397s., 402
Marxismo 394, 399, 465
Massada 375
Mayotte 189
Mbuti 410s.
McDougall, Debra 296, 298
McFarland, H. Neil 251
McVeigh, Timothy 451
Meca 111, 196, 200
Megaigreja 312, 352
Meiji 232, 269
Melanésia/melanésio 81, 110, 270
Melodrama 330-333
Menomini 83, 127, 132, 237
Menonitas 436, 448
Mentalidade primitiva 30, 39, 42
Messianismo 193, 263-265, 455
Metáfora 44, 100s. 108s., 114, 140, 149, 159-163, 198, 339, 352, 374, 435, 442
Metáfora raiz 108s.

Metodismo/metodista  288, 311, 348, 444
Meyer, Birgit  311, 330-332
Meyer, Thomas  433
Milenarismo/milenar  193, 262-265, 465
Milgram, Stanley  360
*Milhemet mitzvah*  383
Miller, Jonathan  427
Miller, William  349
Misticismo  54, 67, 187
Mitema  147
Modernização  232, 255, 269, 292, 303, 307-310, 317, 336, 398-400, 412, 419s., 429, 432, 449, 456-458, 461, 465
  modernização seletiva  439
Modos de religiosidade  57, 314, 428, 436
*Mohra*  118
Monge  109, 128s., 133, 168s., 171, 196, 198, 290, 314, 324, 378s., 385
Mongólia  339
Monoteísmo  38, 78, 273, 296, 308, 339, 368, 456, 461
Monte Fuji  111, 414
Monte Hikurangi  269
Monte Meru  86, 111
Monte Olimpo  78, 86
Moon, Sun Myung  264
Mooney, James  265
Mórmon/mormonismo  252, 264, 279, 311, 349
  *Livro de*  120
  fundamentalista  390, 435
  cf. tb. Jesus Cristo dos Santos dos Últimos Dias, Igreja de
Morphy, Howard  250
Ms. Marvel  319
Muçulmano  21, 37s., 76, 111, 116, 119, 128, 154, 169, 187, 221, 253, 284, 291-301, 316s., 326, 329, 411, 455, 464
  automortificação e  376s.
  conflito etnorreligioso e  386-389
  corporação  339s.
  crime de honra e  391
  filmes  332-334
  fundamentalismo e  431-435, 439-443, 455-462

histórias em quadrinhos 319s.
ironia quirguiz e 412
martírio e 375-377
não muçulmano 298-301
peregrinação 196, 204
perseguição e 382
secularismo francês e 417-419
secularismo turco e 419-421
Sikhs e 384
Mueller, Max 39, 462
Muinane 223s.
*Mulid* 21
Mullah Muhamamad Omar 460
Mundine, Anthony 297
Murphree, Marshall 288
Murray O'Hair, Madalyn 423
*Muslim Society* 292
Myerhoff, Barbara 200
*Mythos* 139

Nação Ariana 450s.
Nadel, S.F. 71, 106, 294s.
Nagata, Judith 435
Napo Runa 161s.
*Natural Symbols* 224
Navajo 63, 73, 84, 154, 158, 186
Nazismo/nazista 97
Ndembu 97, 102, 110s., 184, 186
Needham, Rodney 63-66
Neopaganismo 341-343, 345s.
 cf. tb. Pagão/paganismo
Nepal 334, 425, 465
Neturei Karta 454
Newars 334
Ne Win 465
Nietzsche 208, 218, 361, 425
Nigéria 332s., 425

533

Nock, A.D. 286
Nórdico 86, 94
North, Gary 449
Nova Guiné 57, 73, 75, 130, 132, 213, 270, 298, 410
Novo Testamento 33, 329, 407, 445, 449
Nuer 63s., 80, 114, 119, 208s., 211, 226, 244, 279, 371
*N/um* 81, 122s.
Nupe 71, 294s.

Obeyesekere, Gananath 107, 323s.
O'Hair, Madalyn Murray 423
Ojibwa 32
Ong, Aihwa 338
"On Key Symbols" 107
Ontologia 56, 61, 68, 132, 213
Oração 26, 54, 73s., 81, 111, 119, 136, 149, 154-157, 164s., 168, 181, 186, 276, 295, 301, 332, 340, 368, 400, 418, 423, 446, 448
  oração nas escolas 446, 448
  rosários 253
Oráculo 126s.
Ordem dos Templários 385
Organização para a Libertação da Palestina 387
Orientalismo 291s., 294, 412
Oring, Elliott 150, 163-165
Orta, Andrew 328
Ortner, Sherry 30
  sobre os Sherpas 114, 465
  sobre símbolos-chave 107s.
Otomano 388, 419, 457
Otto, Rudolf 30, 39, 46
Ovni 261, 426

Pagão/paganismo 38, 230, 261, 287, 305, 311, 333, 340-347, 356, 402
*Paixão de Cristo, A* 330
Palestina 268
Páli 120, 168
Paquistão 294, 299, 319, 382, 384, 387, 459s.

Park, Jungnok  27
Parks, Douglas  151, 158s., 163
Parlamento Mundial das Religiões  462
*Paye*  144
Pecado  16, 88, 188, 203, 206, 209-212, 265, 290, 296, 310, 367, 371, 376, 378, 404, 444, 455
Pedersen, Morten  338s.
Peiote  46
   Caça ao Peiote  200
Penn e Teller  427
Pentecostal/pentecostalismo  222, 252, 279, 286, 290, 308-312, 330-333, 335, 390, 414
Peregrino/peregrinação  109, 111, 141, 196-204, 253, 347s.
Perlocutório  166
Perseguição  380-382
Persinger, Michael  44s.
Personalidade distribuída  59, 135, 314
Petalangan  154
*Philosophes*  397, 416
*Philosophy in a New Key*  99
Piaroa  88
Pike, Sarah  341, 344-346
Pitjantjatjara  290
Poesia somática  161s.
Poirier, Sylvie  248
Politeísmo  38, 78, 340s.
Politropia ritual  171, 198
Porta do Céu (Telah)  251, 261
Possessão; cf. Possessão por espíritos
Possessão por espíritos
Prestígio do passado  69, 127, 184, 188-190, 198, 225s., 338
Primeiro grande despertar  348
Primiano, Leonard  322s.
*Primitive culture*  29
Processo ritual  173, 194
Profeta  87, 111, 127s., 196, 201, 251, 257, 264-266, 271, 286, 329, 376, 452
   Dança dos Profetas  265

Projeto Bíblia Conservadora 354
Protestante/protestantismo 29, 172, 245, 252, 276, 304, 306, 308s., 312s., 329, 335, 347, 386s., 389, 394, 400, 433, 443, 445
Provérbio 136, 149, 152, 157
*Purity and Danger* 211s.
Pype, Katrien 332

Quack, Johannes 427s.
Quimby, Phinea Parkhurst 350
Quirguistão/quirguiz 290, 412

Radcliffe-Brown, A.R. 50s., 103, 138, 191, 215, 217, 224
Radin, Paul 29
Raelianismo 251s.
Ragnarok 94
Ramo Davidiano 252, 264
Rao, Goparaju Ramachandra (Gora) 428
Rappaport, Roy 197, 218
Rashtriya Swayamsevak Sangh (RSS) 462
Rastafari/rastafarianismo 242, 245, 268
Reader, Ian 414-416
Reavivamento da Rua Azusa 308
Reconstrucionismo Cristão 448s.
Redfield, Robert 281, 284, 323, 398
Reed, Ralph 447
Reino Unido 254, 298, 387
Relativismo cultural 17, 25s., 39, 62, 67, 95, 148-151, 240, 329
Revitalização 182, 193, 254-273, 467
Revolta dos Taiping 251, 263
Riches, David 359
Rito de intensificação 182, 191
Rito de passagem 182, 192-196, 200, 221
Ritualização 172-174, 177, 182
Robbins, Joel 302s., 310, 313
Robertson, Pat 351, 449
Robertson Smith, Wiliam 47, 371
Robidoux, Jacques 390

*Roe v. Wade* 446
Roma 256, 394, 406
Romano 47, 83, 203, 230, 252, 256, 312s., 326, 340, 345, 372, 376, 381, 408, 452
 católico romano 445
Romantismo 341, 345
Romeno 314
Rooth, Anna Birgitta 140
Roteiro-chave 108s.
Rotuma 64
Rudnyckyj, Daromir 339s.
Ruel, Macolm 66
Rushdoony, R.J. 449
Rússia/russo 27, 308, 313, 316, 324s., 342s., 382, 425
Ryle, Gilbert 101

Sacerdote/sacerdócio 35, 70, 124-126, 144, 166s., 171, 179s., 199, 206, 212, 228, 233s., 239, 273s., 284, 288s., 306, 335, 351, 373, 407, 416, 422, 443, 453
Sacrifício 34, 40 52, 54, 59, 124, 173, 181, 188, 199, 209, 211, 216, 222, 229, 239, 356, 369-374, 391, 412s., 444
 autossacrifício 183, 214, 375, 384
*Sadhvi* 379s.
Sage, Vanessa 341
Sahlins, Marshall 218, 227
Said, Edward 292, 412
Salafismo/salafita 431, 443
Salasaca 179, 220
*Sannyasin* 129, 379
Santo Antão 128
Santo Graal 314
Sathya Sai Baba 253s., 264
Saussure, Ferdinand de 43, 146
Scheper-Hughes, Nancy & Philippe Bourgois 358
Schielke, Samuli 292
 & Liza Debevec 322, 324s.
Schmidt, Pe. Wilhelm 38
Schuller, Robert 351

Secular/secularismo  17s., 54, 117, 125, 204, 275s., 292, 296, 299s., 317, 325, 336, 341, 382, 394-429
Secular Web  426
Segundo grande despertar  348
Selassie, Haile  242
*Senhor dos anéis, O*  84
Senso comum  67s.
Sethi, Manisha  379
*Shahid*  376
Shahrastani  37
Shakers (Sociedade Unida dos Crentes)  349
*Sharia*  298, 419, 441, 456, 458-460
Shaw, Rosalind & Charles Stewart  260-262
Sherpa  109, 114, 465
Sherzer, Joel  159s., 163
Shilluk  233, 239
Shona  288s.
Shorter, Aylward  327s.
Sião  242, 268s.
*Sicarii*  453
Sikh/sikhismo  119s., 284, 384, 386s.
  cf. tb. Khalsa
Símbolos elaboradores  108
Símbolos pessoais  107
Símbolos sintetizadores  108
Sinai  455
Sincretismo  193, 245, 252, 259-263, 270, 273, 277, 293, 400, 415, 433, 452, 465
Sionismo/sionista  268, 454
Skorupski, John  104-106, 174s., 177
Smith, G. Elliot  38
Smith, Joseph  264
Sociedade dos Céticos  425
Sociedade Teosófica  466
Sonho  26, 90, 247s., 250, 257
  cf. tb. *jukurrpa*
Sonhos  40s., 71, 83, 94, 99, 121s., 139, 144, 147, 151, 248, 253, 265, 325s., 346, 412
Sosis, Richard  58s.

Spencer, Herbert 38
Sperber, Dan 103s., 106
Spinoza, Baruch 78, 402
Spiro, Melford 63, 65, 72, 77, 132, 366
*Sri Guru Granth Sahib* 120
Sri Lanka 197, 254, 267, 308, 386, 440, 462, 465s.
Srinivas, Tulasi 253
Staal, Frits 180, 223
Stephenson, Peta 297
Stringer, Martin 321, 323
Sudão 116, 131, 459
Sudário de Turim 74, 314
Sugpiaq 316
Sunita 291, 319, 386, 431, 457, 459
Suazi 124, 127, 131, 237
Swedenborg/Swedenborguianismo 349s.
Swinburne, Richard 77

Tabu 54, 94, 181, 184, 186, 191, 219, 234, 367, 447
  do incesto 40
Tailândia/tailandês 133, 168, 280, 290, 366
Taiwan/taiwanês 135
*Takfir* 458
Talibã 440, 460s.
Tallensi 74, 83, 219, 238, 366
Tambiah, Stanley 24
  sobre o budismo tailandês 133, 168s.
  sobre o ritual 172s., 198
Tâmil 267, 388
Tamil Eelam 267, 388
Tanzânia 288
Tao/taoismo/taoista 82, 135, 171, 260, 273, 394
*Tao-te king* 82, 120
Taussig, Michael 305
Tausug 71, 124, 126
*Tawhid* 78, 339

Tedlock, Dennis 157, 160s.
Teísmo 78
Teodiceia 87
Teoria da secularização 397-402
Teoria da sinalização custosa 58
Teoria modular 16, 53-55, 57, 59, 121, 369, 386
Terça-feira Gorda (de carnaval) 193, 234
Terrorismo 298, 357, 456
Tertuliano 375, 381
Testemunhas de Jeová 252, 279, 311
Tewa 80, 91s., 113
Thoms, William 149
Thuggee 390
Tibete/tibetano 120, 171, 345, 394s.
Tikopia 81, 287
Tinker, George 32
Tomás de Aquino 381
Tooker, Deborah 61
Torá/Antigo Testamento 32, 47, 125, 367, 448, 453, 455
Totem/totemismo 40, 47s., 75s., 146
*Totem e tabu* 40
Toynbee, Arnold 396, 410
Trapaceiro 49, 145, 152, 234
Trinity Broadcasting Network 351
Turnbull, Colin 410
Turner, Victor 52s., 97, 102, 106s., 110, 172s., 200-202, 232, 259
  sobre o ritual 172s., 181, 184, 193-198
  sobre os Ndembu 110s., 184, 186
Turquia 300, 419-421, 429
Tylor, E.B. 29, 38, 41, 62, 68, 75, 171, 174, 207, 327, 370

Ulithi 79, 130, 145
União Soviética 37, 382, 412, 460
Upanixades 38, 120, 378
Uzendoski, Michael 161s.

Valeri, Valerio 374
Vaticano 111
　Concílio Vaticano II 328
Vedas 38, 120, 371, 462
　Vedanta 253
Vietnã 260, 272, 274
Virgem Maria 316, 326
Vishnu 94, 285, 334

Xamã/xamanismo 51, 81, 116, 122-128, 130, 144, 154, 161, 164, 183, 187, 194, 237, 306, 339, 343, 375
　neoxamanismo 341
Xátria 89, 228, 368, 385, 462
Xiitas 114, 291, 329, 376, 386, 411, 457, 459

Wahhab/Vaabismo 457, 460
Wallace, Anthony 30, 54, 61, 227
　sobre o ritual 173, 181-184, 187-193, 197, 223
　sobre os movimentos de revitalização 255-257, 259
Warlpiri 26s., 74-76, 247s., 250, 280
Warren, Rick 353, 447
Weber, Max 102, 265, 309, 335, 398s.
Wheelwright, Philip 37, 404
White, Leslie 98
Whitehouse, Harvey 57s. 314
Wicca/wiccano 86, 120, 341
　Wiccaning 347
Wilford, Justin 353, 447
Wilson, Bryan 400
Wilson, Jack 266
Wovoka 266

Xenófanes 37, 47, 55, 404
Xintoísmo 114, 231s., 414s.
Xygalatas 356

Yanomami 76, 84
Yates, Andrea 390
Yupik 115s., 183

Zaratustra 87
Zia ul-Haq 459
Zimbardo, Philip 360
Zoroastro/zoroastriano/zoroastrismo 37, 87, 120, 253, 367
Zuni 160

## CULTURAL
Administração
Antropologia
Biografias
Comunicação
Dinâmicas e Jogos
Ecologia e Meio Ambiente
Educação e Pedagogia
Filosofia
História
Letras e Literatura
Obras de referência
Política
Psicologia
Saúde e Nutrição
Serviço Social e Trabalho
Sociologia

## CATEQUÉTICO PASTORAL
**Catequese**
  Geral
  Crisma
  Primeira Eucaristia

**Pastoral**
  Geral
  Sacramental
  Familiar
  Social
  Ensino Religioso Escolar

## TEOLÓGICO ESPIRITUAL
Biografias
Devocionários
Espiritualidade e Mística
Espiritualidade Mariana
Franciscanismo
Autoconhecimento
Liturgia
Obras de referência
Sagrada Escritura e Livros Apócrifos

**Teologia**
  Bíblica
  Histórica
  Prática
  Sistemática

## REVISTAS
Concilium
Estudos Bíblicos
Grande Sinal
REB (Revista Eclesiástica Brasileira)

## VOZES NOBILIS
Uma linha editorial especial, com importantes autores, alto valor agregado e qualidade superior.

## PRODUTOS SAZONAIS
Folhinha do Sagrado Coração de Jesus
Calendário de mesa do Sagrado Coração de Jesus
Agenda do Sagrado Coração de Jesus
Almanaque Santo Antônio
Agendinha
Diário Vozes
Meditações para o dia a dia
Encontro diário com Deus
Guia Litúrgico

## VOZES DE BOLSO
Obras clássicas de Ciências Humanas em formato de bolso.

CADASTRE-SE
www.vozes.com.br

**EDITORA VOZES LTDA.**
Rua Frei Luís, 100 – Centro – Cep 25689-900 – Petrópolis, RJ
Tel.: (24) 2233-9000 – Fax: (24) 2231-4676 – E-mail: vendas@vozes.com.br

UNIDADES NO BRASIL: Belo Horizonte, MG – Brasília, DF – Campinas, SP – Cuiabá, MT
Curitiba, PR – Fortaleza, CE – Goiânia, GO – Juiz de Fora, MG
Manaus, AM – Petrópolis, RJ – Porto Alegre, RS – Recife, PE – Rio de Janeiro, RJ
Salvador, BA – São Paulo, SP